Management und Wirtschaft Studien
Band 72

Accounting Fraud aufdecken und vorbeugen

Formen der Kooperation von Unternehmensführung und -überwachung

Von

Dr. Corinna Boecker

ERICH SCHMIDT VERLAG

Bibliografische Information der Deutschen Nationalbibliothek
Die Deutsche Nationalbibliothek verzeichnet diese Publikation in der Deutschen
Nationalbibliografie; detaillierte bibliografische Daten sind im Internet über
http://dnb.d-nb.de abrufbar.

Weitere Informationen zu diesem Titel finden Sie im Internet unter
ESV.info/978 3 503 12424 4

ISBN 978 3 503 12424 4
ISSN 1861-1745

Alle Rechte vorbehalten
© Erich Schmidt Verlag GmbH & Co., Berlin 2010
www.ESV.info

Dieses Papier erfüllt die Frankfurter Forderungen
der Deutschen Nationalbibliothek und der Gesellschaft für das Buch
bezüglich der Alterungsbeständigkeit und entspricht sowohl den
strengen Bestimmungen der US Norm Ansi/Niso Z 39.48-1992
als auch der ISO Norm 9706.

Druck: Difo-Druck, Bamberg

Vorwort

Kurz vor Beginn meiner Tätigkeit am Lehrstuhl sowie am Institut von Herrn Professor Dr. Karlheinz Küting in Saarbrücken im April 2002 hat der Bilanzskandal um den US-amerikanischen Energiekonzern Enron Ende 2001 die Öffentlichkeit erschüttert. Weitere spektakuläre Unternehmenszusammenbrüche, die auf ‚erfolgreiche' Manipulationen in der Rechnungslegung weltweit zurückzuführen waren, folgten in den Monaten und Jahren danach.

Die Aufarbeitung der Ereignisse um Enron und ähnliche Bilanzskandale sowohl in der Fachpresse als auch im wirtschaftswissenschaftlichen Fachschrifttum prägte meine Tätigkeit als wissenschaftliche Mitarbeiterin bei Herrn Professor Dr. Karlheinz Küting von Beginn an. Dies war Anlass genug, sowohl die Möglichkeiten der Vermeidung von Manipulationen in der Rechnungslegung als auch des Umgangs mit Accounting Fraud näher zu analysieren.

Die vorliegende Arbeit wurde am 22. April 2008 in der Rechts- und Wirtschaftswissenschaftlichen Fakultät der Universität des Saarlandes in Saarbrücken eingereicht und als Dissertation angenommen. Abgeschlossen wurde das Promotionsverfahren schließlich am 06. Januar 2009 mit Kolloquium und Disputation. Nicht zuletzt aufgrund dieser Zeitspanne basieren die Ausführungen in der Arbeit auf dem Rechtsstand April 2008, was insbesondere in den kurzen Passagen zur Betrachtung des Bilanzrechtsmodernisierungsgesetzes (BilMoG) erkennbar ist. Die mittlerweile verabschiedete Bilanzrechtsreform hat allerdings gezeigt, dass sich durch sie an den grundlegenden Aussagen dieser Arbeit ebenso wenig etwas ändert wie am Ergebnis der wissenschaftlichen Untersuchung. Im Gegenteil: Einige der vorgeschlagenen Lösungsansätze wie z.B. die Sicherstellung der Qualifikation von Aufsichtsratsmitgliedern mit Blick auf ihre Fähigkeit, Fragen der Rechnungslegung beurteilen zu können, sind nunmehr Bestandteil der einschlägigen gesetzlichen Normen.

Ohne Unterstützung einer Vielzahl von Menschen aus meinem beruflichen und privaten Umfeld wäre meine Promotion nicht zu realisieren gewesen. Zunächst danke ich Herrn Professor Dr. Karlheinz Küting, meinem akademischen Lehrvater, dafür, dass ich als wissenschaftliche Mitarbeiterin an seinem Lehrstuhl und Institut in Saarbrücken sehr interessante und in vielerlei Hinsicht lehrreiche Sechseinviertel Jahre verbringen konnte. Seine stete Bereitschaft, mein Promotionsvorhaben zu unterstützen und auch erstgutachtlich zu betreuen, waren unerlässlich für den erfolgreichen Abschluss.

Für die zügige Erstellung des Zweitgutachtens gilt mein besonderer Dank Herrn Professor Dr. Gerd Waschbusch. Außerdem danke ich Herrn Professor Dr. Alexander Baumeister, dem Vorsitzenden des Disputationsausschusses, sowie Herrn Dr. Rolf Hauser als Beisitzer im Disputationsausschuss.

Darüber hinaus danke ich allen ehemaligen Kolleginnen und Kollegen am Lehrstuhl von Professor Dr. Karlheinz Küting für die jeweilige Unterstützung und die stete Diskussionsbereitschaft. Insbesondere gilt mein Dank Frau Karla Wobido für die jahrelange angenehme Zusammenarbeit, die bereits während meiner Tätigkeit als studentische Hilfskraft am Lehrstuhl im Januar 2001 begonnen hatte, und für ihre organisatorische Unterstützung im Zusammenhang mit dem Abschluss meines Promotionsverfahrens.

Besonderer Dank gilt zudem meinem aktuellen Arbeitgeber, der Dr. Kleeberg & Partner GmbH WPG StBG in München, für die Unterstützung im Zusammenhang mit dem Abschluss meines Promotionsverfahrens, der parallel zu meiner Tätigkeit bei Kleeberg erfolgte, sowie bei der Veröffentlichung meiner Dissertation.

Ohne meine Familie und meine Freunde wäre meine Promotionszeit ungleich schwerer gewesen. Ich danke all denen, die mich immer wieder motiviert und angetrieben haben, die meinen Fortschritt ‚überwacht' und je nach Situation Lob oder Tadel ausgesprochen haben. Der familiäre und freundschaftliche Rückhalt und das Wissen darum, dass Ängsten und Sorgen ebenso wie auftretenden Zweifeln jederzeit Verständnis entgegengebracht wurde, waren für mich unersetzlich.

Der wichtigste Dank gebührt allerdings meinen Eltern Margot und Peter Boecker sowie meiner Schwester Julia. Ihre Motivationsfähigkeit und Geduld, ihre Zuversicht und ihr Verständnis scheinen endlos. Ohne sie wäre ich nicht der Mensch, der ich heute bin. Für ihre grenzenlose Liebe und Unterstützung und den sicheren Hafen meines Lebens, den sie mir geben, ist ihnen diese Arbeit gewidmet.

St. Ingbert/München, im August 2009   Dr. Corinna Boecker

Inhaltsverzeichnis

Vorwort V
Inhaltsverzeichnis VII
Abbildungsverzeichnis XIII
Abkürzungsverzeichnis XV
1 Annäherung an das Thema und Forschungsgegenstand 1
1.1 Relevanz von Accounting Fraud 1
1.2 Motivation und Zielsetzung der Arbeit 6
1.3 Gang der Untersuchung 8
1.3.1 Textliche Darstellung des Untersuchungsablaufs 8
1.3.2 Visualisierung des Konzepts 10
2 Terminologische Abgrenzungen und relevante Grundlagen 13
2.1 Vorbemerkungen 13
2.2 Begriff und Charakteristika von Accounting Fraud 13
2.2.1 Begriffsbestimmung und -abgrenzung 13
2.2.2 Würdigung des Wesentlichkeitsaspekts 24
2.2.3 Klassifizierung von Accounting Fraud 27
2.2.4 Gründe für Accounting Fraud 31
2.2.5 Accounting Fraud – Praxisbeispiele 49
2.2.5.1 Vorbemerkungen 49
2.2.5.2 Enron (2001) 50
2.2.5.3 WorldCom (2002) 54
2.2.5.4 Ahold (2003) 58
2.2.5.5 Parmalat (2003) 59
2.2.5.6 FlowTex (2000) 63
2.2.5.7 Comroad (2002) 66
2.2.5.8 Phenomedia (2002) 68
2.2.6 Zwischenfazit 70
2.3 Sarbanes-Oxley Act of 2002 74
2.3.1 Zielsetzung und relevante Inhalte des Sarbanes-Oxley Act 74
2.3.2 Erweiterte Anforderungen an die Unternehmensleitung 82
2.3.2.1 Vorbemerkungen 82
2.3.2.2 Kontrollen und Verfahren zur Offenlegung 85
2.3.2.3 Management Assessment of Internal Controls 91
2.3.2.4 Einführung eines Ethikkodex für leitende Mitarbeiter des
 Finanz- und Rechnungswesens 94

2.3.3	Erweiterte Anforderungen an die Überwachungsorgane	95
2.3.3.1	Vorbemerkungen	95
2.3.3.2	Public Company Accounting Oversight Board	96
2.3.3.3	Externer Jahresabschlussprüfer – Aufgabenerweiterung und verstärkte Unabhängigkeitsanforderungen	100
2.3.3.3.1	Vorbemerkungen	100
2.3.3.3.2	Beurteilung der internen Kontrollen für die Finanzberichterstattung	101
2.3.3.3.3	Verstärkte Reglementierung der Unabhängigkeit des Abschlussprüfers	103
2.3.3.4	Audit Committee	107
2.3.3.5	Whistleblowing-System	111
2.3.4	Zwischenfazit	115
2.4	Verhältnis zwischen Bilanzpolitik und Fraud	115
2.4.1	Vorbemerkungen und rechtlicher Kontext	115
2.4.2	Bilanzpolitik – Eine Einführung	120
2.4.2.1	Vorbemerkungen	120
2.4.2.2	Begriffsdefinition und -abgrenzung	120
2.4.2.3	Formen von Bilanzpolitik	125
2.4.2.3.1	Systematisierung der bilanzpolitischen Instrumente	125
2.4.2.3.2	Sachverhaltsgestaltungen	127
2.4.2.3.3	Sachverhaltsabbildungen	129
2.4.3	Bilanzpolitik versus Accounting Fraud	135
2.5	Zwischenfazit	142
3	Das System der externen und internen Unternehmensüberwachung in Deutschland	145
3.1	Begriff und relevante Grundlagen der externen Jahresabschlussprüfung	145
3.1.1	Vorbemerkungen	145
3.1.2	Nationale und internationale berufsständische Verlautbarungen zur externen Jahresabschlussprüfung	146
3.1.3	Begriffsbestimmungen	152
3.1.4	Gegenstand, Umfang und Ziele der externen Jahresabschlussprüfung	157
3.1.5	Generelle Ausrichtung und grundsätzlicher Ablauf der externen Jahresabschlussprüfung	163
3.1.5.1	Vorbemerkungen	163
3.1.5.2	Grundsätze ordnungsmäßiger Abschlussprüfung	163
3.1.5.3	Unbefangenheit, Unabhängigkeit und gewissenhafte Berufsausübung des Abschlussprüfers	166

3.1.5.4	Aufbau und Ablauf einer externen Jahresabschlussprüfung	169
3.1.5.4.1	Vorbemerkungen	169
3.1.5.4.2	Prüfungsplanung	169
3.1.5.4.3	Prüfungsvorbereitung	173
3.1.5.4.3.1	Prüfungsstrategie und Prüfprogramm	173
3.1.5.4.3.2	Risikoorientierte Abschlussprüfung	174
3.1.5.4.4	Prüfungsdurchführung	179
3.1.5.4.4.1	Vollprüfung versus Auswahlprüfung	179
3.1.5.4.4.2	Prüfungshandlungen	180
3.1.5.4.4.3	Dokumentation der Prüfung in den Arbeitspapieren	184
3.1.5.4.5	Berichterstattung	186
3.1.5.4.5.1	Berichterstattung im Prüfungsbericht	186
3.1.5.4.5.2	Berichterstattung im Bestätigungsvermerk	189
3.1.5.4.5.3	Mitteilungspflichten des Abschlussprüfers bei aufgedeckten oder vermuteten Unregelmäßigkeiten	192
3.1.6	Zwischenfazit	195
3.1.7	Auswirkungen des Sarbanes-Oxley Act auf die externe Jahresabschlussprüfung	196
3.2	Begriff und relevante Grundlagen der Internen Revision	198
3.2.1	Vorbemerkungen	198
3.2.2	Nationale und internationale Regelungen und Verlautbarungen zur Internen Revision	200
3.2.3	Begriffsbestimmung und -abgrenzung	202
3.2.4	Gegenstand, Umfang und Ziele der Internen Revision	205
3.2.5	Generelle Ausrichtung und grundsätzlicher Ablauf der Arbeit der Internen Revision	211
3.2.5.1	Vorbemerkungen	211
3.2.5.2	Prüfungsgrundsätze und Verhaltensnormen	212
3.2.5.3	Aufbau und Ablauf der Arbeit der Internen Revision	215
3.2.5.3.1	Vorbemerkungen	215
3.2.5.3.2	Prüfungsplanung	215
3.2.5.3.3	Prüfungsvorbereitung	218
3.2.5.3.3.1	Prüfungsankündigung	218
3.2.5.3.3.2	Prüfprogramm	220
3.2.5.3.4	Prüfungsdurchführung	221
3.2.5.3.4.1	Prüfungshandlungen	221
3.2.5.3.4.2	Dokumentation der Prüfung in den Arbeitspapieren	224
3.2.5.3.5	Berichterstattung	227
3.2.5.3.5.1	Vorbemerkungen	227
3.2.5.3.5.2	Berichterstattung im Prüfungsbericht	228

3.2.5.3.5.3	Spezielle Berichterstattung an übergeordnete Hierarchieebenen	230
3.2.5.3.6	Statusüberprüfung und Nachprüfung	232
3.2.5.3.6.1	Vorbemerkungen	232
3.2.5.3.6.2	Statusüberprüfung	232
3.2.5.3.6.3	Nachprüfung	234
3.2.6	Zwischenfazit	236
3.2.7	Auswirkungen des Sarbanes-Oxley Act auf die Interne Revision	237
3.3	Corporate Governance im Unternehmen	238
3.3.1	Vorbemerkungen	238
3.3.2	Begriffsbestimmung und -abgrenzung	240
3.3.2.1	Corporate Governance	240
3.3.2.2	Deutscher Corporate Governance Kodex	247
3.3.3	Maßnahmen zur Sicherstellung einer guten Corporate Governance im Unternehmen	250
3.3.3.1	Vorbemerkungen	250
3.3.3.2	Führungsaufgabe des Vorstands	251
3.3.3.2.1	Regelungen des Aktiengesetzes	251
3.3.3.2.2	Regelungen des Deutschen Corporate Governance Kodex	261
3.3.3.2.3	Exkurs: Compliance in Deutschland	264
3.3.3.2.4	Verpflichtung zur Aufstellung des Jahresabschlusses und Lageberichts und Bilanzeid	271
3.3.3.3	Überwachungsaufgabe des Aufsichtsrats	274
3.3.3.3.1	Regelungen des Aktiengesetzes	274
3.3.3.3.2	Regelungen des Deutschen Corporate Governance Kodex	283
3.3.3.4	Regelungen des Deutschen Corporate Governance Kodex zur Zusammenarbeit zwischen Vorstand und Aufsichtsrat	292
3.3.4	Einordnung der bestehenden Gefahr von Accounting Fraud in den Anforderungsrahmen einer guten Corporate Governance im Unternehmen	295
3.3.5	Auswirkungen des Sarbanes-Oxley Act auf die Corporate Governance im Unternehmen	307
3.4	Risiko und Risikomanagement im Unternehmen vor dem Hintergrund der Gefahr von Accounting Fraud	309
3.5	Bestehende Wechselwirkungen und Abhängigkeiten zwischen externer Jahresabschlussprüfung, Interner Revision und Corporate Governance	317
3.5.1	Vorbemerkungen	317

3.5.2	Beziehung zwischen externer Jahresabschlussprüfung und Interner Revision	318
3.5.3	Beziehung zwischen externer Jahresabschlussprüfung und Corporate Governance	323
3.5.4	Beziehung zwischen Interner Revision und Corporate Governance	328
3.5.5	Gesamtbetrachtung des Beziehungsgeflechts	333
3.6	Zwischenfazit zum System der externen und internen Unternehmensüberwachung in Deutschland	334
4	Beeinflussung der externen Jahresabschlussprüfung und der Internen Revision durch die Gefahr von Accounting Fraud	337
4.1	Vorbemerkungen	337
4.2	Einfluss des unternehmensinternen Risikomanagements auf die Arbeit der externen und internen Prüfer	338
4.3	Veränderte Aufgabenwahrnehmung durch den externen Jahresabschlussprüfer vor dem Hintergrund der Gefahr von Accounting Fraud	340
4.3.1	Vorbemerkungen	340
4.3.2	Der Prüfungsstandard des IDW – IDW PS 210 n.F.	341
4.3.3	Weitere Änderungen bei der externen Jahresabschlussprüfung	347
4.4	Veränderte Aufgabenwahrnehmung durch die Interne Revision vor dem Hintergrund der Gefahr von Accounting Fraud	357
4.5	Veränderte Kooperationsformen zwischen den externen Jahresabschlussprüfern und der Internen Revision	366
4.6	Einfluss auf zukünftige Aufträge der Prüfer	369
4.7	Kommunikation über Accounting Fraud	372
4.8	Zwischenfazit	375
5	Beeinflussung der Corporate Governance im Unternehmen durch die Gefahr von Accounting Fraud	377
5.1	Vorbemerkungen	377
5.2	Präventive Maßnahmen zur Vermeidung von Accounting Fraud	377
5.2.1	Möglichkeiten aus Sicht der Unternehmensleitung	377
5.2.2	Möglichkeiten aus Sicht des Aufsichtsorgans	383
5.3	Reaktive Maßnahmen im Umgang mit Accounting Fraud	389
5.3.1	Möglichkeiten aus Sicht der Unternehmensleitung	389
5.3.2	Möglichkeiten aus Sicht des Aufsichtsorgans	391

5.4	Möglichkeiten zur Kooperation der Corporate Governance-Elemente untereinander	393
5.5	Zwischenfazit	394
6	Synopse: Accounting Fraud im Spannungsfeld von Revision und Corporate Governance	397
7	Fazit und Ergebniszusammenfassung	401
Literatur- und Quellenverzeichnis		411
Stichwortverzeichnis		499

Abbildungsverzeichnis

Abbildung 1: Aufbau der Arbeit 11
Abbildung 2: Systematisierung der erläuterten Begrifflichkeiten 21
Abbildung 3: Inhaltliche Zusammenfassung der erläuterten
Begrifflichkeiten 23
Abbildung 4: Fraud Triangle 32
Abbildung 5: Risikomodell in Anlehnung an Loebbecke/Willingham 36
Abbildung 6: Multiplikative Verknüpfung im Risikomodell in Anlehnung
an Loebbecke/Willingham 37
Abbildung 7: Ausgewählte Indikatoren zur Bestimmung des Risikos
von Accounting Fraud 40
Abbildung 8: Klassifikation der den berichteten Unregelmäßigkeiten
zugrunde liegenden Handlungen sowie Häufigkeit ihres
Auftretens 42
Abbildung 9: Ausgewählte Risikoindikatoren für das Vorliegen von
Unregelmäßigkeiten sowie Häufigkeit des Auftretens
in der empirischen Untersuchung von Loebbecke/Eining/
Willingham 46
Abbildung 10: Inhalte des Sarbanes-Oxley Act of 2002 (Überblick) 80
Abbildung 11: Systematisierung der bilanzpolitischen Instrumente
(Teil 1) 126
Abbildung 12: Systematisierung der bilanzpolitischen Instrumente
(Teil 2) 131
Abbildung 13: Systematisierung des Prüfungsrisikos 175
Abbildung 14: Auswahlverfahren 180
Abbildung 15: System der Prüfung und Corporate Governance unter
Berücksichtigung von Störfaktoren 335
Abbildung 16: Synopse – Accounting Fraud im Spannungsfeld von
Revision und Corporate Governance 399

Abkürzungsverzeichnis

a.A.	anderer Ansicht
a.F.	alte Fassung
a.M.	am Main
AAA	American Accounting Association
ABl.	Amtsblatt
Abl.	Amtsblatt
Abs.	Absatz
AFC	Accounting Fraud Committee
AG	Aktiengesellschaft; Die Aktiengesellschaft (Zeitschrift)
AICPA	American Institute of Certified Public Accountants
AKEIÜ	Arbeitskreis Externe und Interne Überwachung der Unternehmung der Schmalenbach-Gesellschaft für Betriebswirtschaft e.V.
AKEU	Arbeitskreis Externe Unternehmensrechnung der Schmalenbach-Gesellschaft
AktG	Aktiengesetz
AktG-E	Entwurf eines Aktiengesetzes
AO	Abgabenordnung
AR	Audit Risk (= Prüfungsrisiko)
ARAG	Allgemeine Rechtsschutz-Versicherungs-AG
Art.	Artikel
AS	Auditing Standard
Aufl.	Auflage
BA	Bundesanstalt
BaFin	Bundesanstalt für Finanzdienstleistungsaufsicht
BAG	Bundesarbeitsgericht
BAnz.	Bundesanzeiger
BARefG	Berufsaufsichtsreformgesetz
BASF	Badische Anilin und Soda Fabrik
BB	Betriebs-Berater (Zeitschrift)
Bd.	Band
BetrVG	Betriebsverfassungsgesetz
BFH	Bundesfinanzhof
BGB	Bürgerliches Gesetzbuch
BGBl	Bundesgesetzblatt
BGH	Bundesgerichtshof
BGHZ	Entscheidungen des Bundesgerichtshofs in Zivilsachen
BilKoG	Bilanzkontrollgesetz
BilMoG	Bilanzrechtsmodernisierungsgesetz
BilMoG-E	Entwurf eines Bilanzrechtsmodernisierungsgesetzes
BilReG	Bilanzrechtsreformgesetz
BMJ	Bundesjustizministerium
BS WP/vBP	Berufssatzung für Wirtschaftsprüfer und vereidigte Buchprüfer
bspw.	beispielsweise
BT	Bundestag
BT-Drucks.	Bundestagsdrucksache

Abkürzungsverzeichnis

bzw.	beziehungsweise
ca.	circa
CEO	Chief Executive Officer
CFO	Chief Financial Officer
CG	Corporate Governance
CICA	Canadian Institute of Chartered Accountants
Co.	Compagnon
Co-Co	Criteria of Control
Corp.	Corporation
COSO	Committee of Sponsoring Organizations of the Treadway Commission
CPA	Certified Public Accountant
CR	Control Risk (= Kontrollrisiko)
D&O	Directors and Officers
d. Verf.	die Verfasserin
D.C.	District of Columbia
d.h.	das heißt
DAX	Deutscher Aktienindex
DCGK	Deutscher Corporate Governance Kodex
de	Deutschland
dh.	das heißt
Diss.	Dissertation
DM	Deutsche Mark; Discussion Memorandum
DPR	Deutsche Prüfstelle für Rechnungslegung e.V.
DR	Detection Risk (= Entdeckungsrisiko)
Dr.	Doktor
DRSC	Deutsches Rechnungslegungs Standards Committee
e.V.	eingetragener Verein
E-Commerce	Electronic Commerce
ED	Exposure Draft
E-DRS	Entwurf eines Deutschen Rechnungslegungsstandards
EDV	Elektronische Datenverarbeitung
EG	Europäische Gemeinschaft
EGHGB	Einführungsgesetz in das Handelsgesetzbuch
EHUG	Gesetz über elektronische Handelsregister und Genossenschaftsregister sowie das Unternehmensregister
E-IPS	Entwurf eines internationalen Prüfungsstandards
EPS	Entwurf eines Prüfungsstandards
EStG	Einkommensteuergesetz
et al.	et alii (und andere)
etc.	et cetera
EU	Europäische Union
EWG	Europäische Wirtschaftsgemeinschaft
f.	folgende
FASB	Financial Accounting Standards Board
FBI	Federal Bureau of Investigation
FEE	Fédération des Experts Comptables Européens
FEI	Financial Executives International

ff.	fortfolgende
FG	Finanzgericht
FGO	Finanzgerichtsordnung
FIR	Fortschrittliche Interne Revision
Frhr.	Freiherr
G	Gelegenheit, Gesetz
GAAP	Generally Accepted Accounting Principles
GAAS	Generally Accepted Auditing Standards
GAO	General Accounting Office
GCCG	German Code of Corporate Governance
gem.	gemäß
GenG	Genossenschaftsgesetz
ggf.	gegebenenfalls
GmbH	Gesellschaft mit beschränkter Haftung
GmbHG	Gesetz betreffend die Gesellschaft mit beschränkter Haftung
GoA	Grundsätze ordnungsmäßiger Abschlussprüfung
GoB	Grundsätze ordnungsmäßiger Buchführung
GoW	Grundsätze ordnungsmäßiger Wirtschaftsprüfung
GuV	Gewinn- und Verlustrechnung
GVG	Gerichtsverfassungsgesetz
GwG	Geldwäschegesetz
h.c.	honoris causa
HB I	Handelsbilanz I
HB II	Handelsbilanz II
HFA	Hauptfachausschuss
HGB	Handelsgesetzbuch
HGB-E	Entwurf eines Handelsgesetzbuchs
HGrG	Haushaltsgrundsätzegesetz
Hrsg.	Herausgeber
hrsg.	herausgegeben
htm	hypertext markup
html	hypertext markup language
http	hypertext transfer protocol
i.Br.	im Breisgau
i.d.F.	in der Fassung
i.d.R.	in der Regel
i.S.d.	im Sinne der, des
i.S.e.	im Sinne einer, eines
i.S.v.	im Sinne von
i.V.m.	in Verbindung mit
IAASB	International Auditing and Assurance Standards Board
IAESB	International Accounting Education Standards Board
IAS	International Accounting Standard
IASB	International Accounting Standards Board
IASC	International Accounting Standards Committee
ICAEW	Institute of Chartered Accountants in England and Wales
IDW	Institut der Wirtschaftsprüfer in Deutschland e.V.
IESBA	International Ethics Standards Board for Accountants

Abkürzungsverzeichnis

IFAC	International Federation of Accountants
IFRIC	International Financial Reporting Interpretations Committee
IFRS	International Financial Reporting Standard
IFU	Institut für Unternehmensführung
IIA	Institute of Internal Auditors
IIR	Deutsches Institut für Interne Revision e.V.
IKS	internes Kontrollsystem
IMA	Institute of Management Accountants
Inc.	Incorporation
inkl.	inklusive
IPS	Internationaler Prüfungsstandard
IPSASB	International Public Sector Accounting Standards Board
IR	Inherent Risk (= inhärentes Risiko); innere Rechtfertigung; Interne Revision
ISA	International Standard on Auditing
IT	Informationstechnologie
IÜS	internes Überwachungssystem
jr.	junior
KapAEG	Kapitalaufnahmeerleichterungsgesetz
KapCoRiLiG	Kapitalgesellschaften & Co.-Richtlinien-Gesetz
KG	Kommanditgesellschaft
KGaA	Kommanditgesellschaft auf Aktien
KMU	kleine und mittelgroße Unternehmen
KonTraG	Gesetz zur Kontrolle und Transparenz im Unternehmensbereich
KoR	Zeitschrift für internationale und kapitalmarktorientierte Rechnungslegung
KPMG	Klynveld Peat Marvick Goerdeler
KWG	Kreditwesengesetz
LG	Landgericht
M	Main; Motivation
m.a.W.	mit anderen Worten
m.w.N.	mit weiteren Nachweisen
MaRisk	Mindestanforderungen an ein Risikomanagement
max.	maximal
mbH	mit beschränkter Haftung
MDAX	Mid-Cap-DAX
MG	Metallgesellschaft
Mio.	Million
MitbestG	Mitbestimmungsgesetz
Mrd.	Milliarde
MUC	Modernes Unternehmenscontrolling
mult.	multipel
n.F.	neue Fassung
No.	Number
Nr.	Nummer
NYSE	New York Stock Exchange
o.Ä.	oder Ähnliche, Ähnliches

o.O.	ohne Ort
o.V.	ohne Verfasser
OECD	Organisation for Economic Co-operation and Development
OHG	offene Handelsgesellschaft
OLG	Oberlandesgericht
OpRisk	Operationelles Risiko
OWiG	Ordnungswidrigkeitengesetz
PAIB-Committee	Professional Accountants in Business Committee
PCAOB	Public Company Accounting Oversight Board
pdf	portable document format
PPS	Probability Proportional to Size
Prof.	Professor
PS	Prüfungsstandard
PublG	Publizitätsgesetz
PwC	PricewaterhouseCoopers
RefE	Referentenentwurf
Ref-E	Referentenentwurf
Reg-E	Regierungsentwurf
rev.	revised
RGBl.	Reichsgesetzblatt
RMEA	Risk Mode and Effects Analysis
RMS	Risikomanagementsystem
Rn.	Randnummer
S.	Seite
SAP	Systeme, Anwendungen, Produkte in der Datenverarbeitung
SAS	Statement of Auditing Standard
SBB	Schweizerische Bundesbahnen
SE	Societas Europaea
SEC	Securities and Exchange Commission
SFAS	Statement of Financial Accounting Standard
SIC	Standing Interpretations Committee
SMP-Committee	Small and Medium Practices Committee
SOA	Sarbanes-Oxley Act
sog.	so genannt
SOX	Sarbanes-Oxley Act
Sp.	Spalte
SPE	Special Purpose Entity
St.	Sankt
StGB	Strafgesetzbuch
StPO	Strafprozessordnung
TransPuG	Transparenz- und Publizitätsgesetz
TUG	Transparenzrichtlinienumsetzungsgesetz
Tz.	Textziffer
u.Ä.	und Ähnliche, Ähnliches
u.a.	und andere; unter anderem
U.S.	United States

Abkürzungsverzeichnis

u.U.	unter Umständen
UFW	Ulmer Forum für Wirtschaftswissenschaften
UK	United Kingdom
UMAG	Gesetz zur Unternehmensintegrität und Modernisierung des Anfechtungsrechts
US	United States
USA	United States of America
USD	US-Dollar
usw.	und so weiter
UWG	Gesetz gegen den unlauteren Wettbewerb
v.	vom; von
VAG	Versicherungsaufsichtsgesetz
vBP	vereidigter Buchprüfer
vgl.	vergleiche
VO	Verordnung
VorstOG	Vorstandsvergütungsoffenlegungsgesetz
VR	Verwaltungsrat
vs.	versus
W	Walker
WP	Wirtschaftsprüfer
WPg	Die Wirtschaftsprüfung (Zeitschrift)
WpHG	Wertpapierhandelsgesetz
WPK	Wirtschaftsprüferkammer
WPO	Wirtschaftsprüferordnung
WpÜG	Wertpapiererwerbs- und Übernahmegesetz
www	world wide web
z.B.	zum Beispiel
Ziff.	Ziffer
ZIP	Zeitschrift für Wirtschaftsrecht

1 Annäherung an das Thema und Forschungsgegenstand

1.1 Relevanz von Accounting Fraud

Accounting Fraud – i.S.e. Verstoßes gegen Bilanzierungsnormen und damit einhergehend Manipulationen in der Rechnungslegung eines Unternehmens – fällt unter das weit abgegrenzte Begriffsverständnis wirtschaftskrimineller Handlungen[1]. Eine genaue Definition von Wirtschaftskriminalität existiert nicht, vielmehr werden darunter allgemein Straftaten verstanden, die einen Bezug zum wirtschaftlichen Geschehen aufweisen[2]. Dem Gerichtsverfassungsgesetz (GVG) ist zu entnehmen, dass hierzu Delikte gehören, die „im Rahmen tatsächlicher oder vorgetäuschter wirtschaftlicher Betätigung begangen werden und über eine Schädigung von Einzelnen hinaus das Wirtschaftsleben beeinträchtigen oder die Allgemeinheit schädigen können und/oder deren Aufklärung besondere kaufmännische Kenntnisse erfordert"[3].

Die Thematik aufgedeckter Bilanzskandale und erfolgter Manipulationen der Rechnungslegung ist in der jüngeren Vergangenheit immer stärker in den Fokus des öffentlichen Interesses gerückt. Hierzu hat nicht zuletzt die Tatsache beigetragen, dass oftmals ‚große' und bekannte Namen wie z.B. Enron, Worldcom, Parmalat oder FlowTex damit in Verbindung standen. Auf Seiten der externen Jahresabschlussprüfung wird das Ende der ehemaligen Big-Five-Wirtschaftsprüfungsgesellschaft ‚Arthur Andersen' ein mahnendes Beispiel für die Auswirkungen fehlerhafter Prüfung bleiben. Die Gefahr von Accounting Fraud ist jedoch nicht nur bei großen Konzernen gegeben, denn kriminel-

---

[1] Wirtschaftskriminalität gehört zu den bedeutendsten operationellen Risiken eines Unternehmens; vgl. Wehling, Jörg/Weiß, Christian (Abwehr 2005), S. 104; siehe hierzu ähnlich Romeike, Frank/Erben, Roland Franz (Gangster 2006), S. 49. Vgl. zu Wirtschaftskriminalität in der Ausprägung als Geldwäsche Schäfer, Christoph (Geldwäsche 2000), S. 212 ff.
[2] Für Beispiele siehe Wells, Joseph T. (Fraudsters 2003), S. 55 ff.
[3] Arbeitskreis „Abwehr wirtschaftskrimineller Handlungen in Kreditinstituten" des Deutschen Instituts für Interne Revision e.V. (Abwehr 2000), S. 13; vgl. auch § 74c Abs. 1 Nr. 1 bis 6 GVG; John, Dieter/Bäcker, Ingo (Unternehmensreputation 2003), S. 445; Hoffmann, Dietmar/Müller, Frank (Führungsverhalten 2006), S. 138. Vgl. zu einer Verbindung zwischen Wirtschaftskriminalität und Betriebswirtschaftslehre bereits Poerting, Peter (Wirtschaftsdelikte 1989), S. 213 ff.

le Energie ist unabhängig von der Unternehmensgröße[4]. Bekannt gewordene oder unbekannt gebliebene Fälle bewusst falscher Angaben in der Finanzberichterstattung eines Unternehmens gab es – aus unterschiedlicher Motivation heraus – regelmäßig in der Vergangenheit, und auch zukünftig werden immer wieder Personen oder Gruppen von Personen versuchen, sich durch nicht korrektes Handeln im eigenen Unternehmen Vorteile zu verschaffen[5]. Das durch Rechnungslegungsmanipulationen erregte Aufsehen führte zu einem gesteigerten Problembewusstsein und einem großen Vertrauensverlust[6] insbesondere an den internationalen Kapitalmärkten[7]. Da durch den Zusammenbruch von Enron zahlreiche US-amerikanische Bürger große Teile ihrer Altersvorsorge verloren haben, ist darüber hinaus auch auf Seiten der gesamten Öffentlichkeit das Vertrauen in die Unternehmenslandschaft und in die publizierten Rechnungslegungsinformationen im Besonderen stark zurückgegangen.

Trotzdem scheint es – einer von Ernst & Young 2003 veröffentlichten Studie zufolge – die Realität zu sein, dass die Unternehmen in Deutschland sich zwar durchaus der von Wirtschaftskriminalität ausgehenden Gefahr bewusst sind, sie jedoch gleichzeitig mehrheitlich der Meinung sind, im eigenen Haus gäbe es solche Probleme gerade nicht[8]. Die weiteren Ergebnisse der Ernst & Young-Studie stimmen ebenfalls nachdenklich[9]:

- Der Schaden durch wirtschaftskriminelle Handlungen in Deutschland wird auf durchschnittlich 8,3 Mrd. € pro Jahr geschätzt. Dabei handelt es sich meistens um Diebstahl oder Unterschlagung, aber auch um Fälle der Verletzung geistigen Eigentums.
- Die Befragten gehen von einem deutlichen Anstieg der Wirtschaftskriminalität in den letzten fünf Jahren aus. Diese Tendenz wird nach ihrer Einschätzung auch zukünftig anhalten.

---

[4] Vgl. zur Zunahme bspw. Klinger, Michael A./Klinger, Oskar (Internes Kontrollsystem 2000), S. 1; Albrecht, W. Steve/Searcy, David I. (Increasing Fraud 2001), S. 58 ff.
[5] Vgl. Klinger, Michael A./Klinger, Oskar (Internes Kontrollsystem 2000), S. 25.
[6] Für diesen Vertrauensverlust wurde in der Literatur der Begriff ‚Enronitis' geschaffen; vgl. Schildbach, Thomas (Prinzipienorientierung 2003), S. 247. Vgl. zur Bedeutung von Vertrauen mit Blick auf die Führung von Unternehmen Osterloh, Margit/Weibel, Antoinette (Vertrauen 2006), S. 159 ff.; Krysteck, Ulrich (Vertrauen 2003), S. 291 ff.
[7] Vgl. Schruff, Wienand (Gesetzesverstöße 2005), S. 207; Rezaee, Zabihollah (Financial Statement Fraud 2002), S. 69; Welp, Cornelius/Leendertse, Julia (Konflikt 2007), S. 112 ff.; Nölting, Andreas/Wilhelm, Winfried (Fehlleistungen 1994), S. 34 ff.; Gross, Gerhard (Regelungen 2005), S. 90 ff.; zu den bedeutenden Auswirkungen von Top-Management Fraud siehe auch Zahra, Shaker A./Priem, Richard L./Rasheed, Abdul A. (Top-Management Fraud 2005), S. 818.
[8] Vgl. Ernst & Young (Wirtschaftskriminalität 2003), S. 4 und S. 13.
[9] Vgl. hierzu ausführlich Ernst & Young (Wirtschaftskriminalität 2003).

- Die Mehrheit der befragten Unternehmensvertreter ist der Meinung, dass mindestens jede zweite wirtschaftskriminelle Handlung unentdeckt bleibt.
- Acht von zehn befragten Führungskräften haben angegeben, dass innerhalb der letzten drei Jahre im eigenen Unternehmen mindestens ein Fall von Wirtschaftskriminalität aufgetreten ist.
- Eine Vielzahl der aufgedeckten Straftaten in den befragten Unternehmen wurde zufällig entdeckt[10]. Etwa bei einem Viertel der Fälle waren Personen des mittleren oder gehobenen Managements involviert.
- Eine Vielzahl von Unternehmen scheint nach wie vor keine geeigneten Schutzmaßnahmen zur Prävention getroffen zu haben.

Eine Studie von PwC aus dem Jahr 2005 liefert ähnliche Ergebnisse[11]:
- Die Häufigkeit wirtschaftskrimineller Handlungen hat zugenommen. In den Jahren 2003 und 2004 war fast jedes zweite Unternehmen Ziel und Opfer davon.
- Die Risikolage wird nur von jedem fünften Unternehmen realistisch eingeschätzt[12].
- Die meisten wirtschaftskriminellen Taten werden nach wie vor zufällig entdeckt[13].

Die beiden ausgewählten Studien zeigen stellvertretend, dass in der Unternehmenslandschaft offenbar noch die Meinung vorherrscht, von den Problemen mit wirtschaftskriminellen Handlungen seien nur andere Unternehmen, nicht aber das eigene betroffen[14]. Dies führt zu der Vermutung, dass die bestehende Gefahr unterschätzt wird, denn die Realität stellt sich offensichtlich anders dar[15].

Das Themengebiet Accounting Fraud kann von zwei Seiten betrachtet werden. Während sich einerseits die Unternehmen zwar der Gefahr von Manipulationen in der Rechnungslegung bewusst sind, jedoch mit der Verstärkung der Präventionsmaßnahmen noch zu zögern scheinen, haben sich andererseits die

---

[10] Vgl. Ernst & Young (Wirtschaftskriminalität 2003), S. 16; Wehling, Jörg/Weiß, Christian (Abwehr 2005), S. 104.
[11] Vgl. PwC (Wirtschaftskriminalität 2005), S. 4 f.; Salvenmoser, Steffen (Lösungswege 2007), S. 2.
[12] Die Studie hat ermittelt, dass innerhalb der folgenden fünf Jahre jedes Unternehmen Opfer von Wirtschaftskriminalität wird; diese Gefahr sehen auch nur etwa 20 % der befragten Unternehmen; vgl. PwC (Wirtschaftskriminalität 2005), S. 10 f.
[13] Vgl. zu Beispielen für solche zufälligen Entdeckungen Post, Kurt/Post, Manfred (Unterschlagung 1971), S. 85 f.; siehe zur Bedeutung des Zufalls auch Wehling, Jörg/Weiß, Christian (Abwehr 2005), S. 104.
[14] Vgl. ähnlich auch Comer, Michael J. (Corporate Fraud 1998), S. 5 ff.
[15] Vgl. PwC (Wirtschaftskriminalität 2005), S. 10 f.; Ernst & Young (Wirtschaftskriminalität 2003), S. 13 f.

USA ebenso wie europäische Länder bereits mit korrektiv wirkenden Regelungen befasst. Insbesondere nach dem Zusammenbruch von Enron war es ihr Ziel, das verloren gegangene Vertrauen in die Kapitalmärkte wieder herzustellen. Die USA reagierten auf die Entwicklungen bei Enron unverzüglich mit der Verabschiedung des Sarbanes-Oxley Act (SOX) im Juli 2002. In der Zeit danach kam es in Europa und damit auch in Deutschland zu einer Verschärfung der Vorschriften für kapitalmarktorientierte Unternehmen, um damit Accounting Fraud möglichst zu verhindern, zumindest jedoch die Quote seiner Aufdeckung zu verbessern[16]. Die damalige deutsche Bundesregierung hat im Februar 2003 ein Zehn-Punkte-Programm zur Verbesserung der Unternehmensintegrität und des Anlegerschutzes verabschiedet[17]. Zahlreiche Vorschläge daraus wurden bereits Ende 2004 mit dem Bilanzrechtsreformgesetz (BilReG)[18] und mit dem Bilanzkontrollgesetz (BilKoG)[19] umgesetzt[20]. Das Thema Corporate Governance rückte noch weiter in den Fokus des Interesses. Der Einfluss des SOX auf die Entwicklungen in Europa und damit auch auf die gesetzlichen Neuregelungen in Deutschland ist unverkennbar. Dadurch wirkt sich das US-amerikanische Gesetz direkt und indirekt sowohl auf die (großen) Unternehmen in Deutschland als auch auf den Bereich der externen und internen Prüfung aus.

Ein wesentliches Ziel der jüngeren gesetzlichen Entwicklungen sowohl in den USA als auch in Deutschland liegt wie bereits erwähnt in der Prävention und einer verbesserten Aufdeckung von Accounting Fraud[21]. Dabei sollen mehrere Säulen die Basis für Unternehmen ohne falsche Angaben in der Rechnungslegung schaffen: der Wirtschaftsprüfer als unternehmensexterne Prüfungsinstanz sowie im Unternehmen die Interne Revision und die Unternehmensleitung selbst. Außerdem spielt die Wahrnehmung der Überwachungsfunktion durch das Aufsichtsorgan eine wichtige Rolle.

Die prüferische Tätigkeit eines externen Jahresabschlussprüfers basiert stets auf einer kritischen Grundhaltung. Nach den Vorgaben des Instituts der Wirtschaftsprüfer in Deutschland e.V. (IDW) liegt es nicht in seiner Verant-

---

[16] Während die Aufdeckung als der schwierigere Teil im Rahmen der Bewältigung von Accounting Fraud gilt, nimmt die Prävention jedoch die wichtigere Position ein; vgl. John, Dieter/Bäcker, Ingo (Unternehmensreputation 2003), S. 450.
[17] Vgl. BMJ (Maßnahmenkatalog 2003). Siehe hierzu erläuternd auch Geiger, Hansjörg (Anlegerschutz 2003), S. S98 ff.
[18] Vgl. BGBl. I 2004, S. 3408 ff.
[19] Vgl. BGBl. I 2004, S. 3851 ff.
[20] Vgl. zu den Auswirkungen des BilKoG auf das System der Unternehmensüberwachung bspw. Winnefeld, Robert (Unternehmensüberwachung 2004), S. 125 ff.
[21] Beide zusammen stellen die aktuell bedeutendsten Herausforderungen im Umgang mit der Gefahr von Accounting Fraud dar; vgl. Hodson, Nicholas M. (Fraud 2005), S. 191.

wortung, Accounting Fraud zu verhindern oder aufzudecken, denn die externe Jahresabschlussprüfung stellt gerade keine Unterschlagungsprüfung dar[22]. Nichtsdestotrotz beeinflusst die bestehende Gefahr sein Arbeitsgebiet weitläufig, nicht zuletzt weil die Beurteilung der internen Kontrollsysteme durch den Jahresabschlussprüfer einen wichtigen Tätigkeitsschwerpunkt darstellt.

Die Interne Revision stellt einen Bestandteil des Corporate Governance-Systems im Unternehmen dar. Darüber hinaus ist sie als unabhängige Instanz nach eigenem Ermessen für proaktive Prüfungen im Unternehmen zuständig und verantwortlich und spielt damit auch eine eigenständige Rolle im System der Abwehr von wirtschaftskriminellen Handlungen[23].

Unter Corporate Governance wird allgemein eine gute Unternehmensführung und -überwachung verstanden, die Corporate Governance-Grundsätze eines Unternehmens stellen eine Art Unternehmensverfassung dar. I.S.e. guten Corporate Governance und im Rahmen der im AktG verankerten Sorgfaltspflicht liegt es bspw. bei Aktiengesellschaften (AG) in der Verantwortung des Vorstands, geeignete Maßnahmen zu entwickeln und Funktionen einzurichten, um bestenfalls die Entstehung von Accounting Fraud zu vermeiden oder – sofern dies nicht gelingt – ihn wenigstens schnellstmöglich aufzudecken, um so den entstandenen Schaden zu minimieren und die Verantwortlichen zur Rechenschaft zu ziehen. Das Ziel sollte also sein, das Erkennen von manipulierter Rechnungslegung nicht mehr dem Zufall zu überlassen, wie es – den beiden genannten Studien folgend[24] – derzeit noch mehrheitlich der Fall zu sein scheint.

Dem Aufsichtsorgan als weiterem Element der Corporate Governance kommt die Aufgabe der Überwachung der Unternehmensleitung sowie des Unternehmens insgesamt zu. Dabei muss es ebenfalls stärker als bisher die mögliche Gefahr in sein Kalkül mit einbeziehen und dieses Risiko bei seiner Tätigkeit berücksichtigen.

Im Fokus der Betrachtung von Accounting Fraud in dieser Arbeit stehen einerseits die prüfenden Instanzen externer Jahresabschlussprüfer und Interne Revision, andererseits die Unternehmensleitung selbst mit ihrer Verantwortung für die Unternehmensführung sowie das Aufsichtsorgan, welches für die

---

[22] Vgl. hierzu auch die Angaben in Fußnote 877, S. 161. Vgl. zum Verhältnis zwischen der externen Abschlussprüfung einerseits und krimineller Energie in einem Unternehmen andererseits Ludewig, Rainer (Kriminelle Energien 1995), S. 397 ff.; Marschdorf, Hans J. (Wirtschaftsstraftaten 1995), S. 111 ff. und S. 149 ff.

[23] Die Begriffe externe und interne ‚Prüfung' sowie externe und interne ‚Revision' werden im Folgenden synonym verwendet.

[24] Vgl. Ernst & Young (Wirtschaftskriminalität 2003); PwC (Wirtschaftskriminalität 2005).

Unternehmensüberwachung zuständig ist. Nur ein optimales Zusammenspiel aller Parteien i.S.e. guten Corporate Governance ermöglicht es, dem Problemfeld Accounting Fraud angemessen, d.h. bestenfalls präventiv, zu begegnen. Dabei müssen sich alle Beteiligten neuen Herausforderungen stellen und ihre Tätigkeit und ihr Selbstverständnis an die ‚neue' Realität anpassen. Das Aufsichtsorgan hat die bisherige Wahrnehmung seiner Überwachungsaufgabe zu überdenken; zudem muss das Management stärker als früher seine Führungsaufgabe mit Blick auf die Ordnungsmäßigkeit der Rechnungslegung erfüllen. Die beiden prüfenden Instanzen müssen die Gefahr von Manipulationen stets vor Augen haben und daher den kompletten Prüfungszyklus entsprechend verändern.

Die ersten Reaktionen auf den bedeutenden Bilanzskandal bei Enron sind (bspw. durch Verabschiedung des SOX sowie des BilReG und BilKoG) zügig erfolgt. Dies legt die Vermutung nahe, dass es sich dabei um ‚Schnellschüsse' gehandelt hat, mit denen verunsicherte Kapitalanleger und weitere Interessengruppen möglichst rasch besänftigt werden sollten. Es ist daher angezeigt, kritisch zu hinterfragen, ob sich die Veränderungen, die sich sowohl für die externe Jahresabschlussprüfung als auch für die Interne Revision und das Corporate Governance-System der Unternehmen ergeben haben, in der Praxis tatsächlich bewähren und zur gewünschten Zielerreichung beitragen können. In jedem Fall ist davon auszugehen, dass das gestärkte öffentliche Bewusstsein der Gefahr von Accounting Fraud langfristig zu einer neuen Schwerpunktsetzung in allen Bereichen der Unternehmensführung und -überwachung beitragen wird.

1.2 Motivation und Zielsetzung der Arbeit

Die Problematik von Bilanzfälschungen ist nicht unbekannt und auch nicht neu. Nichtsdestotrotz überwog in der ersten Zeit nach dem Zusammenbruch von Enron Ende 2001 in den USA aufgrund des Aufruhrs in der gesamten Öffentlichkeit der Eindruck, dass vorher niemand die Gefahr tatsächlich ernst genommen hat. Auch in dieser Situation war die typisch menschliche Verhaltensweise zu erkennen, dass erst nach dem Eintreten eines Schadensfalls sofort nach Erklärungen und unverzüglich nach Möglichkeiten zur Vermeidung weiterer solcher Fälle in der Zukunft gesucht wurde. Die erste gesetzliche Reaktion stellt der bereits im Juli 2002 in den USA verabschiedete SOX dar, der auch von deutschen Unternehmen, die an US-amerikanischen Börsen notiert sind, befolgt werden muss. Auch in europäischen Ländern kam es in der Folgezeit zu neuen oder veränderten Vorschriften für Unternehmen und Wirtschaftsprüfer. Die Zeitspanne zwischen der Aufdeckung des Enron-Falls und der Reaktion des Gesetzgebers war verhältnismäßig kurz, woraus sich folgende Frage ergibt: „Sind die neuen gesetzlichen Regelungen reiflich überlegt oder stellen sie eine eher übereilte Reaktion, d.h. einen ‚Schnellschuss', dar?" Daran schließt sich die Überlegung an: „Sind möglicherweise Verbesserungen dieser Regelungen notwendig und wenn ja, welche?".

Accounting Fraud lässt sich in der Unternehmenswelt nie völlig ausschließen. Dennoch sollte seine Verhinderung das Ziel in jedem Unternehmen sein. Keinesfalls darf argumentiert werden, dass Accounting Fraud ohnehin nicht gänzlich bekämpft werden kann und daher auf die Einleitung von Maßnahmen zu seiner Vermeidung auch verzichtet werden kann. Zentral sind in diesem Zusammenhang die Fragen „Welche Form von Prävention trägt dazu bei, das Auftreten von Manipulationen in der Rechnungslegung zu minimieren?" und „Wie kann Accounting Fraud in kurzer Zeit aufgedeckt und wie können die Verantwortlichen zur Rechenschaft gezogen werden?".

Vorbeugende Maßnahmen zur Vermeidung von Accounting Fraud sind in erster Linie seitens der Unternehmensleitung zu initiieren und durchzuführen, das Aufsichtsorgan hat dieses zu überwachen. Es gilt, die Führung und Überwachung des Unternehmens so auszurichten, dass kriminelle Machenschaften möglichst verhindert werden. In diesem Zusammenhang sind insbesondere die Fragen zu untersuchen „Welche Anforderungen muss die Unternehmensleitung i.S.e. guten Corporate Governance erfüllen, um ihrer Sorgfaltspflicht und Verantwortung ausreichend gerecht zu werden?" und „Wie kann das Aufsichtsorgan einen wirksamen Beitrag zur Prävention von Accounting Fraud leisten?".

Die beiden prüfenden Instanzen externe Jahresabschlussprüfung und Interne Revision spielen verstärkt bei der Aufdeckung von Accounting Fraud eine Rolle. Von großem Interesse sind die Fragen „Was müssen beide Prüfungsinstanzen leisten, um wirksam zur Prävention bzw. Aufdeckung von Rechnungslegungsmanipulationen beizutragen?", „Welche Verantwortung tragen beide Parteien?", „Inwiefern wandeln sich die Anforderungen und damit der Prüfungsalltag?", „Genügt die kritische Grundhaltung eines Prüfers zur Erfüllung der Anforderungen?" und „An welchen Risiken ist der risikoorientierte Prüfungsansatz zukünftig auszurichten?".

Das bestmögliche Ergebnis sowohl bei der Prävention als auch bei der Aufdeckung von Accounting Fraud wird durch eine wirksame Kooperation der Bereiche Unternehmensleitung, Aufsichtsorgan, externe Jahresabschlussprüfung und Interne Revision erzielt. In diesem Zusammenhang zeigt die Arbeit eine optimale Ausgestaltung dieser Zusammenarbeit auf. Darüber hinaus ist es ebenfalls ein Ziel der Ausführungen, ein an das Accounting Fraud-Risiko angepasstes Konzept für die Ausgestaltung der Prüfung der externen und Internen Revision zu erarbeiten. Hierbei ist die Frage zu beantworten „Wie muss das Risiko von Accounting Fraud in der Gesamtsicht, d.h. bei Prüfungsplanung, -vorbereitung und -durchführung sowie bei der Kommunikation und Dokumentation berücksichtigt werden?".

I.S.e. ganzheitlichen Betrachtung ist schließlich die Frage zu untersuchen „Welche Konsequenzen können eintreten, wenn Accounting Fraud überhaupt nicht oder zu spät entdeckt wird und ein Schaden eingetreten ist?". Hier wird der Bogen zu der Betrachtung der Verantwortlichkeit der externen Jahresabschlussprüfung, der Internen Revision sowie der Unternehmensleitung und -überwachung weiter vorne gespannt in der Überlegung „Wie beeinflusst die Angst der Prüfer vor der Nicht-Entdeckung von Accounting Fraud und den damit verbundenen negativen Konsequenzen den Prüfungszyklus?".

Zum Ende der Arbeit werden die im Verlauf der Ausführungen beantworteten Fragen als Ergebniszusammenfassung aufbereitet und in Form von Kernaussagen präsentiert.

1.3 Gang der Untersuchung
1.3.1 Textliche Darstellung des Untersuchungsablaufs

Zu den Auswirkungen des SOX auf Unternehmen sowie Wirtschaftsprüfer in Deutschland finden sich in der wissenschaftlichen Literatur zahlreiche Ausführungen. Diese beschäftigen sich vielfach mit den gestiegenen Anforderungen an die externe Unternehmensberichterstattung und der verstärkten Kontrolle der Wirtschaftsprüfer. Diese Thematik ist jedoch nicht Gegenstand der Arbeit. Vielmehr werden die eigentliche Prüfungsarbeit sowohl eines externen Jahresabschlussprüfers als auch der Internen Revision beleuchtet und das jeweilige Vorgehen im Prüfungsprozess auf die Notwendigkeit von Anpassungen zum besseren Umgang mit dem Risiko von Accounting Fraud analysiert. Dabei steht die Frage im Mittelpunkt, ob die in der Vergangenheit entwickelten und bewährten Konzepte zum Ablauf von Prüfungen noch zeitgemäß sind oder ob sich nicht vielmehr das Anforderungsprofil eines externen oder eines internen Prüfers gewandelt hat und zukünftig auch verstärkt forensische Aspekte Bestandteil der Prüfungsarbeit sein müssen. Als zweite Säule im Prozess der Verringerung von Verstößen sind das Corporate Governance-System des Unternehmens und hier insbesondere die Verantwortung der Unternehmensleitung und des Aufsichtsorgans in den Fokus der Ausführungen zu rücken.

Vor dem aufgezeigten Hintergrund werden in Kapitel 2 einführend die für die Arbeit grundlegenden Begriffe abgegrenzt und erläutert. Zunächst gilt es, den Begriff Accounting Fraud zu definieren und ihn in den Gesamtkontext der dem Thema zugrunde liegenden Problemstellung einzuordnen. Über eine reine

Erklärung des Begriffs hinausgehend sind an dieser Stelle auch mögliche Gründe für die Durchführung von Verstößen aufzuzeigen. Von zentraler Bedeutung für den Umgang mit Accounting Fraud sowie für die Wahrscheinlichkeit seiner Entdeckung ist es, ob führende Manager eines Unternehmens in die betrügerische Handlung verwickelt sind oder ob es sich bei den handelnden Personen ‚nur' um Mitarbeiter unterhalb der Führungsebene handelt. In der jüngeren Vergangenheit aufgetretene Bilanzskandale fungieren als Praxisbeispiele, anhand derer verschiedene Accounting Fraud-Fälle erläutert werden. Neben einer Einführung in die relevanten Regelungen des SOX und einer Darstellung der Anforderungen an eine gute Corporate Governance im Unternehmen ist die Betrachtung des Verhältnisses zwischen Accounting Fraud und Bilanzpolitik Gegenstand des zweiten Kapitels. Dabei wird untersucht, ob sich beide Bereiche klar voneinander trennen lassen oder fließend ineinander übergehen.

Im dritten Kapitel erfolgt zunächst eine Charakterisierung sowohl der externen Jahresabschlussprüfung als auch der Internen Revision. Für beide prüfenden Instanzen werden ihre Ziele, ihr Aufgabenbereich, ihre generelle Ausrichtung sowie der grundsätzliche Prüfungsablauf dargestellt. Außerdem beschäftigt sich Kapitel 3 mit der Beeinflussung der Corporate Governance im Unternehmen durch die Gefahr von Manipulationen in der Rechnungslegung. Da die Corporate Governance-Diskussion sich auf Unternehmen in der Rechtsform der AG bezieht, fokussieren die weiteren Ausführungen in dieser Arbeit den Kreis dieser Unternehmen. Als zentrale Corporate Governance-Elemente werden hierbei Vorstand und Aufsichtsrat betrachtet, d.h., die diesen beiden Instanzen vom Gesetzgeber sowie vom Deutschen Corporate Governance Kodex (DCGK) übertragenen Aufgaben werden beschrieben. Nur mit diesem Grundverständnis ist es in den folgenden Ausführungen möglich, die Auswirkungen des Accounting Fraud-Risikos auf die Prüfungsarbeit und das unternehmenseigene Corporate Governance-System zu erarbeiten. Nach einer Betrachtung von Risiko und Risikomanagement im Unternehmen vor dem Hintergrund der Gefahr von Accounting Fraud stellt dieses Kapitel schließlich noch Wechselwirkungen und Abhängigkeiten zwischen externer Jahresabschlussprüfung, Interner Revision sowie den genannten Corporate Governance-Elementen dar. Ziel dieser Ausführungen ist es, aufzuzeigen, inwieweit die prüfenden, leitenden und überwachenden Organe im Umfeld des Unternehmens kooperieren (können) bzw. inwiefern es sich um ein Konkurrenzverhältnis handelt. Dies dient auch dazu, an späterer Stelle geeignete Ansätze zur Prävention bzw. zur Aufdeckung von Accounting Fraud ableiten zu können.

Das vierte Kapitel der Arbeit erläutert ausführlich jeweils für die externe Jahresabschlussprüfung ebenso wie für die Interne Revision, wie beide konkret durch die bestehende Gefahr von Accounting Fraud beeinflusst werden. Nachdem aus Sicht beider Prüfungsinstanzen mögliche Risikofaktoren identifiziert und das Verhältnis zum unternehmensinternen Risikomanagementsystem betrachtet wurden, werden verschiedene den gesamten Prüfungszyklus betreffende Maßnahmen erörtert, wie Manipulationen in der Rechnungslegung bestenfalls verhindert oder zumindest zeitnah aufgedeckt werden können. In diesem Zusammenhang wird auch auf den wichtigen Bereich der Kooperation zwischen externer Jahresabschlussprüfung und Interner Revision – speziell unter Accounting Fraud-Aspekten – sowie Aspekte der Kommunikation eingegangen.

Kapitel 5 überträgt die dem vorherigen Kapitel zugrunde liegende Fragestellung auf die Corporate Governance-Elemente Unternehmensleitung und Aufsichtsorgan. Zunächst wird untersucht, welche Möglichkeiten beide Parteien jeweils getrennt voneinander haben, um künftig besser präventiv bzw. reaktiv mit Accounting Fraud umgehen zu können. Anschließend wird wiederum die Frage nach der Ausgestaltung einer wirksamen Kooperation beider Elemente betrachtet.

Schließlich enthält Kapitel 6 eine Synopse der Ergebnisse aus dem vierten und fünften Kapitel. Unter dem Aspekt der Kooperation aller betrachteten vier Parteien wird erklärt, wie ihr Zusammenspiel zur Vermeidung bzw. Aufdeckung von Accounting Fraud beitragen kann.

Das letzte Kapitel fasst die zuvor gewonnenen Erkenntnisse zusammen. Die Ergebnisse werden entsprechend der Gliederung der Arbeit schrittweise abgeleitet und in Form von Kernaussagen dargelegt.

1.3.2 Visualisierung des Konzepts
Nachfolgende Abbildung 1 verdeutlicht den Aufbau der Arbeit graphisch.

Annäherung an das Thema und Forschungsgegenstand

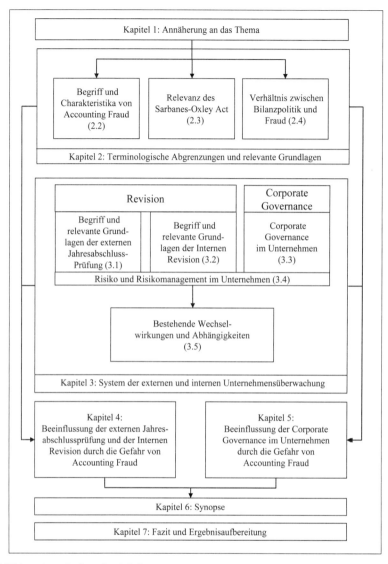

Abbildung 1: Aufbau der Arbeit

2 Terminologische Abgrenzungen und relevante Grundlagen

2.1 Vorbemerkungen

Zur detaillierten Auseinandersetzung mit der zu untersuchenden Thematik Accounting Fraud sind zu Beginn die Erläuterung und Präzisierung wesentlicher Begriffe erforderlich. Hierzu gilt es zunächst, den in Fachliteratur und Praxis nicht immer einheitlich verwendeten Begriff ‚Fraud' und daran anschließend den Terminus ‚Accounting Fraud' zu definieren[25]. Dies geschieht nicht zuletzt auch anhand von tatsächlich aufgetretenen Beispielfällen[26].

Nachdem das Thema Fraud insbesondere in den letzten Jahren aufgrund von Aufsehen erregenden Bilanzskandalen in das Bewusstsein der Öffentlichkeit gerückt ist, haben die USA rasch reagiert und im Juli 2002 den SOX verabschiedet, in welchem zahlreiche Maßnahmen zur Prävention sowie zur Aufdeckung von Fehlern in der Rechnungslegung, die sowohl das unternehmensinterne als auch das unternehmensexterne Umfeld betreffen, festgelegt sind. Da diese Regelungen auf europäischer Seite als Vorbild für eigene gesetzliche Neuerungen dienten und der SOX somit eine Basis für das System der Überwachung der Rechnungslegung in Europa – und damit auch in Deutschland – darstellt, ist es für Zwecke dieser Arbeit unerlässlich, seine Zielsetzung und die für die Themenstellung relevanten Inhalte vorzustellen[27].

Die nachfolgend dargelegten Grundlagen bilden die wichtige Basis für die im weiteren Verlauf der Arbeit folgenden Ausführungen und für die Einordnung der Thematik Accounting Fraud in das Spannungsfeld zwischen Revision und Corporate Governance.

2.2 Begriff und Charakteristika von Accounting Fraud
2.2.1 Begriffsbestimmung und -abgrenzung

Die Begriffsdefinition von Fraud erfolgt für Zwecke dieser Arbeit in Anlehnung an die Terminologie des IDW, welches in seinem Prüfungsstandard IDW PS 210 dem Oberbegriff ‚*Unregelmäßigkeiten*' die Bereiche ‚falsche Angaben in der Rechnungslegung' respektive ‚keine falschen Angaben in der Rech-

---

[25] Vgl. hierzu Gliederungspunkt 2.2, S. 13 ff.
[26] Vgl. hierzu Gliederungspunkt 2.2.5, S. 49 ff.
[27] Vgl. hierzu Gliederungspunkt 2.3, S. 74 ff.

nungslegung' subsumiert[28]. Letztere Kategorie umfasst die *sonstigen Gesetzesverstöße*, die entweder bewusst oder unbewusst bzw. unbeabsichtigt begangen werden. Dabei handelt es sich um solche von gesetzlichen Vertretern oder Mitarbeitern der Gesellschaft durchgeführte oder unterlassene Handlungen, die zwar nicht im Einklang mit Gesetzen, dem Gesellschaftsvertrag oder der Satzung stehen, aus denen jedoch keine Konsequenzen für die Rechnungslegung des Unternehmens resultieren[29]. Über sonstige Gesetzesverstöße wird zwar im Prüfungsbericht des Abschlussprüfers berichtet, sie haben indes keine Auswirkungen auf seinen Bestätigungsvermerk[30]. Im Folgenden werden sie aufgrund der fehlenden Relevanz für die Themenstellung nicht weiter betrachtet[31].

Die Unregelmäßigkeiten, die zu falschen Angaben in der Rechnungslegung führen, werden weiterhin untergliedert in Unrichtigkeiten und Verstöße. Während Unrichtigkeiten stets unbeabsichtigt sind, werden Verstöße immer absichtlich begangen. Trotzdem führen beide Formen ob ihres Niederschlags in der Rechnungslegung zu einer Berichterstattung des Abschlussprüfers sowohl im Prüfungsbericht als auch im Bestätigungsvermerk[32]. In der Praxis wird es allerdings nicht immer möglich sein, zweifelsfrei festzustellen, ob in Einzelfällen eine bewusste Handlung oder ein unbeabsichtigtes Fehlverhalten vorliegt[33].

Unrichtigkeiten – die englisch als *‚Error'* bezeichnet werden – können bspw. Schreib- und Rechenfehler in der Buchführung oder deren Grundlagen sein[34]. Ebenso können nicht beabsichtigte Fehlbuchungen, die unbewusst falsche Anwendung von Rechnungslegungsnormen oder auch das schlichte Übersehen oder Fehleinschätzungen von Sachverhalten zu falschen Angaben in der Rechnungslegung[35] und damit zu einer unrichtigen Darstellung der Vermögens-, Finanz- und Ertragslage der Gesellschaft führen. Sofern es sich dabei um wesentliche[36] Unrichtigkeiten handelt, vermitteln der Jahresabschluss

---

[28] Vgl. IDW PS 210, Tz. 7.
[29] Vgl. IDW PS 210, Tz. 7.
[30] Vgl. IDW PS 210, Tz. 7. Siehe zum Bestätigungsvermerk des Abschlussprüfers die Ausführungen unter Gliederungspunkt 3.1.5.4.5.2, S. 189 ff.
[31] Vgl. zu sonstigen Gesetzesverstößen bspw. IDW PS 210, Tz. 7; Kuhner, Christoph/Päßler, Nadja (Prüfungsbericht 2005), Rn. 39 ff.
[32] Vgl. IDW PS 210, Tz. 7; vgl. auch die Ausführungen unter Gliederungspunkt 3.1.5.4.5, S. 186 ff.
[33] Vgl. Deling, Wolfram (Dolose Handlungen 2005), S. 2.
[34] Vgl. IDW PS 210, Tz. 7.
[35] Vgl. IDW PS 210, Tz. 7; Ruhnke, Klaus/Schwind, Jochen (Aufdeckung 2006), S. 732.
[36] Vgl. zur Frage der Wesentlichkeit auch die Ausführungen unter Gliederungspunkt 2.2.2, S. 24 ff.

und/oder der Lagebericht ein nicht den tatsächlichen Verhältnissen entsprechendes Bild der Vermögens-, Finanz- und Ertragslage. Da Unrichtigkeiten jedoch durch unbeabsichtigtes Handeln (oder Nicht-Handeln) entstehen und sich die verursachenden Personen somit im Entstehungszeitpunkt keiner Schuld bewusst sind, unternehmen sie auch nicht den Versuch, ihr Agieren zu verdecken[37]. Aus Sicht der Revision existiert in diesen Fällen folglich immer eine Prüfungsspur[38], anhand derer sowohl ein externer Jahresabschlussprüfer als auch eine Interne Revision den Fehler finden und seine Korrektur veranlassen kann[39].

Die zweite Gruppe von Unregelmäßigkeiten, die ebenfalls zu falschen Angaben in der Rechnungslegung führt, sind die *Verstöße*, die in der englischen Terminologie als *‚Fraud'* bezeichnet werden. Sie werden weiterhin untergliedert in Täuschungen, die auch als Manipulationen in der Rechnungslegung[40] bezeichnet werden, einerseits sowie Vermögensschädigungen und Gesetzesverstöße andererseits[41].

Unter *Täuschungen* bzw. *Manipulationen in der Rechnungslegung* werden bewusst vorgenommene falsche Angaben im Jahresabschluss oder im Lagebericht ebenso verstanden wie Fälschungen in der Buchführung oder in deren Grundlagen[42]. Dies kann erreicht werden durch Manipulationen – d.h. Buchungen ohne entsprechende Geschäftsvorfälle, unterlassene Buchungen, unberücksichtigte Buchungsbelege o.Ä. –, unerlaubte Änderungen der (Grundlagen der) Buchführung oder die absichtliche falsche Anwendung von Rechnungslegungsnormen[43]. Täuschungen können sich sowohl auf das der Rechnungslegung zugrunde liegende Mengen- als auch Wertgerüst beziehen. Diese Form von Fraud kann durch die gesetzlichen Vertreter, Aufsichtsorgane

---

[37] Vgl. Sell, Kirsten (Bilanzdelikte 1999), S. 2.
[38] In der Literatur finden sich für den Begriff ‚Prüfungsspur' auch die Umschreibungen ‚nachvollziehbares Merkmal' (vgl. Knop, Wolfgang (Prüfungsstrategie 1984), S. 349) und ‚sichtbarer Prüfungspfad' (vgl. Sperl, Andreas (Prüfungsplanung 1978), S. 110).
[39] Vgl. Sell, Kirsten (Bilanzdelikte 1999), S. 38.
[40] Der internationale Prüfungsstandard ISA 240 spricht statt von Täuschungen konkreter von Manipulationen in der Rechnungslegung (Fraudulent Financial Reporting); vgl. ISA 240, Tz. 7; Ruhnke, Klaus/Schwind, Jochen (Aufdeckung 2006), S. 732; Schindler, Joachim/Gärtner, Michael (Verantwortung 2004), S. 1236. Im Folgenden werden diese beiden Begrifflichkeiten synonym verwendet.
[41] Vgl. IDW PS 210, Tz. 7; ISA 240, Tz. 7; Sprick, Alexander (Prüfungshandlungen 2006), S. 93; Schindler, Joachim (Verstöße 2007), S. 88.
[42] Vgl. auch Lenz, Hansrudi (Moralökonomische Analyse 2005), S. 222.
[43] Vgl. IDW PS 210, Tz. 7; ISA 240, Tz. 8; Ruhnke, Klaus/Schwind, Jochen (Aufdeckung 2006), S. 732.
Siehe zu möglichen Verstößen gegen das Steuerrecht Castan, Edgar/Müller, Matthias (Steuerrecht 2004).

oder andere Mitarbeiter der Gesellschaft (ggf. auch unter Mitwirkung Dritter) sowie durch eine Kombination dieser Personengruppen begangen werden[44]. In aller Regel ist die Manipulation der Rechnungslegung die Folge eines so genannten *Management Override of Controls*[45]. Dies bedeutet, dass die gesetzlichen Vertreter der Gesellschaft oder andere Führungskräfte tatsächlich funktionierende und wirksam arbeitende Kontrollmechanismen des internen Überwachungssystems[46] absichtlich außer Kraft setzen, um so ihr bewusst unrechtmäßiges Agieren und die damit verbundenen Auswirkungen auf den Jahresabschluss und/oder den Lagebericht[47] zu verdecken[48]. Fraud auf dieser Ebene des Unternehmens wird auch als *Top-Management Fraud* bezeichnet[49]. Mitarbeitern unterer Hierarchieebenen fehlt es oftmals an ausreichender Kenntnis über die Funktionsweise des internen Kontrollsystems, so dass sie

---

[44] Vgl. IDW PS 210, Tz. 7; Ruhnke, Klaus/Schwind, Jochen (Aufdeckung 2006), S. 732. Studien haben gezeigt, dass durchschnittlich max. 80 % des Personals ehrlich sind; vgl. Brinkmann, Markus (Bilanzmanipulation 2007), S. 159. Siehe zu möglichen Personalrisiken auch Brand-Noé, Christine (Personalwesen 2007), S. 63 ff.

[45] Vgl. Hofmann, Stefan (Prävention 2006), S. 45; Brinkmann, Markus (Bilanzmanipulation 2007), S. 159; zu einem Beispiel siehe Wells, Joseph T. (Controls 2006), S. 55 ff.

[46] Vgl. zum internen Überwachungssystem allgemein bspw. Lück, Wolfgang (Überwachungssystem 1998), S. 405 ff.

[47] Wenn im Folgenden von Auswirkungen auf den Jahresabschluss die Rede ist, sind hiermit ebenso der Lagebericht sowie der Konzernabschluss und der Konzernlagebericht gemeint.

[48] Vgl. Warncke, Markus (Zusammenarbeit 2005), S. 184; O'Gara, John D. (Corporate Fraud 2004), S. 95; zu einem Beispiel siehe Wells, Joseph T. (Padding 2003), S. 67 ff.; Bantleon, Ulrich/Thomann, Detlef (Fraud 2006), S. 1717.

[49] Vgl. zu dieser Thematik und den diesbezüglichen Anforderungen an den Wirtschaftsprüfer bspw. Schruff, Wienand (Top-Management Fraud 2003), S. 906 ff.; Zahra, Shaker A./Priem, Richard L./Rasheed, Abdul A. (Top-Management Fraud 2005), S. 803 ff.; Rezaee, Zabihollah (Financial Statement Fraud 2002), S. 3; Kapnick, Harvey (Management Fraud 1976), S. 19 ff.; Arnold, Jerry L. (Reporting 1986), S. 72 ff. Top-Management Fraud wird auch als White Collar Crime bezeichnet; vgl. Zahra, Shaker A./Priem, Richard L./Rasheed, Abdul A. (Top-Management Fraud 2005), S. 805. Siehe zu den häufigsten Symptomen von Management Fraud O'Gara, John D. (Corporate Fraud 2004), S. 22 ff. Vgl. zur Zunahme von Top-Management Fraud auch Langenbucher, Günther/Blaum, Ulf (Aufdeckung 1997), S. 440.
Top-Management Fraud wird in der Regel erst entdeckt, wenn das Unternehmen bereits einen schweren Schaden erlitten hat; vgl. Levy, Marvin M. (Financial Fraud 1985), S. 78.

dieses nicht oder nicht vollständig ausschalten können[50]. Außerdem verfügen sie nicht über die gleichen organisatorischen Möglichkeiten wie das Top-Management, um ihr Handeln zu verdecken.

Manipulationen in der Rechnungslegung werden somit in aller Regel von den gesetzlichen Vertretern der Gesellschaft oder anderen Führungskräften vorgenommen mit dem Ziel, Ergebnisgrößen und andere Kennzahlen zu beeinflussen. So sollen die Abschlussadressaten gezielt über die wahre Lage des Unternehmens getäuscht werden, d.h., es kommt zu einer Falschdarstellung des wirtschaftlichen Erfolgs und der Profitabilität der Gesellschaft[51]. Nicht zuletzt geschieht dies oftmals aufgrund von herrschendem internem oder externem Druck, bspw. zur Erfüllung bestehender Markterwartungen[52].

Für eine AG bedeutet Top-Management Fraud, dass der Vorstand seiner in § 93 Abs. 1 AktG kodifizierten Sorgfaltspflicht (bzw. der Aufsichtsrat seiner in § 116 AktG i.V.m. § 93 Abs. 1 AktG festgeschriebenen Sorgfaltspflicht) ebenso wenig ordnungsgemäß nachkommt wie der in § 91 Abs. 2 AktG enthaltenen Verpflichtung zur Einrichtung eines Überwachungssystems, welches das frühzeitige Erkennen von den Fortbestand der Gesellschaft gefährdenden Risiken sicherstellen soll, oder dass er dieses System übergeht[53]. Für Gesellschaften anderer Rechtsformen gilt dies auf die jeweiligen rechtlichen und organisatorischen Gegebenheiten übertragen analog. Einer Studie der Wirtschaftsprüfungsgesellschaft KPMG aus dem Jahr 2006 zufolge, bei der branchenübergreifend Führungskräfte aus 420 Unternehmen unterschiedlicher Größe in Deutschland befragt wurden[54], waren an 50 % der Fälle von gefälschten Jahresabschlüssen in Deutschland Mitglieder des Top-Managements beteiligt[55].

Die tatsächliche Ausgestaltung von durch das Top-Management durchgeführten Manipulationen in der Rechnungslegung mit dem Ziel der Beeinflussung des Geschäftsergebnisses ist vielfältig. Es zählen nicht nur fingierte Bu-

---

[50] Begehen Mitarbeiter auf unteren Hierarchieebenen unrechtmäßige Handlungen, wird dies als Employee Fraud bezeichnet; vgl. Hofmann, Stefan (Prävention 2006), S. 46; Comer, Michael J. (Corporate Fraud 1998), S. 30 ff.; Rezaee, Zabihollah (Financial Statement Fraud 2002), S. 3; Benwell, Nick/Moses, Stephen (Employee Fraud 2006), S. 117 ff.; Adlem, Mike (Employee Fraud 2006), S. 111 ff. Dabei handelt es sich meist um dolose Handlungen.
[51] Vgl. Schindler, Joachim/Gärtner, Michael (Verantwortung 2004), S. 1237.
[52] Vgl. zu Anreizen für Verstöße Gliederungspunkt 2.2.4, S. 31 ff.; siehe auch Hodson, Nicholas M. (Fraud 2005), S. 194 f.
[53] Vgl. hierzu die Ausführungen unter Gliederungspunkt 3.3.3.2.1, S. 251 ff. und Gliederungspunkt 3.3.3.3.1, S. 274 ff.
[54] Vgl. KPMG (Studie 2006), S. 32.
[55] Vgl. KPMG (Studie 2006), S. 12.

chungen dazu, sondern darüber hinaus auch die unterlassene bzw. vor- oder nachgelagerte Erfassung von Sachverhalten und Geschäftsvorfällen aus der Berichtsperiode im Jahresabschluss[56]. Außerdem kann die oberste Hierarchieebene in unangemessener Art und Weise Annahmen und Beurteilungen, welche die Basis für erforderliche Schätzungen im Zusammenhang mit der Wertermittlung darstellen, korrigieren. Des Weiteren kann die Rechnungslegung durch das Verbergen oder die Nicht-Angabe von Tatsachen, die im Jahresabschluss enthaltene Wertangaben beeinflussen, ebenso manipuliert werden wie durch das Eingehen komplexer Geschäftsvorfälle, die absichtlich so strukturiert werden, um die Vermögens- oder Erfolgslage der Gesellschaft falsch darzustellen[57]. Schließlich kann das Top-Management auch durch Änderung von bei bedeutsamen oder ungewöhnlichen Geschäftsvorfällen getroffenen Vereinbarungen oder Aufzeichnungen Täuschungen begehen[58]. Bei all diesen Formen funktionieren die internen Kontrollen entweder nicht oder sie werden aktiv durch die handelnden Personen umgangen bzw. deaktiviert.

Die zweite Form von Fraud, die parallel zu den eben dargestellten möglichen Fällen von Manipulationen in der Rechnungslegung existiert, umfasst die Vermögensschädigungen sowie die Gesetzesverstöße, wobei Letztere nicht mit den bereits weiter oben angesprochenen sonstigen Gesetzesverstößen, die nicht zu falschen Angaben in der Rechnungslegung führen, verwechselt werden dürfen.

---

[56] Vgl. ISA 240, Tz. 9. An dieser Stelle ist bereits darauf hinzuweisen, dass das IDW seinen Entwurf zu einem IPS 240, der u.a. eine Übersetzung des ISA 240 enthielt, mittlerweile zurückgezogen hat. Dies hat technische Gründe, denn das IAASB beschäftigt sich zurzeit selbst im Zuge des Clarity-Projects mit einer Überarbeitung seiner Normen, so dass es das IDW als nicht sinnvoll ansieht, parallel die eigenen Normen ebenfalls zu überarbeiten, ohne dass die Ergebnisse des IAASB bekannt sind; vgl. IDW (Hrsg.) (Mitteilungen 2005), S. 660 f.; Ruhnke, Klaus/Schwind, Jochen (Aufdeckung 2006), S. 731 f. Allerdings behält die Übersetzung des ISA 240 hier weiterhin ihre Gültigkeit, da die in diesem Abschnitt genannten Beispiele für Management Override of Controls in der aktuell gültigen Fassung von ISA 240 ebenfalls enthalten sind; vgl. ISA 240, Tz. 9.
Das Clarity-Project des IAASB hat die Vorgabe einer festen Normstruktur und eine deutliche Differenzierung zwischen zwingenden Anforderungen und bloßen Erläuterungen in den Prüfungsstandards zum Ziel; vgl. Ruhnke, Klaus/Schwind, Jochen (Aufdeckung 2006), S. 732, dort Fußnote 10; Ruhnke, Klaus (Prüfungsnormen 2006), S. 1171; vgl. weiterhin zum Clarity-Project auch die Ausführungen unter Gliederungspunkt 3.1.2, S. 146 ff.
[57] Vgl. ISA 240, Tz. 9; IDW (Hrsg.) (Responsibility 2004), Rn. 9.
[58] Vgl. ISA 240, Tz. 9; IDW (Hrsg.) (Responsibility 2004), Rn. 9.

Den *Vermögensschädigungen*[59] werden Handlungen subsumiert, die auf die widerrechtliche Aneignung oder Verminderung von Gesellschaftsvermögen bzw. auf die Erhöhung der Verpflichtungen der Gesellschaft abzielen[60]. In der Literatur werden sie regelmäßig auch als *dolose Handlungen*[61] bezeichnet[62]. Hierzu zählen insbesondere Unterschlagung[63] und Diebstahl[64], daneben stellen bspw. Urkundenfälschung, Betrug[65], Veruntreuung, Bestechung[66] sowie Bestechlichkeit weitere Erscheinungsformen von dolosen Handlungen dar[67]. Vermögensschädigende Handlungen, die jedoch nicht zu falschen Angaben in der Rechnungslegung führen und damit keinen Verstoß bzw. Fraud i.S.d. IDW PS 210 darstellen, zählen definitionsgemäß zu den sonstigen Gesetzesverstößen[68]. Die Grundlage für Vermögensschädigungen bildet zumeist die Absicht der persönlichen Bereicherung. Ditzel definiert Vermögensschädigungen daher als „Tatbestände, die auf eine absichtliche Schädigung des Unternehmens gerichtet sind und überwiegend das Ziel der persönlichen Bereicherung haben"[69]. Vermögensschädigungen können – ebenso wie Täuschungen – von den gesetzlichen Vertretern, den Aufsichtsorganen oder Mitarbeitern der Gesell-

---

[59] Dieser Sachverhalt wird im englischen Sprachgebrauch als Misappropriation of Assets bezeichnet.
[60] Vgl. IDW PS 210, Tz. 7; Ruhnke, Klaus/Schwind, Jochen (Aufdeckung 2006), S. 732; Schindler, Joachim/Gärtner, Michael (Verantwortung 2004), S. 1237; Schindler, Joachim (Verstöße 2007), S. 88.
[61] Der Begriff ‚dolos' entstammt dem Lateinischen und bedeutet ‚arglistig' und ‚mit bösem Vorsatz'; vgl. Menge, Hermann (Wörterbuch 1992), S. 179; Hau, Rita (Wörterbuch 1986), S. 312. Es ist darauf hinzuweisen, dass ‚Vorsatz' hierbei nicht nur in der strafrechtlichen Bedeutung des Begriffs, sondern darüber hinausgehend als „vorsätzlich im Sinne eines bewußten und zielgerichteten Agierens" (Kaesberg, Günter (Prävention 1986), S. 12) zu verstehen ist.
[62] Vgl. Sell, Kirsten (Bilanzdelikte 1999), S. 4; Freiseisen, Reinhold Michael (Interne Revision 1996), S. 55.
[63] Vgl. Meyer zu Lösebeck, Heiner (Unterschlagung 2002), Sp. 2445 ff.; Walter, Peter (Deliktische Handlungen 1985), S. 257.
[64] Vgl. IDW PS 210, Tz. 7.
[65] Vgl. bspw. Odenthal, Roger (Mitarbeiterkriminalität 2005), S. 232.
[66] Vgl. Schlüter, Harald (Schmiergeld 2007), S. 176 ff.
[67] Vgl. Ditzel, Hans (Bewältigung 1997), S. 14; Sell, Kirsten (Bilanzdelikte 1999), S. 4; Meyer zu Lösebeck, Heiner (Unterschlagung 1983), S. 19; Selchert, Friedrich W. (Dolose Handlungen 2004), S. 145; Post, Kurt/Post, Manfred (Unterschlagung 1971), S. 5 f.; Hofmann, Rolf (Dolose Handlungen 1988), S. 42 f.
Im weiteren Verlauf der Arbeit kann die strafrechtliche Klassifizierung der genannten Tatbestände dahinstehen.
[68] Vgl. IDW PS 210, Tz. 7; Ruhnke, Klaus/Schwind, Jochen (Aufdeckung 2006), S. 732.
[69] Ditzel, Hans (Bewältigung 1997), S. 14; zu ähnlichen Definitionen vgl. auch Sell, Kirsten (Bilanzdelikte 1999), S. 4; Meyer zu Lösebeck, Heiner (Unterschlagung 1983), S. 19.

schaft sowie von Dritten oder von Kombinationen dieser Parteien begangen werden[70]. Sie werden häufig von Mitarbeitern niedrigerer Hierarchieebenen und in Form von eher kleinen Delikten mit in ihrer Einzelheit unwesentlichen Beträgen begangen[71], so dass das Verschleiern der Tat nicht schwer fällt. Darüber hinaus können dolose Handlungen auch zusammen mit Manipulationen in der Rechnungslegung auftreten, womit dann meist ein höherer Schaden korreliert ist. Die tatsächliche Schadenshöhe ist indes für die Beurteilung des Vorliegens einer dolosen Handlung ohne Bedeutung, denn das betroffene Unternehmen wurde in jedem Fall geschädigt und dieser Sachverhalt allein ist entscheidend[72]. Fast immer kommt es im Zusammenhang mit vermögensschädigenden Handlungen auch zur Fälschung von Unterlagen, bspw. Buchungsbelegen, um so den Vermögensschaden zu vertuschen[73].

Gesetzesverstöße, die als Fraud zu klassifizieren sind, resultieren aus der absichtlichen Missachtung entweder von Nicht-Rechnungslegungsnormen, Gesellschaftsvertrag oder Satzung, die zu wesentlichen falschen Angaben in der Rechnungslegung führt, sofern es sich dabei nicht um Vermögensschädigungen handelt[74]. Sie sind im Fall von Geldstrafen oder Schadensersatzverpflichtungen gegeben, wenn diese bewusst in der Rechnungslegung nicht ordnungsmäßig berücksichtigt sind[75]. Die International Standards on Auditing (ISA) behandeln diesen Themenkomplex – ebenso wie die sonstigen Gesetzesverstöße – in der Verlautbarung ISA 250[76].

Zur besseren Übersicht und zur Zusammenfassung werden die zuvor erläuterten Begrifflichkeiten und Zusammenhänge nachfolgend graphisch dargestellt[77].

---

[70] Vgl. IDW PS 210, Tz. 7.
[71] Vgl. IDW (Handbuch 2006), Rn. R138.
[72] Vgl. Deling, Wolfram (Dolose Handlungen 2005), S. 2. Als Beispiel für einen nur geringen Schaden nennt Deling die Abgabe einer geringfügig überhöhten Kilometergeldabrechnung im Zusammenhang mit der Reisekostenerstattung durch einen Angestellten des Unternehmens.
[73] Vgl. Schindler, Joachim/Gärtner, Michael (Verantwortung 2004), S. 1237.
[74] Vgl. IDW PS 210, Tz. 7; Ruhnke, Klaus/Schwind, Jochen (Aufdeckung 2006), S. 732.
[75] Vgl. IDW PS 210, Tz. 7; Ruhnke, Klaus/Schwind, Jochen (Aufdeckung 2006), S. 732.
[76] Vgl. ISA 250; Ruhnke, Klaus/Schwind, Jochen (Aufdeckung 2006), S. 732.
[77] Die Abbildung wurde in Anlehnung an IDW PS 210, Tz. 7, dort Abbildung 1, erstellt. Vgl. hierzu auch die Übersicht 1 bei Ruhnke, Klaus/Schwind, Jochen (Aufdeckung 2006), S. 733.

Terminologische Abgrenzungen und relevante Grundlagen

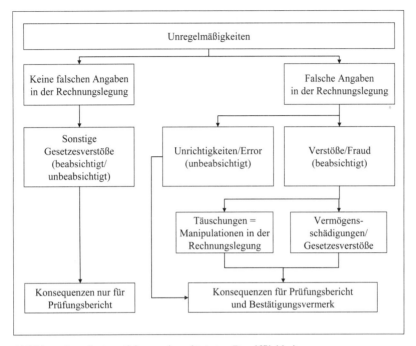

Abbildung 2: Systematisierung der erläuterten Begrifflichkeiten

Darüber hinaus ist es aufgrund der großen Bedeutung der terminologischen Grundlagen nötig, diese nochmals kurz tabellarisch in verdichteter Form zusammenzufassen.

Begriff	Kurzdefinition
Unregelmäßigkeiten	Den Unregelmäßigkeiten i.S.d. IDW PS 210 sind Unrichtigkeiten, Verstöße sowie sonstige Gesetzesverstöße zu subsumieren. Sie können, müssen aber nicht zu falschen Angaben in der Rechnungslegung führen.
Sonstige Gesetzesverstöße	Sonstige Gesetzesverstöße umfassen alle beabsichtigten und unbeabsichtigten Handlungen, die zwar nicht im Einklang mit Gesetzen, dem Gesellschaftsvertrag oder der Satzung stehen, aus denen jedoch keine Konsequenzen für die Rechnungslegung des Unternehmens resultieren. Über sonstige Gesetzesverstöße muss der Jahresabschlussprüfer nur in seinem Prüfungsbericht berichten.
Unrichtigkeiten (Error)	Bei Unrichtigkeiten handelt es sich um unbeabsichtigte falsche Angaben im Jahresabschluss, mit denen jedoch Konsequenzen für die Rechnungslegung verbunden sind. Diese können auf Schreib- oder Rechenfehlern bei der Datenerfassung bzw. -verarbeitung, der irrtümlich falschen Anwendung von Rechnungslegungsnormen oder einer falschen Einschätzung von Sachverhalten beruhen. Über Unrichtigkeiten muss der Jahresabschlussprüfer sowohl in seinem Prüfungsbericht als auch in seinem Bestätigungsvermerk berichten.
Verstöße (Accounting Fraud)	Verstöße stellen beabsichtigte falsche Angaben in der Rechnungslegung dar. Sie werden weiterhin untergliedert in Täuschungen bzw. Manipulationen in der Rechnungslegung einerseits sowie Vermögensschädigungen und Gesetzesverstöße andererseits. Über Verstöße muss der Jahresabschlussprüfer sowohl in seinem Prüfungsbericht als auch in seinem Bestätigungsvermerk berichten.

Begriff	Kurzdefinition
Täuschungen/Manipulationen in der Rechnungslegung	Zu Täuschungen bzw. Manipulationen in der Rechnungslegung zählen bewusst falsche wesentliche Angaben im Jahresabschluss sowie Fälschungen in der Buchführung. Dies kann erreicht werden durch Manipulationen – d.h. Buchungen ohne entsprechende Geschäftsvorfälle, unterlassene Buchungen, unberücksichtigte Buchungsbelege o.Ä. –, unerlaubte Änderungen der (Grundlagen der) Buchführung oder die absichtliche falsche Anwendung von Rechnungslegungsnormen.
Vermögensschädigungen	Vermögensschädigungen umfassen Handlungen, die auf die widerrechtliche Aneignung oder Verminderung von Gesellschaftsvermögen bzw. auf die Erhöhung der Verpflichtungen der Gesellschaft abzielen. Sie werden in der Literatur regelmäßig auch als dolose Handlungen bezeichnet. Dazu zählen insbesondere Unterschlagung und Diebstahl, daneben stellen Urkundenfälschung, Betrug, Veruntreuung, Bestechung sowie Bestechlichkeit weitere mögliche Erscheinungsformen dar. Vermögensschädigungen gehen meist mit der Absicht der persönlichen Bereicherung einher.
Gesetzesverstöße	Gesetzesverstöße resultieren – im Unterschied zu den sonstigen Gesetzesverstößen – aus der absichtlichen Missachtung von Nicht-Rechnungslegungsnormen, die zu wesentlichen falschen Angaben in der Rechnungslegung führt, sofern es sich dabei nicht um Vermögensschädigungen handelt. Dies ist z.B. im Fall von Geldstrafen oder Schadensersatzverpflichtungen gegeben, wenn diese bewusst in der Rechnungslegung nicht zutreffend berücksichtigt sind.

Abbildung 3: Inhaltliche Zusammenfassung der erläuterten Begrifflichkeiten

Wie die obigen Ausführungen und Abbildung 2 sowie Abbildung 3 gezeigt haben, wird in der Terminologie u.a. unterschieden zwischen Verstößen, die zu falschen Angaben in der Rechnungslegung führen, und sonstigen Gesetzesverstößen, die sich nicht in der Rechnungslegung niederschlagen. Da die vorliegende Arbeit beabsichtigte Verstöße mit Auswirkungen in der Rechnungslegung fokussiert und dem hierfür üblichen englischen Begriff ‚Fraud' im englischen Sprachgebrauch noch weitere Bedeutungen – die auch unabhängig von der Rechnungslegung gelten – zukommen[78], wird im Folgenden zur Konkretisierung stets von *‚Accounting Fraud'* gesprochen, sofern Verstöße i.S.d. IDW PS 210 bzw. Fraud i.S.d. ISA 240 gemeint sind[79]. In aller Regel gehen Manipulationen in der Rechnungslegung mit Vermögensschädigungen im Sinne von dolosen Handlungen einher, etwa beim Bilanzbetrug[80].

Die häufigste Erscheinungsform von Accounting Fraud ist eine Manipulation der Umsatzerlöse, die oftmals über die Erfassung fiktiver Umsatzerlöse, so genannte ‚Luftbuchungen', geschieht[81]. Darüber hinaus kann es auch zu einer Überbewertung des Vermögens oder einem zu geringen Aufwandsausweis kommen[82]. Eine weitere Möglichkeit zur Manipulation der Rechnungslegung ist, Buchungen zeitlich versetzt vorzunehmen, d.h., es handelt sich nicht um einen fiktiven Geschäftsvorfall, sondern lediglich um eine zeitversetzte Erfassung der Realität in den Rechenwerken[83].

2.2.2 Würdigung des Wesentlichkeitsaspekts

In § 317 Abs. 1 Satz 3 HGB wird von dem Abschlussprüfer verlangt, dass er bei gewissenhafter Berufsausübung durch seine Tätigkeit alle *wesentlichen* Unrichtigkeiten und Verstöße im Jahres- bzw. Konzernabschluss aufdeckt[84].

---

[78] Zu nennen sind hier bspw. Betrug/Betrügerei, Schwindel, arglistige Täuschung, List; vgl. hierzu Willmann, Helmut/Türck, Gisela/Messinger, Heinz (Wörterbuch 2004), S. 243. Siehe auch Wells, Joseph T. (Fraud Examination 2005), S. 8 f.; Bologna, G. Jack/Lindquist, Robert J. (Forensic Accounting 1987), S. 5 f.; Comer, Michael J. (Corporate Fraud 2003), S. 4 ff.; Silverstone, Howard/Sheetz, Michael (Forensic Accounting 2004), S. 6 f.; Rezaee, Zabihollah (Financial Statement Fraud 2002), S. 1 ff.

[79] Dies bedeutet, dass im Verlauf der weiteren Ausführungen in dieser Arbeit die Begriffe ‚Accounting Fraud' und ‚Verstoß' i.S.d. IDW PS 210 synonym gebraucht werden.

[80] Vgl. Castan, Edgar/Müller, Matthias (Strafgesetzbuch 2004), Rn. 40 ff. und Rn. 73.

[81] Vgl. Wolf, Thomas/Nagel, Ulrike (Strafrecht 2007), S. 88 f.; Kelly, Harvey R. (Forensic Accountants 2000), S. 99; Küting, Karlheinz/Weber, Claus-Peter/Pilhofer, Jochen (Umsatzrealisation 2002), S. 323 ff. Siehe zum Zusammenhang von Umsatzrealisation und Bilanzmanipulation auch Unkelbach, Philipp (Bilanzmanipulation 2006), S. 196 ff.

[82] Vgl. Brinkmann, Markus (Bilanzmanipulation 2007), S. 156.

[83] Vgl. Brinkmann, Markus (Bilanzmanipulation 2007), S. 157.

[84] Vgl. Kaduk, Michael (Unregelmäßigkeiten 2007), S. 25; Dorenkamp, Axel (Materiality 2003), S. 1116.

Demnach sind nicht alle Unrichtigkeiten und Verstöße zu entdecken, sondern es bleibt zunächst noch offen, ab welchem Umfang Verstöße für den Fortgang der Untersuchung von Interesse und Bedeutung sind. Zur Beantwortung dieser Frage ist auf das Thema Wesentlichkeit – die auch als Materiality bezeichnet wird – einzugehen.

Auch wenn in der Literatur teilweise die These aufgestellt wird, dass Verstöße unabhängig von ihrem Ausmaß stets als bedeutsam für den Jahresabschlussadressaten und damit per definitionem als wesentlich anzusehen sind[85], ist dieser Aussage nicht zuzustimmen. Eine generelle Wesentlichkeit kann folglich – so auch Hamann[86] – nicht festgestellt werden. Kommt es bspw. durch einen Mitarbeiter einmalig zur Entwendung eines geringwertigen Vorratsguts, so ist nicht davon auszugehen, dass diese Vermögensschädigung bedeutsame finanzielle Konsequenzen für das Unternehmen mit sich bringen oder gar das Verhalten von Koalitionspartnern gegenüber dem Unternehmen beeinträchtigen wird. Diese Auffassung wird auch durch die bereits angesprochene Formulierung des § 317 Abs. 1 Satz 3 HGB bestätigt.

IDW PS 210 unterscheidet im Zusammenhang mit Jahresabschlussprüfungen zwischen wesentlichen und unwesentlichen Unrichtigkeiten und Verstößen[87]. Was dabei unter Wesentlichkeit zu verstehen ist, ergibt sich hingegen aus IDW PS 250. Diesem Prüfungsstandard zufolge gelten Unrichtigkeiten und Verstöße als wesentlich, „die wegen ihrer Größenordnung oder Bedeutung einen Einfluss auf den Aussagewert der Rechnungslegung für die Abschlussadressaten haben"[88]. Es handelt sich dabei also um entscheidungserhebliche Sachverhalte[89]. Die Wesentlichkeit eines Sachverhalts beurteilt sich demnach sowohl nach quantitativen als auch nach qualitativen Gesichtspunkten[90].

Ein quantitativer Wesentlichkeitsmaßstab versucht mit Hilfe eines absoluten oder eines relativen Werts festzulegen, ab welcher Höhe sich falsche Angaben in der Rechnungslegung auf das Entscheidungsverhalten der Abschlussadressaten auswirken[91]. Die Vorgabe einer allgemein gültigen absoluten Wesentlichkeitsgrenze ist allerdings nicht möglich[92], da gleich hohe absolute Werte in Abhängigkeit von der jeweiligen Unternehmensgröße eine unter-

---

[85] Vgl. Hauser, Harald (Wirtschaftskriminalität 2000), S. 79 f.
[86] Vgl. Hamann, Christian (Dolose Handlungen 2003), S. 43.
[87] Vgl. IDW PS 210, Tz. 17 und Tz. 40.
[88] IDW PS 250, Tz. 4; vgl. Kaduk, Michael (Unregelmäßigkeiten 2007), S. 28.
[89] Vgl. IDW PS 250, Tz. 4; Rau, Hanns-Adolf/Wick, Peter (Wesentlichkeit 1994), S. 37; Chandler, Roy (Materiality 1984), S. 179; Wolz, Matthias (Wesentlichkeitsgrenzen 2004), S. 124.
[90] Vgl. IDW PS 250, Tz. 7; Mayer-Wegelin, Eberhard (Wesentlichkeit 2006), S. 10 f.
[91] Vgl. IDW PS 250, Tz. 8.
[92] Vgl. Ballwieser, Wolfgang (Rechnungslegungstheorie 1985), S. 64.

schiedliche Bedeutung haben[93]. Auch wenn dies zunächst für die Verwendung relativer Werte spricht, so ist einzuwenden, dass auch diese nicht ohne Weiteres standardisiert werden können, da bei der Festsetzung einer relativen Wesentlichkeitsgrenze immer der jeweilige unternehmensspezifische Hintergrund reflektiert werden muss[94]. Aus den genannten Gründen verzichtet das IDW auf die Angabe eines Wesentlichkeitsmaßstabs[95]. Die deutsche Wirtschaftsprüferpraxis behilft sich – wenn auch nicht einheitlich – stattdessen mit der Festlegung bestimmter Bandbreiten[96]. Eine beliebte Praktikerregel ist es, als Bezugsgröße der relativen Wesentlichkeitsgrenze das Jahresergebnis vor Steuern zu wählen und falsche Angaben in der Rechnungslegung, deren Betrag 10 % dieser Bezugsgröße überschreitet, als wesentlich zu charakterisieren[97].

Gemäß IDW PS 250 bezieht sich die qualitative Wesentlichkeit auf die Gesamtaussage der Rechnungslegung i.S.d. Generalnorm des § 264 Abs. 2 HGB[98]. Dies bedeutet, dass die zugrunde liegenden Unrichtigkeiten bzw. Verstöße dann das Wesentlichkeitskriterium erfüllen, wenn die Darstellung der Vermögens-, Finanz- und Ertragslage des Unternehmens durch falsche Angaben in der Rechnungslegung derart beeinflusst wird, dass sich das Entscheidungsverhalten der Jahresabschlussadressaten ändert. Dies ist bspw. der Fall, wenn sich die durch Unrichtigkeiten oder Verstöße verursachten falschen Angaben auf Trends von Finanzkennziffern auswirken[99].

Weiterhin ist darauf hinzuweisen, dass bei isolierter Betrachtung unwesentlich erscheinende Unrichtigkeiten bzw. Verstöße in der Summe durchaus

---

[93] Vgl. Ossadnik, Wolfgang (Materiality 1995), S. 38; Zaeh, Philipp E. (Spannungsfeld 2001), S. 295.
[94] Vgl. Rau, Hanns-Adolf/Wick, Peter (Wesentlichkeit 1994), S. 38. Siehe zu einem konkreten Beispiel Weilep, Volker/Weilep, Jan-Henning (Nichtigkeit 2006), S. 148.
[95] Vgl. IDW PS 250, Tz. 9. Die aus dem Fehlen einheitlicher Wesentlichkeitsgrenzen resultierenden Probleme beschreibt Wolz, Matthias (Wesentlichkeitsgrenzen 2004), S. 124 f. und S. 141 f.
[96] Vgl. Wolz, Matthias (Wesentlichkeitsgrenzen 2004), S. 125 ff. und S. 135 ff.
[97] Vgl. Chandler, Roy (Materiality 1984), S. 179. Ein Betrag, der kleiner als 5 % ist, gilt dann als unwesentlich, ein Betrag größer als 10 % hingegen als wesentlich. Im Bereich dazwischen obliegt die Wesentlichkeitsentscheidung dem pflichtgemäßen Ermessen des Abschlussprüfers. Hierzu und zur konzeptionellen Kritik am Jahresüberschuss vor Steuern als Bezugsgröße siehe Quick, Reiner (Materiality 1982), S. 875.
Weitere quantitative Konkretisierungen des Wesentlichkeitsgrundsatzes im internationalen Kontext finden sich bei Lück, Wolfgang (Materiality 1975), S. 42 f.; Quick, Reiner (Risiken 1996), S. 204 ff.; Würtele, Günther (Materiality 1989), S. 140; Küting, Karlheinz/Weber, Claus-Peter/Keßler, Marco/Metz, Christian (Fehler 2007), S. 10 f.; Wolz, Matthias (Wesentlichkeitsgrenzen 2004), S. 131.
[98] Vgl. IDW PS 250, Tz. 8; Mayer-Wegelin, Eberhard (Wesentlichkeit 2006), S. 9.
[99] Vgl. Dorenkamp, Axel (Materiality 2003), S. 1116.

wesentlich sein können[100]. Außerdem sind ohne Rücksicht auf die bisher genannten Aspekte nicht geringfügige Verstöße gegen bedeutende Rechnungslegungsnormen stets als wesentlich zu erachten[101].

Als Grundlage für die weiteren Ausführungen erscheint es zweckmäßig, in Anlehnung an IDW PS 210 und IDW PS 250 stets davon auszugehen, dass der betrachtete Accounting Fraud wesentlich ist. Auf die Vorgabe eines bestimmten Wesentlichkeitsmaßstabs wird indes verzichtet.

2.2.3 Klassifizierung von Accounting Fraud

Accounting Fraud lässt sich danach differenzieren, ob von den handelnden Personen Maßnahmen zu seiner Verdeckung[102] ergriffen werden oder nicht[103]. Mit solchen die Tat verschleiernden Handlungen bezweckt der Täter (bzw. die Tätergruppe)[104] die Verzögerung oder bestenfalls sogar die Verhinderung sowohl der Schadensaufdeckung als auch der Täteridentifizierung, so dass zukünftig weiterhin die Möglichkeit besteht, Accounting Fraud zu begehen[105]. Als Verschleierung gelten alle Handlungen oder Unterlassungen, die die Aufdeckung von Verstößen verzögern oder verhindern sollen[106].

---

[100] Vgl. IDW PS 250, Tz. 10.
[101] Vgl. IDW PS 250, Tz. 11. Mit Blick auf das HGB misst das IDW z.B. folgenden Rechnungslegungsnormen eine besondere Bedeutung bei: Ausweis eigener Anteile nach § 265 Abs. 3 Satz 2 HGB oder bestimmte Publizitätspflichten in Anhang (z.B. Bezüge des Geschäftsführungsorgans nach § 285 Satz 1 Nr. 9 HGB bzw. § 314 Abs. 1 Nr. 6 HGB) oder Lagebericht (z.B. hinsichtlich des Abhängigkeitsberichts nach § 312 Abs. 3 AktG). Das Unterlassen dieser Angaben kann die Einschränkung des Bestätigungsvermerks begründen; vgl. Förschle, Gerhart/Küster, Thomas (Bestätigungsvermerk 2006), Rn. 61.
[102] In diesem Zusammenhang findet sich in der Literatur als Synonym für ‚Verdeckung' häufig auch der Ausdruck ‚Verschleierung'; vgl. bspw. Meyer zu Lösebeck, Heiner (Unterschlagung 1983), S. 43.
[103] Vgl. ausführlich zur Thematik der Verschleierung Meyer zu Lösebeck, Heiner (Unterschlagung 1983), S. 42 ff.
[104] Für Zwecke dieser Arbeit wird nicht weiter unterschieden, ob es sich um einen einzigen oder um eine Gruppe von Tätern handelt, die den Fraud begehen. Gleichzeitig gilt: Wenn im Folgenden von den ‚Tätern' in der Mehrzahl gesprochen wird, geschieht dies aus Vereinfachungsgründen und schließt nicht aus, dass Accounting Fraud auch von einer einzigen Person begangen werden kann.
[105] Vgl. Meyer zu Lösebeck, Heiner (Unterschlagung 1983), S. 43; Wehling, Jörg/Weiß, Christian (Abwehr 2005), S. 105; Hofmann, Rolf (Dolose Handlungen 1988), S. 53.
[106] Vgl. Meyer zu Lösebeck, Heiner (Unterschlagung 1983), S. 43; Kaduk, Michael (Unregelmäßigkeiten 2007), S. 20 f.; Meyer zu Lösebeck, Heiner (Unterschlagung 2002), Sp. 2450.

Diese können anhand folgender Unterscheidungsmerkmale differenziert werden[107]:

- *zeitlicher Bezug zwischen Verschleierung und Accounting Fraud*: Die Verschleierung kann dem Accounting Fraud vor- oder nachgelagert sein oder gleichzeitig mit ihm erfolgen. Geschieht sie vor oder gleichzeitig zu dem Verstoß, ist dieser ohne Verschleierung häufig überhaupt nicht möglich[108]. Eine Verschleierung vor Begehen der eigentlichen Tat bietet den Vorteil, dass der Täter im Vorfeld bereits die Wahrscheinlichkeit der Aufdeckung ausloten kann[109]. Dies ist z.B. dann der Fall, wenn Ausgangsrechnungen nicht gebucht werden mit dem Ziel der nachfolgenden Unterschlagung der eingehenden Zahlungen[110]. Eine Verdeckung während des Verstoßes geschieht bspw. bei der Durchführung von beleglosen Transaktionen, d.h., wenn Warengeschäfte bei einer mangelhaften Bestandskontrolle ohne Rechnung abgewickelt werden[111]. Fälle der Inventurmanipulation bspw. ermöglichen dem Täter hingegen eine Verschleierung des Sachverhalts im Nachgang zum eigentlichen Fraud[112].
- *aktive oder passive Verschleierungshandlung*: Für Zwecke einer aktiven Verschleierung ist das aktive Agieren seitens der handelnden Person erforderlich, indem diese falsche Spuren legt, um so die Nachprüfbarkeit von Sachverhalten zu erschweren[113]. Im Gegensatz dazu werden bei der passiven Verschleierung entweder keine Spuren gelegt oder bestehende Spuren werden beseitigt, bspw. durch die Vernichtung von Belegen[114]. Wird der Verstoß dennoch aufgedeckt, ist die Beweisführung aufgrund der erschwerten Nachprüfbarkeit der Sachverhalte deutlich schwieriger[115].
- *vorübergehende oder endgültige Verschleierung*: Bei der vorübergehenden Verschleierung besteht die Abweichung zwischen der tatsächlich durchgeführten und der bei ordnungsgemäßer Vorgehensweise gebotenen Hand-

---

[107] Vgl. zu den einzelnen Merkmalen – auch mit weiterführenden Beispielen – ausführlicher Meyer zu Lösebeck, Heiner (Unterschlagung 1983), S. 43 ff.
[108] Vgl. Jacob, S. (Bilanzdelikte 1933), S. 786; Meyer zu Lösebeck, Heiner (Unterschlagung 1983), S. 43.
[109] Vgl. Meyer zu Lösebeck, Heiner (Unterschlagung 1983), S. 44; Hofmann, Rolf (Unterschlagung 1997), S. 194 f.
[110] Vgl. Hübner, Heinz (Gestaltung 1955), S. 27.
[111] Vgl. Meyer zu Lösebeck, Heiner (Unterschlagung 1983), S. 44.
[112] Vgl. Meyer zu Lösebeck, Heiner (Unterschlagung 1983), S. 44. Um dies zu verhindern oder aufzudecken, können Inventurbeobachtungen hilfreich sein; vgl. Kaduk, Michael (Unregelmäßigkeiten 2007), S. 73 ff.
[113] Vgl. Meyer zu Lösebeck, Heiner (Unterschlagung 1983), S. 44 f.; Hofmann, Rolf (Unterschlagung 1997), S. 195.
[114] Vgl. Meyer zu Lösebeck, Heiner (Unterschlagung 1983), S. 44 f.
[115] Vgl. Meyer zu Lösebeck, Heiner (Unterschlagung 1983), S. 45.

lung nur zeitlich begrenzt. Im Fall einer Unterschlagung kann diese bspw. durch eine nachgelagerte Buchung für eine gewisse Zeitdauer verdeckt werden[116]. Oft wird eine vorübergehende jedoch mit einer endgültigen Verschleierung beendet. Bei Letzterer erfolgt unmittelbar eine erfolgswirksame, d.h. die Gewinn- und Verlustrechnung tangierende, – eigentlich nicht gerechtfertigte – Buchung, so dass keinerlei Abweichung mehr besteht[117]. Auch die Nichterfassung eines Sachverhalts, bspw. eines Vermögenszugangs, stellt eine endgültige Verschleierung dar[118].

In der Praxis können im Zusammenhang mit Accounting Fraud Kombinationen der vorstehend dargestellten Verschleierungsmöglichkeiten auftreten. Allen Charakteristika ist gemeinsam, dass ihre Anwendung voraussetzt, dass der Täter überhaupt die Möglichkeit zur Verschleierung besitzt. Die handelnde Person muss also entweder sowohl fachlich als auch organisatorisch und technisch in der Lage sein, bestehende Kontrollmechanismen zu umgehen und so die zur Verdeckung des Verstoßes erforderlichen Maßnahmen durchzuführen, oder aber es sind keine oder nur unzureichende Kontrollen installiert.

Neben der Unterscheidung zwischen verdecktem und unverdecktem Accounting Fraud ist auch eine Differenzierung in erfolgswirksamen oder erfolgsneutralen Accounting Fraud möglich. Beide Formen können jeweils mit und ohne Verschleierung durch die handelnde Person auftreten. Wird bspw. ein Vermögensgegenstand unterschlagen und diese Unterschlagung entdeckt[119], kommt es zu einer aufwandswirksamen Buchung dieses Fehlens des Vermögensgegenstands und folglich zu einer Verminderung des Jahresergebnisses in der Periode. Diese unverdeckte Vermögensschädigung hat sich damit ergebnismindernd im Jahresabschluss des Unternehmens niedergeschlagen. Wird eine dolose Handlung bspw. dadurch verdeckt, dass ein Vermögensabgang gebucht oder ein Vermögenszugang nicht gebucht wird, so ergibt sich bei einer späteren Inventur keine Bestandsdifferenz und das Jahresergebnis bzw. Vermögen wird um den Wert des unterschlagenen Vermögensgegenstands gemindert ausgewiesen. Es handelt sich hierbei um eine verdeckte erfolgswirksame Vermögensschädigung. Jede Form eines erfolgswirksamen Verstoßes führt dazu, dass das Jahresergebnis des Unternehmens trotzdem ‚richtig' ausgewiesen wird, da die Konsequenzen aus dem Verstoß zutreffend in der

---

[116] Vgl. Meyer zu Lösebeck, Heiner (Unterschlagung 1983), S. 45; Hofmann, Rolf (Unterschlagung 1997), S. 199.
[117] Vgl. Meyer zu Lösebeck, Heiner (Unterschlagung 1983), S. 45.
[118] Vgl. Meyer zu Lösebeck, Heiner (Unterschlagung 1983), S. 45.
[119] Die Entdeckung kann bspw. im Rahmen einer Inventur, durch Anzeige eines Mitarbeiters oder schlicht zufällig geschehen.

Rechnungslegung abgebildet werden[120]. Dennoch stellt natürlich der Verstoß selbst eine unrechtmäßige Handlung dar.

Im Gegensatz dazu kommt es bei ergebnisneutralen Accounting Fraud-Fällen immer zu einer nicht zutreffenden Darstellung der wirtschaftlichen Lage des Unternehmens[121]. Ein unverdeckter Verstoß, der sich nicht ergebnismindernd niederschlägt, ist jedoch nur selten möglich. Denkbar wäre eine Inventurdifferenz, die aufgrund der Anwendung eines Inventurvereinfachungsverfahrens[122] nicht entdeckt würde, – z.B. wenn nach § 241 Abs. 3 HGB eine vorgelagerte Inventur[123] durchgeführt wird und zwischen dem Inventurstichtag und dem Bilanzstichtag ein Vermögensgegenstand unterschlagen wird. Wird diese Unterschlagung bei der Bestandsfortschreibung nicht als Schwund berücksichtigt, ist der Vermögensgegenstand fälschlicherweise in der Bilanz enthalten, der entsprechende Aufwand aus dem Schwund fehlt in der Gewinn- und Verlustrechnung[124]. Allerdings ist anzumerken, dass die Nichtberücksichtigung des Schwunds nur bei einem nicht den Grundsätzen ordnungsmäßiger Buchführung (GoB) entsprechenden Fortschreibungsverfahren möglich ist und somit nicht im Einklang mit § 241 Abs. 3 HGB steht[125]. In der Regel gelingt es den handelnden Personen jedoch, ihre unkorrektes Handeln zu verdecken. Daher finden sich in der Praxis häufiger Fälle von verdecktem ergebnisneutralem Fraud. In Variation des oben genannten Beispiels wäre dies gegeben, wenn das Fehlen des unterschlagenen Vermögensgegenstands bei der Inventurdurchführung bewusst durch eine falsche Addition verschleiert oder wenn ein Lagerfehlbestand mittels leerer Verpackungen vertuscht würde[126]. Damit wird mit Hilfe einer Manipulation das Vorhandensein des betreffenden Vermögensgegenstands suggeriert.

Accounting Fraud tritt nicht ohne Grund auf. Daher ist es notwendig, nachfolgend zu untersuchen, warum die verursachenden Personen in der Weise agieren, dass sie beabsichtigte Verstöße begehen. Darüber hinaus wird versucht, Accounting Fraud in die zum jeweiligen Zeitpunkt bestehende Unter-

---

[120] Vgl. Sell, Kirsten (Bilanzdelikte 1999), S. 23 ff.
[121] Vgl. Sell, Kirsten (Bilanzdelikte 1999), S. 23.
[122] Vgl. zu Inventurvereinfachungsverfahren ausführlich und m.w.N. Petersen, Karl/Zwirner, Christian (Vorratsinventur 2005), Rn. 121 ff.
[123] Vgl. Petersen, Karl/Zwirner, Christian (Vorratsinventur 2005), Rn. 195 ff.
[124] Vgl. zu diesem Beispiel Sell, Kirsten (Bilanzdelikte 1999), S. 24.
[125] § 241 Abs. 3 HGB erlaubt einen vom Bilanzstichtag abweichenden Inventurstichtag, wenn durch ein „den Grundsätzen ordnungsmäßiger Buchführung entsprechendes Fortschreibungs- oder Rückrechnungsverfahren" eine ordnungsgemäße Bewertung der Vermögensgegenstände zum Bilanzstichtag sichergestellt ist. Vgl. hierzu auch Petersen, Karl/Zwirner, Christian (Vorratsinventur 2005), Rn. 196.
[126] Vgl. Sell, Kirsten (Bilanzdelikte 1999), S. 25.

nehmensgesamtsituation einzuordnen und damit zu analysieren, warum er überhaupt möglich ist[127].

2.2.4 Gründe für Accounting Fraud

Accounting Fraud passiert nicht ‚aus Versehen'. Sowohl die Manipulation der Rechnungslegung als auch Vermögensschädigungen resultieren aus bestimmten Handlungen von Personen, die diese aus einem bestimmten Grund und zu einem bestimmten Zeitpunkt durchführen[128]. Somit stellen die Agierenden sicher, dass ihr Vorgehen sein Ziel und seine Wirkung nicht verfehlt. Es lassen sich Voraussetzungen feststellen, die typischerweise zum Auftreten von Accounting Fraud erfüllt sein müssen.

In der Regel müssen drei Umstände gleichzeitig gegeben sein, damit Verstöße durchgeführt werden können[129]:

– Die Täter haben einen besonderen Anreiz bzw. sie verspüren einen besonderen Druck, der sie die Tat begehen lässt (Motivation).
– Den Tätern bietet sich die Gelegenheit zum unrechtmäßigen Handeln (Gelegenheit).
– Die persönliche Einstellung der Täter erlaubt es ihnen, den Accounting Fraud tatsächlich zu begehen (innere Rechtfertigung).

Sobald eine der drei Voraussetzungen vorliegt, steigt aus Prüfungssicht das Risiko, dass Verstöße begangen werden[130]. Je mehr Komponenten erfüllt sind, desto größer ist das Risiko. Im Fachschrifttum sowie in der Praxis werden diese drei Faktoren als so genanntes ‚Fraud Triangle' bezeichnet[131]. Dieses in Abbildung 4 graphisch dargestellte Konzept wurde von Cressey entwickelt[132], um

---

[127] Vgl. hierzu Gliederungspunkt 2.2.4, S. 31 ff.
[128] Vgl. zum Auftreten von Wirtschaftskriminalität in Übernahme- und Restrukturierungsphasen Lange, Jan-Ulrich (Wirtschaftskriminalität 2007), S. 71 ff.
[129] Vgl. ISA 240, Tz. 12; Loebbecke, James K./Eining, Martha M./Willingham, John J. (Experience 1989), S. 4; Peemöller, Volker H./Hofmann, Stefan (Fraud Triangle 2005), S. 43 ff.; Ruhnke, Klaus/Schwind, Jochen (Aufdeckung 2006), S. 734; Knabe, Stephan/Mika, Sebastian/Müller, Klaus-Robert/Rätsch, Gunnar/Schruff, Wienand (Fraud-Risiko 2004), S. 1058; Schruff, Wienand (Top-Management Fraud 2003), S. 906; Warncke, Markus (Zusammenarbeit 2005), S. 184; Kaduk, Michael (Unregelmäßigkeiten 2007), S. 37 f.; Schruff, Wienand (Gesetzesverstöße 2005), S. 208 f.; Odenthal, Roger (Wirtschaftskriminelle Handlungen 1997), S. 248 f.; Ramos, Michael (Auditors' Responsibility 2003), S. 28; Montgomery, Daniel D./Beasley, Mark S./Menelaides, Susan L./Palmrose, Zoe-Vonna (New Procedures 2002), S. 63.
[130] Vgl. zu einer Studie über die Bewertung von Fraud-Risiken Rose, Anna M./Rose, Jacob M. (Fraud Risk Assessments 2003), S. 312 ff.
[131] Vgl. bspw. Wells, Joseph T. (Fraud Examination 2005), S. 13 ff.
[132] Vgl. Berndt, Thomas/Jeker, Marc (Fraud Detection 2007), S. 2615.

die Entstehungsgründe von Kriminalität zu untersuchen, und findet sich auch im US-amerikanischen Prüfungsstandard SAS 99 ‚Consideration of Fraud in a Financial Statement Audit'[133]. In diesem Modell kommt es auf das Zusammenspiel von mindestens zwei[134] dieser Umstände an.

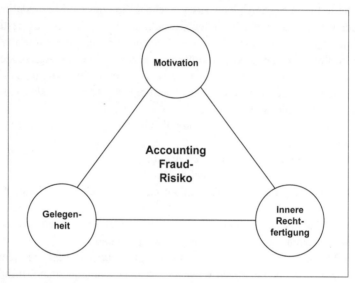

Abbildung 4: Fraud Triangle

Sowohl das International Auditing and Assurance Standards Board (IAASB)[135] als auch das IDW stellen in ihren entsprechenden Verlautbarungen gleichlautend fest, dass Accounting Fraud dann zu erwarten ist, „wenn sowohl eine Mo-

---

[133] Vgl. Cressey, Donald R. (Money 1973), S. 139 ff.; SAS 99.7; Brinkmann, Markus (Bilanzmanipulation 2007), S. 158; Turner, Jerry L./Mock, Theodore J./Srivastave, Rajendra P. (Analysis 2003), S. i; Lange, Jan-Ulrich (Wirtschaftskriminalität 2007), S. 71; ausführlich auch Wells, Joseph T. (Fraud Examination 2005), S. 13 ff.
Zu SAS 99 siehe auch Wells, Joseph T. (Fraud Examination 2005), S. 347 ff.; Wells, Joseph T. (Fraud Deterrence 2004), S. 72.

[134] Einer empirischen Studie aus dem Jahr 1989 zufolge kann es durchaus auch zu Fraud-Fällen kommen, wenn nur eine oder zwei Komponenten des Fraud Triangle erfüllt sind. In der überwiegenden Mehrzahl der aufgetretenen Fälle waren hingegen alle drei Voraussetzungen erfüllt; vgl. Loebbecke, James K./Eining, Martha M./Willingham, John J. (Experience 1989), S. 5 und S. 8.

[135] Das IAASB wird von der IFAC bestellt und ist u.a. für die Erarbeitung und Weiterentwicklung der ISA zuständig; vgl. Marten, Kai-Uwe/Quick, Reiner/Ruhnke, Klaus (Wirtschaftsprüfung 2007), S. 75

tivation und Gelegenheit zur Durchführung als auch eine innere Rechtfertigung für die Handlung vorliegen"[136].

Die *Motivation* für einen Verstoß kann entweder in einem besonderen Anlass bestehen oder durch einen Druck, dem sich die Handelnden ausgesetzt sehen, begründet werden[137]. Sie kann aus finanziellen oder persönlichen Gründen ebenso resultieren wie aus tätigkeitsbezogenen Anlässen. In der Praxis sind bereits vielfältige Auslöser aufgetreten. Monetäre Aspekte, die einen Anreiz für ein Vergehen darstellen können, sind bspw. Habgier, die aus dem Vergleich der eigenen Einkommens- bzw. Vermögenssituation mit der von anderen Personen erwächst, oder (wachsender) Geldbedarf[138]. Letzterer kann wiederum verschiedene Entstehungsursachen haben: eine Fehlentscheidung bei der eigenen Vermögensdisposition, unerwartete Verluste oder auch die Einnahmen übersteigende Ausgaben. Darüber hinaus kann auch die Persönlichkeit des Täters zu der rechtswidrigen Handlung führen, z.B. wenn die Person über ein sehr hohes Geltungsbedürfnis verfügt und dieses durch Steigerung des eigenen Vermögens, möglicherweise einhergehend mit großzügiger (öffentlichkeitswirksamer) Spendentätigkeit und damit verbundenem großem persönlichem Ansehen, zu befriedigen versucht. Denkbar ist ebenfalls, dass der Täter aufgrund eines ‚schwachen' Charakters Opfer einer Erpressung oder spielsüchtig geworden ist und sich der daraus entstandenen Verpflichtungen nicht mehr auf legale Art und Weise entledigen kann[139]. Alle diese Faktoren führen – wenn überhaupt – eher zu Vermögensschädigungen als zu Manipulationen in der Rechnungslegung, da hierbei die persönliche Bereicherungsabsicht eindeutig im Vordergrund steht.

Differenzierter ist der Fall von tätigkeitsbezogener Motivation für Accounting Fraud zu betrachten. Diese kann z.B. in der Verantwortung des Täters für finanzielle Kennzahlen – bspw. Umsatzerlöse oder Ergebnisgrößen –, in einer aus subjektiver Sicht ungenügenden (finanziellen) Anerkennung der eigenen Leistung, in der Angst vor einem Arbeitsplatzverlust oder in der Verärgerung über eine nicht erfolgte Beförderung bzw. Gehaltserhöhung liegen. Darüber hinaus gibt es in der Praxis noch zahlreiche weitere aus der Tätigkeit resultierende Gründe. Vermehrt haben die Erfahrungen der jüngeren Vergangenheit

---

[136] IDW PS 210, Tz. 24. Die entsprechende Stelle in ISA 240 lautet: „Fraud involves incentive or pressure to commit fraud, a perceived opportunity to do so and some rationalization of the act"; ISA 240, Tz. 12. Siehe hierzu auch Loebbecke, James K./Eining, Martha M./Willingham, John J. (Experience 1989), S. 4 ff.
[137] Vgl. Brinkmann, Markus (Bilanzmanipulation 2007), S. 158.
[138] Vgl. Kaduk, Michael (Unregelmäßigkeiten 2007), S. 37; Grupp, Bruno (Revisionsmanagement 2002), S. 237.
[139] Vgl. Grupp, Bruno (Revisionsmanagement 2002), S. 237.

gezeigt, dass (Top-) Manager, die am von ihnen verantworteten Unternehmenserfolg gemessen werden, viel eher in Versuchung geraten, die Ergebniszahlen zu manipulieren, um so ein für sie vorteilhafteres Bild der Unternehmenslage präsentieren zu können[140]. Gleiches gilt, wenn die in Vorjahren getroffenen Prognosen nicht eingehalten werden können und dafür eine Abstrafung durch den Kapitalmarkt droht. Diese Fälle können u.U. ebenfalls einen Motivationsschub zum Begehen eines Verstoßes darstellen[141]. Noch eine Steigerung erfuhr diese Entwicklung im Zuge der fortschreitenden Einführung erfolgsabhängiger Vergütungssysteme. Je höher der variable Gehaltsbestandteil – insbesondere auf Ebene des Top-Managements – ist, desto eher bietet diese Verknüpfung des eigenen Einkommens mit dem Erfolg des Unternehmens einen Anreiz für Führungskräfte, tatsächlich erzielte Ergebnisse zu schönen[142]. Je nach gewünschtem Ergebnis kann tätigkeitsbezogener Accounting Fraud sowohl zu Manipulationen in der Rechnungslegung als auch zu Vermögensschädigungen führen. Hier liegt die Vermutung nahe, dass mit steigender Hierarchieebene, der ein Täter innerhalb des Unternehmens angehört, eher die Rechnungslegung selbst ‚korrigiert' wird, als dass es zu dolosen Handlungen kommt. Dies ist darauf zurückzuführen, dass Täuschungen sowohl in organisatorischer als auch in fachlicher Hinsicht zumeist nur im Bereich von Führungsebenen möglich sind[143].

Neben den beschriebenen Motiven für das Begehen von Accounting Fraud gibt es darüber hinaus noch weitere, jeweils vom Einzelfall abhängende Gründe für Verstöße. Zu nennen ist hier bspw. der Rachegedanke. Diese Motivation wird voraussichtlich eher zu Vermögensschädigungen als zu Manipulationen in der Rechnungslegung führen, da ein Täter so schneller zu seinem gewünschten Erfolg kommen wird.

Grundsätzlich ist festzuhalten, dass – unabhängig von den aus einer persönlichen Situation resultierenden Motiven – der zunehmende Druck unternehmensexterner Interessengruppen im Allgemeinen und des (globalisierten) Kapitalmarkts im Speziellen ebenfalls als ursächlich dafür anzusehen ist, dass das Accounting Fraud-Risiko beträchtlich steigt[144].

---

[140] Vgl. Matsumoto, Dawn A. (Incentives 2002), S. 483 ff.
[141] Vgl. Buchhorn, Eva (Versprechen 2005).
[142] Vgl. Buchhorn, Eva (Versprechen 2005); Solfrian, Gregor/Willeke, Clemens (Aufdeckung 2002), S. 1116.
[143] Vgl. hierzu Gliederungspunkt 2.2.1, S. 13 ff.
[144] Vgl. zu möglichen Auswirkungen der Globalisierung Turner, Geoff/Fiedler, Brenton (Reporting 2001), S. 231 ff. Vgl. zur besonderen Bedeutung von Corporate Governance in globalen Unternehmen Steger, Ulrich (Globale Unternehmen 2003), S. 419 ff.

Nicht aus jedem der oben skizzierten Fälle resultieren unmittelbar unrechtmäßige Handlungen. Vielmehr sind regelmäßig noch weitere Faktoren erforderlich, bei deren Vorliegen das Risiko, dass ein Verstoß tatsächlich begangen wird, wächst. So braucht jeder Täter, der zwar einerseits zu Accounting Fraud motiviert ist, andererseits jedoch immer auch eine *Gelegenheit*, den Verstoß überhaupt durchführen zu können[145]. Es müssen also bestimmte Umstände im Unternehmen vorliegen, welche es den handelnden Personen überhaupt erst ermöglichen, ihre Tat zu begehen[146]. Eine solche Gelegenheit bietet sich insbesondere, wenn erforderliche Kontrollen gänzlich fehlen oder wenn die installierten Kontrollmechanismen nur unzureichend oder überhaupt nicht arbeiten[147]. Dies wäre z.B. der Fall, wenn bei fehlendem Vier-Augen-Prinzip ein Mitarbeiter der Debitorenbuchhaltung Daten über Bankverbindungen eigenmächtig ändern und so eingehende Zahlungen auf sein privates Bankkonto umleiten könnte. Bei Top-Management Fraud ergibt sich die Gelegenheit insbesondere daraus, dass die Führungskräfte aufgrund ihrer herausgehobenen Position im Unternehmen ebenso wie mittels definierter Kompetenzen und Berechtigungen im Sicherheitssystem in der Lage sind, gut funktionierende interne Kontrollen zu umgehen oder sie zu deaktivieren. Dies könnte bspw. dazu führen, dass Vermögen in der Bilanz ausgewiesen wird, welches tatsächlich überhaupt nicht im Unternehmen vorhanden ist[148].

Neben der Motivation und der Gelegenheit, Accounting Fraud zu begehen, kommt es zusätzlich noch auf den Charakter und die innere Einstellung von Personen an, die sowohl einen Anreiz bzw. Druck als auch die Möglichkeit zum unrechtmäßigen Handeln besitzen[149]. Im Fraud Triangle wird diese Komponente als *innere Rechtfertigung* beschrieben. Sie stellt darauf ab, dass mögliche Täter es mit ihrer inneren Einstellung, ihrem Charakter sowie ihren ethischen Wertvorstellungen in Einklang bringen können müssen, tatsächlich auch gesetzeswidrig zu agieren[150]. Die persönlichen Wertvorstellungen verbunden mit dem anerzogenen oder entwickelten Unrechtsbewusstsein der einzelnen

---

[145] Vgl. zu einer möglichen ‚Gelegenheitsstruktur' bspw. Windolf, Paul (Betrug 2003), S. 196 ff. Gründe für eine Zunahme der Gelegenheiten wie z.B. häufige Veränderungen in der Unternehmenskultur oder hochkomplizierte Geschäftsvorfälle nennt Sacks, Steven E. (Fraud Risk 2004), S. 57.
[146] Vgl. Ruhnke, Klaus/Schwind, Jochen (Aufdeckung 2006), S. 734.
[147] Vgl. Kaduk, Michael (Unregelmäßigkeiten 2007), S. 37.
[148] Vgl. hierzu bspw. den Fall FlowTex unter Gliederungspunkt 2.2.5.6, S. 63 ff.
[149] Vgl. Kaduk, Michael (Unregelmäßigkeiten 2007), S. 38; Zimmerer, Carl (Kriminalität 1997), S. 490.
[150] Vgl. Brinkmann, Markus (Bilanzmanipulation 2007), S. 158. „Als Ethik bezeichnet man die Lehre vom richtigen menschlichen Handeln"; Döring, Ulrich (Methodologische Grundprobleme 2004), S. 126.

Personen sind also von großer Bedeutung. Darüber hinaus kann sich auch die herrschende Unternehmenskultur[151] darauf auswirken und eine Tat bspw. mit ‚Jeder im Unternehmen tut es' begründet werden. Andererseits können auch Aussagen wie ‚Es steht mir zu', ‚Das Unternehmen schuldet es mir', ‚Das Unternehmen ist so groß, dass es ihm nicht weh tut' oder ‚Ich leihe das Geld nur und zahle es wieder zurück' von den Tätern als Legitimation genutzt werden.

Sehr ausführlich haben sich Loebbecke/Eining/Willingham bereits 1989 mit dem Fraud Triangle beschäftigt und hierzu umfangreiche Untersuchungen vorgenommen[152]. Ausgehend von dem Gedanken, dass das Risiko bzw. die Wahrscheinlichkeit von wesentlichen falschen Angaben in der Rechnungslegung von den drei Determinanten Motivation, Gelegenheit und innere Rechtfertigung bestimmt wird[153], haben sie eine umfassende empirische Studie durchgeführt, um ihre Vermutung zu überprüfen[154]. Hierbei haben sich die Autoren des von Loebbecke/Willingham bereits 1988 theoretisch formulierten Zusammenhangs der drei Komponenten[155] bedient. Dieser kann in einer der nachfolgenden Abbildung 5 zu entnehmenden mathematischen Formel ausgedrückt werden, wobei die Variablen p ‚Wahrscheinlichkeit', M ‚Motivation', G ‚Gelegenheit' und IR ‚innere Rechtfertigung' bedeuten[156]. Dieses Modell besagt, dass die Wahrscheinlichkeit für das Auftreten von Accounting Fraud eine Funktion ist, die von den drei Variablen Motivation, Gelegenheit und innere Rechtfertigung abhängig ist.

$$p(\text{Accounting Fraud}) = f(M, G, IR)$$

Abbildung 5: Risikomodell in Anlehnung an Loebbecke/Willingham

---

[151] Der Schaffung einer positiven Unternehmenskultur kommt eine große Bedeutung zu; vgl. Dawson, Simon (Fraud 2003), S. 156; Institut für Interne Revision Österreich (Kontrollsystem 2004), S. 25; Gebler, David (Ethical Culture 2006), S. 30 f.; vgl. zur Bedeutung der Unternehmenskultur für ein krisenstabiles Unternehmen Belker, Peter/Heimbrock, Frauke (Krise 2006), S. 66.

[152] Vgl. Loebbecke, James K./Eining, Martha M./Willingham, John J. (Experience 1989), S. 1 ff.
Die Untersuchung basiert auf einem unveröffentlichten Arbeitspapier von Loebbecke/Willingham aus dem Jahr 1988 mit dem Titel ‚Review of SEC Accounting and Auditing Enforcement Releases'; vgl. Loebbecke, James K./Willingham, John J. (Review 1988). Siehe hierzu für einen Überblick auch Deshmukh, Ashutosh/Millet, Ido (Analytic Hierarchy Process 1998), S. 88 ff.

[153] Vgl. Loebbecke, James K./Eining, Martha M./Willingham, John J. (Experience 1989), S. 4.

[154] Vgl. Ruhnke, Klaus/Schwind, Jochen (Aufdeckung 2006), S. 734 f.

[155] Vgl. Loebbecke, James K./Willingham, John J. (Review 1988).

[156] Vgl. Loebbecke, James K./Willingham, John J. (Review 1988); Loebbecke, James K./Eining, Martha M./Willingham, John J. (Experience 1989), S. 5.

Hierbei ist zu vermuten, dass zwischen den einzelnen Variablen eine multiplikative Verknüpfung besteht[157].
Mathematisch ausgedrückt heißt dies:

$$p(\text{Accounting Fraud}) = M^{(1-\alpha 1)} \times G^{(1-\alpha 2)} \times IR^{(1-\alpha 3)}$$
$$\text{mit: } 0 \leq \alpha 1, \alpha 2, \alpha 3 \leq 1 \text{ und } \alpha 1 + \alpha 2 + \alpha 3 = 1$$

Abbildung 6: Multiplikative Verknüpfung im Risikomodell in Anlehnung an Loebbecke/Willingham

Die multiplikative Verknüpfung führt dazu, dass die Wahrscheinlichkeit von Accounting Fraud gleich Null ist, wenn eine der drei Variablen den Wert Null annimmt[158].

Die Wahrscheinlichkeit des Auftretens von Accounting Fraud bedingt zunächst die Ermittlung der Wahrscheinlichkeit der einzelnen ‚Teilumstände'. Diese sind zu gewichten, da sie nicht zwingend im gleichen Maße für den Accounting Fraud verantwortlich sein müssen[159]. Die Gewichtung kann jedoch auch nur einzelfallspezifisch erfolgen, weil bei jedem aufgetretenen Verstoß individuelle Gegebenheiten herrschen und nicht vergleichbare Umstände vorliegen, d.h., jeder Accounting Fraud-Fall ist im Vergleich zu anderen Fällen einzigartig[160].

Loebbecke/Eining/Willingham sehen das Ziel ihres Modells darin, Wirtschaftsprüfern eine Hilfestellung bei der von ihnen verlangten Einschätzung des Risikos von Verstößen geben[161]. In der Bestimmung der Wahrscheinlichkeit der Verstöße sehen die Autoren alles andere als eine leichte Aufgabe, sondern vielmehr eine Herausforderung, die umfassendes Wissen, Erfahrung sowie logisches Denken erfordert. Ihrer Meinung nach existiert für jede der drei Komponenten des Fraud Triangle eine Reihe von Indikatoren, bei deren Vorliegen mit großer Sicherheit davon ausgegangen werden kann, dass die betreffende Komponente erfüllt ist. Je mehr Indikatoren pro ‚Ecke des Dreiecks' tatsächlich auftreten, desto größer ist deren Bedeutung. Hinzu kommt noch das Problem der unvollkommenen Information, wodurch die Fähigkeit

---

[157] Vgl. Ruhnke, Klaus/Schwind, Jochen (Aufdeckung 2006), S. 735.
[158] In der Praxis sollte jedoch aus Sicherheitsgründen immer mindestens von einem geringen Manipulationsrisiko ausgegangen werden; vgl. Terlinde, Christian (Bilanzmanipulationen 2005), S. 205.
[159] Vgl. Ruhnke, Klaus/Schwind, Jochen (Aufdeckung 2006), S. 735; Terlinde, Christian (Bilanzmanipulationen 2005), S. 204.
[160] Vgl. Ruhnke, Klaus/Schwind, Jochen (Aufdeckung 2006), S. 735.
[161] Vgl. zum Folgenden Loebbecke, James K./Eining, Martha M./Willingham, John J. (Experience 1989), S. 3 ff.

der Einschätzung der Wahrscheinlichkeit von Accounting Fraud stark beeinflusst wird. Nach Loebbecke/Eining/Willingham darf sich ein Wirtschaftsprüfer aus diesem Grund bei seiner Risikoeinschätzung nicht auf das bloße Abhaken der Indikatoren-Checkliste verlassen, sondern er muss mit seiner berufsüblichen Skepsis seine erzielten Ergebnisse kritisch hinterfragen[162]. Nur so kann er das Risiko einer Fehleinschätzung seinerseits hinsichtlich der Wahrscheinlichkeit des Auftretens von Accounting Fraud minimieren.

Abbildung 7 enthält mögliche Indikatoren für ein erhöhtes Risiko einer fehlerhaften Rechnungslegung aufgrund von Verstößen. Dort werden die Indikatoren gleichzeitig auch den drei Komponenten des Fraud Triangle zugeordnet, wobei diese Zuordnung nicht die einzig mögliche Lösung darstellt. Für Zwecke ihrer Untersuchung haben Loebbecke/Eining/Willingham diese Faktoren zudem in primäre und sekundäre Faktoren unterteilt[163]. Bei den primären handelt es sich um die sehr bedeutsamen Indikatoren und bei den sekundären um alle anderen für die Untersuchung relevanten Faktoren.

Indikator	Motivation	Gelegenheit	Innere Rechtfertigung
Operative und finanzielle Entscheidungen des Managements werden von einer Person dominiert.		X	
Das Management hat eine übermäßig progressive Einstellung zur finanziellen Berichterstattung.			X
Die Fluktuation im Management – insbesondere im Verantwortungsbereich für die Rechnungslegung – ist hoch.		X	X
Das Management setzt einen unangemessen hohen Schwerpunkt darauf, Ergebnisprognosen einzuhalten.	X		X
Die Reputation des Managements in der Geschäftswelt ist schwach.			X
Die Rentabilität der Gesellschaft ist im Vergleich zur Branche schlechter bzw. steht im Widerspruch zum Branchentrend.	X		
Das operative Ergebnis reagiert sehr sensibel auf ökonomische Umweltfaktoren (z.B. Inflation, Zinsentwicklung).	X		

---

[162] Vgl. Loebbecke, James K./Eining, Martha M./Willingham, John J. (Experience 1989) S. 4, dort auch Fußnote 2.
[163] Diese sind an späterer Stelle in Abbildung 9, S. 46 ersichtlich.

Indikator	Motivation	Gelegenheit	Innere Rechtfertigung
Das wirtschaftliche Umfeld, in dem das Unternehmen tätig ist, verändert sich rapide.	X		
Im Geschäftsumfeld des Unternehmens kommt es zu zahlreichen Unternehmenszusammenbrüchen.	X		
Die Gesellschaft ist dezentral organisiert, die Überwachung ist nicht ausreichend.		X	
Es treten Solvenzprobleme oder andere Faktoren auf, die eine Gefährdung des Fortbestands der Gesellschaft erkennen lassen.	X		
Es existieren häufige und wesentliche Bilanzierungssachverhalte, die schwer zu prüfen sind.		X	
Art, Grund oder Höhe von in der Rechnungslegung früherer Perioden aufgedeckten falschen Angaben ist von großer Bedeutung.			X
Es handelt sich um ein neues Prüfungsmandat oder vom früheren Abschlussprüfer sind keine ausreichenden Informationen über den Mandanten zu erhalten.		X	
Das Kontroll- und Überwachungsumfeld ist schwach ausgeprägt.		X	X
Es gibt häufig Diskussionen über die progressive Auslegung von Rechnungslegungsnormen, um das Ergebnis zu verbessern.			X
Bei Befragungen im Rahmen der Prüfung wird seitens des Unternehmens nur ausweichend geantwortet.			X
Es wird mit Nachdruck versucht, die gesteckten Ziele zu erreichen, um so einen erheblichen Teil der Management-Entlohnung zu erhalten.	X		X
Es ist nicht gelungen, (Verhaltens-) Richtlinien und Abläufe einzuführen, die für eine angemessene Sicherheit von verlässlichen Schätzungen in der Rechnungslegung sorgen sollen.		X	X
Es zeigt sich, dass im gesamten Geschäftsprozess Kontrollen fehlen (z.B. durch schlecht organisierte Arbeitsbereiche, häufige Lieferverzögerungen oder die Lieferung fehlerhafter Teile).		X	
Es zeigt sich, dass im Bereich der Informationstechnologie Kontrollen fehlen (z.B. durch Fehler in der Prozessverarbeitung oder verspätete oder falsche Ergebnisse).		X	

Indikator	Moti-vation	Gele-genheit	Innere Recht-ferti-gung
Die Richtlinien und Abläufe zur Sicherheit von Daten oder Vermögen sind unzureichend (z.B. durch Zugangsmöglichkeit zu den betreffenden Bereichen für nicht autorisiertes Personal).		X	
Es gibt Vermögensgegenstände, die anfällig sind für eine widerrechtliche Aneignung.		X	
Die Rechnungslegung basiert in hohem Maße auf Ermessensentscheidungen und Schätzungen.		X	
Rechnungen mit Auswirkungen auf die Rechnungslegung sind sehr komplex.		X	

Abbildung 7: Ausgewählte Indikatoren zur Bestimmung des Risikos von Accounting Fraud

Für Zwecke ihrer empirischen Erhebung haben Loebbecke/Eining/Willlingham US-amerikanische Partner der Wirtschaftsprüfungsgesellschaft KPMG Peat Marwick nach ihren Erfahrungen mit wesentlichen Unregelmäßigkeiten befragt. Aus einer Grundgesamtheit von 277 teilnahmewilligen Abschlussprüfern berichteten 165, dass sie im Rahmen ihrer Tätigkeit bereits mit solchen Fällen konfrontiert wurden[164]. Dies entspricht ca. 60 % der Partner, die zur Mitarbeit an der Studie bereit waren[165]. Von diesen 165 Personen wiederum beantworteten nur 121 (ca. 73 %) die weiteren, detaillierten Fragen der drei Autoren. Dabei wurden hinsichtlich des Auftretens von Unregelmäßigkeiten folgende Ergebnisse erzielt[166]:

– Die 121 Partner konnten über 354 Fälle von Unregelmäßigkeiten berichten.
– Diese Fälle teilen sich auf in Manipulationen in der Rechnungslegung (55,4 %) und Vermögensschädigungen (44,6 %).
– 80 % dieser Manipulationen wurden mit Blick auf ihre Auswirkungen in der Rechnungslegung als wesentlich qualifiziert. Gleiches gilt für nur 35,9 % aller Vermögensschädigungen.
– Darüber hinaus hat die Analyse ergeben, dass der Anteil von Manipulationen in der Rechnungslegung bei Unternehmen von öffentlichem Interesse

---

[164] Vgl. Loebbecke, James K./Eining, Martha M./Willingham, John J. (Experience 1989), S. 5.
[165] Vgl. ausführlicher zur Ermittlung dieser Grundgesamtheit Loebbecke, James K./Eining, Martha M./Willingham, John J. (Experience 1989), S. 5 ff.
[166] Vgl. Loebbecke, James K./Eining, Martha M./Willingham, John J. (Experience 1989), S. 9 ff.

mit 63,6 % wesentlich größer ist als bei den anderen Gesellschaften (49,9 %).
- Hinsichtlich der Verteilung der erfassten Unregelmäßigkeiten auf unterschiedliche Branchen[167] zeigten sich die Bereiche ‚Bank' und ‚Industrie' als Spitzenreiter. Bei der Betrachtung der Vermögensschädigungen führt unangefochten die Bankbranche, während im Bereich von Rechnungslegungsmanipulationen die Industrie an erster Stelle geführt wird.
- Bei aufgedeckten Unregelmäßigkeiten hat sich gezeigt, dass meist mehr als nur eine unrechtmäßige Handlung begangen worden war. Bezogen auf alle 354 Fälle kam es durchschnittlich zu 1,8 unrechtmäßigen Handlungen insgesamt, für die Kategorie Vermögenschädigungen liegt dieser Wert bei 1,4 und für Rechnungslegungsmanipulationen sogar bei 2,0. Eine detaillierte Aufschlüsselung der Untersuchungsergebnisse hinsichtlich der Art der Unregelmäßigkeiten enthält Abbildung 8[168].
- Loebbecke/Eining/Willingham haben darüber hinaus auch analysiert, welchen Ebenen der jeweiligen Unternehmen die ermittelten Täter zuzuordnen waren. Sowohl bei der Gesamtbetrachtung als auch im Bereich Manipulationen in der Rechnungslegung dominiert die Ebene Chief Executive Officer (CEO) gefolgt von dem Finanzverantwortlichen, dem Chief Financial Officer (CFO), d.h. die oberste Managementebene. Wie nicht anders zu erwarten, wurde die Mehrzahl der Vermögensschädigungen von Mitgliedern des mittleren Managements oder darunter liegender Hierarchieebenen durchgeführt.

---

[167] Da die Umfrage unter Partnern der Wirtschaftsprüfungsgesellschaft KPMG Peat Marwick durchgeführt wurde, ergibt sich die Branchenverteilung auf Basis der in der Mandantenschaft dieser Gesellschaft vertretenen Branchen. Vgl. hierzu auch Loebbecke, James K./Eining, Martha M./Willingham, John J. (Experience 1989), S. 10, dort auch Fußnote 3.

[168] Vgl. Loebbecke, James K./Eining, Martha M./Willingham, John J. (Experience 1989), S. 11.

Handlung	Gesamtbetrachtung	Vermögensschädigungen	Manipulationen in der Rechnungslegung
Unzutreffende Bewertung der Vermögenswerte	47,7 %	35,3 %	57,7 %
Unsachgemäße Realisation von Umsätzen bzw. anderen Einnahmen	20,7 %	10,3 %	29,1 %
Unzutreffende Ermessensentscheidungen	16,8 %	7,1 %	24,5 %
Transaktionen bzw. Geschäftsvorfälle nicht erfasst	34,7 %	39,1 %	31,1 %
Transaktionen der falschen Periode zugeordnet	10,8 %	3,2 %	16,8 %
Ausgaben nicht zutreffend erfasst	24,4 %	28,2 %	21,4 %
Fehlende oder missverständliche Erläuterungen	13,4 %	3,8 %	20,9 %
Unterbewertung der Verbindlichkeiten	0,3 %	0,6 %	0,0 %
Mittelunterschlagung	4,8 %	10,1 %	0,5 %
Bargelddiebstahl	0,8 %	1,9 %	0,0 %
Gefälschte und geänderte Buchführung	2,8 %	3,2 %	2,6 %

Abbildung 8: Klassifikation der den berichteten Unregelmäßigkeiten zugrunde liegenden Handlungen sowie Häufigkeit ihres Auftretens

Die Ausführungen zu aktuelleren Studien haben gezeigt[169], dass viele der Erkenntnisse von Loebbecke/Eining/Willingham nach wie vor von Interesse sind bzw. dass die Befunde sich aus heutiger Sicht sogar noch verschlechtert haben. Nicht zuletzt diese Entwicklung hat dafür gesorgt, dass das Thema Accounting Fraud mittlerweile – auch in Deutschland – weit mehr in den Blickpunkt des (öffentlichen) Interesses gerückt ist.

Die dargestellten Ergebnisse zur Art und Verteilung der den befragten Personen bekannt gewordenen Fälle von Unregelmäßigkeiten bilden die Basis für die im Folgenden vor dem Hintergrund dieses Kapitels zu erläuternden Zusammenhänge der Risikofaktoren des Fraud Triangle. Dabei ist der Frage nachzugehen, ob die in Abbildung 7[170] enthaltenen und darüber hinaus noch weitere Indikatoren in den betrachteten Fällen tatsächlich eine Rolle gespielt haben.

---

[169] Vgl. hierzu die Ausführungen unter Gliederungspunkt 1.1, 1 ff.
[170] Vgl. S. 40 f.

Zu ihrer Beantwortung haben Loebbecke/Eining/Willingham die an der Studie teilnehmenden Wirtschaftsprüfer gebeten, jeweils einen speziellen Fall von Unregelmäßigkeiten, mit dem sie im Rahmen ihrer beruflichen Tätigkeit konfrontiert wurden, näher zu beschreiben – insbesondere auch im Hinblick darauf, ob – und wenn ja, in welcher Ausprägung – die Risikomerkmale des Fraud Triangle tatsächlich vorgelegen haben oder nicht. In diesem Zusammenhang war auch darauf einzugehen, ob der Prüfer die aufgetretenen Unregelmäßigkeiten bereits im Vorfeld zur eigentlichen Prüfung vermutet hat und diese Vermutungen somit seine Prüfungsplanung beeinflusst haben[171].

Den Umfrageteilnehmern wurde eine Liste mit so genannten ‚Red Flags', d.h. Indikatoren für das Risiko des Vorliegens von Unregelmäßigkeiten, vorgelegt, die diese für den von ihnen ausgewählten speziellen Fall zu kommentieren hatten[172]. Folgende drei Fragen mussten zu jedem Indikator beantwortet werden[173]:

– Lag der Indikator in dem ausgewählten Fall/bei dem ausgewählten Mandanten vor?
– Stand der Indikator in einer Verbindung zu den aufgedeckten Unregelmäßigkeiten?
– War sich der Prüfer bereits während der Planungsphase des Vorliegens des Indikators und damit des bestehenden Risikos bewusst?

Die Ergebnisse dieser weiteren empirischen Analyse zu den Risikofaktoren haben gezeigt, dass neben den bereits im Modell von Loebbecke/Eining/Willingham enthaltenen primären und sekundären Indikatoren noch weitere zusätzlich abgefragte Faktoren, als tertiäre Faktoren bezeichnet, tatsächlich aufgetreten sind. Darüber hinaus wurden bei den Red Flags auch noch bisher nicht abgefragte Indikatoren, die sich aus einer Umfrage unter den KPMG Peat Marwick Audit Partners ergeben haben, untersucht. Schließlich haben sich im Zusammenhang mit der Analyse noch zusätzliche, bisher unberücksichtigte Risikoindikatoren gezeigt, die ebenfalls als signifikant für das Risiko von Unregelmäßigkeiten angesehen wurden. Die Ergebnisse sind für 121 näher beschriebene Fälle in der nachfolgenden Abbildung 9 in Auszügen dargestellt und können ausführlich bei Loebbecke/Eining/Willingham nachge-

---

[171] Vgl. Loebbecke, James K./Eining, Martha M./Willingham, John J. (Experience 1989), S. 12 f.
[172] Vgl. zu diesen und weiteren Red Flags auch Brinkmann, Markus (Bilanzmanipulation 2007), S. 157 f.
[173] Vgl. Loebbecke, James K./Eining, Martha M./Willingham, John J. (Experience 1989), S. 13.

lesen werden[174]. Die Tabelle enthält dabei die Unterscheidung in die drei Risikobereiche Motivation, Gelegenheit sowie innere Rechtfertigung; darüber hinaus werden auch die primären und sekundären Faktoren differenziert. Dabei repräsentieren die Zahlenwerte die absolute Anzahl der Nennungen des jeweiligen Indikators. Auf die berichteten tertiären Faktoren wird ebenso wie auf die neuen, bisher noch nicht berücksichtigten Faktoren, im Anschluss an die Abbildung eingegangen. Da einzelne Indikatoren nicht immer eindeutig einer der drei Kategorien Motivation, Gelegenheit und innere Rechtfertigung zugeordnet werden können und darüber hinaus bei einem einzelnen Fall auch mehrere Indikatoren gleichzeitig vorliegen können, ergeben sich nachfolgend zum Teil Wiederholungen sowie Mehrfachnennungen.

Indikator	Gesamtbetrachtung (121 Fälle)	Vermögensschädigungen (33 Fälle)	Manipulationen in der Rechnungslegung (88 Fälle)
MOTIVATION			
Primäre Indikatoren			
Im Geschäftsumfeld des Unternehmens kommt es zu zahlreichen Unternehmenszusammenbrüchen.	21	1	20
Das wirtschaftliche Umfeld, in dem das Unternehmen tätig ist, verändert sich rapide.	18	1	17
Die Rentabilität der Gesellschaft ist im Vergleich zur Branche schlechter bzw. steht im Widerspruch zum Branchentrend.	32	1	31
Das operative Ergebnis reagiert sehr sensibel auf ökonomische Umweltfaktoren (z.B. Inflation, Zinsentwicklung).	19	2	17
Es treten Solvenzprobleme bei der Gesellschaft auf.	19	2	17

---

[174] Vgl. Loebbecke, James K./Eining, Martha M./Willingham, John J. (Experience 1989), S. 15 ff.

Vergütungsvereinbarungen basieren auf der in der Finanzberichterstattung festgestellten wirtschaftlichen Leistung der Gesellschaft.	13	4	9
Sekundäre Indikatoren			
Das Management setzt einen unangemessen hohen Schwerpunkt darauf, die Ergebnisprognosen einzuhalten.	33	1	32
GELEGENHEIT			
Primäre Indikatoren			
Operative und finanzielle Entscheidungen des Managements werden von einer Person oder von wenigen Personen, die zumeist übereinstimmend handeln, dominiert.	90	16	74
Die Gesellschaft verfolgt eines oder mehrere Geschäftsprojekte, die die Finanzberichterstattung wesentlich beeinflussen.	18	2	16
Die Gesellschaft verfolgt eines oder mehrere Geschäftsprojekte mit nahe stehenden Personen oder Gesellschaften.	22	5	17
Das Kontroll- und Überwachungsumfeld ist schwach ausgeprägt.	61	14	47
Es existieren für die Bilanz bzw. Gewinn- und Verlustrechnung wesentliche Posten, deren Ermittlung sehr stark auf Schätzungen und Ermessensentscheidungen basiert.	22	—	22
Sekundäre Indikatoren			
Die Fluktuation im Management ist hoch.	6	1	5
Die Gesellschaft ist dezentral organisiert, die Überwachung ist nicht ausreichend.	17	8	9
Im Unternehmen existieren bedeutsame Vermögenswerte, die der Gefahr von widerrechtlicher Aneignung bzw. Manipulationen ausgesetzt sind.	24	14	10

Indikator	Gesamtbetrachtung (121 Fälle)	Vermögensschädigungen (33 Fälle)	Manipulationen in der Rechnungslegung (88 Fälle)
Es handelt sich um ein neues Prüfungsmandat oder vom früheren Abschlussprüfer sind keine ausreichenden Informationen über den Mandanten zu erhalten.	7	1	6
INNERE RECHTFERTIGUNG			
Primäre Indikatoren			
Die Reputation des Managements in der Geschäftswelt ist schwach.	7	1	6
Die Erfahrungen des Prüfers mit dem Management lassen ein gewisses Maß an Unehrlichkeit vermuten.	34	11	23
In der Vergangenheit gab es bereits Fälle von Unregelmäßigkeiten.	4	1	3
Das Management hat den Prüfer belogen oder verhielt sich ihm gegenüber sehr ausweichend.	31	3	28
Das Management hat eine übermäßig progressive Einstellung zur finanziellen Berichterstattung.	30	1	29
Das Management setzt einen unangemessen hohen Schwerpunkt darauf, Ergebnisprognosen einzuhalten.	33	1	32
Häufig kam es zu Diskussionen zwischen Management und Prüfer.	14	—	14
Sekundäre Indikatoren			
Das Kontroll- und Überwachungsumfeld ist schwach ausgeprägt.	61	14	47
Die Fluktuation im Management ist hoch.	6	1	5

Abbildung 9:   Ausgewählte Risikoindikatoren für das Vorliegen von Unregelmäßigkeiten sowie Häufigkeit des Auftretens in der empirischen Untersuchung von Loebbecke/Eining/Willingham

Wie die obige Tabelle sowie die weiterführende Übersicht bei Loebbecke/Eining/Willingham zeigen[175], ist die Mehrzahl der betrachteten Indikatoren vergleichsweise häufig aufgetreten. Ihr Erscheinen in der Realität entspricht dabei regelmäßig auch ihrer Klassifizierung als Motivation, Gelegenheit bzw. innere Rechtfertigung des Fraud Triangle. Den Autoren der Studie sind indes drei Ausnahmen besonders ins Auge gefallen:
- Der Faktor ‚Management Turnover', d.h. die Fluktuation in den Führungsgremien der Gesellschaft, hat – entgegen den Erwartungen – keine besonders hervorgehobene Rolle gespielt.
- Es sind bestimmte tertiäre Faktoren häufig aufgetreten. Als tertiäre Faktoren gelten diejenigen, die zwar von Loebbecke/Eining/Willingham (aus anderen Untersuchungen) auch als mögliche Indikatoren eingestuft wurden, die jedoch nicht als besonders bedeutsam (primärer Faktor) oder weniger bedeutsam, aber dennoch relevant (sekundärer Faktor) angesehen wurden. Anders als zunächst erwartet, sind bei der Analyse bspw. die folgenden tertiären Faktoren aufgefallen:
  - Die Gesellschaft befindet sich in einer Phase schnellen Wachstums.
  - Das Management der Gesellschaft ist unerfahren.
  - Der Mandant übt starken Druck auf den Prüfer aus.
- Zusätzlich zu den von den Autoren bereits identifizierten Indikatoren haben sich aus der Studie neue Anhaltspunkte für Risikoindikatoren ergeben. Davon sind bspw. die folgenden relativ häufig berichtet worden:
  - Im Rechnungslegungssystem der Gesellschaft existieren Mängel.
  - Innerhalb der Gesellschaft oder zwischen den Angestellten und der Gesellschaft kommt es zu Interessenskollisionen.
  - Die Gesellschaft unterliegt nachteiligen rechtlichen Gegebenheiten.
  - Die von Mitgliedern des Managements gehaltenen Anteile an der Gesellschaft stellen einen großen Teil des persönlichen Vermögens dieser Personen dar.
  - Das Management der Gesellschaft bringt nicht den angemessenen Respekt gegenüber normsetzenden Behörden auf.

Außerdem hat die Umfrage gezeigt, dass die Mehrzahl von im Zusammenhang mit Vermögensschädigungen aufgetretenen Risikoindikatoren gleichzeitig auch von großer Bedeutung bei den aufgetretenen Rechnungslegungsmanipulationen war.

Insgesamt hat die umfassende empirische Erhebung von Loebbecke/Eining/Willingham das zuvor von Loebbecke/Willingham entwickelte

---

[175] Vgl. hierzu und zum Folgenden Loebbecke, James K./Eining, Martha M./Willingham, John J. (Experience 1989), S. 13 ff.

Modell eindrucksvoll bestätigt. Gleichzeitig zeigen die dargestellten Ergebnisse auch die große Bedeutung, die dem Fraud Triangle im Zusammenhang mit der Risikoeinschätzung beizumessen ist. Auch wenn die Studie ‚nur' mit externen Jahresabschlussprüfern durchgeführt wurde und das entwickelte Modell primär diesem Berufsstand eine Hilfestellung bieten soll, lässt sich das Konzept dennoch uneingeschränkt auf den Bereich der Internen Revision übertragen. Die unternehmensinterne Prüfung muss sich nämlich ebenfalls der Gefahr von Accounting Fraud bewusst sein und zur Gewährleistung einer sorgfältigen Berufsausübung dafür Sorge tragen, eben dieses Risiko möglichst zu minimieren[176].

Die Tatsache, dass in der jüngeren Vergangenheit – und somit folglich auch in der Zeit nach der Studie von Loebbecke/Eining/Willingham aus dem Jahr 1989 – eine Vielzahl von Bilanzskandalen bekannt geworden ist[177], belegt, dass dieses Thema nichts von seiner Aktualität und Relevanz eingebüßt hat. Darüber hinaus hat auch das Risikobewusstsein sowohl innerhalb als auch außerhalb der Unternehmen stark zugenommen. Erinnert sei in diesem Zusammenhang bspw. an die Verpflichtung zur Einführung eines Überwachungssystems gem. § 91 Abs. 2 AktG für AG[178] sowie die Einführung der Risikoberichterstattung[179] als Bestandteil des nach § 289 HGB zu erstellenden Lageberichts[180] durch KonTraG[181]. Risiko[182] beeinflusst in seinen unterschiedlichen Ausprägungsformen das wirtschaftliche Denken und Handeln enorm. Dies gilt sowohl für den unternehmensinternen als auch den unternehmensexternen Bereich und mit Blick auf die Rechnungslegung gleichermaßen für die Entstehung sowie für die Prüfung eines Jahresabschlusses. Im Zuge der aufgetretenen Fälle von Accounting Fraud wurden von der Öffentlichkeit immer wieder die prüfenden Instanzen – insbesondere die externen Jahresabschlussprüfer – kritisiert, dass sie das unrechtmäßige Handeln nicht oder erst zu spät entdeckt haben[183]. Damit verbunden wurde vielfach auch die Frage gestellt, ob die Risi-

---

[176] Vgl. hierzu ausführlich die Ausführungen unter Gliederungspunkt 4.4, S. 357 ff.
[177] Vgl. hierzu die beispielhaften Ausführungen unter Gliederungspunkt 2.2.5, S. 49 ff.
[178] Vgl. hierzu die Ausführungen unter Gliederungspunkt 3.4, S. 309 ff.
[179] Vgl. zur Warnfunktion des Risikoberichts Grenz, Thorsten (Warnfunktion 2007), S. 18 f.
[180] Vgl. bspw. Böcking, Hans-Joachim/Orth, Christian (Reformzwang 1998), S. 1242.
[181] Vgl. zum KonTraG bspw. Picot, Gerhard (Kontrollmechanismen 2001), Rn. 16 ff.
[182] Vgl. zu einer näheren Umschreibung des Begriffs Risiko die Ausführungen unter Gliederungspunkt 3.4, S. 309 ff.
[183] Dies beruht nicht zuletzt auf einer bestehenden Erwartungslücke zwischen dem, was ein Abschlussprüfer tatsächlich leisten kann und soll, und dem, was die Öffentlichkeit von ihm erwartet. Vgl. zur Erwartungslücke die Nachweise an späterer Stelle in Fußnote 878, S. 161.

kofrühwarnsysteme der Unternehmen und/oder die risikoorientierte Prüfung[184] der Rechnungslegung nur unzureichend funktioniert haben. Aus diesem Grund ist es erforderlich, dass bei jeder Art von Prüfung den eben erläuterten Komponenten des Fraud Triangle eine große Bedeutung beigemessen wird. Dies trägt dazu bei, dass während des gesamten Prüfungszyklus ein verbessertes Risikobewusstsein herrscht und somit die Qualität der prüferischen Aufgabenerfüllung steigt.

In der betrachteten Studie von Loebbecke/Eining/Willingham haben reale Fälle von Manipulationen in der Rechnungslegung und Vermögensschädigungen bereits indirekt eine Rolle gespielt. Um ein Gespür dafür zu erlangen, was in einer solchen Situation bei einzelnen Unternehmen geschehen ist, beschreibt der nachfolgende Gliederungspunkt 2.2.5[185] die Vorkommnisse bei ausgewählten Accounting Fraud-Fällen aus der jüngeren Vergangenheit.

2.2.5 Accounting Fraud – Praxisbeispiele
2.2.5.1 Vorbemerkungen

Das Schlagwort Accounting Fraud ist untrennbar mit vielen der ‚großen', in der Vergangenheit bekannt gewordenen Bilanzskandale verbunden. Der wohl spektakulärste Fall ist der Zusammenbruch der US-amerikanischen Energiegesellschaft Enron; Informationen hierzu wurden erstmals im Jahr 2001 publik. Nur kurze Zeit später erfuhr die Öffentlichkeit von einem anderen Skandal: Auch bei WorldCom in den USA wurden 2002 Fälle von Bilanzmanipulationen aufgedeckt. Doch das Problem mit bewusst fehlerhafter Rechnungslegung ist keinesfalls nur in den Vereinigten Staaten von Amerika zu finden. Neben bekannten europäischen Betrugsfällen wie bspw. Ahold (Niederlande, 2003) oder Parmalat (Italien, 2003) kam es auch in Deutschland zum Zusammenbruch von Unternehmen nach der Aufdeckung von Accounting Fraud. Stellvertretend werden nachfolgend die Fälle FlowTex (2000), Comroad (2002) und Phenomedia (2002) kurz näher erläutert[186].

Die Darstellung einiger Praxisbeispiele von Accounting Fraud an dieser Stelle dient dem weiteren Verständnis der zuvor erläuterten Begrifflichkeiten

---

[184] Vgl. zum Begriff der risikoorientierten Abschlussprüfung die Ausführungen unter Gliederungspunkt 3.1.5.4.3.2, S. 174 ff.
[185] Vgl. S. 49 ff.
[186] Diese und weitere Fälle werden bspw. dargestellt und erläutert bei Peemöller, Volker H./Hofmann, Stefan (Bilanzskandale 2005); Krommes, Werner (Aussagen 2006), S. 62 ff.; Zimmermann, Jochen (Bilanzmanipulation 2002), S. 537; Wells, Joseph T. (Fraud Deterrence 2004), S. 75; Wells, Joseph T. (Occupational Fraud 2002), S. 28; Young, Michael R. (Origin 2000), S. 1; Zimmermann, Jochen (Bilanzskandale 2004), S. 1515 ff.

und hilft darüber hinaus dabei, ein Gefühl für die Bedeutung und die teilweise enormen Auswirkungen von Accounting Fraud in der Öffentlichkeit einerseits sowie für die gesamtwirtschaftliche Situation in den jeweiligen Ländern andererseits zu erlangen.

2.2.5.2 Enron (2001)

Der Energiekonzern Enron Corp., der im Jahr 1985 aus einer Fusion von Houston Natural Gas und Internorth entstanden war, begann in dem staatlich regulierten Sektor ‚Energiehandel mit Strom und Gas' erfolgreich zu wachsen[187]. Dabei erfolgte der Handel auch über eine eigene virtuelle Plattform, auf welcher überschüssige Rohstoffe an- bzw. verkauft wurden[188]. In diesem Zusammenhang bot Enron Termin- und Optionsverträge zur Vorsorge gegen Preis- und Mengenschwankungen an[189]; dieses Konzept wurde später auch auf andere Bereiche wie z.B. Kohle, Wasser und Metalle übertragen[190]. In den letzten fünf Jahren vor Beginn des Zusammenbruchs war der Börsenwert der Gesellschaft um 50 Mrd. USD gewachsen und es waren über 20 Quartale lang steigende Gewinne gemeldet worden[191]. Zu Beginn des Jahres 2001 gehörte Enron mit einem ausgewiesenen Jahresumsatz in Höhe von 101 Mrd. USD zu den sieben größten Unternehmen in den USA[192]. Die Erweiterung der Geschäftsfelder brachte jedoch nicht die erwarteten Ergebniszuwächse. Die notwendigen Investitionen waren fremdfinanziert worden und konnten durch die erwirtschafteten Cashflows nicht abgedeckt werden. Zusätzlich erschwerten eine Konjunkturkrise in den USA sowie sinkende Energiepreise die Situation für Enron[193]. Schließlich kündigte die Gesellschaft im Oktober 2001 einen unvorhergesehenen Verlust in Höhe von 618 Mio. USD und eine Senkung des Eigenkapitals um 1,2 Mrd. USD an[194]. Gleichzeitig musste Enron eine auf die letzten vier Jahre rückwirkende Korrektur des Betriebsergebnisses in Höhe von 586 Mio. USD vornehmen. Für den Börsenkurs der Enron-Aktien hatten diese Ereignisse verheerende Folgen. Die gesamten Entwicklungen trugen da-

---

[187] Vgl. zur Entwicklung von Enron bspw. Fusaro, Peter C./Miller, Ross M. (Enron 2002), S. 163 ff.; Peter, Henry/Maestretti, Massimiliano (Governance 2002), S. 1131 f.
[188] Vgl. Fusaro, Peter C./Miller, Ross M. (Enron 2002), S. 69 ff.
[189] Vgl. Fischermann, Thomas/Kleine-Brockhoff, Thomas (Totalausfall 2002), S. 3.
[190] Vgl. Fischermann, Thomas/Kleine-Brockhoff, Thomas (Totalausfall 2002), S. 3; Hillenbrand, Thomas (Unternehmen 2002), S. 1.
[191] Vgl. Hillenbrand, Thomas (Unternehmen 2002), S. 1.
[192] Vgl. Peemöller, Volker H./Hofmann, Stefan (Bilanzskandale 2005), S. 29.
[193] Vgl. Peemöller, Volker H./Hofmann, Stefan (Bilanzskandale 2005), S. 30.
[194] Vgl. Fischermann, Thomas/Kleine-Brockhoff, Thomas (Totalausfall 2002), S. 4; Hillenbrand, Thomas (Unternehmen 2002), S. 2.

zu bei, dass Enron am 02.12.2001 gezwungen war, Gläubigerschutz zu beantragen[195].

Der Zusammenbruch von Enron[196] war nicht die Folge eines einzelnen Verstoßes, sondern schlussendlich spielte eine Vielzahl unterschiedlicher Faktoren eine Rolle, die nicht alle als Accounting Fraud zu qualifizieren sind[197]. Eine maßgebliche Umsatz- und Ertragsmanipulation bestand darin, dass das Unternehmen so genannte ‚Roundtrip-Deals' über Netzwerk-Kapazitäten mit Geschäftspartnern abschloss. Dabei wurden zwischen den Partnern wechselseitige Lieferungen und Leistungen vereinbart, die jeweils im gleichen Umfang und zum gleichen Preis erfolgten[198]. Der Käufer aktivierte diese Ringgeschäfte in seiner Bilanz als Investition und buchte darüber hinaus über die Laufzeit die zugehörigen Abschreibungen. In der Gewinn- und Verlustrechnung des Verkäufers fanden sich die entsprechenden Umsatzerlöse unmittelbar nach Geschäftsabschluss in voller Höhe[199]. Mit dieser Konstruktion kam es zur Abwicklung von Leergeschäften, mit denen für beide Seiten eine klassische Win-Win-Situation verbunden war[200] und die auch von Arthur Andersen, Enrons Wirtschaftsprüfungsgesellschaft in den USA, mitgetragen wurden[201]. Aus formeller Sicht erfolgte die Abbildung dieser Transaktionen in der Rechnungslegung in Einklang mit den geltenden US-GAAP-Vorschriften[202]. Allerdings hat die Gesellschaft damit ein nicht zutreffendes Bild der Vermögens-, Finanz- und Ertragslage dargestellt und somit die Informationsempfänger wissentlich über die wahre Unternehmenslage getäuscht. Ähnlich verhielt es sich im Fall der bilanziellen Abbildung von Warentermingeschäften: In der Gewinn- und Verlustrechnung von Enron gingen die Kontrakte stets in Höhe des Gesamtbetrags in die Umsatzerlöse ein, wohingegen bspw. Investmentbanken im glei-

---

[195] Vgl. Hillenbrand, Thomas (Unternehmen 2002), S. 2 f.
[196] Vgl. zur Chronologie bspw. Hillenbrand, Thomas (Unternehmen 2002); Frentz, Clemens von (Enron 2003); McBarnet, Doreen (Enron 2005), S. 205 ff.
[197] Vgl. zu den Entwicklungen Lüdenbach, Norbert/Hoffmann, Wolf-Dieter (Kausalität 2002), S. 1171 ff.; Zimmermann, Jochen (Qualität 2002), S. 573 f.
[198] Vgl. Peemöller, Volker H./Hofmann, Stefan (Bilanzskandale 2005), S. 31.
[199] Vgl. Peemöller, Volker H./Hofmann, Stefan (Bilanzskandale 2005), S. 31; Luther, Thomas (Skandale 2003), S. 211.
[200] Michel Capuano, ein Abgeordneter des US-Kongresses, beschrieb diese Leergeschäfte wie folgt: „Es wurde etwas gekauft, was man nicht brauchte, mit Geld, das man nicht hatte, und man verkaufte es an jemanden, der keinen Bedarf danach hatte"; so zitiert bei Matzner, Egon (Kapitalismus 2002), S. 2 mit Verweis auf die englische Originalquelle; siehe auch Peemöller, Volker H./Hofmann, Stefan (Bilanzskandale 2005), S. 31.
[201] Vgl. Peemöller, Volker H./Hofmann, Stefan (Bilanzskandale 2005), S. 31; Windolf, Paul (Betrug 2003), S. 187 f.
[202] Vgl. Peemöller, Volker H./Hofmann, Stefan (Bilanzskandale 2005), S. 31.

chen Fall lediglich die Zahlungsdifferenz als Umsatz ausweisen[203]. Ohne dieses Vorgehen hätte der im Jahr 2001 ausgewiesene Umsatz statt 101 Mrd. USD nur 6,3 Mrd. USD betragen[204]. Auch hier entschied sich das Unternehmen also bewusst dafür, bestehende Ermessensspielräume möglichst weit auszulegen und dieser Umstand trug ebenfalls zu der positiven Bewertung der Enron-Aktie und damit in den Augen der Öffentlichkeit zum Unternehmenserfolg von Enron bei.

Tatsächlich gegen bestehende Rechnungslegungsvorschriften verstoßen hat Enron im Fall der bilanziellen Behandlung, genauer gesagt der Nicht-Konsolidierung von Teilen seiner Special Purpose Entities (SPE)[205]. Bei diesen Zweckgesellschaften, die hauptsächlich zur Erfüllung eines einzigen vorher festgelegten Geschäftszwecks gegründet werden, handelt es sich grundsätzlich um eine legale Konstruktion[206]. Sie zeichnen sich zum einen durch eine nur sehr geringe Eigenkapitalausstattung aus, zum anderen besteht an ihnen keine oder eine nur sehr geringe gesellschaftsrechtliche Beteiligung des Unternehmens, welches die Gesellschaft gegründet hat[207]. Aus diesem Grund müssen sie unter bestimmten Voraussetzungen auch nicht dem Konsolidierungskreis des Gründerunternehmens hinzugerechnet werden[208]. Werden risikobehaftete Geschäftsbereiche auf eine nicht zu konsolidierende Zweckgesellschaft übertragen, kann so deren Ausweis in der Konzernbilanz des Initiators umgangen und somit eine bessere Vermögens-, Finanz- und Ertragslage dargestellt werden[209]. Seit 1999 fungierte Enron als Initiator bei nahezu 5.000 solcher SPE[210]. Vermehrt bestand der für die Gründung notwendige Fremdanteil jedoch nur for-

---

[203] Vgl. Peemöller, Volker H./Hofmann, Stefan (Bilanzskandale 2005), S. 31.
[204] Vgl. Peemöller, Volker H./Hofmann, Stefan (Bilanzskandale 2005), S. 31.
[205] Vgl. zum Begriff der SPE m.w.N. Brakensiek, Sonja (Finanzierungsinstrumente 2001), S. 303 ff. Siehe zum Vorgehen von Enron auch Zimmermann, Jochen (Bilanzskandale 2004), S. 1515; einzelne SPE von Enron werden beschrieben bei Peter, Henry/Maestretti, Massimiliano (Governance 2002), S. 1132 ff.
[206] So gründete Enron bspw. eine Zweckgesellschaft mit dem Ziel, dass diese an Enron Put-Optionen einer von Enron selbst erworbenen Beteiligung verkaufte, um so Enron eine Absicherung gegen einen möglichen Kursverfall der gehaltenen Aktien zu ermöglichen. Vgl. zu diesem Beispiel Windolf, Paul (Betrug 2003), S. 187; siehe auch Tanski, Joachim S. (Entwicklungen 2003), S. 91.
[207] Vgl. Brakensiek, Sonja (Finanzierungsinstrumente 2001), S. 303.
[208] Vgl. Brakensiek, Sonja (Finanzierungsinstrumente 2001), S. 303; Fischermann, Thomas/Kleine-Brockhoff, Thomas (Totalausfall 2002), S. 6; Peter, Henry/Maestretti, Massimiliano (Governance 2002), S. 1132.
[209] Vgl. Peemöller, Volker H./Hofmann, Stefan (Bilanzskandale 2005), S. 32; Fischermann, Thomas/Kleine-Brockhoff, Thomas (Totalausfall 2002), S. 6; Matzner, Egon (Kapitalismus 2002), S. 2; Windolf, Paul (Betrug 2003), S. 186 f.
[210] Vgl. Peemöller, Volker H./Hofmann, Stefan (Bilanzskandale 2005), S. 33; Matzner, Egon (Kapitalismus 2002), S. 2.

mal, stattdessen wurden diese Gesellschaften tatsächlich nicht wie erforderlich mit unabhängigen fremden Dritten gegründet, sondern die externen Partner wurden durch besondere Vereinbarungen weitestmöglich von der Haftung und dem unternehmerischen Risiko entbunden[211]. Gegen Ende der Entwicklung entstanden sogar SPE, die völlig ohne echte Fremdanteile, sondern mit Mitarbeitern oder wiederum anderen SPE gegründet wurden[212]. Diese Zweckgesellschaften hätten gem. den US-GAAP-Vorschriften im Konzernabschluss von Enron konsolidiert werden müssen[213]. Dies geschah jedoch gerade nicht, daher lag ein Verstoß gegen die US-amerikanischen Bilanzierungsnormen und somit ein eindeutiger Fall von Accounting Fraud vor[214]. Im Herbst des Jahres 2001 wurden drei dieser Fälle bekannt und die betreffenden SPE mussten rückwirkend im Konzernabschluss der Muttergesellschaft vollkonsolidiert werden[215], was zu dem bereits oben genannten Verlust in Höhe von 618 Mio. USD führte. Damit war neben den wirtschaftlichen Auswirkungen ein enormer Vertrauensverlust in der Öffentlichkeit verbunden und der ohnehin begonnene Abwärtstrend von Enron setzte sich fort bis hin zur Beantragung des Gläubigerschutzes im Dezember des gleichen Jahres[216].

Der Bilanzskandal um Enron wird aufgrund seines Ausmaßes für die Öffentlichkeit – die Enron-Papiere spielten bei zahlreichen Angestellten eine große Rolle bei der finanziellen Altersvorsorge[217] – häufig mit dem ‚Schwarzen Freitag' von 1929[218] in Verbindung gebracht. Wie dargestellt führte nicht nur ein eindeutiger Verstoß gegen bestehende Rechnungslegungsvorschriften zum Zusammenbruch des Unternehmens, sondern noch weitere Gründe trugen zu der Entwicklung bei. Dazu zählt neben den beschriebenen ‚Roundtrip-Deals' und weiteren derartigen Transaktionen zweifelsohne auch, dass sowohl interne als auch externe Überwachungsorgane und -strukturen auf verschiedenen Ebenen versagt haben[219]. Nicht zuletzt die Beteiligung der Wirtschaftsprü-

---

[211] Vgl. Peemöller, Volker H./Hofmann, Stefan (Bilanzskandale 2005), S. 33.
[212] Vgl. Peemöller, Volker H./Hofmann, Stefan (Bilanzskandale 2005), S. 33; Fischermann, Thomas/Kleine-Brockhoff, Thomas (Totalausfall 2002), S. 6; Fusaro, Peter C./Miller, Ross M. (Enron 2002), S. 116 f.
[213] Vgl. Fischermann, Thomas/Kleine-Brockhoff, Thomas (Totalausfall 2002), S. 6; Peter, Henry/
Maestretti, Massimiliano (Governance 2002), S. 1132.
[214] Vgl. Peemöller, Volker H./Hofmann, Stefan (Bilanzskandale 2005), S. 33.
[215] Vgl. Peemöller, Volker H./Hofmann, Stefan (Bilanzskandale 2005), S. 33.
[216] Vgl. McBarnet, Doreen (Enron 2005), S. 205.
[217] Vgl. Fischermann, Thomas/Kleine-Brockhoff, Thomas (Totalausfall 2002), S. 4 f.; Matzner, Egon (Kapitalismus 2002), S. 3.
[218] Vgl. hierzu bspw. Schmeh, Klaus (Flops 2000), S. 184 ff.; Luther, Thomas (Skandale 2003), S. 53 ff.
[219] Vgl. Windolf, Paul (Betrug 2003), S. 189.

fungsgesellschaft Arthur Andersen[220], die in der Folge wegen ihrer Verstrickungen in den Fall weltweit aufgelöst wurde, führte dazu, dass das Vertrauen der Öffentlichkeit in die Unternehmen einerseits ebenso erschüttert war wie in die Prüfungs- und Aufsichtsorgane andererseits[221]. Die Prüfungsgesellschaft hatte nicht nur die Rechnungslegungsverstöße nicht erkannt, sondern darüber hinaus noch für eine Aufklärung des Falls relevante Prüfungsunterlagen absichtlich vernichtet[222]. Diese Entwicklungen trugen auch dazu bei, dass weltweit Reformen im Bereich der externen Jahresabschlussprüfung – insbesondere mit Blick auf die Unabhängigkeit der Abschlussprüfer und damit verbunden auch eine Trennung von Prüfung und Beratung – angestoßen wurden[223].

2.2.5.3 WorldCom (2002)

Der Bilanzskandal um den Telekommunikationskonzern WorldCom übertrifft betragsmäßig die Vorkommnisse bei Enron um ein Vielfaches: Wertmäßig wurden die Adressaten der Rechnungslegung hier in sechsmal höherem Umfang getäuscht[224]. Während der Zusammenbruch des Energiekonzerns auf vielen verschiedenen Faktoren beruhte, die nicht alle als Accounting Fraud qualifiziert werden konnten[225], sondern teilweise durch Handlungen, die sich am Rande der Legalität, d.h. an der Grenze zwischen Bilanzgestaltung i.S.v. Bilanzpolitik einerseits und Bilanzbetrug andererseits bewegten[226], verursacht

---

[220] Vgl. Fusaro, Peter C./Miller, Ross M. (Enron 2002), S. 127 f.
[221] Vgl. Solfrian, Gregor/Willeke, Clemens (Aufdeckung 2002), S. 1109; Zahra, Shaker A./Priem, Richard L./Rasheed, Abdul A. (Top-Management Fraud 2005), S. 818.
[222] Vgl. Peemöller, Volker H./Hofmann, Stefan (Bilanzskandale 2005), S. 35.
[223] Vgl. zu dieser Frage Fischermann, Thomas/Kleine-Brockhoff, Thomas (Totalausfall 2002), S. 9; Windolf, Paul (Betrug 2003), S. 211 f.; Siegel, Theodor (Unabhängigkeit 2006), S. 537 ff.; Quick, Reiner (Spiegel 2005), S. 91 ff.; Böcking, Hans-Joachim/Orth, Christian (Vereinbarkeit 2002), Sp. 257 ff.; Ballwieser, Wolfgang (Unabhängigkeit 2001), S. 104 f.; Böcking, Hans-Joachim/Löcke, Jürgen (Abschlussprüfung 1997), S. 461 ff.; Fluri, Edgar (Rolle 2006), S. 824; Molitor, Andreas (Ansichten 2002); Ebeling, Michael/Böhme, Carsten (Unterschlagungsprüfungen 2000), S. 467 ff., die auch empirische Untersuchungen beschreiben. Vgl. zur gegenläufigen Entwicklung von Prüfung und Beratung am Beispiel KPMG für den Zeitraum 1994 bis 1997 Lindgens, Ursula (Prüfungsleistungen 1999), S. 170.
[224] Vgl. Tanski, Joachim S. (WorldCom 2002), S. 2003; Peemöller, Volker H./Hofmann, Stefan (Bilanzskandale 2005), S. 41; Zimmermann, Jochen (Bilanzskandale 2004), S. 1515.
[225] Vgl. hierzu die Darstellung des Enron-Falls unter Gliederungspunkt 2.2.5.2, S. 50 ff.
[226] Vgl. zur möglichen Abgrenzung von Bilanzpolitik und Accounting Fraud die Ausführungen unter Gliederungspunkt 2.4.3, S. 135 ff.

wurde, stellen die Geschehnisse bei WorldCom einen im Grunde sehr simplen, aber effektiven und eindeutigen Fall von Accounting Fraud dar[227].

In der Zeit bis 2001 war der Konzern sehr stark gewachsen, über 75 Übernahmen wurden abgeschlossen[228]. Doch nicht alle dieser Zukäufe konnten die in sie gesetzten Erwartungen auch tatsächlich erfüllen. Das in die Manipulation der Rechnungslegung eingeweihte Management versuchte, dieser Fehlentwicklung ebenso wie dem sich allgemein abzeichnenden Ende einer starken Wachstumsphase auf dem Telekommunikationssektor entgegenzuwirken und eine gegenüber den Wettbewerbern gefestigte Position zu behaupten[229].

Die Aufdeckung des Bilanzbetrugs wurde mit dem Rücktritt des CEO und Unternehmensgründers von WorldCom im April 2002 eingeleitet. Dieser konnte einen ihm von der Gesellschaft gewährten persönlichen Kredit in Höhe von 340 Mio. USD nicht mehr zurückzahlen, war also zahlungsunfähig[230]. Damit wurde die SEC auf WorldCom aufmerksam und begann Untersuchungen der Rechnungslegung des Unternehmens. Daraufhin beauftragte der neue CEO die Interne Revision, ebenfalls hausintern die Rechnungslegung, speziell die Konzernrechnungslegung, genauer zu prüfen[231]. Die Leiterin der Internen Revision bemerkte bereits nach kurzer Zeit bestehende Unregelmäßigkeiten, die sie als Bilanzdelikte einstufte und informierte zunächst ihren Vorgesetzten, den CFO der Gesellschaft. Als dieser jedoch von der Internen Revision verlangte, die Prüfungsergebnisse zurückzuhalten und sie erst nach einigen Monaten zu veröffentlichen, um so korrigierende Maßnahmen einzuleiten, überging die Leiterin der Internen Revision ihren Vorgesetzten und wandte sich direkt an den Vorsitzenden des Audit Committee von WorldCom. Da sich dieser aufgrund des ausgefallenen Privatkredits an den Firmengründer unter Druck gesetzt sah und kein weiteres Risiko eingehen wollte, informierte er unmittelbar den neuen Abschlussprüfer von WorldCom, KPMG, und bat um Prüfung und Klärung der von der Internen Revision aufgedeckten Tatbestände. Die Abschlussprüfer qualifizierten die betreffenden Vorgänge als einen Verstoß gegen die anzuwendenden Normen der US-GAAP[232]. WorldCom informierte selbst im Juni 2002 die Öffentlichkeit über den Accounting Fraud.

---

[227] Vgl. Peemöller, Volker H./Hofmann, Stefan (Bilanzskandale 2005), S. 41; vgl. zu diesem Fall auch Tanski, Joachim S. (Entwicklungen 2003), S. 91 f.
[228] Vgl. Peemöller, Volker H./Hofmann, Stefan (Bilanzskandale 2005), S. 39.
[229] Vgl. O.V. (WorldCom 2005). Zudem gilt auch der vereinbarte hohe Anteil einer variablen Vergütung als Antrieb für den Accounting Fraud; vgl. Lenz, Hansrudi (Moralökonomische Analyse 2005), S. 230.
[230] Vgl. Peemöller, Volker H./Hofmann, Stefan (Bilanzskandale 2005), S. 39.
[231] Vgl. Peemöller, Volker H./Hofmann, Stefan (Bilanzskandale 2005), S. 40.
[232] Vgl. Peemöller, Volker H./Hofmann, Stefan (Bilanzskandale 2005), S. 40.

Das Vorgehen bei WorldCom gestaltete sich im Vergleich zu Enron vergleichsweise simpel[233]. Über einen Zeitraum von fünf Quartalen (erstes Quartal 2001 bis einschließlich erstes Quartal 2002) wurden insbesondere Zugangs- und Durchleitungsgebühren, die das Unternehmen für die Nutzung unternehmensexterner Telekommunikationsinfrastruktur zahlen musste, nicht als laufender Aufwand in der Gewinn- und Verlustrechnung gezeigt, sondern vielmehr als Investitionen dem Anlagevermögen zugerechnet und dort aktiviert[234]. Es handelte sich um einen Betrag in Höhe von insgesamt 3,85 Mrd. USD[235]. Als Bestandteil des Anlagevermögens mussten diese Investitionen in den Folgejahren abgeschrieben werden, daher führte diese Manipulationsmaßnahme lediglich zu einer Aufwandsverlagerung in spätere Perioden. Da bei den eingeweihten Verantwortlichen indes die kurzfristige Erfolgsgenerierung im Vordergrund stand, störte dieses ‚Problem' zunächst nicht. Infolge der Entwicklungen bei WorldCom, die sich nach dem Rücktritt des Gründers im April 2002 in kurzer Zeit bis hin zur Veröffentlichung des Accounting Fraud aneinanderreihten, war die Frage der zukünftigen Abschreibung der fälschlicherweise aktivierten Aufwendungen ohnehin hinfällig geworden.

Bereits kurze Zeit nach Bekanntwerden der Manipulation brach der Kurs der WorldCom-Aktie drastisch ein, der Börsenwert des Unternehmens war von 150 Mrd. USD im Januar 2000 auf 150 Mio. USD im Juli 2002 gefallen. Der hoch verschuldete Konzern meldete im Juli 2002 Insolvenz an. Im Rahmen der in der Folgezeit stattfindenden Ermittlungen wurden noch weitere fehlerhafte Bilanzierungsweisen der Gesellschaft offenkundig: So entdeckte bspw. wiederum die Interne Revision, dass bei WorldCom nicht aus dem operativen Geschäft erwirtschaftete Erträge dennoch in den betrieblichen Erträgen enthalten waren[236]. Dies geschah z.B. im Fall der Auflösung von im Vorjahr zu hoch gebildeten Rückstellungen. In der Zeit von 1999 bis 2002 wurden so insgesamt 3,3 Mrd. USD falsch erfasst[237]. Für Außenstehende war es folglich nicht mehr möglich, die tatsächliche Ertragsentwicklung von WorldCom richtig zu erkennen und einzuschätzen.

Der aufgedeckte Accounting Fraud führte zu einer Berichtigung der Konzernbilanzen und in diesem Zusammenhang im März 2003 zu einer Goodwillabschreibung in Höhe von 45 Mrd. USD sowie einer Abschreibung des mate-

---

[233] Vgl. allgemein zu diesem Fall auch Lenz, Hansrudi (Moralökonomische Analyse 2005), S. 225 ff.
[234] Vgl. Peemöller, Volker H./Hofmann, Stefan (Bilanzskandale 2005), S. 40; siehe zur Vorgehensweise auch Lenz, Hansrudi (Moralökonomische Analyse 2005), S. 225 f.
[235] Vgl. Lenz, Hansrudi (Moralökonomische Analyse 2005), S. 226.
[236] Vgl. Peemöller, Volker H./Hofmann, Stefan (Bilanzskandale 2005), S. 41.
[237] Vgl. Peemöller, Volker H./Hofmann, Stefan (Bilanzskandale 2005), S. 41.

riellen Anlagevermögens von 35 Mrd. USD[238]. Die vorsätzliche Täuschung der Bilanzadressaten in derart massivem Ausmaß wurde insbesondere durch die als mangelhaft zu bewertende interne Kontroll- und Überwachungsstruktur und die Missachtung von Corporate Governance-Regeln bei WorldCom erst ermöglicht. Dies gelang vor allem, weil der ehemalige CEO während seiner Amtszeit alle Schlüsselpositionen mit ihm wohlgesonnenen Personen besetzt hatte. Zudem war die Interne Revision direkt dem CFO unterstellt, was unter dem Gesichtspunkt der Wahrung der notwendigen Unabhängigkeit dieser unternehmensinternen Kontrollinstanz in der Literatur durchaus kritisch diskutiert wird. So kann der Finanzverantwortliche nämlich die Informationsverbreitung der Arbeitsergebnisse der Konzernrevision gezielt steuern[239]. Das Beispiel WorldCom hat gezeigt, dass der CFO diese Situation ausnutzen wollte, als er die Leiterin der Internen Revision, d.h. seine untergebene Mitarbeiterin, bat, ihre ermittelten Ergebnisse geheim zu halten. Darüber hinaus ist zu vermuten, dass auch zwischen dem geschäftsführenden Board und dem Audit Committee nicht die notwendige Unabhängigkeit bestand, da ansonsten bei kritischer Überprüfung der Privatkredit an den Firmengründer möglicherweise in dieser Höhe überhaupt nicht hätte gewährt werden dürfen.

Aber auch die Abschlussprüfer von WorldCom – in der in Rede stehenden Zeit war dies wie bei Enron die Wirtschaftsprüfungsgesellschaft Arthur Andersen – standen in der Kritik. Sie wiesen zwar die Schuld von sich und beriefen sich darauf, dass WorldCom ihnen wichtige Informationen vorenthalten und sie auch nicht hinsichtlich der Aktivierung der Aufwendungen im Zusammenhang mit der Nutzung der fremden Telekommunikationsinfrastruktur befragt habe. Allerdings mussten sie sich die Frage gefallen lassen, warum sie diese bilanzdeliktischen Maßnahmen nicht erkannt haben – und dies nicht zuletzt vor dem Hintergrund, dass oftmals auffällig runde Summen gebucht wurden[240]. Kritisch wird hier insbesondere gesehen, dass Arthur Andersen im Jahr vor dem Zusammenbruch von WorldCom insgesamt Honorare in Höhe von knapp 17 Mio. USD erhalten hat, wobei hiervon nur ca. 25 % auf die Prüfungs- und der Rest auf Beratungsleistungen entfallen waren[241] und somit der Vorwurf der Befangenheit des Abschlussprüfers im Raum steht.

---

[238] Vgl. Peemöller, Volker H./Hofmann, Stefan (Bilanzskandale 2005), S. 41.
[239] Vgl. Peemöller, Volker H./Hofmann, Stefan (Bilanzskandale 2005), S. 42.
[240] Vgl. Peemöller, Volker H./Hofmann, Stefan (Bilanzskandale 2005), S. 41.
[241] Vgl. Peemöller, Volker H./Hofmann, Stefan (Bilanzskandale 2005), S. 41; Lenz, Hansrudi (Moralökonomische Analyse 2005), S. 232.

2.2.5.4 Ahold (2003)

Nicht nur in den USA kam es in den letzten Jahren zu bedeutenden Bilanzskandalen, sondern auch in Europa erregten ähnliche Fälle großes Aufsehen in der Öffentlichkeit. Im Jahr 2003 war der niederländische Einzelhandelskonzern Ahold wegen Manipulationen in der Rechnungslegung in die Schlagzeilen geraten. Diesen war eine starke Expansion des Konzerns, insbesondere in den USA, vorausgegangen, aufgrund derer der damalige CEO von Ahold auch für die weitere Zukunft ein besonders großzügiges Umsatz- und Gewinnwachstum angekündigt hatte. Verschiedene interne und externe Faktoren bremsten allerdings dieses Wachstum und führten dazu, dass die Versprechen nicht eingehalten werden konnten und der Konzern diese Entwicklung mit Hilfe von Bilanzmanipulationen verstecken wollte[242]. Im Februar des Jahres 2003 entdeckte jedoch die von Ahold beauftragte Wirtschaftsprüfungsgesellschaft im Rahmen der Prüfung des Konzernabschlusses zum 31.12.2002, dass der operative Gewinn einer US-amerikanischen Tochtergesellschaft um mehr als 500 Mio. USD zu hoch ausgewiesen war, weil die Gesellschaft zum Bilanzstichtag Forderungen aus Lieferanten-Boni und Provisionen bewusst mit einem höheren Wertansatz bilanziert hatte, als dieser dann im darauf folgenden Geschäftsjahr tatsächlich erzielt wurde[243]. Obwohl sie vom Abschlussprüfer über diese fehlerhafte Bilanzierung in Kenntnis gesetzt worden waren, informierten Aholds CEO und CFO die Öffentlichkeit erst einige Zeit später, nämlich nach erfolgreicher Vereinbarung eines erweiterten Kreditrahmens zur Deckung eines aufgetretenen Liquiditätsengpasses, über diese Manipulation[244]. Der Fehler in der Rechnungslegung führte schließlich zu einer negativen Korrektur des Konzernergebnisses für das Geschäftsjahr 2002 um fast 1 Mrd. €[245]. Der Börsenkurs von Ahold brach infolge der Ereignisse stark ein und die zuständigen Organe, d.h. die niederländische Börse, die Staatsanwaltschaft sowie die SEC, begannen mit umfangreichen Untersuchungen zu diesem Fall. Im Zuge der eingeleiteten Ermittlungen weitete sich der Skandal sowohl hinsichtlich des Umfangs als auch hinsichtlich des Zeitrahmens noch aus: Die betroffene US-amerikanische Tochtergesellschaft hatte in den Jahren 2000 bis 2002

---

[242] Vgl. Peemöller, Volker H./Hofmann, Stefan (Bilanzskandale 2005), S. 66; o.V. (Bekenntnis 2006).
[243] Vgl. Peemöller, Volker H./Hofmann, Stefan (Bilanzskandale 2005), S. 66; o.V. (Anklage 2004).
[244] Vgl. Peemöller, Volker H./Hofmann, Stefan (Bilanzskandale 2005), S. 67.
[245] Vgl. Peemöller, Volker H./Hofmann, Stefan (Bilanzskandale 2005), S. 67.

ihre Umsätze in einem Gesamtumfang von ca. 880 Mio. USD überhöht ausgewiesen[246].

Die manipulative künstliche Umsatzerhöhung war indes nicht der einzige Bereich, in dem Ahold eindeutig gegen die geltenden Rechnungslegungsnormen der US-GAAP verstoßen hatte. Bei einer von den Ermittlungsbehörden durchgeführten Hausdurchsuchung wurden bei Ahold Nebenabreden zu Verträgen, so genannte Side Letters, entdeckt, die sich auf die Kontrolle über bestehende Joint Ventures bezogen. Diese Side Letters existierten in jeweils zwei Versionen[247]. In der ‚offiziellen' Version, die seitens der Konzernführung auch den Wirtschaftsprüfern vorgelegt worden war, waren beide Partner jeweils zur Hälfte an den entsprechenden Joint Ventures beteiligt und Ahold wurde darin ausdrücklich der herrschende Einfluss über das Unternehmen zugestanden. Folglich bezog Ahold die betreffenden Joint Ventures als beherrschte Unternehmen mittels Vollkonsolidierung in den Konzernabschluss ein, so dass die Außenumsätze in voller Höhe im Konzernabschluss enthalten waren. Die zweite Version des Side Letter allerdings hob die in der offiziellen Nebenabrede festgehaltenen Vereinbarungen vollumfänglich auf und erklärte das entsprechende Dokument für nichtig. Dies hatte zur Folge, dass die Joint Ventures fälschlicherweise vollkonsolidiert wurden, obwohl sie den US-GAAP-Normen folgend ‚nur' mittels der Equity-Methode in den Konzernabschluss hätten einbezogen werden dürfen[248]. Ahold praktizierte dieses Vorgehen bei seiner Aufdeckung bereits über einen Zeitraum von fünf Jahren, in dem die Umsätze insgesamt um ca. 40 Mrd. € überhöht ausgewiesen worden waren.

Im Gegensatz zu den beiden vorher dargestellten Fällen von Accounting Fraud bei Enron und WorldCom ist die von Ahold beauftragte Wirtschaftsprüfungsgesellschaft nicht negativ aufgefallen. Vielmehr waren es die Abschlussprüfer, die die Manipulation bemerkt und aufgedeckt haben. Diese Tatsache stellt einen weiteren Mosaikstein dar in der Diskussion über die Aufgabe eines Jahresabschlussprüfers und eine möglicherweise bestehende Verpflichtung seinerseits zur Aufdeckung von Bilanzdelikten.

2.2.5.5 Parmalat (2003)
Noch weitaus mehr Aufmerksamkeit in der öffentlichen Berichterstattung als Ahold erhielt der ebenfalls im Jahr 2003 bekannt gewordene Bilanzskandal

---

[246] Vgl. Peemöller, Volker H./Hofmann, Stefan (Bilanzskandale 2005), S. 67; o.V. (Anklage 2004).
[247] Vgl. o.V. (Urteile 2006).
[248] Vgl. o.V. (Urteile 2006).

um den italienischen Lebensmittelkonzern Parmalat[249]. Charakteristisch für diesen Fall war insbesondere, dass sich der Konzern zur Verschleierung seiner Taten ein im Vergleich bspw. zu Ahold viel umfangreicheres Netz an Strukturen gestrickt hatte, mit dem die betrügerischen Handlungen über viele Jahre lang unentdeckt durchgeführt werden konnten.

Gegründet im Jahr 1961 war Parmalat bis Ende der Achtziger Jahre des vergangenen Jahrhunderts ein solides und nach außen hin transparentes Unternehmen gewesen. In der Folgezeit wuchs der Konzern jedoch überdurchschnittlich und die zahlreichen Akquisitionen und Neugründungen führten zu einem verschachtelten System und einem globalen, nicht mehr überschaubaren Konglomerat[250]. Weltweit kam es dabei insbesondere auch zur Einrichtung von mehr als 100 Briefkastenfirmen in aus steuerlicher Sicht besonders günstigen Off-Shore-Ländern, darüber hinaus waren bis zum Zusammenbruch des Konzerns ca. 5.000 Schwarzgeldkonten eingerichtet worden[251]. Für die damit verbundenen Transaktionen wie z.B. Schmiergeldzahlungen wurde eine Art ‚separater Buchungskreis' geführt, damit sich keinerlei Spuren in den offiziellen Büchern des Parmalat-Konzerns fanden. Die überdurchschnittliche Expansion des Konzerns basierte zum Großteil auf Fremdfinanzierung und ging daher mit hohen Zinszahlungsverpflichtungen einher. Da diese nicht ausschließlich aus den durch die jeweiligen Unternehmen selbst erwirtschafteten Erträgen gezahlt werden konnten, war eine Finanzierungslücke entstanden, welche durch die Ausgabe von Schuldverschreibungen und riskanten Obligationen geschlossen werden sollte[252].

Im Herbst 2003 erklärte sich ein anderer italienischer Lebensmittelkonzern, der ebenfalls risikoreiche Investitionen durch die Ausgabe von Obligationen finanziert hatte, für zahlungsunfähig. Die Finanzwelt wurde daraufhin hellhörig. Dies führte in der Folge dazu, dass die Kreditinstitute sensibilisiert waren und Parmalat aufgrund des als zu hoch eingeschätzten Risikos bestehende Kreditlinien gekündigt wurden. So konnte Parmalat eine fällige Obligation nur noch unter großen Schwierigkeiten zurückzahlen[253].

Bei den nachfolgend angestellten Untersuchungen wurde aufgedeckt, dass ein in der Konzernbilanz enthaltenes Bankguthaben bei der Bank of America (zum 30.09.2003 betrug dieses immerhin angeblich 4,2 Mrd. €) tatsächlich

---

[249] Vgl. allgemein Melis, Giovanni/Melis, Andrea (Financial Reporting Failure 2005), S. 233 ff.; Zimmermann, Jochen (Bilanzskandale 2004), S. 1516 f.
[250] Vgl. Melis, Giovanni/Melis, Andrea (Financial Reporting Failure 2005), S. 234.
[251] Vgl. Peemöller, Volker H./Hofmann, Stefan (Bilanzskandale 2005), S. 71.
[252] Vgl. Peemöller, Volker H./Hofmann, Stefan (Bilanzskandale 2005), S. 72.
[253] Vgl. Sturman, Deborah (Europas Enron 2004), S. 1; o.V. (Insolvenz-Risiko 2003).

nicht existierte[254]. Die als Beleg für dieses Guthaben vorgelegten Bestätigungsschreiben des Kreditinstituts waren schlichtweg gefälscht, Parmalat hatte die Dokumente über einen Zeitraum von fast 15 Jahren selbst erstellt und so den fiktiven Kontostand jährlich erhöht[255]. Darüber hinaus wurde festgestellt, dass ein Betrag von ca. 500 Mio. €, der zu einem Fonds auf den Cayman-Islands gehörte, verschwunden war[256]. Zudem hatte der CEO von Parmalat schon zu Beginn der Neunziger Jahre damit begonnen, Gelder im Umfang von ca. 800 Mio. € auf andere Konten, insbesondere private Schwarzgeldkonten, zu transferieren[257]. Zusätzlich ging mit allen über die Jahre durchgeführten illegalen Finanztransaktionen auch in großem Umfang der Tatbestand der Steuerhinterziehung einher. Als bekannt wurde, dass Parmalat in der Konzernbilanz Verbindlichkeiten in Höhe von 10 Mrd. Euro nicht erfasst hatte, und somit die wahre Finanzlage des Konzerns schließlich offensichtlich wurde, sackte der Börsenkurs nach unten und der Zusammenbruch von Parmalat war nicht mehr aufzuhalten[258].

Im Vergleich zu Enron sind die bei Parmalat durchgeführten sachverhaltsgestaltenden Maßnahmen eher einfach, was jedoch nicht heißt, dass sie weniger effektiv waren. Dennoch verwundert es umso mehr, dass die betrügerischen Handlungen so lange unentdeckt geblieben sind. Dafür ließen sich im Nachhinein verschiedene Faktoren identifizieren, die im Zusammenspiel das große Ausmaß des Bilanzskandals erst ermöglichten[259]: Der CEO genoss in der Öffentlichkeit großes Ansehen und galt als unbescholtener Bürger, zudem ließ sein unauffälliger Lebensstil keine Rückschlüsse auf persönliche Bereicherung, schon gar nicht im großen Stil, zu. Er hatte sich ein Netz von befreundeten hochrangigen Vertretern aus Politik, Banken, Wirtschaft, Sport und Kirche gestrickt[260]. Die Organisationsstruktur des Weltkonzerns blieb trotz der globalen Entwicklung zentral und eng an der Führungspersönlichkeit orientiert, so dass nur wenige die tatsächliche Struktur und Situation durchschauen konnten.

---

[254] Vgl. o.V. (Milliarden-Klage 2004); Sinnett, William M. (Detecting Fraud 2004), S. 63.
[255] Vgl. Peemöller, Volker H./Hofmann, Stefan (Bilanzskandale 2005), S. 72; Sturman, Deborah (Europas Enron 2004), S. 1 f.
[256] Vgl. Peemöller, Volker H./Hofmann, Stefan (Bilanzskandale 2005), S. 72; Sturman, Deborah (Europas Enron 2004), S. 1.
[257] Vgl. Peemöller, Volker H./Hofmann, Stefan (Bilanzskandale 2005), S. 72; o.V. (Geheimer Schatz 2004); o.V. (Versenkung 2004).
[258] Vgl. Peemöller, Volker H./Hofmann, Stefan (Bilanzskandale 2005), S. 73; Sturman, Deborah (Europas Enron 2004), S. 1.
Zeitungsberichten zufolge belief sich die Gesamthöhe der Schulden von Parmalat sogar auf ca. 14 Mrd. €; vgl. o.V. (Versenkung 2004).
[259] Vgl. Peemöller, Volker H./Hofmann, Stefan (Bilanzskandale 2005), S. 73.
[260] Vgl. o.V. (Gericht 2004).

Trotzdem hätte immer wieder die Möglichkeit bestanden, die Bilanzmanipulationen aufzudecken, aber nach außen hin eigentlich zu erkennende Warnsignale wurden von unterschiedlichen Stellen ignoriert[261]. Auch diesem Leichtsinn ist es wohl zuzuschreiben, dass Parmalat über Jahre hinweg unentdeckt fernab der offiziellen Buchhaltung eine zweite, parallele (Rechnungslegungs-) Welt kreieren und ausnutzen konnte. Selbst professionelle Finanzanalysten waren nicht mehr in der Lage, das Gesellschaftsnetzwerk des Konzerns zu durchschauen. Das rasche Wachstum, auch die Gründung von Gesellschaften in so genannten ‚Steueroasen', verbunden mit risikoreichen Finanztransaktionen hätte kritischer hinterfragt werden müssen. Parmalat erlaubte es sich sogar, einer Zweckgesellschaft den Namen ‚Buconero' zu geben, was auf Deutsch übersetzt nichts anderes bedeutet als ‚Schwarzes Loch'. Auch die angeblichen Bankguthaben in Milliardenhöhe hätten Rätsel aufgeben müssen[262]: Warum gibt der Konzern trotzdem weiter Schuldverschreibungen aus? Warum finden sich in der Gewinn- und Verlustrechnung keine korrespondierenden Zinserträge? Warum wurden mit den Guthaben keine hochverzinslichen Verbindlichkeiten getilgt? Weitere einfache Plausibilitätsprüfungen hätten sonderbare Relationen offenbart: So lieferte Parmalat angeblich so viel Milch nach Kuba, dass jeder Einwohner dort jährlich fast 500 Liter Milch hätte verbrauchen können. Schließlich wurde auch bekannt, dass bereits ein Jahr vor Aufdeckung des Bilanzskandals einzelne Personen, so etwa der Manager eines britischen Pensionsfonds, vergeblich eine Sonderprüfung bei Parmalat gefordert hatten[263]. Warum keiner der aufgeführten Krisenindikatoren ernst genommen wurde, lässt sich aus heutiger Sicht nicht (mehr) klären.

Fest steht jedoch, dass die überwachenden Instanzen unternehmensintern wie -extern ihre Aufgaben nicht bzw. nur unzureichend erfüllt haben. Anders wäre der Accounting Fraud in diesem großen Umfang und über einen solch langen Zeitraum hinweg nicht möglich gewesen. Zu einem Großteil mitverantwortlich war sicherlich auch die Tatsache, dass es in Italien möglich war, dass der Konzernabschlussprüfer nicht für alle in den Konzernabschluss einbezogenen Einzelabschlüsse verantwortlich zeichnete. So hatte Parmalat es geschafft, dass der Hauptabschlussprüfer nur für 51 % des gesamten Prüfungsumfangs zuständig war, wohingegen eine andere Wirtschaftsprüfungsgesellschaft durch die Mandate bei bestimmten Tochtergesellschaften ihren Anteil auf 49 % des Prüfungsumfangs ausdehnen konnte. Damit war es keiner der

---

[261] Vgl. Peemöller, Volker H./Hofmann, Stefan (Bilanzskandale 2005), S. 73 f. Zeitungsberichten zufolge haben auch die Abschlussprüfer von Parmalat anfangs versucht, Dinge zu verheimlichen; vgl. o.V. (Parmalat-Prüfer 2004).

[262] Vgl. Peemöller, Volker H./Hofmann, Stefan (Bilanzskandale 2005), S. 74.

[263] Vgl. Peemöller, Volker H./Hofmann, Stefan (Bilanzskandale 2005), S. 74.

beiden Prüfungsgesellschaften möglich, sich ein umfassendes Bild über die tatsächliche Vermögens-, Finanz- und Ertragslage des Gesamtkonzerns zu verschaffen, da jeweils immer nur einzelne Teilbereiche betrachtet werden konnten[264]. Genau mit dem Argument, sich auf das Testat des jeweils anderen verlassen zu haben, weisen die beteiligten Wirtschaftsprüfungsgesellschaften die Kritik und ihre Verantwortung für die Ereignisse von sich[265]. Eine solche Teilung der Verantwortung wurde nun – unter dem Eindruck des Parmalat-Skandals – innerhalb der Europäischen Union in der neuen Abschlussprüferrichtlinie vom 17.05.2006[266] explizit verboten, d.h., alle Mitgliedstaaten müssen die Alleinverantwortung des Konzernabschlussprüfers für den gesamten Konzernabschluss gesetzlich kodifizieren[267].

2.2.5.6 FlowTex (2000)

Zu den bekanntesten Fällen von Accounting Fraud in Deutschland gehört zweifelsohne der Bilanzbetrug bei dem Unternehmen FlowTex, einem Händler für Spezialbohrmaschinen. Das ‚Geschäftsmodell' war das folgende[268]: FlowTex gab vor, – tatsächlich nicht existente[269] – Bohrsysteme an eine Leasinggesellschaft zu veräußern und generierte damit Umsatzerlöse. Die Leasinggesellschaft wiederum schloss einen Leasingvertrag mit einem FlowTex-Franchisepartner ab, der unter dem wirtschaftlichen Einfluss von FlowTex stand und aus diesem Grund den Verträgen über fiktive Leasingobjekte zustimmte. Der Franchisepartner wurde zu einer pünktlichen Zahlung aller Leasingraten an die Leasinggesellschaft verpflichtet, diese Zahlungen wurden mit Hilfe der durch die Veräußerung der Bohrsysteme an die Leasinggesellschaft erzielten Einzahlungen beglichen. Um den regelmäßigen Finanzmittelbedarf decken zu können, musste FlowTex immer mehr fiktive Bohrmaschinen ver-

---

[264] Vgl. Peemöller, Volker H./Hofmann, Stefan (Bilanzskandale 2005), S. 74.

[265] Die Abschlussprüfer sahen sich als Folge der Ereignisse bei Parmalat Schadensersatzklagen gegenüber; vgl. bspw. o.V. (Milliarden-Klage 2004); o.V. (Parmalat-Prüfer 2004).

[266] Gemeint ist die Richtlinie 2006/43/EG des Europäischen Parlaments und des Rates vom 17. Mai 2006 über Abschlussprüfungen von Jahresabschlüssen und konsolidierten Abschlüssen, zur Änderung der Richtlinien 78/660/EWG und 83/349/EWG des Rates und zur Aufhebung der Richtlinie 84/253/EWG des Rates, Amtsblatt der Europäischen Union vom 09.06.2006, S. L157/87-L157/107.

[267] In Deutschland soll dies mit dem BilMoG erfolgen; vgl. zu den geplanten Änderungen in § 317 Abs. 3 Satz 2 HGB-E Petersen, Karl/Zwirner, Christian (Abschlussprüfung 2008), S. 52 f.; Petersen, Karl/Zwirner, Christian (Umbruch 2008), S. 28.

[268] Vgl. Peemöller, Volker H./Hofmann, Stefan (Bilanzskandale 2005), S. 98. Vgl. ausführlich zu den Geschehnissen bei FlowTex Heck, Meinrad (FlowTex 2006).

[269] Vgl. Heck, Meinrad (FlowTex 2006), S. 73.

äußern, d.h., das ‚Geschäftsmodell' glich einem Schneeballsystem[270]. So nahm zwar die Anzahl der unzulässigen Transaktionen stetig zu, für Außenstehende wurde jedoch der Eindruck eines wachstumsstarken Unternehmens vermittelt.

Damit die Leasinggesellschaften ebenso wie die Banken, die die einzelnen Bohrsysteme finanzierten, nicht misstrauisch wurden[271], hatte der Unternehmensgründer und Geschäftsführer zusammen mit einem Geschäftspartner ein ausgefeiltes System in Gang gesetzt. Dazu gehörte u.a. die Erstellung von Leasingverträgen, denen der materielle Hintergrund fehlte, sowie das Fälschen von Kontoauszügen, Eingangsrechnungen, Lieferscheinen und Jahresabschlussangaben[272]. Für jeden angeblich existenten Spezialbohrer wurde eigens ein Typenschild angefertigt, welches dann an unterschiedlichen Orten an tatsächlich existierenden Bohrern angebracht wurde[273]. Da nie mehr Bohrer, als es tatsächlich gab, zur selben Zeit und am selben Ort vorgeführt werden mussten, konnten die wenigen Maschinen bei Bedarf transportiert und mit dem zu der Besichtigung passenden Typenschild versehen werden. So gelang es FlowTex, in seinem Vermögen 3.411 Spezialbohrsysteme auszuweisen, von denen jedoch lediglich 281 Stück, d.h. 8,2 %, real waren[274].

Als die Scheingeschäfte Mitte der Neunziger Jahre des vergangenen Jahrhunderts drohten aufgedeckt zu werden, half ein weiterer Geschäftspartner von FlowTex aus, indem dieser im Umfang von über 140 Mio. DM Scheinverträge ‚besorgte', nachdem im Zusammenhang mit einer Prüfung des Finanzamts zu in der Gewinn- und Verlustrechnung enthaltenen Umsatzerlösen der korrespondierende Materialeinsatz zu fehlen schien[275].

Der Accounting Fraud bei FlowTex wurde im Februar 2000 aufgedeckt, als ein in die kriminellen Machenschaften eingeweihter ehemaliger Geschäftspartner bei der Staatsanwaltschaft Anzeige erstattete[276]. Dieser wollte nach einer Ankündigung von FlowTex, eine Anleihe am Kapitalmarkt platzieren zu wollen, potenzielle Kleinanleger vor einer Investition in das Unternehmen schützen[277]. In der Folgezeit ergaben die Ermittlungen, dass schon Jahre zuvor

---

[270] Vgl. Heck, Meinrad (FlowTex 2006), S. 9 f.; Zimmermann, Jochen (Bilanzskandale 2004), S. 1516; Schmeh, Klaus (Flops 2000), S. 122.
[271] Vgl. zur Ahnungslosigkeit der Banken und Leasinggesellschaften Schmeh, Klaus (Flops 2000), S. 122.
[272] Vgl. Peemöller, Volker H./Hofmann, Stefan (Bilanzskandale 2005), S. 98.
[273] Vgl. Peemöller, Volker H./Hofmann, Stefan (Bilanzskandale 2005), S. 99.
[274] Vgl. Peemöller, Volker H./Hofmann, Stefan (Bilanzskandale 2005), S. 98; Heck, Meinrad (FlowTex 2006), S. 10; o.V. (Ohne Beanstandung 2000); Schmeh, Klaus (Flops 2000), S. 121.
[275] Vgl. Peemöller, Volker H./Hofmann, Stefan (Bilanzskandale 2005), S. 99.
[276] Vgl. Peemöller, Volker H./Hofmann, Stefan (Bilanzskandale 2005), S. 99.
[277] Vgl. Schmeh, Klaus (Flops 2000), S. 123.

im Rahmen einer Betriebsprüfung das Fehlen von Bohrsystemen aufgefallen, das Wissen jedoch – aus verschiedenen Gründen[278] – zurückgehalten worden war[279]. Darüber hinaus geriet der Abschlussprüfer von FlowTex, KPMG, nach Bekanntwerden des Bilanzskandals heftig in die Kritik, da den Prüfern die massive Täuschung durch gefälschte Dokumente und Bohrer, die mit unterschiedlichen Typenschildern bestückt wurden, nicht aufgefallen war[280]. Eine einfache Plausibilitätsprüfung hätte indes gezeigt, dass die hohe Anzahl von über 3.400 Bohrgeräten kritisch zu hinterfragen gewesen wäre, denn zu dieser Zeit gab es in ganz Europa lediglich einen Bedarf von ca. 400 Maschinen dieser Art[281]. Geholfen bei der jahrelangen Verschleierung der illegalen Taten hat FlowTex auch die Tatsache, dass die Gesellschaft keine für ein mittelständisches Unternehmen sonst typische Hausbankbeziehung eingegangen ist[282]. Auf diese Weise waren zahlreiche unterschiedliche Banken mit jeweils kleineren Beträgen unwissentlich an den Transaktionen beteiligt, es gab jedoch keinen ‚großen' Geldgeber, der mehr Einblick in die Geschäftsabläufe hätte nehmen und somit eine Gefahr hätte darstellen können.

Der FlowTex-Skandal zog noch weitere Kreise: Er beschränkte sich nicht darauf, dass der Geschäftsführer über lange Jahre Leasinggesellschaften, Kreditinstitute[283], Rating-Agenturen und die Wirtschaftsprüfungsgesellschaft getäuscht hatte[284], FlowTex selbst Insolvenz anmelden musste und die Diskussion über die Aufgaben und das Leistungsvermögen von Wirtschaftsprüfern in Deutschland wieder angefacht wurde[285]. Darüber hinaus konnten auch Verbindungen von FlowTex zur Politik in Baden-Württemberg[286] und zu den Finanzbehörden nachgewiesen werden. Im Vordergrund stand bei dem gesamten Handeln die Absicht der persönlichen Bereicherung des Geschäftsführers[287],

---

[278] Angeblich wurde dem Verdacht nicht weiter nachgegangen, um eine erhebliche Steuerrückerstattung an FlowTex zu vermeiden. Darüber hinaus soll der Geschäftsführer von FlowTex den Betriebsprüfer bestochen haben; vgl. Peemöller, Volker H./Hofmann, Stefan (Bilanzskandale 2005), S. 99.
[279] Vgl. Heck, Meinrad (FlowTex 2006), S. 142 f. und S. 146 ff.; o.V. (Finanzamt 2001).
[280] Vgl. o.V. (Ohne Beanstandung 2000).
[281] Vgl. Peemöller, Volker H./Hofmann, Stefan (Bilanzskandale 2005), S. 99.
[282] Vgl. Peemöller, Volker H./Hofmann, Stefan (Bilanzskandale 2005), S. 100.
[283] Vgl. Heck, Meinrad (FlowTex 2006), S. 1 ff. und S. 106 f.
[284] Vgl. o.V. (Finanzamt 2001).
[285] Vgl. hierzu bspw. Küting, Karlheinz (Verantwortung 2000); Küting, Karlheinz (Fehler 2000); Küting, Karlheinz (Hakelmacher 2000).
[286] Vgl. Heck, Meinrad (FlowTex 2006), S. 11 f.
[287] Im Zuge der Untersuchungen und der Prozessvorbereitung wurde dem ehemaligen Geschäftsführer von FlowTex krankhafter Größenwahn attestiert; vgl. o.V. (Unzurechnungsfähig 2001); o.V. (Megalomanie 2001).

der seinen großzügigen Lebensstil[288] ebenso wie die ausschweifende private Lebensführung seiner Frau u.a. mit verdeckten Privatentnahmen aus dem Gesellschaftsvermögen gedeckt hatte[289].

Die Hauptbeteiligten am Accounting Fraud von FlowTex wurden in dem anschließenden Prozess zu Haftstrafen zwischen sechs und zwölf Jahren verurteilt[290]. Zum damaligen Zeitpunkt galt der ‚Fall FlowTex' als „größter Wirtschaftskrimi der bundesdeutschen Geschichte"[291].

2.2.5.7 Comroad (2002)

Der Bilanzskandal um den Telematik-Netzwerk-Spezialisten Comroad zeigt in verblüffender Weise, wie sehr die Entwicklung des damaligen Neuen Markts viele – darunter auch zahlreiche Wirtschaftsprüfer – zunächst geblendet hatte. Auch in Zeiten, als Wettbewerber bereits sinkende Umsätze und Gewinne vermelden mussten, ging es für Comroad angeblich weiter bergauf[292].

Das Konzept hinter dem Accounting Fraud von Comroad war vergleichsweise einfach: Ein Großteil der Umsätze existierte tatsächlich nicht, sondern war fiktiv[293]. Entsprechende Handelspartner wurden teilweise weltweit erfunden. Darüber hinaus enthielt die Konzernbilanz von Comroad nicht existente Forderungen und geleistete Anzahlungen[294]. Obgleich Medienberichten zufolge eine Journalistin[295] sowie ein Kreditsachbearbeiter einer Bank[296] Verdacht schöpften und die bis zum Ende des Jahres 2000 immer wieder veröffentlichten Erfolgsmeldungen der Gesellschaft – insbesondere vor dem Hintergrund einer gegenläufigen Entwicklung in der Branche – kritisch hinterfragten[297],

---

[288] Vgl. Heck, Meinrad (FlowTex 2006), S. 28 ff.
[289] Vgl. Peemöller, Volker H./Hofmann, Stefan (Bilanzskandale 2005), S. 100.
[290] Vgl. o.V. (Größenwahn 2003), S. 3.
[291] O.V. (Größenwahn 2003), S. 1. Vgl. auch Heck, Meinrad (FlowTex 2006), S. 103.
[292] Vgl. Luther, Thomas (Skandale 2003), S. 205.
[293] Vgl. Peemöller, Volker H./Hofmann, Stefan (Bilanzskandale 2005), S. 111 f.; Zimmermann, Jochen (Bilanzskandale 2004), S. 1516.
[294] Vgl. Peemöller, Volker H./Hofmann, Stefan (Bilanzskandale 2005), S. 112.
[295] Die Journalistin führte ihre Recherchen über das Asien-Geschäft von Comroad vor Ort in Hongkong durch und stellte dabei fest, dass ein Großteil der angeblichen Geschäftspartner dort nicht existierte bzw. angab, dass keine Geschäftsbeziehung zu Comroad bestand; vgl. Peemöller, Volker H./Hofmann, Stefan (Bilanzskandale 2005), S. 111.
[296] Der Kreditsachbearbeiter stellte bspw. fest, dass sich Geschäftspartner von Comroad in Spanien und England nicht ermitteln ließen, obwohl mit diesen angeblich regelmäßig Geschäftstransaktionen abgewickelt wurden; vgl. Peemöller, Volker H./Hofmann, Stefan (Bilanzskandale 2005), S. 111.
[297] Vgl. Luther, Thomas (Skandale 2003), S. 205.

dauerte es noch Zeit, bis auch die Konzernabschlussprüfer und der Aufsichtsrat das betrügerische Handeln aufdeckten.

Schließlich bemerkten die Prüfer im Zusammenhang mit der Betrachtung der Ertragsrealisierung, dass Comroad Erträge aus Lizenzverträgen mit seinen asiatischen Partnern zu früh bzw. zu Unrecht erfasst hatte[298]. Nähere Untersuchungen im Rahmen einer veranlassten Sonderprüfung, erstmals auch vor Ort in Hongkong, zeigten, dass – wie die Journalistin bereits früher vermutet hatte – die vermeintlichen Geschäftspartner dort überhaupt nicht existierten. Allenfalls deutete ein Briefkasten auf die fiktive Geschäftsbeziehung hin. Einige der in der Buchhaltung von Comroad enthaltenen angeblichen Geschäftspartner existierten zwar tatsächlich, unterhielten jedoch keinerlei Geschäftsbeziehungen zu dem deutschen Unternehmen. Diese Ereignisse veranlassten KPMG im Februar 2002 dazu, unverzüglich das Prüfungsmandat bei Comroad niederzulegen[299]. Der Vorstand von Comroad wurde schließlich im April 2002 wegen Betrugsverdachts verhaftet[300].

Zur Aufklärung der wahren Sachlage wurde eine andere Wirtschaftsprüfungsgesellschaft mit der Prüfung bei Comroad beauftragt. Diese kam für die Geschäftsjahre 1998 bis 2001 zu folgenden ernüchternden Ergebnissen[301]: Ein Großteil der in der Gewinn- und Verlustrechnung enthaltenen Umsatzerlöse war nur vorgetäuscht und wurde mittels Scheinrechnungen realisiert. Fingierte Eingangsrechnungen sorgten für den angeblichen Materialeinsatz. Der Umfang dieser Scheingeschäfte hatte über die Jahre stetig zugenommen, was auch erklärt, warum sich die Geschäftslage bei Comroad angeblich konträr zu der bei Wettbewerbsunternehmen verhalten hatte. Im negativen Sinne beeindruckend war der für das Jahr 2001 erzielte Spitzenwert an fiktiven Umsätzen in Höhe von 92,3 Mio. € bei insgesamt ausgewiesenen Umsatzerlösen in Höhe von 93,6 Mio. €, d.h., gerade einmal 1,4 % des ausgewiesenen Umsatzes war real[302]. In den bei der Sonderprüfung ebenfalls untersuchten Jahren davor betrug der Anteil der fiktiven Umsätze an den ausgewiesenen Umsätzen 96,7 % (2000), 85,9 % (1999) bzw. 62,7 % (1998)[303].

Zur Verschleierung seiner Taten war es dem Vorstandsvorsitzenden von Comroad gelungen, ein Netzwerk an Vertrauten aufzubauen[304]: Ein befreunde-

---

[298] Vgl. Peemöller, Volker H./Hofmann, Stefan (Bilanzskandale 2005), S. 111.
[299] Vgl. Peemöller, Volker H./Hofmann, Stefan (Bilanzskandale 2005), S. 111; Luther, Thomas (Skandale 2003), S. 206.
[300] Vgl. Peemöller, Volker H./Hofmann, Stefan (Bilanzskandale 2005), S. 112.
[301] Vgl. Peemöller, Volker H./Hofmann, Stefan (Bilanzskandale 2005), S. 112.
[302] Vgl. Peemöller, Volker H./Hofmann, Stefan (Bilanzskandale 2005), S. 112; Luther, Thomas (Skandale 2003), S. 206.
[303] Vgl. Peemöller, Volker H./Hofmann, Stefan (Bilanzskandale 2005), S. 112.
[304] Vgl. Peemöller, Volker H./Hofmann, Stefan (Bilanzskandale 2005), S. 112.

ter Steuerberater, der zugleich Mitglied des Aufsichtsrats der Gesellschaft war, half bei der Erstellung des Jahresabschlusses wesentlich mit. Darüber hinaus gehörten sowohl die Ehefrau des Vorstandsvorsitzenden als auch eine langjährige Beraterin der Gesellschaft zum Aufsichtsgremium. Die eigentliche Kontrollfunktion des Aufsichtsrats wurde somit durch eine Unterwanderung seiner Unabhängigkeit erheblich geschwächt.

Begünstigt wurde die Entwicklung von Comroad hin zu einer „virtuellen Firma"[305] zweifelsohne auch durch die Tatsache, dass die Wirtschaftsprüfungsgesellschaft die Rechnungslegung offensichtlich nie detailliert genug untersucht hat. So wurden die angeblichen Geschäftspartner in Hongkong – 97 % der gesamten Umsätze des Jahres 2000 entfielen angeblich auf eine dort ansässige Gesellschaft – nie selbst in Augenschein genommen, ihre Existenz nie in Frage gestellt. KPMG hatte einfachen Bestätigungsschreiben über in Millionenhöhe geflossene Beträge geglaubt[306]. Zudem haben die Prüfer nie hinterfragt, warum die Entwicklungskurve von Comroad weiter nach oben zeigte, obwohl die Entwicklung der Branche insgesamt negativ war[307]. Gleichermaßen war es auch nicht aufgefallen, dass die Gesellschaft angeblich zwar über ein weltweites Vertriebsnetz verfügte, mit einem Großteil dieser Gesellschaften jedoch überhaupt keine oder nur sehr geringe Umsätze getätigt wurden. Sogar die Erstellung der Kapitalflussrechnungen erfolgte – ebenso wie ihre anschließende Prüfung – durch Mitarbeiter der Wirtschaftsprüfungsgesellschaft.

Der Bilanzskandal von Comroad hat eindrucksvoll gezeigt, wie es den internen und externen Aufsichtsgremien gelungen wäre, die illegalen Bilanzierungspraktiken mittels einfacher Plausibilitätschecks oder einer genaueren Betrachtung des Hauptgeschäftspartners viel früher aufzudecken, als es tatsächlich geschehen ist. Auch wenn die agierenden Personen meist versuchen, Accounting Fraud zu verdecken, gilt es im vorliegenden Fall zu konstatieren, dass Comroads Verschleierung leicht zu enttarnen gewesen wäre. Die Ereignisse beschleunigten den Vertrauensverlust der Öffentlichkeit in die Arbeit der Wirtschaftsprüfer und verstärkten die Krise, in die der Berufsstand international wie national ohnehin geraten war

2.2.5.8 Phenomedia (2002)

Ein weiterer Bilanzskandal in der New Economy ereignete sich im Jahr 2002 bei dem Softwareunternehmen Phenomedia. Das Unternehmen entwickelte und vertrieb Werbe- und Computerspiele. Im Zeitraum zwischen 1999 und

---

[305] Peemöller, Volker H./Hofmann, Stefan (Bilanzskandale 2005), S. 112.
[306] Vgl. Peemöller, Volker H./Hofmann, Stefan (Bilanzskandale 2005), S. 112 f.
[307] Vgl. Peemöller, Volker H./Hofmann, Stefan (Bilanzskandale 2005), S. 112.

2001 konnte die Gesellschaft ein auch im Branchenvergleich sehr starkes Umsatzwachstum verbuchen. Von Beginn an lagen die Höhe der ausgewiesenen Umsatzerlöse und die Höhe der bilanzierten Forderungen aus Lieferungen und Leistungen dicht beieinander[308]. Dies führte jedoch zunächst nicht zu weiteren Untersuchungen, da ob der insgesamt positiven Entwicklung am Neuen Markt die Ergebnisse nicht angezweifelt wurden.

Als die Gesellschaft im Frühjahr 2002 vorläufige Informationen über das abgelaufene Geschäftsjahr 2001 veröffentlichte, wurden insbesondere Unternehmensanalysten auf einige Relationen aufmerksam. Der ausgewiesene Forderungsbestand war wiederum erheblich gestiegen und überstieg zum wiederholten Male die Umsatzerlöse[309]. Die hohe Zunahme bei den Forderungen aus Lieferungen und Leistungen im Verhältnis zu den Umsätzen nährte den Verdacht von ‚Luftbuchungen'[310]. Auch die zuständigen Wirtschaftsprüfer von KPMG begannen an den von Phenomedia vorgelegten Zahlen zu zweifeln und ermittelten einen Wertberichtigungsbedarf bei den Forderungen in einer Größenordnung von über 5 Mio. €. Sie verlangten von der Gesellschaft Nachweise zur Begründung der Höhe des Forderungsbestands, die diese jedoch nicht erbringen konnten. Zudem wurde für 2001 weder ein Anhang noch eine Kapitalflussrechnung oder ein Eigenkapitalspiegel vorgelegt. KPMG verweigerte schließlich das Testat, die Verantwortlichen von Phenomedia gaben zu, Buchungen zu fiktiven Sachverhalten vorgenommen zu haben[311].

Eine in der Folgezeit von einer neutralen Wirtschaftsprüfungsgesellschaft durchgeführte Sonderprüfung kam zu dem Ergebnis, dass die Umsatzerlöse im Jahr 2001 statt der ausgewiesenen 25,8 Mio. € in der Realität lediglich rund 17 Mio. € betrugen[312]. Die bilanzierten Forderungen von 27,1 Mio. € waren in Höhe von ca. 10 Mio. € tatsächlich nicht existent[313]. Auch in den beiden Vorjahren enthielten die Konzernabschlüsse von Phenomedia bereits nicht korrekte Werte für die beiden betrachteten Größen. Insgesamt ergaben die Untersuchungen, dass die Gesellschaft im Zeitraum zwischen 1999 und 2001 statt der berichteten 4,3 Mio. € Verlust einen tatsächlichen Verlust in Höhe von 29,8 Mio. € erwirtschaftet hatte[314]. Hinzu kam noch die Tatsache, dass der Vorstand ohne Wissen des Aufsichtsrats und ohne Berücksichtigung beste-

---

[308] Vgl. Peemöller, Volker H./Hofmann, Stefan (Bilanzskandale 2005), S. 114.
[309] Vgl. Peemöller, Volker H./Hofmann, Stefan (Bilanzskandale 2005), S. 114.
[310] Vgl. Peemöller, Volker H./Hofmann, Stefan (Bilanzskandale 2005), S. 114. Vgl. zu Luftgeschäften auch Lachmair, Wilhelm (Luftgeschäfte 2001), S. 6 ff.
[311] Vgl. Peemöller, Volker H./Hofmann, Stefan (Bilanzskandale 2005), S. 114 f.
[312] Vgl. Peemöller, Volker H./Hofmann, Stefan (Bilanzskandale 2005), S. 115.
[313] Vgl. Peemöller, Volker H./Hofmann, Stefan (Bilanzskandale 2005), S. 115.
[314] Vgl. Peemöller, Volker H./Hofmann, Stefan (Bilanzskandale 2005), S. 115.

hender Vorschriften diverse Beteiligungen erworben hatte[315]. Zu guter Letzt ergaben die Ermittlungen, dass sich Mitglieder des Vorstands von Phenomedia – kurz vor Bekanntwerden des Bilanzskandals – des Insiderhandels schuldig gemacht hatten[316]. Im Mai 2002 meldete die Gesellschaft schließlich Insolvenz an.

Vielfach wurde gerade bei jungen Unternehmen des Neuen Markts, die sich durch einen kreativen Umgang mit der Rechnungslegung[317] auszeichneten, gleichsam entschuldigend darauf hingewiesen, dass deren Management unter dem am wachstumsintensiven Neuen Markt herrschenden Druck besonderen Herausforderungen begegnen musste, und dies zumeist noch ohne über einen langjährigen Erfahrungsschatz auf dem Gebiet des Rechnungswesens zu verfügen. Ungeachtet der Tatsache, dass dem Grundsatz ‚Unwissenheit schützt vor Strafe nicht' folgend eine solche Entschuldigung nicht angemessen ist, trifft dies auf Phenomedia nur bedingt zu. Dieser Bilanzskandal beruhte zu einem großen Teil auf der kriminellen Energie des Managements.

Mit zu der Entwicklung beigetragen haben einmal mehr die Versäumnisse der Aufsichtsorgane. So verwundert es, warum der Aufsichtsrat den angeblich so rasanten Umsatzanstieg nicht kritischer hinterfragt hat. Gleichsam stellt sich die Frage, weshalb bei der Abschlussprüfung die nicht unerheblichen ‚Luftbuchungen' erst nach dem Geschäftsjahr 2001, nicht aber schon in den Jahren davor entdeckt worden sind. Insgesamt sind die Ereignisse bei Phenomedia ein angemessenes Beispiel für die in dieser Zeit, insbesondere am Neuen Markt, vermehrt zu verzeichnenden Versuche der Unternehmen einerseits, die Unternehmenslage besser darstellen zu wollen, und die Probleme der Wirtschaftsprüfer andererseits, diesem illegalen Agieren zu begegnen.

2.2.6 Zwischenfazit

Wie die Ausführungen über ausgewählte Fälle von Accounting Fraud in der Praxis gezeigt haben, gibt es typische Positionen in der Bilanz sowie in der Gewinn- und Verlustrechnung, die besonders anfällig für Manipulationen in der Rechnungslegung zu sein scheinen[318]. Zu diesen gehören insbesondere die Umsatzerlöse und hierzu korrespondierend die Forderungen aus Lieferungen und Leistungen, da beide Positionen mittels ‚Luftbuchungen'[319] verhältnismä-

---

[315] Vgl. Peemöller, Volker H./Hofmann, Stefan (Bilanzskandale 2005), S. 115.
[316] Vgl. Peemöller, Volker H./Hofmann, Stefan (Bilanzskandale 2005), S. 115.
[317] Vgl. Zwirner, Christian (IFRS-Bilanzierungspraxis 2007), S. 154, dort Fußnote 974.
[318] Vgl. zur Beschreibung von Ausweis- und Bewertungsdelikten auch Kalveram, Wilhelm (Systematik 1933), S. 90 ff.
[319] Vgl. Kalveram, Wilhelm (Verstöße 1933), S. 441.

ßig einfach erhöht werden können und somit der Vermögensausweis verbessert werden kann[320]. Darüber hinaus kann auch mittels der fälschlichen Aktivierung von Aufwendungen ein positiver Effekt generiert werden[321]. Aufgrund von notwendigen Abschreibungen dreht sich dieser in den Folgeperioden allerdings wieder um, was jedoch zumeist unter dem Gesichtspunkt der kurzfristigen Ergebnismaximierung zunächst vernachlässigt wird. Etwas komplizierter als die ‚einfache' Manipulation einzelner Bilanzposten ist die Konstruktion über die Gründung von SPE, die – je nach Bedarf – fälschlicherweise vollkonsolidiert[322] oder eben gerade nicht in den Konzernabschluss einbezogen[323] wurden.

Beliebt ist neben der Generierung fiktiver Umsätze auch das Erfinden von Kunden- und Lieferantenbeziehungen, mit denen diese tatsächlich nicht existenten Erlöse dann erwirtschaftet wurden[324]. Vereinzelt werden Dokumente derart gefälscht, dass fiktive Bankguthaben vorgetäuscht werden. Diese angeblichen liquiden Mittel können so auch jährlich erhöht werden[325]. Neben diesen in den dargestellten Praxisfällen aufgetretenen Formen der Manipulation existieren weitere mögliche illegale Gestaltungen der Rechnungslegung[326], die zum Vorliegen von Accounting Fraud führen. Zu nennen sind hier bspw. überhöhte Bewertungen im Bereich des Anlagevermögens, eine willkürliche und unzulässige Ausdehnung von Abschreibungszeiträumen, eine Fälschung des Mengen- und Wertgerüsts des bilanzierten Vorratsvermögens, verdeckte Eigenkapitalentnahmen, die unzulässige (Nicht-) Bildung oder Auflösung von Rückstellungen sowie die Nichterfassung von Verbindlichkeiten[327]. Daneben zählen auch Manipulationen im Anhang oder Lagebericht zu Accounting Fraud, wenn der Bilanzierende durch fehlende, falsche oder bewusst irreführende Angaben die Vermittlung eines den tatsächlichen Verhältnissen entsprechenden Bilds der Vermögens-, Finanz- und Ertragslage erschwert oder gar verhindert.

---

[320] Vgl. hierzu insbesondere die Fälle Comroad unter Gliederungspunkt 2.2.5.7, S. 66 ff. und Phenomedia unter Gliederungspunkt 2.2.5.8, S. 68 ff.
[321] Vgl. hierzu insbesondere den Fall WorldCom unter Gliederungspunkt 2.2.5.3, S. 54 ff.
[322] Vgl. hierzu insbesondere den Fall Ahold unter Gliederungspunkt 2.2.5.4, S. 58 ff.
[323] Vgl. hierzu insbesondere den Fall Enron unter Gliederungspunkt 2.2.5.2, S. 50 ff.
[324] Vgl. hierzu insbesondere die Fälle Parmalat unter Gliederungspunkt 2.2.5.5, S. 59 ff. und Comroad unter Gliederungspunkt 2.2.5.7, S. 66 ff.
[325] Vgl. hierzu insbesondere den Fall Parmalat unter Gliederungspunkt 2.2.5.5, S. 59 ff.
[326] Vgl. zu einer Abgrenzung von legaler Bilanzpolitik und illegalen Gestaltungen i.S.v. Accounting Fraud die Ausführungen unter Gliederungspunkt 2.4, S. 115 ff.
[327] Vgl. zu diesen und weiteren möglichen Manipulationsfeldern Peemöller, Volker H./Hofmann, Stefan (Bilanzskandale 2005), S. 127 ff.

Bei den meisten Bilanzskandalen sind dieselben oder ähnliche Warnsignale und Risikofaktoren immer wieder aufgetreten[328]. Werden Warnsignale erkannt, bedeutet dies jedoch nicht, dass Manipulationen in der Rechnungslegung auch tatsächlich vorliegen müssen[329]. Sie begünstigen zwar die Entstehung von Accounting Fraud, führen jedoch nicht zwangsläufig zu Manipulationen in der Rechnungslegung oder anderem illegalen Handeln[330].

Den obigen Ausführungen zu den Praxisbeispielen sind bspw. folgende Warnsignale zu entnehmen: Die betroffenen Konzerne entwickelten sich oftmals gegenläufig zu anderen Unternehmen ihrer Branche[331], ihre Umsätze und auch ihre Gewinne sind überdurchschnittlich stark in einem kurzen Zeitraum angewachsen[332]. Vielfach war auch am persönlichen Lebensstil der für den Accounting Fraud verantwortlichen Manager zu erkennen, dass das Privatvermögen auf den ersten Blick ohne ersichtlichen Grund zunahm und somit der Verdacht der persönlichen Bereicherung hätte begründet werden können[333]. Als möglicher Risikofaktor können, dies hat die Erfahrung gezeigt, insbesondere bei den Unternehmen der damaligen New Economy der Erfolgsdruck und die Unerfahrenheit zahlreicher im Management tätigen Personen gesehen werden.

Weitere Charakteristika für das Auftreten von Accounting Fraud sind dem Fachschrifttum zu entnehmen[334]. Dazu zählen bspw. eine sich schnell wandelnde Branche, die Abhängigkeit von sensiblen ökonomischen Faktoren wie Zinssätzen, Rohstoffpreisen oder Wechselkursen, eine drohende feindliche Übernahme, eine hohe Zahl von Akquisitionen in kurzer Zeit, nicht unwesentliche Geschäftsverbindungen zu Unternehmen in so genannten Steueroasen, ein schwaches Kontrollumfeld innerhalb und außerhalb des Unternehmens, häufige Abschlussprüferwechsel, hohe Kündigungsraten im Management, ein schlechtes Verhältnis zwischen den Abschlussprüfern und dem zu prüfenden Unternehmen, unerfahrene Mitarbeiter im Rechnungswesen, unerklärbare

---

[328] Die Begriffe ‚Warnsignal' und ‚Risikofaktor' können indes nicht immer trennscharf voneinander abgegrenzt werden; vgl. Gisler, Markus G. (Wirtschaftsdelikte 1994), S. 119 ff.; Peemöller, Volker H./Hofmann, Stefan (Bilanzskandale 2005), S. 144.
[329] Vgl. Sell, Kirsten (Bilanzdelikte 1999), S. 121.
[330] Vgl. Peemöller, Volker H./Hofmann, Stefan (Bilanzskandale 2005), S. 144.
[331] Vgl. hierzu die Ausführungen zu Comroad unter Gliederungspunkt 2.2.5.7, S. 66 ff.
[332] Vgl. hierzu die Ausführungen zu Phenomedia unter Gliederungspunkt 2.2.5.8, S. 68 ff.
[333] Vgl. hierzu die Ausführungen zu FlowTex unter Gliederungspunkt 2.2.5.6, S. 63 ff. Als Ausnahme gilt der Fall von Parmalat; vgl. hierzu die Ausführungen unter Gliederungspunkt 2.2.5.5, S. 59 ff.
[334] Vgl. Peemöller, Volker H./Hofmann, Stefan (Bilanzskandale 2005), S. 144 ff.; Sell, Kirsten (Bilanzdelikte 1999), S. 117 ff.; Loebbecke, James K./Eining, Martha M./Willingham, John J. (Experience 1989), S. 6 ff.; IDW PS 210, Tz. 35 ff.; ISA 240-Appendix 1; SAS 99-Appendix. Siehe hierzu auch die Angaben in Fußnote 1810, S. 310.

Veränderungen bei betrieblichen Kennzahlen, fehlende (Original-) Belege und vieles mehr. Wie die gesamten vorstehenden Ausführungen und Beispiele zum Begriff und zu den Charakteristika von Accounting Fraud verdeutlicht haben, handelt es sich dabei um eine sehr vielschichtige und komplexe Materie. So schwierig es ist, eine in Theorie und Praxis einheitliche Definition für Accounting Fraud zu finden, so schwierig ist es auch im Einzelfall, die verschiedenen Facetten und Ausprägungen zu entdecken. Welche Maßnahmen helfen können, dass Manipulationen in der Rechnungslegung zukünftig noch früher entdeckt werden, wird an späterer Stelle erläutert[335]. Eine viel größere Herausforderung ist es indes sowohl für die unternehmensinternen als auch die außen stehenden Überwachungsorgane, bereits die Entstehung von Accounting Fraud weitestmöglich zu verhindern. Auch wenn jeder frühzeitig aufgedeckte Betrugsfall schon besser ist als über viele Jahre hinweg nicht entdeckte illegale Handlungen, so ist jede schon im Vorhinein gar nicht erst ermöglichte Manipulation ein großer Fortschritt. Das verloren gegangene Vertrauen in die publizierten Jahresabschlussdaten und sonstigen Unternehmensinformationen – insbesondere bei den ‚großen' kapitalmarktorientierten und global ausgerichteten Konzernen – lässt sich am besten und am schnellsten zurückgewinnen, wenn sich insbesondere die Anteilseigner und Investoren wieder mit gutem Gewissen von vornherein auf die ihnen vermittelten Daten und Informationen verlassen können und die Angst, dass im Nachhinein Betrug aufgedeckt und die Rechnungslegung korrigiert werden muss, zurückgeht. Hierzu bedarf es, ebenso wie bei der Optimierung der Prüfung zur Aufdeckung von Accounting Fraud, einer intensiven Zusammenarbeit verschiedener Parteien. Mögliche Vorgehensweisen zu einer optimierten Prävention von Accounting Fraud sind Gegenstand späterer Ausführungen[336]. Als eine erste Reaktion auf die Bilanzskandale gilt der 2002 in den USA verabschiedete SOX, der aus diesem Grund nachfolgend näher betrachtet wird[337].

---

[335] Vgl. hierzu die Ausführungen unter Gliederungspunkt 4.3, S. 340 ff., Gliederungspunkt 4.4, S. 357 ff. sowie Gliederungspunkt 5.3, S. 389 ff.
[336] Vgl. hierzu die Ausführungen unter Gliederungspunkt 4.3, S. 340 ff., Gliederungspunkt 4.4, S. 357 ff. und Gliederungspunkt 5.2, S. 377 ff. Die große Bedeutung der Prävention beschreiben auch Wells, Joseph T. (Fraud Deterrence 2004), S. 73 f.; Strand, Carolyn A./Judd, Steven L./Lancaster, Kathryn A.S. (Training 2002), S. 28.
[337] Vgl. hierzu die Ausführungen unter Gliederungspunkt 2.3, S. 74 ff.

2.3 Sarbanes-Oxley Act of 2002
2.3.1 Zielsetzung und relevante Inhalte des Sarbanes-Oxley Act

Der US-amerikanische SOX[338] wurde im Juli 2002[339] mit der Unterzeichnung durch den Präsidenten der Vereinigten Staaten von Amerika, George W. Bush, rechtskräftig und stellt eine erste Reaktion[340] auf die in der Zeit davor verstärkt aufgetretenen ‚großen' Bilanzskandale dar[341]. Insbesondere der Fall Enron[342], der in den USA großes Aufsehen erregte, trug zu dem Wunsch der USA bei, ihr Kapitalmarktrecht durch verstärkte Kontrollen sowie verschärfte Sanktionen zu reformieren[343]. Die kurze Zeitspanne zwischen dem Zusammenbruch von Enron im Dezember 2001 und dem neuen Gesetz vom Juli 2002[344] verdeutlicht, wie dringend das Bedürfnis des US-amerikanischen Gesetzgebers war, die bestehenden und offensichtlich nicht ausreichenden Vorschriften zu modernisieren und so das verloren gegangene Vertrauen wieder aufzubauen[345]. Mit dem SOX, der den größten Eingriff in die US-amerikanischen Wertpa-

---

[338] Das Gesetz trägt eigentlich den Namen ‚Public Company Accounting Reform and Investor Protection Act', ist jedoch weltweit unter der Bezeichnung Sarbanes-Oxley Act – benannt nach dem Senator Paul Sarbanes und dem Kongressabgeordneten Michael G. Oxley – bzw. der Kurzfassung SOX oder SOA bekannt; vgl. Schmitz, Ronaldo (Audit Committee 2003), S. 192; Glaum, Martin/Thomaschewski, Dieter/Weber, Silke (Section 404 2006), S. 206.

[339] Vgl. Green, Edward F. et al. (Sarbanes-Oxley 2003), S. 1.

[340] In der Folgezeit haben die Europäische Union und somit auch Deutschland ebenfalls Regelungen verabschiedet, die eine Verschärfung des Kapitalmarktrechts und eine Verstärkung der Kontrollen beinhalten. Diese sind vielfach am SOX orientiert.

[341] Vgl. Emmerich, Gerhard/Schaum, Wolfgang (Auswirkungen 2003), S. 677; Lanfermann, Georg/Maul, Silja (Auswirkungen 2002), S. 1725.

[342] Vgl. hierzu die Ausführungen unter Gliederungspunkt 2.2.5.2, S. 50 ff.

[343] Vgl. Lander, Guy P. (Sarbanes-Oxley 2004), S. 1; Marchetti, Anne M. (Compliance 2005), S. 3; Zimmermann, Jochen (Bilanzskandale 2004), S. 1517.

[344] Vgl. Crone, Hans Caspar von der/Roth, Katja (Bedeutung 2003), S. 131; Windolf, Paul (Enron 2004), S. 182.

[345] Vgl. Regelin, Peter/Fisher, Raymond (Umsetzung 2003), S. 276; Wolf, Klaus (Regelungen 2003), S. 2035; Arbeitskreis „Externe und Interne Überwachung der Unternehmung" der Schmalenbach-Gesellschaft für Betriebswirtschaft e.V. (Unternehmensüberwachung 2004), S. 2405; Crone, Hans Caspar von der/Roth, Katja (Bedeutung 2003), S. 132; Emmerich, Gerhard/Schaum, Wolfgang (Auswirkungen 2003), S. 677; Walker, David M. (Restoring Trust 2005), S. 21 ff.; Schmidt, Helmut (Dschungel 2003), S. 21.
Vgl. zu einer empirischen Erhebung aus den USA über den Vertrauensverlust, der sich gegenüber bestimmten Unternehmen nach Fraud-Fällen gezeigt hat, Farber, David B. (Restoring Trust 2005), S. 539 ff.

piergesetze seit mehr als 70 Jahren darstellt[346], sollen die Richtigkeit, Verlässlichkeit und Ordnungsmäßigkeit aller Finanzinformationen sichergestellt und die Anleger durch die Publikation von exakteren und verlässlicheren wertpapierrechtlichen Informationen geschützt werden[347]. Dazu gehört eine Vielzahl von Maßnahmen aus den Bereichen Rechnungslegung, Abschlussprüfung, Unabhängigkeit der und Aufsicht über die Wirtschaftsprüfer sowie Corporate Governance[348]. Der SOX enthält zahlreiche Einzelregelungen, die zum Teil schon bestehende Regelungen ändern, zum Teil aber auch eigenständige, neue Vorschriften darstellen[349]. Er unterscheidet nicht zwischen inländischen und ausländischen Unternehmen, sondern erfasst grundsätzlich alle der SEC-Aufsicht unterliegenden Gesellschaften[350].

Vereinzelt finden sich indes Ausnahmeregelungen für so genannte Foreign Private Issuers, d.h. am US-amerikanischen Kapitalmarkt notierte ausländische Gesellschaften, indem diesen ein längerer Zeitraum für die Umsetzung

---

[346] Vgl. KPMG (Hrsg.) (Rechnungslegung 2003), S. 327; Green, Edward F. et al. (Sarbanes-Oxley 2003), S. xiii; Lenz, Hansrudi (Selbstregulierung 2002), S. 2270; Bush, Timothy/Dennis, Nicki (Management Systems 2006), S. 172 f.; Schwarz, Günter Christian/Holland, Björn (Corporate Governance 2002), S. 1666.
Vgl. zur weiteren Entwicklung des US-amerikanischen Kapitalgesellschaftsrechts Göthel, Stefan R. (Kapitalgesellschaftsrecht 2007), S. 570 ff.

[347] Vgl. Gruson, Michael/Kubicek, Matthias (Sarbanes-Oxley Act 2003), S. 338.
Dies belegt auch die dem eigentlichen Gesetzestext vorausgehende Einführung, welche die Intention des SOX zeigt: „An Act to protect investors by improving the accuracy and reliability of corporate disclosures made pursuant to the securities laws, and for other purposes"; The Sarbanes-Oxley Act of 2002, S. 1.

[348] Vgl. hierzu die Übersicht bei Strunk, Günther/Kolaschnik, Helge Frank/Blydt-Hansen, Kristoffer/Wessel, Christian (TransPuG 2003), S. 132 ff.
Seine Umsetzung bedingt auch Änderungen in der IT-Landschaft eines Unternehmens; vgl. hierzu Knolmayer, Gerhard/Wermelinger, Thomas (Informationssysteme 2006), S. 517 ff.

[349] Vgl. KPMG (Hrsg.) (Rechnungslegung 2003), S. 327. Zur Entwicklung eines Implementierungsmodells siehe Willems, Marion Charlotte (Sarbanes-Oxley Act 2007), S. 79 ff.

[350] Vgl. Krause, Rüdiger (Mitbestimmung 2003), S. 762 f.; Strunk, Günther/Kolaschnik, Helge Frank/Blydt-Hansen, Kristoffer/Wessel, Christian (TransPuG 2003), S.130; Wolf, Klaus (Regelungen 2003), S. 2035; Crone, Hans Caspar von der/Roth, Katja (Bedeutung 2003), S. 132; Emmerich, Gerhard/Schaum, Wolfgang (Auswirkungen 2003), S. 677; Merkt, Hanno (Verhältnis 2003), S. 130.
Vgl. zur SEC Baio, Joseph T. (Regulators 2000), S. 157 ff.; Carmichael, Douglas R./Willingham, John J./Schaller, Carol A. (Auditing Concepts 1996), S. 57 ff.
Vgl. zu einem Beispiel für eine schweizerische Gesellschaft, die auf freiwilliger Basis die SOX-Anforderungen umsetzt, Ritzmann, Emanuel/Egger, Axel (Prozesse 2007), S. 18 ff.

einzelner Vorschriften gewährt wird[351]. Darüber hinaus sieht der SOX Ausnahmen für nicht inländische, d.h. nicht US-amerikanische, Gesellschaften dann vor, wenn sich für diese durch die Bestimmungen ein Widerspruch zu deren nationalem Rechtssystem[352] oder eine Duplizierung vergleichbarer Corporate Governance-Systeme ergeben würde[353]. Gem. Exchange Act ist ein Foreign Private Issuer jeder ausländische Emittent, der nicht die folgenden Kriterien erfüllt[354]:

- Es werden mehr als 50 % der stimmberechtigten Anteile direkt oder indirekt von Einwohnern der USA gehalten und
- die Mehrheit der Executive Officers oder Directors sind US-Bürger oder US-Einwohner oder mehr als 50 % des Vermögens des Emittenten befinden sich in den USA oder die Geschäftsführung des Emittenten befindet sich hauptsächlich in den USA.

Neben den US-amerikanischen Gesellschaften sowie den Foreign Private Issuers unterliegen auch außerhalb der USA ansässige Tochterunternehmen von bei der SEC registrierten Gesellschaften dem SOX[355]. Gleichermaßen werden von dem Gesetz alle Wirtschaftsprüfer, die Leistungen für in den USA börsennotierte Unternehmen oder deren Tochterunternehmen erbringen, erfasst[356]. Die mit dem SOX angesprochenen Unternehmen können einer Befolgung der Vorschriften nur entgehen, sofern sie ihre Registrierung bei der SEC aufgeben

---

[351] Vgl. hierzu Green, Edward F. et al. (Sarbanes-Oxley 2003), S. 53 ff.
[352] Vgl. Brandt, Werner/Stromann, Hilke (Umsetzung 2004), S. 361.
[353] Vgl. zu solchen Ausnahmen etwa Kersting, Christian (Ausländische Emittenten 2003), S. 2015 ff.
[354] Vgl. Securities Exchange Act of 1934, Rule 3b-4(c); siehe auch Regelin, Peter/Fisher, Raymond (Umsetzung 2003), S. 276, dort Fußnote 3.
[355] Vgl. Glaum, Martin/Thomaschewski, Dieter/Weber, Silke (Section 404 2006), S. 206 f.; Dieckmann, Sylvia/Preuss, Peter (Sarbanes-Oxley Act 2007), S. 81.
[356] Vgl. Regelin, Peter/Fisher, Raymond (Umsetzung 2003), S. 276; Emmerich, Gerhard/Schaum, Wolfgang (Auswirkungen 2003), S. 678. Bisher war noch nie „ein ganzer Berufszweig mit einem Schlag unter die Kontrolle eines anderen Landes gefallen"; Engelen, Klaus C. (Reformdruck 2004), S. 690.

und damit ihr Listing am US-amerikanischen Kapitalmarkt beenden[357]. Derzeit sind neun deutsche Unternehmen an der NYSE[358] notiert und müssen die Vorschriften des SOX anwenden[359].

Bedingt durch die Tatsache, dass am US-amerikanischen Kapitalmarkt zahlreiche Foreign Private Issuers gelistet sind, ist der SOX ein Gesetz mit quasi weltweiten Auswirkungen[360]. Über seine extraterritoriale Ausstrahlung

---

[357] Vgl. Gruson, Michael/Kubicek, Matthias (Sarbanes-Oxley Act 2003), S. 340; Crone, Hans Caspar von der/Roth, Katja (Bedeutung 2003), S. 136 f. Mehrere deutsche Unternehmen denken bereits über einen solchen Rückzug nach bzw. haben ihn bereits vorgenommen (z.B. BASF AG, Bayer AG, E.ON AG, Epcos AG oder Pfeiffer Vacuum Technology AG); vgl. Glaum, Martin/Thomaschewski, Dieter/Weber, Silke (Sarbanes-Oxley Act 2006), S. 182; Knolmayer, Gerhard/Wermelinger, Thomas (Informationssysteme 2006), S. 528. Während ein Delisting relativ einfach möglich ist (vgl. Glaum, Martin/Thomaschewski, Dieter/Weber, Silke (Sarbanes-Oxley Act 2006), S. 192), war die Deregistrierung, d.h. die Entlassung aus den Berichtspflichten der SEC, bis zur Vereinfachung der Vorschriften dagegen problematisch; vgl. Glaum, Martin/Thomaschewski, Dieter/Weber, Silke (Sarbanes-Oxley Act 2006), S. 193. Diese konnte nämlich erst erfolgen, wenn weniger als 300 Personen mit Wohnsitz in den USA Aktien dieser Gesellschaft halten. Die Alternativbestimmung sah vor, dass weniger als 500 Personen mit US-Wohnsitz Aktien halten und das Gesamtvermögen des Emittenten in den letzten drei Jahresabschlüssen den Betrag von 10 Mio. USD nicht überschritten hat. Vgl. hierzu Securities Exchange Act of 1934, Rule 12g-4; siehe auch Gruson, Michael/Kubicek, Matthias (Sarbanes-Oxley Act 2003), S. 340, dort Fußnote 24; Glaum, Martin/Thomaschewski, Dieter/Weber, Silke (Sarbanes-Oxley Act 2006), S. 192; Stadtmann, Georg/Wißmann, Markus F. (Vergleich 2006), S. 18.
Dieses Kriterium war für die meisten ausländischen in den USA notierten Unternehmen kaum zu erfüllen. Zudem haben die betreffenden Gesellschaften mit ihrer Notiz in den USA bestimmte Absichten verbunden, die sie nicht ohne weiteres aufgeben wollen; vgl. zur Vorteilhaftigkeit sowie Motiven einer Zweitnotierung bspw. Roll, Patrick/Kilka, Michael/Schiereck, Dirk (Vorteilhaftigkeit 1998), S. 770 ff.; Glaum, Martin/Thomaschewski, Dieter/Weber, Silke (Sarbanes-Oxley Act 2006), S. 183 ff.

[358] Es handelt sich hierbei aktuell um die Unternehmen Allianz SE, Daimler AG, Deutsche Bank AG, Deutsche Telekom AG, Fresenius Medical Care AG & Co. KGaA, Infineon Technologies AG, Qimonda AG, SAP AG und Siemens AG; abrufbar unter: www.nyse.com/about/listed/6.html?country=Germany (Stand: 15.04.2008).

[359] Vgl. zu Informationen über US-Börsenlistings von deutschen Gesellschaften in früheren Jahren m.w.N. Zwirner, Christian (IFRS-Bilanzierungspraxis 2007), S. 276 f. Im Jahr 2003 waren noch etwa 30 deutsche Gesellschaften SEC-berichtspflichtig; vgl. Atkins, Paul S. (US-Sarbanes-Oxley Act 2003), S. 261.

[360] Vgl. Engelen, Klaus C. (Reformdruck 2004), S. 690; Sünner, Eckart (Ausland 2003), S. 269.

sind folglich viele international agierende Unternehmen ebenso wie die für diese tätigen Wirtschaftsprüfer davon betroffen[361].

Einerseits enthält der SOX Regelungen, die ohne weitere Erfordernisse direkt wirksam geworden sind und Gesetzeskraft erlangt haben. Andererseits gibt es jedoch auch Inhalte, die ihre Bindungswirkung erst nach der Erlassung von entsprechenden Ausführungsvorschriften durch verschiedene zuständige Aufsichtsbehörden und unter Beachtung eines strengen Zeitplans entfalten[362]. Das Gesetz sieht für unterschiedliche Regelungen unterschiedliche Umsetzungsfristen vor. Als zuständige Aufsichtsbehörden fungieren insbesondere die SEC, der oberste Rechnungshof der USA sowie das neu eingeführte Public Company Accounting Oversight Board (PCAOB)[363].

Der SOX ist in elf Abschnitte unterteilt, welche jeweils die Einzelvorschriften – diese werden als Sections bezeichnet – zu den verschiedenen Regelungsbereichen beinhalten[364]. Der Gesetzgeber möchte mit den einzelnen Normen insbesondere sicherstellen, dass die Unternehmen im Rahmen ihrer periodisch bei der SEC einzureichenden Berichte oder Ad hoc-Mitteilungen zutreffende und verlässliche Angaben machen. Um dieses Ziel zu erreichen, spricht der SOX unterschiedliche Zielgruppen an: das Unternehmen insgesamt, das Management im Besonderen sowie die Wirtschaftsprüfer. Zur Vermittlung eines Überblicks über die Inhalte des SOX dient nachstehende Tabelle[365].

---

[361] Vgl. Stadtmann, Georg/Wißmann, Markus F. (Vergleich 2006), S. 16; Kersting, Christian (Auswirkungen 2003), S. 235 ff.; außerdem wird auf das Zitat in Fußnote 356, S. 76 verwiesen.
Vgl. zu Rechtsfragen der extraterritorialen Anwendung Knöfel, Oliver L. (Whistleblowing 2007), S. 493 ff.

[362] Vgl. Kamann, Hans-Georg/Simpkins, Martina (Kooperation 2003), S. 184; Brandt, Werner/Stromann, Hilke (Umsetzung 2004), S. 361; Peemöller, Volker H. (Sarbanes-Oxley Act 2006), S. 115 f.; Atkins, Paul S. (US-Sarbanes-Oxley Act 2003), S. 260 f.

[363] Vgl. Kamann, Hans-Georg/Simpkins, Martina (Kooperation 2003), S. 184. Vgl. zum PCAOB die Ausführungen unter Gliederungspunkt 2.3.3.2, S. 96 ff.

[364] Vgl. zu den Auswirkungen des SOX in einem deutschen Konzern am Beispiel der Daimer AG Buderath, Hubertus M. (Auswirkungen 2004), S. 42 ff.

[365] Abbildung modifiziert entnommen aus Peemöller, Volker H./Hofmann, Stefan (Bilanzskandale 2005), S. 255 f. Vgl. zu einem Überblick auch Green, Edward F. et al. (Sarbanes-Oxley 2003), S. 1 ff. sowie S. 46 ff.; Peemöller, Volker H. (Sarbanes-Oxley Act 2006), S. 116; Wells, Joseph T. (Fraud Examination 2005), S. 297 ff.; Marchetti, Anne M. (Compliance 2005), S. 4 ff.; Strauch, Mark (Aufsichtsrecht 2003), S. 952 ff.; Glaum, Martin/Thomaschewski, Dieter/Weber, Silke (Sarbanes-Oxley Act 2006), S. 186 ff.; Kersting, Christian (Auswirkungen 2003), S. 233 ff.; Amling, Thomas/Bantleon, Ulrich (Handbuch 2007), S. 104.

Ab-schnitt	Überschrift	Inhaltsüberblick
I	Public Company Accounting Oversight Board (PCAOB)	– Schaffung einer Kontrollinstanz zur Überwachung der Wirtschaftsprüfer (= Abkehr von der Selbstregulierung des Berufsstands) – Festlegung der Organisation sowie der Aufgabenbereiche des Gremiums
II	Auditor Independence	Bestimmungen zur Sicherstellung der Unabhängigkeit des Wirtschaftsprüfers wie z.B. – Verbot prüfungsfremder Dienstleistungen – Offenlegung von Honorarinformationen (nach Kategorien getrennt) – Pflicht zur internen (Partner-) Rotation – Wartefrist (Cooling-off-Periode) vor der Annahme von Schlüsselpositionen beim Mandanten
III	Corporate Responsibility	erweiterte Corporate Governance-Verantwortung der Unternehmen wie z.B. – Einrichtung, Ausgestaltung und Pflege der Disclosure Controls and Procedures, d.h. der Verfahren zur Generierung und Prüfung von Anhangangaben – persönliche Verantwortung von CEO und CFO für das Funktionieren der Informationssysteme sowie für die Wahrheit und Vollständigkeit der Informationen (Abgabe eidesstattlicher Erklärungen) – Verbot der Einflussnahme auf den Abschlussprüfer Stärkung der Position des Audit Committee

Abbildung 10: Inhalte des Sarbanes-Oxley Act of 2002 (Überblick)

Fortsetzung von Abbildung 10

Abschnitt	Überschrift	Inhaltsüberblick
IV	Enhanced Financial Disclosures	– erweiterte Veröffentlichungspflichten für Finanzinformationen im Rahmen der Jahresberichterstattung – Einschätzung des Managements über die Wirksamkeit der internen Kontrollen – unverzügliche Informationspflicht bei wesentlichen Veränderungen in der finanziellen Situation – Verbot von Darlehen an Board-Mitglieder – Code of Ethics für die oberen Finanzverantwortlichen (Senior Financial Officers)
V	Analyst Conflicts of Interests	Vorschriften zur Verhinderung von Interessenkonflikten bei Finanzanalysten
VI	Commission Resources and Authority	Einzelregelungen bezüglich Finanzierung und Befugnissen der SEC
VII	Studies and Reports	Festlegung der Themen, zu denen US-amerikanische Behörden Studien und Berichte erstellen müssen
VIII	Corporate and Criminal Fraud Accountability	– Schutz von (anonymen) Informanten – Erweiterte Aufbewahrungspflichten für Dokumente
IX	White-Collar Crime Penalty Enhancements	Verschärfung der strafrechtlichen Bestimmungen bei der Abgabe unrichtiger eidesstattlicher Erklärungen durch das Management
X	Corporate Tax Returns	Zwingende Verpflichtung des CEO zur Unterzeichnung der Steuererklärung des Unternehmens
XI	Corporate Fraud and Accountability	– Bestimmungen zur Verantwortlichkeit des Managements im Fall von Fraud – Erleichterte Voraussetzungen zur Durchsetzung von Tätigkeitsverboten für Board-Mitglieder

Als Kernstück des SOX wird vielfach die im ersten Abschnitt neu geregelte Überwachung der Wirtschaftsprüfer durch die Einrichtung eines Gremiums, das mit weit reichenden Standardsetting- und Enforcementbefugnissen ausgestattet ist, das PCAOB, gesehen[366]. Damit wurde die Selbstregulierung des Berufsstands der Wirtschaftsprüfer in den USA beendet und die Wirtschaftsprüfung weitergehend staatlich reguliert[367]. Systematisch schließt sich daran Abschnitt 2 des SOX an, welcher sich mit der (gestärkten) Unabhängigkeit der Abschlussprüfer befasst.

Neben der Neuregulierung der externen Unternehmensüberwachung brachte der SOX jedoch auch grundlegende Veränderungen für den Bereich der Corporate Governance – auch mit Blick auf Transparenzanforderungen[368] – mit sich, die insbesondere in den Abschnitten 3 und 4 des Gesetzes zu finden sind. Von großer Bedeutung sind in diesem Zusammenhang Section 301 SOX und Section 302 SOX. Während Erstere für jede Gesellschaft die Pflicht zur Einrichtung eines Audit Committee beinhaltet, schreibt Letztere eine neue Erklärungspflicht für den Gesamtverantwortlichen (CEO) und den Finanzverantwortlichen (CFO) vor, d.h., beide Personen müssen mit ihrer Unterschrift die Korrektheit der bei der SEC eingereichten Unternehmensberichte persönlich bestätigen. Auch in Abschnitt 4 des SOX finden sich erweiterte Offenlegungspflichten, die sich auf Fragen der Corporate Governance beziehen. Zu nennen sind hier vor allem die in Section 404 SOX enthaltenen Regelungen zu den internen Finanzkontrollsystemen sowie die Regulierung der Verfahren zur Offenlegung von Informationen.

Mit Blick auf Accounting Fraud im Sinne eines Nichtbeachtens von Vorschriften zur Rechnungslegung sowie einer Täuschung sind die Abschnitte 8 und 11 des SOX relevant. So definiert Section 806 SOX den so genannten Whistleblower-Schutz, der (anonyme) Informanten, welche Fraud-Fälle angezeigt haben, vor Übergriffen, Entlassungen u.Ä. bewahren soll[369]. Darüber hinaus resultieren aus Abschnitt 8 neue und erweiterte Aufbewahrungspflichten für prüfungsrelevante Unterlagen. Abschnitt 11 des SOX befasst sich im Zusammenhang mit Bestimmungen zur Verantwortlichkeit des Managements bei Accounting Fraud u.a. mit dem Strafmaß bei begangener oder versuchter Manipulation im Umgang mit Beweisunterlagen. In diesen Fällen wird in Secti-

---

[366] Vgl. KPMG (Hrsg.) (Rechnungslegung 2003), S. 5.
[367] Vgl. Ferlings, Josef/Lanfermann, Georg (Unabhängigkeit 2002), S. 2117; Crone, Hans Caspar von der/Roth, Katja (Bedeutung 2003), S. 135; Keller, Gernot/Schlüter, Kai Grit (Peer Review 2003), S. 2167.
[368] Vgl. zur Notwendigkeit von Transparenz für eine wirksame Corporate Governance Böcking, Hans-Joachim (Transparenz 2003), S. 247 ff.
[369] Vgl. hierzu die Ausführungen unter Gliederungspunkt 2.3.3.5, S. 111 ff.

on 1102 SOX als Strafmaß ein Bußgeld oder eine Haftstrafe von bis zu 20 Jahren festgelegt. Mit dieser Vorschrift begegnet der US-amerikanische Gesetzgeber den Erfahrungen aus dem Enron-Skandal, denn dort hatten die Wirtschaftsprüfer in erheblichem Umfang belastendes Material vernichtet[370].

Der SOX ist von großer rechtspolitischer Bedeutung. Im Unterschied zu zahlreichen vergangenen Neuregelungen wählt dieses Gesetz nicht den Weg, die Stellung der Aktionäre direkt zu stärken, sondern es erhöht einerseits die Verantwortung des Managements und zwingt andererseits jedes Unternehmen dazu, interne Organisationsstrukturen zu schaffen, die die Verlässlichkeit der Finanzinformationen sowie die Erfüllung der Offenlegungspflichten wesentlicher Informationen gewährleisten.

Im Folgenden erfahren die zuvor nur kurz angerissenen Neuerungen, die für den Umgang mit Accounting Fraud sowohl unternehmensintern als auch -extern von Bedeutung sind, eine tiefer gehende Behandlung[371]. Die übrigen in Abbildung 10[372] enthaltenen Bestimmungen des SOX, die für die weiteren Ausführungen in dieser Arbeit nicht relevant sind, werden nicht näher thematisiert.

2.3.2 Erweiterte Anforderungen an die Unternehmensleitung

2.3.2.1 Vorbemerkungen

Die Abschnitte 3 und 4 des SOX befassen sich zentral mit Corporate Governance, d.h. mit der Frage nach einer guten Unternehmensführung[373]. Hiermit wird insbesondere die Unternehmensleitung noch stärker als bisher in die Pflicht genommen und ihre persönliche Verantwortung für das Handeln der Gesellschaft erhöht. Dies geht nicht zuletzt auch aus der Überschrift von Abschnitt 3 SOX hervor: Sie lautet ‚Corporate Responsibility', was übersetzt soviel bedeutet wie ‚Gesellschaftsverantwortung'.

Zu beachten ist, dass sich das US-amerikanische und das deutsche System der Unternehmensführung grundlegend unterscheiden. Nach dem Recht aller Bundesstaaten in den USA gilt für AG ein einstufiges Verwaltungsmodell

---

[370] Vgl. zu Enron die Ausführungen unter Gliederungspunkt 2.2.5.2, S. 50 ff.
[371] Vgl. hierzu die Ausführungen unter Gliederungspunkt 2.3.2, S. 82 ff. und Gliederungspunkt 2.3.3, S. 95 ff.
[372] Vgl. S. 80.
[373] Vgl. ausführlich zur Definition von Corporate Governance an späterer Stelle die Ausführungen unter Gliederungspunkt 3.3.2, S. 240 ff.

durch das Board of Directors[374], welches häufig auch nur als Board bezeichnet wird und dessen Mitglieder, die Direktoren, direkt von den Aktionären gewählt werden[375]. Das Board setzt sich aus internen und externen Direktoren zusammen[376], wobei den internen Direktoren eher die geschäftsführende und den externen Direktoren mehr die überwachende Funktion zugeordnet wird[377]. Die internen Direktoren sind dem Unternehmen angehörende Top-Manager. Die höchste Instanz stellt der CEO dar, der nach dem Direktoralprinzip allen anderen Managern vorgesetzt ist[378]. Das operative Tagesgeschäft wird in der US-amerikanischen Organisationsstruktur der Unternehmensverwaltung von so genannten Officers, die unmittelbar vom Board bestimmt werden, übernommen. Diese Officers handeln in erster Linie nach den Anweisungen des Board sowie nach der Satzung der Gesellschaft[379]. Das Board-System wird auch als monistisches System bezeichnet[380].

Der deutsche Gesetzgeber sieht im Gegensatz dazu für AG das zweistufige Vorstand/Aufsichtsrat-Modell vor, welches durch eine strikte Trennung der Exekutiv- und der Aufsichtsorgane eines Unternehmens gekennzeichnet ist[381].

---

[374] Vgl. zum Board of Directors sowie zu seinen Vor- und Nachteilen ausführlich Waldo, Charles N. (Boards 1985); Buxbaum, Richard M. (Leitung 1996), S. 65 ff.; siehe auch Ranzinger, Christoph/Blies, Peter (Audit Committee 2001), S. 457 f.; Schneider-Lenné, Ellen R. (Board-System 1995), S. 27 ff.; Strenger, Christian (Entwicklung 2001), S. 2225 ff.; Potthoff, Erich (Unternehmensverwaltung 1996), S. 253 ff.

[375] Vgl. Block, Ulrich (Neue Regelungen 2003), S. 777 f.; Hess, Glen E. (Diskussion 1996), S. 14; Langenbucher, Günther/Blaum, Ulf (Überwachungskrise 1994), S. 2198. Vgl. zu einer Studie über die Auswirkungen der Board-Zusammensetzung auf das Auftreten von Accounting Fraud O'Gara, John D. (Corporate Fraud 2004), S. 33.

[376] Vgl. zu Möglichkeiten der Zusammensetzung bspw. Waldo, Charles N. (Boards 1985), S. 43 ff.

[377] Vgl. Schmidt, Stefan Marcus (Corporate Governance 2001), S. 50; Block, Ulrich (Neue Regelungen 2003), S. 778. An dieser Stelle sind Parallelen zum deutschen zweigeteilten System der Unternehmensführung und -überwachung bei einer AG durch Vorstand und Aufsichtsrat erkennbar.

[378] In der deutschen Organisationsstruktur entspricht dies dem Vorstandsvorsitzenden; vgl. Ranzinger, Christoph/Blies, Peter (Audit Committee 2001), S. 458; vgl. zur Position des CEO in einer Corporation Potthoff, Erich (Prüfstand 2003), S. 399 f.

[379] Vgl. Schmidt, Stefan Marcus (Corporate Governance 2001), S. 54 ff.

[380] Vgl. Feddersen, Dieter (Aufsichtsrat 2000), S. 385; Hopt, Klaus J. (Unternehmenskontrolle 2000), S. 9; Potthoff, Erich (Unternehmensverwaltung 1996), S. 253; Scheffler, Eberhard (Überwachungsaufgabe 1994), S. 793.

[381] Vgl. zur grundsätzlichen Unvereinbarkeit der gleichzeitigen Zugehörigkeit zu Vorstand und Aufsichtsrat die Vorschrift in § 105 AktG; siehe auch Raiser, Thomas/Veil, Rüdiger (Kapitalgesellschaften 2006), § 14, Rn. 30; Schmitz, Ronaldo H. (Überwachungstätigkeit 1996), S. 234 ff.; Langenbucher, Günther/Blaum, Ulf (Überwachungskrise 1994), S. 2198.

Während nach § 77 Abs. 1 Satz 1 AktG dem Vorstand die ausschließliche, aber gemeinsame Leitungsverantwortung obliegt, erfolgt die Kontrolle durch einen aus Anteilseignervertretern zusammengesetzten eigenständigen Aufsichtsrat[382]. Im Vergleich zum US-amerikanischen Board-System gewährleistet diese zweistufige Struktur, die auch als dualistisches System bezeichnet wird[383], allerdings nicht immer, dass alle zur Kontrolle notwendigen Informationen auch allen Mitgliedern des Aufsichtsrats (rechtzeitig) zur Verfügung stehen, denn diese sind in der Regel von der Informationsversorgung durch den Vorstand abhängig[384]. Diese Abhängigkeit vom zu kontrollierenden Organ bot dem deutschen Gesetzgeber den Anlass zur Verschärfung der aktienrechtlichen Regelungen dahingehend, dass der Vorstand den Aufsichtsrat über die Umsetzung der Unternehmensplanung umgehend zu informieren sowie Zielabweichungen zu analysieren und zu begründen hat[385].

Im Gegensatz zum dualistischen System, bei dem der Vorstand als Entscheidungsorgan streng vom Aufsichtsrat und dessen Überwachungsfunktion getrennt wird, übernimmt das Board im monistischen System eine nicht unproblematische Doppelrolle. Zum einen werden wesentliche Entscheidungen von den Officers, die teilweise selbst auch Mitglieder des Board sind, getroffen und zum anderen fungiert das Board gleichzeitig als Aufsichtsorgan für die Officers[386]. Vor dem Hintergrund dieser Doppelfunktion der Board-Mitglieder ist auch die durch den SOX entstandene Pflicht für die Unterneh-

---

Allgemein zum dualistischen System sowie zu seinen Vor- und Nachteilen siehe Lutter, Marcus (Dualistisches System 1995), S. 5 ff.; Hopt, Klaus J. (Two-Tier Board 1998), S. 227 ff.; Theisen, Manuel R. (Board Structure 1998), S. 259; Potthoff, Erich (Unternehmensverwaltung 1996), S. 255 ff.

Mit dem AktG 1965 wurde das bis dahin für den Vorstand geltende Direktoralprinzip durch das Kollegialprinzip ersetzt, dass eine Entscheidung nicht mehr an den Vorstandsvorsitzenden, sondern an eine Mehrheit der Vorstandsmitglieder knüpft; vgl. hierzu stellvertretend Zwirner, Christian (IFRS-Bilanzierungspraxis 2007), S. 118 m.w.N.

[382] Bei mitbestimmten Gesellschaften gehören dem Aufsichtsrat auch Arbeitnehmervertreter an; vgl. § 96 Abs. 1 AktG.

[383] Vgl. Claussen, Carsten P. (Aktienrechtsreform 1996), S. 484; Ehrentreich, Norman/Schmidt, Reinhardt (System 1999), S. 9; Feddersen, Dieter (Aufsichtsrat 2000), S. 385; Hopt, Klaus J. (Unternehmenskontrolle 2000), S. 9; Potthoff, Erich (Unternehmensverwaltung 1996), S. 253; Scheffler, Eberhard (Überwachungsaufgabe 1994), S. 793.

[384] Vgl. hierzu auch die Ausführungen unter Gliederungspunkt 3.3.3.2.1, S. 251 ff. und Gliederungspunkt 3.3.3.3.1, S. 274 ff.

[385] Diese Verschärfung des AktG erfolgte mit dem Transparenz- und Publizitätsgesetz vom 19.07.2002 und ist in § 90 Abs. 1 Nr. 1 AktG enthalten.

[386] Vgl. Martin, Christopher (Vorbildfunktion 2003), S. 949.

mensleitung zur Einrichtung eines Audit Committee zu sehen[387]. Bei dessen Zusammensetzung ist insbesondere auf die Unabhängigkeit seiner Mitglieder vom Unternehmen zu achten. Die entsprechenden Anforderungen sowie weitere Besonderheiten eines Audit Committee werden an späterer Stelle im Rahmen der auf die Überwachungsorgane eines Unternehmens Bezug nehmenden Ausführungen betrachtet[388].

2.3.2.2 Kontrollen und Verfahren zur Offenlegung
Eine grundlegende Regelung des SOX mit weit reichenden persönlichen Konsequenzen für das Management einer betroffenen Gesellschaft findet sich in *Section 302 SOX* sowie in der dazugehörigen Final Rule der SEC, welche bereits kurz nach Inkrafttreten des Gesetzes, genauer gesagt am 29.08.2002, Gültigkeit erlangte[389]. Gem. diesen Vorschriften müssen sowohl der CEO als auch der CFO[390] eines Unternehmens durch eine von ihnen unterschriebene Erklärung bestätigen, dass die von ihnen geprüften und unterzeichneten jährlich oder unterjährig veröffentlichten Finanzberichte ihrer Kenntnis nach keine unwahren Tatsachen beinhalten und dass die Jahresabschluss- sowie andere Finanzinformationen eine in allen wesentlichen Belangen zutreffende Darstellung der Vermögens-, Finanz- und Ertragslage des Unternehmens repräsentieren[391]. Darüber hinaus wird den beiden unterzeichnenden Direktoren[392] die Pflicht erstens zur Einrichtung eines internen Kontrollsystems im Unternehmen und zweitens zur Sicherstellung der Funktionsfähigkeit dieses Systems auferlegt[393]. Wurden von CEO und CFO Mängel in der Funktionsweise

---

[387] Vgl. zum Audit Committee die Ausführungen unter Gliederungspunkt 2.3.3, S. 95 ff.
[388] Vgl. hierzu die Ausführungen unter Gliederungspunkt 2.3.3.4, S. 107 ff.
[389] Vgl. Marchetti, Anne M. (Compliance 2005), S. 21; Regelin, Peter/Fisher, Raymond (Umsetzung 2003), S. 277.
[390] In der deutschen Organisationsstruktur entspricht dies dem Vorstandsvorsitzenden und dem Finanzvorstand; vgl. Henssler, Martin (Gesellschaftsrecht 2003), S. 256.
[391] Vgl. Section 302 (a) (1)-(3) SOX; SEC (Certification 2002), Kapitel II.A.; siehe zu diesem Bilanzeid auch Green, Edward F. et al. (Sarbanes-Oxley 2003), S. 128; Peemöller, Volker H. (Sarbanes-Oxley Act 2006), S. 117; Marchetti, Anne M. (Compliance 2005), S. 21; Crone, Hans Caspar von der/Roth, Katja (Bedeutung 2003), S. 133; Strauch, Mark (Aufsichtsrecht 2003), S. 953; Kleckner, Philip K./Craig, Jackson (Enforcement 2004), S. 13; Block, Ulrich (Neue Regelungen 2003), S. 775.
Vgl. zum ‚deutschen' Bilanzeid die Ausführungen unter Gliederungspunkt 3.3.3.2.4, S. 271 ff.
[392] Da diese Direktoren im dualistischen System den Vorständen entsprechen, können im Folgenden beide Begriffe auch synonym verwendet werden.
[393] Vgl. Section 302 (a) (4) SOX; SEC (Certification 2002), Kapitel II.A.; Peemöller, Volker H. (Sarbanes-Oxley Act 2006), S. 117.

des Systems aufgedeckt oder sind bei ihrer Prüfung der Finanzberichte wesentliche oder auch nur unwesentliche Accounting Fraud-Fälle zu Tage getreten, besteht für beide Verantwortlichen die Verpflichtung, diese Entdeckungen unverzüglich sowohl dem externen Abschlussprüfer als auch dem Audit Committee zu melden[394].

Auf den ersten Blick erscheint diese Anforderung für die dem SOX unterliegenden deutschen Unternehmen keine Neuerung darzustellen, verpflichtet doch § 91 Abs. 2 AktG bereits seit KonTraG börsennotierte AG zur Einrichtung eines Überwachungssystems, mit dessen Hilfe „den Fortbestand der Gesellschaft gefährdende Entwicklungen früh erkannt werden"[395] sollen[396]. Der Unterschied zeigt sich indes darin, dass das ‚deutsche' Risikofrüherkennungssystem sich den Mindestanforderungen des Gesetzestextes zufolge nur auf die bestandsgefährdenden Risiken bezieht, wohingegen ein dem SOX entsprechendes internes Kontrollsystem für die Richtigkeit und Verlässlichkeit aller wesentlichen in der Finanzberichterstattung des Unternehmens enthaltenen Informationen zu sorgen hat und somit über den Wirkungsbereich der im AktG geforderten Regelungen hinausgeht[397]. Allerdings existiert in Deutschland keine gesetzliche Regelung, welche es den Unternehmen verbietet, ein umfassenderes und damit auch den US-amerikanischen Anforderungen gerecht werdendes Überwachungssystem zu schaffen[398].

Eine Missachtung der gesetzlichen Vorschriften kann für CEO und CFO verschiedene Rechtsfolgen haben. Neben zivilrechtlichen Haftungsansprüchen sieht Section 906 SOX insbesondere auch eine strafrechtliche Inanspruchnahme vor[399]. So kann das Strafmaß bei einer wissentlichen[400] Bestätigung eines unvollständigen oder falschen Berichts eine Geldstrafe bis zu 1 Mio. USD und/oder eine Freiheitsstrafe von bis zu zehn Jahren betragen[401]. Bei der bewussten[402] Unterzeichnung von falschen Informationen kann ein Strafmaß von einer Haftstrafe von bis zu 20 Jahren oder einer Geldstrafe von bis zu 5 Mio.

---

[394] Vgl. Section 302 (a) (5) SOX; SEC (Certification 2002), Kapitel II.A.
[395] § 91 Abs. 2 AktG.
[396] Vgl. Weber, Jürgen/Weißenberger, Barbara E./Liekweg, Armin (Ausgestaltung 1999), S. 1710; siehe auch die Ausführungen unter Gliederungspunkt 3.4, S. 309 ff.
[397] Vgl. Gruson, Michael/Kubicek, Matthias (Sarbanes-Oxley Act 2003), S. 395; Henssler, Martin (Gesellschaftsrecht 2003), S. 257.
[398] Vgl. Gruson, Michael/Kubicek, Matthias (Sarbanes-Oxley Act 2003), S. 395.
[399] Vgl. Section 906 (a) SOX.
[400] Eine Handlung gilt als wissentlich, wenn die den Straftatbestand verwirklichende Handlung dem Täter bekannt ist; vgl. Donald, David C. (Entwicklung 2003), S. 708.
[401] Vgl. Section 906 SOX; Wolf, Klaus (Regelungen 2003), S. 2038.
[402] Eine Handlung gilt als absichtlich, wenn dem Täter bewusst ist, dass er mit seinem Handeln einen Straftatbestand verwirklicht; vgl. Donald, David C. (Entwicklung 2003), S. 708.

USD oder einer Kombination aus beidem festgelegt werden[403]. Bestehen trotz der Unterzeichnung durch die Organmitglieder dennoch Mängel in der Finanzberichterstattung und führen diese im Nachhinein zu wesentlichen Korrekturen des Jahresabschlusses, müssen CEO und CFO nach Section 304 SOX innerhalb eines Jahres nach der Veröffentlichung des korrigierten Abschlusses ihre variablen Bezüge[404] an die Gesellschaft zurückerstatten[405].

Die Regelungen der Section 302 SOX enthalten für das leitende Management eines Unternehmens klare Handlungsanweisungen hinsichtlich der Einrichtung und Pflege des Kontrollsystems für alle veröffentlichten Informationen[406]. Zur Bestimmung des Handlungsbedarfs muss die Unternehmensleitung alle zur Gewährleistung der Richtigkeit und Verlässlichkeit der gesamten Finanzberichterstattung notwendigen vorhandenen und zusätzlich erforderlichen Kontrollen identifizieren und diese bewerten[407]. Hierbei bleibt die Ausgestaltung der jeweiligen Kontrollverfahren den einzelnen Unternehmen selbst überlassen. Damit wird dem spezifischen Geschäftsumfeld und abweichenden internen Organisationsstrukturen jeder Gesellschaft Rechnung getragen, denn nur ein auf die speziellen Bedürfnisse des einzelnen Unternehmens zugeschnittenes System kann wirklich leistungsstark arbeiten und seine Aufgaben erfüllen[408]. Zur Identifikation der notwendigen Kontrollen bietet es sich an, auf ein weltweit anerkanntes und verbreitetes Rahmenkonzept für interne Kontrollsysteme, das so genannte COSO-Modell, zurückzugreifen[409]. Auch für die Bewertung der installierten internen Kontrollen enthält der SOX keine konkre-

---

[403] Vgl. Section 906 SOX; Wolf, Klaus (Regelungen 2003), S. 2038; Crone, Hans Caspar von der/Roth, Katja (Bedeutung 2003), S. 133.
[404] Hierunter sind bspw. erhaltene Aktienoptionen oder erfolgsabhängige Bonuszahlungen zu verstehen.
[405] Vgl. Section 304 (a) SOX; Regelin, Peter/Fisher, Raymond (Umsetzung 2003), S. 283. Diese Verpflichtung betrifft alle variablen Vergütungen, die innerhalb der zwölf Monate nach erstmaliger Veröffentlichung der fehlerhaften Daten erhalten wurden.
[406] Vgl. zur Definition dieser Disclosure Controls and Procedures Lander, Guy P. (Sarbanes-Oxley 2004), S. 10 ff.
[407] Vgl. Menzies, Christof (Hrsg.) (Act 2004), S. 42.
[408] Vgl. Gruson, Michael/Kubicek, Matthias (Sarbanes-Oxley Act 2003), S. 395 f.
[409] Vgl. Green, Edward F. et al. (Sarbanes-Oxley 2003), S. 119 f.; Wolf, Klaus (Regelungen 2003), S. 2039. Darüber hinaus existieren auch andere Modelle wie z.B. die ‚Turnbull Guidance' des Institute of Chartered Accountants in England and Wales (ICAEW) oder der so genannte ‚Co-Co-Report' (die Abkürzung steht für Criteria of Control) des Canadian Institute of Chartered Accountants (CICA); vgl. auch Wolf, Klaus (Implikationen 2004), S. 21; Boycott, Alan (Rahmenkonzept 1997), S. 259 ff. Allerdings hat sich das COSO-Modell ob seiner Anerkennung und Empfehlung durch die SEC weitgehend durchgesetzt. Vgl. hierzu Hofmann, Stefan (Prävention 2006), S. 42; Peemöller, Volker H. (Sarbanes-Oxley Act 2006), S. 119. Siehe zum COSO-Modell auch Ramos, Michael (How to Comply 2006), S. 35 ff.

ten Vorgaben. Der zugehörigen Final Rule zufolge müssen sowohl die Ausgestaltung als auch die Wirksamkeit der Kontrollen Eingang in die Bewertung finden[410].

Das *COSO-Modell* stellt ein akzeptiertes und anerkanntes Regelwerk dar, das vom Committee of Sponsoring Organizations of the Treadway Commission[411] – hierfür steht die Abkürzung COSO – im Jahr 1992 unter dem Titel ‚Internal Control – Integrated Framework' entwickelt wurde[412]. Die Treadway Commission (auch als National Commission on Fraudulent Financial Reporting bekannt) wurde 1985 gegründet, um die Finanzberichterstattung in den Vereinigten Staaten zu untersuchen und die Qualität der Finanzberichterstattung allgemein sowie der internen Kontrollen im Besonderen zu verbessern[413]. Aus dieser Analyse entstand schließlich im Jahr 1992 der so genannte COSO-Report, der das oben genannte COSO-Modell enthält[414]. Darin wird der Begriff des internen Kontrollsystems (Internal Controls[415]) definiert als ein Prozess, der vom (leitenden) Management und anderen Mitarbeitern der Gesellschaft errichtet wird und so ausgestaltet ist, dass er angemessene Sicherheit hinsicht-

---

[410] Vgl. SEC (Internal Control 2003), Kapitel II.E.
[411] Die das Committee fördernden privatrechtlichen Organisationen sind das American Institute of Certified Public Acountants (AICPA), die American Accounting Association (AAA), das Institute of Management Accountants (IMA), das Institute of Internal Auditors (IIA) und die Financial Executives International (FEI); vgl. Hofmann, Stefan (Prävention 2006), S. 42. Vgl. zum AICPA Kubin, Konrad W. (Institute 2002), Sp. 42 ff.; Siefke, Kirsten (Internationale Prüfungsgrundsätze 2000), Rn. 6 ff.
[412] Vgl. Ramos, Michael (How to Comply 2006), S. 36; Marchetti, Anne M. (Compliance 2005), S. 9 ff.; Menzies, Christof (Hrsg.) (Act 2004), S. 74 ff.; Schroff, Joachim (Aufgabenwandel 2006), S. 68; Lindner, Tobias (Konzeption 2007), S. 106 ff.; Scherf, Christian (Prüfungsuniversum 2007), S. 168 ff.; Amling, Thomas/Bantleon, Ulrich (Handbuch 2007), S. 112 ff.
[413] Vgl. zur Entwicklung der Treadway Commission Young, Michael R. (Blame 2000), S. 23 ff.; siehe auch Kagermann, Henning/Küting, Karlheinz/Weber, Claus-Peter (Hrsg.) (Revisions-Handbuch 2006), S. 8.
[414] Vgl. zu dieser Entwicklung auch SEC (Internal Control 2003), Kapitel II.A.1.; Boycott, Alan (Rahmenkonzept 1997), S. 219; Langenbucher, Günther (Kern 2003), S. 57 ff.; Holzer, H. Peter/Makowski, Andreas (Corporate Governance 1997), S. 688 ff.
[415] Der Begriff Internal Controls kann nicht gleichgesetzt werden mit der Bezeichnung ‚interne Kontrollen', die im deutschen Schrifttum verwendet wird; vgl. Lück, Wolfgang (Überwachungssystem 1998), S. 405. Da die Unterscheidung für die weiteren Ausführungen dahinstehen kann, wird darauf im Folgenden nicht weiter eingegangen.

lich der Erreichung von Zielen bietet[416]. Dabei werden drei Zielkategorien genannt: die Effizienz und Wirtschaftlichkeit von Geschäftsprozessen, die Verlässlichkeit der Finanzberichterstattung und die Einhaltung von Gesetzen und Vorschriften[417]. Bekanntestes Symbol für das COSO-Modell ist der so genannte COSO-Würfel[418]. Dieser verdeutlicht modellhaft die verschiedenen Komponenten, welche zur Erreichung der oben genannten drei Kernziele erforderlich sind[419]. Dies sind das Kontrollumfeld, die Risikobeurteilung, die Kontrollaktivitäten, die Information und Kommunikation sowie die Überwachung[420]. Der gesamte dargestellte Ordnungsrahmen, der in der Literatur auch als COSO I bezeichnet wird, ermöglicht eine ganzheitliche Betrachtung aller Dimensionen eines internen Kontrollsystems und gilt als weltweit anerkannter Standard für nach SOX zu etablierende interne Kontrollsysteme. Neben einer Einheitlichkeit ermöglicht er auch die Messbarkeit und somit Vergleichbarkeit verschiedener installierter Systeme. Speziell für die Belange eines ganzheitlichen Risikomanagementsystems im Unternehmen wurde das erweiterte Modell COSO II[421] entwickelt[422], wobei sich die Erweiterungen insbesondere auf die Ziele

---

[416] Vgl. COSO (Rahmenwerk 2004), S. 2; SEC (Internal Control 2003), Kapitel II.A.1.; Menzies, Christof (Hrsg.) (Act 2004), S. 76; Glaum, Martin/Thomaschewski, Dieter/Weber, Silke (Section 404 2006), S. 208 ff.; Heinhold, Michael/Wotschofski, Stefan (Interne Revision 2002), Sp. 1217 ff. Siehe zum internen Kontrollsystem allgemein auch Klinger, Michael A./Klinger, Oskar (Internes Kontrollsystem 2000), S. 5 ff.
[417] Vgl. SEC (Internal Control 2003), Kapitel II.A.1.; Kagermann, Henning/Küting, Karlheinz/Weber, Claus-Peter (Hrsg.) (Revisions-Handbuch 2006), S. 8; Menzies, Christof (Hrsg.) (Act 2004), S. 87 ff.; Westhausen, Hans-Ulrich (COSO-Modell 2005), S. 98 ff.
[418] Dieser ‚alte' COSO-Würfel findet sich im Internet unter www.sox-online.com/coso_cobit_coso_cube-old.html (Stand: 15.04.2008).
[419] Vgl. Kagermann, Henning/Küting, Karlheinz/Weber, Claus-Peter (Hrsg.) (Revisions-Handbuch 2006), S. 626.
[420] Vgl. ausführlicher zu den Ausprägungen dieser Komponenten Kagermann, Henning/Küting, Karlheinz/Weber, Claus-Peter (Hrsg.) (Revisions-Handbuch 2006), S. 627 f. m.w.N.; Ramos, Michael (How to Comply 2006), S. 40 ff.; Marchetti, Anne M. (Compliance 2005), S. 9 f.; Wolf, Klaus (Regelungen 2003), S. 2039 f.; Wolf, Klaus (Implikationen 2004), S. 22; Berwanger, Jörg/Kullmann, Stefan (Interne Revision 2008), S. 57 ff.; Schroff, Joachim (Aufgabenwandel 2006), S. 68 ff.
[421] Dieser neue COSO-Würfel findet sich im Internet unter www.sox-online.com/coso_cobit_coso_cube-new.html (Stand: 15.04.2008).
[422] Vgl. Hofmann, Stefan (Prävention 2006), S. 42 ff.; Peemöller, Volker H. (Sarbanes-Oxley Act 2006), S. 119 f.; Förschler, Dominik/Scherf, Christian (Revisionsgestaltung 2007), S. 209 ff.; Amling, Thomas/Bantleon, Ulrich (Handbuch 2007), S. 118 f.

und Komponenten, d.h. z.B. das interne Umfeld oder die Zieldefinitionen, beziehen[423].

Alle genannten erweiterten Anforderungen an die Unternehmensleitung stellen – nicht zuletzt vor dem Hintergrund der ebenfalls verschärften und von den Managern persönlich zu tragenden rechtlichen Konsequenzen – eine enorme Herausforderung für jedes dem SOX unterliegende Unternehmen dar. Zur Erfüllung der umfassenden Offenlegungsverpflichtungen insbesondere der finanziellen Informationen empfiehlt die SEC die Einrichtung eines so genannten *Disclosure Committee*, welches als unterstützende Institution für die unterzeichnenden Manager eine zusätzliche Aufsichtsfunktion wahrnehmen soll[424]. Die Aufgabe eines Disclosure Committee besteht darin, alle für die zu veröffentlichenden Berichte notwendigen und wichtigen Informationen zu identifizieren und entsprechend aufzubereiten, um so eine inhaltlich exakte und wahrheitsgemäße Informationsversorgung der Adressaten der Berichterstattung zu gewährleisten[425]. Zur umfassenden Abdeckung verschiedener Themengebiete sollten diesem Gremium Vertreter verschiedener Unternehmensbereiche angehören[426].

Insbesondere mit Blick auf in der Vergangenheit aufgetretene Fälle von Accounting Fraud soll die Zertifizierung der Finanzberichterstattung durch CEO und CFO noch mehr dazu beitragen, dass Manipulationen in der Rechnungslegung und sonstige Vermögensschädigungen und Gesezesverstöße entweder erst überhaupt nicht entstehen oder rechtzeitig vor Veröffentlichung der fehlerhaften Daten aufgedeckt und beseitigt werden können. Die meisten schwerwiegenden Accounting Fraud-Delikte der jüngeren Vergangenheit geschahen unter Beteiligung des Top-Managements der jeweiligen Gesellschaften. Aufgrund der nunmehr persönlich abzugebenden eidesstattlichen Erklärung über die Richtigkeit der offen gelegten Informationen und den bei Missachtung damit verbundenen persönlich zu tragenden rechtlichen

---

[423] Vgl. Kagermann, Henning/Küting, Karlheinz/Weber, Claus-Peter (Hrsg.) (Revisions-Handbuch 2006), S. 626; Förschler, Dominik/Scherf, Christian (Revisionsgestaltung 2007), S. 211 ff.; Berwanger, Jörg/Kullmann, Stefan (Interne Revision 2008), S. 60 ff.; Institut für Interne Revision Österreich (Kontrollsystem 2004), S. 15 f.; Schroff, Joachim (Aufgabenwandel 2006), S. 70 f.; Wöhry, Klaus (Herausforderungen 2007), S. 18 ff.; Förschler, Dominik/Scherf, Christian (Revisionsgestaltung 2007), S. 209 ff.

[424] Vgl. SEC (Certification 2002), Kapitel II.B.3.; Green, Edward F. et al. (Sarbanes-Oxley 2003), S. 122 f.; Peemöller, Volker H. (Sarbanes-Oxley Act 2006), S. 117; Vater, Hendrik (Disclosure Committee 2004), S. 474.

[425] Vgl. Vater, Hendrik (Disclosure Committee 2004), S. 475; die Daimler AG hat ein solches Disclosure Committee eingerichtet; vgl. Buderath, Hubertus M. (Auswirkungen 2004), S. 43.

[426] Vgl. Menzies, Christof (Hrsg.) (Act 2004), S. 44; Vater, Hendrik (Disclosure Committee 2004), S. 476 f.

Konsequenzen für die Unterzeichner erhoffen sich der US-amerikanische Gesetzgeber und die SEC hiervon einen Rückgang, im besten Fall ein Ausbleiben der Accounting Fraud-Delikte.

2.3.2.3 Management Assessment of Internal Controls

Im vierten Abschnitt beinhaltet der SOX mit *Section 404 SOX* eine für alle betroffenen Unternehmen bedeutungsvolle Norm: Die Unternehmensleitung muss die Effizienz des installierten internen Kontrollsystems für die Finanzberichterstattung selbst beurteilen[427], außerdem sind diese Beurteilung sowie das interne Kontrollsystem selbst einer Prüfung durch den Abschlussprüfer zu unterziehen, wobei von diesem darüber im Bestätigungsvermerk explizit berichtet werden muss[428]. Die Erfahrungen haben gezeigt, dass diese Norm in der Praxis den größten Implementierungsaufwand – verbunden mit den höchsten Kosten – darstellt[429]. Jedes Unternehmen muss sein vorhandenes internes Kontrollsystem genau dokumentieren und diese Beschreibung auch fortlaufend aktualisieren[430].

Um Verwirrung zu vermeiden, sei an dieser Stelle kurz darauf hingewiesen, dass der SOX zwischen dem in Section 302 SOX verlangten – und bereits

---

[427] Vgl. hierzu ausführlich Ramos, Michael (How to Comply 2006), S. 102 ff.
[428] Vgl. Section 404 (b) SOX; SEC (Internal Control 2003), Kapitel II.G.; siehe auch Martin, Alyssa G. (Section 404 2005), S. 45 ff.; Wolf, Klaus (Implikationen 2004), S. 21; zu neueren Vorschriften der SEC und des PCAOB zum Umgang mit Section 404 SOX vgl. Merkl, Georg (Vorschriften 2007), S. 38 ff.
[429] Vgl. Menzies, Christof (Hrsg.) (Act 2004), S. 21; Hütten, Christoph/Stromann, Hilke (Unternehmenspraxis 2003), S. 2224; Schoberth, Joerg/Servatius, Hans-Gerd/Thees, Alexander (Interne Kontrollsysteme 2006), S. 2572; Leibundgut, Heinz (Kontrollsystem 2006), S. 838; Peemöller, Volker H. (Sarbanes-Oxley Act 2006), S. 118; Sheridan, Fiona (Sarbanes-Oxley 2003), S. 81 ff.; Glaum, Martin/Thomaschewski, Dieter/Weber, Silke (Section 404 2006), S. 216 ff.; Köhler, Annette G./Marten, Kai-Uwe/Zaich, Ralf (Kontext 2006), S. 88; Dieckmann, Sylvia/Preuss, Peter (Sarbanes-Oxley Act 2007), S. 81 ff.; Justenhoven, Petra/Krawietz, Manfred (Prüfungsansatz 2006), S. 63; Bibawi, Emad L./Nicoletti, Carlo (Erfahrungen 2005), S. 431 ff.; Raghunandan, K./Rama, Dasaratha V. (Weakness 2006), S. 99 ff. zu einer empirischen Erhebung.
Zu einer Befragung nach der Umsetzung von Section 404 SOX bei deutschen Unternehmen vgl. Glaum, Martin/Thomaschewski, Dieter/Weber, Silke (Section 404 2006), S. 212 ff.
Einige Zeit nach Inkrafttreten des SOX erhielt die SEC die Rückmeldung, dass das neue Gesetz zu einer erheblichen Verbesserung des internen Kontrollsystems geführt hatte; vgl. Hofmann, Günter (Sarbanes-Oxley Act 2005), S. 188.
[430] Vgl. Arbeitskreis „Externe und Interne Überwachung der Unternehmung" der Schmalenbach-Gesellschaft für Betriebswirtschaft e.V. (Unternehmensüberwachung 2004), S. 2401.

beschriebenen[431] – allgemeinen Kontrollsystem bezüglich der Offenlegung von Finanzinformationen und dem von Section 404 SOX geforderten internen Kontrollsystem für die Rechnungslegung sowie die rechnungslegungsbezogene Finanzberichterstattung[432] unterscheidet[433], welches Gegenstand der nun unmittelbar folgenden Ausführungen ist[434]. Mit der zugehörigen Final Rule der SEC wurde klargestellt, dass das allgemeine Kontrollsystem gem. Section 302 zu einer materiellen Organisationspflicht für das Unternehmen führt, entsprechende Kontrollen und Verfahren einzurichten, dass alle in den bei der SEC eingereichten Berichten enthaltenen Informationen, d.h. auch die über die Anwendung von Rechnungslegungsnormen hinausgehenden Daten, der Wahrheit entsprechen[435]. Beide Kontrollsysteme sind also nicht deckungsgleich. Die interne Kontrolle von Rechnungslegung und Finanzberichterstattung gem. Section 404 SOX ist als ein Prozess definiert, der unmittelbar vom Management eines Unternehmens oder unter dessen Aufsicht entworfen wird und der dazu dient, eine hinreichende Sicherheit bezüglich der Verlässlichkeit der Finanzberichterstattung sowie der Aufstellung von Jahresabschlüssen in Einklang mit den allgemein anerkannten und geltenden Rechnungslegungsnormen und -grundsätzen zu gewährleisten[436]. Dieser Prozess soll zu einer den tatsächlichen Verhältnissen entsprechenden Darstellung der Vermögens-, Finanz- und Ertragslage führen und zudem mit hinreichender Sicherheit gewährleisten, dass die unerlaubte Anschaffung, Nutzung oder Veräußerung von Vermögenswerten des Unternehmens rechtzeitig erkannt bzw. im besten Fall sogar völlig verhindert wird. Darüber hinaus soll auch sichergestellt werden, dass Finanztransaktionen ausschließlich nach von der Unternehmensleitung aufgestellten Regeln erfolgen[437]. Auch wenn die Vorschriften aus Section 302 SOX und Section 404 SOX durchaus Überschneidungen aufweisen, lässt sich vereinfachend festhalten, dass sich die letztgenannte Vorschrift ausschließlich auf die Finanzberichterstattung des Unternehmens bezieht, während die erste Norm in einem erweiterten Fokus auch auf nicht-finanzielle Informationen ab-

---

[431] Vgl. hierzu die Ausführungen unter Gliederungspunkt 2.3.2.2, S. 85 ff.
[432] Vgl. Peemöller, Volker H. (Sarbanes-Oxley Act 2006), S. 118.
[433] Vgl. Lander, Guy P. (Sarbanes-Oxley 2004), S. 20; Peemöller, Volker H. (Sarbanes-Oxley Act 2006), S. 118.
[434] Vgl. Gruson, Michael/Kubicek, Matthias (Sarbanes-Oxley Act 2003), S. 394.
[435] Vgl. SEC (Internal Control 2003), Kapitel II.D.; Gruson, Michael/Kubicek, Matthias (Sarbanes-Oxley Act 2003), S. 394.
[436] Vgl. SEC (Internal Control 2003), Kapitel II.A.3.; Schoberth, Joerg/Servatius, Hans-Gerd/Thees, Alexander (Interne Kontrollsysteme 2006), S. 2572.
[437] Vgl. SEC (Internal Control 2003), Kapitel II.A.3.

zielt[438]. Darüber hinaus liegt ein wesentlicher Unterschied darin, dass das in Section 302 SOX normierte Kontrollsystem nicht von einem Abschlussprüfer testiert werden muss, sondern hinsichtlich seiner Bewertung lediglich der Einschätzung der Unternehmensführung unterliegt[439].

Hinsichtlich der Anwendungspflicht wird für die Anforderungen aus Section 404 SOX nicht zwischen US-amerikanischen und ausländischen Gesellschaften unterschieden[440]. Lediglich hinsichtlich der Umsetzungspflicht wurde der Zeitrahmen für Foreign Private Issuers vom 15.11.2004 auf den 15.07.2006 ausgeweitet[441].

Für deutsche dem SOX unterliegende Gesellschaften gilt, dass der Vorstand nunmehr seiner jährlichen Berichterstattung gem. Form 20-F an die SEC einen Management Report über das interne Kontrollsystem für Rechnungslegung und Finanzberichterstattung mit folgenden Bestandteilen hinzufügen muss[442]:

- eine Feststellung zur persönlichen Verantwortung des Managements für die Einrichtung und Pflege eines angemessenen internen Kontrollsystems für Rechnungslegung und Finanzberichterstattung,
- die Angabe des vom Management zur Beurteilung der Effektivität dieses internen Kontrollsystems angewandten Regelwerks. In Frage kommt eine Regelwerk, welches von einer anerkannten Institution erlassen und der Öffentlichkeit bekannt gemacht wurde[443]. (In diesem Zusammenhang spricht sich die SEC für eine Anwendung des COSO-Rahmenkonzepts[444] aus[445].)
- eine Einschätzung des Managements zur Effektivität des internen Kontrollsystems für Rechnungslegung und Finanzberichterstattung. (Die Unternehmensleitung muss ihre Beurteilung mittels einer Dokumentation der Ausgestaltung der internen Kontrollen sowie der Prüfung der tatsächlichen

---

[438] Vgl. SEC (Internal Control 2003), Kapitel II.D.; Menzies, Christof (Hrsg.) (Act 2004), S. 50 ff.; Wolf, Klaus (Implikationen 2004), S. 21; Peemöller, Volker H. (Sarbanes-Oxley Act 2006), S. 118.
[439] Vgl. Menzies, Christof (Hrsg.) (Act 2004), S. 45; Marchetti, Anne M. (Compliance 2005), S. 22.
[440] Vgl. SEC (Internal Control 2003), Kapitel II.H.1.
[441] Vgl. SEC (Internal Control 2005). Die Regelungen der Section 404 SOX sind von diesen Gesellschaften für das erste am oder nach dem 15.07.2006 beginnende Geschäftsjahr anzuwenden.
[442] Vgl. Peemöller, Volker H. (Sarbanes-Oxley Act 2006), S. 118; Wolf, Klaus (Implikationen 2004), S. 21; Strauch, Mark (Aufsichtsrecht 2003), S. 953; Köhler, Annette G./Marten, Kai-Uwe/Zaich, Ralf (Kontext 2006), S. 90.
[443] Vgl. SEC (Internal Control 2003), Kapitel II.B.3.a.
[444] Vgl. hierzu die Erklärung unter Gliederungspunkt 2.3.2.2, S. 85 ff.
[445] Vgl. SEC (Internal Control 2003), Kapitel II.B.3.a.

Effektivität belegen[446]. Werden im Rahmen der Prüfung materielle Kontrollschwächen aufgedeckt, sind diese zu veröffentlichen, die Effektivität des internen Kontrollsystems kann nicht festgestellt werden[447].)
Dieser Bericht über die Kontrollen muss nach Section 404 (b) SOX auch eine Feststellung des Abschlussprüfers des Unternehmens beinhalten, in der dieser die vom Management getroffene Einschätzung hinsichtlich der Effektivität des internen Kontrollsystems für Rechnungslegung und Finanzberichterstattung bestätigt[448]. Die Prüfung der Kontrollbewertung des Managements durch den Abschlussprüfer wird an späterer Stelle erläutert[449].

2.3.2.4 Einführung eines Ethikkodex für leitende Mitarbeiter des Finanz- und Rechnungswesens

Für die Unternehmen, welche den Anforderungen des Securities Exchange Act of 1934 entsprechend Quartalsberichte anfertigen müssen, sieht Section 406 SOX die Einführung eines *Ethikkodex für leitende Personen im Finanzbereich*, die so genannten Finanzverantwortlichen, vor[450]. Dem Gesetzessinne entsprechend hat die SEC den Begriff ‚Code of Ethics' in der zugehörigen Final Rule als eine schriftliche Richtlinie zur Abwendung von Fehlverhalten charakterisiert[451], welche den tangierten Personenkreis zu ehrlichem Verhalten, der Beachtung gesetzlicher Vorschriften und korrekter Berichterstattung an die SEC anhalten soll[452]. Für die betroffenen Unternehmen bedeutet dies, dass geprüft werden muss, ob bereits bestehende unternehmenseigene Verhaltenskodizes den Anforderungen des SOX entsprechen und, falls nicht, die vom SOX

---

[446] Vgl. zur Dokumentation und Bewertung der internen Kontrollen bspw. Ramos, Michael (How to Comply 2006), S. 132 ff. und S. 182 ff.
[447] Vgl. SEC (Internal Control 2003), Kapitel II.B.3.c.
[448] Vgl. Peemöller, Volker H. (Sarbanes-Oxley Act 2006), S. 118; Wolf, Klaus (Implikationen 2004), S. 21; Köhler, Annette G./Marten, Kai-Uwe/Zaich, Ralf (Kontext 2006), S. 90.
[449] Vgl. hierzu die Ausführungen unter Gliederungspunkt 2.3.3.3.2, S. 101 ff.
[450] Vgl. SEC (Disclosure 2003), Kapitel II.B.1.; Lander, Guy P. (Sarbanes-Oxley 2004), S. 58 f. und S. 65 ff.; Strunk, Günther/Kolaschnik, Helge Frank/Blydt-Hansen, Kristoffer/Wessel, Christian (TransPuG 2003), S. 133. Vgl. zur Bedeutung eines Code of Ethics für die Corporate Governance Mörtl, Bernhard (Code of Ethics 2007), S. 5; siehe zum Nutzen eines unternehmensweiten Ethikkodex auch Strobel, Frank (Ethik-Kodex 2001), S. 413 ff.
[451] Vgl. Hütten, Christoph/Stromann, Hilke (Unternehmenspraxis 2003), S. 2226.
[452] Vgl. SEC (Disclosure 2003), Kapitel II.B.2.c.; Regelin, Peter/Fisher, Raymond (Umsetzung 2003), S. 283; Wolf, Klaus (Regelungen 2003), S. 2041.

geforderte Berichtspflicht über einen Ethikkodex zum Anlass genommen wird, unternehmensweit geltende Verhaltensregeln einzuführen und zu nutzen[453]. Über die Einführung eines Ethikkodex ist zu berichten, bei Nichtinitiierung eines solchen Kodex muss dies begründet werden[454]. Der Ethikkodex soll Normen zur Förderung von aufrichtigem und ethischem Verhalten enthalten. Dies umfasst sowohl den Umgang mit Interessenkonflikten, die durch persönliche und berufliche Beziehungen hervorgerufen wurden, als auch eine vollständige, zeitlich angemessene Einreichung von verständlichen Berichten und Dokumenten sowie die Beachtung geltender Gesetze[455]. Die SEC spricht sich in ihrer zugehörigen Final Rule eindeutig dafür aus, nicht einen bestimmten Kodex vorzuschreiben, sondern jeweils unternehmensindividuell ausgestaltete Regelwerke zu akzeptieren[456]. Zusätzlich wird bei Nichtbeachtung bzw. Übertretung des Ethikkodex eine sofortige Meldung an eine entsprechend zuständige Person verlangt[457].

2.3.3 Erweiterte Anforderungen an die Überwachungsorgane

2.3.3.1 Vorbemerkungen

Auf die internen und externen Überwachungsorgane bezieht sich ein großer und bedeutender Bestandteil der gesetzlichen Regelungen im SOX. Zu nennen ist in diesem Zusammenhang zunächst das PCAOB, welches neu gegründet wurde und zur Überwachung und Qualitätsverbesserung der Arbeit der Wirtschaftsprüfer beitragen soll[458]. Darüber hinaus wird auch der Berufsstand der Jahresabschlussprüfer selbst thematisiert und es werden Maßnahmen sowie Anforderungen an ihn formuliert, von welchen sich der Gesetzgeber eine Verringerung der Zahl der Accounting Fraud-Fälle verspricht[459]. Eine zentrale Rolle im neuen Überwachungskonzept des SOX kommt darüber hinaus dem Audit Committee zu[460]. Außerdem sollen Unternehmensmitarbeiter durch einen verbesserten Informantenschutz dazu angeregt werden, beobachtete Verstöße – anonym – zu melden und somit zur Verbesserung der Unternehmensintegrität beizutragen[461]. Nachfolgend werden die einzelnen erweiterten Anforderun-

---

[453] Vgl. Hütten, Christoph/Stromann, Hilke (Unternehmenspraxis 2003), S. 2227.
[454] Vgl. Section 406 (a) SOX; Wolf, Klaus (Regelungen 2003), S. 2040.
[455] Vgl. Section 406 (c) SOX; SEC (Disclosure 2003), Kapitel II.B.2.
[456] Vgl. SEC (Disclosure 2003), Kapitel II.B.2.c.; Regelin, Peter/Fisher, Raymond (Umsetzung 2003), S. 283.
[457] Vgl. SEC (Disclosure 2003), Kapitel II.B.2.
[458] Vgl. hierzu die Ausführungen unter Gliederungspunkt 2.3.3.2, S. 96 ff.
[459] Vgl. hierzu die Ausführungen unter Gliederungspunkt 2.3.3.3, S. 100 ff.
[460] Vgl. hierzu die Ausführungen unter Gliederungspunkt 2.3.3.4, S. 107 ff.
[461] Vgl. hierzu die Ausführungen unter Gliederungspunkt 2.3.3.5, S. 111 ff.

gen an die verschiedenen Komponenten der Unternehmensüberwachung erläutert.

2.3.3.2 Public Company Accounting Oversight Board

Regelmäßig wurde nach einem Bilanzskandal in der Öffentlichkeit eine angeblich mangelnde Unabhängigkeit der Abschlussprüfer von den zu prüfenden Unternehmen sowie eine nicht immer sorgfältige Arbeitsdurchführung der Prüfer und daraus resultierend angeblich leichtfertig erteilte uneingeschränkte Bestätigungsvermerke kritisiert. Verantwortlich war in den Augen vieler Kritiker in diesem Zusammenhang auch die Tatsache, dass sich der Berufsstand der Wirtschaftsprüfer in den USA selbst regulierte und damit auch selbstständig Grundsätze für eine ordnungsmäßige Prüfungsdurchführung erarbeitete, sich zu ihrer Befolgung verpflichtete und dieses auch selbstständig überwachte. Nicht nur die Öffentlichkeit, sondern auch der US-amerikanische Gesetzgeber war offensichtlich der Meinung, dass diese Selbstregulierung nicht (mehr) ausreichte, um stets eine zuverlässige Prüferarbeit sicherzustellen. Aus diesem Grund erachtete Letzterer es als notwendig, das bisherige Konzept zu verändern und die Wirtschaftsprüfer einer staatlichen Aufsicht und Regulierung zu unterstellen.

Zu diesem Zweck wurde als ein wesentlicher Bestandteil der Neuerungen durch den SOX das *PCAOB* eingeführt[462]. „Die Schaffung einer solchen Institution war notwendig geworden, nachdem die Zunft der amerikanischen Wirtschaftsprüfer erhebliche Schwächen hinsichtlich ihrer Fähigkeit gezeigt hatte, sich selbst zu regulieren"[463]. Mit diesen Worten hat Paul S. Atkins, ein Commissioner der SEC, die Notwendigkeit zur Installation eines unabhängigen Überwachungsorgans für den Berufsstand der Wirtschaftsprüfer in den USA charakterisiert. Das neu geschaffene PCAOB ist eine privatrechtliche Organisation[464], die unter der Aufsicht der SEC steht und der zum Schutz der Anleger ebenso wie im öffentlichen Interesse weit reichende Befugnisse als Überwachungsorgan im Rahmen der Ausübung der Berufsaufsicht über die Abschlussprüfer eingeräumt werden[465]. Das PCAOB kann die ihm gestellte Auf-

---

[462] Vgl. Green, Edward F. et al. (Sarbanes-Oxley 2003), S. 31 ff.; Wells, Joseph T. (Fraud Examination 2005), S. 301 f.; Hofmann, Günter (Funktion 2004), S. 174.
[463] Atkins, Paul S. (US-Sarbanes-Oxley Act 2003) S. 261. Vgl. zur Beendigung der Selbstregulierung des Berufsstands der Wirtschaftsprüfer in den USA auch Ferlings, Josef/Lanfermann, Georg (Unabhängigkeit 2002), S. 2117.
[464] Vgl. Niemeyer, Charles D. (Credibility 2003), S. S113.
[465] Vgl. Section 101 (a) SOX; Crone, Hans Caspar von der/Roth, Katja (Bedeutung 2003), S. 134; Emmerich, Gerhard/Schaum, Wolfgang (Auswirkungen 2003), S. 678; Kamping, Ralf/Pföhler, Martin (Aufbewahrung 2007), S. 1069.

gabe nur dann erfüllen, wenn ihm bestimmte dazu erforderliche Informationen vorliegen[466]. Dazu besteht für die Prüfer und Prüfungsgesellschaften, welche den entsprechenden Kriterien des SOX unterliegen, eine allgemeine Registrierungspflicht beim PCAOB[467]. Da auch die Prüfung eines Tochterunternehmens eines SEC-berichtspflichtigen Unternehmens dem SOX unterliegen und folglich eine Registrierungspflicht seitens des zuständigen Prüfers beim PCAOB bedingen kann, ist damit u.U. eine Ausstrahlungswirkung des SOX auf mittelständische Wirtschaftsprüfungsgesellschaften verbunden[468].

Nachdem das PCAOB am 25.04.2003 seine Arbeit aufgenommen hatte, galt für alle betroffenen Wirtschaftsprüfer und Wirtschaftsprüfungsgesellschaften eine Pflicht zur Registrierung bis zum 22.10.2003. Ab dem 23.10.2003 war es allen Prüfern ohne PCAOB-Registrierung untersagt, Abschlussprüfungen bei den dem SOX unterliegenden Gesellschaften vorzunehmen[469]. Für ausländische Prüfungsgesellschaften wurde die Registrierungsfrist zunächst um 180 Tage auf den 19.04.2004[470] sowie anschließend um weitere 90 Tage bis zum 19.07.2004[471] verlängert[472].

Das PCAOB setzt sich aus fünf Mitgliedern zusammen, welche alle herausragende, integre und angesehene Persönlichkeiten sein sollen[473]. Höchstens zwei Mitglieder dürfen als Wirtschaftsprüfer tätig sein bzw. tätig gewesen sein[474]. Außerdem ist es allen Mitgliedern des PCAOB verboten, neben der Arbeit dort einer anderen beruflichen Tätigkeit nachzugehen sowie Zahlungen

---

[466] Vgl. Niemeyer, Charles D. (Credibility 2003), S. S114.
[467] Vgl. McDonough, William J. (Accountability 2005), S. 54; vgl. zu den einzureichenden Informationen Hilber, Marc/Hartung, Jürgen (Verschwiegenheitspflicht 2003), S. 1055; Lenz, Hansrudi (Selbstregulierung 2002), S. 2271 f.
[468] Vgl. Emmerich, Gerhard/Schaum, Wolfgang (Auswirkungen 2003), S. 678.
[469] Vgl. Lenz, Hansrudi (Selbstregulierung 2002), S. 2271; Emmerich, Gerhard/Schaum, Wolfgang (Auswirkungen 2003), S. 679 f.
[470] Vgl. PCAOB (Registration System 2003), S. 4 f.
[471] Vgl. PCAOB (Registration Deadline 2004), S. 2.
[472] Auch ausländische Prüfungsgesellschaften unterliegen also der Registrierungspflicht des PCAOB; vgl. Hilber, Marc/Hartung, Jürgen (Verschwiegenheitspflicht 2003), S. 1054. Vgl. zur Bedeutung des PCAOB für deutsche Wirtschaftsprüfungsgesellschaften Marten, Kai-Uwe (Abschlussprüferaufsicht 2006), S. 1122 f.
[473] Vgl. Section 101 (e) (1) SOX. Der englische Originaltext des Gesetzes spricht von „prominent individuals of integrity and reputation"; vgl. auch Emmerich, Gerhard/Schaum, Wolfgang (Auswirkungen 2003), S. 679; Niemeyer, Charles D. (Credibility 2003), S. S113 f.
[474] Vgl. Section 101 (e) (2) SOX. Hat eines dieser beiden Mitglieder den Vorsitz des PCAOB inne, so darf diese Person mindestens in den fünf Jahren vor ihrer Ernennung nicht mehr als Wirtschaftsprüfer tätig gewesen sein. Vgl. Lenz, Hansrudi (Selbstregulierung 2002), S. 2272.

oder Ergebnisbeteiligungen von einem Wirtschaftsprüfer zu erhalten[475]. Die Mitglieder des PCAOB werden von der SEC[476] für fünf Jahre ernannt und können maximal einmal wiedergewählt werden[477]. Dadurch soll die Unabhängigkeit des PCAOB vom Berufsstand der Abschlussprüfer gewährleistet werden[478].

Die zentrale Aufgabe des PCAOB liegt in der Beaufsichtigung der Abschlussprüfung bei Unternehmen, welche den US-amerikanischen Wertpapiergesetzen unterliegen, mit der Zielsetzung, die Interessen der Anleger zu schützen sowie das öffentliche Interesse an informativen, inhaltlich korrekten und unabhängigen Finanzberichten zu befriedigen[479]. Im Einzelnen ergeben sich aus dem SOX folgende konkrete *Pflichten für das PCAOB*[480]:

- Prüfung der Registrierung der Abschlussprüfer beim PCAOB gem. Section 102 SOX;
- Erlass oder Übernahme von Standards für die Abschlussprüfung, Qualitätskontrolle, ethische Berufsausübung, Unabhängigkeit sowie sonstige die Abschlussprüfung betreffende Standards gem. Section 103 SOX;
- Durchführung von Kontrollen bei registrierten Prüfungsgesellschaften gem. Section 104 SOX;
- Durchführung von Untersuchungen und Ergreifung von Disziplinarmaßnahmen sowie Verhängung von angemessenen Sanktionen gegenüber registrierten Prüfungsgesellschaften und damit verbundenen Personen gem. Section 105 SOX;
- Ergreifung sonstiger Maßnahmen, die das PCAOB zur Gewährleistung einer hohen Prüfungsqualität und damit zum Schutz der Anleger sowie im öffentlichen Interesse für notwendig erachtet;
- Durchsetzung der Einhaltung der Regelungen des SOX und des PCAOB, der Berufsgrundsätze sowie der Wertpapiergesetze, die mit der Erstellung und Veröffentlichung von Prüfungsberichten und den damit verbundenen Pflichten von Prüfern im Zusammenhang stehen;

---

[475] Vgl. Section 101 (e) (3) SOX. Davon ausgenommen sind Versorgungsbezüge in Form von fixen Zahlungen aus früheren Arbeitsverhältnissen; vgl. Section 101 (e) (3) SOX; Lenz, Hansrudi (Selbstregulierung 2002), S. 2272.

[476] Für die Ernennung hält die SEC Rücksprache mit dem US-amerikanischen Finanzminister sowie mit dem Vorsitzenden der Zentralbank der USA; Menzies, Christof (Hrsg.) (Act 2004), S. 25.

[477] Vgl. Section 101 (e) (5) SOX; Emmerich, Gerhard/Schaum, Wolfgang (Auswirkungen 2003), S. 679.

[478] Vgl. Emmerich, Gerhard/Schaum, Wolfgang (Auswirkungen 2003), S. 679.

[479] Vgl. Section 101 (a) SOX.

[480] Vgl. Section 101 (a) SOX; Emmerich, Gerhard/Schaum, Wolfgang (Auswirkungen 2003), S. 679; Lenz, Hansrudi (Selbstregulierung 2002), S. 2272.

– Festsetzung des Budgets des PCAOB.

Das Gremium unterliegt einer weitgehenden Überwachung durch die SEC, was auch einen Genehmigungsvorbehalt für die Verfahrensrichtlinien und Regeln des PCAOB umfasst[481]. Außerdem kann die SEC bestimmte Standards des PCAOB ebenso wie durch das Gremium ergriffene Sanktionsmaßnahmen in eigener Zuständigkeit abändern[482].

Die Beurteilung, inwieweit der registrierte Abschlussprüfer bei seiner Prüfungstätigkeit alle dabei zu beachtenden Standards einhält, soll gem. Section 104 SOX durch kontinuierliche Kontrollen seitens des PCAOB erfolgen. Das bisherige Qualitätskontrollsystem mittels Peer Review-Verfahren ist somit – zumindest für registrierungspflichtige Wirtschaftsprüfer – abgeschafft[483], stattdessen gelangt das Monitoring-System[484] durch das PCAOB zur Anwendung[485]. Die Inspektionen durch das PCAOB erstrecken sich dabei auf die Prüfungsaufträge, das System der internen Qualitätskontrolle und auch auf andere Abläufe innerhalb des Prüfungsunternehmens, soweit dies erforderlich ist[486]. Ziel ist es dabei, Verstöße gegen die Vorschriften des SOX oder die auf dessen Basis erlassenen Regelungen und Standards der SEC und des PCAOB aufzudecken. Werden Verstöße aufgedeckt, muss darüber schriftlich an die SEC und an die Berufsaufsichtsorgane berichtet werden[487]. Außerdem sind die Ergebnisse in angemessenem Umfang auch der Öffentlichkeit zugänglich zu machen[488].

---

[481] Vgl. Emmerich, Gerhard/Schaum, Wolfgang (Auswirkungen 2003), S. 679; Lenz, Hansrudi (Selbstregulierung 2002), S. 2273.

[482] Vgl. Section 107 SOX; Emmerich, Gerhard/Schaum, Wolfgang (Auswirkungen 2003), S. 679.

[483] Vgl. Keller, Gernot/Schlüter, Kai Grit (Peer Review 2003), S. 2166.

[484] Vgl. Lanfermann, Georg/Maul, Silja (Auswirkungen 2002), S. 1727.

[485] Vgl. Marten, Kai-Uwe/Köhler, Annette G./Meyer, Stephanie (Umbruch 2003), S. 13 ff. Die Kontrollen sollen bei Abschlussprüfern mit mehr als hundert SEC-registrierten Mandanten jährlich, bei Prüfungsgesellschaften mit weniger als hundert SEC-registrierten Mandanten mindestens alle drei Jahre erfolgen; vgl. Section 104 (b) (1) SOX. Darüber hinaus können jederzeit Sonderprüfungen, entweder auf Anforderung der SEC oder aus eigener Motivation des PCAOB, durchgeführt werden; vgl. Section 104 (b) (2) SOX. Damit erhält der betroffene Abschlussprüfer bzw. die Prüfungsgesellschaft die Möglichkeit zur Beseitigung festgestellter Mängel im internen Qualitätskontrollsystem innerhalb dieser Frist ohne weitere Konsequenzen.

[486] Vgl. Section 104 (d) SOX.

[487] Vgl. Section 104 (g) (1) SOX.

[488] Vgl. Section 104 (g) (2) SOX. Allerdings soll eine Veröffentlichung von festgestellten Mängeln im Qualitätssicherungssystem erst zwölf Monate nach dem Datum des Inspektionsberichts und nur dann erfolgen, wenn diese Mängel innerhalb dieser zwölf Monate nicht beseitigt worden sind; vgl. Lanfermann, Georg/Maul, Silja (Auswirkungen 2002), S. 1727.

Die notwendige Zusammenarbeit zwischen dem PCAOB und einem Abschlussprüfer kann bei ausländischen Prüfungsgesellschaften zu rechtlichen Konflikten führen. In Deutschland ergeben sich insbesondere Probleme im Bereich der Verschwiegenheitspflicht des Abschlussprüfers sowie des Datenschutzes[489]. Aus diesem Grund haben die Wirtschaftsprüferkammer (WPK) und das IDW eine gemeinsame Stellungnahme verfasst, welche die angesprochenen Probleme behandelt[490]. Als Reaktion auf diese und zahlreiche weitere eingegangene ausländische Stellungnahmen gestand das PCAOB ausländischen Abschlussprüfern bestimmte Ausnahmeregelungen zu[491]. Dies geschah nicht zuletzt, um die Akzeptanz zu erhöhen und die Zusammenarbeit zu fördern[492].

2.3.3.3 Externer Jahresabschlussprüfer – Aufgabenerweiterung und verstärkte Unabhängigkeitsanforderungen

2.3.3.3.1 Vorbemerkungen

Der Berufsstand der Abschlussprüfer ist in zweierlei Hinsicht vom SOX stark betroffen. Zum einen wurden seine prüferischen Aufgaben umfassend erweitert, indem er jetzt – zusätzlich zum bisherigen Gegenstand der Jahresabschlussprüfung – auch die installierten internen Kontrollen zur Finanzberichterstattung sowohl prüfen als auch darüber berichten muss[493]. Zum anderen wurden die Vorschriften zur Unabhängigkeit des Abschlussprüfers erheblich

---

[489] Vgl. weiterführend zu dieser Thematik bspw. Hilber, Marc/Hartung, Jürgen (Verschwiegenheitspflicht 2003) m.w.N.

[490] Vgl. WPK/IDW (Hrsg.) (Stellungnahme 2003); Emmerich, Gerhard/Schaum, Wolfgang (Auswirkungen 2003), S. 680 f.

[491] Die Gesellschaften müssen bestimmte Informationen nicht angeben. Es handelt sich dabei u.a. um steuerliche Angaben; außerdem wurde der Kreis der verbundenen Personen der Prüfungsgesellschaft, zu denen bestimmte Angaben notwendig sind, für ausländische Prüfungsgesellschaften verkleinert. Vgl. hierzu PCAOB (Registration System 2003), S. 18 f.; Rule 2105 im Gesamtwerk aller Regelungen des PCAOB bei PCAOB (Rules 2006), S. 36 f.

[492] Vgl. hierzu PCAOB (Briefing Paper 2003); PCAOB (Oversight 2004), S. 4.
Im Allgemeinen geht das PCAOB bei seiner Beurteilung ausländischer Systeme zur Überwachung der Abschlussprüfung davon aus, dass im Grunde alle Systeme die gleichen Ziele verfolgen: Investoren vor falschen Finanzinformationen zu schützen, die Prüfungsqualität zu steigern und das Vertrauen der Öffentlichkeit zurückzugewinnen bzw. zu stärken. Diese Ansicht formulierte William J. McDonough, der Vorsitzende des PCAOB, in einer Aussage vor dem Committee on Financial Services des United States House of Representatives am 21.04.2005. Vgl. McDonough, William J. (Testimony 2005), S. 22.

[493] Vgl. hierzu die Ausführungen unter Gliederungspunkt 2.3.3.3.2, S. 101 ff.

verschärft[494]. Beide Änderungen betreffen sowohl nationale als auch internationale Prüfer und ziehen weit reichende Konsequenzen nach sich.

2.3.3.3.2 Beurteilung der internen Kontrollen für die Finanzberichterstattung
Entsprechend der Vorschrift in *Section 404 SOX* muss der in die jährliche Berichterstattung des Unternehmens zu integrierende Bericht über das installierte interne Kontrollsystem[495] auch eine Feststellung des externen Jahresabschlussprüfers beinhalten, in der dieser nach vorheriger Prüfung die Einschätzung des Managements hinsichtlich der Kontrollmechanismen beurteilt. Zu diesem Zweck hatte das PCAOB zunächst mit Auditing Standard (AS) 2 einen Prüfungsstandard erlassen, der die Vorgehensweise des Abschlussprüfers bei der Prüfung und Beurteilung des internen Kontrollsystems beinhaltete[496]. Der Standard regelte sowohl die Prüfung der Effektivitätseinschätzung des Managements in Bezug auf das Kontrollsystem als auch die dazu notwendige eigene Beurteilung der Effektivität des Kontrollsystems durch den Abschlussprüfer. Mittlerweile wurde AS 2 außer Kraft gesetzt und durch AS 5 ersetzt, der für die Püfung von Geschäftsjahren, die am oder nach dem 15.11.2007 enden, Gültigkeit besitzt. Dieser Prüfungsstandard soll noch stärker dazu beitragen, dass wesentliche Schwachstellen im Kontrollsystem rechtzeitig erkannt werden[497]. Das PCAOB sieht das Ziel einer Prüfung der internen Kontrollen der Finanzberichterstattung darin, hinreichende Sicherheit dafür zu gewährleisten, dass im Zeitpunkt des Managementberichts keine wesentlichen Schwächen im internen Kontrollsystem bestehen[498]. Anhaltspunkte dazu, wie hierbei vorzugehen ist, finden sich in AS 5[499]. Dem Prüfer werden vom PCAOB Leitlinien an die Hand gegeben, nach denen zunächst die als Design Effectiveness bezeichnete theoretische Wirksamkeit und schließlich die als Operating Effectiveness

---

[494] Vgl. hierzu die Ausführungen unter Gliederungspunkt 2.3.3.3.3, S. 103 ff.
[495] Vgl. zu diesem Bericht ausführlicher die Ausführungen unter Gliederungspunkt 2.3.2.2, S. 85 ff.
[496] Dabei handelte es sich um den zum 15.06.2004 in Kraft getretenen ‚Auditing Standard No. 2 – An Audit of Internal Control Over Financial Reporting Performed in Conjunction with An Audit of Financial Statements', der auch als AS 2 bezeichnet wird; vgl. den Wortlaut von AS 2 bei PCAOB (Auditing Standard 2004). Siehe auch Arbeitskreis „Externe und Interne Überwachung der Unternehmung" der Schmalenbach-Gesellschaft für Betriebswirtschaft e.V. (Unternehmensüberwachung 2004), S. 2405.
[497] Vgl. zum Wortlaut von ‚Auditing Standard No. 5 – An Audit of Internal Control Over Financial Reporting That Is Integrated with An Audit of Financial Statements' PCAOB (Auditing Standard 2007).
[498] Vgl. PCAOB (Auditing Standard 2007), Rn. 3.
[499] Vgl. PCAOB (Auditing Standard 2007), Rn. 42 f.

bezeichnete tatsächliche Leistungsfähigkeit der Kontrollen zu überprüfen und beurteilen ist.

Die *Design Effectiveness* umschreibt die Gestaltung von vorhandenen Kontrollen theoretisch und unabhängig von der tatsächlichen praktischen Umsetzung[500]. So muss sich der Prüfer etwa fragen, wie bestimmte Kontrollziele – bspw. das Aufdecken von Fehlern in der Finanzberichterstattung – definiert sind, welche Kontrollen notwendig bzw. ausreichend sind, um die Zielerreichung zu gewährleisten, ob sich die Kontrollstelle an der richtigen Position innerhalb des Prozessablaufs befindet oder ob die entsprechend zugeordneten Mitarbeiter die erforderliche Autorität und Kompetenz aufweisen[501]. Design Effectiveness ist dann gegeben, wenn die entsprechenden Kontrollen bei richtiger Ausführung korrekt arbeiten[502].

Im Anschluss an die Beurteilung der theoretischen Ausgestaltung des internen Kontrollsystems folgt die Einschätzung der *Operating Effectiveness* durch den Prüfer. Diese bezeichnet die Analyse, wie wirksam die Kontrollen arbeiten und inwieweit die theoretisch erwarteten Kontrollziele praktisch auch tatsächlich erreicht werden[503]. Die Einschätzung des Prüfers basiert dabei auf Befragungen von Mitarbeitern, der Sichtung wichtiger zugehöriger Dokumente sowie insbesondere der Beobachtung der Kontrolldurchführung im laufenden Geschäftsbetrieb und der Bewertung der kontinuierlichen Leistung der Kontrolle[504].

Die Beurteilung und Bewertung der Effektivität eines internen Kontrollsystems sind nicht einfach. Sie erfordern zum einen die Anwendung eines allgemein gültigen Rahmenkonzepts wie bspw. des COSO-Konzepts als Beurteilungsunterstützung und zum anderen umfassendes Fachwissen und Erfahrung seitens des Abschlussprüfers.

Während das Vorliegen eines Fehlers in der Regel eindeutig zu erkennen ist, wenn eine Kontrolle zu einem nicht zutreffenden Ergebnis führt, stellt der Begriff der Kontrollschwäche[505] ein wenig eindeutiges, nicht trennscharf abzugrenzendes Ereignis dar. Eine Kontrollschwäche liegt vor, wenn die verantwortlichen Mitarbeiter bzw. das Management nicht in der Lage sind, eine in

---

[500] Vgl. Menzies, Christof (Hrsg.) (Act 2004), S. 97; siehe auch Glaum, Martin/Thomaschewski, Dieter/Weber, Silke (Section 404 2006), S. 214 f.; Carmichael, Douglas R./Willingham, John J./Schaller, Carol A. (Auditing Concepts 1996), S. 107.
[501] Vgl. PCAOB (Auditing Standard 2007), Rn. 44 f.
[502] Vgl. Menzies, Christof (Hrsg.) (Act 2004), S. 104.
[503] Vgl. Glaum, Martin/Thomaschewski, Dieter/Weber, Silke (Section 404 2006), S. 215; Carmichael, Douglas R./Willingham, John J./Schaller, Carol A. (Auditing Concepts 1996), S. 107.
[504] Vgl. Menzies, Christof (Hrsg.) (Act 2004), S. 104.
[505] Im Englischen wird dieses Ereignis als ‚Control Deficiency' bezeichnet.

der Finanzberichterstattung enthaltene fehlerhafte Aussage zeitnah zu erkennen und zu verhindern, weil ein Mangel im Aufbau oder in der Funktionsweise einer internen Kontrolle dies unmöglich macht[506]. Kommt es zur Feststellung einer oder mehrerer wesentlicher Schwächen, darf das Management in seiner Beurteilung nicht mehr von einem effektiv arbeitenden internen Kontrollsystem für die Finanzberichterstattung sprechen, der Abschlussprüfer seinerseits muss das Testat zu den internen Kontrollen versagen.

Anhand des Prüfungsstandards AS 5 des PCAOB kann sich auch das Management des Unternehmens Klarheit darüber verschaffen, welche Anforderungen von Seiten des PCAOB an ein effektiv arbeitendes internes Kontrollsystem gestellt werden, damit der Abschlussprüfer dieses uneingeschränkt testieren kann. Insofern ist das Management gut beraten, sich ebenfalls mit dem AS 5 zu beschäftigen. Zudem ist eine enge und vertrauensvolle Zusammenarbeit zwischen Abschlussprüfer, Audit Committee und Management generell zu empfehlen.

2.3.3.3.3 Verstärkte Reglementierung der Unabhängigkeit des Abschlussprüfers

Neben dem großen Themenkomplex der Aufgabenerweiterung des Abschlussprüfers durch die verpflichtende Prüfung der Managementeinschätzung der internen Kontrollen für die Finanzberichterstattung brachte der SOX auch mit Blick auf die Unabhängigkeit der extern prüfenden Kontrollinstanz verschärfte Anforderungen sowie neue Bestimmungen. Grundsätzlich gilt der Wirtschaftsprüfer als wesentlicher Garant für eine normenkonforme Unternehmensrechnungslegung[507]. Ein mit einem uneingeschränkten Bestätigungsvermerk versehener Jahresabschluss signalisiert, dass das Management alle im Zusammenhang mit der Rechnungslegung für die Gesellschaft geltenden Vorschriften befolgt hat. Damit ein Wirtschaftsprüfer diese ihm vom Gesetzgeber gestellte Aufgabe umfassend und korrekt erfüllen kann, ist es notwendig, dass er als Person unabhängig von der zu prüfenden Gesellschaft ist. Mehrfach wurde im Zusammenhang mit schwerwiegenden Bilanzskandalen[508] deutlich, dass insbesondere eine fehlende Unabhängigkeit der Prüfer und damit einhergehend bestehende Interessenkonflikte folgenschwere Auswirkungen haben können. Eine Betrachtung des viel zitierten Praxisbeispiels Enron[509] verdeut-

---

[506] Vgl. PCAOB (Auditing Standard 2007), Rn. A3.
[507] Vgl. hierzu umfassender die Ausführungen unter Gliederungspunkt 3.1.4, S. 157 ff.
[508] Vgl. hierzu die Ausführungen unter Gliederungspunkt 2.2.5, S. 49 ff.
[509] Vgl. hierzu die Ausführungen unter Gliederungspunkt 2.2.5.2, S. 50 ff.

licht diesen Zusammenhang[510]: Im Jahr 2000 erhielt die Wirtschaftsprüfungsgesellschaft Arthur Andersen von Enron insgesamt 52 Mio. USD an Honorar. Lediglich ca. 25 Mio. USD, d.h. weniger als die Hälfte der Gesamtsumme, wurden tatsächlich für prüferische Leistungen gezahlt. Die verbleibenden 27 Mio. USD zahlte Enron ausschließlich für von Arthur Andersen in Anspruch genommene Beratungstätigkeiten.

Das Verhältnis der Honorare für Prüfung und Beratung führte dazu, dass weite Teile der Öffentlichkeit nicht mehr an eine Unabhängigkeit der Prüfungsgesellschaft im Fall Enron ebenso wie bei zahlreichen weiteren Fällen glaubten[511]. Einerseits drängte sich die Frage auf, ob nicht dieselben Prüfer Prozesse, die sie zuvor im Rahmen der Beratungstätigkeit gestaltet und implementiert hatten, nun bei der Prüfung beurteilen mussten und somit ihre eigene Arbeit prüften. Andererseits wurde argumentiert, dass Wirtschaftsprüfer nicht so genau hinsehen und großzügiger sind, wenn gleichzeitig zum Prüfungsmandat auch hoch dotierte Beratungsmandate bestehen, um eben diese Beratungsaufträge, die zumeist lukrativer sind, nicht zu gefährden[512]. Die Erfahrungen reichten aus, um die *Stärkung der Unabhängigkeit und Objektivität* des Berufsstands der Wirtschaftsprüfer zu einem zentralen Bestandteil der Reformbemühungen des US-amerikanischen Gesetzgebers zu machen. Die Bestimmungen zur Prüferunabhängigkeit werden in Abschnitt 2 des SOX ausführlich behandelt. Zusammen mit den dazu ergangenen Ausführungsbestimmungen der SEC, den Final Rules, sind sie aufgrund sowohl unmittelbarer als auch mittelbarer Auswirkungen für die deutschen Abschlussprüfer von besonderer Relevanz.

Zunächst enthält das Gesetz einen nicht abschließenden Katalog verbotener Dienstleistungen. Diesem zufolge ist die Unabhängigkeit des Abschlussprüfers gefährdet, wenn er zusätzlich zur Abschlussprüfung folgende als

---

[510] Vgl. zu diesem Beispiel Staff (Watchdogs 2002), S. 28.
[511] Aus wissenschaftlicher Sicht ist die Vereinbarkeit von Prüfung und Beratung umstritten; vgl. hierzu bspw. Böcking, Hans-Joachim/Orth, Christian (Vereinbarkeit 2002), Sp. 257 ff. Siehe zu einer empirischen Untersuchung der Honorarverteilung in Deutschland Petersen, Karl/Zwirner, Christian (Honoraraufwendungen 2008), S. 284 ff.
[512] Vgl. zu dieser Frage auch Schmidt, Helmut (Dschungel 2003), S. 21 f.

Nicht-Prüfungsleistungen bezeichnete Tätigkeiten für seinen Mandanten erbringt[513]:
- Buchführung oder andere Leistungen im Zusammenhang mit der Buchführung oder dem Abschluss des Mandanten,
- Entwicklung und Implementierung eines Finanzinformationssystems,
- Schätzungs- und Bewertungsgutachten sowie Prüfungen von Sacheinlagen,
- versicherungsmathematische Dienstleistungen,
- Übernahme von Tätigkeiten der Internen Revision,
- Übernahme von Managementfunktionen oder Personalberatung,
- Leistungen als Finanzmakler, Händler, Investmentberater oder Leistungen des Wertpapier- und Emissionsgeschäfts,
- Rechtsberatung und Gutachtertätigkeit ohne Zusammenhang zur Prüfung,
- weitere durch Verordnung des PCAOB festgelegte Tätigkeiten.

Andere Nicht-Prüfungsleistungen – das Gesetz nennt hier explizit die Steuerberatung – sind nur zulässig, wenn die Tätigkeit vorab durch das Audit Committee der Gesellschaft genehmigt wurde[514].

Ergänzend zu den gesetzlichen Regelungen des SOX hat die SEC im Mai 2003 eine Verordnung zur Stärkung der Unabhängigkeit des Abschlussprüfers erlassen[515]. Diese knüpft an den oben genannten Katalog der nicht zulässigen Nicht-Prüfungsleistungen an und konkretisiert diese. Dabei hat sich die SEC an folgenden Grundsätzen orientiert[516]:
- Der Abschlussprüfer darf keine Managementaufgaben beim Mandanten wahrnehmen.
- Der Abschlussprüfer darf nicht Prüfer seiner eigenen Arbeit sein.
- Der Abschlussprüfer darf nicht Interessenvertreter seines Mandanten sein.

Diese Grundprinzipien gelten uneingeschränkt und kommen bei jeder Beantwortung der Frage nach der Abschlussprüferunabhängigkeit zur Anwendung.

---

[513] Vgl. Section 201 SOX; SEC (Requirements 2003), Kapitel II.B.; Green, Edward F. et al. (Sarbanes-Oxley 2003), S. 35; ausführlich zu den einzelnen Bestimmungen auch Schmidt, Stefan (Unabhängigkeit 2003), S. 779 ff.; Arbeitskreis „Externe und Interne Überwachung der Unternehmung" der Schmalenbach-Gesellschaft für Betriebswirtschaft e.V. (Unternehmensüberwachung 2004), S. 2403; Emmerich, Gerhard/Schaum, Wolfgang (Auswirkungen 2003), S. 686 ff.; Ernst, Christoph (Regelungen 2005), S. 145 f.; Fischer, Jochen M. (Neuausrichtung 2006), S. 672.
Die im SOX geregelten Anforderungen an die Unabhängigkeit der Abschlussprüfer wurden auf EU-Ebene – und damit mittelbar auch von den einzelnen EU-Mitgliedstaaten – aufgegriffen; vgl. hierzu Ferlings, Josef/Lanfermann, Georg (Unabhängigkeit 2002), S. 2118 ff.; Ernst, Christoph (Regelungen 2005), S. 137 ff.
[514] Vgl. Section 201 (a) SOX. Vgl. zu den Aufgaben des Audit Committee die Ausführungen unter Gliederungspunkt 2.3.3.4, S. 107 ff.
[515] Vgl. SEC (Requirements 2003).
[516] Vgl. SEC (Requirements 2003), Kapitel II.B.

Bisher noch geltende Ausnahmen wie etwa die Erbringung von Buchführungsleistungen in besonderen Situationen oder auch für Tochterunternehmen bestehen nun nicht mehr[517].

Neben diesen prüfungsfremden Dienstleistungen enthält der SOX in Section 206 SOX auch Vorschriften, die sich auf die personelle Unabhängigkeit eines Prüfers beziehen. So sieht der SOX vor, dass eine Prüfungsgesellschaft dann von einem Mandat ausgeschlossen ist, wenn ein Mitglied des Prüfteams zum zu prüfenden Unternehmen in eine verantwortliche Position im Finanz- und Rechnungswesen wechselt und dieser Wechsel innerhalb von zwölf Monaten vor Beginn der Prüfung stattfindet[518]. Gem. SOX sind unter einer verantwortlichen Position bspw. der CEO, der CFO, der Leiter Rechnungswesen oder Controlling sowie alle anderen verantwortungsvollen Ämter in einem Unternehmen zu verstehen[519]. In ihrer zugehörigen Final Rule abstrahiert die SEC von dieser Anknüpfung an bestimmte Titel und bestimmt vielmehr, dass jedes Teammitglied, welches mehr als zehn Stunden an der Prüfung des betreffenden Unternehmens mitgewirkt hat und dort anschließend eine Schlüsselfunktion im Bereich der Finanzberichterstattung einnimmt, die Unabhängigkeit gefährdet und daher den Ausschluss der Prüfungsgesellschaft während einer Zwangspause von einem Jahr – der so genannten Cooling-Off-Period – bewirkt[520].

Sowohl der SOX als auch die Final Rule der SEC schreiben darüber hinaus vor, dass eine Prüfungsgesellschaft ihr Mandat nicht weiterführen darf, wenn die den Bestätigungsvermerk unterzeichnenden Prüfer, d.h. der verantwortliche Prüfungspartner sowie sein Reviewpartner, den Jahresabschluss bereits in den letzten fünf Geschäftsjahren testiert haben[521]. Diese Prüfungspartner[522] sind dann für weitere fünf Jahre von der Prüfung ausgeschlossen[523]. Der verpflich-

---

[517] Vgl. SEC (Requirements 2003), Kapitel II.B.1.
[518] Vgl. Section 206 SOX; Crone, Hans Caspar von der/Roth, Katja (Bedeutung 2003), S. 136; Lenz, Hansrudi (Selbstregulierung 2002), S. 2274.
[519] Vgl. Section 206 SOX.
[520] Vgl. SEC (Requirements 2003), Kapitel II.A.; Lander, Guy P. (Sarbanes-Oxley 2004), S. 75 f.; Crone, Hans Caspar von der/Roth, Katja (Bedeutung 2003), S. 136; Emmerich, Gerhard/Schaum, Wolfgang (Auswirkungen 2003), S. 685.
[521] Vgl. Lander, Guy P. (Sarbanes-Oxley 2004), S. 79; Green, Edward F. et al. (Sarbanes-Oxley 2003), S. 37; Crone, Hans Caspar von der/Roth, Katja (Bedeutung 2003), S. 136; Lenz, Hansrudi (Selbstregulierung 2002), S. 2274.
[522] Die Final Rule konkretisiert den im Gesetz verwendeten Prüferbegriff noch dahingehend, dass ebenfalls alle Prüfungspartner betroffen sind, die für die Prüfung von Tochtergesellschaften verantwortlich zeichnen, deren Umsätze oder Vermögenswerte mehr als 20 % des konsolidierten Konzernumsatzes bzw. -vermögens betragen. Vgl. SEC (Requirements 2003), Kapitel II.C.2.
[523] Vgl. Section 203 SOX.

tende Wechsel der verantwortlichen Prüfer wird als interne Rotation bezeichnet. Die Prüfer, welche den Bestätigungsvermerk nicht selbst unterzeichnen und somit nicht als Prüfungs- oder Reviewpartner in diesem Sinne gelten, sind lediglich für zwei Jahre von der Prüfung desselben Mandanten ausgeschlossen. Außerdem dürfen sie maximal sieben Jahre am gleichen Mandat mitarbeiten, bevor sie von der weiteren Prüfung ausgeschlossen werden[524]. Für ausländische Prüfungsgesellschaften gilt eine Ausnahme: Ihnen wird eine Übergangsregelung eingeräumt, nach der die Jahre, in denen ein Partner dasselbe Unternehmen geprüft hat, erst ab dem Jahr 2004 gezählt werden und die Jahre davor für die Beurteilung unerheblich sind[525].

Die Regelungen des SOX zur Abschlussprüferunabhängigkeit dienten auf europäischer Ebene – und damit auch für Deutschland – als Vorbild, die eigenen Unabhängigkeitsanforderungen ebenfalls zu überarbeiten. In diesem Zusammenhang sind die EU-Empfehlung zur Unabhängigkeit des Abschlussprüfers vom 16.05.2002[526] sowie die EU-Abschlussprüferrichtlinie vom 17.05.2006[527] zu nennen. Der deutsche Gesetzgeber setzte die EU-Vorgaben größtenteils mit dem BilReG vom 04.12.2004 um[528]. Der darüber hinaus noch verbleibende Anpassungsbedarf soll nun durch das BilMoG erfüllt werden[529].

2.3.3.4 Audit Committee

Im Zuge der Veränderungen bei den Überwachungsorganen durch den SOX erfuhr auch das *Audit Committee* eine Aufwertung: jedes dem SOX unterlie-

---

[524] Vgl. SEC (Requirements 2003), Kapitel II.C.3.; Lander, Guy P. (Sarbanes-Oxley 2004), S. 79.
[525] Vgl. SEC (Requirements 2003), Kapitel II.C.6.
[526] Vgl. Empfehlung der Kommission vom 16. Mai 2002 – Unabhängigkeit des Abschlussprüfers in der EU – Grundprinzipien, in: Abl. (EG) Nr. L 191/22 vom 19.07.2002.
[527] Dabei handelt es sich um die Richtlinie 2006/43/EG des Europäischen Parlaments und des Rates vom 17. Mai 2006 über Abschlussprüfungen von Jahresabschlüssen und konsolidierten Abschlüssen, zur Änderung der Richtlinien 78/660/EWG und 83/349/EWG des Rates und zur Aufhebung der Richtlinie 84/253/EWG des Rates, in: Abl. (EU) Nr. L 157/87 vom 09.06.2006.
[528] Vgl. BGBl. I 2004, S. 3166 ff.
[529] Vgl. Petersen, Karl/Zwirner, Christian (Abschlussprüfung 2008), S. 51; Petersen, Karl/Zwirner, Christian (Umbruch 2008), S. 27.

gende Unternehmen muss ein Audit Committee einrichten[530]. Das Audit Committee ist ein Ausschuss, der sich aus Personen des Board zusammensetzt und dessen Aufgabe die Überwachung des Rechnungswesens, des Finanzberichtswesens und der Prüfung der Unternehmensabschlüsse ist[531]. Section 407 SOX zufolge muss mindestens ein Mitglied des Audit Committee ein Finanzexperte sein[532]. Die SEC definiert den Finanzexperten als eine erfahrene Person mit Kenntnissen über Bilanzierungs- und Buchhaltungsstandards und deren Anwendung bei der Erstellung von Jahresabschlüssen sowie mit einem Verständnis für die internen Kontrollen der Finanzberichterstattung und für die Aufgaben des Audit Committee[533].

Weitere Informationen sowie die Organisation des Audit Committee sind Section 301 SOX sowie der hierzu von der SEC erlassenen Final Rule zu entnehmen. Bei der Zusammensetzung des Audit Committee muss nach Section 301 SOX auf die Unabhängigkeit der Mitglieder geachtet werden[534]. Diese Unabhängigkeitsanforderung wird von der SEC bspw. dahingehend konkretisiert, dass die Mitglieder eines Audit Committee keine weiteren Vergütungen für Beratungsleistungen, Entschädigungen o.Ä. erhalten dürfen, die ihr Gehalt als Mitglied des Board bzw. seiner Ausschüsse übersteigen[535]. Darüber hinaus dürfen dem Audit Committee keine nahe stehenden Personen[536] von Mitglie-

---

[530] Vgl. hierzu ausführlich Green, Edward F. et al. (Sarbanes-Oxley 2003), S. 59 ff.; siehe auch Peemöller, Volker H. (Sarbanes-Oxley Act 2006), S. 120; Böckli, Peter (Gratwanderung 2003), S. 559 ff.; Richter, Martin (Audit Committee 2002), Sp. 111 ff. Zur Geschichte des Audit Committee in den USA siehe Lück, Wolfgang (Effizienzsteigerung 1990), S. 995 ff.; Langenbucher, Günther/Blaum, Ulf (Überwachungskrise 1994), S. 2198 f.

[531] Vgl. Section 301 SOX; Kersting, Christian (Ausländische Emittenten 2003), S. 2010; Böckli, Peter (Gratwanderung 2003), S. 560.

[532] Vgl. Lander, Guy P. (Sarbanes-Oxley 2004), S. 56 f.; Peemöller, Volker H. (Sarbanes-Oxley Act 2006), S. 120; Wells, Joseph T. (Fraud Examination 2005), S. 304; Henssler, Martin (Gesellschaftsrecht 2003), S. 258; Luttermann, Claus (Bilanzexperten 2003), S. 745 ff.

[533] Für ausländische Gesellschaften hat die SEC in einer Final Rule klargestellt, dass der Finanzexperte mindestens über Kenntnisse der Rechnungslegungsstandards des Heimatstaats verfügen muss. Vgl. m.w.N. SEC (Disclosure 2003), Kapitel II.A.4.d.i.; Block, Ulrich (Neue Regelungen 2003), S. 782.

[534] Vgl. Lander, Guy P. (Sarbanes-Oxley 2004), S. 54; Wells, Joseph T. (Fraud Examination 2005), S. 304; Regelin, Peter/Fisher, Raymond (Umsetzung 2003), S. 280; Young, Michael R. (Audit Committee 2000), S. 220 f.

[535] Die Regelung bezieht sich auch auf Zahlungen an Ehegatten oder minderjährige Kinder eines Audit Committee-Angehörigen sowie auf Zahlungen, die über ein Unternehmen abgewickelt werden, welches Beratungsleistungen für die Gesellschaft erbringt, sofern ein Mitglied des Audit Committee eine Partnerschaft oder eine ähnliche Funktion in diesem Unternehmen innehat.

[536] Vgl. Lanfermann, Georg/Maul, Silja (Ausführungsregelungen 2003), S. 351.

dern der Unternehmensführung des Unternehmens oder einer Tochtergesellschaft angehören, da in diesem Fall von vornherein das Vorliegen eines Interessenkonflikts angenommen wird[537].

Da die Unabhängigkeitsanforderungen an die Mitglieder des Audit Committee vereinzelt zu Konflikten mit dem nationalen Recht führten, gewährte die SEC ausländischen Unternehmen Sonderregelungen[538]. Nach § 96 Abs. 1 AktG können nämlich zu einem deutschen Aufsichtsrat Arbeitnehmervertreter gehören, die neben ihrer Aufsichtsratstantieme zudem eine Vergütung aus ihrer Arbeit für das Unternehmen erhalten, welche in der Regel höher ist als die Aufwandsentschädigung für die Mitgliedschaft im Aufsichtsrat. Hinsichtlich der Ausgestaltung des Audit Committee erlaubte es die SEC deutschen Gesellschaften daher, von den Vorgaben des SOX abzuweichen. Der entsprechenden Final Rule zufolge werden Arbeitnehmervertreter im Aufsichtsrat von der SEC dann als unabhängig akzeptiert, wenn sie im Unternehmen nicht in einer leitenden Funktion tätig sind[539].

Nach den Ausführungen der SEC ist das Audit Committee für die Ernennung, Bezahlung und für die ständige Beaufsichtigung der externen Abschlussprüfer zuständig[540]. Letztere haben direkt an das Audit Committee zu berichten[541] und müssen sich von diesem alle Prüfungs- oder sonstigen (Beratungs-) Leistungen im Voraus genehmigen lassen[542]. Darüber hinaus soll sich das Audit Committee aktiv an der Analyse von aufgetretenen Fehlern im internen Kontrollsystem sowie von Missbrauchsfällen der Unternehmensleitung bzw. der Angestellten beteiligen und außerdem bei Meinungsverschiedenheiten zwischen dem Abschlussprüfer und der Unternehmensleitung eine Schlich-

---

[537] Vgl. SEC (Company Audit Committees 2003), Kapitel II.A.3.; siehe auch Kersting, Christian (Ausländische Emittenten 2003), S. 2010 f.
[538] Vgl. Green, Edward F. et al. (Sarbanes-Oxley 2003), S. 15.
[539] Vgl. SEC (Company Audit Committees 2003), Kapitel II.F.3.a.i. Die Final Rule spricht in diesem Zusammenhang von „non-executive employees". Siehe auch Peemöller, Volker H. (Sarbanes-Oxley Act 2006), S. 120 f.; Regelin, Peter/Fisher, Raymond (Umsetzung 2003), S. 280 f.; Krause, Rüdiger (Mitbestimmung 2003), S. 768; Schmitz, Ronaldo (Audit Committee 2003), S. 193 f.; Kersting, Christian (Ausländische Emittenten 2003), S. 2012 f.
[540] Vgl. Kamann, Hans-Georg/Simpkins, Martina (Kooperation 2003), S. 185; Lander, Guy P. (Sarbanes-Oxley 2004), S. 55; Green, Edward F. et al. (Sarbanes-Oxley 2003), S. 14; Peemöller, Volker H. (Sarbanes-Oxley Act 2006), S. 120; Crone, Hans Caspar von der/Roth, Katja (Bedeutung 2003), S. 134; Walker, David M. (Restoring Trust 2005), S. 30.
[541] Vgl. Green, Edward F. et al. (Sarbanes-Oxley 2003), S. 39.
[542] Vgl. Kamann, Hans-Georg/Simpkins, Martina (Kooperation 2003), S. 185; Crone, Hans Caspar von der/Roth, Katja (Bedeutung 2003), S. 134.

terfunktion übernehmen[543]. Mit Blick auf die rechtlichen Verhältnisse in Deutschland resultierte aus der Befugnis des Audit Committee zur Ernennung des Abschlussprüfers ein Problem, da dieser gem. § 119 Abs. 1 Nr. 4 AktG i.V.m. § 318 Abs. 1 Satz 1 HGB von der Hauptversammlung gewählt wird[544]. Dies wird jedoch von der SEC explizit als gleichwertig und damit als gültiges Vorgehen anerkannt[545], da der Aufsichtsrat bzw. der in Deutschland durch diesen gestellte Prüfungsausschuss ein von den Aktionären gewähltes Gremium ist[546]. Wenn also die Benennung des Abschlussprüfers gem. SOX ‚nur' durch ein gewähltes Audit Committee erlaubt ist, ist es erst recht ausreichend, wenn diese Aufgabe von der gesamten Aktionärsvertretung übernommen wird[547]. Insgesamt ist festzuhalten, dass sich seit Inkrafttreten des SOX die Tätigkeit der in deutschen Aufsichtsräten gebildeten Prüfungsausschüsse immer mehr an die Aufgaben des US-amerikanischen Audit Committee annähert[548].

Besonders hervorzuheben ist außerdem, dass es zu den Aufgaben des Audit Committee gehört, über das Maß der Unabhängigkeit des gesetzlichen Abschlussprüfers zu entscheiden[549]. Indem das Gremium alle von der Gesellschaft an den als Abschlussprüfer gewählten Wirtschaftsprüfer herangetragenen Aufträge zu sonstigen Bestätigungs- und Beratungsleistungen genehmigen muss[550], liegt es in seiner Hand, eine mögliche Beeinflussung der Objektivität des Prüfers zu verhindern. Darüber hinaus obliegt dem Audit Committee die noch zu erläuternde Einrichtung eines direkten Kommunikationskanals, über den Mitarbeiter des Unternehmens Manipulationen in der Rechnungslegung und Betrugsfälle direkt und anonym an dieses Aufsichtsgremium weiterleiten können (so genanntes Whistleblowing[551]).

---

[543] Vgl. Kamann, Hans-Georg/Simpkins, Martina (Kooperation 2003), S. 185; Crone, Hans Caspar von der/Roth, Katja (Bedeutung 2003), S. 134.
[544] Siehe zu dieser Diskussion auch Regelin, Peter/Fisher, Raymond (Umsetzung 2003), S. 281.
[545] Vgl. Peemöller, Volker H. (Sarbanes-Oxley Act 2006), S. 120 f.; Schmitz, Ronaldo (Audit Committee 2003), S. 193.
[546] Vgl. Kersting, Christian (Ausländische Emittenten 2003), S. 2013.
[547] Vgl. Gruson, Michael/Kubicek, Matthias (Sarbanes-Oxley Act 2003), S. 347.
[548] Vgl. Peemöller, Volker H. (Sarbanes-Oxley Act 2006), S. 121; Schmitz, Ronaldo (Audit Committee 2003), S. 195.
[549] Vgl. Lanfermann, Georg/Maul, Silja (Ausführungsregelungen 2003), S. 351; Young, Michael R. (Audit Committee 2000), S. 242.
[550] Vgl. Peemöller, Volker H. (Sarbanes-Oxley Act 2006), S. 120.
[551] Vgl. hierzu die Ausführungen unter Gliederungspunkt 2.3.3.5, S. 111 ff.

2.3.3.5 Whistleblowing-System

In Section 806 SOX wird der so genannte *Whistleblower-Schutz* geregelt, der Arbeitnehmer, welche Fälle von Accounting Fraud oder andere nicht rechtmäßige Vorgänge im Unternehmen angezeigt haben, vor Übergriffen, Entlassungen o.ä. schützen soll[552]. Nicht von dieser Vorschrift gedeckt sind indes Vorfälle, die alleine mit dem Ziel angezeigt wurden, dem Arbeitgeber Schaden zuzufügen[553]. Die Ausgestaltung des Whistleblowing-Verfahrens ist wie erwähnt gem. Section 301 SOX Aufgabe des Audit Committee[554]. Dieses muss organisatorische Vorkehrungen treffen und Verfahren implementieren, welche eine anonyme Entgegennahme und Weiterverarbeitung von eingereichten Beschwerden sicherstellen[555]. Die Schutzvorkehrungen gelten für Mitarbeiter, die Informationen über Verstöße wie z.B. Betrugsfälle im Bereich der Buchführung und Finanzberichterstattung an das Audit Committee übermittelt haben. Diese Mitarbeiter genießen in jedem Fall Informantenschutz; es ist gesetzlich verboten, sie in irgendeiner Weise zu benachteiligen[556]. Ist dies dennoch geschehen, räumt das Gesetz ihnen weit reichende Rechte ein, sich gegen die Diskriminierung zu wehren und die Benachteiligung rückgängig zu machen[557]. Da die Whistleblowing-Kultur in Deutschland – im Gegensatz zu den USA[558] – noch nicht sehr ausgeprägt ist[559], beleuchtet der folgende Exkurs kurz die dortige Situation[560].

---

[552] Vgl. Peemöller, Volker H. (Sarbanes-Oxley Act 2006), S. 121; Reiter, Christian (Whistleblower 2005), S. 168 ff. Vgl. zu einer früheren Betrachtung der Thematik Hooks, Karen L./Kaplan, Steven E./Schultz, Joseph J. Jr. (Enhancing Communication 1994), S. 92 ff.
Wanserski berichtet, wie er selbst über Whistleblowing von einem Verstoß erfahren hat; vgl. Wanserski, Jim (True Accounting 2006), S. 29 ff.
Vgl. zu Whistleblowing-Fällen in Bezug auf Enron, WorldCom und FlowTex Hofmann, Stefan (Whistleblowing 2006), S. 121 ff.

[553] Vgl. Reiter, Christian (Whistleblower 2005), S. 169.

[554] Vgl. zum Audit Committee die Ausführungen unter Gliederungspunkt 2.3.3.4, S. 107 ff.

[555] Vgl. SEC (Company Audit Committees 2003), Kapitel II.C.

[556] Vgl. Section 806 (a) SOX.

[557] Vgl. Section 806 (a) SOX; Reiter, Christian (Whistleblower 2005), S. 170.

[558] Vgl. zu den US-amerikanischen Whistleblowing-Regelungen bspw. Berndt, Thomas/Hoppler, Ivo (Whistleblowing 2005), S. 2625.

[559] Vgl. zu den Gründen Berndt, Thomas/Hoppler, Ivo (Whistleblowing 2005), S. 2623.

[560] Eine Alternative zum Whistleblowing-System wäre die Einschaltung von Ombudsleuten, um so auf nicht anonyme, aber dennoch vertrauliche Art und Weise mit Informationen über (mögliche) wirtschaftskriminelle Handlungen umgehen zu können; vgl. Hoffmann, Volker H./Sandrock, Stefan (Ombudsmann 2001), S. 433 ff.; Samson, Erich/Langrock, Marc (Bekämpfung 2007), S. 1687.

Eine passende deutsche Übersetzung für den Begriff ‚Whistleblowing' wurde bisher nicht gefunden[561]. Teilweise werden die handelnden Personen als ‚Hinweisgeber' bezeichnet[562]. Beim Whistleblowing geht es um die Kommunikation von moralisch verwerflichen oder illegalen Handlungen, die in einem Unternehmen auftreten, durch derzeitige oder auch ehemalige Mitarbeiter des gleichen Unternehmens[563]. Diese werden innerhalb des Unternehmens – meist anonym – an bestimmte Personen oder Stellen gemeldet, welche den betreffenden Vorgang beeinflussen oder die entsprechenden Konsequenzen einleiten können (internes Whistleblowing)[564]. Ein geeigneter Ansprechpartner in deutschen Unternehmen wäre z.B. die Compliance-Organisation, der Prüfungsausschuss oder die Interne Revision des Unternehmens[565]. Außerdem ist eine umfassende Information der Mitarbeiter dahingehend erforderlich, wie das Whistleblowing-System funktioniert und in welchen Fällen Informationen weitergegeben werden sollen[566]. Wichtig ist dabei die Gewährleistung eines umfassenden Schutzes für denjenigen, der die Information weiterleitet. Vielfach sind Mitarbeiter aus Furcht vor Mobbing oder anderen negativen Konsequenzen nur unter Wahrung ihrer Anonymität dazu bereit, Kollegen zu ‚verpfeifen'[567].

Arbeitsrechtlich[568] gilt grundsätzlich eine arbeitsvertragliche Nebenpflicht des Arbeitnehmers, den Arbeitgeber über wesentliche Vorkommnisse im Un-

---

[561] Vgl. Reiter, Christian (Whistleblower 2005), S. 168 f.; Leisinger, Klaus M. (Reputation Management 2003), S. 20.
[562] Vgl. Bürkle, Jürgen (Weitergabe 2004), S. 2158.
[563] Vgl. Wisskirchen, Gerlind/Körber, Anke/Bissels, Alexander (Whistleblowing 2006), S. 1567.
[564] Vgl. Buff, Herbert (Compliance 2000), Rn. 622; siehe zu Vor- und Nachteilen auch Brinkmann, Markus (Bilanzmanipulation 2007), S. 160.
[565] Vgl. zur Compliance-Organisation ausführlich Gliederungspunkt 3.3.3.2.3, S. 264 ff. Bei der Daimler AG fungiert die Interne Revision als Ansprechpartner in Sachen Whistleblowing; vgl. Buderath, Hubertus M. (Kontrollsystem 2003), S. S223. Berndt/Hoppler sehen das Audit Committee als geeignete Stelle; vgl. Berndt, Thomas/Hoppler, Ivo (Whistleblowing 2005), S. 2625 und S. 2628. Diese Einschätzung erfolgt in Anlehnung an den SOX, der dem Audit Committee zumindest die Aufgabe der Einrichtung eines Whistleblowing-Systems zuschreibt. Dies bedeutet jedoch nicht, dass das Audit Committee die Meldungen auch selbst bearbeiten muss.
[566] Vgl. Berndt, Thomas/Hoppler, Ivo (Whistleblowing 2005), S. 2624. Die Grenze zwischen zulässigen und unzulässigen Handlungen lässt sich selbst von einem Sachverständigen nicht immer zweifelsfrei ziehen. Es kommt also darauf an, dass der Whistleblower begründete Zweifel an der Rechtmäßigkeit von bestimmten Handlungen hegt.
[567] Vgl. Bürkle, Jürgen (Weitergabe 2004), S. 2159.
[568] Vgl. zu arbeitsrechtlichen Fragen des Whistleblowing auch Wisskirchen, Gerlind/Körber, Anke/Bissels, Alexander (Whistleblowing 2006), S. 1570 ff.

ternehmen zu informieren, insbesondere zum Schutz vor Schäden des Arbeitgebers[569]. Es sollte sich dabei jedoch nicht um geringfügige Vorkommnisse handeln. Wird nicht das interne Whistleblowing gewählt, sondern werden unternehmensexterne Stellen[570] wie z.B. Aufsichtsbehörden, Strafverfolgungsbehörden oder die Presse informiert, so gilt eine generelle Pflicht zur Rücksichtnahme des Arbeitnehmers auf die geschäftlichen Interessen des Arbeitgebers gem. § 241 Abs. 2 BGB[571]. Nur wenn eine vorrangige innerbetriebliche Meldung nicht mehr zumutbar oder verhältnismäßig ist, erachtet das Bundesarbeitsgericht (BAG) in folgenden Fällen eine direkte externe Anzeige als zulässig[572]:

– Ohne die Anzeige setzt sich der Arbeitnehmer selbst der Gefahr einer Strafverfolgung aus.
– Es handelt sich um eine schwerwiegende oder vom Arbeitgeber selbst begangene Straftat.
– Mit einer innerbetrieblichen Abhilfe ist berechtigterweise nicht zu rechnen.

Bringt internes Whistleblowing keine Konsequenzen seitens des Arbeitgebers mit sich, ist der hinweisgebende Mitarbeiter nicht mehr zur Rücksichtnahme verpflichtet, sondern kann zum externen Whistleblowing übergehen[573]. Insgesamt lässt sich jedoch festhalten, dass es generell auf die Betrachtung des jeweiligen Einzelfalls ankommt, so dass mit Whistleblowing für Arbeitnehmer in Deutschland immer ein gewisses arbeitsrechtliches Risiko verbunden ist[574]. Dies spielt sicherlich eine bedeutende Rolle dabei, dass Mitarbeiter – neben möglicherweise bestehenden persönlichen moralischen Bedenken – auch aus Angst vor einem Übertreten der Schwelle zwischen erlaubtem und unerlaubtem Whistleblowing zum Schweigen tendieren. Hinzu kommt die Furcht davor, durch das Whistleblowing unbefugt Betriebs- und Geschäftsgeheimnisse weiterzugeben und somit gegen § 17 UWG zu verstoßen sowie geltenden datenschutzrechtliche Bestimmungen, nicht zu genügen[575]. Eine ausgeprägtere

---

[569] Vgl. Mengel, Anja/Hagemeister, Volker (Compliance 2007), S. 1389. Diese Ansicht vertritt auch das Bundesarbeitsgericht; vgl. hierzu BAG-Urteil vom 03.07.2003, 2 AZR 235/02, S. 879.
[570] Vgl. Berndt, Thomas/Hoppler, Ivo (Whistleblowing 2005), S. 2628.
[571] Vgl. BAG-Urteil vom 03.07.2003, 2 AZR 235/02, S. 879. Siehe zu Beispielen für externes Whistleblowing Leisinger, Klaus M. (Reputation Management 2003), S. 71 f.
[572] Vgl. BAG-Urteil vom 03.07.2003, 2 AZR 235/02, S. 880; Bürkle, Jürgen (Weitergabe 2004), S. 2158 f.; Reiter, Christian (Whistleblower 2005), S. 171 f.
[573] Vgl. Bürkle, Jürgen (Weitergabe 2004), S. 2159.
[574] Vgl. Reiter, Christian (Whistleblower 2005), S. 172; Bürkle, Jürgen (Weitergabe 2004), S. 2159.
[575] Vgl. zur datenschutzrechtlichen Frage – auch auf europäischer Ebene – Wisskirchen, Gerlind/Körber, Anke/Bissels, Alexander (Whistleblowing 2006), S. 1568 ff.

Whistleblowing-Kultur im Sinne eines Schutzes vor bzw. einer Aufdeckungsunterstützung bei Accounting Fraud[576] wird in Deutschland stark von der Weiterentwicklung der Rechtslage abhängen.

Whistleblowing wird in Deutschland also kritisch gesehen[577], obwohl die von Arbeitgeber und Arbeitnehmer verfolgte Zielsetzung, nämlich die Einhaltung bestehender Normen, weitgehend deckungsgleich ist[578]. Neben den moralischen Bedenken, die ein ‚Verpfeifen' der Kollegen mit sich bringen kann[579], und Angst vor einer Schädigung des Arbeitsklimas[580] stehen auch Konsequenzen wie etwa der Verlust der Unternehmensreputation oder Schaden in der Beziehung zu Anteilseignern und Geschäftspartnern, die insbesondere durch externes Whistleblowing ausgelöst werden können, in der Diskussion. Vor allem in den Fällen, in denen sich Verdächtigungen im Nachhinein als haltlos und unbegründet erweisen, können der Schaden und das negative Image, welches in der Öffentlichkeit wahrgenommen wird, zu einer dauerhaften Belastung für das Unternehmen werden. Die Entscheidung für oder gegen Whistleblowing erfordert folglich ein wohl überlegtes einzelfallabhängiges Abwägen. Grundsätzlich gilt jedoch, dass internes Whistleblowing zu bevorzugen ist[581], da damit in aller Regel schneller Abhilfe geschaffen und eine öffentliche Diskussion vermieden werden kann. Es liegt an der Unternehmensleitung, den Mitarbeitern die richtige Auffassung von internem Whistleblowing zu vermitteln, nämlich dass dies nichts mit Denunziantentum zu tun hat[582], sondern vielmehr der Erhaltung einer integren Geschäftstätigkeit und somit indirekt auch der Sicherung ihrer Arbeitsplätze dient[583]. Hierfür sind geeignete Organisationsstrukturen, etwa im Rahmen der Compliance-Organisation, zu treffen[584].

---

[576] Vgl. zu dieser Funktion von Whistleblowing auch Berndt, Thomas/Hoppler, Ivo (Whistleblowing 2005), S. 2623.
[577] Vgl. zur Entwicklung in Frankreich Wisskirchen, Gerlind/Körber, Anke/Bissels, Alexander (Whistleblowing 2006), S. 1567 f.
[578] Vgl. Bürkle, Jürgen (Weitergabe 2004), S. 2159.
[579] Vgl. zur Frage der Loyalität Buff, Herbert (Compliance 2000), Rn. 626 ff.
[580] Vgl. Berndt, Thomas/Hoppler, Ivo (Whistleblowing 2005), S. 2628.
[581] Vgl. Berndt, Thomas/Hoppler, Ivo (Whistleblowing 2005), S. 2625; Buff, Herbert (Compliance 2000), Rn. 624.
[582] Vgl. Wisskirchen, Gerlind/Körber, Anke/Bissels, Alexander (Whistleblowing 2006), S. 1570; Berndt, Thomas/Hoppler, Ivo (Whistleblowing 2005), S. 2623.
[583] Vgl. Bürkle, Jürgen (Weitergabe 2004), S. 2159.
[584] Vgl. zu Compliance in Deutschland die Ausführungen unter Gliederungspunkt 3.3.3.2.3, S. 264 ff.

2.3.4 Zwischenfazit

Die Ausführlichkeit der Erläuterungen zum SOX mag zunächst verwundern vor dem Hintergrund, dass die vorliegende Arbeit die Thematik Accounting Fraud insbesondere mit Blick auf Deutschland betrachtet. Immer wieder ist im Verlauf der Darstellung jedoch deutlich geworden, dass sowohl deutsche Unternehmen als auch deutsche Wirtschaftsprüfer von diesem US-amerikanischen Gesetz auf vielfältige Weise tangiert werden. Darüber hinaus ist die Ausstrahlungswirkung der Vorschriften des SOX ebenso wie der zugehörigen SEC-Ausführungsbestimmungen auf die Rechtsentwicklung in Europa insgesamt und in den einzelnen Mitgliedstaaten nicht zu vernachlässigen. Hierfür stellt die im Mai 2006 neu gefasste EU-Richtlinie zur Abschlussprüfung ein eindeutiges Beispiel dar[585]. Die extraterritoriale Wirkung des SOX rechtfertigt damit die ausführliche Betrachtung dieses US-amerikanischen Gesetzes mit Blick auf den weiteren Fortgang der Arbeit.

Insgesamt soll der SOX als Reaktion auf schwerwiegende Bilanzskandale dazu beitragen, das verloren gegangene Vertrauen der Öffentlichkeit in die Kapitalmärkte allgemein und die Rechnungslegung von Unternehmen im Besonderen wieder zu verbessern. Im Mittelpunkt steht dabei auch die Sicherstellung einer guten Unternehmensführung. Nach Ansicht von Paul S. Atkins bedeuten der SOX sowie die zugehörigen Final Rules „ein[en] richtige[n] Schritt in Richtung Corporate Governance"[586]. Die Tatsache, dass in Europa einzelne Vorschriften des SOX ähnlich oder gleich lautend in den Rechtsrahmen übernommen werden, ist als Indiz dafür zu werten, dass das Gesetz in der Gesamtbetrachtung eine positive Weiterentwicklung der Standards für gute Unternehmensführung und -kontrolle darstellt und weltweit einen Beitrag zur Stärkung des Vertrauens in die Unternehmensberichterstattung leisten kann.

2.4 Verhältnis zwischen Bilanzpolitik und Fraud
2.4.1 Vorbemerkungen und rechtlicher Kontext

„Der Bilanzierende muss sich zu jedem Abschlussstichtag der Aufgabe stellen, die Realität seines Unternehmens in eine Zahlenwelt zu überführen und sie

---

[585] Viele der im SOX enthaltenen Neuregelungen betreffend die Abschlussprüfung bzw. die Wirtschaftsprüfer finden ihren Niederschlag auch in den von der EU erarbeiteten Vorschriften. Der deutsche Gesetzgeber hat die meisten der zu erwartenden EU-Vorgaben bereits 2004 mit dem BilReG umgesetzt, weitere noch erforderliche Änderungen sollen mit dem derzeit als Ref-E vorliegenden BilMoG in nationales Recht übernommen werden.

[586] Atkins, Paul S. (US-Sarbanes-Oxley Act 2003), S. 261.

damit vergleichbar zu machen"[587]. Das deutsche HGB enthält eine Fülle gesetzlicher Regelungen für die Zuordnung von Werten zu bestimmten Sachverhalten sowie für die Abbildung von Geschäftsvorfällen. Für kapitalmarktorientierte Unternehmen[588] in Deutschland sind im Rahmen der Konzernabschlusserstellung nach § 315a HGB ab dem Jahr 2005[589] die Normen der endorsed IAS/IFRS[590] maßgebend[591], die ebenfalls zahlreiche Einzelregelungen zur Bilanzierung und Bewertung aufweisen. Die freiwillige Erstellung eines IFRS-Einzelabschlusses zu Informationszwecken ist zulässig, ein solcher Abschluss ersetzt allerdings nicht die Aufstellung eines handelsrechtlichen Einzelabschlusses zur Ausschüttungsbemessung[592]. Der Referentenentwurf zum BilMoG sieht vor, dass ab dem Jahr 2008 ein nach § 264e HGB-E erstellter Einzelabschluss nach den Normen der IFRS alternativ zum handelsrechtlichen Einzelabschluss erstellt werden darf. Für Zwecke der Ausschüttungsermittlung sowie als Basis für die steuerliche Gewinnermittlung soll in einem solchen Fall dennoch die zusätzliche Erstellung einer HGB-Bilanz sowie einer HGB-Gewinn- und Verlustrechnung notwendig sein[593]. Auch wenn – nicht zuletzt aufgrund der IAS-Verordnung aus dem Jahr 2002 – am deutschen Kapitalmarkt die IFRS die eindeutig dominierenden Rechnungslegungsnormen sind[594], fanden sich aufgrund von Übergangsbestimmungen bisher trotzdem noch ei-

---

[587] Ranker, Daniel (Immobilienbewertung 2006), S. 12; außerdem Dinkel, Fritz (Bilanz 1974), S. 13 ff.

[588] Bislang existiert in Deutschland keine Legaldefinition für den Begriff ‚kapitalmarktorientiert'. Als kapitalmarktorientiert gelten Unternehmen, die durch von ihnen ausgegebene Wertpapiere i.S.d. § 2 Abs. 1 Satz 1 WpHG einen organisierten Markt i.S.d. § 2 Abs. 5 WpHG in Anspruch nehmen oder eine Zulassung beantragt haben; vgl. Zwirner, Christian (Ausweitung 1999), S. 881. Mit dem BilMoG plant der deutsche Gesetzgeber, in § 264d HGB-E eine gesetzliche Definition des Begriffs ‚kapitalmarktorientiertes Unternehmen' einzuführen; vgl. Petersen, Karl/Zwirner, Christian (Umbruch 2008), S. 13 f.

[589] Zur Ausnahmeregelung vgl. stellvertretend Zwirner, Christian (IFRS-Bilanzierungspraxis 2007), S. 223.

[590] Hierunter sind die IAS bzw. IFRS zu verstehen, die von der Europäischen Union (EU) als internationale Rechnungslegungsstandards anerkannt und somit als sekundäres Gemeinschaftsrecht übernommen wurden. Vgl. hierzu Buchheim, Regine/Gröner, Susanne/Kühne, Mareike (Komitologieverfahren 2004), S. 1783 ff.; Heiden, Matthias (Pro-forma-Berichterstattung 2006), S. 102 ff.; Heintzen, Marcus (EU-Verordnungsentwurf 2001), S. 825 ff.

[591] Vgl. Gross, Gerhard (Regelungen 2005), S. 97 f.

[592] Vgl. Küting, Karlheinz/Zwirner, Christian (Internationalisierung 2006), S. 2.

[593] Vgl. § 264e HGB-E; siehe zu den geplanten Neuerungen durch BilMoG Petersen, Karl/Zwirner, Christian (Umbruch 2008), S. 14.

[594] Vgl. zur Entwicklung der Rechnungslegung nur und mit ausführlichen empirischen Daten Zwirner, Christian (IFRS-Bilanzierungspraxis 2007), S. 281 ff.; Zwirner, Christian (Rückblick 2007), S. 599 ff.

nige wenige nach den US-amerikanischen US-GAAP-Normen[595] erstellte Konzernabschlüsse am deutschen Kapitalmarkt. Wie die IFRS-Vorschriften auch zählen die US-GAAP zum so genannten Common bzw. Case Law[596], während das deutsche Handelsrecht als Code Law[597] gilt. Charakteristisch für das angelsächsische Recht ist dabei die vergleichsweise geringere Normierung der Rechnungslegung durch Gesetze und Verordnungen und als Folge daraus eine Vielzahl an Interpretationen von privatrechtlichen Gremien[598].

Die Rechtsgrundlagen, nach denen die handelsrechtliche Rechnungslegung zu erfolgen hat, bestehen aus drei Elementen. Zunächst ist das kodifizierte Recht zu nennen[599]. Hierzu zählen all jene Gesetze und Verordnungen, die sich mit der Rechnungslegung befassen[600]. Das zweite Element ist das Richterrecht, also die für die handelsrechtliche Rechnungslegung einschlägigen Urteile und Entscheidungen bundesdeutscher Gerichte[601]. Die dritte Komponente bilden die so genannten GoB[602]. Sie nehmen eine zentrale Rolle bei der Gesetzesauslegung[603] sowie bei der Ausfüllung von Regelungslücken[604] ein.

Dem über viele Jahrzehnte gewachsenen System der handelsrechtlichen Bilanzierung[605] steht das vergleichsweise junge Normengefüge der IAS bzw. IFRS gegenüber[606]. Zu diesem Normensystem gehören neben den eigentlichen vom IASB erlassenen Standards weitere Arten von Vorschriften, denen unter-

---

[595] Auch wenn gemeinhin von den US-GAAP als dem Rechnungslegungsnormensystem der USA gesprochen wird, stellen diese dennoch nur eine Teilmenge der insgesamt existierenden Vorschriften und Verlautbarungen dar; vgl. Küting, Karlheinz/Dürr, Ulrike/Boecker, Corinna (Übergang 2005), S. 284.
[596] Vgl. hierzu m.w.N. Zwirner, Christian (IFRS-Bilanzierungspraxis 2007), S. 40 ff.
[597] Vgl. hierzu m.w.N. Zwirner, Christian (IFRS-Bilanzierungspraxis 2007), S. 43 ff.
[598] Vgl. Küting, Karlheinz (Vergleich 1993), S. 358.
[599] Vgl. Gross, Gerhard/Schruff, Lothar (Jahresabschluss 1986), S. 69.
[600] Vgl. Heinhold, Michael (Jahresabschluss 1996), S. 31 ff. Im HGB sind die gesetzlichen Vorschriften zur Rechnungslegung unter der Überschrift ‚Handelsbücher' im Dritten Buch in den §§ 238 ff. HGB kodifiziert.
[601] Vgl. Crezelius, Georg (Rechtsinstitut 1997), S. 515; Zippelius, Reinhold (Methodenlehre 2006), S. 10 und S. 42.
[602] Vgl. zu den GoB bspw. Beisse, Heinrich (Wandlungen 1997), S. 385 ff.; Ruhnke, Klaus (Rechnungslegung 2005), S. 185 ff.; Lang, Joachim (Grundsätze 1986), S. 221 ff.; Lang, Joachim (Hauptgrundsätze 1986), S. 240 ff.; Leffson, Ulrich (GoB 1987); Moxter, Adolf (Grundsätze 2003); Döllerer, Georg (Grundsätze 1959), S. 653 ff.
[603] Vgl. zur Auslegung Beisse, Heinrich (Rechtsfragen 1990), S. 505 ff.
[604] Vgl. Moxter, Adolf (Grundsätze 2002), Sp. 1041 ff.
[605] Vgl. zu dieser Entwicklung auch Zwirner, Christian (IFRS-Bilanzierungspraxis 2007), S. 113 ff.
[606] Vgl. zur historischen Entwicklung dieses internationalen Normengefüges Bruns, Hans-Georg (Anwendung 2002), S. 174; Pellens, Bernhard/Fülbier, Rolf Uwe/Gassen, Joachim/Sellhorn, Thorsten (Internationale Rechnungslegung 2008), S. 81 ff.

schiedlicher Verpflichtungscharakter beizumessen ist[607]: Preface, Framework, SIC- bzw. IFRIC-Interpretationen sowie Anwendungshilfen[608]. Das ‚House of IAS' veranschaulicht die unterschiedliche Verbindlichkeit, die den einzelnen mit den IAS/IFRS in Zusammenhang stehenden Regelungen zukommt[609].

Für die Entwicklung der US-amerikanischen GAAP ist seit 1973 das FASB zuständig[610]. Als wichtigste Verlautbarungen dieses Gremiums gelten die SFAS; darüber hinaus existieren Interpretations, Technical Bulletins sowie Statements of Financial Accounting Concepts, wobei lediglich Erstere zusammen mit den SFAS „faktisch Gesetzeskraft"[611] haben[612]. Der unterschiedliche Verbindlichkeitscharakter aller zur US-amerikanischen Rechnungslegung gehörenden Vorschriften ist dem ‚House of GAAP' zu entnehmen[613].

Bilanzpolitik ist in jedem der drei genannten Rechnungslegungsnormensysteme möglich. Alle drei Normensysteme enthalten zahlreiche Handlungs- und Ermessensspielräume. Dies ist Rechnungslegungsnormen immanent und lässt sich zum einen darauf zurückführen, dass bei ihrer Schaffung die komplexe betriebliche Wirklichkeit im Allgemeinen nicht vollständig durch die Formulierung rechtlicher Tatbestände eingefangen und abgebildet werden kann[614]. Zum anderen herrscht bei der Abbildung konkreter Sachverhalte oft Unsicherheit über Entwicklungen in der Zukunft[615]. Daher bedient sich der Gesetzgeber respektive der Standardsetter[616] einer Vielzahl von unbestimmten

---

[607] Vgl. Zülch, Henning (Rechnungslegungsnormen 2005), S. 1.
[608] Vgl. Baetge, Jörg/Kirsch, Hans-Jürgen/Thiele, Stefan (Bilanzen 2007), S. 53 ff.
[609] Vgl. zum House of IAS Hütten, Christoph/Lorson, Peter (Internationale Rechnungslegung 2000), S. 994.
[610] Vgl. zur historischen Entwicklung Küting, Karlheinz/Dürr, Ulrike/Boecker, Corinna (Übergang 2005), S. 284 f.
[611] Küting, Karlheinz (Vergleich 1993), S. 358 f.
[612] Vgl. Küting, Karlheinz/Dürr, Ulrike/Boecker, Corinna (Übergang 2005), S. 285.
[613] Das House of GAAP wurde erstmals von Rubin entworfen, jede Etage steht dabei für einen bestimmten Grad an Verbindlichkeit. Vgl. zum House of GAAP Rubin, Steven (House 1984), S. 122 ff.; siehe auch Hütten, Christoph/Lorson, Peter (Internationale Rechnungslegung 2000), S. 988.
[614] Vgl. Bauer, Jörg (Rechnungspolitik 1981), S. 76; Wohlgemuth, Frank (Bilanzpolitik 2007), S. 332.
[615] Vgl. Ranker, Daniel (Immobilienbewertung 2006), S. 2; Baetge, Jörg/Kirsch, Hans-Jürgen/Thiele, Stefan (Bilanzen 2007), S. 189.
[616] Während die handelsrechtlichen Rechnungslegungsnormen vom deutschen Gesetzgeber stammen, werden die IAS/IFRS von einer privatrechtlichen Vereinigung, dem IASB, entwickelt. Vgl. zum IASB m.w.N. Zwirner, Christian (IFRS-Bilanzierungspraxis 2007), S. 199 ff. Gleiches gilt für die US-GAAP, welche nunmehr durch das FASB erarbeitet werden; vgl. Küting, Karlheinz/Dürr, Ulrike/Boecker, Corinna (Übergang 2005), S. 285.

Rechtsbegriffen[617], um mit einer eher vagen Beschreibung von Tatsachen der Vielfalt betrieblicher Einzelsachverhalte Rechnung tragen zu können[618]. Beispiele für solche unbestimmten Rechtsbegriffe sind ‚wesentlich', ‚dauernd' oder ‚vernünftige kaufmännische Beurteilung'[619]. Gerade diese Offenheit für unterschiedliche Einzelsachverhalte steht jedoch der Rechtssicherheit entgegen[620].

Sowohl bei den handelsrechtlichen Bilanzierungsvorschriften als auch bei den endorsed IAS/IFRS handelt es sich um zwingend zu beachtendes Recht. Letztere sind über eine EU-Verordnung zu in Deutschland unmittelbar geltendem Gemeinschaftsrecht geworden[621]. Jeder Bilanzierende ist in seinen Handlungen an das Gesetz gebunden, dabei gibt ihm das Bilanzrecht die gültigen Normen vor[622]. Die Auslegung dieser bilanziellen Normen inklusive der ihnen inhärenten unbestimmten Rechtsbegriffe stellt daher eine Auslegung von Recht dar[623]. Dass jeder Handelnde die sich ihm durch die Normen eröffnenden Spielräume zu seinem Vorteil auslegt, liegt in der Natur der Sache und ist darüber hinaus auch nicht unrechtmäßig, so lange die Grenze der Legalität nicht überschritten wird.

Diese auch als „Gateway to Fraud"[624] bezeichnete Grenze ist jedoch keine fixe und eindeutige Trennlinie. Vielmehr zeigt sich in vielen Fällen, dass der Übergang von einer gesetzlich zulässigen Ermessensausübung bzw. Sachverhaltsgestaltung im Sinne von Bilanzpolitik einerseits und unrechtmäßigen Gestaltungsmaßnahmen in Form von Accounting Fraud andererseits fließend sein kann. Die Frage dieser Abgrenzung ist nachfolgend näher zu untersuchen[625]. Zum besseren Verständnis wird zuvor allerdings noch geklärt, was unter Bilanzpolitik sowie unter Wahlrechten und Ermessensspielräumen zu verstehen ist[626].

---

[617] Vgl. zu unbestimmten Rechtsbegriffen bspw. Küting, Karlheinz (Stellenwert 2006), S. 2757.
[618] Vgl. Tipke, Klaus (Auslegung 1986), S. 1.
[619] Vgl. Leffson, Ulrich (Wesentlich 1986), S. 434 ff.; Sieben, Günther/Ossadnik, Wolfgang (Dauernd 1986), S. 105 ff.; Westermann, Harm Peter (Beurteilung 1986), S. 351.
[620] Vgl. Tipke, Klaus (Auslegung 1986), S. 1.
[621] Vgl. Verordnung (EG) Nr. 1606/2002 des Europäischen Parlaments und des Rates vom 19. Juli 2002 betreffend die Anwendung internationaler Rechnungslegungsstandards.
[622] Vgl. Federmann, Rudolf (Bilanzierung 2000), S. 305; Meincke, Jens Peter (Bewertung 1984), S. 12 f.; Kaiser, Thomas (Berichtigung 2000), S. 77; Ranker, Daniel (Immobilienbewertung 2006), S. 11.
[623] Vgl. Ranker, Daniel (Immobilienbewertung 2006), S. 11.
[624] Wolf, Thomas/Nagel, Ulrike (Strafrecht 2007), S. 86. Vgl. Mulford, Charles W./Comiskey, Eugene E. (Financial Numbers Game 2002), S. 39.
[625] Vgl. hierzu die Ausführungen unter Gliederungspunkt 2.4.3, S. 135 ff.
[626] Vgl. hierzu die Ausführungen unter Gliederungspunkt 2.4.2.3.3, S. 129 ff.

2.4.2 Bilanzpolitik – Eine Einführung
2.4.2.1 Vorbemerkungen
Mit der Thematik der Bilanzpolitik[627] beschäftigt sich eine Vielzahl von Veröffentlichungen im Fachschrifttum. Daher ist es mit Blick auf den den vorliegenden Ausführungen zugrunde liegenden Zweck erforderlich, den Themenkomplex in entsprechend komprimierter Art und Weise darzustellen, um so zwar alle notwendigen Informationen zu vermitteln, das Thema aber insgesamt in den Rahmen der Arbeit einzufügen und daher eine zu große Detailtiefe ebenso wie Spezialfragen auszublenden.

2.4.2.2 Begriffsdefinition und -abgrenzung
Als *Bilanzpolitik* wird die „willentliche und hinsichtlich der Unternehmensziele zweckorientierte Einflußnahme auf Form, Inhalt und Berichterstattung des handels- und steuerrechtlichen Jahresabschlusses im Rahmen der durch die Rechtsordnung gezogenen Grenzen"[628] verstanden[629]. Sie wird verfolgt, um „die Rechtsfolgen des Jahresabschlusses und das Verhalten der Informationsempfänger entsprechend den Zielen der Unternehmenspolitik zu beeinflussen"[630].

---

[627] In der Literatur wird verschiedentlich auch der Begriff ‚Rechnungslegungspolitik' verwendet; vgl. Ossadnik, Wolfgang (Rechnungslegungspolitik 1998), S. 159; Fischer, Thomas M./Klöpfer, Elisabeth (Bilanzpolitik 2006), S. 709 f.; Clemm, Hermann (Recht und Ethik 1998), S. 1210. Vgl. zu einem Überblick über die Entwicklung der Bilanzpolitik Plagens, Peter W./Wolter, Gerd/Henke, Jens (Neuausrichtung 2007), S. 1414 f.; Strobel, Wilhelm (Historische Entwicklung 1998), S. 41 ff.; Birgel, Karl (Bilanzpolitik 2003), S. 193; Ossola-Haring, Claudia (Gestaltungsalternativen 2002), S. 178.

[628] Küting, Karlheinz (Bilanzpolitik 2004), Rn. 2001; vgl. auch Küting, Karlheinz/Weber, Claus-Peter (Bilanzanalyse 2006), S. 31.

[629] Vgl. Küting, Karlheinz/Weber, Claus-Peter (Bilanzanalyse 2006), S. 31; Ludewig, Rainer (Bilanzierungsvorschriften 1966), S. 50; Schulze zur Wiesch, Dietrich W. (Sachverhaltsgestaltung 1981), S. 61; Sieben, Günter/Barion, Heinz-Jürgen/Maltry, Helmut (Bilanzpolitik 1993), Sp. 230; Wagenhofer, Alfred/Ewert, Ralf (Unternehmensrechnung 2007), S. 237; Marten, Kai-Uwe/Weiser, M. Felix (Neuorientierung 2004), S. 31; Sieben, Günter (Unternehmensführung 1998), S. 5; Carsten, Anja (Systematisierung 1998), S. 106 und S. 108; Wagenhofer, Alfred/Ewert, Ralf (Unternehmensrechnung 2007), S. 237; Lenz, Hansrudi (Moralökonomische Analyse 2005), S. 220; Egner, Thomas (Bilanzskandale 2006), S. 202. Siehe zu einer Fülle von ‚frühen' Begriffsdefinitionen Kofahl, Günther/Pohmer, Dieter (Bilanzgestaltung 1950), S. 540 f.

[630] Kropff, Bruno (Sinn und Grenzen 1983), S. 184; vgl. auch Küting, Karlheinz (Bilanzpolitik 2004), Rn. 2001; Wagenhofer, Alfred/Ewert, Ralf (Unternehmensrechnung 2007), S. 237; Ossadnik, Wolfgang (Rechnungslegungspolitik 1998), S. 159; Baetge, Jörg/Ballwieser, Wolfgang (Probleme 1978), S. 511. Zu Möglichkeiten von offensiver und defensiver Bilanzpolitk vgl. Plagens, Peter W./Wolter, Gerd/Henke, Jens (Neuausrichtung 2007), S. 1417 f.

Ihre Wirksamkeit hängt jedoch davon ab, dass die Informationsadressaten ihr Verhalten dem Unternehmen gegenüber „nach denjenigen Erkenntnissen ausrichten, die sie aus dem Jahresabschluss gewonnen zu haben meinen"[631]. Bilanzpolitik ist demnach einerseits ein Mittel zur Steuerung der mit einem Jahresabschluss in Zusammenhang stehenden (finanziellen) Konsequenzen – z.B. Gewinnausschüttung bzw. Steuerzahlungen[632] –, andererseits stellt sie ein Instrument der Informationspolitik zur Lenkung des Verhaltens aktueller und potenzieller Unternehmenskoalitionäre dar[633].

Der *Gegenstand der Bilanzpolitik* ist vielfältig. Es handelt sich dabei sowohl um Form, Inhalt und Berichterstattung im Jahresabschluss und im Lagebericht[634] als auch um die steuerlichen Rechenwerke Ertragsteuerbilanz sowie Vermögensaufstellung[635]. Neben diesen so genannten Primärobjekten der Bilanzpolitik kommen darüber hinaus noch ergänzende bzw. freiwillig gewährte Informationen, die Sekundärobjekte, in Betracht. Hierzu zählen etwa Nebenrechnungen wie Pro-forma-Rechnungen oder auch Aktionärsbriefe und Pres-

---

Ein Beispiel für die Abwägungen bei der Entscheidungsfindung über Bilanzpolitik findet sich bei Kropff, Bruno (Sinn und Grenzen 1983), S. 181 f.

[631] Kropff, Bruno (Sinn und Grenzen 1983), S. 183; vgl. auch Küting, Karlheinz (Bilanzpolitik 2004), Rn. 2001.

[632] Vgl. Quick, Reiner (Bilanzpolitik 1997), S. 726. Hieraus können auch Zielkonflikte entstehen; vgl. Baetge, Jörg/Ballwieser, Wolfgang (Spielraum 1977), S. 202.

[633] Vgl. Pfleger, Günter (Bilanzpolitik 1991), Rn. 7; Wöhe, Günter (Bilanzpolitik 1997), S. 54 f.; Baetge, Jörg/Ballwieser, Wolfgang (Spielraum 1977), S. 203; Kußmaul, Heinz/Richard, Lutz (Grundlagen 1993), S. 345. Als weiteres Ziel gilt die Ergebnisglättung; vgl. Fischer, Andrea/Haller, Axel (Gewinnglättung 1993), S. 35 ff. Diese verfolgt das Ziel, dass „in Zeiten guter Ertragslage durch bilanzpolitische Maßnahmen stille Rücklagen gebildet werden, mit denen sich der Erfolgsausweis in Zeiten schlechter Ertragslage verbessern läßt"; Fischer, Andrea/Haller, Axel (Gewinnglättung 1993), S. 37.
Zu den Unternehmenskoalitionären vgl. auch die Angaben in Fußnote 646, S. 123.

[634] Dabei ist es unerheblich, ob es sich um einzelgesellschaftliche oder konsolidierte Rechenwerke respektive Berichte handelt und ob diese auf der Basis der HGB-Normen oder nach internationalen Rechnungslegungsstandards aufgestellt sind.

[635] Vgl. zu diesen Primärobjekten auch Sieben, Günter (Unternehmensführung 1998), S. 8 f. Zur steuerlichen Rechnungslegungspolitik siehe Frotscher, Gerrit (Grenzen 1998), S. 609 ff.; Baetge, Jörg/Ballwieser, Wolfgang (Spielraum 1977), S. 201 f.; zum Zusammenspiel von handelsrechtlicher und steuerrechtlicher Jahresabschlusspolitik Waschbusch, Gerd (Jahresabschlusspolitik 1992), S. 553 ff.
Mellerowicz ist hingegen der Ansicht, dass die steuerlichen Rechenwerke kein Zielobjekt der Bilanzpolitik darstellen, sondern vielmehr dem Bereich der betrieblichen Steuerpolitik zuzurechnen sind; vgl. Mellerowicz, Konrad (Unternehmenspolitik 1978), S. 190.

semitteilungen[636]. Auch wenn der Begriff dies zunächst nicht vermuten lassen mag, bezieht sich Bilanzpolitik folglich auf wesentlich mehr als nur die Bilanz oder die Rechnungslegung eines Unternehmens[637].

Als handelnde Personen in Bezug auf Bilanzpolitik kommen grundsätzlich alle an der Erarbeitung und Gestaltung von zu publizierenden Unternehmensdaten Mitwirkenden in Frage. Die Hauptverantwortung ist der Unternehmensleitung zuzuschreiben, da ihr per Gesetz die Aufgabe der Aufstellung des Jahresabschlusses obliegt[638]. Darüber hinaus nehmen bspw. bei einer AG die Anteilseigner durch ihre Gewinnverwendungskompetenz Einfluss auf die Vermögens- und Finanzlage und damit auf den Jahresabschluss und können so zu bilanzpolitischen Entscheidungsträgern werden[639]. Denkbar ist auch, dass Mitarbeiter unterer Ebenen, welche Kollegen auf übergeordneten Hierarchiestufen oder der Unternehmensleitung zuarbeiten, Bilanzpolitik zur Verfolgung persönlicher Ziele betreiben[640]. Insgesamt betrachtet stellen die bilanzpolitischen Entscheidungsträger also eine heterogene Gruppe dar[641].

So vielfältig wie die Objekte und Träger von Bilanzpolitik, so unterschiedlich sind auch die mit ihr verbundenen *Zielsetzungen*[642]. Festzuhalten ist zunächst, dass diese keinen Selbstzweck darstellen, sondern sich regelmäßig aus

---

[636] Vgl. zu den primären und sekundären Objekten der Bilanzpolitik Küting, Karlheinz (Bilanzpolitik 2004), Rn. 2004; Kußmaul, Heinz/Richard, Lutz (Grundlagen 1993), S. 345 ff.; Wöhe, Günter (Bilanzpolitik 1997), S. 55 ff.; Küting, Karlheinz/Kaiser, Thomas (Bilanzpolitik 1994), S. 2* f.; Lachnit, Laurenz (Bilanzanalyse 2004), S. 61; Sieben, Günter (Unternehmensführung 1998), S. 8 f.

[637] Vgl. Hayn, Sven/Hold-Paetsch, Christiane (Bilanzpolitik 2008), S. 269. Aus diesem Grund wird in der Literatur hierfür teilweise auch der Begriff ‚Rechnungslegungspolitik' verwendet; vgl. hierzu auch die Angaben in Fußnote 627, S. 120.

[638] Vgl. §§ 242, 264 und 290 HGB sowie die Ausführungen unter Gliederungspunkt 3.3.3.2.4, S. 271 ff. Siehe auch Heinhold, Michael (Bilanzpolitik 1993), Sp. 526; Baetge, Jörg/Commandeur, Dirk (Pflicht 2003), Rn. 7 f.; Bitz, Michael/Schneeloch, Dieter/Wittstock, Wilfried (Jahresabschluss 2003), S. 114; Ellerich, Marian/Swart, Christoph (Pflicht 2003), Rn. 3; Hoyos, Martin/Ritter-Thiele, Katja M. (Aufstellung 2006), Rn. 1.
Zudem ist die Unternehmensleitung dazu verpflichtet, zum Wohle des Unternehmens zu handeln. Dazu gehört es auch, dieses wettbewerbsstark zu präsentieren, was u.U. durch den Einsatz von Bilanzpolitik begünstigt werden kann; vgl. Küting, Karlheinz/Weber, Claus-Peter (Bilanzanalyse 2006), S. 32.

[639] Vgl. Heinhold, Michael (Bilanzpolitik 1993), Sp. 526.

[640] Dies wird als ‚innere Bilanzpolitik' bezeichnet; vgl. Küting, Karlheinz/Weber, Claus-Peter (Bilanzanalyse 2006), S. 31.

[641] Vgl. Küting, Karlheinz/Weber, Claus-Peter (Bilanzanalyse 2006), S. 31.

[642] Vgl. Wagenhofer, Alfred/Ewert, Ralf (Unternehmensrechnung 2007), S. 245.

dem Kontext der übergeordneten Unternehmensziele ableiten[643]. Diese sind jedoch nicht allgemein gültig, sondern variieren vielmehr je nach Unternehmen und je nach unternehmensspezifischer Situation[644]. Zudem korreliert die Verwirklichung von Unternehmenszielen deutlich mit dem Verhalten unterschiedlicher Unternehmenskoalitionäre[645]. Die Koalitionspartner können grob in drei Kategorien eingeteilt werden: die finanzwirtschaftliche Gruppe, die leistungsorientierte Gruppe sowie die Meinungsbildner[646]. Nur wenn ihre divergierenden Erwartungen und Anforderungen bezüglich der Performance eines Unternehmens erfüllt werden, lässt sich ein zielkongruentes Verhalten aller Unternehmenskoalitionäre erreichen[647]. Aufgrund der Heterogenität dieser Adressatengruppen sind in der Regel gleichzeitig mehrere Ziele zu verfolgen[648], woraus nicht selten Zielkonflikte resultieren[649]. Zu deren Lösung finden sich im Fachschrifttum unterschiedliche Strategien[650].

Die bilanzpolitischen Ziele können in monetäre und nicht-monetäre Ziele unterteilt werden[651]. Monetäre Ziele sollen durch eine direkte Einwirkung auf

---

[643] Vgl. Kerth, Albin/Wolf, Jakob (Bilanzpolitik 1993), S. 296; Lachnit, Laurenz (Bilanzanalyse 2004), S. 61; Ludewig, Rainer (Bilanzierungsvorschriften 1966), S. 50; Werner, Ute (Nichtnumerische Daten 1990), S. 373.

[644] Vgl. Peemöller, Volker H. (Bilanzpolitik 2003), S. 171.

[645] Vgl. Küting, Karlheinz/Weber, Claus-Peter (Bilanzanalyse 2006), S. 33.

[646] Vgl. Küting, Karlheinz/Weber, Claus-Peter (Bilanzanalyse 2006), S. 33; Küting, Karlheinz (Bilanzpolitik 2004), Rn. 2012; Küting, Karlheinz/Kaiser, Thomas (Bilanzpolitik 1994), S. 5*; Coenenberg, Adolf G. (Jahresabschluss 2005), S. 1179; Sieben, Günter (Unternehmensführung 1998), S. 6 f. Während zur ersten Gruppe die Eigenkapitalgeber, Banken und Finanzbehörden gehören, umfasst die leistungsorientierte Gruppe die Kunden und Lieferanten, aber auch die Belegschaft sowie die Konkurrenz. Als Meinungsbildner werden die Finanzanalysten, die Presse sowie die Öffentlichkeit allgemein bezeichnet.

[647] Vgl. Meyer, Claus/Meisenbacher, Michaela (Bilanzpolitik 2004), S. 567; Peemöller, Volker H. (Bilanzpolitik 2003), S. 175.

[648] Vgl. Küting, Karlheinz (Bilanzpolitik 2004), Rn. 2013; Sieben, Günter (Unternehmensführung 1998), S. 6.

[649] Vgl. Küting, Karlheinz/Kaiser, Thomas (Bilanzpolitik 1994), S. 17*; Birgel, Karl (Bilanzpolitik 2003), S. 194; Clemm, Hermann (Recht und Ethik 1998), S. 1212 ff.; Freidank, Carl-Christian (Zielformulierungen 1998), S. 101 f.; Baetge, Jörg/Ballwieser, Wolfgang (Spielraum 1977), S. 200.

[650] Hierzu zählen etwa die Bildung einer eindeutigen Zielpräferenz oder die Erstellung mehrerer Rechenwerke mit jeweils eigener Zielpräferenz; vgl. Küting, Karlheinz (Bilanzpolitik 2004), Rn. 2021 ff.; Peemöller, Volker H. (Bilanzpolitik 2003), S. 178; Pfleger, Günter (Bilanzpolitik 1991), Rn. 14 f.; Freidank, Carl-Christian (Zielformulierungen 1998), S. 101 f.

[651] Vgl. hierzu insbesondere Abbildung 2 bei Küting, Karlheinz (Bilanzpolitik 2004), Rn. 2013 sowie die weiteren Ausführungen dazu in Rn. 2014 ff.; siehe auch Küting, Karlheinz/Kaiser, Thomas (Bilanzpolitik 1994), S. 6* f.

den Periodenerfolg den finanziellen Bereich sowie durch Verhaltensbeeinflussung ebenfalls den finanziellen und darüber hinaus den leistungswirtschaftlichen Bereich des Unternehmens beeinflussen. Allem voran steht dabei meist der Wunsch nach einer Steuerung der erfolgsabhängigen Zahlungen – z.B. Dividenden oder Tantieme – oder nach einer Verminderung der Steuerbelastung[652]. Nicht-monetäre Ziele wirken sich entweder aus anderen als finanziellen Gründen auf das Meinungsbild verschiedener Abschlussadressaten aus oder es handelt sich um unternehmensfremde Ziele. Sie dienen in erster Linie dem Erhalt bzw. der Verbesserung der unternehmerischen Erfolgsfaktoren wie bspw. der Reputation, der Geschäftsbeziehungen oder der Mitarbeitermoral[653].

Abweichend von den monetären und nicht-monetären Zielen, die stets auf eine positive Auswirkung für das Unternehmen ausgerichtet sind, existieren auch bilanzpolitische Ziele, die zu den übergeordneten Unternehmenszielen im Widerspruch stehen und folglich nicht eine positive Entwicklung des Unternehmens fokussieren. Stattdessen werden sie allein von den persönlichen Interessen der agierenden Personen getragen[654]. In einem solchen Fall wäre es bspw. denkbar, dass einzelne Personen – zumeist aus leitenden Funktionen, denn diese haben viel eher die Möglichkeit dazu[655] – ihre Leistungen positiver erscheinen lassen wollen, als sie es tatsächlich sind, um so die eigene Position und damit auch das Ansehen zu stärken oder um die Anteilseigner in Sicherheit zu wiegen, damit diese ihre Kontrollen der Unternehmensleitung nicht verschärfen, sondern sie möglicherweise sogar lockern[656]. Ein anderer, nicht mit dem Wohl des Unternehmens konformer Grund für Bilanzpolitik kann die bewusste Steuerung des Karriereverlaufs einer einzelnen Person oder die Umleitung von Ressourcen in bestimmte Unternehmensbereiche durch geeignete bilanzpolitische Maßnahmen sein[657]. Allerdings ist festzuhalten, dass keinesfalls alle Formen von Gestaltungen zur persönlichen Zielerreichung noch dem Bereich der Bilanzpolitik zuzuordnen sind. Der Übergang zum Illegalen ist

---

[652] Vgl. Küting, Karlheinz (Bilanzpolitik 2004), Rn. 2014 ff.; Sieben, Günter (Unternehmensführung 1998), S. 13 ff.
[653] Vgl. ähnlich Freidank, Carl-Christian (Bilanzpolitik 1982), S. 339.
Bspw. kann eine offene Kommunikation eines Unternehmens über seine Politik zur Sicherung von Arbeitsplätzen förderlich für ein gutes Betriebsklima sein; vgl. Heinhold, Michael (Bilanzpolitik 1993), Sp. 530; Peemöller, Volker H. (Bilanzpolitik 2003), S. 175.
[654] Vgl. Freidank, Carl-Christian (Zielformulierungen 1998), S. 91 f.; Pfleger, Günter (Bilanzpolitik 1991), Rn. 10.
[655] Vgl. hierzu die Ausführungen unter Gliederungspunkt 2.2.1, S. 13 ff.
[656] Vgl. Baetge, Jörg/Ballwieser, Wolfgang (Probleme 1978), S. 522; Schneeloch, Dieter (Maßgeblichkeit 1990), S. 97.
[657] Vgl. Küting, Karlheinz (Bilanzpolitik 2004), Rn. 2019.

dann geschehen, wenn mittels bilanzpolitischer Maßnahmen zuvor ausgeführte unrechtmäßige Handlungen kaschiert werden sollen.

2.4.2.3 Formen von Bilanzpolitik

2.3.2.3.1 Systematisierung der bilanzpolitischen Instrumente

Das Erreichen von bilanzpolitischen Zielsetzungen kann mittels verschiedener Formen der Bilanzpolitik verfolgt werden. Dabei ist zu beachten, dass der Einsatz verschiedener Mittel an unterschiedliche Restriktionen geknüpft sein kann[658]. Hierunter sind die Auswahlkriterien des bilanzpolitischen Instrumentariums im Rahmen der jeweils angewandten bilanzpolitischen Strategie zu verstehen[659]. Das bilanzpolitische Instrumentarium lässt sich danach unterteilen, ob damit primär Einfluss auf den Ausweis der Vermögens- und Kapitalstruktur (formelle Bilanzpolitik) oder auf das Periodenergebnis (materielle Bilanzpolitik) genommen werden soll[660].

Die formelle Bilanzpolitik befasst sich mit Struktur, Gliederung sowie Erläuterungen im Jahresabschluss und Lagebericht[661]. Dadurch lassen sich bspw. Kennzahlen, Relationen und Deckungsgrade entsprechend den Zielen des Unternehmens und den Vorstellungen der Abschlussadressaten gestalten[662]. Der Fokus der materiellen Bilanzpolitik liegt auf der Steuerung der Höhe ausgewiesener Posten des Jahresabschlusses allgemein sowie des Jahresergebnisses im Besonderen[663]. Zwischen beiden Formen der Bilanzpolitik bestehen bisweilen Interdependenzen[664]. So kann sich etwa eine Beeinflussung der Wertansätze von Abschlussposten einerseits auf das Ergebnis der Periode auswirken und andererseits auch die zugehörigen Berichtspflichten im Anhang tangieren[665].

Die verschiedenen Formen der Bilanzpolitik werden in der Literatur unterschiedlich systematisiert. Als gängige Einteilung bilanzpolitischer Instrumente existiert in der Literatur die Variante, dass als Formen der Bilanzpolitik zu-

---

[658] Vgl. Küting, Karlheinz (Bilanzpolitik 2004), Rn. 2029.
[659] Vgl. ausführlich Bauer, Jörg (Wahlrechte 1981), S. 766 ff.; Küting, Karlheinz/Kaiser, Thomas (Bilanzpolitik 1994), S. 8* ff.
[660] Vgl. Harder, Ulrich (Bilanzpolitik 1962), S. 69 ff.; Ossadnik, Wolfgang (Rechnungslegungspolitik 1998), S. 160; Sieben, Günter (Unternehmensführung 1998), S. 20; Carsten, Anja (Systematisierung 1998), S. 110 ff.
[661] Vgl. Sieben, Günter (Unternehmensführung 1998), S. 23 ff.
[662] Vgl. Birgel, Karl (Bilanzpolitik 2003), S. 194; Sieben, Günter (Unternehmensführung 1998), S. 6; zu den Zielgrößen siehe Kloock, Josef (Bilanzpolitik 1989), S. 144 ff.
[663] Vgl. Küting, Karlheinz/Dawo, Sascha (Gestaltungspotenziale 2002), S. 1159; Wöhe, Günter (Bilanzpolitik 1997), S. 59.
[664] Vgl. Birgel, Karl (Bilanzpolitik 2003), S. 194; Küting, Karlheinz/Dawo, Sascha (Gestaltungspotenziale 2002), S. 1159.
[665] Vgl. Heinhold, Michael (Bilanzpolitik 1993), Sp. 531 f.

nächst Sachverhaltsgestaltung und Sachverhaltsabbildung voneinander abgegrenzt werden und auf der darunter liegenden Ebene im Bereich der die Abbildung von Sachverhalten betreffenden bilanzpolitischen Maßnahmen zwischen formellen und materiellen Aspekten unterschieden wird[666]. Diese in nachfolgender Abbildung 11[667] dargestellte Auffassung liegt den weiteren Ausführungen zugrunde[668].

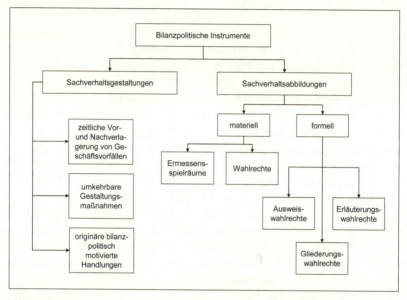

Abbildung 11:   Systematisierung der bilanzpolitischen Instrumente (Teil 1)

Mit Blick auf den Zeitpunkt, zu dem die Bilanzpolitik eingesetzt wird, ist festzuhalten, dass die Einsatzmöglichkeiten für bilanzpolitische Mittel nach dem Bilanzstichtag meist begrenzt sind[669]. Dies begründet sich insbesondere da-

---

[666] Vgl. Küting, Karlheinz (Bilanzpolitik 2004), Rn. 2029 ff.
Alternativ unterscheiden Teile des Fachschrifttums auf der obersten Ebene zwischen formeller und materieller Bilanzpolitik und ordnen darunter die Sachverhaltsgestaltung und die Sachverhaltsabbildung ein. Nach dieser Ansicht kann die Umsetzung beider Formen von Bilanzpolitik mittels Sachverhaltsgestaltung oder Sachverhaltsabbildung geschehen; vgl. Pfleger, Günter (Bilanzpolitik 1991), Rn. 32 ff. und Rn. 48 ff.

[667] Abbildung modifiziert entnommen aus Küting, Karlheinz (Bilanzpolitik 2004), Rn. 2030.

[668] Vgl. zu einer ähnlichen Systematik Küting, Karlheinz/Kaiser, Thomas (Bilanzpolitik 1994), S. 11*; Wagenhofer, Alfred/Ewert, Ralf (Unternehmensrechnung 2007), S. 239; Hofmann, Stefan (Spielball 2006), S. 73.

[669] Vgl. Pfleger, Günter (Bilanzpolitik 1991), Rn. 23.

durch, dass zu diesem Zeitpunkt alle für den Jahresabschluss maßgeblichen Sachverhalte wie z.B. das Mengengerüst bereits feststehen müssen, so dass sie nicht mehr umgestaltet werden können. Regelmäßig kommt dann nur noch eine Beeinflussung der Abbildung dieser fixierten Sachverhalte im Rahmen der durch die Rechnungslegungsnormen eingeräumten Spielräume in Frage[670]. Weitaus mehr Alternativen ergeben sich durch die Sachverhaltsgestaltung[671], die bereits im Vorfeld der eigentlichen Jahresabschlusserstellung, d.h. also vor dem Bilanzstichtag, eingesetzt wird[672]. Ihr vorrangiges Ziel stellt die Veränderung des der Bilanz zugrunde liegenden Mengengerüsts durch Rechtsgeschäfte oder andere Maßnahmen dar, um so die gewünschten bilanziellen Effekte zu erzielen[673].

2.4.2.3.2 Sachverhaltsgestaltungen
Wie in Abbildung 11[674] gezeigt, können *Sachverhaltsgestaltungen* in drei (auch kombinierbaren) Ausprägungen auftreten[675]. Die Maßnahmen zur zeitlichen Verlagerung von Geschäftsvorfällen umfassen sowohl vorgezogene[676] als auch

---

[670] Vgl. Schulze zur Wiesch, Dietrich W. (Sachverhaltsgestaltung 1981), S. 61; Küting, Karlheinz (Bilanzpolitik 2004), Rn. 2029; Ossadnik, Wolfgang (Rechnungslegungspolitik 1998), S. 160.

[671] In der Literatur werden Sachverhaltsgestaltungen auch als ‚Urbildspielräume' oder ‚Vor-Stichtag-Dispositionen' bezeichnet; vgl. Kußmaul, Heinz/Richard, Lutz (Grundlagen 1993), S. 344; Küting, Karlheinz (Bilanzpolitik 2004), Rn. 2030.

[672] Vgl. Wysocki, Klaus v. (Bilanzpolitik 1982), S. 44 und S. 49; Küting, Karlheinz (Bilanzpolitik 2004), Rn. 2029; Peemöller, Volker H. (Bilanzpolitik 2003), S. 173; Schulze zur Wiesch, Dietrich W. (Sachverhaltsgestaltung 1981), S. 61; Ossadnik, Wolfgang (Rechnungslegungspolitik 1998), S. 160; Quick, Reiner (Bilanzpolitik 1997), S. 727.

[673] Vgl. Fischer, Andrea/Haller, Axel (Gewinnglättung 1993), S. 36; Küting, Karlheinz/Kaiser, Thomas (Bilanzpolitik 1994), S. 10*.

[674] Vgl. S. 126.

[675] Sachverhaltsgestaltungen verändern „nicht das im Jahresabschluß und Lagebericht dargestellte Abbild, sondern die abzubildende Realität"; Ossadnik, Wolfgang (Rechnungslegungspolitik 1998), S. 168. Zu sachverhaltsgestaltenden Möglichkeiten nach IFRS siehe Hofmann, Stefan (Spielball 2006), S. 73.

[676] Ein Beispiel für die Vorverlagerung von Geschäftsvorfällen ist die frühzeitige Fertigstellung langfristiger Fertigungsaufträge, um so noch eine höhere Gewinnrealisierung im betreffenden Geschäftsjahr zu erzielen; vgl. Küting, Karlheinz (Bilanzpolitik 2004), Rn. 2033; siehe zur Frage der Bilanzierung langfristiger Fertigungsaufträge nach HGB bzw. IFRS Bigus, Jochen (Fertigungsaufträge 2005), S. 602 ff.; Krawitz, Norbert (Langfristige Auftragsfertigung 1997), S. 886 ff.; Petersen, Karl/Bansbach, Florian/Dornbach, Eike (Praxishandbuch 2008), S. 217 ff.

verzögerte[677] Realisierungen von Geschäftsvorfällen[678]. Weiterhin sind sowohl Sachverhaltsgestaltungen, die nach dem Bilanzstichtag wieder umkehrbar[679] sind, als auch solche, die sich nicht mehr zurückdrehen[680] lassen, denkbar. Von originär bilanzpolitisch motivierten Handlungen wird gesprochen, wenn Geschäftsvorfälle herbeigeführt werden, die ohne den Wunsch nach bilanzpolitischer Gestaltung nicht aufgetreten wären. In der Praxis existieren facettenreiche und immer wieder neue Erscheinungsformen von Sachverhaltsgestaltungen, die sich oftmals der Berichtspflicht entziehen. Vielmehr kann der Bilanzierende „mit diesem Instrument die Unternehmenslage kaschieren, ohne dass der Jahresabschlussleser [...] i.d.R. davon erfährt"[681].

Sachverhaltsgestaltungen – selbst wenn sie außergewöhnlich sind – stellen so lange keine illegalen Praktiken zur Verschleierung der tatsächlichen Unternehmenslage dar, wie kein Rechtsmissbrauch vorliegt. Die bilanzrechtliche Anerkennung von Sachverhaltsgestaltungen ist an die Voraussetzungen geknüpft, dass keine Scheingeschäfte vorliegen, die vereinbarten Konditionen angemessen sind und keine rückwirkenden Geschäfte vereinbart wurden[682]. Rechtlich zweifelhafte Konstruktionen können sich jedoch innerhalb einer

---

[677] Ein Beispiel für die Verzögerung von Geschäftsvorfällen ist die ergebnisentlastende Aufschiebung von durchzuführenden Reparaturmaßnahmen in spätere Perioden, sofern nicht ersatzweise eine Rückstellung dafür gebildet werden muss; vgl. Küting, Karlheinz (Bilanzpolitik 2004), Rn. 2033; siehe zur Frage der Rückstellungsbildung auch Dörner, Dietrich (Aufwandsrückstellungen 1991), S. 225 ff. und S. 264 ff.; Kessler, Harald (Rückstellungen 1992), S. 156 ff.

[678] Vgl. Küting, Karlheinz (Bilanzpolitik 2004), Rn. 2033; Küting, Karlheinz/Kaiser, Thomas (Bilanzpolitik 1994), S. 11*.

[679] Ein Beispiel für eine wieder umkehrbare originäre Gestaltung ist die vorzeitige Tilgung und spätere Wiederaufnahme von Krediten. Im Zeitpunkt der beschleunigten Rückzahlung steigt die Eigenkapitalquote durch die Verkürzung der Bilanzsumme, allerdings geht dies mit einer Verschlechterung der Liquidität einher; vgl. Küting, Karlheinz (Bilanzpolitik 2004), Rn. 2035; Heinhold, Michael (Instrumente 1984), S. 450; Pfleger, Günter (Bilanz-Lifting 2001), S. 209 und S. 226.

[680] Ein Beispiel für eine nicht wieder umkehrbare originäre Gestaltung ist die Ausgliederung von Forschungs- und Entwicklungsaktivitäten auf Tochterunternehmen, deren Ergebnisse entgeltlich zurückerworben werden. So kann das handelsrechtliche Aktivierungsverbot für selbst erstellte immaterielle Vermögenswerte des Anlagevermögens des § 248 Abs. 2 HGB unterlaufen werden; vgl. Küting, Karlheinz (Bilanzpolitik 2004), Rn. 2034. Vgl. zu dem Aktivierungsverbot bspw. Baetge, Jörg/Kirsch, Hans-Jürgen/Thiele, Stefan (Bilanzen 2007), S. 167 ff. Der Gesetzgeber plant mit dem BilMoG die Abschaffung des Bilanzierungsverbots in § 248 Abs. 2 HGB; vgl. Petersen, Karl/Zwirner, Christian (Umbruch 2008), S. 9.

[681] Küting, Karlheinz (Stellenwert 2006), S. 2755; vgl. auch Küting, Karlheinz/Kaiser, Thomas (Bilanzpolitik 1994), S. 10*.

[682] Vgl. Pfleger, Günter (Sachverhaltsgestaltungen 1982), S. 2148.

Grauzone bewegen, in der die Grenzen zur Bilanzmanipulation fließend verlaufen[683].

2.4.2.3.3 Sachverhaltsabbildungen

Bei den Sachverhaltsabbildungen wird – wie aus Abbildung 11 ersichtlich – zwischen formellen und materiellen bilanzpolitischen Abbildungsmöglichkeiten unterschieden[684]. Zu den formellen *Sachverhaltsabbildungen* zählen Instrumente der Informationspolitik, die nach dem Bilanzstichtag zur zielgerichteten Präsentation der Vermögens-, Finanz- und Ertragslage des Unternehmens in Jahresabschluss und Lagebericht eingesetzt werden[685]. Sie unterteilen sich in Gliederungs-, Ausweis- und Erläuterungswahlrechte[686].

Gesetzlich eingeräumte Gliederungswahlrechte werden zur erfolgsneutralen Modifikation von Kennzahlen, Relationen und Deckungsgraden genutzt[687]. So ist bspw. zu entscheiden, ob erhaltene Anzahlungen auf Bestellungen unter den Verbindlichkeiten ausgewiesen oder offen von den Vorräten abgesetzt werden[688]. Im Fall der offenen aktivischen Absetzung verkürzt sich bei gleich bleibendem Eigenkapital die Bilanzsumme, folglich steigt die Eigenkapitalquote. Da diese Vorgehensweise jedoch aus der Bilanz direkt ersichtlich ist, können die beschriebenen Auswirkungen unmittelbar auch von unternehmensexternen Adressaten erkannt und nachvollzogen werden. Daher stellt sie kein wirkungsvolles bilanzpolitisches Gestaltungsinstrument i.S.d. Nichterkenn-

---

[683] Vgl. Peemöller, Volker H./Hofmann, Stefan (Bilanzskandale 2005), S. 24.
[684] Vgl. zu sachverhaltsabbildenden Maßnahmen nach IFRS Hofmann, Stefan (Spielball 2006), S. 73 ff.
[685] Vgl. Scheffler, Eberhard (Enforcement 2006), S. 5; Sieben, Günter (Unternehmensführung 1998), S. 23.
[686] Motive für Wahlrechte werden thematisiert bei Kropff, Bruno (Vorsichtsprinzip 1997), S. 73 ff.
[687] Vgl. Pfleger, Günter (Bilanz-Lifting 2001), S. 10; Küting, Karlheinz (Bilanzpolitik 2004), Rn. 2037. Bilanzpolitisch relevante Strukturkennziffern finden sich bspw. bei Sigle, Hermann (Bilanzstrukturpolitik 1993), Sp. 242 ff.; Volk, Gerrit (Beeinflussung 1988), S. 380 ff.
[688] Vgl. § 268 Abs. 5 Satz 2 HGB. In der Literatur wird kontrovers diskutiert, ob zur Inanspruchnahme dieses Saldierungswahlrechts ein direkter Bezug zwischen bereits aktivierten Vorräten und angezahlter Bestellung bestehen muss (engere Auffassung) oder nicht (weitere Auffassung). Eine Saldierung darf jedoch nicht zum Ausweis eines negativen Vorratsbestands führen. Vgl. zur engeren Auffassung Dörner, Dietrich/Hayn, Sven/Knop, Wolfgang/Lorson, Peter/Wirth, Michael (Einzelne Posten 2004), Rn. 213 f.; vgl. zur weiteren Auffassung Adler, Hans/Düring, Walther/Schmaltz, Kurt (Gliederung 1997), Rn. 213. Vgl. zu erhaltenen Anzahlungen nach nationalen und internationalen Normen auch Küting, Karlheinz/Reuter, Michael (Anzahlungen 2006), S. 1 ff.

barkeit von Bilanzpolitik dar[689]. Ausweiswahlrechte eröffnen dem Bilanzierenden die Möglichkeit, bestimmte Informationen der Bilanz bzw. der Gewinn- und Verlustrechnung alternativ im Anhang zu veröffentlichen[690]. Ferner gehören die Ausübung von Erläuterungswahlrechten, d.h. Entscheidungen über den Umfang der Erklärungen im Anhang, sowie Entscheidungen über eine selektive Präsentation von Informationen im Anhang oder im Lagebericht zum Betätigungsfeld formeller Sachverhaltsabbildungen[691]. Insbesondere die eher allgemein gehaltenen gesetzlichen Regelungen zur Lageberichterstattung eröffnen zahlreiche Möglichkeiten zur Beeinflussung des Urteils der Informationsadressaten[692]. So können etwa negative Eindrücke infolge ausgewiesener Verluste teilweise dadurch gemindert werden, dass im Lagebericht detailliert über eingeleitete Gegenmaßnahmen und erwartete Trendwenden in der künftigen Entwicklung des Unternehmens berichtet wird[693].

Materielle Sachverhaltsabbildungen stellen – wie bereits erklärt – Dispositionen nach dem Bilanzstichtag dar, deren Ziel die Beeinflussung der Höhe von Jahresabschlussposten ist[694]. Die Abbildungsmöglichkeiten unterteilen sich in explizite Wahlrechte, faktische Wahlrechte sowie Ermessensspielräume[695] und lassen sich wie in Abbildung 12[696] gezeigt weiter untergliedern[697]:

---

[689] Vgl. zur Nichterkennbarkeit von Bilanzpolitik als Kriterium ihrer Wirkung Küting, Karlheinz/Weber, Claus-Peter (Bilanzanalyse 2006), S. 47.
[690] Vgl. Küting, Karlheinz (Bilanzpolitik 2004), Rn. 2037.
[691] Vgl. Küting, Karlheinz (Bilanzpolitik 2004), Rn. 2037.
[692] Vgl. Heinhold, Michael (Bilanzpolitik 1993), Sp. 539; Kerth, Albin/Wolf, Jakob (Bilanzpolitik 1993), S. 313 f. Die gesetzlichen Bestimmungen zum Inhalt des Lageberichts finden sich in § 289 HGB bzw. § 315 HGB.
[693] Vgl. Pfleger, Günter (Bilanz-Lifting 2001), S. 224 f.
[694] Vgl. Weber, Jürgen/Weißenberger, Barbara E. (Einführung 2006), S. 257.
[695] Vgl. Bieg, Hartmut/Kußmaul, Heinz (Externes Rechnungswesen 2006), S. 229 f.
[696] Vgl. S. 131.
[697] Abbildung modifiziert entnommen aus Küting, Karlheinz (Bilanzpolitik 2004), Rn. 2030; siehe auch Küting, Karlheinz/Kaiser, Thomas (Bilanzpolitik 1994), S. 11*.

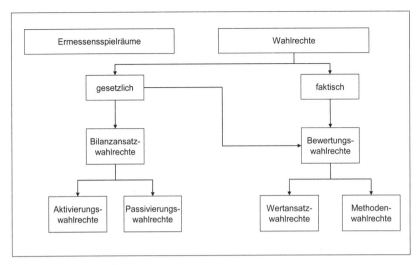

Abbildung 12: Systematisierung der bilanzpolitischen Instrumente (Teil 2)

Das Vorhandensein von Wahlrechten und Ermessensspielräumen gilt häufig als Kritikpunkt an einem Rechnungslegungsnormensystem[698]. *Explizite* bzw. *gesetzliche Wahlrechte* zeichnen sich dadurch aus, dass sie ausdrücklich in gesetzlichen Vorschriften bzw. Standards genannte Handlungsalternativen für den Bilanzierenden darstellen[699]. Sie bestehen immer dann, „wenn an einen gegebenen Tatbestand mindestens zwei eindeutig bestimmte Rechtsfolgen anknüpfen, die sich gegenseitig ausschließen"[700]. Explizite Wahlrechte als Ausprägung materieller Sachverhaltsabbildungen existieren sowohl bei der Bilanzierung dem Grunde nach als auch der Höhe nach[701]. Typische Beispiele für solche Gestaltungsalternativen in der HGB-Rechnungslegung sind bspw. die

---

[698] Vgl. hierzu auch Fußnote 723, S. 135.
[699] Vgl. Rammert, Stefan (Bilanzpolitik 2007), Rn. 9; Marten, Kai-Uwe/Weiser, M. Felix (Neuorientierung 2004), S. 31.
[700] Bauer, Jörg (Rechnungspolitik 1981), S. 66; vgl. auch Bauer, Jörg (Wahlrechte 1981), S. 767.
[701] Vgl. Birgel, Karl (Bilanzpolitik 2003), S. 195 f.; Ossadnik, Wolfgang (Rechnungslegungspolitik 1998), S. 162 ff.

Bilanzierung aktiver latenter Steuern[702] oder die Vornahme außerplanmäßiger Abschreibungen bei nur vorübergehender Wertminderung im Finanzanlagevermögen[703]. Da es ein Ziel des BilMoG sein soll, zahlreiche der derzeit noch im HGB enthaltenen expliziten Wahlrechte abzuschaffen, bleibt an dieser Stelle die zukünftige Entwicklung der handelsrechtlichen Normen mit der endgültigen Verabschiedung des Gesetzes abzuwarten[704]. Zu erwarten ist für die Zukunft allerdings eine Einschränkung der Wahlmöglichkeiten.

Die auch als verdeckte Wahlrechte[705] bezeichneten *faktischen Wahlrechte* unterscheiden sich von den gesetzlichen Wahlrechten gerade dadurch, dass sie nicht von einer gesetzlichen Vorschrift oder einem Standard explizit vorgegeben werden[706]. In formeller Hinsicht handelt es sich dabei um Gesetzesformulierungen, für die sich sowohl in der Bilanzierungspraxis als auch in der Rechtsprechung standardisierte Auslegungsalternativen aus Interpretationsspielräumen bei einzelnen unbestimmten Rechtsbegriffen oder weit gefassten

---

[702] Vgl. § 274 Abs. 2 HGB. Nach IAS 12.24 sind aktive latente Steuern bei Erfüllung der Ansatzvoraussetzungen stets bilanzierungspflichtig. Vgl. zu latenten Steuern nach nationalen und internationalen Normen auch Zwirner, Christian (IFRS-Bilanzierungspraxis 2007), S. 369; Küting, Karlheinz/Zwirner, Christian (Indikationsfunktion 2005), S. 1553 ff.; Küting, Karlheinz/Zwirner, Christian (Latente Steuern 2003), S. 301 ff.; Küting, Karlheinz/Zwirner, Christian/Reuter, Michael (Grundlagen 2003), S. 441 ff.; Born, Karl (Rechnungslegung international 2007), S. 187 f.

[703] Vgl. § 253 Abs. 2 Satz 3 HGB i.V.m. § 279 Abs. 1 Satz 2 HGB. Siehe darüber hinaus zu gesetzlichen Bilanzierungs- und Bewertungswahlrechten Kußmaul, Heinz (Bilanzpolitik 2007), S. 181.

[704] Vgl. hierzu den Referentenentwurf zum BilMoG (Ref-E BilMoG) vom 08.11.2007, abrufbar unter: www.bmj.de/bilmog (Stand: 15.04.2008).
Siehe zum Ref-E BilMoG allgemein z.B. Küting, Karlheinz (Reform 2007), S. I; Petersen, Karl/Zwirner, Christian (Publizitätsregelungen 2007), S. 889 ff.; Petersen, Karl/Zwirner, Christian (Konzernrechnungslegung 2007), S. 921 ff.; Petersen, Karl/Zwirner, Christian (Abschlussprüfung 2008), S. 50 ff.; Petersen, Karl/Zwirner, Christian (Umbruch 2008), S. 1 ff.; Petersen, Karl/Zwirner, Christian (Latente Steuern 2008), S. 205 ff.; Lüdenbach, Norbert/Hoffmann, Wolf-Dieter (Schatten 2007), S. 1 ff.; Oser, Peter/Roß, Norbert/Wader, Dominic/Drögemüller, Steffen (Neuregelungen 2008), S. 49 ff. und S. 105 ff.; Busse von Colbe, Walther/Schurbohm-Ebneth, Anne (Neue Vorschriften 2008), S. 98 ff.; Ernst, Christoph/Seidler, Holger (Kernpunkte 2007), S. 2557 ff.; Fülbier, Rolf Uwe/Gassen, Joachim (Neuinterpretation 2007), S. 2605 ff.; Herzig, Norbert (Modernisierung 2008), S. 1 ff.; Velte, Patrick (Auswirkungen 2008), S. 61 ff.; Arbeitskreis Bilanzrecht der Hochschullehrer Rechtswissenschaft (Grundkonzept 2008), S. 152 ff.; Köhler, Annette G. (Deregulierung 2008), S. 268 ff.; Arbeitskreis Bilanzrecht der Hochschullehrer Rechtswissenschaft (Materielles Bilanzrecht 2008), S. 209 ff.; Zypries, Brigitte (Wandel 2007), S. I.

[705] Vgl. zu diesem Begriff Küting, Karlheinz (Bilanzpolitik 2004), Rn. 2041.

[706] Vgl. Küting, Karlheinz (Stellenwert 2006), S. 2755; Marten, Kai-Uwe/Weiser, M. Felix (Neuorientierung 2004), S. 31.

Bilanzierungsnormen entwickelt haben[707]. Mit Blick auf die Vorschriften des HGB ist als faktisches Wahlrecht bspw. die Festlegung des Abzinsungsprozentsatzes bei der Bewertung der Pensionsrückstellungen zu nennen[708].

Im Unterschied zu Wahlrechten entstehen *Ermessensspielräume*, wenn Bilanzierungsnormen zwar generell Ansatz und Bewertung eines Jahresabschlusspostens regeln, sie jedoch keine konkreten Vorgaben oder Methoden zu seiner Bestimmung enthalten, so dass das subjektive Ermessen des Bilanzierenden maßgeblich und demnach auch prägend für die Abbildung des betreffenden Sachverhalts im Jahresabschluss ist[709]. Folglich bilden Ermessensspielräume das subjektive Moment jeder Bilanz[710], welches der Tatsache Rechnung trägt, dass die umfassende Normierung der vielfältigen und komplexen ökonomischen Realität praktisch unmöglich ist[711]. Sie eröffnen dem Bilanzierenden eine teilweise erhebliche Bandbreite akzeptabler Wertansätze[712], deren Grenzen objektiv nicht eindeutig festzulegen sind[713]. So kann etwa bei der Bilanzierung dem Grunde nach die Beurteilung des Eintritts oder Wegfalls von Voraussetzungen zur Rückstellungsbilanzierung mit Ermessensspielräumen behaftet sein[714]. Ebenso existiert bei der Bewertung einer Rückstellung in der Regel nicht ein einziger, objektiv richtiger Wert, sondern der nach vernünftiger kaufmännischer Beurteilung zu ermittelnde Erfüllungsbetrag der Rückstel-

---

[707] Vgl. Küting, Karlheinz/Weber, Claus-Peter (Bilanzanalyse 2006), S. 39; Selchert, Friedrich Wilhelm/Karsten, Jürgen (Konzernabschlusspolitik 1989), S. 838.

[708] Vgl. Küting, Karlheinz (Bilanzpolitik 2004), Rn. 2041. Als Untergrenze wird im Allgemeinen ein Rechnungszinsfuß in Höhe von 3 % angesehen, als Obergrenze der in § 6a Abs. 3 Satz 3 EStG steuerrechtlich vorgeschriebene Zinssatz in Höhe von 6 %. Vgl. Ellrott, Helmut/Rhiel, Raimund (Rückstellungen 2006), Rn. 201 und Rn. 223; IDW (Handbuch 2006), Rn. E173.

[709] Vgl. Marettek, Alexander (Ermessensspielräume 1976), S. 515; Bauer, Jörg (Wahlrechte 1981), S. 767; Kußmaul, Heinz (Bilanzpolitik 2007), S. 181.

[710] Vgl. Marettek, Alexander (Ermessensspielräume 1976), S. 519.

[711] Vgl. Pfleger, Günter (Bilanzpolitik 1991), Rn. 26; Schedlbauer, Hans (Erfolgsbereinigung 1989), S. 144.

[712] Als akzeptabel gelten vertretbare und plausibel begründbare Wertansätze; vgl. Clemm, Hermann (Ehrlichkeitsgebot 1989), S. 361.

[713] Vgl. Bauer, Jörg (Wahlrechte 1981), S. 768. Clemm bezeichnet Ermessensspielräume daher auch als schwer kontrollierbar; vgl. Clemm, Hermann (Jahresabschlussanalyse 1989), S. 72.

[714] Vgl. Küting, Karlheinz/Weber, Claus-Peter (Bilanzanalyse 2006), S. 42. So spielen bei der Schätzung der Wahrscheinlichkeit der Inanspruchnahme einer Prozessrückstellung die subjektiven Erwartungen des Bilanzierenden hinsichtlich des für ihn negativen Prozessausgangs eine große Rolle; vgl. Küting, Karlheinz (Bilanzpolitik 2004), Rn. 2240.

lung[715] hängt maßgeblich von den subjektiven Einschätzungen des Bilanzierenden ab[716].

Mit der Anwendung expliziter Wahlrechte geht zumeist eine Berichtspflicht im Anhang einher. Ein solcher Einblick wird den Jahresabschlussadressaten bei der Ausübung von faktischen Wahlrechten und insbesondere von Ermessensspielräumen jedoch vielfach nicht gewährt. Daher stellen diese ein attraktives und flexibel einzusetzendes bilanzpolitisches Gestaltungsinstrument dar[717]. Da die Grenze zwischen legaler Bilanzpolitik einerseits und unrechtmäßiger Sachverhaltsabbildung andererseits nicht immer eindeutig ist und der Übergang fließend sein kann, sind einzelne Unternehmen in der Lage, ihr widerrechtliches Handeln – zumindest eine Zeit lang – vor den Prüfungsinstanzen oder auch vor der Öffentlichkeit zu verbergen.

Nicht alle Wahlrechte können durch Festlegung auf eine einzige Gestaltungsalternative aus dem Gesetz entfernt werden. Mag dies für explizite Wahlrechte noch möglich sein, verkennt diese Annahme hinsichtlich einer Begrenzungsmöglichkeit der Entscheidungsalternativen bei faktischen Wahlrechten, „dass sich bilanzielle Entscheidungen regelmäßig nicht auf die Vorgabe einer exakt formulierten Bilanzierungsregel ohne weiteren Auslegungsbedarf reduzieren lassen und daher nicht mit der Vorgabe eines bestimmten Punktwerts oder einer Bandbreite zu lösen sind"[718]. Nichts anderes gilt auch für Ermessensspielräume, die als Ergebnis des Facettenreichtums des Wirtschaftslebens sowie aufgrund unvollkommener und unsicherer Informationen nie abschließend geregelt werden können[719]. Ebenso wenig ist es möglich, die Vielfalt legaler Sachverhaltsgestaltungen aus dem unternehmerischen Entscheidungsspielraum zu entfernen[720]. Gerade in Rechnungslegungsnormensystemen, die dem Vernehmen nach restriktivere Regelungen in Bezug auf Sachverhaltsab-

---

[715] Vgl. zur Bewertung von Rückstellungen Kessler, Harald (Rückstellungen 1992), S. 397 ff.

[716] Vgl. Küting, Karlheinz (Bilanzpolitik 2004), Rn. 2241; Bauer, Jörg (Wahlrechte 1981), S. 767.

[717] Vgl. Kaiser, Thomas (Investorensicht 2006), S. 143.

[718] Wohlgemuth, Frank (Bilanzpolitik 2007), S. 332; vgl. Stanke, Cornelia (Entscheidungskonsequenzen 2003), S. 74; Bauer, Jörg (Wahlrechte 1981), S. 771.

[719] Vgl. Pfleger, Günter (Bilanzpolitik 1991), Rn. 26; Wohlgemuth, Frank (Bilanzpolitik 2007), S. 332; Bauer, Jörg (Wahlrechte 1981), S. 771.

[720] Vgl. Küting, Karlheinz (Stellenwert 2006), S. 2756; Stanke, Cornelia (Entscheidungskonsequenzen 2003), S. 74.

bildungen beinhalten als andere Systeme[721], gewinnt das Gestaltungspotenzial durch nicht normierbare Ermessensspielräume bzw. faktische Wahlrechte spürbar an Gewicht[722]. In der Gesamtschau ist damit die These aufzustellen, dass Bilanzpolitik in keiner Rechnungslegungswelt gänzlich ausgeschlossen werden kann. Dies soll allerdings auch nicht sein, da zur ‚richtigen' Abbildung unterschiedlicher Sachverhalte das Normengefüge eine gewisse Flexibilität behalten muss.

2.4.3 Bilanzpolitik versus Accounting Fraud

Die Reflexion der bisherigen Ausführungen zu Bilanzpolitik[723] und Accounting Fraud[724] wirft die Frage auf, inwiefern nach diesen Erkenntnissen eine eindeutige Trennung zwischen Bilanzpolitik und Accounting Fraud möglich ist bzw. ob der Übergang fließend verläuft. Bilanzpolitik ist als bewusste und zweckorientierte Beeinflussung der Rechnungslegung im Rahmen der durch das Bilanzrecht gezogenen Grenzen und zugelassenen Freiräume definiert[725]. Sie nutzt also lediglich die durch die Bilanzierungsnormen eröffneten Spielräume aus, ohne dabei jedoch gegen diese Normen zu verstoßen oder im Widerspruch zur postulierten Ordnungsmäßigkeit der Rechnungslegung zu stehen. Accounting Fraud umfasst hingegen alle bewussten Handlungen, die einen Verstoß gegen Rechnungslegungsnormen darstellen, also über die definierten Grenzen hinausgehen, und folglich zu falschen Angaben in der Rechnungslegung führen[726]. Auf definitorischer Ebene kann insofern anhand der Legalität

---

[721] Den IAS/IFRS wurde teilweise der Vorteil zugesprochen, dass sie dem Bilanzierenden erheblich weniger Gestaltungsmöglichkeiten als das HGB bieten; vgl. zu diesem angeblichen Fehlen von Wahlrechten Küting, Karlheinz/Reuter, Michael (Stille Reserven 2005), S. 706 f. Diese Annahme ist jedoch umstritten, da die IAS/IFRS-Normen zwar weniger explizite Wahlrechte enthalten, dort aber dennoch ein erhebliches Maß an faktischen Wahlrechten und Ermessensspielräumen zu konstatieren ist. Dies resultiert insbesondere aus der vielfach erforderlichen Schätzung von Wertmaßstäben. Vgl. zur großen Bedeutung des Schätzermessens innerhalb der IAS/IFRS Küting, Karlheinz (Stellenwert 2006), S. 2757 ff.
Vgl. zu dieser Diskussion insgesamt bspw. Küting, Karlheinz (Stellenwert 2006), S. 2757 ff.; Küting, Karlheinz/Reuter, Michael (Einfluss 2005), S. 104 ff.; Fischer, Thomas M./Klöpfer, Elisabeth (Bilanzpolitik 2006), S. 709 ff.; Hofmann, Stefan (Spielball 2006), S. 72; Brinkmann, Jürgen (Anforderungen 2007), S. 228 ff.; Brinkmann, Jürgen (Informationsfunktion 2007), S. 269 ff.; Hayn, Sven/Hold-Paetsch, Christiane (Bilanzpolitik 2008), S. 278.
[722] Vgl. Pfleger, Günter (Bilanzpolitik 1991), Rn. 23.
[723] Vgl. hierzu die Ausführungen unter Gliederungspunkt 2.4.2, S. 120 ff.
[724] Vgl. hierzu die Ausführungen unter Gliederungspunkt 2.2, S. 13 ff.
[725] Vgl. hierzu die Ausführungen unter Gliederungspunkt 2.4.2.2, S. 120 ff.
[726] Vgl. hierzu die Ausführungen unter Gliederungspunkt 2.2.1, S. 13 ff.

einer Handlung als Abgrenzungskriterium eindeutig zwischen Bilanzpolitik und Accounting Fraud unterschieden werden, da nach der hier vertretenen Ansicht der Bilanzpolitik ausschließlich rechtlich zulässige Handlungen zu subsumieren sind, während rechtlich unzulässige Handlungen einen Grundtatbestand von Accounting Fraud darstellen.

Diese klare Richtschnur lässt sich zum Teil problemlos auf Sachverhalte anwenden. Nimmt ein Bilanzierender bspw. durch die Ausübung des gesetzlichen Wahlrechts zur Aktivierung von Aufwendungen für die Ingangsetzung und Erweiterung des Geschäftsbetriebs[727] korrespondierend zu seiner unternehmerischen Zielsetzung Einfluss auf das Periodenergebnis, so ist sein Verhalten eindeutig als Bilanzpolitik zu charakterisieren. Grundsätzlich ist die zweckorientierte Beeinflussung eines Jahresabschlusses durch die normenkonforme Ausübung gesetzlicher Wahlrechte immer als Bilanzpolitik zu qualifizieren, da der Gesetzgeber in diesen Fällen explizit verschiedene Handlungsalternativen erlaubt, die – unter Beachtung des Grundsatzes der Bewertungsstetigkeit nach § 252 Abs. 1 Nr. 6 HGB[728] – beliebig ausgeübt werden dürfen, ohne dass dadurch die Ordnungsmäßigkeit der Rechnungslegung beeinträchtigt wird. Auch bei Accounting Fraud existieren Fälle, deren Identifizierung eindeutig ist. So verstößt z.B. die Bilanzierung fiktiver Forderungen zur Verbesserung des Periodenerfolgs zweifelsohne gegen das Bilanzrecht[729]. Die entsprechende ‚Luftbuchung' stellt eine Manipulation der Rechnungslegung und einen Verstoß gegen das rechtlich Zulässige dar. Als strafrechtliche Konsequenz aus dieser Täuschung können die verantwortlichen Mitglieder der Unternehmensleitung gem. § 334 Abs. 1 Nr. 1a HGB mit einem Bußgeld oder gem. § 331 Nr. 1 HGB mit einer Freiheitsstrafe oder mit Geldstrafe belegt werden.

Die angeführten Beispiele zeichnen sich dadurch aus, dass die jeweilige Einordnung der Sachverhalte frei von jeglichem subjektiven Ermessen nach rein objektiven Maßstäben möglich ist. Unklarheiten oder Überschneidungen zwischen Bilanzpolitik und Accounting Fraud bestehen in diesen skizzierten Fällen folglich nicht. Nimmt jedoch der Grad der Konkretisierung einer Norm ab, wie es sowohl bei faktischen Wahlrechten als auch in noch stärkerem Maße bei Ermessensspielräumen der Fall ist, lässt sich bereits intuitiv vermuten,

---

[727] Vgl. § 269 HGB sowie Küting, Karlheinz (Bilanzpolitik 2004), Rn. 2075 ff. zum bilanzpolitischen Gestaltungspotenzial innerhalb dieser Position.

[728] Vgl. Küting, Karlheinz (Bilanzpolitik 2004), Rn. 2045 ff.; Ossadnik, Wolfgang (Rechnungslegungspolitik 1998), S. 173 für den Einzelabschluss und S. 189 für den Konzernabschluss.

[729] Vgl. Hamann, Christian (Dolose Handlungen 2003), S. 28; Langenbucher, Günther/Blaum, Ulf (Aufdeckung 1997), S. 439.

dass sich in Bezug auf die entsprechende Norm eine objektive Differenzierung zwischen Bilanzpolitik und Accounting Fraud mitunter schwieriger gestalten dürfte[730].

Das Fachschrifttum hat sich bereits mehrfach mit der Frage auseinandergesetzt, ob der Begriff ‚Bilanzpolitik' auch solche bilanziellen Gestaltungsmittel umfasst, die bilanzrechtlich als unzulässig einzustufen sind, oder nicht. Des Weiteren wurde diskutiert, inwiefern Bilanzpolitik gegen ethische Grundsätze verstößt, indem durch sie die Rechenschaftsfunktion des Jahresabschlusses verfälscht wird. Die herrschende Meinung in der Literatur vertritt die Ansicht, dass unter Bilanzpolitik die Ausübung von gesetzlich vorgegebenen Handlungsalternativen bzw. Ermessensspielräumen zu verstehen ist und sie darum nie im Widerspruch zu den Bilanzierungsnormen stehen kann[731]. „Was über die Ausnutzung der gesetzlichen Wahlrechte und Bewertungsfreiheiten hinausgeht und was mit den anerkannten Bilanzierungsgrundsätzen nicht zu vereinbaren ist, sollte man nicht Bilanzpolitik nennen"[732]. Dieser Aussage ist zuzustimmen. Im Gegensatz zu dieser Auffassung subsumiert die Mindermeinung der Bilanzpolitik auch bilanzrechtlich unzulässige Maßnahmen[733].

Der Vorwurf, der Einsatz von Bilanzpolitik verfälsche die Rechenschaftsfunktion des Jahresabschlusses durch die Publikation intersubjektiv nicht nachvollziehbarer Informationen[734] und deshalb sei Bilanzpolitik stets etwas Schlechtes, ist so nicht zutreffend. Die Argumente, dass eine von außen nicht erkennbare Bilanzpolitik zu falschen Einschätzungen seitens der Informationsadressaten über das Unternehmen und damit hinsichtlich ihres Engagements in diesem Unternehmen führen kann, lassen sich nicht entkräften. Den-

---

[730] Vgl. Pfleger, Günter (Bilanz-Lifting 2001), S. 15.
[731] Vgl. Küting, Karlheinz (Bilanzpolitik 2004), Rn. 2001 und Rn. 2007; Heinhold, Michael (Bilanzpolitik 1984), S. 388; Heintges, Sebastian (Bilanzkultur 2005), S. 28 f.; Lücke, Wolfgang (Bilanzstrategie 1969), S. 2287; Ossola-Haring, Claudia (Gestaltungsalternativen 2002), S. 178; Peemöller, Volker H. (Bilanzpolitik 2003), S. 202 f.; Wöhe, Günter (Steuerbilanzpolitik 1977), S. 218; Schulze zur Wiesch, Dietrich W. (Sachverhaltsgestaltung 1981), S. 67 f.; Freidank, Carl-Christian (Bilanzpolitik 1982), S. 340; Sieben, Günter (Unternehmensführung 1998), S. 10; Egner, Thomas (Bilanzskandale 2006), S. 202.
[732] Vogt, Fritz Johs. (Bilanztaktik 1963), S. 33. Vgl. zu dieser Ansicht auch Schulze zur Wiesch, Dietrich W. (Sachverhaltsgestaltung 1981), S. 67 f.; Heintges, Sebastian (Bilanzkultur 1998), S. 10.
[733] Vgl. Sandig, Curt (Führung 1953), S. 130 f. und S. 54 f.; Kofahl, Günther (Bilanzierungspolitik 1956), S. 542. Es ist darauf hinzuweisen, dass Kofahl/Pohmer sich 1950 allerdings noch dafür ausgesprochen haben, dass Bilanzfälschungen nach ihrer „Auffassung also nicht mehr im Rahmen der Bilanzpolitik" (Kofahl, Günther/Pohmer, Dieter (Bilanzgestaltung 1950), S. 541) liegen.
[734] Vgl. Pfleger, Günter (Bilanz-Lifting 2001), S. 14.

noch stellt das gesamte bilanzpolitische Instrumentarium – das ja wie erläutert ausschließlich bilanzrechtlich zulässige Maßnahmen beinhaltet – ein legitimes und teilweise auch unverzichtbares Gestaltungsmittel der Unternehmensleitung dar, welches zum Wohle des Unternehmens eingesetzt werden kann bzw. muss[735]. Eine Verletzung ethischer Grundsätze kann folglich nicht konstatiert werden[736]. Vielmehr ist der Ansicht Pflegers zuzustimmen, nach der eine Unternehmung verpflichtet ist, „sich so zu präsentieren, dass sie im Wettbewerb um Kapital, Kunden, Arbeitskräfte usw. nicht unterliegt"[737]. Im Fall einer Unternehmenskrise gehört es damit quasi zu den Pflichten der Unternehmensleitung, diese negative Situation zu optimieren, „um nicht ‚Kredit' in jeglichem Wortsinn zu verspielen"[738] und Panikreaktionen von Unternehmenskoalitionären zu vermeiden[739].

Sachverhaltsgestaltungen räumen dem Bilanzierenden weite – und häufig nicht erkennbare – Handlungsfreiheiten ein, deren Zulässigkeit an der Nahtstelle zum Rechtsmissbrauch endet. Die Frage, wann eine Sachverhaltsgestaltung als Manipulation der Rechnungslegung zu charakterisieren ist, setzt also die Klärung voraus, ab wann tatsächlich ein Rechtsmissbrauch vorliegt. Bei einer Vielzahl unternehmerischer Dispositionen besteht kein Zweifel an deren rechtlicher Zulässigkeit, so etwa bei der Gewährung von Preisnachlässen bei Käufen kurz vor dem Bilanzstichtag, um so kurzfristig die Umsatzrealisierung zu forcieren. Umgekehrt gibt es auch Fälle, die eindeutig die Grenzen legaler Sachverhaltsgestaltungen überschreiten. Bspw. ist ein nur vorübergehender Forderungsausgleich zur Vermeidung der Abwertung einer nicht werthaltigen Forderung nicht akzeptabel und als vorsätzliche Täuschung der Bilanzadressaten – und des Wirtschaftsprüfers – zu ahnden[740]. Dazwischen bestehen jedoch Grenzfälle, in denen eine objektive Begutachtung der bilanzrechtlichen Zulässigkeit einer Sachverhaltsgestaltung mitunter problematisch ist. So ist bspw. generell nichts gegen den Handel mit zwischen zwei agierende Geschäftspartner geschalteten Unternehmen einzuwenden. Werden solche Zwischengeschäfte allerdings speziell mit dem Ziel durchgeführt, die Entstehung von Umsatzerlösen zu beeinflussen – etwa sie zeitlich vorzuverlagern –, so ist zu prüfen, ob dieses Rechtsgeschäft die Merkmale eines Scheingeschäfts erfüllt und

---

[735] Vgl. Küting, Karlheinz (Bilanzpolitik 2004), Rn. 2007.
[736] Vgl. Küting, Karlheinz (Bilanzpolitik 2004), Rn. 2007.
[737] Pfleger, Günter (Bilanzpolitik 1991), Rn. 4.
[738] Küting, Karlheinz (Bilanzpolitik 2004), Rn. 2007. Siehe auch Clemm, Hermann (Ehrlichkeitsgebot 1989), S. 364 f.
[739] Vgl. Clemm, Hermann (Ehrlichkeitsgebot 1989), S. 364 f.
[740] Als strafrechtliche Konsequenz aus der Unterlassung einer Wertberichtigung muss die Unternehmensleitung mit der Verhängung eines Bußgelds gem. § 334 Abs. 1 Nr. 1b HGB oder mit einer Freiheitsstrafe oder Geldstrafe gem. § 331 Nr. 1 HGB rechnen.

insofern zur Verfälschung des Jahresabschlusses beiträgt[741]. Ein generelles Verbot oder eine generelle Erlaubnis für diese Art von Geschäften durch das Gesetz erscheint nicht sachgerecht. Die Beurteilung des Vorliegens eines Scheingeschäfts ist stets vom subjektiven Ermessen des Betrachters geprägt. Im Einzelfall kann sie durch eine plausible Argumentation der Unternehmensleitung beeinflusst werden. Eine klare Differenzierung zwischen Bilanzpolitik und Accounting Fraud ist in diesen Fällen daher oftmals nicht möglich.

Da die bilanzpolitisch motivierte Ausübung gesetzlicher, d.h. expliziter Wahlrechte unter Beachtung des Stetigkeitsgebots ein legales Mittel zur Beeinflussung der publizierten Unternehmensdaten darstellt, bleiben die expliziten Wahlrechte im Folgenden bei der weiteren Würdigung des Verhältnisses zwischen Bilanzpolitik und Accounting Fraud außen vor. Es wird demnach ausschließlich auf faktische Wahlrechte und Ermessensspielräume Bezug genommen.

Wie bei Sachverhaltsgestaltungen gehen auch mit Ermessensspielräumen Schwierigkeiten bei der Abgrenzung von zulässigem und unzulässigem Bilanzierungsverhalten einher. Ermessensspielräume haben ihren Ursprung in der Kodifizierung unbestimmter Rechtsbegriffe sowie in der Unsicherheit zukunftsbezogener Informationen[742]. Sie verlangen eine subjektive Einschätzung des Bilanzierenden und sind nur schwer zu dokumentieren oder für Außenstehende nachzuvollziehen. Aus diesem Grund beinhalten sie einerseits Möglichkeiten nicht erkennbarer bilanzpolitischer Aktionsparameter – dies wird auch als ‚stille Bilanzpolitik'[743] bezeichnet –, andererseits bergen sie jedoch auch das Risiko, über die Grenzen der Bilanzpolitik hinaus in den Bereich des rechtlich Unzulässigen zu gelangen. Beispiele für solche bilanzpolitischen Ermessensentscheidungen können sich etwa bei der Bewertung von Rückstellungen[744] oder im Sachanlagevermögen bei der Abgrenzung von Erhaltungsaufwand zu nachträglichen Herstellungskosten[745] ergeben. Grundvoraussetzung für die Anerkennung von Ermessensspielräumen ist, dass der Bilanzierende

---

[741] Zur Erinnerung: Sachverhaltsgestaltungen sind nur dann bilanzrechtlich zulässig, wenn keine Scheingeschäfte vorliegen, das Geschäft zu angemessenen Konditionen durchgeführt wurde und keine rückwirkenden Geschäfte vereinbart wurden; vgl. Pfleger, Günter (Sachverhaltsgestaltungen 1982), S. 2148. Siehe hierzu auch die Ausführungen unter Gliederungspunkt 2.4.2.3.2, S. 127 ff.

[742] Vgl. zu Ermessensspielräumen die Ausführungen unter Gliederungspunkt 2.4.2.3.3, S. 129 ff.

[743] Vgl. Küting, Karlheinz/Weber, Claus-Peter (Bilanzanalyse 2006), S. 48.

[744] Vgl. zur möglichen Bilanzpolitik bei Rückstellungen stellvertretend ausführlich Küting, Karlheinz (Bilanzpolitik 2004), Rn. 2216 ff.

[745] Vgl. zu dieser Frage ausführlich Coenenberg, Adolf G. (Jahresabschluss 2005), S. 85; Baetge, Jörg/Kirsch, Hans-Jürgen/Thiele, Stefan (Bilanzen 2007), S. 316 f.

seine Entscheidungen plausibel und nachvollziehbar erläutern und begründen kann. Zudem sind der Ausübung von Ermessensentscheidungen Grenzen gesetzt: Der Bilanzierende unterliegt der Verpflichtung, alle verfügbaren Informationen vollständig, d.h. einschließlich der werterhellenden Informationen, bei seiner Entscheidungsfindung zu berücksichtigen. Daneben verbietet das handelsrechtliche Vorsichtsprinzip des § 252 Abs. 1 Nr. 4 HGB bei der Abwägung unsicherer Informationen eine zu optimistische Betrachtungsweise[746]. Dies bedeutet jedoch nicht, dass ein Ermessensspielraum immer auf Grundlage einer pessimistischen Erwartung auszufüllen ist, denn dies würde die Bildung stiller Reserven in zu hohem Maße fördern[747]. Im Ergebnis ist also die vollkommene Objektivierung von Ermessensspielräumen ausgeschlossen und der Verbleib einer subjektiven Komponente nicht zu verhindern. Gerade daraus resultiert die Problematik bei der Bestimmung des Übergangs von zulässigem bilanzpolitischem Ermessen zu nicht erlaubter bewusster Manipulation. In Grenzfällen ist eine eindeutige Trennung nicht möglich, vielmehr verläuft dort die Trennlinie zwischen Bilanzpolitik und Accounting Fraud fließend[748]. Lediglich wenn die Einschätzung des Bilanzierenden objektiv gesehen fernab jeglicher Realität ist und die daraus resultierenden falschen Angaben in der Rechnungslegung als wesentlich[749] zu qualifizieren sind, liegt eindeutig eine Manipulation der Rechnungslegung im Sinne von Accounting Fraud vor.

Bei faktischen Wahlrechten gestaltet sich die Abgrenzung zulässiger und unzulässiger Bilanzierungsmethoden ähnlich schwierig wie bei Ermessensspielräumen. Zwar stehen dem Bilanzierenden in Zusammenhang mit faktischen Wahlrechten in der Bilanzierungspraxis bzw. in der Rechtsprechung häufig standardisierte Auslegungsalternativen zur Verfügung. Werden diese jedoch – objektiv gesehen – in unzulässiger Art und Weise ausgeübt, wird der Bereich der Bilanzpolitik verlassen. So schreibt z.B. zwar das HGB im Gegensatz zum Steuerrecht keinen Prozentsatz für die Abzinsung von Pensionsrückstellungen vor und lässt damit dem Bilanzierenden die Wahl, ein unrealistischer und den steuerlich maßgeblichen Wert von 6 % weit übersteigender Zinssatz kann allerdings auch für den handelsrechtlichen Jahresabschluss nicht

---

[746] Vgl. zum Vorsichtsprinzip bspw. Coenenberg, Adolf G. (Jahresabschluss 2005), S. 45 f.; Baetge, Jörg/Kirsch, Hans-Jürgen/Thiele, Stefan (Bilanzen 2007), S. 140 ff.; Selchert, Friedrich Wilhelm (Bewertungsgrundsätze 2002), Rn. 85 ff.; Winkeljohann, Norbert/Geißler, Horst (Bewertungsgrundsätze 2006), Rn. 29 ff.
[747] Vgl. Kessler, Harald (Rückstellungen 1992), S. 410.
[748] Vgl. ähnlich Wöhe, Günter (Steuerbilanzpolitik 1977), S. 218; Hasenack, Wilhelm (Rechnungslegung 1960), S. 101; Berndt, Thomas/Hoppler, Ivo (Whistleblowing 2005), S. 2624.
[749] Vgl. zum Aspekt der Wesentlichkeit die Ausführungen unter Gliederungspunkt 2.2.2, S. 24 ff.

als akzeptabel angesehen werden[750]. Bei der Bestimmung eines hinreichend vorsichtig geschätzten Wertansatzes einer Rückstellung bspw. kann ein zu geringer Wert sicherlich als nicht vorsichtig genug und somit als unzulässig eingestuft werden[751].

Zum Ende der Betrachtungen gilt es noch einmal für den Gesamtkontext die Frage zu beantworten, ob Bilanzpolitik und Accounting Fraud klar voneinander abgegrenzt werden können oder ob zwischen beiden ein fließender Übergang besteht. Die Antwort lautet: Es kommt darauf an. Einerseits gibt es Fälle, in denen eine eindeutige Differenzierung zwischen bilanzrechtlich zulässigen und unzulässigen Gestaltungen möglich ist. Umgekehrt gibt es Situationen, in denen ohne jeden Zweifel Accounting Fraud vorliegt.

Andererseits existieren – speziell im Zusammenhang mit Sachverhaltsgestaltungen und Ermessensspielräumen – Grenzfälle, in denen eine objektive und somit eindeutige Unterscheidung zwischen ‚Sicher-Vertretbarem' und ‚Nicht-mehr-Zulässigem' allenfalls in der Theorie möglich erscheint, in der Praxis jedoch deutlich an ihre Grenzen stößt. Diese Problematik betrifft insbesondere Bilanzpositionen, deren korrespondierende Bilanzierungsnorm aufgrund der Verwendung unbestimmter Rechtsbegriffe nur einen geringen Grad an Konkretisierung aufweist bzw. deren bilanzielle Abbildung auf unsicheren oder zukunftsbezogenen Informationen beruht, so dass eine subjektive Sachverhaltsbeurteilung durch den jeweiligen Betrachter unumgänglich ist. Wo in diesen Grenzfällen Bilanzpolitik endet und Accounting Fraud beginnt, ist objektiv nicht feststellbar. Demzufolge verschmelzen die Grenzen zwischen rechtlich Zulässigem und Unzulässigem. Eindeutig kann in diesen Fällen Accounting Fraud nur dann identifiziert werden, wenn sich die bilanziellen Konstruktionen bzw. Einschätzungen fernab jedes realistischen Ermessens bewegen.

Sofern Rechnungslegungsnormen dem Bilanzierenden Spielräume eröffnen, wird dieser immer geneigt sein, diese zu seinem Vorteil auszunutzen. Schildbach bezeichnet die Vorstellung, dass rechnungslegende Unternehmen bei der Ausübung von Handlungs- und Ermessensspielräumen ausschließlich nach der Vermittlung eines möglichst zutreffenden Eindrucks streben, als in vieler Hinsicht naiv[752]. Dieser Einschätzung ist zuzustimmen. „Die jüngsten Skandale zeigen überdeutlich, daß Unternehmen über das legitime Ziel hinaus,

---

[750] Vgl. zur Frage der Bewertung von Pensionsrückstellungen bspw. Ellrott, Helmut/Rhiel, Raimund (Rückstellungen 2006), Rn. 201 und Rn. 223; IDW (Handbuch 2006), Rn. E173. Siehe auch die Angaben in Fußnote 708, S. 133.
[751] Vgl. hierzu etwa Moxter, Adolf (Pauschalrückstellungen 1998), S. 272; Baetge, Jörg/Kirsch, Hans-Jürgen/Thiele, Stefan (Bilanzen 2007), S. 422.
[752] Vgl. Schildbach, Thomas (US-GAAP 2002), S. 58.

sich nicht zuletzt im Interesse der jeweils aktuell beteiligten Kapitalgeber möglichst vorteilhaft zu präsentieren, auch Wege am Rande der Legalität oder außerhalb derselben beschreiten, um einen günstigen Eindruck zu erzeugen"[753]. Damit geht jedoch die Folge einher, dass die publizierten Unternehmensdaten für die externen Adressaten an Verlässlichkeit[754] verlieren (können)[755]. Dies geschieht nicht zuletzt auch, da eine eindeutige Abgrenzung zwischen Bilanzpolitik und Accounting Fraud wie erläutert häufig nicht möglich ist. In dieser Hinsicht kann Mulford/Comiskey zugestimmt werden bei der Aussage: „Determining the point at which aggressive accounting practices become fraudulent is more art than science"[756].

2.5 Zwischenfazit

Die Herleitung der Definition von Fraud im Allgemeinen und Accounting Fraud im Speziellen[757] verdeutlicht, dass es sich dabei um ein sehr komplexes und vielschichtiges Themengebiet handelt. Fraud wurde in der Literatur bereits aus verschiedenen Blickwinkeln beleuchtet. Accounting Fraud ist erst in der jüngeren Vergangenheit – ob der gestiegenen Aufmerksamkeit der Öffentlichkeit – vermehrt in den Blickpunkt des Interesses gerückt. Aus prüferischer Sicht können viele einzelne Aspekte untersucht werden. Die späteren Ausführungen versuchen, eine ganzheitliche Betrachtung aus Sicht der externen und internen Prüfung sowie von Corporate Governance-Elementen vorzunehmen[758].

Als erste Reaktion auf die Häufung bedeutender Bilanzskandale gilt der US-amerikanische SOX, welcher im Juli 2002 erlassen wurde[759]. Wie nachfolgend noch zu zeigen sein wird, dienen seine Inhalte in vielerlei Hinsicht als Vorbild für die Entwicklungen in Bezug auf die Unternehmensüberwachung im europäischen Raum.

Die Frage nach einer eindeutigen Trennung zwischen Bilanzpolitik und Accounting Fraud kann nicht abschließend beantwortet werden. Die teilweise unklare Grenze zwischen beiden Bereichen ermöglicht die Entstehung der ein oder anderen ‚kreativen Bilanzierung'. Priorität ist der Prävention von Ac-

---

[753] Schildbach, Thomas (Prinzipienorientierung 2003), S. 251.
[754] Vgl. zur Verlässlichkeit Petersen, Karl/Bansbach, Florian/Dornbach, Eike (Praxishandbuch 2008), S. 5 f.
[755] Vgl. zur Verlässlichkeit auch Kirchner, Christian (Ermessensspielräume 2006), S. 61 f.
[756] Mulford, Charles W./Comiskey, Eugene E. (Financial Numbers Game 2002), S. 41 f.
[757] Vgl. hierzu die Ausführungen unter Gliederungspunkt 2.2, S. 13 ff.
[758] Vgl. hierzu die Ausführungen unter Gliederungspunkt 4, S. 337 ff., Gliederungspunkt 5, S. 377 ff. und Gliederungspunkt 6, S. 397 ff.
[759] Vgl. hierzu die Ausführungen unter Gliederungspunkt 2.3, S. 74 ff.

counting Fraud-Fällen einzuräumen. Da dies jedoch nicht immer gelingen wird, ist es in einem zweiten Schritt nicht minder wichtig, sowohl die Systeme und Maßnahmen für eine rasche Aufdeckung von Manipulationen in der Rechnungslegung zu optimieren als auch eine Strategie zu entwickeln, die im Fall einer durch die Aufdeckung von Accounting Fraud hervorgerufenen Unternehmenskrise angewendet werden kann, um diese schnell und bestmöglich zu meistern.

Der Themenstellung folgend betrachtet die Arbeit den Umgang mit der Gefahr von Accounting Fraud sowohl aus Revisionssicht als auch unter Corporate Governance-Aspekten. Dabei werden sowohl die externe Jahresabschlussprüfung als auch die Interne Revision thematisiert. Als wesentliche Corporate Governance-Elemente werden der Vorstand – als Beispiel für die Unternehmensleitung – und der Aufsichtsrat – stellvertretend für ein zum Unternehmen gehörendes Aufsichtsorgan – herausgegriffen. Bevor jedoch die Beeinflussung der jeweiligen Tätigkeit dieser Institutionen durch ein Accounting Fraud-Risiko abgeleitet wird, ist als Basis dafür nachfolgend zunächst das System der externen und internen Unternehmensüberwachung in Deutschland grundlegend zu beschreiben[760].

---

[760] Vgl. hierzu die Ausführungen unter Gliederungspunkt 3, S. 145 ff.

3 Das System der externen und internen Unternehmensüberwachung in Deutschland

3.1 Begriff und relevante Grundlagen der externen Jahresabschlussprüfung

3.1.1 Vorbemerkungen

Die externe Jahresabschlussprüfung ist in Deutschland grundsätzlich in den §§ 316 ff. HGB gesetzlich geregelt[761]. Darüber hinaus existieren weitere spezialgesetzliche Regelungen für verpflichtende Prüfungen in anderen Gesetzen[762], bspw. hinsichtlich der Gründungsprüfung (§ 33 AktG)[763], Prüfungen bei Kapitalerhöhungen mittels Sacheinlagen (§§ 183 Abs. 3, 194 Abs. 4, 205 Abs. 3 AktG)[764], der Prüfung von Kreditinstituten (§ 340k HGB)[765], der Prüfung von Versicherungsunternehmen (§ 341k HGB)[766], der Depotprüfung (§ 29 KWG)[767], der Prüfung von Genossenschaften (§ 53 GenG)[768], der Prüfung nach

---

[761] Vgl. Altenburger, Otto A. (Periodische Prüfung 2002), Sp. 1674 ff. Vgl. zur Geschichte der Prüfung Loitlsberger, Erich (Geschichte 2002), Sp. 933 ff.; zur Prüfungslehre insgesamt siehe Ballwieser, Wolfgang (Prüfungslehre 2002), Sp. 1825 ff. Vgl. zu Paradigmenwechseln in der Prüfungstheorie Loitlsberger, Erich (Prüfungstheorie 1997), S. 667 ff.
Vgl. zu den Veränderungen, die das KonTraG für diese Normen gebracht hat, bspw. Hellwig, Hans-Jürgen (Öffentliche Aufgabe 2001), S. 67 ff.
Vgl. zu Besonderheiten der Abschlussprüfung bei kleinen und mittleren Unternehmen Farr, Wolf-Michael/Niemann, Walter (Besonderheiten 2007), S. 822 ff.

[762] Diese werden auch als aperiodische Prüfungen bezeichnet; vgl. Haller, Axel (Aperiodische Prüfung 2002), Sp. 1662 ff.; Küting, Peter (Prüfungsarten 2006), S. 819. Vgl. zu einem Überblick auch Küting, Peter (Umbruch 2006), S. 954 ff.; Küting, Peter (Prüfungsarten 2006), S. 819 ff.

[763] Vgl. bspw. Marten, Kai-Uwe/Quick, Reiner/Ruhnke, Klaus (Wirtschaftsprüfung 2007), S. 639 ff.; Marten, Kai-Uwe/Quick, Reiner/Ruhnke, Klaus (Lexikon 2006), S. 363 ff.; Küting, Peter (Umbruch 2006), S. 958.

[764] Vgl. Küting, Peter (Umbruch 2006), S. 958.

[765] Vgl. Marten, Kai-Uwe/Quick, Reiner/Ruhnke, Klaus (Wirtschaftsprüfung 2007), S. 646 ff.; Marten, Kai-Uwe/Quick, Reiner/Ruhnke, Klaus (Lexikon 2006), S. 493 ff.; Küting, Peter (Umbruch 2006), S. 956.

[766] Vgl. bspw. Marten, Kai-Uwe/Quick, Reiner/Ruhnke, Klaus (Wirtschaftsprüfung 2007), S. 641 ff.; Marten, Kai-Uwe/Quick, Reiner/Ruhnke, Klaus (Lexikon 2006), S. 852 ff.; Küting, Peter (Umbruch 2006), S. 956.

[767] Vgl. bspw. Marten, Kai-Uwe/Quick, Reiner/Ruhnke, Klaus (Wirtschaftsprüfung 2007), S. 650 ff.

dem Haushaltsgrundsätzegesetz (§ 53 HGrG)[769] oder auch der Prüfung des Abhängigkeitsberichts (§ 313 AktG)[770]. Alle diese Regelungen bilden den gesetzlichen Rahmen der Abschlussprüfung und werden noch ergänzt durch berufsständische Fachverlautbarungen, welche die operativen Tätigkeiten eines Prüfers näher konkretisieren. Eine große Rolle bei der Berufsausübung spielen insbesondere die berufsständischen Verlautbarungen, auf die daher im Folgenden eingegangen wird.

3.1.2 Nationale und internationale berufsständische Verlautbarungen zur externen Jahresabschlussprüfung

Die berufsständische Facharbeit wird in Deutschland vom IDW[771] ausgeübt. Als Fachorganisation der Wirtschaftsprüfer und Wirtschaftsprüfungsgesellschaften liegt insbesondere die fachliche Förderung und Weiterbildung seiner Mitglieder[772] im Mittelpunkt der Aufgaben des Instituts. Darüber hinaus tritt es für einheitliche Grundsätze zur unabhängigen, eigenverantwortlichen und fachgerechten Berufsausübung ein und stellt deren Einhaltung durch seine Mitglieder sicher[773]. Seine Verlautbarungen legen die allgemeine Auffassung über die Abschlussprüfung in Deutschland dar und konkretisieren sowohl die

---

[768] Vgl. bspw. Marten, Kai-Uwe/Quick, Reiner/Ruhnke, Klaus (Wirtschaftsprüfung 2007), S. 652 ff.; Marten, Kai-Uwe/Quick, Reiner/Ruhnke, Klaus (Lexikon 2006), S. 322 ff.; Küting, Peter (Umbruch 2006), S. 955.

[769] In § 53 Abs. 1 Nr. 1 HGrG ist geregelt, dass im Rahmen der Abschlussprüfung von öffentlichen Unternehmen vom Abschlussprüfer in bestimmten Fällen auch die Ordnungsmäßigkeit der Geschäftsführung zu prüfen und zu beurteilen ist. Vgl. bspw. Marten, Kai-Uwe/Quick, Reiner/Ruhnke, Klaus (Wirtschaftsprüfung 2007), S. 655 ff.; Marten, Kai-Uwe/Quick, Reiner/Ruhnke, Klaus (Lexikon 2006), S. 375 ff.; Bierwirth, Siegfried (Haushaltsgrundsätzegesetz 1996), S. 123 ff.

[770] Vgl. hierzu Marten, Kai-Uwe/Quick, Reiner/Ruhnke, Klaus (Wirtschaftsprüfung 2007), S. 659 f.; Küting, Peter (Umbruch 2006), S. 955.
Darüber hinaus können in besonderen Fällen auch Sanierungsprüfungen erforderlich sein; vgl. hierzu Bertl, Romuald (Sanierungsprüfung 1997), S. 457 ff. Außerdem kommen auch Prüfungen in Zusammenhang mit Akquisitionsentscheidungen in Frage; vgl. Haeseler, Herbert R. (Akquisitionsverbundene Prüfungen 1997), S. 489 ff.

[771] Vgl. zum IDW Naumann, Klaus-Peter (IDW 2002), Sp. 1179 ff.; Biener, Herbert (Prüfungsgrundsätze 1997), S. 648 ff.

[772] Nach der Satzung des IDW i.d.F. vom 19.09.2005, § 3, können Mitglieder sowohl einzelne Wirtschaftsprüfer als auch Wirtschaftsprüfungsgesellschaften sein. Die Mitgliedschaft im IDW ist – im Gegensatz zur WPK – freiwillig, der Vorstand entscheidet über die Aufnahme. Die große Mehrheit des Berufsstands in Deutschland hat sich für eine Mitgliedschaft entschieden. Vgl. Terlinde, Christian (Bilanzmanipulationen 2005), S. 75.

[773] Vgl. Satzung des IDW i.d.F. vom 19.09.2005,§ 2; Kaminski, Horst/Naumann, Klaus-Peter (Institut 1998), S. 395; Terlinde, Christian (Bilanzmanipulationen 2005), S. 75.

gesetzlichen Regelungen als auch die darin enthaltenen unbestimmten Rechtsbegriffe[774]. Die größte Bedeutung aus der Gesamtheit aller Verlautbarungen ist den IDW-Prüfungsstandards beizumessen[775]. Diese geben dem Prüfer für den gesamten Ablauf einer Prüfung, d.h. von der Planung über die Vorbereitung und die Durchführung bis hin zur Berichterstattung, Grundsätze an die Hand, mit denen er seinen beruflichen Pflichten, insbesondere der Gewissenhaftigkeit und der Eigenverantwortlichkeit, nachkommen soll[776]. Die grundsätzliche Bindungswirkung der IDW-Verlautbarungen für alle Mitglieder des IDW ergibt sich aus § 4 Abs. 9 der Satzung des IDW[777]. Ein eigenverantwortliches Abweichen des Prüfers ist zwar möglich, bedarf allerdings einer schriftlichen Begründung, bspw. im Prüfungsbericht[778]. Eine solche Abweichung kann dem Prüfer jedoch in einem Verfahren der Berufsaufsicht vor der WPK oder einem Strafverfahren nachteilig ausgelegt werden[779]. Neben die Prüfungsstandards des IDW treten die Prüfungshinweise, welche zusätzliche Erläuterungen zu den Standards selbst enthalten[780]. Obgleich diese eine deutlich geringere Verbindlichkeit als die Prüfungsstandards besitzen, wird die Anwendung der IDW-Prüfungshinweise dem Prüfer zur Erfüllung seiner beruflichen Pflichten ebenfalls empfohlen[781].

Zu klären bleibt noch, inwieweit IDW-Verlautbarungen auch für Nichtmitglieder des IDW bindend sind. § 4 Abs. 1 BS WP/vBP[782] regelt, dass ein Prüfer bei seiner Berufsausübung das Gesetz befolgen sowie sich über die für seine

---

[774] Vgl. Diße, Sabine/Merz, Gabriela (International Standards on Auditing 2000), S. 455; Naumann, Klaus-Peter (IDW-Verlautbarung 2002), Sp. 2492 ff.; Förschle, Gerhart/Schmidt, Stefan (Weiterentwicklung 2003), S. 212 ff.; allgemein zu Prüfungsnormen vgl. Ruhnke, Klaus (Prüfungsnormen 2002), Sp. 1841 ff.

[775] Vgl. zu einer Übersicht über die aktuell gültigen Prüfungsstandards sowie die sie ergänzenden Prüfungshinweise des IDW die Homepage des Instituts unter www.idw.de/verlautbarungen (Stand: 15.04.2008); siehe bspw. auch die Aufzählung bei Marten, Kai-Uwe/Quick, Reiner/Ruhnke, Klaus (Wirtschaftsprüfung 2007), S. 89 ff.

[776] Vgl. IDW (Handbuch 2006), Rn. A366; siehe zu den Berufsgrundsätzen Ludewig, Rainer (Berufsgrundsätze 2002), Sp. 279 ff.

[777] Vgl. Satzung des IDW i.d.F. vom 19.09.2005, § 4 Abs. 9. Vgl. zur Bindungswirkung auch Marten, Kai-Uwe/Quick, Reiner/Ruhnke, Klaus (Wirtschaftsprüfung 2007), S. 98.

[778] Vgl. Terlinde, Christian (Bilanzmanipulationen 2005), S. 76.

[779] Vgl. IDW PS 201, Tz. 29; Marten, Kai-Uwe/Quick, Reiner/Ruhnke, Klaus (Wirtschaftsprüfung 2007), S. 99.

[780] Vgl. Marten, Kai-Uwe/Quick, Reiner/Ruhnke, Klaus (Wirtschaftsprüfung 2007), S. 99.

[781] Vgl. Marten, Kai-Uwe/Quick, Reiner/Ruhnke, Klaus (Wirtschaftsprüfung 2007), S. 99.

[782] Diese ist für alle Wirtschaftsprüfer unabhängig von einer Mitgliedschaft im IDW gültig. Vgl. zur Berufssatzung der WPK Timmer, Christian (Berufsatzung 2002), Sp. 291 ff.

Tätigkeit geltenden Bestimmungen unterrichten und diese sowie fachliche Regeln beachten muss[783]. Auch wenn der unbestimmte Rechtsbegriff ‚fachliche Regelungen' nicht näher konkretisiert wird, zählen Teile der Literatur[784] die Verlautbarungen des IDW dazu. Somit entfalten diese eine faktische Bindungswirkung auch für Nichtmitglieder des IDW[785]. Für Dritte und insbesondere für die Judikative in Deutschland sind die IDW-Verlautbarungen hingegen nicht bindend, da das IDW als privatrechtliche Institution nicht über Gesetzgebungskompetenz verfügt[786]. Dennoch nehmen die Normen auch in der Rechtsprechung eine hohe Bedeutung ein und dienen als grundsätzliche Auslegungshilfe, von der die Gerichte allerdings in Fällen abweichender Gesetzesauslegung Abstand nehmen[787].

Grundsätzlich sind Abschlussprüfungen in Deutschland nach den deutschen Prüfungsgrundsätzen durchzuführen. Dies gilt auch, wenn ein zu prüfender Abschluss nicht auf Basis deutscher Rechnungslegungsnormen erstellt wurde. D.h., auch ein IFRS- oder US-GAAP-Abschluss wird in Deutschland nach deutschen Prüfungsgrundsätzen geprüft[788].

Auf internationaler Ebene stellt die International Federation of Accountants (IFAC) die berufsständische Vertretung der Wirtschaftsprüfer dar[789]. Ihr gehörten Ende des Jahres 2006 160 Organisationen aus 120 Ländern[790] an, sie

---

[783] Vgl. Marten, Kai-Uwe/Quick, Reiner/Ruhnke, Klaus (Wirtschaftsprüfung 2007), S. 98.

[784] Vgl. Biener, Herbert (Prüfungsgrundsätze 1997), S. 644; Richter, Thomas (Jahresabschlussprüfung 2003), S. 65; Marten, Kai-Uwe/Quick, Reiner/Ruhnke, Klaus (Wirtschaftsprüfung 2007), S. 98 f.

[785] Vgl. IDW (Handbuch 2006), Rn. A364; Terlinde, Christian (Bilanzmanipulationen 2005), S. 77; Sell, Kirsten (Bilanzdelikte 1999), S. 49. Diese Ansicht bestätigt auch das OLG Braunschweig in seinem Urteil vom 11.02.1993. Dort werden die IDW-Fachgutachten als maßgeblich zur Beurteilung der Ordnungsmäßigkeit der Abschlussprüfung angesehen; vgl. Urteil des OLG Braunschweig vom 11.02.1993 – 11 U 27/92 –, S. 210 f.; Terlinde, Christian (Bilanzmanipulationen 2005), S. 79.

[786] Vgl. Richter, Thomas (Jahresabschlussprüfung 2003), S. 64.

[787] Vgl. Richter, Thomas (Jahresabschlussprüfung 2003), S. 66. Dies verdeutlicht auch ein Beschluss des Amtsgerichts Duisburg aus dem Jahr 1993. Dort heißt es, dass eine HFA-Stellungnahme „nicht kraft besonderer Autorität die gerichtliche Auslegung einer gesetzlichen Vorschrift verdängen" (Amtsgericht Duisburg, Beschluß vom 31.12.1993, 23 HR B 31/93, S. 467) kann.

[788] Vgl. IDW (Handbuch 2006), Rn. R18.

[789] Vgl. zu einer graphischen Darstellung der Organisation der IFAC Marten, Kai-Uwe/Quick, Reiner/Ruhnke, Klaus (Wirtschaftsprüfung 2007), S. 77; siehe auch Reiter, Robert (Anwendung 2005), S. 58 f.; Goppelt, Wolf (International Federation 2002), Sp. 1200 ff.; Ruhnke, Klaus (Federation of Accountants 1995), S. 940 ff.; Siefke, Kirsten (Internationale Prüfungsgrundsätze 2000), Rn. 46 ff.

[790] Dazu gehören die bedeutenden Industrienationen, aber auch Entwicklungsländer und die wichtigen so genannten aufstrebenden Länder wie z.B. Indien und China. Vgl. Marten, Kai-Uwe/Quick, Reiner/Ruhnke, Klaus (Wirtschaftsprüfung 2007), S. 73.

repräsentiert damit etwa 2,5 Mio. Wirtschaftsprüfer[791]. Aus Deutschland sind sowohl das IDW als auch die WPK[792] vertreten. Die IFAC hat die internationalen Berufs- und Prüfungsgrundsätze in den letzten Jahren entscheidend weiterentwickelt mit dem Ziel, den Berufsstand der Wirtschaftsprüfer bei der Erbringung qualitativ hochwertiger Dienstleistungen zu unterstützen[793]. In diesem Zusammenhang wird insbesondere der Erarbeitung von hochklassigen Prüfungsstandards, die die weltweite Konvergenz voranbringen sollen, eine große Bedeutung zugemessen. Mit ihrem Streben nach harmonisierten Prüfungsgrundsätzen erhebt die IFAC den Anspruch, „eine umfassende Anleitung für nahezu alle Prüfungsfragen zu geben"[794]. Insbesondere für global agierende Unternehmen ist es eine Erleichterung, eine Bestätigung über eine mit internationalen Prüfungsgrundsätzen in Einklang stehende Jahresabschlussprüfung vorweisen zu können[795]. Darüber hinaus ist eine weltweite Harmonisierung auch für international tätige Investoren wünschenswert, da mit ihr eine bessere Vergleichbarkeit der Jahresabschlussinformationen und insofern auch eine Risikoreduzierung einhergehen[796]. Weiterhin dient die von der IFAC vorange-

---

[791] Vgl. Marten, Kai-Uwe/Quick, Reiner/Ruhnke, Klaus (Wirtschaftsprüfung 2007), S. 73. IFAC-Mitglieder können berufsständische Organisationen aus den jeweiligen Ländern sein. Einzelne Wirtschaftsprüfer oder Wirtschaftsprüfungsgesellschaften können hingegen nicht Mitglied der IFAC werden. Vgl. Terlinde, Christian (Bilanzmanipulationen 2005), S. 92 f.

[792] Vgl. zur WPK Veidt, Reiner J. (Wirtschaftsprüferkammer 2002), Sp. 2697 ff.; Coenenberg, Adolf Gerhard/Haller, Axel/Marten, Kai-Uwe (Accounting Education 1999), S. 373; Biener, Herbert (Prüfungsgrundsätze 1997), S. 646 ff. Vgl. zur von der WPK ausgeübten Berufsaufsicht und -gerichtsbarkeit Schnepel, Volker (Berufsaufsicht 2002), Sp. 273 ff.; Emmerich, Volker (Kontrolle 1977), S. 220 f.

[793] Vgl. Ruhnke, Klaus (Harmonisierung 1998), S. 262; Ruhnke, Klaus (Federation of Accountants 1995), S. 941; Mertin, Dietz/Schmidt, Stefan (Harmonisierung 2001), S. 317 ff. Hierzu hat die IFAC einen Code of Ethics for Professional Accountants erarbeitet; vgl. IFAC (Code of Ethics 2005); Mertin, Dietz/Schmidt, Stefan (Harmonisierung 2001), S. 322 ff.

[794] Ruhnke, Klaus (Federation of Accountants 1995), S. 941; vgl. auch Ruhnke, Klaus (Harmonisierung 1998), S. 260 ff.

[795] Vgl. IDW (Vergleichende Darstellung 1998), S. 1; Janssen, Friedrich-Carl (Prüfungsstandards 2001), S. 141.

[796] Vgl. zur weltweiten Harmonisierung der Abschlussprüfung Richter, Thomas (Jahresabschlussprüfung 2003), S. 138 ff.

triebene globale Harmonisierung der Abschlussprüfung[797] auch der Minimierung der Gefahr durch das so genannte Opinion Shopping, d.h. das missbräuchliche Ausnutzen der jeweils günstigsten Norm durch den Abschlussprüfer[798]. Die Integration der IFAC-Vorgaben in Deutschland führte zu einer Beseitigung von wesentlichen Unterschieden zwischen deutschen und international anerkannten Prüfungsstandards, die insbesondere rechtlich bedingt waren[799].

Zur Erreichung ihrer Ziele unterhält die IFAC verschiedene ständige Ausschüsse[800]. Ein solches Gremium ist das IAASB, das u.a. Standards zu Fragen der Abschlussprüfung und ähnlichen Berufsaufgaben entwickelt und verabschiedet, die so genannten ISA[801]. Es besteht aus 18 stimmberechtigten Mit-

---

[797] Die internationale Harmonisierung der Abschlussprüfung wird allerdings nicht nur durch die IFAC vorangetrieben. So hat auf europäischer Ebene die EU mit der Verabschiedung der neuen EU-Richtlinie zur Abschlussprüfung vom 17. Mai 2006 ebenfalls einen großen Schritt in Richtung vereinheitlichter europäischer Prüfungsnormen unternommen. Dabei spielen die von der IFAC verabschiedeten Prüfungsnormen ISA eine große Rolle. Vgl. zur neuen EU-Abschlussprüferrichtlinie bspw. Lanfermann, Georg (Vorschlag 2004), S. 609 ff.; Klein, Klaus-Günter/Tielmann, Sandra (Modernisierung 2004), S. 501 ff.; WPK (Stellungnahme 2004); Lanfermann, Georg (EU-Richtlinie 2005), S. 2645 ff.; Weber, Dolf (Rotation 2005), S. 877 ff.; Lanfermann, Georg (Richtlinie 2006), S. 40 ff.; Naumann, Klaus-Peter/Feld, Klaus-Peter (Transformation 2006), S. 873 ff.; Tiedje, Jürgen (EU-Richtlinie 2006), S. 593 ff.; Hulle, Karel van/Lanfermann, Georg (Mitteilung 2003), S. 1323 ff.; Hulle, Karel van/Lanfermann, Georg (Europäische Entwicklungen 2003), S. S103 ff.; Graumann, Mathias (Harmonisierung 2002), S. 313 ff.; Lanfermann, Georg/Maul, Silja (EU-Prüferrichtlinie 2006), S. 1505 ff. Siehe auch die Angaben in Fußnote 266, S. 63.

[798] Vgl. Ruhnke, Klaus (Normierung 2000), S. 115; Ruhnke, Klaus (Federation of Accountants 1995), S. 944.

[799] Vgl. Mertin, Dietz/Schmidt, Stefan (Harmonisierung 2001), S. 317.

[800] Für die prüfungsbezogene Facharbeit von Bedeutung sind in diesem Zusammenhang das International Auditing and Assurance Standards Board (IAASB), das International Ethics Standards Board for Accountants (IESBA) und das International Accounting Education Standards Board (IAESB). Darüber hinaus existieren noch das International Public Sector Accounting Standards Board (IPSASB), das Professional Accountants in Business Committee (PAIB-Committee) und das Small and Medium Practices Committee (SMP-Committee). Vgl. hierzu Marten, Kai-Uwe/Quick, Reiner/Ruhnke, Klaus (Wirtschaftsprüfung 2007), S. 75 ff.

[801] Vgl. Ruhnke, Klaus (Federation of Accountants 1995), S. 942 f.; Reiter, Robert (Anwendung 2005), S. 59; Lanfermann, Josef (ISA 2002), Sp. 1208 ff.; Förschle, Gerhart/Schmidt, Stefan (Weiterentwicklung 2003), S. 210 ff.; Janssen, Friedrich-Carl (Prüfungsstandards 2001), S. 133 ff. Vgl. zu den ISA im Einzelnen IFAC (Hrsg.) (Handbook 2008).

gliedern[802]. Die ISA enthalten grundsätzliche Prinzipien der Abschlussprüfung und bedeutende Arbeitsabläufe sowie für ihr Verständnis und ihre Anwendung wichtige Anleitungen in Form von Erklärungen. Sie stellen damit quasi das Pendant zu den IDW-Prüfungsstandards dar. Die neue Abschlussprüferrichtlinie der EU (8. Richtlinie) bestimmt, dass zukünftig alle Abschlussprüfungen in Europa unter Anwendung der ISA erfolgen sollen. Dazu werden die ISA mittels eines Komitologieverfahrens in das Gemeinschaftsrecht der Europäischen Union übernommen. Deutschland plant die Umsetzung dieser EU-Forderung durch eine Anpassung in § 316 HGB, das BilMoG-E sieht hierfür die Einfügung eines vierten Absatzes vor[803].

Die ISA sind in Deutschland kein geltendes Recht, sie gelten aber als fachliche Normen i.S.d. § 4 Abs. 1 BS WP/vBP[804]. Die einzelnen Mitgliedsorganisationen der IFAC – und damit in Deutschland das IDW und die WPK – haben es übernommen, darauf hinzuwirken, dass die ISA in nationale Vorschriften oder Grundsätze transformiert werden, sofern eine Transformation unter den nationalen (rechtlichen) Gegebenheiten möglich ist[805]. Das IDW begann 1998 damit, die ISA in deutsche Prüfungsgrundsätze zu transformieren, so dass die Prüfungsstandards des IDW in Umfang und Grad der Detaillierung den ISA entsprechen und durch zusätzliche Erläuterungen auch deren Struktur angenähert wurden[806]. Um die Übernahme seiner Standards durch die EU-Kommission sicherzustellen, fing das IAASB im Rahmen des Clarity-Project[807] damit an, diese zu überarbeiten und sie zukünftig vor allem einheitlich, nämlich in die vier Abschnitte Einführung, Ziele der Norm, Pflichtprüfungshand-

---

[802] Diese Mitglieder sind neben Vertretern der Nationen Australien, Deutschland, Frankreich, Großbritannien, Italien, Japan, Kanada, Malaysia, Niederlande, Schweden sowie USA auch Vertreter der Wirtschaftsprüfungsgesellschaften Deloitte & Touche, Ernst & Young, KPMG und PwC. Vgl. hierzu insbesondere Mertin, Dietz/Schmidt, Stefan (Harmonisierung 2001), S. 318 f.; Mertin, Dietz (Fortentwicklung 2003), S. 1 ff.

[803] Vgl. Petersen, Karl/Zwirner, Christian (Abschlussprüfung 2008), S. 51; Petersen, Karl/Zwirner, Christian (Umbruch 2008), S. 27.

[804] Vgl. Marten, Kai-Uwe/Quick, Reiner/Ruhnke, Klaus (Wirtschaftsprüfung 2007), S. 99 f.

[805] Vgl. Marten, Kai-Uwe/Quick, Reiner/Ruhnke, Klaus (Wirtschaftsprüfung 2007), S. 99; Böcking, Hans-Joachim/Orth, Christian/Brinkmann, Ralph (Anwendung 2000), S. 220; Jacob, Hans-Joachim (Transformation 2001), S. 237 ff.

[806] Vgl. Böcking, Hans-Joachim/Orth, Christian/Brinkmann, Ralph (Anwendung 2000), S. 221 ff.

[807] Vgl. zum Clarity-Project bspw. Brinkmann, Ralph/Spieß, Alexander (Abschlussprüfung 2006), S. 395 ff.; Brinkmann, Ralph (Abschlussprüfung 2006), S. 668 ff.; Ferlings, Josef/Poll, Jens/Schneiß, Ulrich (Aktuelle Entwicklungen 2007), S. 101 ff. und S. 145 ff. Siehe zur Harmonisierung der Prüfungsgrundsätze auch Böcking, Hans-Joachim/Orth, Christian/Brinkmann, Ralph (Anwendung 2000), S. 218.

lungen und Anwendungshinweise, zu gliedern[808]. Dabei sollen die pflichtgemäß durchzuführenden Prüfungshandlungen deutlicher als bisher gekennzeichnet werden. Insgesamt soll das Clarity-Project auch für eine bessere Lesbarkeit und Verständlichkeit der ISA-Normen sorgen[809]. Vor diesem Hintergrund hat das IDW zunächst die Überarbeitung seiner eigenen Prüfungsstandards sowie die damit verbundene Anpassung an die ISA eingestellt, bis die neuen ISA endgültig verabschiedet sind[810]. Nur so ist gewährleistet, dass die Verlautbarungen des IDW auf die aktuellen international anerkannten Prüfungsnormen Bezug nehmen und nicht trotz Überarbeitung in kurzer Zeit bereits wieder veraltet sind. Für den weiteren Verlauf dieser Arbeit von besonderer Bedeutung sind der internationale Prüfungsstandard ISA 240 – The Auditor's Responsibility to Consider Fraud in an Audit of Financial Statements sowie sein nationales Pendant, der IDW-Prüfungsstandard IDW PS 210 – Die Aufdeckung von Unregelmäßigkeiten im Rahmen der Abschlussprüfung, welcher nach Überarbeitung und Anpassung an ISA 240 in seiner aktuellen Fassung am 06.09.2006 vom IDW verabschiedet wurde.

Bevor der Themenkomplex der handelsrechtlichen Jahresabschlussprüfung tiefergehend betrachtet wird, gilt es zunächst, hierfür eine grundlegende Begriffsbestimmung vorzunehmen. Zum besseren Verständnis der weiteren Ausführungen wird außerdem noch erläutert, in welchen Fällen eine externe Jahresabschlussprüfung überhaupt durchgeführt werden muss oder kann.

3.1.3 Begriffsbestimmungen

Der Begriff ‚*Prüfung*' wird im allgemeinen Sprachgebrauch in unterschiedlicher Weise verwendet und auch nicht immer einheitlich genutzt. Unter Prüfung ist die nicht laufende Überwachung zu verstehen, die situationsbedingt und fallweise erfolgt[811]. Im Alltag meint der Begriff die Untersuchung eines Sachverhalts mit dem Ziel, die Frage zu beantworten, ob dieser Sachverhalt einem vorher festgelegten und gewünschten Soll-Zustand entspricht[812]. Bereits

---

[808] Vgl. Marten, Kai-Uwe/Quick, Reiner/Ruhnke, Klaus (Wirtschaftsprüfung 2007), S. 95.
[809] Vgl. Marten, Kai-Uwe/Quick, Reiner/Ruhnke, Klaus (Wirtschaftsprüfung 2007), S. 95.
[810] Vgl. Ruhnke, Klaus/Lubitzsch, Kay (Aussagen-Konzept 2006), S. 366, dort Fußnote 9. Mit Blick auf die verstärkte Vermeidung bzw. Aufdeckung von Accounting Fraud unterliegen viele Prüfungsnormen derzeit einem dynamischen Veränderungsprozess; vgl. Schruff, Wienand (Top-Management Fraud 2003), S. 901; IDW (Hrsg.) (Mitteilungen 2005), S. 660 f.; Ruhnke, Klaus/Schwind, Jochen (Aufdeckung 2006), S. 731 f.
[811] Vgl. Kagermann, Henning/Küting, Karlheinz/Weber, Claus-Peter (Hrsg.) (Revisions-Handbuch 2006), S. 2.
[812] Vgl. Lück, Wolfgang (Prüfung 1998), S. 612; Kagermann, Henning/Küting, Karlheinz/Weber, Claus-Peter (Hrsg.) (Revisions-Handbuch 2006), S. 2.

im Jahr 1976 formulierte Meyer mit Blick auf die Betriebswirtschaftslehre: „Prüfungen sind stets dann notwendig, wenn ein Sachverhalt von Natur aus nicht vollkommen sein kann, jedoch ein bestimmter Grad von Vollkommenheit [...] zu erreichen ist"[813]. In der fachspezifischen Literatur werden die beiden Begriffe ‚Prüfung' und ‚Revision' synonym gebraucht[814].

Die *externe Jahresabschlussprüfung*[815] stellt die Tätigkeit eines Wirtschaftsprüfers (oder eines vereidigten Buchprüfers[816]) im Rahmen seiner Vorbehaltsaufgabe der gesetzlichen Jahresabschlussprüfung sowie der Erteilung oder Versagung von Bestätigungsvermerken dar[817]. Im Gegensatz zur Internen Revision kommen nicht dem zu prüfenden Unternehmen angehörende Personen in das Unternehmen hinein und analysieren Buchhaltung, Rechnungslegung und Lagebericht. Darüber hinaus unterliegt bei börsennotierten AG in

---

[813] Meyer, Carl W. (Bilanzprüfung 1976), S. 9.
[814] Vgl. Kagermann, Henning/Küting, Karlheinz/Weber, Claus-Peter (Hrsg.) (Revisions-Handbuch 2006), S. 2.
[815] Im Folgenden werden die Bezeichnungen ‚Abschlussprüfer', ‚Wirtschaftsprüfer' und ‚Jahresabschlussprüfer' ebenso synonym verwendet wie ‚Abschlussprüfung', ‚Wirtschaftsprüfung' und ‚Jahresabschlussprüfung'. Das letztgenannte Begriffspaar bezieht sich dabei – sofern nicht explizit etwas anderes ausgeführt wird – jeweils immer auf die gesetzliche (Konzern-) Abschlussprüfung inkl. der Prüfung der Lageberichterstattung.
[816] Vgl. zum vereidigten Buchprüfer ausführlich statt vieler IDW (Handbuch 2006), Rn. C1 ff.
[817] Vgl. Marten, Kai-Uwe/Quick, Reiner/Ruhnke, Klaus (Wirtschaftsprüfung 2007), S. 16. Die zentrale Aufgabe eines Abschlussprüfer besteht darin, „über die Ordnungsmäßigkeit der Rechnungslegung von Unternehmen ein objektives Urteil abzugeben"; Schruff, Wienand (Anforderungen 2001), S. S90.
Vgl. zu einem Überblick über Studien, die den Markt für Abschlussprüferleistungen untersucht haben, Geirhofer, Susanne (Konzentration 2005), S. 145 ff.
Vgl. zur Berufsethik der Wirtschaftsprüfer Ludewig, Rainer (Berufsethik 2003), S. 1093 ff. m.w.N. Siehe zur Internationalisierung und Fortentwicklung der Abschlussprüfung Lanfermann, Josef (Internationalisierung 1995), S. 373 ff.; Wiedmann, Harald (Fortentwicklung 1998), S. 338 ff.
Fragen der möglichen Inanspruchnahme von Abschlussprüfern sollen hier nicht gesondert betrachtet werden; vgl. hierzu bspw. Hucke, Anja (Verbesserung 2006), S. 23 ff. und S. 63 ff.; Baums, Theodor/Fischer, Christian (Haftung 2003), S. 37 ff.; Busch, Julia/Boecker, Corinna (Haftung 2004), S. 353 ff.; siehe auch bereits Adler, Hans (Verantwortlichkeit 1933), S. 154 ff.

Deutschland das nach § 91 Abs. 2 AktG vom Vorstand einzurichtende Überwachungssystem der Prüfung durch den Abschlussprüfer[818].
Nach den Regelungen des § 242 Abs. 1 HGB hat jeder Kaufmann am Ende jedes Geschäftsjahrs eine das Verhältnis seines Vermögens und seiner Schulden sachgerecht darstellende Bilanz aufzustellen. Darüber hinaus verpflichtet § 242 Abs. 2 HGB den Kaufmann dazu, zum gleichen Zeitpunkt eine Gegenüberstellung der Aufwendungen und Erträge des Geschäftsjahrs zu erstellen, die Gewinn- und Verlustrechnung. Zusammen bilden Bilanz sowie Gewinn- und Verlustrechnung den Jahresabschluss[819]. Zur Aufstellung des Jahresabschlusses sind stets die gesetzlichen Vertreter des Unternehmens verpflichtet[820]. Während diese genannten Vorschriften für alle Kaufleute gelten, existieren darüber hinaus im HGB noch spezielle Regelungen für Kapitalgesellschaften. Die gesetzlichen Vertreter von Kapitalgesellschaften sind durch § 264 Abs. 1 Satz 1 HGB dazu verpflichtet, den Jahresabschluss um einen Anhang, der mit der Bilanz und der Gewinn- und Verlustrechnung eine Einheit bildet, zu erweitern und zusätzlich – sofern es sich nicht um eine kleine Kapitalgesellschaft i.S.d. § 267 HGB handelt – einen Lagebericht aufzustellen. Die Generalnorm des § 264 Abs. 2 HGB verlangt, dass der aufgestellte Jahresabschluss ein den tatsächlichen Verhältnissen entsprechendes Bild der Vermögens-, Finanz- und Ertragslage darstellen muss.

Prüfungspflichtig – und damit im originären Anwendungsbereich der §§ 316 ff. HGB liegend – sind der Jahresabschluss und der Lagebericht von

---

[818] Die Tätigkeit eines externen Abschlussprüfers in einer Prüfungsgesellschaft unterliegt speziellen in § 57 WPO normierten Qualitätsanforderungen, die jedoch nicht weiter betrachtet werden. Vgl. zur Qualitätssicherung bspw. Niehus, Rudolf J. (Prüfungsqualität 2002), S. 1862 ff.; Hellberg, Walter (Prüfung 2002), Rn. 110 ff.; Lindgens, Ursula (Kommission 2004), S. 41 ff.; Quick, Reiner (Prüfungswesen 2001), S. 25 ff.; Pfitzer, Norbert (Qualität 2006), S. 186 ff.; Schmidt, Stefan (Externe Qualitätskontrolle 2002), S. 47 ff.; Schmidt, Achim/Pfitzer, Norbert/Lindgens, Ursula (Qualitätssicherung 2006), S. 1193 ff.; Graf von Treuberg, Hubert (Konzeption 2004), S. 23 ff.; Müller, Klaus R. (Beurteilung 2004), S. 107 ff.; Farr, Wolf-Michael (Beurteilung 2004), S. 127 ff. Vgl. zur Qualitätssicherung in der Schweiz bspw. Bertschinger, Peter/Meier, Rosmarie (Einfluss 2006), S. 371 ff.
Insgesamt lässt sich sagen, dass bei den großen börsennotierten Gesellschaften der Zeitraum zwischen dem Ende des Geschäftsjahrs und der Vorlage eines testierten (Konzern-) Abschlusses in den letzten Jahren immer kürzer geworden ist – Stichwort ‚Fast Close'. Vgl. zu dieser Entwicklung Küting, Karlheinz/Weber, Claus-Peter/Boecker, Corinna (Fast Close 2004), S. 9 f.; Petersen, Karl/Zwirner, Christian (Ziel 2007), S. 647 ff.

[819] Vgl. § 242 Abs. 3 HGB.

[820] Vgl. Bitz, Michael/Schneeloch, Dieter/Wittstock, Wilfried (Jahresabschluss 2003), S. 114. Vgl. hierzu auch die Ausführungen unter Gliederungspunkt 3.3.3.2.4, S. 271 ff.

i.S.d. § 267 HGB mittelgroßen und großen Kapitalgesellschaften[821]. Darüber hinaus ist jeder Konzernabschluss von einem Abschlussprüfer zu prüfen[822]. Da kapitalmarktorientierte Unternehmen gem. § 267 Abs. 3 Satz 2 HGB stets als große Kapitalgesellschaften gelten, sind auch ihre Jahresabschlüsse immer prüfungspflichtig[823]. Kleine Kapitalgesellschaften i.s.d. § 267 Abs. 1 HGB sind hingegen ebenso wenig prüfungspflichtig wie Einzelkaufleute und Personenhandelsgesellschaften. Letztere unterliegen allerdings einer Ausnahme und müssen geprüft werden, sofern es sich dabei um Personenhandelsgesellschaften i.S.d. § 264a HGB[824] handelt und sie nicht als klein i.s.d. § 267 Abs. 1 HGB gelten[825]. Einzelkaufleute und Personenhandelsgesellschaften, die dem Publizitätsgesetz unterliegen und folglich die §§ 6 und 7 PublG zur Prüfung befolgen müssen, sind ebenfalls prüfungspflichtig[826].

Neben den genannten Kapitalgesellschaften sowie Personenhandelsgesellschaften und Einzelkaufleuten sind weitere Unternehmen prüfungspflichtig kraft Rechtsform oder wegen ihrer Zugehörigkeit zu einem bestimmten Wirtschaftszweig. So unterliegen Genossenschaften aufgrund ihrer Rechtsform nach § 53 GenG der Pflicht zur Prüfung[827]. Aufgrund ihrer speziellen Geschäftstätigkeit und damit verbunden eines besonderen öffentlichen Interesses müssen die Jahresabschlüsse von Kredit- und Finanzdienstleistungsinstituten[828] sowie von Versicherungsunternehmen und Pensionsfonds[829] immer, d.h. größenunabhängig, von einem Abschlussprüfer geprüft werden[830].

---

[821] Vgl. § 316 Abs. 1 Satz 1 HGB. In diesen Fällen ist die Prüfung Voraussetzung für die Feststellung des Jahresabschlusses; vgl. § 316 Abs. 1 Satz 2 HGB. Siehe auch Baetge, Jörg/Fischer, Thomas R./Sickmann, Eric (Pflicht 2003), Rn. 2.
Vgl. zur Auftragsannahme durch den Abschlussprüfer Lützeler, Gerd/Lang, Sven R. (Auftrag 2002), Sp. 132 ff.

[822] Vgl. § 316 Abs. 2 Satz 1 HGB. Vgl. zur Konzernabschlussprüfung Schnicke, Christian (Konzernabschlussprüfung 2002), Sp. 1360 ff.; Meinhardt, Hans (Anforderungen 1995), S. 457 ff. Die Feststellung des Konzernabschlusses ist Voraussetzung für seine Billigung; vgl. § 316 Abs. 2 Satz 2 HGB. Siehe auch Baetge, Jörg/Fischer, Thomas R./Sickmann, Eric (Pflicht 2003), Rn. 11.

[823] Vgl. Baetge, Jörg/Fischer, Thomas R./Sickmann, Eric (Pflicht 2003), Rn. 4.

[824] Dazu zählen OHG und KG, bei denen nicht wenigstens ein persönlich haftender Gesellschafter entweder eine natürliche Person oder eine OHG, KG oder andere Personenhandelsgesellschaft mit einer natürlichen Person als persönlich haftendem Gesellschafter ist.

[825] Vgl. Baetge, Jörg/Fischer, Thomas R./Sickmann, Eric (Pflicht 2003), Rn. 10; Küting, Peter (Umbruch 2006), S. 954.

[826] Vgl. Baetge, Jörg/Fischer, Thomas R./Sickmann, Eric (Pflicht 2003), Rn. 6.

[827] Vgl. Baetge, Jörg/Fischer, Thomas R./Sickmann, Eric (Pflicht 2003), Rn. 9.

[828] Vgl. § 340k HGB.

[829] Vgl. § 341k HGB.

[830] Vgl. Baetge, Jörg/Fischer, Thomas R./Sickmann, Eric (Pflicht 2003), Rn. 8.

Darüber hinaus sind freiwillige Prüfungen möglich[831]. Dabei handelt es sich um solche Prüfungsaufträge, deren Durchführung in keiner Weise von einem Gesetz verlangt wird[832]. Sie können bspw. aus folgenden Anlässen durchgeführt werden[833]: besondere Bestimmungen in Gesellschaftsvertrag oder Satzung, Anweisungen einer Obergesellschaft, Verlangen von Fremdkapitalgebern oder bei beabsichtigten Unternehmenskäufen oder -verkäufen. Im Gegensatz zu gesetzlichen Jahresabschlussprüfungen können bei freiwilligen Prüfungen Gegenstand und Umfang der Prüfung frei zwischen der zu prüfenden Gesellschaft und dem Abschlussprüfer vertraglich vereinbart werden[834]. Soll zur freiwilligen Prüfung jedoch ein Bestätigungsvermerk i.S.d. § 322 HGB erteilt werden, so müssen Prüfungsgegenstand und -umfang den Vorschriften der §§ 316 und 317 HGB genügen. Andernfalls darf der Abschlussprüfer statt eines Bestätigungs- oder Versagungsvermerks lediglich eine Bescheinigung[835] über die freiwillige Prüfung ausstellen[836].

Als gesetzlich verpflichtend durchzuführende Sonderprüfungen[837] gelten die Prüfung des Abhängigkeitsberichts gem. § 313 AktG[838], die Verschmelzungsprüfung gem. § 9 UmwG[839] und die so genannte Squeeze-out-Prüfung[840], welche in § 327f AktG geregelt ist. Letztere befasst sich insbesondere mit der Prüfung der Angemessenheit von geleisteten Abfindungszahlungen im Zusammenhang mit einem gesellschaftsrechtlichen Squeeze-out[841].

In Deutschland unterliegt – wie dargestellt – eine Vielzahl von (Konzern-) Jahresabschlüssen der externen Jahresabschlussprüfung. Nach diesen Begriffsbestimmungen werden im Folgenden der eigentliche Prüfungsgegenstand sowie die mit der prüferischen Tätigkeit zu erreichenden Zielsetzungen einer

---

[831] Vgl. hierzu ausführlich Marten, Kai-Uwe/Quick, Reiner/Ruhnke, Klaus (Wirtschaftsprüfung 2007), S. 673 ff.; Hellberg, Walter (Prüfung 2002), Rn. 28 f.
[832] Vgl. Selchert, Friedrich Wilhelm (Freiwillige Prüfung 2002), Sp. 1738 ff.; Marten, Kai-Uwe/
Quick, Reiner/Ruhnke, Klaus (Wirtschaftsprüfung 2007), S. 673.
[833] Vgl. IDW (Handbuch 2006), Rn. R13; siehe zu freiwilligen Prüfungen auch Küting, Peter (Umbruch 2006), S. 959.
[834] Vgl. IDW (Handbuch 2006), Rn. R14.
[835] Vgl. zur Erteilung von Bescheinigungen ausführlich IDW (Handbuch 2006), Rn. Q1130 ff.
[836] Vgl. IDW (Handbuch 2006), Rn. R14.
[837] Vgl. Puckler, Godehard Herbert (Sonderprüfungen 2005), S. 563.
[838] Vgl. Marten, Kai-Uwe/Quick, Reiner/Ruhnke, Klaus (Wirtschaftsprüfung 2007), S. 659 f.
[839] Vgl. Marten, Kai-Uwe/Quick, Reiner/Ruhnke, Klaus (Wirtschaftsprüfung 2007), S. 667 ff.
[840] Vgl. Marten, Kai-Uwe/Quick, Reiner/Ruhnke, Klaus (Wirtschaftsprüfung 2007), S. 663 ff.
[841] Vgl. zum Squeeze-out bspw. Küting, Karlheinz (Ausschluss 2003), S. 838 ff.

näheren Betrachtung unterzogen. Damit soll ebenso wie mit der Erläuterung des Prüfungsprozesses an späterer Stelle der Arbeit[842] ein Grundverständnis für die Aufgabe des Abschlussprüfers vermittelt werden.

3.1.4 Gegenstand, Umfang und Ziele der externen Jahresabschlussprüfung

Die weiteren Ausführungen befassen sich mit dem Gegenstand und dem Umfang sowie den damit verfolgten Zielsetzungen einer externen Jahresabschlussprüfung[843]. Das HGB beschreibt den *Gegenstand* der Prüfung des Einzelabschlusses in § 316 Abs. 1 Satz 1 HGB, den der Konzernabschlussprüfung in § 316 Abs. 2 Satz 1 HGB: Es handelt sich dabei um den (Konzern-) Jahresabschluss sowie den (Konzern-) Lagebericht. Wurden an dem Abschluss oder Lagebericht nach erfolgter Prüfung noch Änderungen vorgenommen, unterliegen diese Änderungen der so genannten Nachtragsprüfung[844]. Folglich werden in die Prüfung des Einzelabschlusses die Bilanz, die Gewinn- und Verlustrechnung[845] und – sofern vorhanden – der Anhang[846] und der Lagebericht[847] mit einbezogen. Gegenstand der Konzernabschlussprüfung sind die Konzernbilanz, die Konzern-Gewinn- und Verlustrechnung, der Konzernanhang, die Konzernkapitalflussrechnung[848], der Konzerneigenkapitalspiegel sowie der

---

[842] Vgl. hierzu die Ausführungen unter Gliederungspunkt 3.1.5, S. 163 ff.
[843] Die einzelnen Regelungen haben insbesondere durch KonTraG, TransPuG und BilReG Änderungen erfahren; vgl. bspw. Forster, Karl-Heinz (Regierungsentwurf 1998), S. 41 ff. Aktuell sind weitere Neuerungen der gesetzlichen Bestimmungen zur Abschlussprüfung durch das BilMoG geplant; vgl. hierzu z.B. Petersen, Karl/Zwirner, Christian (Abschlussprüfung 2008), S. 50 ff.; Petersen, Karl/Zwirner, Christian (Umbruch 2008), S. 27 ff.
[844] Vgl. § 316 Abs. 3 HGB. Von einer Nachtragsprüfung wird dann gesprochen, wenn sich nach der Vorlage des Prüfungsberichts noch Änderungen am Jahresabschluss ergeben haben und der Prüfer diese Änderungen nachträglich einer Prüfung unterzogen hat; vgl. hierzu Baetge, Jörg/Fischer, Thomas R./Sickmann, Eric (Pflicht 2003), Rn. 17.
[845] Vgl. Hellberg, Walter (Prüfung 2002), Rn. 38 ff.
[846] Vgl. Hellberg, Walter (Prüfung 2002), Rn. 42 f.
[847] Vgl. zur Prüfung des Lageberichts Küting, Karlheinz/Hütten, Christoph (Lagebericht 2000), S. 424 ff.; Scherff, Susanne/Willeke, Clemens (Lagebericht 2006), S. 143 ff.; Hellberg, Walter (Prüfung 2002), Rn. 44 ff.; Selchert, Friedrich Wilhelm/Greinert, Markus (Lagebericht 2002), Rn. 1 ff.
[848] Vgl. zur Prüfung der Konzernkapitalflussrechnung Lenz, Hansrudi/Focken, Elke (Prüfung 2000), S. 495 ff.

Konzernlagebericht[849]. § 317 Abs. 1 Satz 1 HGB bestimmt darüber hinaus, dass auch die Buchführung zum Prüfungsgegenstand zählt. Bei börsennotierten AG ist der Jahresabschlussprüfer zudem gem. § 317 Abs. 4 HGB zu einer Beurteilung verpflichtet, „ob der Vorstand die ihm nach § 91 Abs. 2 des Aktiengesetzes obliegenden Maßnahmen in einer geeigneten Form getroffen hat und ob das danach einzurichtende Überwachungssystem seine Aufgaben erfüllen kann"[850]. Die beiden Vorschriften des § 317 Abs. 4 HGB sowie § 91 Abs. 2 AktG „dienen dazu, möglichst frühzeitig Risiken und Fehlentwicklungen zu erkennen, um Gefährdungen des Fortbestandes des Unternehmens zu vermeiden"[851].

Bei einer Konzernabschlussprüfung muss der Abschlussprüfer nach § 317 Abs. 3 Satz 1 HGB auch die im Konzernabschluss zusammengefassten Jahresabschlüsse prüfen, insbesondere gehören dazu auch konsolidierungsbedingte Anpassungsbuchungen im Zusammenhang mit dem Übergang von der HB I auf die HB II und der Herstellung einer konzerneinheitlichen Bilanzierung und Bewertung[852].

---

[849] Nach § 297 Abs. 1 Satz 2 HGB kann der Konzernabschluss freiwillig um eine Segmentberichterstattung erweitert werden, die dann auch der Prüfung unterliegt. Vgl. zur Prüfung des Konzernlageberichts Küting, Karlheinz/Hütten, Christoph (Lagebericht 2000), S. 424 ff. Im Rahmen der materiellen Prüfung werden die Rechenwerke auf die sachliche Richtigkeit ihrer einzelnen Posten untersucht; vgl. Coutre, Walter (Materielle Revisionen 1933), S. 65 f.; Gerstner, Paul (Bilanzen 1933), S. 698 ff.
Mit Blick auf kapitalmarktorientierte Unternehmen ist darauf hinzuweisen, dass diese nur einen Teil der vom Kapitalmarkt verlangten Informationen in den Lagebericht aufnehmen müssen. Werden darüber hinausgehende Informationen außerhalb von Jahresabschluss und Lagebericht im Geschäftsbericht, präsentiert, unterliegen diese nicht der Prüfung durch einen Abschlussprüfer. Vgl. zu dieser Thematik auch Fey, Gerd (Unternehmensberichterstattung 2002), S. 178 ff.

[850] Vgl. zu Möglichkeiten und Grenzen dieser Prüfung Giese, Rolf (Risikomanagementsystem 1998), S. 452 ff.; Giese, Rolf (Risikomanagementsystem 2000), S. 465 ff.; Schindler, Joachim/Rabenhorst, Dirk (Risikofrüherkennungssystem 2001), Rn. 78 ff.; Zimmer, Daniel (Gegenstand 2002), Rn. 29 ff.; Grewe, Wolfgang/Plendl, Martin (Redepflicht 2002), Sp. 2006 ff.
Börsennotierte AG sind Gesellschaften, deren Aktien zu einem von staatlich anerkannten Stellen geregelten und überwachten sowie regelmäßig stattfindenden und der Öffentlichkeit mittelbar oder unmittelbar zugänglichen Markt zugelassen sind; vgl. § 3 Abs. 2 AktG.

[851] BT-Drucks. 13/9712, S. 27. Vgl. zur Entwicklung beider Vorschriften Brebeck, Frank/Herrmann, Dagmar (Frühwarnsystem 1997), S. 382 ff.

[852] Vgl. Küting, Karlheinz/Weber, Claus-Peter (Konzernabschluss 2008), S. 179 ff.; Busse von Colbe, Walther/Ordelheide, Dieter/Gebhardt, Günther/Pellens, Bernhard (Konzernabschlüsse 2006), S. 648 f.

Die Abschlussprüfung beinhaltet insbesondere die Prüfung der ordnungsgemäßen Anwendung der für das Unternehmen geltenden Rechnungslegungsvorschriften[853]. Im Zuge der fortschreitenden Internationalisierung der Rechnungslegung[854], auch durch die EU-Verordnung vom 19.07.2002, muss ein Wirtschaftsprüfer über Kenntnisse in mehreren Rechnungslegungswelten verfügen[855].

Das HGB enthält zwar in den §§ 316 und 317 HGB klare Vorgaben zum Prüfungsgegenstand, es fehlen allerdings im Gesetz eindeutige Regelungen zur Bestimmung des Prüfungsumfangs. Dennoch lässt sich dieser „aus dem Zusammenspiel zwischen Gegenstand und Zweck der Prüfung sowie den Vorgaben für die Arbeitsweise der Prüfer ermitteln, die jeweils gesetzlich geregelt sind"[856]. Die Prüfung des Jahresabschlusses und der Buchführung hat sich gem. § 317 Abs. 1 Satz 2 HGB darauf zu erstrecken, ob die gesetzlichen Vorschriften ebenso wie die sie ergänzenden Bestimmungen aus Gesellschaftsvertrag oder Satzung beachtet wurden[857]. Letztere können zusätzlich zum HGB ebenfalls die Aufstellung des Jahresabschlusses betreffende Regelungen enthalten[858]. Diese dürfen jedoch die gesetzlichen Vorschriften lediglich ergänzen und sie weder einschränken noch ändern[859].

Der Zweck der Abschlussprüfung liegt darin, die Verlässlichkeit der in Jahresabschluss und Lagebericht enthaltenen Informationen zu bestätigen und insoweit deren Glaubhaftigkeit zu erhöhen[860]. Insbesondere geht es dabei um

---

Wurden alle oder einzelne einbezogenen Einzelabschlüsse bereits von einem anderen Prüfer als dem Konzernabschlussprüfer nach den Vorschriften des HGB geprüft, so müssen diese nicht noch einmal vom Konzernabschlussprüfer geprüft werden; vgl. § 317 Abs. 3 Sätze 2 und 3 HGB; Baetge, Jörg/Fischer, Thomas R./Stellbrink, Jörn (Gegenstand und Umfang 2003), Rn. 90; Förschle, Gerhart/Küster, Thomas (Gegenstand und Umfang 2006), Rn. 43.

[853] Vgl. Hellberg, Walter (Prüfung 2002), Rn. 13.
[854] Vgl. Zwirner, Christian (IFRS-Bilanzierungspraxis 2007), S. 113 ff.
[855] Dies beschränkt sich nicht nur auf diejenigen Abschlussprüfer, die die ‚großen Konzerne' prüfen, denn auch kleinere und mittlere Unternehmen müssen u.U. aufgrund ihrer Konzernzugehörigkeit Zahlen auf Basis von IFRS- oder US-GAAP-Normen bereitstellen.
[856] Zimmer, Daniel (Gegenstand 2002), Rn. 4. Die angesprochenen gesetzlichen Regelungen finden sich in den §§ 316, 317, 321, 322, 323 Abs. 1 HGB.
[857] Vgl. Förschle, Gerhart/Küster, Thomas (Gegenstand und Umfang 2006), Rn. 12; Baetge, Jörg/Fischer, Thomas R./Stellbrink, Jörn (Gegenstand und Umfang 2003), Rn. 3 f.
[858] Vgl. Adler, Hans/Düring, Walther/Schmaltz, Kurt (Gegenstand und Umfang 2000), Rn. 20. Solche Regelungen betreffen häufig die Dotierung der Rücklagen oder auch gewinnabhängige Bezüge von Verwaltungsorganen.
[859] Vgl. Förschle, Gerhart/Küster, Thomas (Gegenstand und Umfang 2006), Rn. 12; Förschle, Gerhart/Küster, Thomas (Gegenstand und Umfang 2006), Rn. 14.
[860] Vgl. IDW PS 200, Tz. 8.

die Prüfung und Bestätigung der Gesetzmäßigkeit von Ansatz, Ausweis und Bewertung von Vermögensgegenständen und Schulden sowie der ordnungsgemäßen Periodenzuordnung von Aufwendungen und Erträgen[861]. Dabei wird vor allem die Einhaltung der Vorschriften des HGB über die Buchführung und das Inventar[862], den Jahresabschluss allgemein[863], die Bilanzierung[864] und Bewertung[865], die Gliederung des Jahresabschlusses[866] sowie über die Angaben in Anhang[867] und Lagebericht[868] untersucht[869]. Bei seiner Tätigkeit hat der Abschlussprüfer eine kritische Grundhaltung einzunehmen[870]. Soweit die Rechnungslegungsvorschriften im Gesetz nicht abschließend eindeutig geregelt sind, hat der Abschlussprüfer – ebenso wie der Bilanzierende – bei der Beurteilung ihrer Anwendung auch die allgemein anerkannten GoB und die Verlautbarungen anerkannter Fachgremien zugrunde zu legen[871]. Die Abschlussprüfung erstreckt sich primär auf die die Rechnungslegung betreffende Gebiete und nicht darauf, festzustellen, ob ein Unternehmen sämtliche Vorschriften bspw. des Steuerrechts, des Sozialversicherungs- und des Arbeitsrechts oder ähnliche gesetzliche Regelungen eingehalten hat[872].

Sowohl der sachliche als auch der zeitliche Umfang der Jahresabschlussprüfung orientieren sich stets am Einzelfall und können daher nicht allgemein gültig festgelegt werden[873]. Es ist unabdingbar, einem Wirtschaftsprüfer die Möglichkeit zur Beachtung unternehmensindividueller Besonderheiten einzuräumen. Der Rahmen einer Jahresabschlussprüfung wird von der verfolgten Zielsetzung, der verfügbaren Zeit und den unter Wirtschaftlichkeitsgesichtspunkten nicht zu vernachlässigenden Kosten abgesteckt. U.a. ist es in der Regel nicht möglich, eine Vollprüfung durchzuführen, sondern unter Heranzie-

---

[861] Vgl. Ludewig, Rainer (Kriminelle Energien 1995), S. 406.
[862] Vgl. §§ 238-241 HGB.
[863] Vgl. §§ 242-245 HGB.
[864] Vgl. §§ 246-251 HGB.
[865] Vgl. §§ 252-256 HGB, §§ 279-283 HGB und § 308 f. HGB.
[866] Vgl. § 266 HGB und § 275 HGB.
[867] Vgl. §§ 284-288 HGB und § 313 f. HGB.
[868] Vgl. § 289 HGB und § 315 HGB.
[869] Vgl. zu dieser Aufzählung weitergehend Adler, Hans/Düring, Walther/Schmaltz, Kurt (Gegenstand und Umfang 2000), Rn. 24.; IDW (Vergleichende Darstellung 1998), S. 105.
[870] Vgl. Busse von Colbe, Walther/Ordelheide, Dieter/Gebhardt, Günther/Pellens, Bernhard (Konzernabschlüsse 2006), S. 643.
[871] Vgl. Adler, Hans/Düring, Walther/Schmaltz, Kurt (Gegenstand und Umfang 2000), Rn. 20.
[872] Vgl. IDW PS 201, Tz. 9.
[873] Vgl. Busse von Colbe, Walther/Ordelheide, Dieter/Gebhardt, Günther/Pellens, Bernhard (Konzernabschlüsse 2006), S. 643.

hung geeigneter Verfahren wird eine Auswahlprüfung vorgenommen[874]. Konkret hängt der Umfang von der Anzahl und der Bedeutung der Jahresabschlussposten, vom Schwierigkeitsgrad der zu beurteilenden Sachverhalte und von der Häufigkeit sowie der Wesentlichkeit aufgetretener Prüfungsfeststellungen ab[875].

Die Ausführungen zeigen, dass es sich bei der externen Jahresabschlussprüfung um eine *Gesetzes- und Ordnungsmäßigkeitsprüfung* handelt[876]. Primäres Ziel der Abschlussprüfung ist es damit nicht – wie fälschlicherweise vielfach von der Öffentlichkeit angenommen –, Accounting Fraud aufzudecken. Bei der Jahresabschlussprüfung handelt es sich m.a.W. nicht um eine Unterschlagungsprüfung[877]. Die Divergenz zwischen der Erwartung der Öffentlichkeit an den Berufsstand der Wirtschaftsprüfer und dessen tatsächlicher Aufgabe wird in der Literatur als Erwartungslücke (Expectation Gap)[878] bezeichnet[879]. Obwohl ein positives Urteil des Abschlussprüfers in seinem Testat natürlich als deutliches Zeichen für eine ordnungsgemäße Rechnungslegung angesehen

---

[874] Vgl. hierzu die Ausführungen unter Gliederungspunkt 3.1.5, S. 163 ff.
[875] Vgl. Förschle, Gerhart/Küster, Thomas (Gegenstand und Umfang 2006), Rn. 10.
[876] Vgl. IDW (Handbuch 2006), Rn. R1; Marten, Kai-Uwe/Quick, Reiner/Ruhnke, Klaus (Wirtschaftsprüfung 2007), S. 18.
[877] Unter einer Unterschlagungsprüfung wird eine freiwillige Prüfung verstanden, die häufig auch von der Internen Revision eines Unternehmens – aufgrund deren besseren Einblicks in das Unternehmensgeschehen sowie der weniger auffälligen Möglichkeit zur Prüfung von Sachverhalten – durchgeführt wird. Dabei wird gezielt nach nicht zulässigen Handlungen wie Unterschlagungen, Untreue oder Urkundenfälschung gesucht; vgl. Marten, Kai-Uwe/Quick, Reiner/Ruhnke, Klaus (Wirtschaftsprüfung 2007), S. 731 f.; Hofmann, Rolf (Dolose Handlungen 1988), S. 60 ff.; Odenthal, Roger (Mitarbeiterkriminalität 2005), S. 232 f.; Marten, Kai-Uwe/Quick, Reiner/Ruhnke, Klaus (Wirtschaftsprüfung 2007), S. 730 ff.; Meyer zu Lösebeck, Heiner (Unterschlagung 1983), S. 174 ff.; Hofmann, Rolf (Unterschlagung 1997), S. 256 ff.; Leffson, Ulrich (Wirtschaftsprüfung 1988), S. 381 ff.; Meyer zu Lösebeck, Heiner (Unterschlagung 2002), Sp. 2452 ff.; Ebeling, Michael/Böhme, Carsten (Unterschlagungsprüfungen 2000), S. 467 ff.; Post, Kurt/Post, Manfred (Unterschlagung 1971), S. 87 ff.
[878] Vgl. zur Erwartungslücke ausführlich bspw. Bahr, Andreas (Vertrauen 2003); Richter, Thomas (Jahresabschlussprüfung 2003), S. 41 ff.; Marten, Kai-Uwe/Köhler, Annette G. (Erwartungslücke 2002); Hucke, Anja (Beziehung 2003), S. 121; Marten, Kai-Uwe/Köhler, Annette G. (Erwartungslücke 2002), Sp. 703 ff.; Clemm, Hermann (Bedeutung 1977), S. 145 ff.; Forster, Karl-Heinz (Erwartungslücke 1994); Kaduk, Michael (Unregelmäßigkeiten 2007), S. 5 ff.; Wolz, Matthias (Erwartungslücke 1998), S. 122 ff.; Dörner, Dietrich (Überwachungsorgan 1995), S. 190 ff.; Ruhnke, Klaus/Deters, Eric (Erwartungslücke 1997), S. 932; Connor, Joseph E. (Public Confidence 1986), S. 77; Böcking, Hans-Joachim/Orth, Christian (Erwartungslücke 1998), S. 352 f.; Biener, Herbert (Erwartungslücke 1995), S. 37 ff.; Guy, Dan M./Sullivan, Jerry D. (Expectation Gap 1988), S. 36 ff.; Forster, Karl-Heinz (Erwartungslücke 1994), S. 789 ff.
[879] Vgl. Richter, Thomas (Jahresabschlussprüfung 2003), S. 41 ff.

werden muss, lässt sich daraus keine Garantie für das zukünftige Überleben der Gesellschaft ableiten. Ein uneingeschränkter Bestätigungsvermerk ist zwar ein Beleg dafür, dass der Abschlussprüfer bei gewissenhafter Berufsausübung keine sich wesentlich auf die Vermögens-, Finanz- und Ertragslage des Unternehmens auswirkenden Unrichtigkeiten und Verstöße aufgedeckt hat[880], er stellt jedoch keinesfalls ein Gesundheitstestat für das Unternehmen oder eine Bestätigung der Integrität von Management und Mitarbeitern dar[881]. Bereits im Jahr 1954 hat der Bundesgerichtshof (BGH) hierzu festgestellt, dass es nicht Aufgabe des Abschlussprüfers ist, „die Geschäftsführung der Verwaltung zu untersuchen und zu beanstanden, fehlerhafte Entschlüsse zu verhindern oder Vorstand und Aufsichtsrat die Verantwortung abzunehmen"[882]. Dies alles bedeutet, dass mit Blick auf Bilanzmanipulationen deren Aufdeckung nicht das primäre Ziel einer Jahresabschlussprüfung ist – auch wenn dies in der Öffentlichkeit vielfach so gesehen wird und nicht zuletzt deshalb der Berufsstand der Wirtschaftsprüfer so stark in die Kritik geraten ist[883]. Ein Prüfer geht nämlich zunächst von einer positiven Grundannahme, d.h. einer ordnungsmäßigen Rechnungslegung, aus und ‚fahndet' nicht – einem Kriminalbeamten gleich – von vornherein nach unrechtmäßigen Tatbeständen. Dennoch haben die Erläuterungen ausgewählter Bilanzskandale an anderer Stelle gezeigt, dass in manchen Fällen die Vergehen so eindeutig und offensichtlich waren, dass sie durchaus im Rahmen einer ‚normalen' Jahresabschlussprüfung und bei gewissenhafter Berufsausübung vom Abschlussprüfer hätten erkannt werden müssen[884].

Aufbauend auf den bisherigen Erläuterungen zum Prüfungsbegriff sowie zu Gegenstand, Umfang und Ziel der Jahresabschlussprüfung werden nachfolgend die generelle Ausrichtung sowie der Ablauf des Prüfungsprozesses beschrieben. Hierauf aufbauend wird dann an späterer Stelle die veränderte und an die bestehende Gefahr von Accounting Fraud angepasste Aufgabenwahrnehmung abgeleitet[885].

---

[880] Vgl. hierzu die Anforderung in § 317 Abs. 1 Satz 3 HGB.
[881] Vgl. Baetge, Jörg (Redepflicht 1995), S. 3 f.; Havermann, Hans (Aufgaben 1977), S. 145; Bömelburg, Peter/Köbrich, Michael (Unregelmäßigkeiten 1998), S. 121.
[882] BGH-Urteil vom 15.12.1954, II ZR 322/53, S. 23.
[883] Vgl. zur Kritik bspw. Küting, Karlheinz (Sextanerfehler 2002); Küting, Karlheinz (Strafen 2002); Küting, Karlheinz (Trennung 2002); Küting, Karlheinz (Prüfungsskandal 2002); Küting, Karlheinz (Bilanzsystem 2002); Theisen, Manuel René (Zusammenarbeit 1994), S. 809; o.V. (Wirtschaftsprüfer 1994), S. 23.
[884] Vgl. hierzu die Ausführungen unter Gliederungspunkt 2.2.5, S. 49 ff.
[885] Vgl. hierzu die Ausführungen unter Gliederungspunkt 4.3, S. 340 ff.

3.1.5 Generelle Ausrichtung und grundsätzlicher Ablauf der externen Jahresabschlussprüfung

3.1.5.1 Vorbemerkungen

Das deutsche Handelsrecht verlangt zwar von einem Abschlussprüfer, dass dieser seine Prüfung so anzulegen und auszurichten hat, dass „Unrichtigkeiten und Verstöße gegen die in Satz 2[886] aufgeführten Bestimmungen, die sich auf die Darstellung des sich nach § 264 Abs. 2 [HGB; d. Verf.] ergebenden Bildes der Vermögens-, Finanz- und Ertragslage des Unternehmens wesentlich auswirken, bei gewissenhafter Berufsausübung erkannt werden"[887]. Diese Aussage ist allerdings relativiert zu betrachten. So ist der Ausdruck ‚gewissenhafte Berufsausübung' so zu verstehen, dass die von einem Wirtschaftsprüfer durchzuführenden Prüfungshandlungen zur Aufdeckung von Unrichtigkeiten und Verstößen nicht den Umfang einer Unterschlagungsprüfung annehmen sollen[888]. Im Rahmen einer ordnungsmäßigen Prüfungsdurchführung und bei gewissenhafter Berufsausübung muss ein Prüfer jedoch feststellen, ob der von ihm analysierte Abschluss wesentliche falsche Angaben enthält, die möglicherweise die Folge von Accounting Fraud sind[889].

Das Ziel der Jahresabschlussprüfung, einen Prüfer in die Lage zu versetzen, zu einem vertrauenswürdigen Urteil zu gelangen, ob ein Abschluss in allen wesentlichen Punkten übereinstimmend mit den zugrunde gelegten Rechnungslegungsgrundsätzen aufgestellt worden ist[890], erfordert eine einheitliche und allgemein anerkannte Basis. Die im Folgenden erläuterten Grundsätze ordnungsmäßiger Abschlussprüfung (GoA) stellen eine solche Grundlage dar.

3.1.5.2 Grundsätze ordnungsmäßiger Abschlussprüfung

Da eine Prüfung immer wieder unternehmensindividuell durchgeführt werden muss, ist es weder möglich noch sinnvoll, den gesamten Prüfungsprozess ver-

---

[886] Gemeint sind gesetzliche Vorschriften sowie die sie ergänzenden satzungsmäßigen oder gesellschaftsvertraglichen Bestimmungen; vgl. § 317 Abs. 1 Satz 2 HGB.
[887] § 317 Abs. 1 Satz 3 HGB, im Original ohne Fußnote. Vgl. zur Terminologie ‚Unrichtigkeiten und Verstöße' die Ausführungen unter Gliederungspunkt 2.2.1, S. 13 ff.
[888] Vgl. Marten, Kai-Uwe/Quick, Reiner/Ruhnke, Klaus (Wirtschaftsprüfung 2007), S. 423 und S. 731; Dörner, Dietrich (Wirtschaftsprüfung 1998), S. 317; IDW (Handbuch 2006), Rn. R2; Schindler, Joachim/Rabenhorst, Dirk (KonTraG 1998), S. 1889 f.; Hofmann, Rolf (Wirkungsgrad 1991), S. 2251; Nonnenmacher, Rolf (Governance 2003), S. 302; Walter, Peter (Deliktische Handlungen 1985), S. 258 f.
[889] Vgl. IDW PS 201, Tz. 11.
[890] Vgl. Baetge, Jörg/Matena, Sonja (Überlegungen 2003), S. 183; Baetge, Jörg (Vergleich 1997), S. 438 f.; Schruff, Wienand (Anforderungen 2001), S. S94.

traglich oder gar gesetzlich detailliert zu regeln[891]. Vor diesem Hintergrund bilden die allgemeiner gehaltenen *GoA* die Basis für die prüferischen Arbeiten[892]. Die GoA sind zentraler Bestandteil der Diskussion um die Qualität der Abschlussprüfung, ohne dass sie verbindlich definiert sind oder einheitlich verstanden werden[893]. Sie bilden ein System überindividueller Normen, die für den Abschlussprüfer den wesentlichen Rahmen seiner beruflichen Tätigkeit darstellen[894]. Der primäre Zweck der GoA liegt in der Sicherstellung eines Mindestniveaus für die Durchführung von Abschlussprüfungen. Sie bilden folglich den Maßstab und legen das „Soll für die Qualifikation des Prüfers und die Qualität seiner Arbeit"[895] fest[896]. So werden Gerichte und andere Institutionen, die berechtigt bzw. verpflichtet sind, die Qualität der Arbeit eines Abschlussprüfers und dessen Qualifikation zu untersuchen und beurteilen, durch den Abgleich des Ist-Zustands mit dem durch die GoA definierten Soll-Zustand in die Lage versetzt, ihre Aufgabe zu erfüllen[897]. Darüber hinaus sollen die GoA der Steuerung der Verhaltensweise von Prüfern dienen[898] sowie die nur allgemein gehaltenen gesetzlichen Regelungen auslegen und ergänzen[899].

Im Gegensatz zu den (teilweise) gesetzlich kodifizierten GoB[900] findet sich der Begriff der GoA nicht in deutschen Gesetzen[901]. Leffson zufolge besteht

---

[891] Vgl. Wysocki, Klaus von (Grundlagen 1988), S. 24.
[892] Vgl. zu den GoA Stibi, Eva (Prüfungsrisikomodell 1995), S. 31 ff.; Marten, Kai-Uwe/Quick, Reiner/Ruhnke, Klaus (Lexikon 2006), S. 356 ff.
[893] Vgl. Richter, Thomas (Jahresabschlussprüfung 2003), S. 67.
[894] Vgl. Rückle, Dieter (Grundsätze 2002), Sp. 1026; Niemann, Walter (Durchführung 2003), S. 1454; Rückle, Dieter/Klatte, Volkmar (Grundsätze 1994), S. 138; IFU-Institut (Kontrollsystem 2005), S. 10. Ähnlich äußert sich auch Leffson, der die GoA als „System von Normen, die die Vertrauenswürdigkeit von Urteilsprozessen im wirtschaftlichen Prüfungswesen unter der Nebenbedingung der Wirtschaftlichkeit der Urteilsprozesse sichern sollen" (Leffson, Ulrich (Wirtschaftsprüfung 1988), S. 101) bezeichnet.
[895] Kicherer, Hans-Peter (Grundsätze 1970), S. 30.
[896] Vgl. zur Ausbildung deutscher Abschlussprüfer und den vermittelten Qualifikationen bspw. Coenenberg, Adolf Gerhard/Haller, Axel/Marten, Kai-Uwe (Accounting Education 1999), S. 367 ff.; Biener, Herbert (Erwartungslücke 1995), S. 43 ff.; Brinkmann, Ralph/Leibfried, Peter (Ausbildung 2003), S. 84 ff., S. 196 ff. und S. 291 ff.
[897] Vgl. Kicherer, Hans-Peter (Grundsätze 1970), S. 30.
[898] Vgl. Rückle, Dieter/Klatte, Volkmar (Grundsätze 1994), S. 162, die von der Präskriptionsfunktion der GoA sprechen.
[899] Vgl. Rückle, Dieter/Klatte, Volkmar (Grundsätze 1994), S. 162, die von der Interpretations- und Ergänzungsfunktion der GoA sprechen.
[900] Diese werden in § 264 Abs. 2 Satz 1 HGB dem Namen nach explizit erwähnt. Eine Konkretisierung, was sich hinter den GoB verbirgt, unterbleibt indes. Vgl. zu den GoB statt vieler ausführlich Leffson, Ulrich (GoB 1987); zur Entwicklung der GoB siehe auch Taupitz, Jochen (Entwicklung 1990).
[901] Vgl. Niemann, Walter (Durchführung 2003), S. 1454.

indes hinsichtlich Rechtsnatur und Rechtsgeltung kein materieller Unterschied zwischen GoB und GoA, auch wenn nur einer der beiden Begriffe gesetzliche Erwähnung findet[902]. Vielmehr stellen beide Normensysteme „gleichermaßen Auslegungsregeln unbestimmter Rechtsbegriffe"[903] dar. Dieser Ansicht von Leffson ist zuzustimmen. Dennoch sind Teile der GoA gesetzlich kodifiziert und finden sich an zahlreichen Stellen sowohl im HGB[904] als auch in der WPO[905] wieder[906]. Diese enthalten allerdings wiederum eine Vielzahl unbestimmter Rechtsbegriffe, die für jeden Einzelfall interpretiert werden müssen. Dabei wird sowohl auf berufsständische und gerichtliche Auslegungen als auch auf die im Schrifttum vertretenen Interpretationen zurückgegriffen[907]. Allerdings kommt diesen Interpretationen keine rechtliche Verbindlichkeit zu, da im Fall von gerichtlichen Auseinandersetzungen das mit dem Rechtsstreit betraute Gericht allein über den Inhalt und die Interpretation der unbestimmten Rechtsbegriffe in den GoA entscheidet.

Der weitaus überwiegende Teil der GoA ist jedoch nicht gesetzlich kodifiziert, sondern setzt sich aus praxisrelevanten Interpretationen zusammen. Allen voran ist an dieser Stelle die BS WP/vBP zu nennen[908]. Diese konkretisiert

---

[902] Vgl. Leffson, Ulrich (Wirtschaftsprüfung 1988), S. 101. Leffson spricht hier von den Grundsätzen ordnungsmäßiger Wirtschaftsprüfung (GoW), die er als Untergruppe der GoA klassifiziert. Vgl. weiterhin Ruhnke, Klaus (Normierung 2000), S. 75; Wysocki, Klaus von (Grundsätze 1977), S. 177.

[903] Leffson, Ulrich (Wirtschaftsprüfung 1988), S. 101.

[904] Im HGB finden sich zu den GoA gehörende Regelungen in den §§ 317-324, 332 und 333 HGB.

[905] Die WPO enthält in den §§ 43, 44, 49 und 52 WPO Regelungen, die zu den GoA zählen.

[906] Vgl. Niemann, Walter (Durchführung 2003), S. 1454. Niemann geht auch darauf ein, dass ergänzend zu den Regelungen in HGB und WPO die allgemeinen zivilrechtlichen Bestimmungen des BGB Gültigkeit besitzen, die auf das der Prüfung zugrunde liegende Auftragsverhältnis Anwendung finden. Insbesondere sind dies § 157 BGB zur Auslegung von Verträgen, die Pflicht zur Leistung nach Treu und Glauben gem. § 242 BGB und die Bestimmungen des § 276 Abs. 1 BGB zur Verantwortlichkeit des Schuldners.

[907] Vgl. Niemann, Walter (Durchführung 2003), S. 1454.

[908] Vgl. Satzung der Wirtschaftsprüferkammer über die Rechte und Pflichten bei der Ausübung der Berufe des Wirtschaftsprüfers und des vereidigten Buchprüfers (Berufssatzung für Wirtschaftsprüfer/vereidigte Buchprüfer – BS WP/vBP) unter www.wpk.de/pdf/BS-WPvBP.pdf (Stand: 15.04.2008).

die in § 43 WPO normierten allgemeinen und besonderen Berufspflichten[909]. Zu den allgemeinen Berufspflichten zählen u.a. Unabhängigkeit, Verschwiegenheit, Gewissenhaftigkeit, Eigenverantwortlichkeit sowie berufswürdiges Verhalten[910]. Die besonderen Berufspflichten betreffen u.a. die Durchführung von Prüfungen, die berufliche Zusammenarbeit sowie die berufswidrige Werbung. Daneben finden sich zahlreiche GoA in Form von berufsständischen Interpretationen in den Verlautbarungen des IDW.

Aus dem Bereich der GoA stehen insbesondere die Unbefangenheit bzw. Unabhängigkeit sowie die sorgfältige und gewissenhafte Berufsausübung im besonderen Fokus der Diskussion um Accounting Fraud. Daher ist nachfolgend auf diese Grundsätze gesondert einzugehen[911].

3.1.5.3 Unbefangenheit, Unabhängigkeit und gewissenhafte Berufsausübung des Abschlussprüfers

Von zentraler Bedeutung im Zusammenhang mit der Bekämpfung von Accounting Fraud erscheint immer wieder die Sicherstellung der Unbefangenheit und Unabhängigkeit des tätig werdenden Abschlussprüfers[912]. Nicht zuletzt ist gerade dies ein Schwerpunkt bei den Neuregelungen des US-amerikanischen SOX[913] sowie der reformierten EU-Richtlinie zur Abschlussprüfung[914] und dar-

---

[909] Unter der Überschrift ‚Allgemeine Berufspflichten' finden sich in den §§ 1 bis 19 der BS WP/vBP folgende Themen: Grundsatz; Unabhängigkeit; Verbot der Vertretung widerstreitender Interessen; Gewissenhaftigkeit, Fachliche Fortbildung; Qualifikation, Information und Verpflichtung der Mitarbeiter; Ausbildung und Fortbildung der Mitarbeiter; Sicherung der gewissenhaften Berufsausübung; Umgang mit fremden Vermögenswerten; Verschwiegenheit; Verbot der Verwertung von Berufsgeheimnissen; Eigenverantwortlichkeit; Führung von Mitarbeitern; Berufswürdiges Verhalten; Information über die beruflichen Verhältnisse, Fachgebiets- und weitere Tätigkeitsbezeichnungen; Kriterien zur Beschreibung der Vergütungsgrundlagen im Transparenzbericht; Pflichten gegenüber anderen WP/vBP, Mitwirkung bei der Ausbildung; Haftungsbegrenzung; Berufshaftpflichtversicherung; Siegelführung sowie Berufliche Niederlassungen und Zweigniederlassungen. Vgl. auch IDW (Handbuch 2006), Rn. A277 ff.

[910] Vgl. hierzu auch bereits Adler, Hans (Verantwortlichkeit 1933), S. 154 ff.; zum berufswürdigen Verhalten allgemein vgl. Ludewig, Rainer (Verhalten 2007), S. 985 ff. Sofern ein Abschlussprüfer unbefugt Geheimnisse offenbart oder verwertet, ist er strafrechtlichen Konsequenzen des § 333 HGB ausgesetzt; vgl. Quick, Reiner (Geheimhaltungspflicht 2004), S. 1490; Federmann, Rudolf (Bilanzierungsverstöße 2002), Rn. 117 ff.

[911] Vgl. zu den Grundsätzen Ludewig, Rainer (Berufsgrundsätze 2002), Sp. 279 ff.

[912] Vgl. zu dieser Diskussion Quick, Reiner (Spiegel 2005), S. 91 ff.; Ewert, Ralf (Unabhängigkeit 2002), Sp. 2386 ff.

[913] Vgl. hierzu die Ausführungen unter Gliederungspunkt 2.3.3.3.3, S. 103 ff.

[914] Vgl. hierzu die Ausführungen unter Gliederungspunkt 3.1.2, S. 146 ff.

auf aufbauend auch des deutschen Rechts. Bereits im Vorfeld der Verabschiedung der Neufassung der Abschlussprüferichtlinie am 17.05.2006 hat der deutsche Gesetzgeber mit dem Bilanzrechtsreformgesetz (BilReG) vom 04.12.2006 die bis dahin in § 319 HGB enthaltenen Anforderungen an die Unabhängigkeit eines Abschlussprüfers weiter verschärft[915]. Strengere Anforderungen für so genannte Unternehmen von öffentlichem Interesse[916] finden sich seither zusätzlich in dem neu in das HGB eingefügten § 319a HGB.

Die BS WP/vBP bestimmt, dass ein Prüfer dann als unbefangen gilt, wenn er „sein Urteil unbeeinflusst von unsachgemäßen Erwägungen bildet"[917]. Die *Unbefangenheit* kann durch eigene Interessen, Selbstprüfung, Interessenvertretung oder persönliche Vertrautheit beeinträchtigt werden[918]. Die genannten Faktoren können aus geschäftlichen, finanziellen oder persönlichen Beziehungen resultieren[919]. Eine Besorgnis der Befangenheit ist gegeben, wenn die genannten Faktoren „aus Sicht eines verständigen Dritten geeignet sind, die Urteilsbildung unsachgemäß zu beeinflussen"[920]. Da die innere Einstellung eines Prüfers zu seiner möglichen Befangenheit regelmäßig nicht nachprüfbar und somit nicht feststellbar ist, muss auf die aus objektiven Kriterien abgeleitete Einschätzung eines Dritten abgestellt werden, d.h. ein Rückgriff auf äußere Umstände erfolgen[921]. Neben Befangenheit kann auch eine mangelnde *Unab-*

---

[915] Eine Veränderung dieser Vorschrift forderte Rückle bereits 1995; vgl. Rückle, Dieter (Bestellung 1995), S. 508 ff. Bereits mehrfach haben empirische Ergebnisse belegt, dass „die parallele Vergabe von Prüfungs- und Beratungsaufträgen an denselben Prüfer sowohl für diesen als auch für seinen Auftraggeber Probleme aufwirft"; Quick, Reiner (Spiegel 2005), S. 109; vgl. auch Baetge, Jörg/Matena, Sonja (Überlegungen 2003), S. 185 ff.

[916] Nach § 319a Abs. 1 Satz 1 HGB handelt es sich bei Unternehmen von öffentlichem Interesse um solche Unternehmen, die einen organisierten Markt i.S.d. § 2 Abs. 5 WpHG in Anspruch nehmen. Die Inanspruchnahme knüpft daran, dass die Gesellschaften Finanzinstrumente emittiert haben, die auf diesen Märkten öffentlich und unter staatlicher Kontrolle gehandelt werden. Hierzu zählen insbesondere Aktien, Schuldverschreibungen, Genussscheine und Optionsscheine sowie vergleichbare Wertpapiere. Vgl. hierzu auch Förschle, Gerhart/Schmidt, Stefan (Besondere Ausschlussgründe 2006), Rn. 1 ff.

[917] § 21 Abs. 2 Satz 1 BS WP/vBP. Vgl. zur Befangenheit auch Gelhausen, Hans Friedrich/Heinz, Stephan (Honoraranspruch 2005), S. 693 ff. m.w.N.

[918] Vgl. § 21 Abs. 2 Satz 2 BS WP/vBP; siehe auch Bormann, Michael (Unabhängigkeit 2002), S. 191 ff.

[919] Vgl. § 21 Abs. 2 Satz 4 BS WP/vBP. Vgl. zu diesen und weiteren Befangenheitsgründen Gelhausen, Hans Friedrich/Heinz, Stephan (Honoraranspruch 2005), S. 694 ff.

[920] § 21 Abs. 3 Satz 1 BS WP/vBP; Baetge, Jörg/Matena, Sonja (Überlegungen 2003), S. 184. Vgl. zum Verhältnis zwischen Unabhängigkeit und (Besorgnis der) Befangenheit Bormann, Michael (Unabhängigkeit 2002), S. 190.

[921] Vgl. Begründung zu § 21 BS WP/vBP.

hängigkeit des Abschlussprüfers seine gewissenhafte Berufsausübung gefährden[922]. Um dementsprechend die Unabhängigkeit eines Abschlussprüfers sicherzustellen, verbietet die BS WP/vBP jedem Prüfer das Eingehen von Bindungen, die die berufliche Entscheidungsfreiheit und damit auch die persönliche und wirtschaftliche Unabhängigkeit beeinträchtigen (können)[923]. Die Unabhängigkeit des Prüfers muss sowohl tatsächlich als auch dem Anschein nach gegeben sein[924]. Der deutsche Gesetzgeber hat in den §§ 319 und 319a HGB umfassende Tatbestände aufgeführt, deren Verwirklichung zu einer i.S.d. Gesetzes mangelnden Unabhängigkeit des Abschlussprüfers führt.

Die *Gewissenhaftigkeit in der Berufsausübung* wird explizit sowohl in § 323 Abs. 1 Satz 1 HGB als auch in § 43 Abs. 1 WPO verlangt. Nähere Erläuterungen hierzu finden sich in § 4 BS WP/vBP[925]. Demnach gilt:

- Ein Wirtschaftsprüfer muss das Gesetz sowie die für die Berufsausübung geltenden Bestimmungen und fachlichen Verlautbarungen kennen und beachten[926].
- Aufträge dürfen nur bei Vorliegen entsprechender Sachkunde und ausreichender Zeit angenommen werden[927].
- Zur Gewährleistung einer ordnungsgemäßen Auftragsabwicklung ist eine sachgerechte Gesamtplanung erforderlich[928].
- Das Auftragsverhältnis muss beendet werden, wenn nachträglich Umstände eintreten, aufgrund derer der Auftrag hätte abgelehnt werden müssen[929].

Die vorstehenden Ausführungen haben deutlich gemacht, dass der gesamte Komplex der externen Jahresabschlussprüfung auf einer sehr breit angelegten Basis von gesetzlichen Normen, berufsständischen Verlautbarungen sowie einer Vielzahl weiterer nicht speziell kodifizierter Prüfungsgrundsätze fußt. Die-

---

[922] Vgl. zu möglichen Auswirkungen eines Gebührendrucks auf die Unabhängigkeit des Abschlussprüfers Braun, Frank (Pflichtprüfungen 1996), S. 1000.
[923] Vgl. § 2 Abs. 1 BS WP/vBP; Baetge, Jörg/Matena, Sonja (Überlegungen 2003), S. 184; Ballwieser, Wolfgang (Unabhängigkeit 2001), S. 102.
[924] Vgl. Baetge, Jörg/Thiele, Stefan (Auswahl 2004), Rn. 6.
[925] Vgl. Erläuterung zu § 4 BS WP/vBP.
[926] Vgl. § 4 Abs. 1 BS WP/vBP. Als fachliche Regelungen gelten ausweislich einer gemeinsamen Stellungnahme von WPK und IDW zur Qualitätssicherung in der Wirtschaftsprüferpraxis explizit die Prüfungsstandards des IDW; vgl. VO 1/2006, Tz. 47. Außerdem zählen hierzu auch die übrigen Verlautbarungen des IDW ebenso wie die GoB und die Standards des DRSC; vgl. IDW (Handbuch 2006), Rn. A364. Siehe weiterführend hierzu Marten, Kai-Uwe/Quick, Reiner/Ruhnke, Klaus (Wirtschaftsprüfung 2007), S. 533.
[927] Vgl. § 4 Abs. 2 BS WP/vBP.
[928] Vgl. § 4 Abs. 3 BS WP/vBP.
[929] Vgl. § 4 Abs. 4 BS WP/vBP.

se bilden das Fundament für die nachfolgende grundlegende Beschreibung eines Prüfungsvorgangs von der Planung über die Vorbereitung und die eigentliche Durchführung bis hin zur anschließenden Berichterstattung[930].

3.1.5.4 Aufbau und Ablauf einer externen Jahresabschlussprüfung
3.1.5.4.1 Vorbemerkungen
Der Prüfungsprozess einer externen Jahresabschlussprüfung lässt sich in vier Phasen einteilen: Prüfungsplanung, Prüfungsvorbereitung, Prüfungsdurchführung sowie Berichterstattung über die Prüfung[931]. Für alle Bereiche finden sich in den entsprechenden fachlichen Verlautbarungen Hinweise dazu, wie sie ausgestaltet sein sollten, um eine ordnungsgemäße prüferische Arbeit zu gewährleisten. Auch wenn zunächst der Begriff ‚Abschlussprüfung' insbesondere Assoziationen zur Prüfungsdurchführung weckt und viele dabei nur an Häkchen machende Prüfer denken, stellen die übrigen drei Phasen einen ebenso wichtigen Bestandteil des Prüfungsprozesses dar. Nur durch das Zusammenspiel und eine optimale Abstimmung aller vier Phasen ist eine erfolgreiche Prüfung möglich.

3.1.5.4.2 Prüfungsplanung
Eine Vorgehensweise gilt dann als planvoll, wenn sie einer bestimmten festgelegten Ordnung folgt, die nach wirtschaftlichen Kriterien und unter Beachtung der zwischen den einzelnen Teilaufgaben bestehenden Beziehungen entwickelt wurde[932]. Für die Jahresabschlussprüfung ist die *Prüfungsplanung* ein unverzichtbarer Bestandteil[933]. Ihre Notwendigkeit ergibt sich rechtlich aus der in § 323 Abs. 1 HGB enthaltenen Pflicht zur Verantwortlichkeit des Abschlussprüfers bei der Durchführung einer gewissenhaften Prüfung[934]. Auch § 4 Abs. 3 BS WP/vBP nimmt darauf Bezug und konkretisiert, dass der Prüfer durch eine sachgerechte Gesamtplanung seiner Aufträge die Voraussetzung dafür schaffen muss, dass alle seine Aufträge unter der Beachtung der Berufsgrundsätze ordnungsgemäß und in einer angemessenen Zeitspanne durchge-

---

[930] Vgl. hierzu die Ausführungen unter Gliederungspunkt 3.1.5.4, S. 169 ff.
[931] Vgl. zu einer ähnlichen Einteilung Wagenhofer, Alfred/Ewert, Ralf (Unternehmensrechnung 2007), S. 423.
[932] Vgl. Leffson, Ulrich (Wirtschaftsprüfung 1988), S. 153 f.
[933] Die Prüfungsplanung trägt dazu bei, die Prüfungsbereitschaft sicherzustellen; vgl. Richter, Martin (Prüfungsbereitschaft 2002), Sp. 1771. Siehe zur Prüfungsplanung in der Internen Revision die Ausführungen unter Gliederungspunkt 3.2.5.3.2, S. 215 ff.
[934] Vgl. zur gewissenhaften Berufsausübung auch bereits die Ausführungen unter Gliederungspunkt 3.1.5.3, S. 166 ff.

führt werden können. Die Planung stellt zwar den ersten Schritt des gesamten Prüfungsprozesses dar, sie ist jedoch kein separierbarer Prozessteil, sondern bildet vielmehr einen sachlich abgegrenzten Bereich, der flexibel nahezu während des gesamten Prüfungsprozesses stattfindet[935]. Denn während des Prüfungsprozesses neu gewonnene Erkenntnisse[936] können eine Anpassung der ursprünglichen Planung erforderlich machen[937].

Aufgabe einer sachgerechten Prüfungsplanung ist es, einen „den tatsächlichen Verhältnissen des zu prüfenden Unternehmens angemessene[n] und ordnungsgemäße[n] Prüfungsablauf in sachlicher, personeller und zeitlicher Hinsicht"[938] zu gewährleisten[939]. Sie soll also sicherstellen, dass jeder anstehende Prüfungsauftrag fristgerecht bearbeitet werden kann und der Einsatz der benötigten Mitarbeiter sowie die ggf. notwendige Zusammenarbeit mit anderen Prüfern oder Sachverständigen koordiniert werden können[940]. Die Prüfungsplanung hat großen Einfluss auf die Wirtschaftlichkeit des gesamten Prüfungsprozesses ebenso wie auf die Sicherheit der zu treffenden Prüfungsaussage.

Bei der sachlichen Prüfungsplanung wird der gesamte Prüfungsgegenstand in kleinere so genannte Prüfungsobjekte unterteilt[941]. Eine solche Untergliederung ist die Voraussetzung für die Zuordnung abgegrenzter Arbeits- und Verantwortungsbereiche zu allen an der Prüfung beteiligten Personen. Außerdem ist diese Aufteilung auch für das Festlegen einer sinnvollen zeitlichen Abfolge der durchzuführenden Prüfungshandlungen unerlässlich. Für jedes Prüfungsobjekt werden anschließend gesonderte Prüfungsziele definiert und Art und Umfang der durchzuführenden Prüfungshandlungen unter Berücksichtigung des – noch zu erläuternden – zu erwartenden Fehlerrisikos und des akzeptablen Entdeckungsrisikos festgelegt. Darüber hinaus beinhaltet die sachliche Planung auch die Überlegung, inwieweit auf die Prüfungsergebnisse anderer Prüfer zurückgegriffen werden kann oder sollte, ob spezielle Sachverständige

---

[935] Vgl. IDW (Handbuch 2006), Rn. R44; Marten, Kai-Uwe/Quick, Reiner/Ruhnke, Klaus (Wirtschaftsprüfung 2007), S. 242; Lück, Wolfgang (Rechnungslegung 1999), S. 75.
[936] Hierzu zählen bspw. neue Informationen oder geänderte Erkenntnisse ebenso wie Anzeichen für das Vorliegen von Unrichtigkeiten und Verstößen i.S.d. IDW PS 210.
[937] Vgl. IDW PS 240, Tz. 21.
[938] § 24a BS WP/vBP.
[939] Vgl. Busse von Colbe, Walther/Ordelheide, Dieter/Gebhardt, Günther/Pellens, Bernhard (Konzernabschlüsse 2006), S. 644.
[940] Vgl. IDW PS 240, Tz. 8.
[941] Vgl. Hellberg, Walter (Prüfung 2002), Rn. 66.

hinzugezogen werden sollten und inwiefern Unterstützung vom zu prüfenden Unternehmen selbst zu erwarten ist[942].

Die zeitliche Planung dient der Festlegung des Zeitraums der gesamten Prüfung einerseits ebenso wie für die einzelnen abgrenzbaren Prüfungsaufgaben andererseits[943]. Folglich wird geplant, welche einzelnen Prüfungshandlungen bei welchem Prüfungsobjekt zu welchem Zeitpunkt durchzuführen sind[944]. Bestimmte Prüfungsobjekte müssen aufgrund sachlicher Anforderungen in einer bestimmten Reihenfolge abgearbeitet werden[945]. Zudem müssen auch die Arbeitszeiten des beim zu prüfenden Unternehmen beschäftigten Personals berücksichtigt werden, sofern dieses für die Prüfungsarbeit als Informationsquelle hinzugezogen werden muss[946]. Aufgabe der zeitlichen Prüfungsplanung ist es auch, dafür zu sorgen, dass für unerwartete und kurzfristig notwendige Änderungen im Prüfungsvorgehen stets Zeitreserven einkalkuliert werden[947].

Im Rahmen der personellen Prüfungsplanung gilt es, Entscheidungen darüber zu treffen, wie viele Mitarbeiter mit welcher Qualifikation[948] benötigt werden, um den anstehenden Prüfungsauftrag ordnungsmäßig und gewissenhaft ausführen zu können[949]. Gleichzeitig werden in dieser Phase bereits Entscheidungen darüber getroffen, welche Mitarbeiter – unter Berücksichtigung der zeitlichen Verfügbarkeit – welchen Prüfungsobjekten zugeordnet werden[950]. Dabei ist zu beachten, dass der entsprechende Prüfer bzw. Prüfungsassistent „über die notwendigen Qualifikationen [...], Kenntnisse und Erfahrungen verfügt, damit ein fundiertes [...] Urteil über das Ergebnis der Prüfung ge-

---

[942] Vgl. IDW PS 240, Tz. 20; Marten, Kai-Uwe/Quick, Reiner/Ruhnke, Klaus (Wirtschaftsprüfung 2007), S. 244. Vgl. zur Bedeutung von Accounting Fraud-Spezialisten Wells, Joseph T. (Antifraud Practice 2004), S. 48 ff.; Wells, Joseph T. (Sherlock Holmes 2003), S. 86 ff. und S. 70 ff.
[943] Vgl. Leffson, Ulrich (Wirtschaftsprüfung 1988), S. 154; Hömberg, Reinhold (Prüfungsplanung 2002), Sp. 1859.
[944] Vgl. Hellberg, Walter (Prüfung 2002), Rn. 68.
[945] Vgl. Marten, Kai-Uwe/Quick, Reiner/Ruhnke, Klaus (Wirtschaftsprüfung 2007), S. 245. Bspw. können die planmäßigen Abschreibungen erst geprüft werden, nachdem die Vollständigkeitsprüfung der im Anlagevermögen erfassten Bestände abgeschlossen ist.
[946] Vgl. IDW PS 240, Tz. 20; Marten, Kai-Uwe/Quick, Reiner/Ruhnke, Klaus (Wirtschaftsprüfung 2007), S. 245.
[947] Vgl. IDW PS 240, Tz. 20.
[948] Vgl. zu den Kriterien bspw. IDW PS 240, Tz. 20.
[949] Vgl. Leffson, Ulrich (Wirtschaftsprüfung 1988), S. 154; Sperl, Andreas (Prüfungsplanung 1978), S. 19; Hellberg, Walter (Prüfung 2002), Rn. 67.
[950] Vgl. Leffson, Ulrich (Wirtschaftsprüfung 1988), S. 154; Marten, Kai-Uwe/Quick, Reiner/Ruhnke, Klaus (Wirtschaftsprüfung 2007), S. 244. Siehe ausführlich hierzu auch Wysocki, Klaus von (Grundlagen 1988), S. 274 f.

fällt werden kann"[951]. Das Urteil über jedes einzelne Prüfungsobjekt wird später vom Prüfungsleiter bei der Bildung des Gesamturteils über die Prüfung herangezogen.

Die drei dargestellten Komponenten der sachlichen, zeitlichen und personellen Planung sind nicht unabhängig voneinander, sondern es bestehen vielseitige Interdependenzen, die keinesfalls vernachlässigt werden dürfen[952]. So hängen bspw. der Personal- und der Zeitbedarf von den im konkreten Fall erforderlichen Prüfungshandlungen sowie deren Umfang ab[953]. Außerdem beeinflussen die zeitliche Verfügbarkeit der Mitarbeiter, ihre Qualifikation sowie die gesamte für die Prüfung eingeplante Zeitspanne wiederum die Reihenfolge der Bearbeitung der Prüfungsobjekte und deren Umfang.

Bei der externen Jahresabschlussprüfung werden in der Regel nicht in jedem Jahr die gleichen Bereiche in gleicher Art und Weise untersucht. Vielmehr werden jährlich unterschiedliche Prüfungsschwerpunkte gesetzt, damit so über einen mehrjährigen Zeitraum alle Bereiche intensiv geprüft werden. Bestandteil der Prüfungsplanung ist es auch, bei der jährlich anstehenden Abschlussprüfung die Themen auszuwählen, die in dem zu prüfenden Berichtszeitraum schwerpunktmäßig betrachtet werden sollen[954].

Als Ergebnis der Prüfungsplanung liegen einerseits die detailliert zu behandelnden Prüfungsthemen fest, andererseits ist auch die organisatorische Zusammensetzung des Prüfteams abgeschlossen[955]. Im nächsten Schritt ist es die Aufgabe dieses Prüfteams, die eigentliche Prüfungsdurchführung vorzubereiten. Hierzu gehören die Entwicklung einer Prüfungsstrategie sowie die Erstellung eines Prüfprogramms[956]. Bei der Vorbereitung ebenso wie bei der späteren Prüfungsdurchführung kommt in der Regel der so genannte risikoorientierte Prüfungsansatz zur Anwendung[957].

---

[951] Marten, Kai-Uwe/Quick, Reiner/Ruhnke, Klaus (Wirtschaftsprüfung 2007), S. 244.
[952] Vgl. zu den Interdependenzen Zaeh, Philipp E. (Planung 1999), S. 375 f.; Marten, Kai-Uwe/Quick, Reiner/Ruhnke, Klaus (Wirtschaftsprüfung 2007), S. 245.
[953] Vgl. Leffson, Ulrich (Wirtschaftsprüfung 1988), S. 154 f.
[954] Vgl. zur Erstellung eines mehrjährigen Prüfungsplans Kupsch, Peter (Prüfungsplan 2002), Sp. 1552 ff.
[955] Zur Erinnerung sei nochmals darauf hingewiesen, dass mit diesem Ergebnis die Prüfungsplanung keineswegs endgültig abgeschlossen ist. Je nach den während des weiteren Fortgangs des Prüfungsprozesses erzielten Erkenntnissen können Veränderungen dieser Planung erforderlich werden.
[956] Vgl. hierzu die Ausführungen unter Gliederungspunkt 3.1.5.4.3.1, S. 173 f.
[957] Vgl. hierzu die Ausführungen unter Gliederungspunkt 3.1.5.4.3.2, S. 174 ff.

3.1.5.4.3 Prüfungsvorbereitung
3.1.5.4.3.1 Prüfungsstrategie und Prüfprogramm

Die zu entwickelnde *Prüfungsstrategie* bildet die Basis für das Prüfprogramm. Sie beinhaltet alle Entscheidungen des Abschlussprüfers hinsichtlich des grundsätzlichen Vorgehens bei der Prüfung, aber auch über den zu erwartenden Prüfungsumfang[958]. Die Prüfungsstrategie ist jeweils individuell festzulegen und variiert je nach Größe des zu prüfenden Unternehmens, der Komplexität der Prüfung und der gewählten Prüfungsmethoden.

Um eine passende Strategie zu entwickeln, sind die individuellen Unternehmens- und Prüfungsrisiken zu identifizieren und sie anschließend einer umfassenden Analyse zu unterwerfen. Dies liefert Anhaltspunkte für die Risikobeurteilung, d.h. dafür, in welchen Prüfungsgebieten wesentliche Fehler oder Verstöße gegen Rechnungslegungsvorschriften vorhanden sein können[959]. Um eine kompetente Risikoeinschätzung vornehmen zu können, muss sich der Prüfer zunächst entsprechende Kenntnisse über das zu prüfende Unternehmen ebenso wie über dessen rechtliches und wirtschaftliches Umfeld aneignen[960]. Nur so wird er in die Lage versetzt, die Ereignisse, Geschäftsvorfälle und betrieblichen Abläufe zu erkennen, welche für das Unternehmen insgesamt und damit auch für seinen Abschluss von wesentlicher Bedeutung sind[961]. Dabei sind insbesondere die folgenden Aspekte zu berücksichtigen[962]:

- Erlangung von Kenntnissen über die Geschäftstätigkeit des Unternehmens[963],
- Entwicklung eines Verständnisses für das rechnungslegungsbezogene interne Kontrollsystem[964],
- Risiko- und Wesentlichkeitseinschätzungen[965] sowie

---

[958] Vgl. Zaeh, Philipp E. (Prüfungsstrategie 2002), S. 102. Vgl. zur Ausgestaltung einer Prüfungsstrategie zur Prüfung des IKS Knop, Wolfgang (Prüfungsstrategie 1984), S. 317 ff.
[959] Vgl. IDW PS 240, Tz. 14 f.
[960] Vgl. IDW PS 240, Tz. 16; IDW PS 230, Tz. 5.
[961] Vgl. IDW PS 240, Tz. 16.
[962] Vgl. hierzu insbesondere IDW PS 240, Tz. 17; Marten, Kai-Uwe/Quick, Reiner/Ruhnke, Klaus (Wirtschaftsprüfung 2007), S. 243.
[963] Insbesondere sind hier gesamtwirtschaftliche und branchenspezifische Faktoren von Interesse, wenn diese die Geschäftstätigkeit des zu prüfenden Unternehmens tangieren; vgl. IDW PS 240, Tz. 17.
[964] Hierzu sind insbesondere die Organisation des Rechnungswesens, die interne Kontrollstruktur und das Kontrollbewusstsein der gesetzlichen Vertreter zu zählen; vgl. IDW PS 240, Tz. 17. Vgl. zum internen Kontrollsystem allgemein Klinger, Michael A./Klinger, Oskar (Internes Kontrollsystem 2000), S. 5 ff.; zu einer Erhebung des internen Kontrollsystems – auch mittels Fragebögen und Checklisten – siehe Klinger, Michael A./Klinger, Oskar (Internes Kontrollsystem 2000), S. 27 ff.

- Erlangung eines Überblicks über den Markt, auf dem das zu prüfende Unternehmen tätig ist[966].

Auf der Basis der Prüfungsstrategie wird das *Prüfprogramm* erstellt[967]. Dieses enthält Informationen über Art, Umfang und Zeitpunkt der jeweils durchzuführenden Prüfungshandlungen[968]. Gleichzeitig wird dort der Personaleinsatz im Prüfungszeitraum fixiert. Das Prüfprogramm gewährleistet damit, dass der gesamte Prüfungsprozess, insbesondere aber die Durchführung der eigentlichen Prüfungshandlungen, in sachlicher, zeitlicher und personeller Hinsicht geordnet ablaufen kann. Es beinhaltet an alle beteiligten Prüfer gerichtete Prüfungsanweisungen, die u.a. auch eine ordnungsgemäße und ausreichende Dokumentation der durchgeführten Prüfungshandlungen sicherstellen sollen[969].

3.1.5.4.3.2 Risikoorientierte Abschlussprüfung

Bereits mehrfach ist in den vorherigen Ausführungen angeklungen, dass die unternehmensindividuelle Risikosituation eine sehr große Rolle spielt und jede Stufe des gesamten Prüfungsprozesses beeinflusst. Die Risikoorientierung in der Abschlussprüfung bedingt, dass sich jeder Prüfer mit der Geschäftstätigkeit und dem wirtschaftlichen Umfeld des zu prüfenden Unternehmens kritisch auseinandersetzt[970]. Die vollständige Betrachtung der Risikosituation und daraus resultierend ihre zutreffende Einschätzung sind notwendig, damit der Prüfer eine vertrauenswürdige Aussage über den Jahresabschluss des Unternehmens mit hinreichender Sicherheit abgeben kann[971]. Die risikoorientierte Abschlussprüfung verlangt, die Prüfungsstrategie und das Prüfprogramm so auszurichten, dass ein vom Abschlussprüfer vorher festgelegtes Prüfungsrisiko

---

[965] Vgl. IDW PS 240, Tz. 17.

[966] Hierzu gehören gegenwärtige und potenzielle Mitbewerber, mögliche Substitutionsprodukte, Lieferanten und Abnehmer; vgl. Marten, Kai-Uwe/Quick, Reiner/Ruhnke, Klaus (Wirtschaftsprüfung 2007), S. 243.

[967] Vgl. zum Prüfprogramm der Internen Revision die Ausführungen unter Gliederungspunkt 3.2.5.3.3.2, S. 220 ff.

[968] Vgl. IDW PS 240, Tz. 11; Marten, Kai-Uwe/Quick, Reiner/Ruhnke, Klaus (Wirtschaftsprüfung 2007), S. 243; Mochty, Ludwig Josef (Prüfungsanweisung 2002), Sp. 1765.

[969] Vgl. Marten, Kai-Uwe/Quick, Reiner/Ruhnke, Klaus (Wirtschaftsprüfung 2007), S. 243.

[970] Vgl. IDW (Hrsg.) (Qualitätssicherung 2007), S. 107 ff. Vgl. zu den Grundlagen der risikoorientierten Abschlussprüfung Zaeh, Philipp E. (Entwicklungen 2000), S. 369 ff.; Zaeh, Philipp E. (Entdeckungsrisiko 2001), S. 78 ff.; Marten, Kai-Uwe/Quick, Reiner/Ruhnke, Klaus (Wirtschaftsprüfung 2007), S. 334 ff.; Krommes, Werner (Jahresabschlussprüfung 2005), S. 35 ff.

[971] Vgl. Dörner, Dietrich (Prüfungsansatz 2002), Sp. 1744.

nicht überschritten wird[972]. Das Prüfungsrisiko gliedert sich auf in das Fehlerrisiko und das Entdeckungsrisiko, wobei das Fehlerrisiko selbst wiederum unterteilt wird in das inhärente Risiko und das Kontrollrisiko[973]. Die nachfolgende Abbildung 13 verdeutlicht die Zusammenhänge. Die einzelnen Bestandteile werden anschließend kurz erläutert.

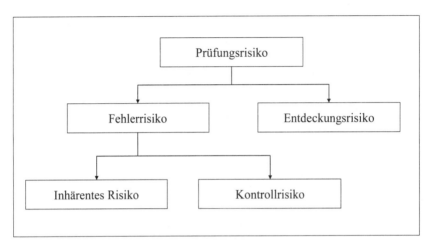

Abbildung 13: Systematisierung des Prüfungsrisikos

Jeder Abschlussprüfer ist bei seiner Arbeit dem Risiko ausgesetzt, dass der von ihm geprüfte Jahresabschluss bzw. das von ihm geprüfte Prüfungsobjekt wesentliche Fehler enthält, die er während des Prüfungsprozesses jedoch nicht erkannt hat, so dass er als Folge daraus ein nicht zutreffendes Prüfungsurteil abgegeben hat[974]. Das so genannte *Prüfungsrisiko* wird demnach als Wahrscheinlichkeit definiert, dass ein Abschlussprüfer einen Jahresabschluss mit einem uneingeschränkten Bestätigungsvermerk[975] versieht, obwohl dieser ge-

---

[972] Vgl. IDW (Handbuch 2006), Rn. R32. Siehe zu unterschiedlichen Herangehensweisen an das Prüfungsrisiko bereits Cushing, Barry E./Loebbecke, James K. (Analytical Approaches 1983).

[973] Vgl. IDW PS 261, Tz. 6; Schruff, Wienand (Top-Management Fraud 2003), S. 905; Ballwieser, Wolfgang (Risikoorientierter Prüfungsansatz 1998), S. 361 f.; IFU-Institut (Kontrollsystem 2005), S. 12 f.; Stibi, Eva (Prüfungsrisikomodell 1995), S. 58 ff.; Quick, Reiner (Prüfungsrisikomodelle 1998), S. 244 ff.

[974] Vgl. Dörner, Dietrich (Prüfungsansatz 2002), Sp. 1744; Marten, Kai-Uwe/Quick, Reiner/Ruhnke, Klaus (Wirtschaftsprüfung 2007), S. 214.

[975] Vgl. zu dieser sowie weiteren Formen des Bestätigungsvermerks die Ausführungen unter Gliederungspunkt 3.1.5.4.5.2, S. 189 ff.

prüfte Abschluss wesentliche Fehler enthält[976]. In der Praxis ist das Prüfungsrisiko jeweils vom Abschlussprüfer vorzugeben. Dabei gilt ein Prüfungsrisiko von 5 % als angemessen, wobei allerdings in Einzelfällen auch Variationen bis hin zu 10 % als akzeptabel gelten[977].

Zur Abbildung des Prüfungsrisikos und seiner Komponenten existieren verschiedene Modelle. Am weitesten verbreitet ist die Ansicht, dass zwischen den unterschiedlichen Risikoarten eine multiplikative Verknüpfung besteht. Demzufolge setzt sich das Prüfungsrisiko aus dem Produkt aus inhärentem Risiko, Kontrollrisiko und Entdeckungsrisiko zusammen. Die typische Formeldarstellung für diesen Zusammenhang lautet AR = IR x CR x DR, wobei die verwendeten Abkürzungen die folgenden Bedeutungen haben: AR = Audit Risk (= Prüfungsrisiko), IR = Inherent Risk (= inhärentes Risiko), CR = Control Risk (= Kontrollrisiko) und DR = Detection Risk (= Entdeckungsrisiko)[978].

Das *inhärente Risiko* umschreibt, wie anfällig ein Prüfungsobjekt für das Auftreten von Fehlern ist[979]. Diese Konzeption unterstellt, dass das zu prüfende Unternehmen kein internes Kontrollsystem eingerichtet hat, welches in der Lage ist, Fehler zu vermeiden[980]. Die Bestimmung des inhärenten Risikos ist sehr komplex und setzt das Vorhandensein einer Bandbreite qualitativer und quantitativer Daten voraus. Die vielfältigen Risikobestimmungsfaktoren lassen sich in allgemeine und prüfungsobjektspezifische Faktoren einteilen[981]. Zur ersten Kategorie zählen makroökonomische, branchenspezifische sowie unternehmensspezifische Einflüsse. Die prüfungsobjektspezifischen Faktoren umfassen z.B. die Häufigkeit von Transaktionen oder die Komplexität ihrer Ver-

---

[976] Vgl. Dörner, Dietrich (Prüfungsansatz 2002), Sp. 1744; Marten, Kai-Uwe/Quick, Reiner/Ruhnke, Klaus (Wirtschaftsprüfung 2007), S. 214; Dörner, Dietrich (Prüfungsansatz 2002), Sp. 1745 ff.; ausführlich zum Prüfungsrisiko auch Zaeh, Philipp E. (Spannungsfeld 2001), S. 290 ff.
In diesem Zusammenhang wird zudem zwischen einem Alpha-Fehler (ein Prüfungsobjekt wird irrtümlich als falsch eingestuft) und einem Beta-Fehler (ein Prüfungsobjekt wird irrtümlich als richtig eingestuft) unterschieden; vgl. Marten, Kai-Uwe/Quick, Reiner/Ruhnke, Klaus (Wirtschaftsprüfung 2007), S. 214.

[977] Vgl. Marten, Kai-Uwe/Quick, Reiner/Ruhnke, Klaus (Wirtschaftsprüfung 2007), S. 216; vgl. zu einer tabellarischen Übersicht der mathematischen Zusammenhänge auch Herold, Marcus (Stichprobenverfahren 2006), S. 170.

[978] Vgl. zu dieser Formel bspw. Marten, Kai-Uwe/Quick, Reiner/Ruhnke, Klaus (Wirtschaftsprüfung 2007), S. 214 f.; IDW (Handbuch 2006), Rn. R66 ff.; Quick, Reiner/Monroe, Gary S./Ng, Juliana K.L./Woodliff, David R. (Inhärentes Risiko 1997), S. 210 f.; Baetge, Jörg (Vergleich 1997), S. 443.

[979] Vgl. IDW PS 261, Tz. 6; Stibi, Eva (Prüfungsrisikomodell 1995), S. 63 ff.

[980] Vgl. Dörner, Dietrich (Prüfungsansatz 2002), Sp. 1746.

[981] Vgl. Marten, Kai-Uwe/Quick, Reiner/Ruhnke, Klaus (Wirtschaftsprüfung 2007), S. 215.

arbeitung[982]. Ein inhärentes Risiko besteht immer – unabhängig vom Prüfungsprozess[983]. Der Abschlussprüfer kann es – zumindest kurzfristig[984] – kaum beeinflussen[985]. Seine Aufgabe beschränkt sich auf die korrekte Analyse und angemessene Beurteilung[986]. Eine weitergehende Kontrollmöglichkeit hat der Prüfer jedoch nicht. Dies liegt allein in der Verantwortung des zu prüfenden Unternehmens[987].

Die zweite Komponente des Fehlerrisikos, das *Kontrollrisiko*, bezeichnet das Risiko, dass die in einem Prüfungsobjekt enthaltenen wesentlichen Fehler nicht vom internen Kontrollsystem des zu prüfenden Unternehmens aufgedeckt und korrigiert oder gar völlig verhindert werden[988]. Das Kontrollrisiko stellt also einen Maßstab für die Wirksamkeit des internen Kontrollsystems dar. Wirksame interne Kontrollen reduzieren das Kontrollrisiko, wohingegen weniger wirksame oder gänzlich unwirksame Kontrollen dieses erhöhen[989]. Im Rahmen seiner Prüfung muss sich jeder Abschlussprüfer demnach Kenntnisse über die Kontrollstruktur des zu prüfenden Unternehmens aneignen[990]. Dazu muss er spezifische interne Kontrollen identifizieren und sie bewerten. Da die internen Kontrollen nie in der Lage sind, eine vollständige Sicherheit[991] zu gewährleisten, kann das Kontrollrisiko niemals den Wert Null annehmen. Ein generell wirksames internes Kontrollsystem kann nämlich jederzeit durch

---

[982] Vgl. Marten, Kai-Uwe/Quick, Reiner/Ruhnke, Klaus (Wirtschaftsprüfung 2007), S. 215; Diehl, Carl-Ulrich (Risikoorientierte Abschlussprüfung 1993), S. 1115.

[983] Vgl. Marten, Kai-Uwe/Quick, Reiner/Ruhnke, Klaus (Wirtschaftsprüfung 2007), S. 215; Quick, Reiner (Risiken 1996), S. 37; Quick, Reiner/Monroe, Gary S./Ng, Juliana K.L./Woodliff, David R. (Inhärentes Risiko 1997), S. 214, zu einer empirischen Studie über das inhärente Risiko und seine Schätzung siehe S. 216 ff.

[984] Mittel- bis langfristig bieten sich dem Abschlussprüfer – unter Beachtung der Grundsätze zur Trennung von Prüfung und Beratung – durchaus Möglichkeiten, seinen Mandanten so zu beraten, dass eine Verringerung des inhärenten Risikos erreicht werden kann; vgl. Diehl, Carl-Ulrich (Risikoorientierte Abschlussprüfung 1993), S. 1115.

[985] Vgl. Diehl, Carl-Ulrich (Risikoorientierte Abschlussprüfung 1993), S. 1115.

[986] Vgl. Marten, Kai-Uwe/Quick, Reiner/Ruhnke, Klaus (Wirtschaftsprüfung 2007), S. 215; Diehl, Carl-Ulrich (Risikoorientierte Abschlussprüfung 1993), S. 1115.

[987] Vgl. Quick, Reiner (Risiken 1996), S. 37.

[988] Vgl. IDW PS 261, Tz. 6; Stibi, Eva (Prüfungsrisikomodell 1995), S. 76 f.

[989] Vgl. Marten, Kai-Uwe/Quick, Reiner/Ruhnke, Klaus (Wirtschaftsprüfung 2007), S. 215.

[990] Vgl. Marten, Kai-Uwe/Quick, Reiner/Ruhnke, Klaus (Wirtschaftsprüfung 2007), S. 215; Quick, Reiner (Risiken 1996), S. 38; Euler, Karl August (Interne Kontrollen 1992), S. 13.

[991] Unter vollständiger Sicherheit wäre die Situation zu verstehen, dass alle wesentlichen Fehler vom internen Kontrollsystem verhindert oder aufgedeckt werden; vgl. Quick, Reiner (Risiken 1996), S. 43; Marten, Kai-Uwe/Quick, Reiner/Ruhnke, Klaus (Wirtschaftsprüfung 2007), S. 215.

menschliches Versagen oder missverständliche Handlungsanweisungen oder auch durch Manipulationen seine Wirksamkeit verlieren[992]. Ein Abschlussprüfer kann das Kontrollrisiko zwar einschätzen, seine Höhe beeinflussen kann er indes nicht. Dies liegt wie beim inhärenten Risiko allein in der Verantwortung des zu prüfenden Unternehmens[993].

Das *Entdeckungsrisiko* beschreibt die Tatsache, dass Fehler in der Rechnungslegung, die für sich oder zusammen mit anderen Fehlern wesentlich sind, durch die Prüfungshandlungen des Abschlussprüfers nicht entdeckt werden[994]. Damit besteht zwischen dem Inhärenten Risiko und dem Kontrollrisiko einerseits sowie dem Entdeckungsrisiko andererseits ein inverser Zusammenhang, da sich das Entdeckungsrisiko auf die Aufdeckung, inhärentes Risiko und Kontrollrisiko dagegen auf die Entstehung von Unrichtigkeiten und Verstößen bezieht[995]. Anders als beim inhärenten Risiko und beim Kontrollrisiko kann der Abschlussprüfer dieses Risiko nicht nur einschätzen, sondern es auch kontrollieren. Bei einem vom Prüfer vorgegebenen Prüfungsrisiko kann aufgrund der multiplikativen Verknüpfung eine Erhöhung des inhärenten Risikos und/oder des Kontrollrisikos durch eine Verringerung des Entdeckungsrisikos entsprechend kompensiert werden[996]. Umgekehrt erlaubt ein niedrigeres inhärentes Risiko bzw. Kontrollrisiko ein höheres Entdeckungsrisiko[997]. Der Prüfer muss das Entdeckungsrisiko durch Festlegung des Prüfungsrisikos und Einschätzung des inhärenten Risikos und des Kontrollrisikos vorgeben und kann es insbesondere durch Veränderungen bei Art und Umfang der Prüfungshandlungen, d.h. Modifikationen im Prüfprogramm, kontrollieren.

Das beschriebene Risikomodell mit seiner multiplikativen Verknüpfung ist im Fachschrifttum nicht frei von Kritik[998]. Ein Schwachpunkt des Modells liegt insbesondere in der fehlenden Unabhängigkeit und den bestehenden Interdependenzen der eben beschriebenen Risikoarten. Außerdem bringt die erforderliche Risikoeinschätzung durch den Abschlussprüfer eine nicht zu vernachläs-

---

[992] Vgl. Marten, Kai-Uwe/Quick, Reiner/Ruhnke, Klaus (Wirtschaftsprüfung 2007), S. 215 f.

[993] Vgl. Marten, Kai-Uwe/Quick, Reiner/Ruhnke, Klaus (Wirtschaftsprüfung 2007), S. 216.

[994] Vgl. Stibi, Eva (Prüfungsrisikomodell 1995), S. 78 f.; Krey, Sandra (Risikoorientierter Prüfungsansatz 2001), S. 91 ff.; ausführlich auch Zaeh, Philipp E. (Entdeckungsrisiko 2001), S. 78 ff.

[995] Vgl. Quick, Reiner (Risiken 1996), S. 49.

[996] Vgl. Quick, Reiner (Risiken 1996), S. 49.

[997] Vgl. Marten, Kai-Uwe/Quick, Reiner/Ruhnke, Klaus (Wirtschaftsprüfung 2007), S. 216.

[998] Vgl. zur Kritik bspw. Marten, Kai-Uwe/Quick, Reiner/Ruhnke, Klaus (Wirtschaftsprüfung 2007), S. 218 ff.; Cushing, Barry E./Loebbecke, James K. (Analytical Approaches 1983).

sigende subjektive Komponente mit sich, so dass unterschiedliche Prüfer auch zu unterschiedlichen Einschätzungen des gleichen Risikos bei identischen Informationen gelangen können.

Auch in der Prüfungsdurchführung zeigt sich die Anwendung des risikoorientierten Prüfungsansatzes. Treten im Verlauf der Prüfungsdurchführung neue Erkenntnisse und Informationen zu Tage, ist u.U. die Änderung der Prüfungsplanung und damit die Anpassung der Vorgehensweise erforderlich.

3.1.5.4.4 Prüfungsdurchführung

3.1.5.4.4.1 Vollprüfung versus Auswahlprüfung

Der zentrale Bestandteil des Prüfungsprozesses liegt in der Durchführung der Prüfungshandlungen[999]. Aus Wirtschaftlichkeitsaspekten und Kostengründen ist keine Vollprüfung des gesamten Prüfungsgegenstands zu leisten, die ohnehin nicht zu einer absoluten Sicherheit bezüglich des Prüfungsobjekts führen würde. Dies ist für die Zielsetzung der Abschlussprüfung auch nicht erforderlich[1000]. Je nach Bedarf werden lediglich einzelne Prüfungsobjekte einer solchen kompletten Prüfung unterzogen. Für alle übrigen Bereiche wird eine so genannte Auswahlprüfung vorgenommen. Dazu werden nach bestimmten Kriterien Stichproben ausgewählt. Somit wird dem auch in der externen Jahresabschlussprüfung geltenden Grundsatz der Wirtschaftlichkeit und Wesentlichkeit Rechnung getragen[1001].

Für die *Stichprobenauswahl* stehen verschiedene Verfahren zur Verfügung[1002]. Diese werden auf einer ersten Stufe unterschieden in systematisch gesteuerte Verfahren mit bewusster Auswahl und Verfahren der Zufallsauswahl[1003]. Die erste Kategorie unterteilt sich in die Konzentrationsauswahl, die detektivische Auswahl sowie die Auswahl typischer Einzelfälle[1004]. Bei der Zufallsauswahl werden Verfahren mit ergebnisabhängigem und ergebnisunabhängigem (vorgegebenem) Stichprobenumfang unterschieden[1005]. Die Zufallsauswahl mit vorgegebenem Stichprobenumfang existiert in den Ausprä-

---

[999] Vgl. zur Vorgehensweise der Internen Revision bei der Prüfungsdurchführung die Ausführungen unter Gliederungspunkt 3.2.5.3.4, S. 221 ff.
[1000] Vgl. IDW (Handbuch 2006), Rn. R90; Wiedmann, Harald (Teil 2003), S. 203.
[1001] Vgl. IDW (Handbuch 2006), Rn. R90.
[1002] Vgl. zur Stichprobenprüfung bspw. Hömberg, Reinhold (Zufallsauswahl 2002), Sp. 2287 ff.; Marten, Kai-Uwe (Stichproben 2003), S. 444 ff.; siehe grundlegend auch Herold, Marcus (Stichprobenverfahren 2006), S. 178 ff.
[1003] Vgl. Kaduk, Michael (Unregelmäßigkeiten 2007), S. 70.
[1004] Vgl. Baetge, Jörg/Fischer, Thomas R./Stellbrink, Jörn (Gegenstand und Umfang 2003), Rn. 39.
[1005] Vgl. zur Zufallsauswahl auch Schmidt, Gerd (Bewusste Auswahl 2002), Sp. 2280 f.

gungen ‚einfache Zufallsauswahl' und ‚komplexe Zufallsauswahl'. Letztere wird mittels einer Klumpenauswahl, einer geschichteten Auswahl oder einem Probability Proportional to Size Sampling-Verfahren vorgenommen. Die nachfolgende Abbildung 14[1006] zeigt die Struktur der Stichprobenauswahl[1007].

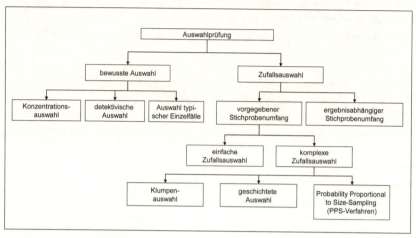

Abbildung 14: Auswahlverfahren

Nach erfolgter Stichprobenauswahl – bzw. bei den Verfahren mit ergebnisabhängigem Stichprobenumfang nach der ersten Stichprobenauswahl – werden die eigentlichen Prüfungshandlungen durchgeführt.

3.1.5.4.4.2 Prüfungshandlungen

Bei der Durchführung der externen Jahresabschlussprüfung muss der Prüfer durch seine Prüfungshandlungen Nachweise erzielen, aus denen er seine Prüfungsfeststellungen ableitet[1008]. Diese wiederum bilden die Basis für die in Prüfungsbericht und Bestätigungsvermerk enthaltenen Prüfungsaussagen[1009].

[1006] Vgl. S. 180.
[1007] Vgl. ausführlich zu den einzelnen Verfahren Baetge, Jörg/Fischer, Thomas R./Stellbrink, Jörn (Gegenstand und Umfang 2003), Rn. 36 ff.
[1008] Hierbei ist es jedoch nicht ausreichend, dass der geprüfte Jahresabschluss lediglich die aus den Prüfungsnachweisen ersichtliche Situation darstellt, sondern es kommt vielmehr auch darauf an, dass der hinter dem Jahresabschluss und den Prüfungsnachweisen stehende Sachverhalt zutreffend in der Rechnungslegung abgebildet wird; vgl. hierzu Wysocki, Klaus von (Vorurteile 2005), S. 361.
Vgl. zur Beweiskraft solcher ‚Prüfungsbeweise' Scherf, Christian (Prüfungsuniversum 2007).
[1009] Vgl. IDW PS 300, Tz. 1 und Tz. 6; ISA 500, Tz. 2.

Prüfungshandlungen liegen unterschiedliche Zielsetzungen zugrunde. Zum einen werden sie durchgeführt, um ein Verständnis vom zu prüfenden Unternehmen und dessen Umfeld zu erhalten, damit der Prüfer eine möglichst sichere Einschätzung der Fehlerrisiken vornehmen kann[1010]. Die Prüfungshandlungen dienen folglich der Risikobeurteilung durch den Abschlussprüfer[1011]. Zum anderen werden Prüfungshandlungen mit dem Ziel durchgeführt, „die Wirksamkeit von Kontrollmaßnahmen zur Vermeidung, Aufdeckung oder Korrektur wesentlicher falscher Angaben [...] zu prüfen"[1012]. In diesem Fall dienen die Prüfungshandlungen einer Funktionsprüfung[1013]. Darüber hinaus existieren auch die so genannten *aussagebezogenen Prüfungshandlungen*. Zu diesen gehören die Einzelfallprüfungen und die analytischen Prüfungshandlungen[1014]. Sie werden durchgeführt, um mit ihrer Hilfe mit hinreichender Sicherheit[1015] sagen zu können, dass die im Jahresabschluss getroffenen Aussagen keine wesentlichen falschen Angaben enthalten[1016]. Art und Umfang der durchzuführenden Prüfungshandlungen sind dabei von der im bisherigen Prüfungsverlauf erfolgten Risikobeurteilung abhängig[1017].

Das IDW umschreibt *analytische Prüfungshandlungen* wie folgt: Sie „sind Plausibilitätsbeurteilungen von Verhältniszahlen und Trends, durch die Beziehungen von prüfungsrelevanten Daten eines Unternehmens zu anderen Daten aufgezeigt sowie auffällige Abweichungen festgestellt werden. Hierzu gehört z.B. die Untersuchung von Schwankungen und Zusammenhängen, die in Widerspruch zu anderen einschlägigen Informationen stehen oder von erwarteten Beträgen abweichen"[1018]. Ähnlich umschreibt auch Quick diese prüferische Vorgehensweise, wenn er feststellt, dass analytische Prüfungshandlungen dazu dienen, „die Konsistenz und die wirtschaftliche Plausibilität einer Gesamtheit

---

[1010] Vgl. zum erforderlichen Wissen über ein zu prüfendes Unternehmen Carmichael, Douglas R./Willingham, John J./Schaller, Carol A. (Auditing Concepts 1996), S. 133 ff.
[1011] Vgl. IDW PS 300, Tz. 14.
[1012] IDW PS 300, Tz. 14.
[1013] Vgl. IDW PS 300, Tz. 14.
[1014] Vgl. IDW (Hrsg.) (Qualitätssicherung 2007), S. 185.
[1015] Vgl. zum Begriff ‚hinreichende Sicherheit' die Ausführungen unter Gliederungspunkt 3.1.5.4.5, S. 186 ff.
[1016] Vgl. IDW PS 300, Tz. 14 und Tz. 21.
[1017] Vgl. IDW PS 300, Tz. 22. Auch das Ergebnis der Prüfung des internen Kontrollsystems wirkt sich auf den Umfang der weiter vorzunehmenden Prüfungshandlungen aus; vgl. hierzu Euler, Karl August (Interne Kontrollen 1992), S. 13.
[1018] IDW PS 312, Tz. 5; vgl. auch IDW (Hrsg.) (Qualitätssicherung 2007), S. 113; Gärtner, Michael (Prüfungshandlungen 1998), S. 183.

von Geschäftsvorfällen oder Bestandsgrößen zu beurteilen"[1019]. Die Plausibilitätsbeurteilung erfolgt mittels eines Soll-Ist-Vergleichs[1020]. Dabei ist jedoch keine exakte Übereinstimmung von Soll- und Ist-Objekt erforderlich, sondern es geht lediglich um die Feststellung einer sachlogischen Übereinstimmung[1021]. Analytische Prüfungshandlungen zählen somit zu den indirekten Prüfungsmethoden[1022]. Diese zeichnen sich dadurch aus, dass Rückschlüsse auf den normgerechten Zustand eines Prüfungsobjekts aus bekannten und erwarteten Zusammenhängen zwischen dem Prüfungsobjekt selbst und einem Ersatztatbestand gezogen werden[1023]. Bei direkten Methoden finden hingegen unmittelbare Vergleiche zwischen den Aufzeichnungen der Buchführung und den zugehörigen Belegen statt[1024]. Analytische Prüfungshandlungen vollziehen sich in drei Schritten: zunächst der Prognose des Soll-Objekts, daran anschließend der Vergleich von Ist-Objekt und Soll-Objekt und schließlich der Beurteilung der Differenz zwischen den beiden Objekten[1025].

Die durch analytische Prüfungshandlungen zu beurteilenden Daten können innerbetriebliche Vergleiche mit Vorjahreszahlen ebenso beinhalten wie Vergleiche mit von dem Unternehmen selbst abgegebenen Prognosen[1026]. Außer-

---

[1019] Quick, Reiner (Prüfungsmethoden 1999), S. 210. Vgl. allgemeiner zu analytischen Prüfungshandlungen Biggs, Stanley F./Mock, Theodore J./Quick, Reiner (Prüfungsurteil 2000), S. 169 ff.; Sprick, Alexander (Prüfungshandlungen 2006), S. 90 ff.; Holder, William W./Collmer, Sheryl (Procedures 1980), S. 29 ff.; Graham, Lynford E. (Techniques 1981), S. 18 ff.

[1020] Eine graphische Darstellung der Vorgehensweise findet sich bei Biggs, Stanley F./Mock, Theodore J./Quick, Reiner (Prüfungsurteil 2000), S. 172. Vgl. zu Plausibilitätsbeurteilungen Quick, Reiner (Plausibilitätsbeurteilung 2002), Sp. 1685 ff.

[1021] Vgl. IDW (Handbuch 2006), Rn. R371; Gärtner, Michael (Prüfungshandlungen 1998), S. 180.

[1022] Vgl. Sprick, Alexander (Prüfungshandlungen 2006), S. 91; Gärtner, Michael (Anwendung 1994), S. 951.

[1023] Vgl. Gärtner, Michael (Prüfungshandlungen 1998), S. 181 f.; Marten, Kai-Uwe/Quick, Reiner/ Ruhnke, Klaus (Wirtschaftsprüfung 2007), S. 294; Zaeh, Philipp E. (Planung 1999), S. 379.

[1024] Vgl. Marten, Kai-Uwe/Quick, Reiner/Ruhnke, Klaus (Wirtschaftsprüfung 2007), S. 294; Zaeh, Philipp E. (Planung 1999), S. 383 f.

[1025] Vgl. ausführlich zu diesen drei Schritten IDW (Handbuch 2006), Rn. R371 ff.; Quick, Reiner (Plausibilitätsbeurteilung 2002), Sp. 1688 ff.; zu möglichen Vergleichsobjekten siehe Sprick, Alexander (Prüfungshandlungen 2006), S. 90.

[1026] Vgl. IDW PS 312, Tz. 7. Zu Prognoseprüfungen siehe Mandl, Gerwald/Jung, Maximilian (Prognose 2002), Sp. 1698 ff.; Arbeitskreis „Externe und Interne Überwachung der Unternehmung" der Schmalenbach-Gesellschaft für Betriebswirtschaft e.V. (Prognoseprüfung 2003), S. 105 ff.

dem können damit auch branchenspezifische Kennzahlen[1027] untersucht werden. Daneben kann der Abschlussprüfer analytische Prüfungshandlungen zur Beurteilung von Zusammenhängen nutzen wie etwa dem Zusammenhang zwischen der Anzahl der Beschäftigten und der Höhe der Lohnaufwendungen eines Geschäftsjahrs[1028].

Nimmt ein Abschlussprüfer analytische Prüfungshandlungen vor, so geht er davon aus, dass zwischen bestimmten prüfungsrelevanten Informationen bzw. Daten Zusammenhänge bestehen[1029]. Diese Zusammenhänge können allerdings durch bilanzpolitische Maßnahmen[1030] beeinflusst werden. Aus diesem Grund muss der Prüfer seine Informationen ggf. um diese Gestaltungsmöglichkeiten bereinigen, um die wahre Aussagefähigkeit der Kennzahlen aufrechtzuerhalten[1031]. Die Anwendung analytischer Prüfungshandlungen bedingt, dass der Abschlussprüfer umfangreiche Kenntnisse über die Geschäftätigkeit, die Branche und das Rechnungswesen des zu prüfenden Unternehmens besitzt[1032]. Außerdem ist es unerlässlich, dass die Kennzahlenbildung auf zuverlässigen Daten beruht, da ansonsten die erzielten Ergebnisse bedeutungslos sind[1033].

Die zweite Form der aussagebezogenen Prüfungshandlungen sind die so genannten *Einzelfallprüfungen*[1034]. Dabei werden einzelne vom Prüfer ausgewählte Geschäftsvorfälle – oder bspw. auch Lagerbestände – kontrolliert[1035]. Die Prüfungsnachweise werden durch einen unmittelbaren Soll-Ist-Vergleich gewonnen. Einzelfallprüfungen können folgendermaßen ausgestaltet sein[1036]:
- Einsichtnahme in Unterlagen des zu prüfenden Unternehmens[1037];

[1027] Hierzu gehört z.B. das Verhältnis von Umsatz und Forderungen des zu prüfenden Unternehmens im Vergleich zum Branchendurchschnitt.
[1028] Vgl. IDW PS 312, Tz. 8.
[1029] Vgl. IDW PS 312, Tz. 6.
[1030] Vgl. zur Bilanzpolitik die Ausführungen unter Gliederungspunkt 2.4.3, S. 135 ff.
[1031] Vgl. IDW PS 312, Tz. 14.
[1032] Vgl. Gärtner, Michael (Prüfungshandlungen 1994), S. 32 f.
[1033] Vgl. Gärtner, Michael (Prüfungshandlungen 1994), S. 35.
[1034] Teilweise wird in der Literatur auch von Detailprüfungen gesprochen; vgl. Marten, Kai-Uwe/Quick, Reiner/Ruhnke, Klaus (Wirtschaftsprüfung 2007), S. 294.
[1035] Vgl. Marten, Kai-Uwe/Quick, Reiner/Ruhnke, Klaus (Wirtschaftsprüfung 2007), S. 294.
[1036] Vgl. zur nachfolgenden Aufzählung IDW (Handbuch 2006), Rn. R88; IDW PS 300, Tz. 29 ff.
[1037] Dabei werden drei Gruppen unterschieden: erstens Unterlagen, die von Dritten erstellt und aufbewahrt werden, zweitens Unterlagen, die von Dritten erstellt und vom zu prüfenden Unternehmen aufbewahrt werden, und drittens Unterlagen, die vom zu prüfenden Unternehmen erstellt und aufbewahrt werden; vgl. IDW PS 300, Tz. 29.

- Inaugenscheinnahme von materiellen Vermögensgegenständen, was dem Prüfer zwar einen Nachweis erbringt, dass diese Vermögensgegenstände vorhanden sind, nicht jedoch, wessen Eigentum sie sind und welcher Wert ihnen beizulegen ist;
- Beobachtung einzelner Maßnahmen oder Verfahren wie z.B. der Inventur[1038] des zu prüfenden Unternehmens;
- Befragungen sachkundiger unternehmensinterner und -externer Personen, die dem Abschlussprüfer zusätzliche Informationen liefern oder bisherige Kenntnisse bestätigen bzw. widerlegen;
- Bestätigungen, die Antworten von Dritten auf Fragen zu in der Rechnungslegung enthaltenen Informationen darstellen[1039];
- Berechnungen (Feststellung der Richtigkeit von Zahlenmaterial in Originalbelegen und Buchhaltungsunterlagen sowie Verifizierung dieser Daten durch eigenständige Berechnungen);
- Nachvollziehen von Verfahren oder Kontrollmaßnahmen.

Da eine lückenlose Prüfung nicht möglich ist, ist die Auswahl einer Stichprobe nach den an anderer Stelle[1040] beschriebenen Kriterien erforderlich[1041]. Insgesamt gilt es festzuhalten, dass die richtige Kombination verschiedener Arten von Prüfungshandlungen dazu beiträgt, unter Wirtschaftlichkeits- und Wesentlichkeitsaspekten ein Urteil auf Basis einer hinreichenden Prüfungssicherheit zu treffen[1042]. Im Rahmen der Prüfungsdurchführung muss der Prüfer Art, Zeit und Umfang der vorgenommenen Prüfungshandlungen, deren Ergebnisse sowie seine Schlussfolgerungen angemessen dokumentieren[1043]. Hierzu dienen ihm die so genannten Arbeitspapiere.

3.1.5.4.4.3 Dokumentation der Prüfung in den Arbeitspapieren

Zu den *Arbeitspapieren* eines Prüfer zählen bspw. seine während der Prüfung angefertigten Notizen, aber auch Unterlagen oder Kopien von Unterlagen, die

---

[1038] Vgl. zur Inventur weitergehend Petersen, Karl/Zwirner, Christian (Vorratsinventur 2005); Knop, Wolfgang (Inventar 2003); Weiss, Heinz-Jürgen/Heiden, Matthias (Vereinfachungsverfahren 2003).

[1039] Typische Beispiele hierfür sind Saldenbestätigungen über bestehende Forderungen und Verbindlichkeiten oder auch Bankbestätigungen über alle Arten der geschäftlichen Beziehung zwischen dem zu prüfenden Unternehmen und dem Kreditinstitut; vgl. IDW PS 300, Tz. 33.

[1040] Vgl. hierzu die Ausführungen unter Gliederungspunkt 3.1.5.4.4.1, S. 179 ff.

[1041] Vgl. Göbel, Horst (Einzelfallprüfung 1998), S. 214.

[1042] Vgl. IDW (Handbuch 2006), Rn. R80.

[1043] Außerdem sind auch die Gesamtplanung ebenso wie die Planung einzelner Prüfungsaufträge schriftlich festzuhalten. Vgl. Marten, Kai-Uwe/Quick, Reiner/Ruhnke, Klaus (Wirtschaftsprüfung 2007), S. 525; IDW PS 460, Tz. 13.

ihm vom geprüften Unternehmen zur Verfügung gestellt wurden[1044]. Zusammen mit dem Prüfungsbericht[1045] dienen die Arbeitspapiere als Nachweis der ordnungsgemäßen Prüfungsdurchführung[1046]. Sie unterstützen darüber hinaus die getroffenen Prüfungsaussagen, helfen bei der Erörterung von Rückfragen – z.B. bei der Schlussbesprechung[1047] – und der Vorbereitung von Folgeprüfungen[1048]. Außerdem dienen sie der Sicherung von Nachweisen in Fällen von Regressforderungen[1049].

Arbeitspapiere sind so zu führen, dass sie es auch einem fremden, bisher nicht in die Prüfung involvierten Prüfer jederzeit ermöglichen, sich ein Bild von der betreffenden Prüfungsdurchführung zu machen[1050]. Sie müssen klar, übersichtlich und sorgfältig geführt sowie kontinuierlich aktualisiert werden[1051]. In der Praxis existieren standardisierte Arbeitspapiere, z.B. Checklisten und Formulare, die an die Besonderheiten des jeweiligen Prüfungsauftrags angepasst werden können[1052]. Zur strukturierten Verknüpfung einzelner Dokumente ist eine konsequente Referenzierung wichtig[1053]. Die Ordnungs- und Verwaltungsstruktur der Arbeitspapiere wird von jeder Wirtschaftsprüfungsgesellschaft individuell festgelegt.

[1044] Vgl. Pfitzer, Norbert (Arbeitspapiere 1998), S. 42; Bischof, Stefan (Arbeitspapiere 2002), Sp. 96 ff.; Marten, Kai-Uwe/Quick, Reiner/Ruhnke, Klaus (Wirtschaftsprüfung 2007), S. 525; Carmichael, Douglas R./Willingham, John J./Schaller, Carol A. (Auditing Concepts 1996), S. 110 ff.
Vgl. zu den Aufbewahrungspflichten für Arbeitspapiere nach den Vorschriften des SOX sowie den in Deutschland geltenden Bestimmungen Kamping, Ralf/Pföhler, Martin (Aufbewahrung 2007), S. 1069 ff.
[1045] Vgl. hierzu die Ausführungen unter Gliederungspunkt 3.1.5.4.5.1, S. 186 ff.
[1046] Vgl. Bischof, Stefan (Arbeitspapiere 2002), Sp. 99 ff.; Vgl. zum Konzept der Arbeitspapiere in der Internen Revision die Ausführungen unter Gliederungspunkt 3.2.5.3.4.2, S. 224 ff.
[1047] Vgl. zur Schlussbesprechung bspw. Klein, Klaus-Günter (Schlussbesprechung 2002), Sp. 2149 ff.
[1048] Vgl. Marten, Kai-Uwe/Quick, Reiner/Ruhnke, Klaus (Wirtschaftsprüfung 2007), S. 525.
[1049] Vgl. IDW PS 460, Tz. 8; Marten, Kai-Uwe/Quick, Reiner/Ruhnke, Klaus (Wirtschaftsprüfung 2007), S. 525.
[1050] Vgl. IDW PS 460, Tz. 11.
[1051] Vgl. Marten, Kai-Uwe/Quick, Reiner/Ruhnke, Klaus (Wirtschaftsprüfung 2007), S. 525.
[1052] Vgl. IDW PS 460, Tz. 24; Marten, Kai-Uwe/Quick, Reiner/Ruhnke, Klaus (Wirtschaftsprüfung 2007), S. 526. Vgl. zu einem Beispiel von Arbeitspapieren Carmichael, Douglas R./Willingham, John J./Schaller, Carol A. (Auditing Concepts 1996), S. 115 ff.
[1053] Vgl. Marten, Kai-Uwe/Quick, Reiner/Ruhnke, Klaus (Wirtschaftsprüfung 2007), S. 525.

Die Prüfungsdokumentation in den Arbeitspapieren erleichtert dem Abschlussprüfer das Formulieren seines Prüfungsergebnisses im Prüfungsbericht und im Bestätigungsvermerk. Auch zur Erfüllung seiner weiteren Mitteilungspflichten sind sie eine wichtige Stütze. Die notwendige Berichterstattung durch den Abschlussprüfer ist in Deutschland umfassend gesetzlich geregelt, darüber hinaus existieren auch fachliche Verlautbarungen, auf die ein Prüfer seine Berichterstattung aufbauen kann[1054].

3.1.5.4.5 Berichterstattung
3.1.5.4.5.1 Berichterstattung im Prüfungsbericht

§ 321 Abs. 1 HGB verlangt vom Abschlussprüfer, schriftlich über Art und Umfang sowie über das Ergebnis der Prüfung in einem *Prüfungsbericht* zu berichten[1055]. Das Ergebnis der Prüfung besteht dabei insbesondere in der Feststellung, ob der jeweilige Prüfungsgegenstand den gesetzlichen Vorschriften sowie den sie ergänzenden Bestimmungen aus Gesellschaftsvertrag oder Satzung entspricht und ob der Abschluss insgesamt unter Beachtung der GoB ein den tatsächlichen Verhältnissen entsprechendes Bild der Vermögens-, Finanz- und Ertragslage vermittelt[1056]. Bei der Berichterstattung sind allgemeine Grundsätze wie Klarheit, Wahrheit, Vollständigkeit und Unparteilichkeit zu beachten[1057]. Der Prüfungsbericht wird nach Beendigung aller Prüfungshandlungen den gesetzlichen Vertretern des geprüften Unternehmens vorgelegt[1058]. Hat der Aufsichtsrat den Prüfungsauftrag erteilt, so ist der Prüfungsbericht diesem auszuhändigen[1059], wobei der Unternehmensleitung in diesem Fall vor der Zuleitung an den Aufsichtsrat eine Gelegenheit zur Stellungnahme einge-

---

[1054] Vgl. hierzu die Ausführungen unter Gliederungspunkt 3.1.5.4.5, S. 186 ff.
[1055] Duch das KonTraG wurden die Anforderungen an einen Prüfungsbericht umfassend reformiert; vgl. zu den (geplanten) Neuerungen Stolberg, Klaus/Zieger, Martin (Neuerungen 2000), S. 439 ff.; Goerdeler, Reinhard (Berichterstattung 1981), S. 83 ff.; Ludewig, Rainer (Gedanken 1998), S. 595 ff. Vgl. zur historischen Entwicklung des Prüfungsberichts Steiner, Bertram (Prüfungsbericht 1991), S. 88 ff.; Pfitzer, Norbert/Orth, Christian (Berichterstattung 2003), S. 876 ff.
[1056] Vgl. Winkeljohann, Norbert/Poullie, Michael (Prüfungsbericht 2006), Rn. 2.
[1057] Vgl. IDW PS 450, Tz. 8 ff.; Winkeljohann, Norbert/Poullie, Michael (Prüfungsbericht 2006), Rn. 8 ff. Vgl. zu formalen und inhaltlichen Anforderungen an den Prüfungsbericht auch IDW PS 450; Winkeljohann, Norbert/Poullie, Michael (Prüfungsbericht 2006), Rn. 15 ff.; Lück, Wolfgang (Rechnungslegung 1999), S. 172 ff.
Vgl. zur Berichterstattung der Internen Revision auch die Ausführungen unter Gliederungspunkt 3.2.5.3.5, S. 227 ff.
[1058] Vgl. § 321 Abs. 5 HGB; Stolberg, Klaus/Zieger, Martin (Neuerungen 2000), S. 453.
[1059] Vgl. Scheffler, Eberhard (Auswirkungen 2005), S. 482.

räumt werden muss[1060]. Der Prüfungsbericht richtet sich also grundsätzlich an die gesetzlichen Vertreter und den Aufsichtsrat des geprüften Unternehmens, nicht jedoch an Aktionäre, Kreditgeber oder sonstige Dritte[1061]. Die Formulierungen im Prüfungsbericht müssen so ausgestaltet sein, dass sie auch „von nicht speziell in Buchführung und Rechnungslegung ausgebildeten Aufsichtsratsmitgliedern verstanden werden"[1062].

Aufgabe des Prüfungsberichts ist es zunächst, die gesetzlichen Vertreter und das Kontrollgremium über Art und Umfang sowie über das Ergebnis der Prüfung zu informieren[1063]. Gleichzeitig dient er als Nachweis dafür, dass der Abschlussprüfer seine aus dem Prüfungsauftrag resultierenden Pflichten erfüllt hat[1064]. Darüber hinaus trägt der Prüfungsbericht zur Unterstützung des Aufsichtsrats bei der Überwachung der gesetzlichen Vertreter bei[1065].

Der Zielsetzung der externen Jahresabschlussprüfung entsprechend muss der Abschlussprüfer seine Prüfungsaussage mit hinreichender Sicherheit treffen, um daraus anschließend im Prüfungsbericht das Prüfungsergebnis zu formulieren[1066]. Eine absolute Sicherheit ist bei der Abschlussprüfung nie zu erreichen. Dies gilt insbesondere aufgrund der begrenzten Erkenntnismöglichkeiten[1067] und weil die Tätigkeit des Abschlussprüfers Entscheidungen und Beurteilungen beinhaltet, die im Rahmen seines pflichtgemäß anzuwendenden

---

[1060] Vgl. § 321 Abs. 5 HGB; Winkeljohann, Norbert/Poullie, Michael (Prüfungsbericht 2006), Rn. 134; Stolberg, Klaus/Zieger, Martin (Neuerungen 2000), S. 453; Picot, Gerhard (Kontrollmechanismen 2001), Rn. 76 f.

[1061] Vgl. Lück, Wolfgang (Rechnungslegung 1999), S. 186; Hellberg, Walter (Prüfung 2002), Rn. 82. In der Praxis erfolgt jedoch regelmäßig auch eine Weiterleitung durch das geprüfte Unternehmen an ausgewählte Dritte, z.B. an ausgewählte Kreditgeber; vgl. Lück, Wolfgang (Rechnungslegung 1999), S. 186.
Vgl. zur Offenlegung dieses Prüfungsberichts in besonderen Fällen § 321 HGB; Forster, Karl-Heinz/Gelhausen, Hans Friedrich/Möller, Matthias (Einsichtsrecht 2007), S. 191 ff.

[1062] Scheffler, Eberhard (Abschlussprüfer 2004), S. 282.

[1063] Vgl. IDW (Handbuch 2006), Rn. Q28 ff.; Winkeljohann, Norbert/Poullie, Michael (Prüfungsbericht 2006), Rn. 7; Wysocki, Klaus von (Grundlagen 1988), S. 298. Vgl. zu den Inhalten des Prüfungsberichts im Einzelnen Stolberg, Klaus/Zieger, Martin (Neuerungen 2000), S. 440 ff.

[1064] Vgl. Wysocki, Klaus von (Grundlagen 1988), S. 298; Plendl, Martin (Prüfungsbericht 2002), Sp. 1780.

[1065] Vgl. BT-Drucks. 13/9712, S. 28 f.

[1066] Vgl. IDW PS 200, Tz. 9 und Tz. 24; Förschle, Gerhart/Schmidt, Stefan (Prüfungsbericht 2006), Rn. 102.

[1067] Die Erkenntnismöglichkeiten des Abschlussprüfers sind bspw. begrenzt, weil Prüfungsnachweise bei kollusivem Verhalten nicht realistisch sind oder weil in vielen Fällen „die Prüfungsnachweise eher überzeugend als zwingend sind, sie also Schlussfolgerungen nahe legen, ohne aber einen endgültigen Beweis zu liefern"; IDW PS 200, Tz. 26.

Ermessens liegen[1068], wobei gesetzliche Regelungen und Verordnungen, fachliche Verlautbarungen sowie auftragsspezifische Bedingungen das Ermessen des Abschlussprüfers eingrenzen[1069].

Neben dem Prüfungsergebnis[1070] – inkl. der Beurteilung des Risikofrüherkennungssystems gem. § 317 Abs. 4 HGB[1071] – hat der Prüfungsbericht gem. § 321 Abs. 1 Satz 3 HGB auch Ausführungen des Abschlussprüfers über wesentliche[1072] Unrichtigkeiten und Verstöße im Abschluss oder im Lagebericht des geprüften Unternehmens sowie eine Darstellung der sich daraus im Rahmen der Feststellungen zur Gesetzesmäßigkeit von Buchführung und Jahresabschluss ergebenden Auswirkungen auf die Rechnungslegung zu beinhalten, dies wird als *Redepflicht* des Abschlussprüfers bezeichnet[1073]. Der Abschlussprüfer muss über Tatsachen berichten, die den Bestand des Unternehmens gefährden oder seine Entwicklung wesentlich beeinflussen können oder die schwerwiegende Verstöße der gesetzlichen Vertreter oder der Arbeitnehmer gegen Gesetz, Gesellschaftsvertrag oder Satzung bedeuten[1074]. Hat der Prüfer bei seiner Prüfungsdurchführung (weitere) Anhaltspunkte für das Vorliegen von Unrichtigkeiten und Verstößen, d.h. von Accounting Fraud, erkannt, aufgrund derer zusätzliche Prüfungshandlungen notwendig wurden, so sind diese

---

[1068] Vgl. zum pflichtgemäßen Ermessen eines Prüfers Kropff, Bruno (Rechtsfragen 1995), S. 331 ff.

[1069] Vgl. IDW PS 200, Tz. 18 und Tz. 25; Förschle, Gerhart/Schmidt, Stefan (Prüfungsbericht 2006), Rn. 102.

[1070] Vgl. Baetge, Jörg/Linßen, Thomas (Beurteilung 1999), S. 382 f.

[1071] Vgl. Schindler, Joachim/Rabenhorst, Dirk (Risikofrüherkennungssystem 2001), Rn. 112 ff.

[1072] Zwar ist § 321 Abs. 1 Satz 3 HGB nicht unmittelbar zu entnehmen, dass lediglich über wesentliche Unrichtigkeiten und Verstöße zu berichten ist. Dieser Zusammenhang ergibt sich jedoch mittelbar aus § 317 Abs. 1 Satz 3 HGB, wonach der Abschlussprüfer solche Unrichtigkeiten und Verstöße erkennen muss, die auf das dargestellte Bild der Vermögens-, Finanz- und Ertragslage einen wesentlichen Einfluss haben. Vgl. hierzu Sell, Kirsten (Bilanzdelikte 1999), S. 225. Zur Frage der Wesentlichkeit vgl. die Ausführungen unter Gliederungspunkt 2.2.2, S. 24 ff.

[1073] Vgl. zu dieser Redepflicht des Abschlussprüfers Grewe, Wolfgang/Plendl, Martin (Redepflicht 2002), Sp. 2006 ff.; Lück, Wolfgang (Redepflicht 2004), S. 126 ff.; Clemm, Hermann (Krisenwarner 1995), S. 99 ff.; Hellwig, Hans-Jürgen (Öffentliche Aufgabe 2001), S. 71 ff.; Pfitzer, Norbert/Orth, Christian (Berichterstattung 2003), S. 882; IDW PS 210, Tz. 69; Stolberg, Klaus/Zieger, Martin (Neuerungen 2000), S. 442 ff. Vgl. zur Redepflicht i.s.e. Warnfunktion des Abschlussprüfers Hunecke, Jörg (Warnfunktion 1998), S. 265 ff.; Lück, Wolfgang/Hunecke, Jörg (Warnfunktion 1996), S. 1 f. Eine mathematisch-statistische Beurteilung der Redepflicht findet sich bei Buchner, Robert/Wolz, Matthias (Redepflicht 1997), S. 909 ff.

[1074] Vgl. Winkeljohann, Norbert/Poullie, Michael (Prüfungsbericht 2006), Rn. 34 ff.; Stolberg, Klaus/Zieger, Martin (Neuerungen 2000), S. 444 f.

Anhaltspunkte ebenso wie die getroffenen Maßnahmen im Prüfungsbericht aufzuführen[1075]. Im Bereich der internationalen Prüfungsnormen existiert kein Pendant zum deutschen Prüfungsbericht[1076]. ISA 260 enthält zwar Regelungen bezüglich der Kommunikation über eine Prüfung zwischen Abschlussprüfer und Unternehmensleitung, diese Berichterstattung kann jedoch mündlich oder schriftlich erfolgen[1077]. Neben der ausführlichen Information des Prüfers in seinem Prüfungsbericht kommt in Deutschland zudem dem in § 322 HGB geregelten Bestätigungsvermerk – auch als Testat bezeichnet – eine wichtige Rolle bei der Präsentation des Prüfungsergebnisses zu.

3.1.5.4.5.2 Berichterstattung im Bestätigungsvermerk

Der *Bestätigungsvermerk*[1078] – bzw. Versagungsvermerk[1079] – belegt ebenfalls, dass der Abschlussprüfer seine nach § 316 HGB bestehende Prüfungspflicht erfüllt hat und dokumentiert das Ergebnis dieser Prüfung[1080]. Der Bestätigungsvermerk bzw. der Versagungsvermerk[1081] richtet sich im Unterschied zum Prüfungsbericht[1082] an die (interessierte) Öffentlichkeit[1083]. Erfahrungsge-

---

[1075] Vgl. IDW PS 210, Tz. 69.
[1076] Vgl. Marten, Kai-Uwe/Quick, Reiner/Ruhnke, Klaus (Wirtschaftsprüfung 2007), S. 522; Gärtner, Michael (Aufdeckung 2003), S. 249.
[1077] Vgl. ISA 260, Tz. 15.
[1078] Aus § 2 WPO folgt, dass die Durchführung von Prüfungen und die Erteilung von Bestätigungsvermerken dazu zu den beruflichen Aufgaben eines Abschlussprüfers zählen.
[1079] Kann der Prüfer nach erfolgter Prüfung keine positive Aussage mehr treffen, so hat er statt eines (eingeschränkten) Bestätigungsvermerks einen Versagungsvermerk zu erteilen; vgl. IDW PS 400, Tz. 65.
[1080] Vgl. Förschle, Gerhart/Küster, Thomas (Bestätigungsvermerk 2006), Rn. 11; Gelhausen, Hans Friedrich (Bestätigungsvermerk 2002), Sp. 303 ff.
Die Bestimmungen hinsichtlich des Bestätigungsvermerks wurden durch das KonTraG umfassend reformiert; vgl. zu den (geplanten) Änderungen Stolberg, Klaus/Zieger, Martin (Neuerungen 2000), S. 454; Forster, Karl-Heinz (Runderneuerung 1996), S. 253 ff.; Goerdeler, Reinhard (Berichterstattung 1981), S. 83 ff.; Lehwald, Klaus-Jürgen (Erteilung 2000), S. 259 ff. Insbesondere ist hierbei die Abkehr vom Formeltestat hervorzuheben; vgl. Stolberg, Klaus/Zieger, Martin (Neuerungen 2000), S. 454 f. Dies sollte zu einer Verringerung der Erwartungslücke beitragen; vgl. Böcking, Hans-Joachim/Orth, Christian (Erwartungslücke 1998), S. 355.
[1081] Da auch § 322 HGB in der Überschrift lediglich von ‚Bestätigungsvermerk' spricht, sich inhaltlich aber sowohl mit dem uneingeschränkten und dem eingeschränkten Testat als auch mit dem Versagungsvermerk beschäftigt, wird im Folgenden – sofern nicht anders gekennzeichnet – ebenfalls ausschließlich von ‚Bestätigungsvermerk' gesprochen.
[1082] Vgl. hierzu die Ausführungen unter Gliederungspunkt 3.1.5.4.5.1, S. 186 ff.

mäß nehmen insbesondere Anteilseigner, Analysten, Mitarbeiter, Lieferanten, Wettbewerber, Medien oder auch die Finanzverwaltung als Unternehmenskoalitionäre dieses Informationsmedium als Entscheidungsgrundlage in Anspruch. Der Bestätigungsvermerk beschreibt die Aufgabe des Abschlussprüfers und grenzt sie gegenüber der Verantwortlichkeit der gesetzlichen Vertreter des geprüften Unternehmens ab. Darüber hinaus stellt er Gegenstand, Art und Umfang der Prüfung dar und fasst das Prüfungsergebnis in einer abschließenden Beurteilung kurz zusammen[1084]. Zur Erinnerung: Mit Blick auf die Erwartungslücke[1085] ist festzuhalten, dass der Bestätigungsvermerk ein Gütesiegel dafür darstellt, dass der Jahresabschluss den gesetzlichen Vorschriften entspricht und keine wesentlichen Unrichtigkeiten oder Verstöße enthält[1086] – er ist jedoch kein Gesundheitszeignis für den weiteren Fortbestand des geprüften Unternehmens[1087].

Ein Bestätigungsvermerk kann entweder uneingeschränkt oder eingeschränkt sowie mit und ohne Zusatz[1088] erteilt werden[1089]. Ein negativer Bestätigungsvermerk wird als Versagungsvermerk bezeichnet[1090]. Ein uneingeschränkter Bestätigungsvermerk[1091] bringt zum Ausdruck, dass der geprüfte Jahresabschluss ein den tatsächlichen Verhältnissen entsprechendes Bild der Vermögens-, Finanz- und Ertragslage und der geprüfte Lagebericht ein zutreffendes Bild von der Lage der Gesellschaft, den Chancen und Risiken darstellen sowie dass beide Bestandteile der Prüfung miteinander in Einklang stehen[1092]. Er darf immer dann erteilt werden, wenn gegen Buchführung, Jahresabschluss und Lagebericht keine wesentlichen Beanstandungen erhoben

---

[1083] Vgl. Förschle, Gerhart/Küster, Thomas (Bestätigungsvermerk 2006), Rn. 6; Clemm, Hermann (Bedeutung 1977), S. 146; Hellberg, Walter (Prüfung 2002), Rn. 95; Lehwald, Klaus-Jürgen (Erteilung 2000), S. 259.

[1084] Vgl. § 322 Abs. 1 Satz 2 HGB; IDW PS 400, Tz. 2; IDW (Hrsg.) (Qualitätssicherung 2007), S. 235; Stolberg, Klaus/Zieger, Martin (Neuerungen 2000), S. 456 ff. Nach seiner Reformierung durch das KonTraG beinhaltet der Bestätigungsvermerk eine verstärkt problemorientierte Berichterstattung; vgl. Böcking, Hans-Joachim (Öffentliche Aufgabe 2001), S. 60.

[1085] Vgl. hierzu die Ausführungen in Fußnote 878, S. 161.

[1086] Vgl. Havermann, Hans (Aufgaben 1977), S. 145.

[1087] Vgl. Baetge, Jörg (Redepflicht 1995), S. 3 f.; Weber, Claus-Peter (Ziele 1997), S. 797.

[1088] Vgl. § 322 Abs. 3 Satz 2 HGB.

[1089] Vgl. § 322 Abs. 2 HGB.

[1090] Vgl. § 322 Abs. 4 Satz 2 HGB; Lehwald, Klaus-Jürgen (Erteilung 2000), S. 259.

[1091] Vgl. zu einer Formulierungsempfehlung des IDW für einen uneingeschränkten Bestätigungsvermerk IDW PS 400, Anhang, Tz. 1 ff.; Stolberg, Klaus/Zieger, Martin (Neuerungen 2000), S. 461 f.

[1092] Vgl. Marten, Kai-Uwe/Quick, Reiner/Ruhnke, Klaus (Wirtschaftsprüfung 2007), S. 509; so auch bereits Clemm, Hermann (Bedeutung 1977), S. 155; Lehwald, Klaus-Jürgen (Erteilung 2000), S. 261.

werden und keine Prüfungshemmnisse[1093] aufgetreten sind[1094]. Wird ein Bestätigungsvermerk zwar uneingeschränkt erteilt, existieren jedoch besondere Umstände, auf die der Abschlussprüfer dennoch aufmerksam machen möchte, kann er das Testat mit einem Zusatz versehen, ohne damit eine Einschränkung seiner Beurteilung vorzunehmen[1095]. Außerdem hat ein Abschlussprüfer die Möglichkeit, einen bedingten Bestätigungsvermerk zu erteilen. Dem in einem solchen Testat enthaltenen Vorbehalt kommt eine aufschiebende Wirkung zu[1096]. Ein bedingter Bestätigungsvermerk kann geboten sein, wenn z.B. Restrukturierungsmaßnahmen noch nicht völlig abgeschlossen sind oder Beschlüsse noch festgestellt werden müssen[1097]. Liegen zum Ende der Prüfung wesentliche Beanstandungen bei abgrenzbaren Teilen des Prüfungsgegenstands vor oder können wesentliche abgegrenzte Teile aufgrund von Prüfungshemmnissen nicht mit hinreichender Sicherheit beurteilt werden, gelangt der Abschlussprüfer jedoch insgesamt noch zu einer positiven Gesamtaussage, so ist ein eingeschränkter Bestätigungsvermerk[1098] zu erteilen[1099]. Sofern das geprüfte Unternehmen alle wesentlichen Beanstandungen vor Beendigung der Prüfung korrigiert, ist eine Einschränkung des Testats nicht mehr erforderlich[1100]. Einschränkungen erfordern eine Begründung im Bestätigungsver-

---

[1093] Unter einem Prüfungshemmnis ist eine Störung im Prüfungsablauf zu verstehen, die der Abschlussprüfer nicht beeinflussen und nicht beseitigen kann. Es handelt sich hierbei etwa um eine Beschränkung beim Einholen von Saldenbestätigungen, wenn dem Prüfer die Erteilung von Auskünften oder die Nennung von Namen der richtigen Ansprechpartner verweigert werden; vgl. hierzu Marten, Kai-Uwe/Quick, Reiner/Ruhnke, Klaus (Wirtschaftsprüfung 2007), S. 509.

[1094] Vgl. Marten, Kai-Uwe/Quick, Reiner/Ruhnke, Klaus (Wirtschaftsprüfung 2007), S. 509.

[1095] Vgl. § 322 Abs. 3 Satz 2 HGB; Clemm, Hermann (Bedeutung 1977), S. 157. Vgl. zu einer Formulierungsempfehlung des IDW für einen uneingeschränkten Bestätigungsvermerk mit Zusatz, um eine drohende Bestandsgefährdung hervorzuheben, IDW PS 400, Tz. 77.

[1096] Vgl. Lück, Wolfgang (Bestätigungsvermerk 2003), Rn. 87 ff.; Lehwald, Klaus-Jürgen (Erteilung 2000), S. 263.

[1097] Vgl. zu diesen und weiteren Gründen Lück, Wolfgang (Bestätigungsvermerk 2003), Rn. 87.

[1098] Vgl. zu einer Formulierungsempfehlung des IDW für einen eingeschränkten Bestätigungsvermerk IDW PS 400, Anhang, Tz. 8 ff. Vgl. zu den rechtlichen Konsequenzen eines eingeschränkten Bestätigungsvermerks Marten, Kai-Uwe/Quick, Reiner/Ruhnke, Klaus (Wirtschaftsprüfung 2007), S. 517 ff.

[1099] Vgl. Marten, Kai-Uwe/Quick, Reiner/Ruhnke, Klaus (Wirtschaftsprüfung 2007), S. 509; so auch bereits Clemm, Hermann (Bedeutung 1977), S. 156; Lehwald, Klaus-Jürgen (Erteilung 2000), S. 261.

[1100] Vgl. Marten, Kai-Uwe/Quick, Reiner/Ruhnke, Klaus (Wirtschaftsprüfung 2007), S. 509; Castan, Edgar (Handelsgesetzbuch 2004), Rn. 11; Lehwald, Klaus-Jürgen (Erteilung 2000), S. 261.

merk[1101]. Erhebt ein Prüfer wesentliche Beanstandungen gegen einen Jahresabschluss, die so bedeutend oder zahlreich sind, dass ein eingeschränkter Bestätigungsvermerk nicht mehr zu rechtfertigen ist, erteilt der Prüfer einen Versagungsvermerk[1102]. Gem. § 322 Abs. 4 Satz 3 ist die Versagung zu begründen. Außerdem muss der Prüfer den Bestätigungsvermerk auch dann versagen, wenn Prüfungshemmnisse vorliegen und der Prüfer alle Möglichkeiten, um mit hinreichender Sicherheit zu einem Prüfungsurteil zu gelangen, ausgeschöpft hat, dies jedoch ohne Erfolg blieb[1103]. In diesem Fall verweigert der Prüfer die Abgabe eines Prüfungsurteils und erteilt ebenfalls einen Versagungsvermerk[1104]. Nach § 322 Abs. 2 Satz 3 HGB ist auf den Fortbestand des Unternehmens gefährdende Risiken gesondert einzugehen[1105]. Die international bestehenden Regelungen zur Erteilung eines Bestätigungsvermerks stimmen mit den nationalen Regelungen derzeit nur teilweise überein[1106].

3.1.5.4.5.3 Mitteilungspflichten des Abschlussprüfers bei aufgedeckten oder vermuteten Unregelmäßigkeiten

Neben der erläuterten Pflicht zur Berichterstattung über die Prüfung im Prüfungsbericht und im Bestätigungsvermerk bestehen weitere besondere Berichts- und Mitteilungspflichten, die ein Prüfer ggf. bereits während einer Prüfung zu erfüllen hat. So ist er dazu verpflichtet, beim tatsächlichen Auftreten oder bei der Vermutung des Vorliegens von Unregelmäßigkeiten[1107] bereits während der Abschlussprüfung geeignete Stellen darüber in Kenntnis zu setzen[1108]. In einem solchen Fall hat der Prüfer zeitnah und nach pflichtgemäßem Ermessen[1109] eine Entscheidung darüber zu treffen, welche Ebene der Unter-

---

[1101] Vgl. § 322 Abs. 4 Satz 3 HGB.
[1102] Vgl. Marten, Kai-Uwe/Quick, Reiner/Ruhnke, Klaus (Wirtschaftsprüfung 2007), S. 510; Lehwald, Klaus-Jürgen (Erteilung 2000), S. 262. Vgl. zu einer Formulierungsempfehlung des IDW für einen Versagungsvermerk IDW PS 400, Anhang, Tz. 13 f. Vgl. zu den rechtlichen Konsequenzen eines Versagungsvermerks Marten, Kai-Uwe/Quick, Reiner/Ruhnke, Klaus (Wirtschaftsprüfung 2007), S. 517 ff.
[1103] Vgl. § 322 Abs. 5 HGB.
[1104] Vgl. Marten, Kai-Uwe/Quick, Reiner/Ruhnke, Klaus (Wirtschaftsprüfung 2007), S. 510.
[1105] Vgl. Lehwald, Klaus-Jürgen (Erteilung 2000), S. 262.
[1106] Vgl. zu einer Gegenüberstellung der Inhalte von IDW PS 400 sowie dem korrespondierenden ISA 700 Marten, Kai-Uwe/Quick, Reiner/Ruhnke, Klaus (Wirtschaftsprüfung 2007), S. 510 ff.
[1107] Vgl. zur Terminologie die Ausführungen unter Gliederungspunkt 2.2.1, S. 13 ff.
[1108] Vgl. zur Kommunikation zwischen Abschlussprüfer und Unternehmensleitung auch Roth, Felix/Peyrollaz, Jean (Communication 2006), S. 828.
[1109] Hierbei sind sowohl das Ausmaß als auch die Häufigkeit der aufgedeckten oder vermuteten Unregelmäßigkeiten zu berücksichtigen; vgl. IDW PS 210, Tz. 60.

nehmensleitung er über seine Erkenntnisse informiert[1110]. Grundsätzlich ist die Hierarchieebene zu informieren, welche mindestens eine Ebene über derjenigen liegt, in der die Unrichtigkeit, der Verstoß bzw. der sonstige Gesetzesverstoß aufgedeckt oder vermutet wird[1111]. Beurteilt der Prüfer die Unregelmäßigkeiten als wesentlich, so muss er die ausgewählten Unternehmensvertreter nicht nur zeitnah, sondern unverzüglich informieren[1112].

Die Unternehmensleitung ist für den Abschlussprüfer der erste Ansprechpartner im Fall von vermuteten oder aufgedeckten Unregelmäßigkeiten[1113]. Dies beruht nicht zuletzt darauf, dass diese zum einen für die Erstellung des Jahresabschlusses verantwortlich zeichnet und zum anderen – zumindest bei einer AG – durch § 91 Abs. 2 AktG zur Einrichtung eines Überwachungssystems verpflichtet ist.

Weiterer Ansprechpartner des Abschlussprüfers kann – bereist vor Zuleitung des Prüfungsberichts – das Aufsichtsorgan des zu prüfenden Unternehmens sein. Bei der Aufdeckung von Unregelmäßigkeiten ist es eine für den jeweiligen Einzelfall zu treffende Entscheidung des Prüfers, den Aufsichtsrat darüber in Kenntnis zu setzen oder nicht[1114]. Diese einzelfallabhängige Kann-Bestimmung des IDW PS 210 ist indes kritisch zu hinterfragen. Gem. § 111 Abs. 2 Satz 3 AktG i.V.m. § 318 Abs. 1 Satz 4 HGB wird bei AG der Prüfungsauftrag durch den Aufsichtsrat erteilt[1115], so dass in diesen Fällen zwischen dem Aufsichtsrat als Auftraggeber und dem Abschlussprüfer als Auftragnehmer eine Treuepflicht besteht. Daraus resultiert für den Abschlussprüfer die faktische Verpflichtung, auch den Aufsichtsrat über vermutete oder aufgedeckte Unregelmäßigkeiten zu informieren[1116]. Der Gesetzesbegründung zum KonTraG zufolge soll die Auftragserteilung an den Abschlussprüfer durch den Aufsichtsrat dazu beitragen, dass Kontrollgremium bei der Wahrnehmung seiner Überwachungsaufgabe gegenüber dem Management zu unterstützen[1117]. Daraus lässt sich ebenfalls eine Informationsverpflichtung vom Abschlussprüfer an den Aufsichtsrat ableiten. Schließlich können nach dem Er-

---

[1110] Vgl. Schindler, Joachim (Verstöße 2007), S. 101.
[1111] Vgl. IDW PS 210, Tz. 60.
[1112] Vgl. IDW PS 210, Tz. 66.
[1113] Vgl. Berndt, Thomas/Jeker, Marc (Fraud Detection 2007), S. 2620.
[1114] Vgl. IDW PS 210, Tz. 61.
[1115] Vgl. Winkeljohann, Norbert/Hellwege, Heiko (Bestellung 2006), Rn. 14; Lück, Wolfgang (Rechnungslegung 1999), S. 25 f.
[1116] Gleiches ergibt sich auch aus der Gesetzesbegründung zur Einführung des § 111 Abs. 2 AktG durch das KonTraG, wodurch die Auftragserteilung an den Abschlussprüfer durch den Aufsichtsrat gesetzlich normiert wurde; vgl. BT-Drucks. 13/9712, S. 16 f.; siehe auch Gelhausen, Hans Friedrich (Zweckgemeinschaft 1999), S. 398.
[1117] Vgl. BT-Drucks. 13/9712, S. 16.

messen des Prüfers auch weitere Sachverhalte dem Aufsichtsrat kommuniziert werden. Hierzu gehören bspw. Sachverhalte, die die Kompetenz und Integrität des Managements betreffen ebenso wie (vermutete) wesentliche Schwächen im internen Kontrollsystem und in der Generierung der Buchführung bzw. des Abschlusses[1118].

Neben § 323 Abs. 1 Satz 1 HGB verpflichten auch § 43 Abs. 1 WPO sowie § 9 BS WP/vBP den Abschlussprüfer dazu, über die Tatsachen und Umstände Stillschweigen zu bewahren, die ihm während der Ausübung seiner beruflichen Tätigkeit anvertraut oder bekannt wurden[1119]. Diese Verschwiegenheitspflicht besteht zu jedem Zeitpunkt[1120], es sei denn, der Abschlussprüfer ist – durch entsprechende Vorschriften – berechtigt oder verpflichtet, sich zu äußern[1121]. Aufgrund der Verschwiegenheitspflicht ist es dem Abschlussprüfer grundsätzlich verboten, seine Erkenntnisse über Unrichtigkeiten, Verstöße sowie sonstige Gesetzesverstöße und damit auch über Accounting Fraud Dritten – z.B. einzelnen Gesellschaftern/Anteilseignern, Gläubigern oder auch der Polizei und der Staatsanwaltschaft – mitzuteilen[1122].

Ausnahmen von der Pflicht zur Verschwiegenheit resultieren aus gesetzlichen Regelungen. Bspw. beinhaltet § 11 GwG eine Meldepflicht bei Verdacht auf Geldwäsche. Darüber hinaus gilt bei der Berichterstattung des Prüfers an die BaFin bei Abschlussprüfungen nach § 29 Abs. 2 KWG oder § 57 Abs. 1

[1118] Vgl. IDW PS 210, Tz. 65.

[1119] Vgl. Schruff, Wienand (Top-Management Fraud 2003), S. 909; Winkeljohann, Norbert/Hellwege, Heiko (Verantwortlichkeit 2006), Rn. 31. Eine Verletzung der Verschwiegenheitspflicht des Abschlussprüfers wird strafrechtlich gem. § 203 StGB als Verletzung von Privatgeheimnissen mit einer Freiheitsstrafe bis zu einem Jahr oder mit einer Geldstrafe bestraft; vgl. Mock, Sebastian (Verschwiegenheitspflicht 2003), S. 1996 ff. m.w.N. Auch durch den nach § 17 Abs. 1 WPO zu leistenden Berufseid verpflichtet sich der Abschlussprüfer, seine Pflichten verantwortungsbewusst und sorgfältig zu erfüllen und insbesondere Verschwiegenheit zu bewahren.

[1120] Nach § 9 Abs. 3 BS WP/vBP besteht die Verschwiegenheitspflicht auch nach dem Ende des Prüfungsauftrags weiter fort; vgl. Adler, Hans/Düring, Walther/Schmaltz, Kurt (Verantwortlichkeit 2000), Rn. 74.

[1121] Vgl. Winkeljohann, Norbert/Hellwege, Heiko (Verantwortlichkeit 2006), Rn. 30; siehe zur Ausprägung der Verschwiegenheitspflicht auch Mock, Sebastian (Verschwiegenheitspflicht 2003), S. 1996 ff. Eine Lockerung erfuhr die Verschwiegenheitspflicht jüngst durch die Neuerungen des als 7. WPO-Novelle bezeichneten Berufsaufsichtsreformgesetzes (BARefG): In berufsaufsichtlichen und berufsgerichtlichen Verfahren, denen Prüfungen nach den §§ 316 ff. HGB zugrunde liegen, kann sich der Prüfer nicht mehr auf die Verschwiegenheitspflicht aus dem Mandat berufen. Vgl. zur 7. WPO-Novelle z.B. Wiechers, Klaus (Änderungen 2007), S. 687 f.; Baetge, Jörg (Stärkung 2007), S. I; Heininger, Klaus/Bertram, Klaus (Referentenentwurf 2006), S. 905 ff.

[1122] Vgl. IDW PS 210, Tz. 66; Madray, J. Russell (Fraud Guidance 2006), S. 53; Biener, Herbert (Erwartungslücke 1995), S. 53 f.

VAG keine Verschwiegenheitspflicht[1123]. Eine Redepflicht des Abschlussprüfers kann sich darüber hinaus dann ergeben, wenn er bei einem Verfahren vor Gerichten oder Ermittlungsbehörden als Zeuge auftritt[1124]. Steht die Aussagepflicht im Widerspruch zur Verschwiegenheitspflicht des Abschlussprüfers, ist der Verschwiegenheitspflicht Vorrang zu gewähren[1125].

Ein Abschlussprüfer kann auch durch ausdrückliche Erklärung der gesetzlichen Vertreter des geprüften Unternehmens von der Schweigepflicht entbunden werden[1126]. Ist eine Entscheidung der gesetzlichen Vertreter über die Weitergabe von Tatsachen, die der Verschwiegenheitspflicht unterliegen, nicht bekannt, muss der Abschlussprüfer im Zweifel immer davon ausgehen, dass die Verschwiegenheitspflicht weiterhin gilt[1127]. Aus diesem Grund muss er auch regelmäßig davon ausgehen, dass er Dritten gegenüber nicht über festgestellte Unregelmäßigkeiten im Allgemeinen sowie Accounting Fraud im Speziellen berichten darf[1128].

3.1.6 Zwischenfazit

Wie die Erläuterungen gezeigt haben, umfasst der gesamte Prozess der externen Jahresabschlussprüfung von der Planung bis zur Berichterstattung eine Vielzahl von einzelnen Bestandteilen. Es handelt sich um einen komplexen und umfangreichen Prozess, der insbesondere auf einer stringenten und ordnungsmäßigen Planung basiert. Allerdings ist es – wie gezeigt – unvermeidbar, während des Prüfungsablaufs immer wieder Anpassungen an der ursprünglichen Planung vorzunehmen, um der durch neue Erkenntnisse veränderten Prüfungssituation Rechnung zu tragen. Entsprechende Entscheidungen sind vom Prüfer unternehmensindividuell und situationsbezogen zu treffen.

Entscheidend für die Qualität der weiteren Prüfung(en) sind auch die Schlussfolgerungen, welche der Prüfer aus aufgedeckten Unregelmäßigkeiten

---

[1123] Vgl. IDW PS 210, Tz. 66; Kaduk, Michael (Unregelmäßigkeiten 2007), S. 91; Schruff, Wienand (Top-Management Fraud 2003), S. 909.
[1124] Vgl. Winkeljohann, Norbert/Hellwege, Heiko (Verantwortlichkeit 2006), Rn. 41.
[1125] Vgl. Winkeljohann, Norbert/Hellwege, Heiko (Verantwortlichkeit 2006), Rn. 41. In allen in Frage kommenden Verfahren wurde dem Abschlussprüfer ein Zeugnisverweigerungsrecht eingeräumt, so z.B. im Strafprozess nach § 53 Abs. 1 Nr. 3 StPO oder im Steuerermittlungs- und Finanzgerichtsverfahren nach § 102 Abs. 1 Nr. 3b AO i.V.m. § 84 FGO; vgl. hierzu auch Winkeljohann, Norbert/Hellwege, Heiko (Verantwortlichkeit 2006), Rn. 41.
[1126] Vgl. Winkeljohann, Norbert/Hellwege, Heiko (Verantwortlichkeit 2006), Rn. 43; Adler, Hans/Düring, Walther/Schmaltz, Kurt (Verantwortlichkeit 2000), Rn. 32.
[1127] Vgl. Adler, Hans/Düring, Walther/Schmaltz, Kurt (Verantwortlichkeit 2000), Rn. 35; Sell, Kirsten (Bilanzdelikte 1999), S. 261.
[1128] Vgl. Sell, Kirsten (Bilanzdelikte 1999), S. 261.

im Allgemeinen sowie Accounting Fraud im Speziellen für das weitere Vorgehen zieht. Durch die IDW-Verlautbarungen besitzt der Abschlussprüfer zwar wichtige und hilfreiche Leitfäden für die Praxis, diese können allerdings seine eigenen intuitiven und einzelfallbezogenen Entscheidungen keinesfalls ersetzen. Ein angemessener Umgang mit aufgedecktem Accounting Fraud während und nach der Prüfung basiert folglich einerseits auf schriftlich fixierten Standards zur Prüfungsdurchführung, andererseits aber zu einem nicht zu unterschätzenden Teil auch auf der persönlichen Qualifikation sowie der Erfahrung des Abschlussprüfers bzw. aller Mitglieder des Prüfteams.

Dennoch darf nicht vergessen werden, dass die Aufdeckung von Unregelmäßigkeiten nur insofern Ziel und Teil der Abschlussprüfung ist, als sie der Erfüllung des gesetzlich normierten Prüfungsauftrags i.S.e. Gesetzmäßigkeits- und Ordnungsmäßigkeitsprüfung dient. Inwieweit die in diesem Zusammenhang einmal mehr deutlich werdende Erwartungslücke mit Blick auf Accounting Fraud zukünftig verringert werden kann – ein vollständiges Schließen erscheint ob der Komplexität der Materie ausgeschlossen –, ist Gegenstand späterer Ausführungen[1129].

3.1.7 Auswirkungen des Sarbanes-Oxley Act auf die externe Jahresabschlussprüfung

Auch wenn einzelne Bestandteile des SOX bereits ausführlich erläutert wurden[1130], sollen die für die externe Jahresabschlussprüfung in Deutschland relevanten Änderungen hier nochmals aufgegriffen und kurz in den unter Gliederungspunkt 3.1.5[1131] diskutierten Kontext eingeordnet werden. Von Bedeutung für den Abschlussprüfer und seine Tätigkeit sind die Schaffung des PCAOB[1132], die Verschärfung der Anforderungen an die Prüferunabhängigkeit[1133] sowie die Ausweitung seiner Prüfungsaufgabe durch die zwingende Beurteilung der Managementeinschätzung über die installierten internen Kontrollen für die Finanzberichterstattung[1134].

– Mit dem PCAOB wurde eine neue Kontrollinstanz geschaffen, welche fortan die Regulierung des Berufsstands der Wirtschaftsprüfer in Deutschland übernommen hat. Für den Wirtschaftsprüfer bedeutet dies – neben der Verpflichtung zur Registrierung und damit zur Offenlegung bestimmter In-

---

[1129] Vgl. hierzu die Ausführungen unter Gliederungspunkt 4.3, S. 340 ff.
[1130] Vgl. hierzu die Ausführungen unter Gliederungspunkt 2.3, S. 74 ff.
[1131] Vgl. S. 163 ff.
[1132] Vgl. hierzu die Ausführungen unter Gliederungspunkt 2.3.3.2, S. 96 ff.
[1133] Vgl. hierzu die Ausführungen unter Gliederungspunkt 2.3.3.3, S. 103 ff.
[1134] Vgl. hierzu die Ausführungen unter Gliederungspunkt 2.3.3.2, S. 101 ff.

formationen über sich und seine Prüfungsgesellschaft – einerseits, dass er ein neues Gremium anerkennen und seinen Anweisungen Folge leisten muss. Andererseits hat das PCAOB aber auch bereits eine Fülle von Verlautbarungen, teilweise als Ergänzung bzw. Interpretation des SOX, sowie Prüfungsstandards herausgegeben[1135]. Hier wird ein Prüfer mit einer Vielzahl neuer Regelungen konfrontiert, deren Inhalt er kennen und denen er Folge leisten muss.

- Die Verschärfung der Regelungen zur Unabhängigkeit des Abschlussprüfers basiert auf der Annahme, dass ein Prüfer Unregelmäßigkeiten umso besser entdecken kann, je unabhängiger er vom zu prüfenden Unternehmen ist. Insbesondere das Bestehen zu großer finanzieller Verflechtungen bzw. hohe Einnahmen aus Beratungstätigkeiten werden in diesem Zusammenhang als Gefahr angesehen[1136]. Aus diesem Grund wurde ein Katalog der für den Abschlussprüfer eines Unternehmens verbotenen Dienstleistungen im SOX fixiert[1137]. In Antizipation der neuen Abschlussprüferrichtlinie der EU hat Deutschland weite Teile der Reformierung der Abschlussprüferunabhängigkeit bereits mit dem BilReG vom 04.12.2004 in den §§ 319 und 319a HGB umgesetzt. Für den Abschlussprüfer bedeutet dies in seiner täglichen Arbeit, dass er nun bei der Beantwortung der Frage nach seiner Unabhängigkeit und damit bei seiner Entscheidung zur Auftragsannahme noch zusätzliche und enger gefasste Kriterien als bisher zu beachten hat. Insbesondere für kleinere Wirtschaftsprüfungsgesellschaften kann dies zu einem Problem werden, da u.U. nun weniger verschiedene Dienstleistungen bei dem gleichen Mandanten erbracht werden können und so ein Umsatzrückgang resultiert.

- Schließlich wird der gesamte Prozess der Jahresabschlussprüfung dadurch beeinflusst, dass der Prüfer – sofern bei dem betreffenden Mandat die Regelungen des SOX Gültigkeit haben – die für die Finanzberichterstattung im Unternehmen installierten internen Kontrollen selbst zu prüfen hat, um so die Einschätzung der Wirksamkeit dieser Kontrollen durch das Management prüferisch beurteilen zu können. Da dies ein bislang unbekanntes Prüfungsobjekt darstellt, muss diese Aufgabe nicht nur neu im Rahmen der

---

[1135] Vgl. zu den PCAOB-Standards die Informationen und Downloadmöglichkeiten auf der Homepage dieses Gremiums unter www.pcaobus.org, dort unter Verwendung des Links ‚Standards' (Stand: 15.04.2008).

[1136] Vgl. hierzu Petersen, Karl/Zwirner, Christian (Honoraraufwendungen 2008), S. 279 f.

[1137] Gem. Section 201 SOX handelt es sich dabei um Verbote bezüglich der Buchführung, des Finanzinformationssystems, Bewertungsgutachten, versicherungsmathematischer Dienstleistungen, der Internen Revision, Managementfunktionen, Finanzberatertätigkeiten, Rechtsberatung und Gutachtertätigkeit sowie weiterer noch festzulegender Tätigkeiten. Vgl. hierzu ausführlich Gliederungspunkt 2.3.3.3.3, S. 103 ff.

Prüfungsplanung Beachtung finden, sondern sie muss bspw. auch in das zu erstellende Prüfprogramm aufgenommen und sachgerecht eingebunden werden. Darüber hinaus ist eine entsprechende fachliche Weiterbildung der Prüfer für die Qualität ihrer Arbeit unerlässlich. Nach der Durchführung der Prüfungshandlungen und der Beurteilung der Einschätzung des Managements kommt diesem Bereich der Abschlussprüfung auch bei der Dokumentation und Berichterstattung eine besondere Bedeutung zu, denn hierüber ist explizit im Bestätigungsvermerk zu berichten[1138].

Mit diesem gespannten Bogen zwischen den Regelungen zur externen Jahresabschlussprüfung in Deutschland einerseits und den Neuerungen des SOX andererseits sind alle für die weitere Analyse der Themenstellung in dieser Hinsicht notwendigen Aspekte dargelegt und erläutert. Da eine wirksame Eindämmung von Accounting Fraud allerdings nicht alleine durch die externe Unternehmenskontrolle gewährleistet werden kann, ist es notwendig, im Folgenden auch auf die unternehmensinternen Überwachungsmechanismen einzugehen. Hierzu wird zunächst auf die Interne Revision Bezug genommen[1139], bevor dann unter dem Schlagwort ‚Corporate Governance' die Unternehmensführung und das Aufsichtsorgan näher betrachtet werden[1140].

3.2 Begriff und relevante Grundlagen der Internen Revision
3.2.1 Vorbemerkungen

Die Interne Revision hat in den letzten Jahren einen starken Wandel erfahren[1141]. Vorgeschrieben war die Einrichtung einer Internen Revision lange Zeit

---

[1138] Vgl. Section 404 (b) SOX.
[1139] Vgl. hierzu die Ausführungen unter Gliederungspunkt 3.2, S. 198 ff.
[1140] Vgl. hierzu die Ausführungen unter Gliederungspunkt 3.3, S. 238 ff.
[1141] Vgl. zu diesem Wandel ausführlich Kagermann, Henning/Küting, Karlheinz/Weber, Claus-Peter (Hrsg.) (Revisions-Handbuch 2006), S. 16 ff.; Peemöller, Volker H./Richter, Martin (Entwicklungstendenzen 2000), S. 27 ff.; Eberl, Stephan/Hachmeister, Dirk (Aufgabengebiet 2007), S. 318; Lück, Wolfgang (Zukunft 2000), S. 3 ff.; Hardach, Fritz Wilhelm (Wandel 1961), S. 55 ff.; Förschler, Dominik (Trends 2007), S. 3 ff.; Amling, Thomas/Bantleon, Ulrich (Handbuch 2007), S. 51 ff.; Lück, Wolfgang/Henke, Michael (Bestandteil 2004), S. 10; Maul, Karl-Heinz (Erwartungen 1997), S. 225 ff.; Palazzesi, Mauro/Pfyffer, Hans-Ulrich (Verständnis 2002), S. 137 ff.
Vgl. zur historischen Entwicklung Hofmann, Rolf (Unterschlagung 1997), S. 53 ff.; Berwanger, Jörg/Kullmann, Stefan (Interne Revision 2008), S. 53 f.
Siehe zur Entwicklung bei der Daimler AG auch Buderath, Hubertus M. (Kontrollsystem 2003), S. S222.
An eine ‚moderne' Interne Revision sind besondere Anforderungen zu stellen; vgl. Fahrion, Hans-Jürgen/Geis, Astrid (Anforderungen 2007), S. 258 ff.; Schroff, Joachim (Aufgabenwandel 2006), S. 48 ff.

nur im Kreditgewerbe. Mit dem 1998 in Kraft getretenen KonTraG verlangte erstmals das HGB, dass die gesetzlichen Vertreter einer AG ein Überwachungssystem einzurichten haben[1142]. Der Grund dafür waren u.a. Unternehmenszusammenbrüche in den Neunziger Jahren des vergangenen Jahrhunderts sowie auch Veränderungen in der gesamten Unternehmensumwelt, z.B. die voranschreitende Internationalisierung und Globalisierung[1143]. Die meisten Regelungen hinsichtlich der Arbeit der Internen Revision sind jedoch nicht gesetzlicher Natur, sondern wurden von Verbänden entwickelt, die sich mit dem Thema ‚Interne Revision' befassen, so z.b. das Deutsche Institut für Interne Revision e.V. (IIR)[1144] oder das Institute of Internal Auditors (IIA) in den USA[1145].

Verstärkt diskutiert wird die Rolle der Internen Revision auch im Zusammenhang mit Corporate Governance-Entwicklungen und der Einführung des SOX vor dem Hintergrund des Wunschs, verloren gegangenes Vertrauen in die Solidität nicht nur von Bilanzen, sondern der Unternehmensberichterstattung insgesamt wiederzugewinnen[1146]. Vor diesem Hintergrund werden nachfolgend zunächst grundlegende Informationen über die Interne Revision im Allgemeinen vermittelt, um anschließend darauf aufbauend die Vorgehensweise bei internen Prüfungen darzustellen. Nur auf dieser Basis ist es möglich, an späterer Stelle notwendige Veränderungen zu erarbeiten, die zu einer Verringerung des Risikos von Accounting Fraud beitragen sollen[1147].

[1142] Vgl. § 91 Abs. 2 AktG. Vgl. zu einer empirischen Bestandsaufnahme über die Interne Revision im deutschen Mittelstand Hecker, Achim/Füss, Roland (Mittelstand 2006), S. 67 ff.
[1143] Vgl. Peemöller, Volker H./Richter, Martin (Entwicklungstendenzen 2000), S. 13; Pforsich, Hugh D./Peterson Kramer, Bonita K./Just, G. Randolph (Department 2006), S. 22; Holleck, Monika (Risikoorientierung 2004), S. 31.
[1144] Vgl. zum IIR bspw. Berwanger, Jörg/Kullmann, Stefan (Interne Revision 2008), S. 35 ff.; Hofmann, Rolf (Prüfungshandbuch 2005), S. 173 f.; Amling, Thomas/Bantleon, Ulrich (Handbuch 2007), S. 142 ff.; Heinhold, Michael/Wotschofski, Stefan (Interne Revision 2002), Sp. 1227.
[1145] Vgl. zum IIA bspw. Berwanger, Jörg/Kullmann, Stefan (Interne Revision 2008), S. 32 ff.; Amling, Thomas/Bantleon, Ulrich (Handbuch 2007), S. 129 ff.
[1146] In diesem Zusammenhang wird neuerdings auch davon gesprochen, dass ein interner Revisor die Position eines Ethical Agent einnehmen kann; vgl. hierzu Schwager, Elmar (Ethical Agent 2003), S. 2 ff.
[1147] Vgl. hierzu die Ausführungen unter Gliederungspunkt 4.4, S. 357 ff.

3.2.2 Nationale und internationale Regelungen und Verlautbarungen zur Internen Revision

Obwohl die Tätigkeit der Internen Revision – anders als die externe Jahresabschlussprüfung[1148] – nicht konkret im Gesetz definiert und reguliert wird, unterliegt sie dennoch einer Vielzahl regulatorischer Rahmenbedingungen. Diese haben insbesondere in der jüngeren Vergangenheit durch verschiedene nationale wie internationale Gesetzesinitiativen große Veränderungen erfahren. Insbesondere KonTraG, BilReG und SOX spielen dabei eine große Rolle[1149]. In berufsständischer Hinsicht hat das IIR in enger Zusammenarbeit mit dem IIA Grundsätze für die Arbeit einer Internen Revision erarbeitet[1150]. Daneben stehen die Verlautbarungen des COSO[1151].

Ihre erste Erwähnung außerhalb des Kreditwesens findet die Interne Revision in Deutschland in der Gesetzesbegründung zum KonTraG, genauer gesagt zum neu eingeführten § 91 Abs. 2 AktG. Dieser verpflichtet den Vorstand einer AG dazu, zur frühzeitigen Erkennung von bestandsgefährdenden Entwicklungen ein Überwachungssystem einzurichten[1152]. In der Gesetzesbegründung wird der Sinn dieser Vorschrift als Verdeutlichung der „Verpflichtung des Vorstands, für ein angemessenes Risikomanagement und für eine angemessene interne Revision zu sorgen"[1153], umschrieben.

Das BilReG brachte im Jahr 2004 für Deutschland große Veränderungen in Bezug auf die Unabhängigkeit des externen Abschlussprüfers[1154]. Dabei stand u.a. die Trennung von Prüfung und Beratung im Vordergrund. Dieses Konzept ist auf die Interne Revision übertragbar. Da die Interne Revision in den letzten Jahren zunehmend neben ihrer Prüfungsarbeit auch Beratungsdienstleistungen im Unternehmen erbringt[1155], ist hierfür die Diskussion um eine Trennung beider Aufgabenbereiche ebenso zu führen wie bei der externen Jahresabschlussprüfung. Ohne den späteren Ausführungen zur Beratungsfunktion der Internen Revision vorgreifen zu wollen, gilt es festzuhalten, dass eine zu enge Verzahnung beider Aufgabenbereiche und daraus resultierend eine Einschränkung der Unabhängigkeit und das Entstehen von Interessenskonflikten in der internen Unternehmensprüfung als ebenso schädlich anzusehen sind wie bei der

---

[1148] Vgl. insbesondere §§ 316 ff. HGB.
[1149] Vgl. Kagermann, Henning/Küting, Karlheinz/Weber, Claus-Peter (Hrsg.) (Revisions-Handbuch 2006), S. 10.
[1150] Vgl. Hahn, Ulrich (Berufsgrundlagen 2008), S. 73 ff.; Janke, Günter (Anforderungen 2003), S. 576 ff.
[1151] Vgl. zu COSO auch die Ausführungen unter Gliederungspunkt 2.3.2.2, S. 85 ff.
[1152] Vgl. hierzu ausführlich die Ausführungen unter Gliederungspunkt 3.4, S. 309 ff.
[1153] BT-Drucks. 13/9712, S. 15.
[1154] Vgl. hierzu die Ausführungen unter Gliederungspunkt 3.1.5.3, S. 166 ff.
[1155] Vgl. hierzu die Ausführungen unter Gliederungspunkt 3.2.4, S. 205 ff.

externen Prüfung[1156]. Gleichwohl ist davon auszugehen, dass die Wahrung der Unabhängigkeit für die Mitarbeiter der Internen Revision ob ihrer Zugehörigkeit zum Unternehmen u.U. noch schwieriger ist als für externe Abschlussprüfer.

Der US-amerikanische SOX nimmt an einigen Stellen konkret Bezug auf die Interne Revision[1157]. Insbesondere im Hinblick auf die unternehmensinternen Kontrollen und die Sicherstellung sowie Zertifizierung von deren Funktionsfähigkeit durch den Vorstandsvorsitzenden und den Finanzvorstand hat sich der Aufgaben- und Verantwortungsbereich der Internen Revision deutlich ausgeweitet.

In berufsständischer Hinsicht sorgen die Verlautbarungen des IIR und des IIA für eine Regulierung der internen prüferischen Tätigkeiten. Dabei stellt das IIR die nationale Vertretung des Berufsstands dar, die sehr eng mit dem IIA als internationaler Vertretung der berufsständischen Organisationen zusammenarbeitet. Der Satzung des IIR zufolge lauten die umfassenden Aufgaben des Instituts wie folgt: „Informationen über die Interne Revision; wissenschaftliche Forschung im Tätigkeitsbereich der Internen Revision; Entwicklung von Revisionsgrundsätzen und -methoden und deren laufende Anpassung an die betriebswirtschaftlichen, organisatorischen und technischen Gegebenheiten; wissenschaftliche und praktische Weiterbildung von Mitarbeitern der Internen Revision; Kontakte zu Institutionen der Wirtschaftsprüfung; Beziehungen zur Praxis und Wissenschaft im In- und Ausland"[1158]. Das IIA übernimmt im Wesentlichen diese Aufgaben auf globaler Ebene[1159]. Es sieht sich als Informationsquelle für Interne Revisoren, Boardmitglieder, Manager und Audit Committees[1160]. Gleichzeitig widmet es sich als wichtigste internationale Berufsvereinigung der Unterstützung und Weiterentwicklung der Praxis der Internen Revision[1161].

Das IIR hat bisher drei Revisionsstandards erlassen, welche sich mit der Zusammenarbeit zwischen Interner Revision und Abschlussprüfer[1162], der Prüfung des Risikomanagements[1163] sowie dem Qualitätsmanagement[1164] beschäfti-

---

[1156] Vgl. Kagermann, Henning/Küting, Karlheinz/Weber, Claus-Peter (Hrsg.) (Revisions-Handbuch 2006), S. 11.
[1157] Vgl. hierzu auch die Ausführungen unter Gliederungspunkt 2.3, S. 74 ff. und Gliederungspunkt 3.2.7, S. 237 ff.
[1158] Peemöller, Volker H. (Interner Revisor 2004), S. 193; siehe insgesamt auch Peemöller, Volker H. (Interner Revisor 2004), S. 192 ff.
[1159] Vgl. hierzu Peemöller, Volker H. (Interner Revisor 2004), S. 195 f.
[1160] Vgl. Peemöller, Volker H. (Interner Revisor 2004), S. 195.
[1161] Vgl. Peemöller, Volker H. (Interner Revisor 2004), S. 195.
[1162] Vgl. IIR Revisionsstandard Nr. 1.
[1163] Vgl. IIR Revisionsstandard Nr. 2.

gen[1165]. Ähnlich den Prüfungsstandards des IDW für die externe Jahresabschlussprüfung entfalten auch die Revisionsstandards des IIR keine gesetzliche Bindungswirkung. Sie bieten den Revisoren vielmehr einen Leitfaden für ihre Arbeit, ohne ihnen dabei den nötigen Freiraum für individuelle Entscheidungen zu nehmen. Zum Teil handelt handelt es sich bei den Normen des IIR jedoch ‚nur' um eine Übersetzung der entsprechenden internationalen Standards des IIA. Dieses Gremium hat eine Vielzahl so genannter International Standards for the Professional Practice of Internal Auditung erlassen, um den internen Revisoren Leitlinien für die ordnungsmäßige Durchführung ihrer Arbeit an die Hand zu geben.

Schließlich wird die Tätigkeit der Internen Revision auch von den COSO-Grundsätzen beeinflusst, denn der COSO-Report untersuchte 1992 u.a. die Motivation des Managements, im Unternehmen ein funktionierendes internes Überwachungssystem einzurichten und dieses auch unabhängig prüfen zu lassen[1166]. Der Report stellte somit auch für die Interne Revision einen bedeutenden Schritt in der Abkehr von einer ausschließlich vergangenheitsbezogenen Prüfung der Daten des Finanz- und Rechnungswesens und der Hinwendung zu einer Betrachtung ganzer Prozesse und Abläufe dar[1167].

Wie die Beschreibung gezeigt hat, wird die Interne Revision zwar nicht direkt durch den nationalen Gesetzgeber geregelt, sie wird aber trotzdem durch das Handeln verschiedener Gremien und Institutionen beeinflusst. In diesem dynamischen Umfeld hat sie eine Fülle sich ebenfalls verändernder Aufgaben wahrzunehmen. Bevor deren Ausführung näher erläutert wird, sind zunächst eine Begriffsbestimmung und -abgrenzung[1168] sowie eine Betrachtung von Gegenstand, Umfang und Zielen der Internen Revision[1169] erforderlich.

3.2.3 Begriffsbestimmung und -abgrenzung

„Die Interne Revision erbringt unabhängige und objektive Prüfungs- („assurance") und Beratungsdienstleistungen, welche darauf ausgerichtet sind, Mehrwerte zu schaffen und die Geschäftsprozesse zu verbessern. Sie unter-

---

[1164] Vgl. IIR Revisionsstandard Nr. 3.
[1165] Vgl. Kagermann, Henning/Küting, Karlheinz/Weber, Claus-Peter (Hrsg.) (Revisions-Handbuch 2006), S. 12.
[1166] Vgl. Kagermann, Henning/Küting, Karlheinz/Weber, Claus-Peter (Hrsg.) (Revisions-Handbuch 2006), S. 12. Siehe zu COSO auch die Ausführungen unter Gliederungspunkt 2.3.2.2, S. 85 ff.
[1167] Vgl. Kagermann, Henning/Küting, Karlheinz/Weber, Claus-Peter (Hrsg.) (Revisions-Handbuch 2006), S. 12.
[1168] Vgl. hierzu die Ausführungen unter Gliederungspunkt 3.2.3, S. 202 ff.
[1169] Vgl. hierzu die Ausführungen unter Gliederungspunkt 3.2.4, S. 205 ff.

stützt die Organisation bei der Erreichung ihrer Ziele, indem sie mit einem systematischen und zielgerichteten Ansatz die Effektivität des Risikomanagements, der Kontrollen und der Führungs- und Überwachungsprozesse bewertet und diese verbessern hilft"[1170]. So lautet die *Definition* der Internen Revision, wie sie das IIR – als Übersetzung der Begriffsbestimmung des IIA[1171] – zu Beginn des Revisionsstandards Nr. 1 formuliert[1172]. Diese Definition zeigt den Wandel, der sich mit Blick auf den Aufgabenbereich und das Selbstverständnis der Internen Revision in der jüngeren Vergangenheit vollzogen hat[1173]. Während die Interne Revision früher im Wesentlichen als zusätzliche Prüfungsinstanz für das Rechnungswesen und allgemeine Managementunterstützung angesehen wurde, hat sich ihr Aufgabenspektrum weiterentwickelt hin zu einem aktiven Instrument der Führungsunterstützung[1174]. Sie prüft in der Regel nicht mehr nur vergangenheitsorientiert die Funktionsfähigkeit aller Strukturen, sondern versucht darüber hinaus zukunftsgerichtet, mögliche Risiken abzuwenden respektive sie zu minimieren[1175]. Zudem beschränkt sich die Tätigkeit der internen Prüfer nicht mehr allein auf die Prüfung. Vielmehr gehört die aktive Beratung des Managements mittlerweile auch zu ihren Aufgaben[1176].

[1170] IIR Revisionsstandard Nr. 1, S. 1.
[1171] Vgl. Peemöller, Volker H. (Interner Revisor 2004), S. 152.
[1172] Vgl. zu ähnlichen Definitionen bspw. Lück, Wolfgang (Interne Revision 2001), S. 145 ff.; Lück, Wolfgang (Interne Revision 2004), S. 327 ff.; Braun, Ulrich (Organisatorische Pflichten 2004), Rn. 474 f.
Vgl. zu den Erwartungen der Unternehmen an eine Interne Revision bspw. Jozseffi, Thomas (Erwartungen 2003), S. 8 ff.
[1173] Vgl. zu diesem Wandel bspw. Peemöller, Volker H. (Interner Revisor 2004), S. 153; Schoeppner, Dieter (Unternehmenscontrolling 1999), S. 19 und S. 37.
Vgl. zu einer empirischen Umfrage über Themen, die aus Sicht interner Revisoren als wichtig erachtet werden, Lück, Wolfgang/Bachmann, Veronika/Luke, David (Themen 2004), S. 56 ff.
[1174] Vgl. Risak, Johann (Interne Revision 2004), S. 98; Weilbach, Erich (Führungsinstrument 1995), S. 1037 ff. Vgl. zu den Anforderungen an die Interne Revision seitens der Unternehmensführung Kaminski, Bert (Anforderungen 2008), S. 57 ff. Im Zusammenhang mit ihrer Fortentwicklung stellt die Interne Revision auch bestimmte Anforderungen an die Forschung und Lehre, bspw. in Bezug auf die Ausbildung von internen Revisoren; vgl. hierzu Löber, Horst (Erwartungen 1997), S. 212 ff.; Maul, Karl-Heinz (Erwartungen 1997), S. 219 ff. Vgl. zu einer thesenförmigen Präsentation von Best Practices für eine Interne Revision Arbeitskreis „Externe und Interne Überwachung der Unternehmung" der Schmalenbach-Gesellschaft für Betriebswirtschaft e.V. (Best Practice 2006), S. 225 ff.
[1175] Vgl. Hunecke, Jörg (Beratung 2005), S. 56 f. Siehe hierzu auch die Tabelle bei Peemöller, Volker H. (Interner Revisor 2004), S. 154.
[1176] Vgl. Kagermann, Henning/Küting, Karlheinz/Weber, Claus-Peter (Hrsg.) (Revisions-Handbuch 2006), S. 5. Vgl. hierzu auch die Ausführungen unter Gliederungspunkt 3.2.4, S. 205 ff.

Systematisch ist die Interne Revision ein Teil des internen Überwachungssystems des Unternehmens, das alle unternehmensintern getroffenen Überwachungsmaßnahmen und Vorkehrungen, deren Aufgaben die Sicherung des Vermögens und die Garantie der Richtigkeit und Zuverlässigkeit des Rechnungswesens sind, umfasst[1177]. Hinsichtlich der organisatorischen Einordnung der Internen Revision in die Struktur des Unternehmens finden sich in der Literatur unterschiedliche Ansätze, wie die notwendige Unabhängigkeit der internen Prüfer am besten sichergestellt werden kann. Grundsätzlich gilt diese dann als am besten gewährleistet, wenn die Interne Revision – wie in der Praxis üblich – direkt der Unternehmensleitung unterstellt ist[1178]. Weiterhin wird auch diskutiert, die Interne Revision nicht unterhalb der Führungs-, sondern unterhalb der Kontrollgremien – bspw. des gesamten Aufsichtsrats oder des Audit Committee – einzuordnen[1179]. Jedenfalls gilt, dass eine starke Stellung der Internen Revision im Unternehmen ihr die Durchführung ihrer Aufgaben erleichtert[1180]. Je nach Größe und globaler Präsenz eines Unternehmens wird zudem zwischen zentral und dezentral organisierten Revisionsabteilungen unterschieden[1181].

Obwohl die unternehmensinterne Prüfung grundsätzlich originäre Aufgabe der Unternehmensleitung ist, ist sie delegierbar[1182]. Gründe dafür, dass das Management diese Aufgabe nicht mehr selbst ausübt bzw. ausüben kann, sind einerseits in den zunehmend komplexeren Umweltverhältnissen, bspw. durch die Änderung von Organisationsstrukturen und Arbeitsabläufen aufgrund einer automatisierten Datenverarbeitung, zu sehen[1183]. Andererseits steigt mit der durch die Globalisierung respektive Internationalisierung der Unternehmen verursachten verstärkten räumlichen und entscheidungspolitischen Dezentralisation der Bedarf der Unternehmensleitung an Prüfungsinformationen stark

---

[1177] Vgl. Lück, Wolfgang (Überwachungssystem 2001), S. 160 ff.
[1178] Vgl. Peemöller, Volker H. (Interner Revisor 2004), S. 167; Marten, Kai-Uwe/Quick, Reiner/Ruhnke, Klaus (Wirtschaftsprüfung 2007), S. 23; Klinger, Michael A./Klinger, Oskar (Internes Kontrollsystem 2000), S. 17; Schroff, Joachim (Aufgabenwandel 2006), S. 18; Hofmann, Rolf (Prüfungshandbuch 2005), S. 127; Bundendorfer, Reinhart/Krumm, Michael (Stellung 2008), S. 51; Cauers, Lutz/Häge, Max (Prüfstand 2007), S. 1477.
[1179] Vgl. z.B. Hein, Gert (Organisation 2001), S. 213.
[1180] Vgl. Pfyffer, Hans-Ulrich/Villiger, Martin (Best Practices 2000), S. 1048; Bumbacher, Robert-Jan/Schweizer, Markus (Anforderungen 2002), S. 1041.
[1181] Vgl. Reinecke, Bodo/Wagner, Hans-Jürgen (Qualitätskontrolle 2003), S. 238 ff.
[1182] Vgl. Peemöller, Volker H. (Interner Revisor 2004), S. 151; Peemöller, Volker H./Richter, Martin (Entwicklungstendenzen 2000), S. 51.
[1183] Vgl. Weilbach, Erich (Führungsinstrument 1995), S. 1037.

an[1184]. Drittens ist festzuhalten, dass dem Management häufig auch die nötige Sachkenntnis zur Durchführung von effizienten und qualitativ hochwertigen Prüfungen fehlt[1185]. Diese Argumente verdeutlichen bereits die gestiegene Bedeutung der Unternehmensprüfung und gleichzeitig auch die Notwendigkeit der Delegation der Prüfungsaufgabe an spezialisierte Instanzen[1186]. Neben externen Beratern kommt als Auftragsempfänger hierzu auch die Interne Revision als innerbetriebliche Funktion in Frage.

3.2.4 Gegenstand, Umfang und Ziele der Internen Revision

Die wesentliche Aufgabe einer Internen Revision liegt in der Prüfung von betrieblichen Abläufen und Strukturen[1187]. Gegebene Sachverhalte werden aufgenommen und kritisch gewürdigt[1188]. Je nach Zielsetzung wird unterschieden zwischen Ordnungsmäßigkeits-, Sicherheits-, Wirtschaftlichkeits- und Zweckmäßigkeitsprüfungen[1189]. Zudem haben Risikoprüfungen stark an Bedeutung gewonnen[1190]. Außerdem führt die Interne Revision ihre Prüfungen unter den Kriterium der Zukunftssicherung durch.

Bei einer *Ordnungsmäßigkeitsprüfung*[1191] werden die Prüfungsobjekte daraufhin untersucht, ob formale Ordnungsprinzipien beachtet und eingehalten wurden. Da die Prüfung als Vergleich verstanden wird, sind zunächst die Soll- und Ist-Objekte zu ermitteln, die dann in einem weiteren Schritt einander gegenübergestellt werden. Als Soll-Größen gelten dabei bspw. Vorschriften der Unternehmensleitung, Gesetze oder Verordnungen. Ziel der Ordnungsmäßigkeitsprüfung ist es, Abweichungen zwischen Ist- und Soll-Objekten zu ermitteln und diese den jeweils verantwortlichen Stellen mitzuteilen. Die Bedeutung von Ordnungsmäßigkeitsprüfungen hat nach dem zunehmenden Aufbau

---

[1184] Vgl. zur Prüfung als Führungsinstrument Peemöller, Volker H./Richter, Martin (Entwicklungstendenzen 2000), S. 27 ff.
[1185] Vgl. zu diesen Gründen Peemöller, Volker H. (Interner Revisor 2004), S. 151.
[1186] Vgl. Weilbach, Erich (Führungsinstrument 1995), S. 1037.
[1187] Vgl. Lück, Wolfgang (Interne Revision 2004), S. 327. Vgl. als Beispiel zur Internen Revision bei der Deutsche Post World Net Schartmann, Bernd/Horváth, Peter (Interne Revision 2007), S. 175 ff.
[1188] Vgl. Wysocki, Klaus von (Grundlagen 1988), S. 121; Euler, Karl August (Interne Kontrollen 1992), S. 12 f.
[1189] Vgl. IIR Revisionsstandard Nr. 1, Tz. 1; Peemöller, Volker H. (Interner Revisor 2004), S. 154.
[1190] Vgl. Hunecke, Jörg (Beratung 2005), S. 55 f. m.w.N.
[1191] Vgl. zur Ordnungsmäßigkeitsprüfung bspw. Peemöller, Volker H. (Interner Revisor 2004), S. 155; Lück, Wolfgang (Ordnungsmäßigkeitsprüfung 2001), S. 212 f.

von internen Kontrollsystemen[1192] zwar abgenommen, sie sind dennoch ein fester Bestandteil der Prüfungstätigkeit einer Internen Revision.

Zur Ergänzung von Ordnungsmäßigkeitsprüfungen werden häufig *Sicherheitsprüfungen* durchgeführt[1193]. Die Vorgehensweise bei einer Sicherheitsprüfung[1194] gleicht in weiten Teilen der Ordnungsmäßigkeitsprüfung. Unterschiede bestehen jedoch hinsichtlich der Zielsetzung. So verfolgt eine Sicherheitsprüfung „das Ziel der Vermeidung von physischen Gefährdungen des Unternehmens sowie von Verstößen gegen bestehende Auflagen"[1195]. Aufgrund der zunehmenden Verwendung von modernen Informations- und Kommunikationstechniken ist eine intensive Sicherheitsprüfung mittlerweile insbesondere im Bereich Datenverarbeitung von großer Bedeutung[1196].

Wirtschaftlichkeitsprüfungen[1197] haben zum Ziel, betriebliche Sachverhalte und Abläufe auf die Einhaltung ökonomischer Prinzipien hin zu untersuchen. Da in diesem Zusammenhang jedoch keine eindeutig formulierten Normen existieren, müssen die für die Prüfung notwendigen Vergleichsgrößen mit Hilfe von betriebswirtschaftlichen Analysen erarbeitet werden. Im Gegensatz zu einer Prüfung der Ordnungsmäßigkeit können die bei einer Wirtschaftlichkeitsprüfung aufgetretenen Abweichungen nicht zweifelsfrei als Fehler interpretiert werden, da ein Vergleich lediglich mit unscharfen Beurteilungsmaßstäben stattfinden kann. Aufgrund der von der Internen Revision selbst entwickelten Soll-Größen als Vergleichswerte ähnelt die Wirtschaftlichkeitsprüfung zunehmend einer Beratungstätigkeit der Internen Revision.

Gegenstand von *Zweckmäßigkeitsprüfungen*[1198] sind sowohl einzelne Unternehmensbereiche als auch gesamte Vorgänge. Dabei gilt es zu untersuchen, ob diese zu einer effizienten Erfüllung ihrer jeweiligen Aufgaben geeignet sind. Ebenso wie Wirtschaftlichkeitsprüfungen haben Zweckmäßigkeitsprü-

---

[1192] Vgl. zur historischen Entwicklung interner Kontrollen Euler, Karl August (Interne Kontrollen 1992), S. 11 ff. Vgl. zu Besonderheiten interner Kontrollsysteme in kleinen und mittleren Unternehmen Richartz, Heinz (Interne Kontrollen 2006), S. 846 ff.
[1193] Vgl. Hunecke, Jörg (Beratung 2005), S. 55.
[1194] Vgl. zur Sicherheitsprüfung bspw. Peemöller, Volker H. (Interner Revisor 2004), S. 155; Lück, Wolfgang (Sicherheitsprüfung 2001), S. 301.
[1195] Peemöller, Volker H. (Interner Revisor 2004), S. 155.
[1196] Vgl. Lück, Wolfgang (Sicherheitsprüfung 2001), S. 301.
[1197] Vgl. zur Wirtschaftlichkeitsprüfung bspw. Peemöller, Volker H. (Interner Revisor 2004), S. 155; Lück, Wolfgang (Wirtschaftlichkeitsprüfung 2001), S. 366; Arbeitskreis „Revision der Anlagen- und Materialwirtschaft" des Deutschen Instituts für Interne Revision e.V. (Wirtschaftlichkeitsprüfungen 1992), S. 12 ff.; Grupp, Bruno (Revisionsmanagement 2002), S. 179 ff.; Keller, Bernd/Weber, Antje (Wirtschaftlichkeitsprüfung 2008), S. 195 ff.
[1198] Vgl. zur Zweckmäßigkeitsprüfung bspw. Peemöller, Volker H. (Interner Revisor 2004), S. 155; Lück, Wolfgang (Zweckmäßigkeitsprüfung 2001), S. 384.

fungen das Ziel, festzustellen, ob das Zusammenspiel sämtlicher Systeme eines Unternehmens auf allen Unternehmensebenen zweckmäßig und unter Einhaltung der ökonomischen Prinzipien funktioniert[1199].

Unter einer *Risikoprüfung*[1200] ist zum einen die Prüfung der Funktionsfähigkeit des unternehmensinternen Risikomanagementsystems zu verstehen[1201]. Zum anderen werden in diesem Zusammenhang auch das eingerichtete interne Kontrollsystem, die Erstellung der jeweiligen Risikoprofile für einzelne zu prüfende Bereiche sowie die sich daran orientierenden Prüfungshandlungen in die Untersuchung einbezogen.

Prüfungen unter dem Aspekt der *Zukunftssicherung*[1202] fokussieren insbesondere auf bestandsgefährdende Entwicklungen. Die Interne Revision untersucht dabei, ob der Vorstand ein funktionsfähiges internes Überwachungssystem und Risikomanagement eingerichtet hat, um bestandsgefährdende Risiken frühzeitig zu erkennen.

Der Wandel der Internen Revision in der jüngeren Vergangenheit blieb nicht ohne Auswirkungen auf die Prüfungsziele. Standen früher Ordnungsmäßigkeits- und Sicherheitsprüfungen im Vordergrund der Prüfungstätigkeit, so sind es heute eher die Wirtschaftlichkeits- und Zweckmäßigkeitsprüfungen sowie die Risikoprüfung[1203]. Nachfolgend werden vor diesem Hintergrund die verschiedenen Aufgabenbereiche der Internen Revision näher erläutert. Dabei kommen jeweils einzelne oder auch Kombinationen der eben dargestellten Prüfungsarten zum Einsatz. In Theorie und Praxis werden die Aufgaben einer Internen Revision unterteilt in Financial Auditing, Operational Auditing, Management Auditing sowie Internal Consulting[1204]. Eine klare Abgrenzung der einzelnen Bereiche voneinander ist jedoch nicht immer möglich[1205].

[1199] Vgl. Hunecke, Jörg (Beratung 2005), S. 55 f.

[1200] Vgl. zur Risikoprüfung bspw. Hunecke, Jörg (Beratung 2005), S. 56; Lück, Wolfgang (Risikoprüfung 2001), S. 291.

[1201] Vgl. zum Risikomanagementsystem die Ausführungen unter Gliederungspunkt 3.4, S. 309 ff.

[1202] Vgl. Lück, Wolfgang (Zukunftssicherung 2001), S. 380; Peemöller, Volker H./Husmann, Rainer (Interne Revision 2004), Rn. 1406 ff.

[1203] Vgl. Hunecke, Jörg (Beratung 2005), S. 55.

[1204] Vgl. Lück, Wolfgang (Aufgaben 2001), S. 12. Im Einzelfall können in den Unternehmen noch weitere Unterkategorien wie z.B. das IT-Audit abgegrenzt werden; vgl. Kagermann, Henning/Küting, Karlheinz/Weber, Claus-Peter (Hrsg.) (Revisions-Handbuch 2006), S. 137 ff. Außerdem wird in der jüngeren Vergangenheit vereinzelt auch auf das so genannte Öko-Audit, d.h. Prüfungen in Zusammenhang mit Umweltschutzfragen, Bezug genommen; vgl. Grupp, Bruno (Revisionsmanagement 2002), S. 35 f.; Marten, Kai-Uwe/Quick, Reiner/Ruhnke, Klaus (Lexikon 2006), S. 548.

[1205] Vgl. Korber, Wilfried (Interne Revision 1993), S. 119.

Das *Financial Auditing*[1206] stellt die älteste Aufgabe der Internen Revision dar[1207]. Es umfasst Prüfungen im Bereich des Finanz- und Rechnungswesens, die in der Regel vergangenheitsorientiert sind[1208]. Im Rahmen des Financial Auditing werden sowohl formelle als auch materielle Prüfungen des Rechnungswesens durchgeführt. Bei formellen Prüfungen sind die Ordnungsmäßigkeit und die Übereinstimmung der Rechnungslegungspraxis mit den GoB zu kontrollieren. Materielle Prüfungen betrachten die inhaltliche Richtigkeit sowie die wirtschaftliche Berechtigung von Geschäftsvorfällen. Damit werden die Zuverlässigkeit und Zweckmäßigkeit der Rechnungslegung kontrolliert[1209]. Im Rahmen des Financial Auditing prüft die Interne Revision die Einhaltung extern (bspw. gesetzlich) und intern (z.B. durch Satzung oder Gesellschaftsvertrag) vorgegebener Regelungen. Prüfungsgegenstände können u.a. das betriebliche Rechnungswesen, Budgetrechnungs- und Kennzahlensysteme, die Investitionsrechnung sowie das Berichtswesen sein. Das Prüfungsvorgehen im Rahmen des Financial Auditing entspricht dem eines externen Abschlussprüfers[1210]. Zur Vermeidung von unwirtschaftlichen Doppelarbeiten ist es hilfreich, eine Zusammenarbeit von externen und internen Prüfern sowie auch mit dem Controlling stattfinden zu lassen[1211].

Ein *Operational Auditing*[1212] beinhaltet Prüfungen im organisatorischen Bereich[1213]. Hier werden nicht mehr nur einzelne Sachverhalte und Transaktionen geprüft, sondern vorwiegend gesamte Prozesse und Organisationseinheiten. Das Ziel dieser Prüfungshandlungen ist es, die Funktionsfähigkeit der Systeme in allen Unternehmensbereichen sicherzustellen und ggf. auch Verbesserungen

---

[1206] Vgl. bspw. Lück, Wolfgang (Financial Auditing 2001), S. 95 f.; Berwanger, Jörg/Kullmann, Stefan (Interne Revision 2008), S. 72 f.; Bär-Schatzmann, Jakob Hans (Interne Revision 1979), S. 20 ff.; Heinhold, Michael/Wotschofski, Stefan (Interne Revision 2002), Sp. 1218 f.

[1207] Vgl. Geier, Johannes (Geschichte 2001), S. 106.

[1208] Vgl. Lück, Wolfgang (Interne Revision 1998), S. 404.

[1209] Vgl. Schoeppner, Dieter (Unternehmenscontrolling 1999), S. 20.

[1210] Vgl. hierzu die Ausführungen unter Gliederungspunkt 3.1.5, S. 163 ff. Siehe auch Zünd, André (Revision 1998), S. 607.

[1211] Vgl. hierzu die Ausführungen unter Gliederungspunkt 3.5.2, S. 318 ff.; Zünd, André (Revision 1998), S. 607; Theisen, Manuel René (Risikomanagement 2003), S. 1429; siehe zur Zusammenarbeit bspw. ausführlich Lück, Wolfgang (Zusammenarbeit 2003) m.w.N. Zum veränderten Verhältnis zwischen Interner Revision und Controlling vgl. Eberl, Stephan/Hachmeister, Dirk (Aufgabengebiet 2007), S. 317 ff.; Albrecht, Tobias (Kooperation 2007), S. 326 ff.

[1212] Vgl. bspw. Lück, Wolfgang (Operational Auditing 2001), S. 212; Berwanger, Jörg/Kullmann, Stefan (Interne Revision 2008), S. 73; Bär-Schatzmann, Jakob Hans (Interne Revision 1979), S. 20 ff.; Heinhold, Michael/Wotschofski, Stefan (Interne Revision 2002), Sp. 1219.

[1213] Vgl. Lück, Wolfgang (Interne Revision 1998), S. 404.

herbeizuführen[1214]. Die Verbesserungen umfassen insbesondere die Aspekte Sicherheit, Effizienz und Zuverlässigkeit[1215]. Die Prüfungen des Operational Auditing sind zumeist gegenwarts- oder zukunftsorientiert[1216]. Grundlage für die Prüfungsdurchführung sind System- und Organisationsprüfungen. Prüfungsgegenstand ist dabei nicht das Ergebnis einer Handlung, sondern der Handlungsvollzug an sich[1217]. Konkret gemeint sind bspw. Unternehmensplanungen, Wirtschaftlichkeitsanalysen, Organisationsfragen in Verwaltung, Vertrieb und Fertigung sowie die Beurteilung von Werksabteilungen, Tochter- oder Beteiligungsgesellschaften[1218]. In den Aufgabenbereich des Operational Auditing fällt auch die Überwachung von Maßnahmen zur Beseitigung von bereits früher (vom Abschlussprüfer oder von der Internen Revision) aufgedeckten Systemschwächen[1219].

Unter *Management Auditing*[1220] sind Prüfungen der Managementleistungen, d.h. die Beurteilung der Arbeit der Unternehmensleitung zu verstehen[1221]. Es ergänzt das Operational Auditing um die Prüfung des Managements unter betriebswirtschaftlichen Aspekten[1222]. Gegenstand des Management Auditing ist jedoch vornehmlich nicht die Spitze der Unternehmensführung, sondern es werden vielmehr untergeordnete Stufen des Managements betrachtet[1223]. Die Unternehmensleitung sollte genau festlegen, auf welchen Ebenen Geschäftsführungsprüfungen durchgeführt werden dürfen und sollen. Inhalt des Management Auditing ist die Prüfung der unternehmerischen Zielsetzung unter Berücksichtigung des zugehörigen Führungssystems[1224]. Insbesondere die Einhaltung der Geschäftspolitik und der erlassenen Richtlinien, Vorschriften und Anweisungen ist zu kontrollieren. Darüber hinaus sollte auch die Funktionsfä-

---

[1214] Vgl. Schoeppner, Dieter (Unternehmenscontrolling 1999), S. 20.
[1215] Vgl. Palazzesi, Mauro/Pfyffer, Hans-Ulrich (Verständnis 2002), S. 139.
[1216] Vgl. Zünd, André (Revision 1998), S. 607.
[1217] Vgl. Lück, Wolfgang (Interne Revision 1998), S. 404; Zünd, André (Revision 1998), S. 607.
[1218] Vgl. Hofmann, Rolf (Interne Revision 1972), S. 85.
[1219] Vgl. Brebeck, Frank (Zusammenarbeit 2001), S. 381.
[1220] Vgl. bspw. Hein, Gert (Management Auditing 2001), S. 190 f.; Berwanger, Jörg/Kullmann, Stefan (Interne Revision 2008), S. 73 ff.; Kademann, Martin (Management Audit 2006), S. 18 ff.; Lindner, Tobias (Konzeption 2007), S. 99 ff.; Heinhold, Michael/Wotschofski, Stefan (Interne Revision 2002), Sp. 1219.
[1221] Vgl. Lück, Wolfgang (Interne Revision 1998), S. 404.
[1222] Vgl. Hein, Gert (Management Auditing 2001), S. 190.
[1223] Vgl. Schoeppner, Dieter (Unternehmenscontrolling 1999), S. 23.
[1224] Vgl. Hein, Gert (Management Auditing 2001), S. 190.

higkeit der internen Kontrollen überprüft werden[1225]. In der Praxis ist das Management Auditing eine noch sehr umstrittene Prüfungsaufgabe der Internen Revision. Dies ist mit der als kritisch anzusehenden Mitarbeiterbeurteilung und der Frage nach der Gewährleistung der Unabhängigkeit der Internen Revision zu begründen[1226].

Operational und Management Auditing haben gemeinsam, dass sie die Ordnungsmäßigkeit und Zweckmäßigkeit von Arbeitsabläufen beurteilen sollen, um daraus ggf. Verfahrensverbesserungen abzuleiten[1227]. Während früher das Financial Auditing, also die Prüfung der Rechnungslegung, als die zentrale Aufgabe der Internen Revision angesehen wurde, haben in der jüngeren Vergangenheit das Operational und das Management Auditing stark an Bedeutung gewonnen. Dies resultiert nicht zuletzt daraus, dass eine Abkehr von einer reinen Zahlenprüfung stattgefunden hat hin zu einem stärker prozess- und risikoorientierten Prüfungsansatz[1228].

In der jüngeren Vergangenheit hat zudem die als *Internal Consulting*[1229] bezeichnete Beratungsfunktion der Internen Revision verstärkt an Bedeutung gewonnen[1230]. Diese bietet der Internen Revision die Möglichkeit, nicht nur prüferisch, sondern auch gestalterisch im Unternehmen mitzuwirken[1231]. Hier kommt den Mitarbeitern ihr umfangreiches Wissen über das gesamte Unternehmen zugute. Die Zielgruppe für Beratungsleistungen der Internen Revision ist vielfältig[1232]. Beratungsaufträge können für die Unternehmensleitung selbst, aber auch für andere Managementebenen oder im Bereich einzelner Fachabteilungen der Gesellschaft durchgeführt werden. Die Interne Revision kann pro-

---

[1225] Vgl. zur Prüfung und Beurteilung der internen Kontrollen durch die Interne Revision, das so genannte Control Self-Assessment, Briese, Klaus-Joachim/Obenaus, Karsten/Warncke, Markus/Zschau, Helmut (Control Self-Assessment 2003), S. 46 ff.; Gstraunthaler, Thomas/Kausalius, Ingrid (Self-Assessment 2007), S. 29 ff.; vgl. ähnlich Baer, Jakob/Meeusen, Paul (Finanzkontrollmechanismen 2007), S. 425 ff.; Gard, Stéphane/Guillaume, Alain (Questionnaire 2006), S. 840 ff.

[1226] Vgl. Zünd, André (Revision 1998), S. 607.

[1227] Vgl. Peemöller, Volker H. (Interner Revisor 2004), S. 156.

[1228] Der Risikoorientierung kommt in der Internen Revision eine große Bedeutung zu; vgl. Arbeitskreis „Externe und Interne Überwachung der Unternehmung" der Schmalenbach-Gesellschaft für Betriebswirtschaft e.V. (Best Practice 2006), S. 227.

[1229] Vgl. Hunecke, Jörg (Internal Consulting 2001), S. 133 f.; Berwanger, Jörg/Kullmann, Stefan (Interne Revision 2008), S. 75 f.

[1230] Vgl. Lück, Wolfgang (Zukunft 2000), S. 22 ff. Diese Funktion wurde der Internen Revision bereits zu Beginn der Neunziger Jahre des letzten Jahrhunderts zugesprochen; vgl. Euler, Karl August (Interne Kontrollen 1992), S. 13.

[1231] Vgl. Kagermann, Henning/Küting, Karlheinz/Weber, Claus-Peter (Hrsg.) (Revisions-Handbuch 2006), S. 191.

[1232] Vgl. Kagermann, Henning/Küting, Karlheinz/Weber, Claus-Peter (Hrsg.) (Revisions-Handbuch 2006), S. 192.

jektbezogen oder projektunabhängig als Berater fungieren, z.B. bei der Erstellung von Investitionsplänen im Rahmen von Investitionsprojekten, bei unternehmensinternen Umstrukturierungen, durch die Übernahme von Aufgaben bei der Einrichtung von Früherkennungssystemen oder der Verbesserung von Entscheidungsprozessen[1233].

Allerdings ist das Thema der Unabhängigkeit des Prüfers in diesem Bereich sehr sensibel[1234]. Es muss unbedingt sichergestellt sein, dass nicht derselbe interne Revisor, der bei einem Projekt beratend tätig ist, anschließend auch in dessen Prüfung involviert ist. Es darf folglich nicht zu einer Prüfung der eigenen Arbeit kommen. Empfehlenswert ist die Wahrung einer zeitlichen Distanz von mindestens zwei Jahren[1235]. Da in vielen Unternehmen die Interne Revision nur eine geringe Anzahl an Mitarbeitern umfasst, ist diese Unabhängigkeitsanforderung nicht immer leicht zu erfüllen. Außerdem verfügt der beratend tätig gewesene Prüfer über ein besonderes Fachwissen auf dem zu prüfenden Gebiet. Sofern darauf nicht verzichtet werden kann oder soll, sollte zumindest sichergestellt sein, dass der Prüfer nicht alleine, sondern in ein Prüfteam integriert arbeitet[1236].

Da der Internen Revision noch immer ein wenig das Image des Häkchenmachers anhaftet, bietet das Internal Consulting dieser Abteilung eine gute Möglichkeit, ihre Vielfalt im Unternehmen aufzuzeigen und ihre Kompetenz unter Beweis zu stellen. Darüber hinaus wirkt sich diese Tätigkeit auch positiv auf die Motivation der Mitarbeiter der Internen Revision ebenso wie auf ihren Wissensaufbau aus[1237].

3.2.5. Generelle Ausrichtung und grundsätzlicher Ablauf der Arbeit der Internen Revision

3.2.5.1 Vorbemerkungen

Ein wichtiger Aspekt des Wandels der Internen Revision betrifft den Wechsel von einer rein vergangenheitsorientierten, auf das Rechnungswesen fokussierten Prüfungsinstanz hin zu einer zukunftsgerichteten und vielseitig orientierten

---

[1233] Vgl. Kagermann, Henning/Küting, Karlheinz/Weber, Claus-Peter (Hrsg.) (Revisions-Handbuch 2006), S. 191 f.

[1234] Vgl. Kagermann, Henning/Küting, Karlheinz/Weber, Claus-Peter (Hrsg.) (Revisions-Handbuch 2006), S. 192.

[1235] Vgl. Kagermann, Henning/Küting, Karlheinz/Weber, Claus-Peter (Hrsg.) (Revisions-Handbuch 2006), S. 192.

[1236] Vgl. Kagermann, Henning/Küting, Karlheinz/Weber, Claus-Peter (Hrsg.) (Revisions-Handbuch 2006), S. 192.

[1237] Vgl. Kagermann, Henning/Küting, Karlheinz/Weber, Claus-Peter (Hrsg.) (Revisions-Handbuch 2006), S. 192.

Abteilung, die einen wichtigen Beitrag zur Unternehmensführung leistet[1238]. Die Aufgabenerweiterung sowie die damit verbundenen Anforderungen an die Fachkenntnisse der Mitarbeiter haben in vielen Unternehmen dazu geführt, dass die Interne Revision in personeller Hinsicht erheblich ausgeweitet wurde.

Diese Ausdehnung und Aufwertung der Internen Revision geschah parallel zu der im Bereich der externen Jahresabschlussprüfung geführten Diskussion über die Aufgaben und Zuständigkeiten der externen Jahresabschlussprüfer und über die Qualität ihrer Arbeit. Von dieser Auseinandersetzung blieb auch die Interne Revision nicht unberührt. Zentrale Bedeutung kommt auch hier – wenn auch auf einer anderen Ebene als in der Wirtschaftsprüfung – der Unabhängigkeit der internen Prüfer zu. Gerade weil die Prüfer Mitarbeiter des zu prüfenden Unternehmens selbst sind und daher der Aufbau kollegialer oder gar freundschaftlicher Beziehungen nicht auszuschließen ist, stellt die Wahrung der Unabhängigkeit einerseits hohe Anforderungen an alle Beteiligten und muss andererseits nach anderen Maßstäben beurteilt werden als bei einem externen Prüfer. Eine Grundlage dazu bieten die nachfolgend beschriebenen Prüfungsgrundsätze und Verhaltensnormen[1239].

3.2.5.2 Prüfungsgrundsätze und Verhaltensnormen

Um eine ordnungsmäßige und zielführende Arbeit der Internen Revision zu gewährleisten, bietet sich für die Unternehmen die Einführung eines Verhaltenskodex für deren Mitarbeiter an. Dieser Kodex sollte im Idealfall sowohl Verhaltensnormen als auch Prüfungsgrundsätze enthalten. Er wird basierend auf den Vorgaben der berufsständischen Organisationen und sonstigen Richtlinien unternehmensspezifisch entwickelt[1240] und ist von jedem Mitarbeiter zu unterzeichnen. Ein Nichtbefolgen des Kodex sollte mit negativen Konsequenzen verbunden sein. Damit wird ein einheitliches Auftreten und Agieren der Internen Revision sowohl innerhalb des Unternehmens als auch bezüglich des Außenauftritts gesichert[1241]. Außerdem dient ein solcher einheitlicher Verhaltenskodex bei an mehreren Standorten vertretenen Unternehmen dazu, dass

---

[1238] Vgl. zur Internen Revision als Führungsunterstützung auch bereits Saßmannshausen, Günther (Führungsunterstützung 1977), S. 67 ff.
[1239] Vgl. hierzu die Ausführungen unter Gliederungspunkt 3.2.5.2, S. 212 ff.
[1240] Vgl. zu einem Beispiel für einen solchen Verhaltenskodex bei der Internen Revision der SAP AG Kagermann, Henning/Küting, Karlhinz/Weber, Claus-Peter (Hrsg.) (Revisions-Handbuch 2006), S. 64.
[1241] Vgl. Kagermann, Henning/Küting, Karlhinz/Weber, Claus-Peter (Hrsg.) (Revisions-Handbuch 2006), S. 64.

überall und unabhängig von möglicherweise existierenden kulturellen Unterschieden nach den gleichen Standards und Vorgaben gearbeitet wird[1242].

Als Basis für einen unternehmenseigenen Verhaltenskodex ist der vom IIA veröffentlichte Kodex der Berufsethik zur Förderung ethischer Grundsätze in der Internen Revision geeignet[1243]. Dieser beinhaltet einerseits Prüfungsgrundsätze für die praktische Durchführung der Prüfungen und andererseits Verhaltensregeln, welche als Leitfaden dienen und die Auslegung der Prüfungsgrundsätze unterstützen sollen[1244]. Dabei betreffen die Verhaltensnormen eher die Integrität und den Charakter des einzelnen internen Revisors[1245], wohingegen sich die übrigen Grundsätze mehr auf die Abteilung insgesamt sowie die Prüfungsarbeit in der Praxis beziehen. Wichtige *Prüfungsgrundsätze* im Zusammenhang mit der Tätigkeit der Internen Revision sind bspw. Unabhängigkeit, Verschwiegenheit, Integrität, Objektivität, Gewissenhaftigkeit, Ordnungsmäßigkeit, Wirtschaftlichkeit, Sicherheit, Kompetenz, kulturelles Bewusstsein sowie Fairness[1246]. Aufgrund der großen Bedeutung der Unabhängigkeit der Internen Revision wird dieser Grundsatz nachfolgend näher erläutert[1247].

Dem *Unabhängigkeitsgrundsatz* des IIA kann auf einer ersten Stufe nach der in dieser Arbeit vertretenen Ansicht am besten dadurch entsprochen werden, dass die Interne Revision in der Organisationsstruktur des Unternehmens direkt der Unternehmensleitung, und zwar am besten dem Vorstandsvorsitzenden[1248], unterstellt ist und somit an diesen berichten muss und nur diesem gegenüber weisungsgebunden ist[1249]. Alternativ erscheint auch eine Zuordnung zu den Aufsichtsgremien wie etwa dem Aufsichtsrat oder dem Prüfungsausschuss möglich. Diese Möglichkeiten stellen die größtmögliche Unabhängigkeit sicher, denn es ist grundsätzlich von der Integrität der Führungsgremien auszugehen. Natürlich kann – und dies hat sich in der Vergangenheit auch schon gezeigt – nie eine vollständige Sicherheit gewährleistet werden, denn

---

[1242] Vgl. Peemöller, Volker H./Husmann, Rainer (Interne Revision 2004), Rn. 1447.
[1243] Dieser Kodex ist im Internet abrufbar unter: www.theiia.org/guidance/standards-and-practices/professional-practices-framework/code-of-ethics/code-of-ethics---english/ (Stand: 15.04.2008).
[1244] Vgl. Kagermann, Henning/Küting, Karlheinz/Weber, Claus-Peter (Hrsg.) (Revisions-Handbuch 2006), S. 63.
[1245] Vgl. Peemöller, Volker H./Husmann, Rainer (Interne Revision 2004), Rn. 1447.
[1246] Vgl. hierzu und zum Folgenden bspw. Kagermann, Henning/Küting, Karlheinz/Weber, Claus-Peter (Hrsg.) (Revisions-Handbuch 2006), S. 66 ff.
[1247] Zudem wird auf die Ausführungen unter Gliederungspunkt 3.1.5.3, S. 166 ff. verwiesen.
[1248] Bei anderen Rechtsformen sollte die Person in der einem Vorstandsvorsitzenden vergleichbaren Position gewählt werden.
[1249] Vgl. ähnlich Scheffler, Eberhard (Überwachungsaufgabe 1995), S. 96.

wenn das Top-Management selbst unrechtmäßige Handlungen ausübt, wird möglicherweise auch der Versuch unternommen, die Interne Revision zu manipulieren[1250]. Eine Zuordnung der Internen Revision zu einer anderen Abteilung unterhalb der Führungsebene, bspw. zum Rechnungswesen, ist indes deutlich abzulehnen, da dies die prüferische Unabhängigkeit stark gefährden kann. Auf einer zweiten Stufe wird die Unabhängigkeit eines internen Revisors immer auch von dessen persönlicher Einstellung zu seiner Aufgabe beeinflusst. Hier spielt die Beachtung von Verhaltensnormen wie etwa Integrität, Ehrlichkeit und Verantwortungsbewusstsein eine große Rolle. Anders als bei der externen Jahresabschlussprüfung[1251] gibt es für die Interne Revision keinen speziellen Katalog an Tätigkeiten, welche nicht durchgeführt werden dürfen; dies wäre aufgrund völlig unterschiedlicher organisatorischer Voraussetzungen in einzelnen Unternehmen auch nicht möglich. Generell gilt jedoch das Selbstprüfungsverbot, d.h., ein interner Revisor darf dann nicht an der Prüfung beteiligt sein, wenn er zuvor im Rahmen einer erbrachten Unterstützungs- und Beratungsleistung den zu prüfenden Sachverhalt mitgestaltet und/oder implementiert hat[1252].

Zu den von einem Prüfer zu beachtenden *Verhaltensnormen* des IIA-Kodex zählen Ehrlichkeit, Sensibilität, Einfühlungsvermögen, Zuverlässigkeit, Verantwortungsbewusstsein, Sorgfalt und Vertrauenswürdigkeit. Jeder Prüfer sollte die genannten Anforderungen während seiner gesamten beruflichen Tätigkeit erfüllen[1253]. Indem die Interne Revision diese Verhaltensnormen beachtet, repräsentiert sie eine vertrauenswürdige Überwachungsorganisation und festigt damit ihre eigene Position im Unternehmen. Dass ihr ein hohes Maß an Vertrauenswürdigkeit zugesprochen wird, erleichtert es ihr, alle relevanten Informationen von den entsprechenden Mitarbeitern zu erhalten. Es ist nämlich davon auszugehen, dass die Bereitschaft zur Kooperation mit der Internen Revision deutlich zunimmt, sofern die geprüften Mitarbeiter den sie prüfenden Kollegen vertrauen.

Die genannten ethischen Verhaltensnormen und Prüfungsgrundsätze bilden einerseits die Basis und andererseits auch einen wichtigen Bestandteil des gesamten Tätigkeitsfelds der Internen Revision. Auch wenn der Prüfungsprozess

---

[1250] Im Fall von WorldCom wies der CFO die Leiterin der Internen Revision an, ihr Wissen über die fehlerhafte Rechnungslegung für sich zu behalten; vgl. zu WorldCom auch die Ausführungen unter Gliederungspunkt 2.2.5.3, S. 54 ff.
[1251] Vgl. §§ 319 und 319a HGB.
[1252] Vgl. hierzu auch die Ausführungen zum Verbot der Selbstprüfung im Zusammenhang mit Internal Consulting durch die Interne Revision unter Gliederungspunkt 3.2.4, S. 205 ff.
[1253] Vgl. Kagermann, Henning/Küting, Karlheinz/Weber, Claus-Peter (Hrsg.) (Revisions-Handbuch 2006), S. 64.

mit Blick auf die Untersuchung der Rechnungslegung in wesentlichen Punkten mit dem Prüfungsablauf bei der externen Jahresabschlussprüfung übereinstimmt[1254], ergeben sich aus der speziellen Situation heraus, dass die internen Prüfer selbst Mitarbeiter des zu prüfenden Unternehmens sind, einige Besonderheiten. Diese werden in der nachfolgenden Darstellung des Aufbaus und Ablaufs der Arbeit einer Internen Revision aufgezeigt[1255].

3.2.5.3 Aufbau und Ablauf der Arbeit der Internen Revision
3.2.5.3.1 Vorbemerkungen
In Anlehnung an das Vorgehen bei der externen Jahresabschlussprüfung lässt sich auch der Prüfungsablauf einer Internen Revision zunächst in die vier Phasen Prüfungsplanung, Prüfungsvorbereitung, Prüfungsdurchführung und Berichterstattung aufteilen[1256]. Neu hinzu kommt zudem eine Nachprüfungsphase[1257]. Um Wiederholungen zu den vorangegangenen Erläuterungen zu vermeiden, wird an den betreffenden Stellen insoweit auf die entsprechenden Gliederungspunkte verwiesen. Dennoch darf nicht vergessen werden, dass die Perspektive einer unternehmensinternen ‚Organisation' völlig anders ist als die einer unternehmensexternen Wirtschaftsprüfungsgesellschaft.

3.2.5.3.2 Prüfungsplanung
Die *Prüfungsplanung* bildet den Ausgangspunkt für den kompletten, fünf Phasen umfassenden Prüfungsprozess der Internen Revision. Sie trägt von Beginn an dazu bei, das Prüfungsziel zu fixieren und den Prüfer bei seiner Erreichung zu unterstützen[1258]. Planung wird auch als „geistige Vorwegnahme zukünftigen Geschehens"[1259] bezeichnet. Es geht dabei darum, die sich anschließenden Handlungsschritte in sachlicher, zeitlicher und auch personeller Hinsicht zu strukturieren und die geeignete Abfolge einzelner Prozessbestandteile festzulegen[1260]. Ergeben sich im Laufe des weiteren Prüfungsprozesses neue Erkenntnisse oder Veränderungen in den Basisinformationen, so ist die Planung zu überprüfen und ggf. an die neue Situation anzupassen.

[1254] Vgl. zum Prozess der externen Jahresabschlussprüfung die Ausführungen unter Gliederungspunkt 3.1.5.4, S. 169 ff.
[1255] Vgl. hierzu die Ausführungen unter Gliederungspunkt 3.2.5.3, S. 215 ff.
[1256] Vgl. hinsichtlich der externen Jahresabschlussprüfung die Ausführungen unter Gliederungspunkt 3.1.5.4, S. 169 ff.
[1257] Vgl. hierzu die Ausführungen unter Gliederungspunkt 3.2.5.3.6, S. 232 ff.
[1258] Vgl. Peemöller, Volker H./Husmann, Rainer (Interne Revision 2004), Rn. 1450.
[1259] Peemöller, Volker H./Husmann, Rainer (Interne Revision 2004), Rn. 1449.
[1260] Vgl. Peemöller, Volker H./Husmann, Rainer (Interne Revision 2004), Rn. 1448 ff.

Da nicht immer alle relevanten Sachverhalte jährlich geprüft werden können, sollte jede Interne Revision einen so genannten *Jahresprüfplan* aufstellen. Darin wird, meist zu Beginn des Jahres, festgelegt, welche Themengebiete in den folgenden Monaten aufgegriffen werden. Im Gegensatz zur gesetzlichen externen Jahresabschlussprüfung, welche eine jährliche Prüfung insbesondere des Jahresabschlusses und des Lageberichts zum Gegenstand hat, ist die Wahl der Prüfungsobjekte in der Internen Revision insofern freier, als dass ihre Prüfungsarbeiten unabhängig vom Geschäftsjahresende erfolgen (können) und sich ihre Prüfungsaussagen nicht ‚nur' auf die Darstellung der Vermögens-, Finanz- und Ertragslage im Jahresabschluss und im Lagebericht erstrecken.

Bei der sachlichen Prüfungsplanung geht es insbesondere darum, die Gesamtheit des in einem Unternehmen für die Interne Revision vorhandenen Prüfungsstoffs gedanklich aufzubereiten und in sachlicher Hinsicht zu strukturieren[1261]. Auf diese Weise lassen sich abgrenzbare Teileinheiten erkennen, deren Bearbeitung somit besser koordiniert werden kann. Doppelarbeiten oder die Nichtbeachtung von Prüfungsthemen sollen so verhindert werden. Anschließend werden den einzelnen Prüfungsobjekten sowohl bestimmte Zeiträume als auch bestimmte Mitarbeiter zugeordnet[1262].

Die Basis für die Auswahl der in einem Jahr zu bearbeitenden Themen stellt eine Risikoevaluierung dar. Hierbei werden alle möglichen Prüfungsgegenstände, das so genannte *Prüfungsinventar*[1263], hinsichtlich des mit ihnen für das Unternehmen verbundenen Risikos bewertet[1264]. Je höher das Risiko ist, desto größer ist die Wahrscheinlichkeit, dass dieses Themengebiet mit einer hohen Priorität von der Internen Revision bearbeitet wird. Neben dieser Risikobewertung kann ein Thema auch aufgrund eines *Prüfungsantrags* in den Jahresprüfplan aufgenommen werden[1265]. Prüfungsanträge können bspw. gestellt werden, wenn besondere Umstände wie etwa (anonyme) Hinweise auf Accounting Fraud eine sofortige Prüfung erforderlich machen oder auch wenn das Management eine Prüfung durch die Interne Revision bei speziellen Kun-

---

[1261] Vgl. Peemöller, Volker H./Husmann, Rainer (Interne Revision 2004), Rn. 1451.
[1262] Vgl. Peemöller, Volker H./Husmann, Rainer (Interne Revision 2004), Rn. 1452. Vgl. zur zeitlichen und personellen Prüfungsplanung in der externen Jahresabschlussprüfung auch die Ausführungen unter Gliederungspunkt 3.1.5.4.2, S. 169 ff.
[1263] Vgl. zu diesem Begriff ausführlich Kagermann, Henning/Küting, Karlheinz/Weber, Claus-Peter (Hrsg.) (Revisions-Handbuch 2006), S. 505 ff.
[1264] Vgl. ausführlich zu einer möglichen Vorgehensweise bei einer solchen jährlichen Risikobewertung Kagermann, Henning/Küting, Karlheinz/Weber, Claus-Peter (Hrsg.) (Revisions-Handbuch 2006), S. 505 ff.
[1265] Vgl., u.a. zu einem Beispiel für einen solchen Prüfungsantrag, Kagermann, Henning/Küting, Karlheinz/Weber, Claus-Peter (Hrsg.) (Revisions-Handbuch 2006), S. 216 ff.

denprojekten als nötig erachtet. Wie die Interne Revision mit einem Prüfungsantrag umgeht, liegt in ihrem Ermessen[1266].

Unter Berücksichtigung aller verfügbaren Kapazitäten werden in den Jahresprüfplan zunächst die Prüfungen aufgenommen, die – entweder aufgrund ihrer Risikobewertung oder aufgrund eines Prüfungsantrags – in jedem Fall durchgeführt werden müssen. In einem nächsten Schritt ist die Risikobewertung der weiteren möglichen Themen ausschlaggebend dafür, welche Bereiche darüber hinaus ebenfalls noch für das entsprechende Jahr eingeplant werden[1267]. Bei der Beurteilung der verfügbaren Kapazitäten kommt es nicht nur auf die zeitliche Verfügbarkeit der einzelnen Mitarbeiter an, sondern deren Kompetenzen und ggf. Spezialgebiete sind ebenfalls zu berücksichtigen. Außerdem ist darauf zu achten, dass stets gewisse Leer- bzw. Reservezeiten eingeplant werden, um plötzlich notwendig werdende Anpassungen an der bestehenden Prüfungsplanung ebenso wie dringende, neu auftretende Prüfungsthemen vornehmen bzw. bearbeiten zu können.

Bei der Zusammensetzung des Prüfteams sollte eine angemessene Kombination von Spezialisten und Generalisten erfolgen, um so eine möglichst umfassende Wissensabdeckung erzielen zu können[1268]. Darüber hinaus können persönliche Aspekte eine Rolle spielen[1269]. Wichtig sind bei der Auswahl der Teammitglieder insbesondere die Qualifikation sowie die zeitliche Verfügbarkeit der Prüfer und ihre (speziellen) Kompetenzen. Zudem darf es nicht zu Interessenkollisionen kommen. Aufgrund des Vier-Augen-Prinzips sollte eine Prüfung immer von mindestens zwei Mitarbeitern durchgeführt werden, von

---

[1266] Der Prüfungsantrag kann entweder unmittelbar zu einer Prüfung oder einer sonstigen Leistung der Internen Revision führen, er kann Bestandteil der aktuellen Jahresprüfungsplanung werden oder für spätere Perioden in das Prüfungsinventar aufgenommen werden. In seltenen Fällen kommt es auch zu einer Ablehnung des Prüfungsantrags durch die Interne Revision; vgl. hierzu Kagermann, Henning/Küting, Karlheinz/Weber, Claus-Peter (Hrsg.) (Revisions-Handbuch 2006), S. 217.
[1267] Vgl. Kagermann, Henning/Küting, Karlheinz/Weber, Claus-Peter (Hrsg.) (Revisions-Handbuch 2006), S. 214.
[1268] Vgl. auch Kagermann, Henning/Küting, Karlheinz/Weber, Claus-Peter (Hrsg.) (Revisions-Handbuch 2006), S. 220; vgl. zur Bedeutung von Accounting Fraud-Spezialisten bspw. Wells, Joseph T. (Antifraud Practice 2004), S. 48 ff.; Wells, Joseph T. (Sherlock Holmes 2003), S. 86 ff. und S. 70 ff.
[1269] Vgl. Peemöller, Volker H./Husmann, Rainer (Interne Revision 2004), Rn. 1470; Kagermann, Henning/Küting, Karlheinz/Weber, Claus-Peter (Hrsg.) (Revisions-Handbuch 2006), S. 220.

denen einer die Position des Prüfungsleiters wahrnimmt[1270], so dass die Verantwortlichkeiten klar verteilt sind[1271].

Bei der Planung der zeitlichen Abfolge der einzelnen Prüfungsschritte[1272] sind bestehende Abhängigkeiten zu berücksichtigen, da es vorkommen kann, dass bestimmte Schritte das weitere Vorgehen beeinflussen können. So kann ein Prüfer bspw. nach der Prüfung des internen Kontrollsystems besser einschätzen, ob der vorgesehene Umfang der Einzelfallprüfungen ausgeweitet werden muss oder nicht[1273]. Werden die Erkenntnisse aus der zeitlichen Planung schließlich auf Kalenderdaten übertragen, ist der Terminplan fertig gestellt[1274]. Alle sachlichen, personellen und zeitlichen Aspekte zusammengefasst und – der besseren Übersichtlichkeit halber in Tabellenform aufbereitet – ergeben den fertigen Jahresprüfplan. Dieser sollte den Verantwortlichen für die Interne Revision in Vorstand bzw. Aufsichtsrat zu Informationszwecken vorgelegt werden[1275]. Auf Basis des fertig gestellten Jahresprüfplans kann mit der Vorbereitung der einzelnen Prüfungen begonnen werden[1276].

3.2.5.3.3 Prüfungsvorbereitung
3.2.5.3.3.1 Prüfungsankündigung

Als Bindeglied zwischen der Planungs- und der Durchführungsphase nimmt die Vorbereitung der Prüfung eine wichtige Aufgabe innerhalb des Prüfungsprozesses der Internen Revision wahr. Sie ist ein wesentliches Kriterium, um zu einer erfolgreichen Prüfungsdurchführung zu gelangen[1277]. Eine wichtige Funktion im Rahmen der Vorbereitungsphase kommt der *Prüfungsankündigung* zu. Dabei werden der zu prüfenden Abteilung der geplante Beginn und

---

[1270] Vgl. zu Funktion und Aufgaben des Prüfungsleiters insbesondere Kagermann, Henning/Küting, Karlheinz/Weber, Claus-Peter (Hrsg.) (Revisions-Handbuch 2006), S. 81.

[1271] Vgl. Kagermann, Henning/Küting, Karlheinz/Weber, Claus-Peter (Hrsg.) (Revisions-Handbuch 2006), S. 220.

[1272] Vgl. zur Erstellung eines Zeitplans auch Hofmann, Günter (Berichtserfordernis 2000), S. 127 f.

[1273] Vgl. Euler, Karl August (Interne Kontrollen 1992), S. 13.

[1274] Vgl. Peemöller, Volker H./Husmann, Rainer (Interne Revision 2004), Rn. 1473.

[1275] Vgl. Kagermann, Henning/Küting, Karlheinz/Weber, Claus-Peter (Hrsg.) (Revisions-Handbuch 2006), S. 214. Da die Interne Revision eine unabhängige Abteilung innerhalb des Unternehmens darstellt, ist sie selbst für die Erstellung des Jahresprüfplans verantwortlich. Aus diesem Grund wird der Plan zwar den Verantwortlichen aus der Unternehmensführung regelmäßig zu Informationszwecken vorgelegt, er wird jedoch nicht von diesen genehmigt.

[1276] Vgl. hierzu die Ausführungen unter Gliederungspunkt 3.2.5.3.3, S. 218 ff.

[1277] Vgl. Peemöller, Volker H./Husmann, Rainer (Interne Revision 2004), Rn. 1474.

die veranschlagte Dauer der anstehenden Prüfung bekannt gegeben[1278]. Ebenso wird kurz über die Inhalte und Ziele der Prüfung sowie ggf. auch über einzelne Schritte informiert[1279]. Dies geschieht insbesondere deshalb, damit sich auch die betroffenen Mitarbeiter der Abteilung einschließlich des zuständigen Abteilungsmanagements darauf vorbereiten können. Damit kann die Personalverfügbarkeit im zu prüfenden Bereich auf die Prüfung abgestimmt und notwendige Unterlagen und sonstige Informationen können beschafft werden. U.U. ist es auch erforderlich, dass den Prüfern bestimmte Zugangsberechtigungen zum EDV-System für die Zeitdauer der Prüfung eingeräumt werden. Alle diese Vorarbeiten können somit bereits vor Beginn der Prüfung erledigt werden und behindern folglich nicht weiter den Arbeitsablauf bei der eigentlichen Prüfungsdurchführung[1280].

In ihrer Eigenschaft als unabhängige Unternehmensinstanz kann die Interne Revision auch Prüfungen durchführen, ohne diese vorher anzukündigen. In bestimmten Fällen, z.B. wenn Hinweise auf Accounting Fraud vorliegen, ist dies sogar geboten, um zu verhindern, dass die betreffenden Mitarbeiter wichtiges Beweismaterial vernichten oder andere Handlungen zur Verdeckung ihrer Tat vornehmen können[1281].

Die Frage nach der Vorlaufzeit, die einer Abteilung im Vorfeld einer Prüfung gewährt werden soll, lässt sich nicht abschließend beantworten, da hier immer auch der spezifische Einzelfall eine Rolle spielt. Generell kann bei ‚normalen' Prüfungen ohne besondere Hinweise auf Unregelmäßigkeiten oder spezielle organisatorische Anforderungen für die Versendung der Prüfungsankündigung jedoch ein Zeitraum von zwei bis drei Wochen vor dem geplanten Termin des Prüfungsbeginns als angemessen angesehen werden[1282].

Die Adressaten einer Prüfungsankündigung sind individuell und in Abhängigkeit der jeweils bestehenden Unternehmensstruktur festzulegen. Bei großen Gesellschaften sollten die für die Interne Revision verantwortlichen Mitglieder der Unternehmensführung informiert werden. Außerdem kann es

---

[1278] Vgl. Peemöller, Volker H./Husmann, Rainer (Interne Revision 2004), Rn. 1474.
[1279] Vgl. Kagermann, Henning/Küting, Karlheinz/Weber, Claus-Peter (Hrsg.) (Revisions-Handbuch 2006), S. 223. Vgl. zu einem Beispiel für eine solche Prüfungsankündigung die Abbildung bei Kagermann, Henning/Küting, Karlheinz/Weber, Claus-Peter (Hrsg.) (Revisions-Handbuch 2006), S. 225.
[1280] Vgl. zu den Argumenten, die für eine Ankündigung der Prüfung im Vorfeld sprechen, Kagermann, Henning/Küting, Karlheinz/Weber, Claus-Peter (Hrsg.) (Revisions-Handbuch 2006), S. 223 f.
[1281] Vgl. Kagermann, Henning/Küting, Karlheinz/Weber, Claus-Peter (Hrsg.) (Revisions-Handbuch 2006), S. 223 und S. 225.
[1282] Vgl. Kagermann, Henning/Küting, Karlheinz/Weber, Claus-Peter (Hrsg.) (Revisions-Handbuch 2006), S. 224 f.

sinnvoll sein, neben der zu prüfenden Abteilung und ihrem Leiter auch die diesem unmittelbar übergeordnete Managementebene in die Ankündigung einzubeziehen[1283]. In jedem Fall ist es die Aufgabe der Verantwortlichen des zu prüfenden Bereichs, ihre Mitarbeiter über die angekündigte Prüfung zu informieren und alle erforderlichen Maßnahmen zur Vorbereitung einzuleiten[1284].

Auch wenn diverse Argumente[1285] für eine Ankündigung der Prüfung sprechen, darf dabei nicht vergessen werden, dass das Überraschungsmoment ein wichtiger ‚Mitspieler' auf der Seite der Internen Revision sein kann. Dies ist wie erwähnt wichtig, wenn es zu einer Prüfung aufgrund bestimmter Verdachtsfälle kommt. Darüber hinaus trägt ein nicht zu ausgeprägtes Ankündigungswesen auch dazu bei, dass nicht eingeschätzt werden kann, welchen Themen sich die Interne Revision zu welcher Zeit widmet. Damit wird verhindert, dass sich Mitarbeiter nur in bestimmten Zeiträumen darauf konzentrieren, ihre Arbeit sorgfältig zu erledigen, und während der übrigen Zeit, in der eine Prüfung durch die Interne Revision unwahrscheinlich ist, weniger genau arbeiten und somit leichter Fehler produzieren. Unter Accounting Fraud-Aspekten gilt diese Aussage ebenso.

3.2.5.3.3.2 Prüfprogramm

Neben der Prüfungsankündigung stellt die Entwicklung eines so genannten *Prüfprogramms* einen wichtigen Bestandteil der Vorbereitungsphase dar. Dabei handelt es sich um eine operative Anleitung zur Durchführung der prüferischen Aufgaben[1286]. Der gesamte Prüfungsgegenstand wird in kleine Einheiten – die Prüfungsobjekte – zerlegt, denen dann die durchzuführenden Schritte zugeordnet werden[1287]. Das Prüfprogramm überführt damit also „die geplanten Prüfungsinhalte mittels konkreter Anweisungen in einen Prüfungsablauf"[1288]

[1283] Vgl. Kagermann, Henning/Küting, Karlheinz/Weber, Claus-Peter (Hrsg.) (Revisions-Handbuch 2006), S. 225.

[1284] Vgl. Kagermann, Henning/Küting, Karlheinz/Weber, Claus-Peter (Hrsg.) (Revisions-Handbuch 2006), S. 225.

[1285] Vgl. hierzu im Einzelnen bspw. Kagermann, Henning/Küting, Karlheinz/Weber, Claus-Peter (Hrsg.) (Revisions-Handbuch 2006), S. 223 f.

[1286] Vgl. Kagermann, Henning/Küting, Karlheinz/Weber, Claus-Peter (Hrsg.) (Revisions-Handbuch 2006), S. 227.

[1287] Wie bei der externen Jahresabschlussprüfung ist auch an dieser Stelle die Durchführung einer Risikobewertung erforderlich; vgl. hierzu die Ausführungen unter Gliederungspunkt 3.1.5.4.3.2, S. 174 ff.

[1288] Kagermann, Henning/Küting, Karlheinz/Weber, Claus-Peter (Hrsg.) (Revisions-Handbuch 2006), S. 227.

und verbindet so die Planung mit der Prüfungsdurchführung[1289]. Dazu werden – etwa in Anlehnung an eine Checkliste – in einer Tabellenspalte alle im betreffenden Prüfungsobjekt zu behandelnden Fragestellungen aufgelistet. Diesen werden in einem nächsten Schritt die verfolgten Ziele, die erwarteten Risiken sowie die zugehörigen internen Kontrollmaßnahmen zugeordnet, bevor die jeweils zur Zielerreichung durchzuführenden Prüfungshandlungen hinzugefügt werden. In weiteren Spalten wird dann im Rahmen der Prüfungsdurchführung[1290] eingetragen, wer die betreffende Prüfungshandlung wann durchgeführt und wo dokumentiert hat[1291]. Im Prüfprogramm wird folglich also vor Beginn der Prüfungshandlungen strukturiert zusammengefasst, was aus welchem Grund und mit welchem Ziel zu erledigen ist.

Zusammen mit den Arbeitspapieren[1292] trägt ein komplett ausgefülltes Prüfprogramm zu einer umfassenden Dokumentation der Tätigkeiten der Internen Revision bei. Außerdem kann auch bei späteren Prüfungen darauf zurückgegriffen werden. Mit der Ankündigung der Prüfung und der Erstellung des später noch zu vervollständigenden Prüfprogramms ist die Phase der Prüfungsvorbereitung abgeschlossen.

3.2.5.3.4 Prüfungsdurchführung
3.2.5.3.4.1 Prüfungshandlungen

Bei der Durchführung ihrer prüferischen Tätigkeiten wenden die Mitarbeiter der Internen Revision verschiedene Prüfungshandlungen – oder eine Kombination daraus – an mit dem Ziel, belastbare Informationen zu gewinnen, auf deren Grundlage mit hinreichender Sicherheit Prüfungsfeststellungen getroffen werden können[1293]. Dabei richten sich die Auswahl und der Umfang der Prüfungshandlungen nach den erwarteten Risiken gem. der zuvor durchge-

---

[1289] Vgl. zu einer beispielhaften Abbildung eines Prüfprogramms, wie es bei der SAP AG eingesetzt wird, die Abbildung bei Kagermann, Henning/Küting, Karlheinz/Weber, Claus-Peter (Hrsg.) (Revisions-Handbuch 2006), S. 228.
[1290] Vgl. hierzu die Ausführungen unter Gliederungspunkt 3.2.5.3.4, S. 221 ff.
[1291] Vgl. ausführlich zur Erstellung und Pflege eines Prüfprogramms für die Interne Revision Kagermann, Henning/Küting, Karlheinz/Weber, Claus-Peter (Hrsg.) (Revisions-Handbuch 2006), S. 226 ff.
[1292] Vgl. hierzu die Ausführungen unter Gliederungspunkt 3.2.5.3.4.2, S. 224 ff.
[1293] Vgl. bspw. zur Vorgehensweise bei der Revision des Anlagevermögens Arbeitskreis „Revision der Anlagen- und Materialwirtschaft" des Deutschen Instituts für Interne Revision e.V. (Anlagevermögen 1993), S. 10 ff.; zur Revision des Finanzwesens Arbeitskreis „Revision des Finanz- und Rechnungswesens" des Deutschen Instituts für Interne Revision e.V. (Finanzwesen 2006), S. 11 ff.; zur Revision des Rechnungswesens Arbeitskreis „Revision des Finanz- und Rechnungswesens" des Deutschen Instituts für Interne Revision e.V. (Rechnungswesen 2002), S. 11 ff.

führten Risikobewertung und dem angestrebten Prüfungsziel[1294]. Hierbei wird auf das zuvor aufgestellte Prüfprogramm[1295] zurückgegriffen, in welchem bereits den einzelnen zu behandelnden Fragestellungen die entsprechenden Prüfungshandlungen zugeordnet wurden. Auch wenn das Prüfprogramm die Basis für die Prüfungsdurchführung darstellt, kann es dennoch bei Bedarf verändert werden. Führen im Verlauf der Prüfung gewonnene Erkenntnisse dazu, dass die vorgesehenen Prüfungshandlungen angepasst oder ausgedehnt werden müssen, ist dies selbstverständlich ohne Weiteres möglich[1296]. Auch bei der Prüfungsdurchführung gilt das Wirtschaftlichkeitsprinzip, d.h., der interne Revisor muss zu dem Ergebnis gelangen, dass seine Prüfungshandlungen ausreichend sind, um mit hinreichender Sicherheit ein zutreffendes Ergebnis zu erzielen.

Für eine erfolgreiche Prüfungsdurchführung ist eine klare und strukturierte Arbeitsweise erforderlich[1297]. Dies gilt für die Interne Revision gleichermaßen wie für die externe Jahresabschlussprüfung. Der Unterschied bei der Prüfungsdurchführung liegt darin, dass ein Abschlussprüfer für jedes Geschäftsjahr eine Aussage bezüglich Buchführung, Jahresabschluss und Lagebericht treffen muss, wohingegen die Interne Revision ‚nur' kleinere Einheiten losgelöst von dem Komplex Jahresabschluss/Lagebericht betrachtet. D.h., wenn die Interne Revision bspw. eine Prüfung der Forderungen vornimmt, untersucht sie zwar genauso wie ein externer Prüfer auch die Ordnungsmäßigkeit von Forderungsansatz und -bewertung, holt Saldenbestätigungen[1298] ein etc. Bei gefundenen Unstimmigkeiten bezieht sich die Beurteilung hingegen zunächst nicht auf einen bestimmten Jahresabschluss, sondern auf das Ergebnis als solches. Außerdem ist die Tätigkeit der Internen Revision stärker prozessorientiert als die eines Abschlussprüfers.

Wie bei der externen Jahresabschlussprüfung wird auch in der Internen Revision unterschieden zwischen einer Vollprüfung und einer Auswahlprüfung[1299]. Des Weiteren erfolgt eine Differenzierung danach, ob eine Funktions-

---

[1294] Vgl. Kagermann, Henning/Küting, Karlheinz/Weber, Claus-Peter (Hrsg.) (Revisions-Handbuch 2006), S. 239.
[1295] Vgl. hierzu die Ausführungen unter Gliederungspunkt 3.2.5.3.3, S. 218 ff.
[1296] Vgl. Kagermann, Henning/Küting, Karlheinz/Weber, Claus-Peter (Hrsg.) (Revisions-Handbuch 2006), S. 239.
[1297] Vgl. Kagermann, Henning/Küting, Karlheinz/Weber, Claus-Peter (Hrsg.) (Revisions-Handbuch 2006), S. 239.
[1298] Vgl. zur Einholung von Bestätigungen Dritter bspw. Keller, Richard (Bestätigungen 2006), S. 2083 ff.
[1299] Die Abgrenzung erfolgt vergleichbar zur externen Jahresabschlussprüfung, so dass auf die entsprechenden Ausführungen unter Gliederungspunkt 3.1.5.4.4.1, S. 179 ff. verwiesen werden kann.

prüfung oder aussagebezogene Prüfungshandlungen durchgeführt werden sollen. Bei einer *Funktionsprüfung* geht es darum, die Funktionsfähigkeit des für den betrachteten Prüfungsgegenstand relevanten Teils des internen Kontrollsystems zu überprüfen[1300]. Dabei sind die Fragen zu beantworten, ob die installierten Kontrollen ausreichend sind, ob die richtigen internen Kontrollen eingerichtet wurden, ob die vorhandenen Kontrollmaßnahmen wirksam sind und ob sie nicht (zumindest zeitweise) deaktiviert wurden[1301].

Die *aussagebezogenen Prüfungshandlungen* gliedern sich auf in die Einzelfallprüfungen und die analytischen Prüfungshandlungen. Diese werden mit dem Ziel durchgeführt, dass der interne Revisor mit hinreichender Sicherheit beurteilen kann, ob der von ihm untersuchte Prüfungsgegenstand nicht als wesentlich falsch zu qualifizieren ist. Die bisher im Verlauf des Prüfungsprozesses erfolgte Risikobeurteilung gelangt hier bei der Bestimmung von Art und Umfang der durchzuführenden Prüfungshandlungen einmal mehr zum Tragen[1302].

Die Ausgestaltung der genannten Prüfungshandlungen in der Praxis ist vielfältig. Als mögliche Prüfungsmethode ist zunächst die *Bestätigung durch externe Dritte* zu nennen. Hierbei werden ausgewählte Dritte unmittelbar von der Internen Revision gebeten, einen bestimmten Sachverhalt zu bestätigen[1303]. Diese Aussagen von fremden, d.h. nicht dem Unternehmen angehörenden Personen, werden als beweissicherer und belastbarer eingestuft als Bestätigungen von Mitarbeitern aus dem eigenen Unternehmen. Eine andere Möglichkeit zur Erlangung von Prüfungsnachweisen liegt in der *Analyse von Dokumenten*. Dies ist besonders zu Beginn einer Prüfung empfehlenswert, da sich die internen Revisoren so ein gutes Bild über das Prüfungsthema verschaffen können[1304]. Gegenstand der Dokumentenanalyse können bspw. Verträge oder Prozessbeschreibungen sein. Sie beschäftigt sich insbesondere mit der Vollständigkeit, Schlüssigkeit und Aktualität der betreffenden Dokumente. Hierbei können auch Fragebögen[1305] oder Checklisten zum Einsatz kommen. Will der

---

[1300] Vgl. hierzu die Ausführungen unter Gliederungspunkt 3.1.5.4.4.2, S. 180 ff.
[1301] Vgl. zu möglichen installierten internen Kontrollen in verschiedenen Unternehmensbereichen ausführlich Euler, Karl August (Interne Kontrollen 1992), S. 16 ff.
[1302] Die Bedeutung von Einzelfallprüfungen und analytischen Prüfungshandlungen in der Internen Revision ist der externen Jahresabschlussprüfung vergleichbar; vgl. hierzu auch die Ausführungen unter Gliederungspunkt 3.1.5.4.4.2, S. 180 ff.
[1303] Vgl. Kagermann, Henning/Küting, Karlheinz/Weber, Claus-Peter (Hrsg.) (Revisions-Handbuch 2006), S. 242.
[1304] Vgl. Kagermann, Henning/Küting, Karlheinz/Weber, Claus-Peter (Hrsg.) (Revisions-Handbuch 2006), S. 242 f.
[1305] Vgl. zum Einsatz von Fragebögen Sauer, Klaus-Peter/Bohnert, Stefan (Fragebögen 2002), Sp. 850 ff.

Prüfer wissen, welche Arbeitsschritte in einem bestimmten Prozess erfolgen, sollte ein *exemplarischer Prozessdurchlauf*, ein so genannter Walk-Through, durchgeführt werden. Dabei wird ein kompletter Prozess von Beginn an bis zu seinem Ende durchlaufen und alle organisatorischen und EDV-technischen Schritte und Abläufe werden nachvollzogen[1306]. Auf diese Weise verschafft sich die Interne Revision einen umfassenden Überblick über den Prozessablauf und kann diesen einerseits mit den Soll-Vorgaben aus der Prozessdokumentation und andererseits mit geltenden Regelungen und Anordnungen vergleichen[1307]. Im Gegensatz dazu werden bei einer *direkten Beobachtung* der Prozessablauf bzw. das Prüfungsobjekt nicht vom Prüfer selbst bearbeitet, sondern er beobachtet, wie die zuständigen Mitarbeiter der zu prüfenden Abteilung ihrer gewohnten Arbeit nachgehen[1308]. Als letzte Methode ist das Führen von *Interviews* zu nennen, wobei zwischen drei verschiedenen Interviewtypen – standardisiertes, halb-standardisiertes und unstrukturiertes Interview – unterschieden wird[1309].

3.2.5.3.4.2 Dokumentation der Prüfung in den Arbeitspapieren

Zur Erfüllung der an späterer Stelle noch zu erläuternden Berichtspflichten[1310] sowie zur Dokumentation aller von der Internen Revision durchgeführten Handlungen dienen die Arbeitspapiere. Bei von der Internen Revision erstellten *Arbeitspapieren* handelt es sich – ebenso wie bei den Arbeitspapieren der Abschlussprüfer[1311] – um alle Dokumente und Aufzeichnungen, die ein Prüfer während seiner gesamten Tätigkeit im Prüfungsprozess, d.h. bei der Planung, Vorbereitung und Durchführung einer Prüfung, selbst erstellt (primäre Dokumente)[1312]. Darüber hinaus werden sie ergänzt durch die so genannten sekundären Dokumente, d.h. alle Unterlagen, die der Prüfer im Zusammenhang mit seiner Tätigkeit von der zu prüfenden Abteilung als Nachweis erhält, z.B. Ko-

---

[1306] Vgl. Kagermann, Henning/Küting, Karlheinz/Weber, Claus-Peter (Hrsg.) (Revisions-Handbuch 2006), S. 246; Kregel, Joachim (Überwachung 2005), S. 263.

[1307] Vgl. Kagermann, Henning/Küting, Karlheinz/Weber, Claus-Peter (Hrsg.) (Revisions-Handbuch 2006), S. 246.

[1308] Vgl. Kagermann, Henning/Küting, Karlheinz/Weber, Claus-Peter (Hrsg.) (Revisions-Handbuch 2006), S. 246 f.

[1309] Vgl. zu diesen Interviewtypen Kagermann, Henning/Küting, Karlheinz/Weber, Claus-Peter (Hrsg.) (Revisions-Handbuch 2006), S. 248; zur Führung von Interviews siehe auch Propper, Eugene M. (Fraud Investigations 2000), S. 61 ff.; Amling, Thomas/Bantleon, Ulrich (Handbuch 2007), S. 286 ff.

[1310] Vgl. hierzu die Ausführungen unter Gliederungspunkt 3.2.5.3.5, S. 227 ff.

[1311] Vgl. hierzu die Ausführungen unter Gliederungspunkt 3.1.5.4.4.3, S. 184 ff.

[1312] Vgl. Peemöller, Volker H./Husmann, Rainer (Interne Revision 2004), Rn. 1477. Gleichermaßen kann hier auf die Definition in IDW PS 460, Tz. 1 verwiesen werden. Vgl. ebenso die Ausführungen unter Gliederungspunkt 3.1.5.4.4.3, S. 184 ff.

pien von Verträgen o.Ä. Eine ausführliche Dokumentation der Prüfung in den Arbeitspapieren dient zum einen der Internen Revision als Nachweis für die Erbringung einer ordnungsgemäßen Arbeitsleistung. Zum anderen bildet sie auch eine hervorragende Arbeitsgrundlage für die sich anschließende Nachprüfung[1313] sowie für zukünftig vorzunehmende weitere Prüfungen der entsprechenden Abteilung bzw. des entsprechenden Prozesses[1314].

Arbeitspapiere müssen so aufbereitet sein, dass sich auch ein Dritter, der nicht an der Prüfung beteiligt war, jederzeit und in einer angemessenen Zeit ein Bild des Geschehenen machen kann. Dies bedeutet, dass sie klar und übersichtlich aufgebaut sein müssen, die Formulierungen müssen eindeutig und wahrheitsgemäß vollständig die festzuhaltenden Tatsachen widerspiegeln und ausdrücken. Auch wenn Arbeitspapiere grundsätzlich unternehmensindividuell konzipiert werden, gibt es eine Reihe von Informationen, die sie in jedem Fall enthalten sollten[1315]. Dabei handelt es sich etwa um die Bezeichnung der zu prüfenden Abteilung bzw. des zu prüfenden Prozesses, das Prüfungsthema und -datum, eine Beschreibung der Prüfungshandlungen, die hierbei getroffenen Feststellungen und wie mit diesen Feststellungen weiter verfahren werden soll. Zur Gewährleistung einer ordnungsgemäßen Verwaltung ist jedes Arbeitspapier mit einer entsprechenden Referenznummer zu versehen. Referenzierungsmodelle werden ebenfalls unternehmensindividuell festgelegt[1316].

Die ordnungsgemäße Dokumentation in den Arbeitspapieren erfüllt drei wesentliche mit jeder prüferischen Arbeit verbundene Anforderungen:
- Im Rahmen der noch zu betrachtenden Berichtslegung[1317] dienen die Arbeitspapiere als Beweis für die in den Berichten formulierten Prüfungsaussagen und -feststellungen, d.h., sie sind ein Nachweis der inhaltlichen Qualität der Berichte[1318]. Durch die Arbeitspapiere wird die Prüfung auch für Dritte nachvollziehbar und somit belegbar, unabhängig von der Person des Prüfers. Im Fall von Hinweisen auf eine Befangenheit des Prüfers hilft die Dokumentation dabei, diese zu entkräften oder zu bestätigen. Insgesamt

---

[1313] Vgl. zur Nachprüfung die Ausführungen unter Gliederungspunkt 3.2.5.3.6, S. 232 ff.
[1314] Vgl. Peemöller, Volker H./Husmann, Rainer (Interne Revision 2004), Rn. 1477.
[1315] Vgl. zu einem Beispiel für ein solches Arbeitspapier Kagermann, Henning/Küting, Karlheinz/Weber, Claus-Peter (Hrsg.) (Revisions-Handbuch 2006), S. 259 ff.; Peemöller, Volker H./Husmann, Rainer (Interne Revision 2004), Rn. 1477.
[1316] Als Beispiel dient das Referenzierungsmodell, welches von der Internen Revision der SAP AG ausgearbeitet wurde und bei Kagermann, Henning/Küting, Karlheinz/Weber, Claus-Peter (Hrsg.) (Revisions-Handbuch 2006), S. 262 ff. dargestellt und beschrieben wird.
[1317] Vgl. hierzu die Ausführungen unter Gliederungspunkt 3.2.5.3.5, S. 227 ff.
[1318] Vgl. Kagermann, Henning/Küting, Karlheinz/Weber, Claus-Peter (Hrsg.) (Revisions-Handbuch 2006), S. 256.

gelten die Arbeitspapiere also auch als Beweis für unabhängig getroffene Prüfungsfeststellungen[1319].
- Mit einer exakten Dokumentation der Vorgehensweise lässt sich belegen, dass sich die Interne Revision an ihre Prüfungsgrundsätze gehalten hat. Dies kann insbesondere bei Unstimmigkeiten dazu beitragen, diese zu klären. Es kommt somit folglich zu einer Absicherung des Prüfungsverfahrens[1320].
- Die Arbeitspapiere stellen eine wichtige Basis für einen internen Revisor bei der Erstellung aller erforderlichen Berichte dar. Aus den darin enthaltenen Prüfungsfeststellungen leitet der Prüfer seine Gesamteinschätzung über das Prüfungsobjekt, d.h. die finale positive oder negative Prüfungsaussage, ab. Da die Dokumentationspflicht bereits bei der Planung und Vorbereitung der betreffenden Prüfung beginnt, nimmt sie einen prozessbegleitenden Charakter ein[1321]. Gleichermaßen können die Arbeitspapiere auch als Grundlage für das zum Ende der Prüfung mit den Mitarbeitern der geprüften Abteilung stattfindende Abschlussgespräch dienen. Schließlich stellen sie eine mögliche Basis für Fachdiskussionen und Wissensaustausch zwischen allen Mitarbeitern der Internen Revision eines Unternehmens dar[1322]. Dabei darf jedoch nie vergessen werden, dass es sich bei Arbeitspapieren um vertrauliche Dokumente der Internen Revision handelt, die ebenfalls den gültigen Geheimhaltungsvorschriften unterliegen[1323].

Die Hauptverantwortung zur ordnungsmäßigen Erstellung der Arbeitspapiere liegt stets bei dem Prüfer, der die entsprechenden Prüfungshandlungen vornimmt[1324]. Zur Gewährleistung einer einheitlichen Dokumentation bietet es sich für ein Unternehmen an, unternehmensweit gleich strukturierte Arbeitspapiere zu verwenden[1325]. Dies schließt indes nicht aus, dass in speziellen und nicht alltäglichen Situationen auch ein neues Arbeitspapier entwickelt werden muss.

[1319] Vgl. Kagermann, Henning/Küting, Karlheinz/Weber, Claus-Peter (Hrsg.) (Revisions-Handbuch 2006), S. 256.

[1320] Vgl. Kagermann, Henning/Küting, Karlheinz/Weber, Claus-Peter (Hrsg.) (Revisions-Handbuch 2006), S. 256 f.

[1321] Vgl. Kagermann, Henning/Küting, Karlheinz/Weber, Claus-Peter (Hrsg.) (Revisions-Handbuch 2006), S. 257.

[1322] Vgl. Kagermann, Henning/Küting, Karlheinz/Weber, Claus-Peter (Hrsg.) (Revisions-Handbuch 2006), S. 257.

[1323] Vgl. Kagermann, Henning/Küting, Karlheinz/Weber, Claus-Peter (Hrsg.) (Revisions-Handbuch 2006), S. 258. Vgl. zur Thematik der Vertraulichkeit auch die Ausführungen unter Gliederungspunkt 3.2.5.2, S. 212 ff.

[1324] Vgl. Kagermann, Henning/Küting, Karlheinz/Weber, Claus-Peter (Hrsg.) (Revisions-Handbuch 2006), S. 257.

[1325] Vgl. Kagermann, Henning/Küting, Karlheinz/Weber, Claus-Peter (Hrsg.) (Revisions-Handbuch 2006), S. 259.

Wie erklärt ersetzen die Arbeitspapiere keinesfalls die bei jeder Prüfung erforderliche Berichtslegung, sondern sie bilden deren Basis. Nachfolgende Erläuterungen über die Berichterstattung der Internen Revision zeigen, dass diese ob der Stellung der Internen Revision als unternehmensinterne Instanz von der Berichterstattung über die externe Jahresabschlussprüfung abweicht[1326].

3.2.5.3.5 Berichterstattung
3.2.5.3.5.1 Vorbemerkungen

Die Berichterstattung der Internen Revision folgt einer anderen Differenzierung als die Berichterstattung bei der externen Jahresabschlussprüfung[1327]. Auch wenn vielfach bei beiden Institutionen von einem Prüfungsbericht die Rede ist, ist der Inhalt dennoch nicht deckungsgleich. Der Prüfungsbericht eines externen Jahresabschlussprüfers ist ausdrücklich gesetzlich in § 321 HGB geregelt[1328]. In der Internen Revision existiert hingegen kein derart festgelegter Begriff; vielmehr kann auch nicht von dem Prüfungsbericht schlechthin gesprochen werden, sondern für verschiedene Adressatengruppen gelangen unterschiedliche Arten von Prüfungsberichten zur Anwendung.

Unabhängig von der gewählten Form der Berichterstattung gilt hingegen uneingeschränkt das Gebot der Vertraulichkeit und der Verschwiegenheit[1329]. Die in den jeweiligen Berichten enthaltenen Informationen dürfen zunächst nur den betreffenden Mitarbeitern der geprüften Fachabteilung und der Internen Revision zugänglich sein. Darüber hinaus sind ggf. das entsprechende übergeordnete Management sowie die Unternehmensleitung zu informieren. Die letzten beiden genannten Adressaten erhalten regelmäßig ein eigenes speziell für sie aufbereitetes Berichtsformat[1330]. Fallweise kann auch eine Zurverfügungstellung der Prüfungsberichte an weitere Empfängerkreise – z.B. die Rechts- oder Personalabteilung, den Abschlussprüfer oder auch die Staatsanwaltschaft – in Betracht kommen[1331].

[1326] Vgl. hierzu die Ausführungen unter Gliederungspunkt 3.1.5.4.5, S. 186 ff. und Gliederungspunkt 3.2.5.3.5, S. 227 ff.

[1327] Vgl. zur Frage einer Redepflicht der Internen Revision und möglichen Informationsadressaten Warncke, Markus (Redepflicht 2004), S. 176 f.; Röhrbein, Stefan (Redepflicht 2004), S. 270 f.

[1328] Vgl. hierzu die Ausführungen unter Gliederungspunkt 3.1.5.4.5.1, S. 186 ff.

[1329] Vgl. Kagermann, Henning/Küting, Karlheinz/Weber, Claus-Peter (Hrsg.) (Revisions-Handbuch 2006), S. 274.

[1330] Vgl. hierzu die Ausführungen unter Gliederungspunkt 3.2.5.3.5.3, S. 230 ff.

[1331] Vgl. Kagermann, Henning/Küting, Karlheinz/Weber, Claus-Peter (Hrsg.) (Revisions-Handbuch 2006), S. 277 f.

Daneben gelten – wie auch bei der externen Jahresabschlussprüfung – die Berichtsgrundsätze der Klarheit, Wahrheit, Vollständigkeit und Wesentlichkeit. Die Berichterstattung sollte insgesamt möglichst zeitnah erfolgen. Dies trägt dazu bei, ausgesprochene Verbesserungsempfehlungen rasch umzusetzen. Im Folgenden werden nun verschiedene Berichtsformen erläutert[1332].

3.2.5.3.5.2 Berichterstattung im Prüfungsbericht

Der allgemeine *Prüfungsbericht* dient der schriftlichen Darstellung der im Verlauf der Prüfung durch die Interne Revision erzielten Ergebnisse und enthält darüber hinaus das abschließende Prüfungsurteil sowie dessen Begründung[1333]. Er basiert auf den Arbeitspapieren[1334]. Die Prüfungsergebnisse müssen darin objektiv und fachlich begründet vorgetragen werden[1335]. Aus Gründen der Vereinheitlichung ist die Anwendung standardisierter Prüfungsberichte in einem Unternehmen zu empfehlen. Je standardisierter die Berichterstattung erfolgt, desto geringer ist auch die Gefahr, dass Missverständnisse allein aufgrund formaler Uneinheitlichkeiten entstehen.

Der ‚normale' Prüfungsbericht[1336] enthält vor allem die Beschreibung aller während der Prüfungsdurchführung gemachten Beobachtungen und getroffenen *Feststellungen*[1337]. Die relevanten Zusammenhänge zwischen dem Prüfungsobjekt und den Prüfungsfeststellungen[1338] sollten sowohl operativ als auch finanzbezogen dargestellt werden. Für jede Feststellung müssen im Prüfungsbericht das aufgedeckte Problem klar und deutlich beschrieben und der durchgeführte Soll-Ist-Vergleich sowie dessen Ergebnis dargestellt werden[1339]. Die Auswirkungen auf den gesamten Prozess, die Kontrollen, die Risikositua-

---

[1332] Vgl. hierzu die Ausführungen unter Gliederungspunkt 3.2.5.3.5.2, S. 228 ff. und Gliederungspunkt 3.2.5.3.5.3, S. 230 ff.

[1333] Vgl. Peemöller, Volker H./Husmann, Rainer (Interne Revision 2004), Rn. 1490.

[1334] Vgl. zu den Arbeitspapieren in Bezug auf die Interne Revision die Ausführungen unter Gliederungspunkt 3.2.5.3.4.2, S. 224 ff.

[1335] Vgl. Kagermann, Henning/Küting, Karlheinz/Weber, Claus-Peter (Hrsg.) (Revisions-Handbuch 2006), S. 267.

[1336] Dieser Terminus wurde gewählt als Abgrenzung zu den speziell für das übergeordnete Management und für die Unternehmensleitung erstellten Berichten.

[1337] Vgl. für ein Beispiel eines Prüfungsberichts, wie er bei der SAP AG – dort als Implementierungsbericht bezeichnet – verwendet wird, die Abbildung bei Kagermann, Henning/Küting, Karlheinz/Weber, Claus-Peter (Hrsg.) (Revisions-Handbuch 2006), S. 281. Vgl. zu Beispielen für wesentliche Feststellungen Hofmann, Günter (Berichtserfordernis 2000), S. 127 f.

[1338] Sofern keine Konkretisierung erfolgt, sind im Folgenden auch die Beobachtungen gemeint, wenn vereinfachend nur von Feststellungen gesprochen wird.

[1339] Vgl. auch Kagermann, Henning/Küting, Karlheinz/Weber, Claus-Peter (Hrsg.) (Revisions-Handbuch 2006), S. 281 f.

tion sowie auf die finanzielle Lage sind dabei hervorzuheben. Falls die aufgedeckten Risiken noch nicht im unternehmenseigenen Risikomanagementsystem erfasst sind, müssen diese dort aufgenommen werden[1340].

Der zweite wichtige Bestandteil eines Prüfungsberichts sind neben der Berichterstattung über Schwachstellen die ausgesprochenen *Empfehlungen* der Internen Revision[1341]. Mit diesen formulieren die Prüfer Handlungsvorschläge, wie der festgestellte und mit Mängeln behaftete Ist-Zustand verbessert werden kann[1342]. In diesem Zusammenhang sollte die Interne Revision konkret bestimmte Maßnahmen vorschlagen und auch bereits mögliche für die Umsetzung zuständige Mitarbeiter bestimmen. Jeder zuvor dargestellten Prüfungsfeststellung sollte sich mindestens eine empfohlene Maßnahme zuordnen lassen. Zur Beseitigung einer Feststellung können auch mehrere Empfehlungen ausgesprochen werden; umgekehrt ist es ebenfalls möglich, mehrere Mängel mit derselben Empfehlung zu adressieren[1343]. Die Formulierung der Prüfungsempfehlungen muss eindeutig sein und die beabsichtigte Wirkung erkennen lassen.

Die Verantwortlichen des geprüften Bereichs erhalten in der Regel bereits einen Entwurf des Prüfungsberichts zur Durchsicht[1344]. Ihnen wird damit die Möglichkeit zu einer Stellungnahme – in Form von Zustimmung, Ablehnung, Ergänzung oder Korrektur – gegeben. Alle Hinweise zum Entwurf sollten von der Internen Revision sorgfältig geprüft und ggf. in den Prüfungsbericht aufgenommen werden. Können Meinungsverschiedenheiten über einen bestimmten Sachverhalt zwischen der geprüften Abteilung und der Internen Revision nicht beseitigt werden, findet auch dies Eingang in den finalen Prüfungsbericht. Gleiches gilt, wenn bestimmte Schwachstellen bereits umgehend behoben wurden und zum Zeitpunkt der Berichtslegung schon nicht mehr bestehen. Der finale Prüfungsbericht sollte innerhalb von zwei bis vier Wochen nach Beendigung der Prüfung vorliegen, damit die Prüfungsempfehlungen zeitnah umgesetzt werden können[1345].

[1340] Vgl. Kagermann, Henning/Küting, Karlheinz/Weber, Claus-Peter (Hrsg.) (Revisions-Handbuch 2006), S. 272.
[1341] Vgl. zu den Empfehlungen auch Peemöller, Volker H./Husmann, Rainer (Interne Revision 2004), Rn. 1493.
[1342] Vgl. Kagermann, Henning/Küting, Karlheinz/Weber, Claus-Peter (Hrsg.) (Revisions-Handbuch 2006), S. 272.
[1343] Vgl. Kagermann, Henning/Küting, Karlheinz/Weber, Claus-Peter (Hrsg.) (Revisions-Handbuch 2006), S. 273.
[1344] Vgl. Kagermann, Henning/Küting, Karlheinz/Weber, Claus-Peter (Hrsg.) (Revisions-Handbuch 2006), S. 275.
[1345] Vgl. Kagermann, Henning/Küting, Karlheinz/Weber, Claus-Peter (Hrsg.) (Revisions-Handbuch 2006), S. 275.

Da der Prüfungsbericht als Berichtsdokument über den Verlauf der Prüfung Auskunft gibt und die Prüfungsfeststellungen, das Prüfungsergebnis sowie die ausgesprochenen Empfehlungen enthält, nimmt er eine bedeutende Stellung innerhalb des gesamten Prüfungsprozesses ein. Bei seiner Erstellung sind daher hohe Anforderungen an seine Objektivität und Qualität zu stellen[1346]. Aus diesem Grund ist die Durchführung von internen Qualitätsreviews zwischen einzelnen Mitarbeitern der Internen Revision untereinander zu empfehlen.

Der ‚normale' Prüfungsbericht stellt zweifelsohne die detaillierteste Form der Berichterstattung über eine Prüfung der Internen Revision dar. Da nicht alle Details für das übergeordnete Management und die Unternehmensleitung von Bedeutung sind, erstellt die Interne Revision für diese Adressatengruppen speziell aufbereitete Berichte.

3.2.5.3.5.3 Spezielle Berichterstattung an übergeordnete Hierarchieebenen

In der *Berichtszusammenfassung für das übergeordnete Management*[1347] werden die im Prüfungsbericht festgehaltenen Feststellungen und Empfehlungen nach inhaltlichen Kriterien gruppiert und verdichtet dargestellt[1348]. Mit dieser speziellen Berichtszusammenfassung geht es für die Interne Revision darum, dem betreffenden der geprüften Fachabteilung übergeordneten Management seine Verantwortlichkeit einerseits für die aufgetretenen Feststellungen und andererseits auch für die mit den Empfehlungen ausgesprochenen Verbesserungsmaßnahmen zu verdeutlichen. Auf mit einer Nichtumsetzung der Maßnahmen verbundene Konsequenzen sollte ebenso hingewiesen werden wie auf bereits während der Prüfung beschlossene und/oder durchgeführte Maßnahmen[1349]. Eine ordnungsgemäße Referenzierung stellt den unmittelbaren Zusammenhang zwischen dem originären Prüfungsbericht und der Berichtszusammenfassung für das übergeordnete Management her.

[1346] Vgl. Kagermann, Henning/Küting, Karlheinz/Weber, Claus-Peter (Hrsg.) (Revisions-Handbuch 2006), S. 282.

[1347] Je nach Größe des betreffenden Unternehmens handelt es sich hierbei z.B. um das lokale und/oder das regionale Management. Bei kleineren Unternehmen kann diese Hierarchieebene auch völlig entfallen, wenn die geprüfte Fachabteilung direkt der Unternehmensleitung unterstellt ist. In diesem Fall wird von der Internen Revision dementsprechend auch keine Berichtszusammenfassung für das übergeordnete Management erstellt.

[1348] Vgl. Kagermann, Henning/Küting, Karlheinz/Weber, Claus-Peter (Hrsg.) (Revisions-Handbuch 2006), S. 273.

[1349] Vgl. Kagermann, Henning/Küting, Karlheinz/Weber, Claus-Peter (Hrsg.) (Revisions-Handbuch 2006), S. 273.

Die Berichterstattung an das übergeordnete Management sollte in jedem Unternehmen nach individuell angepassten, aber standardisierten Vorgaben erfolgen[1350]. Neben den grundlegenden Informationen zur Prüfung wie etwa zeitlichen Angaben, den beteiligten Personen und einem Überblick über die Prüfungsziele sind die Feststellungen und die zugehörigen Empfehlungen in zusammengefasster Form aufzulisten[1351].

Die *Berichtszusammenfassung für die Unternehmensleitung* enthält sämtliche Feststellungen, die aufgrund ihrer Relevanz und Wesentlichkeit der Unternehmensleitung in regelmäßigen Abständen zu kommunizieren sind[1352]. Trotzdem sollte jedes Mitglied des Führungsgremiums darüber hinaus auch die Möglichkeit haben, alle auf den unteren Ebenen erstellten Berichte ebenfalls einzusehen. Die spezielle Ergebniszusammenfassung soll jedoch einen Überblick über die bedeutsamsten Ergebnisse und Entscheidungen im Zusammenhang mit der Prüfung in kurzer Zeit ermöglichen und konkreten Handlungsbedarf seitens des obersten Managements aufzeigen. Auch hier soll es das System der Referenzierung wiederum ermöglichen, eine Verzweigung bis zur Ebene des ‚normalen' Prüfungsberichts herzustellen[1353]. Noch mehr verdichtet als bei der Berichterstattung an das übergeordnete Management werden für die Unternehmensleitung alle wichtigen Informationen zur Prüfung selbst, zu Verantwortlichkeiten, den Feststellungen und den Empfehlungen aufbereitet[1354]. Außerdem muss aus dem Berichtsformular für jede berichtete Feststellung eindeutig hervorgehen, ob das Top-Management darüber lediglich informiert werden soll oder ob eine Entscheidung oder die Einleitung bestimmter Maßnahmen von ihm erwartet wird.

Sind einzelne Tatbestände von so großer Wichtigkeit, dass sie unmittelbar in das Bewusstsein der Unternehmensleitung gerückt werden müssen, geschieht dies über eine so genannte *kurzfristige Meldung*, ggf. noch während

---

[1350] Vgl. zu einem Beispiel dieser bei der SAP AG als ‚Berichtszusammenfassung für das Management' bezeichneten Berichtsform die Abbildung bei Kagermann, Henning/Küting, Karlheinz/Weber, Claus-Peter (Hrsg.) (Revisions-Handbuch 2006), S. 284.

[1351] Vgl. Kagermann, Henning/Küting, Karlheinz/Weber, Claus-Peter (Hrsg.) (Revisions-Handbuch 2006), S. 284.

[1352] Vgl. Kagermann, Henning/Küting, Karlheinz/Weber, Claus-Peter (Hrsg.) (Revisions-Handbuch 2006), S. 273.

[1353] Vgl. Kagermann, Henning/Küting, Karlheinz/Weber, Claus-Peter (Hrsg.) (Revisions-Handbuch 2006), S. 273 f.

[1354] Vgl. zu einem Beispiel dieser bei der SAP AG als ‚Berichtszusammenfassung für den Vorstand' bezeichneten Berichtsform die Abbildung bei Kagermann, Henning/Küting, Karlheinz/Weber, Claus-Peter (Hrsg.) (Revisions-Handbuch 2006), S. 286.

der Prüfungsdurchführung[1355]. Damit kann die Interne Revision dringende Sachverhalte vorab berichten und – sofern notwendig – eine unmittelbare Entscheidung der Unternehmensführung einholen bzw. das weitere Vorgehen mit ihr abstimmen[1356]. Liegen bspw. Anzeichen für Accounting Fraud vor, sollte die Unternehmensleitung darüber bspw. umgehend von der Internen Revision informiert werden.

Wie bereits erwähnt erfüllt die Berichterstattung über die Prüfungsdurchführung zwei wichtige Funktionen innerhalb des gesamten Prüfungsprozesses: zum einen die Dokumentation der erfolgten Handlungen, der Feststellungen sowie der Empfehlungen, woraus sich das Ergebnis der Prüfung und das zusammenfassende Prüfungsurteil ableiten. Zum anderen dient die Berichterstattung insbesondere im Prüfungsbericht auch als Basis für eine Nachprüfung, mittels derer die Umsetzung der angeregten Verbesserungsmaßnahmen verfolgt wird. Diese letzte Phase des gesamten in der Internen Revision angewendeten Prüfungsprozesses wird nachfolgend erläutert[1357].

3.2.5.3.6 Statusüberprüfung und Nachprüfung
3.2.5.3.6.1 Vorbemerkungen

Die Freigabe des finalen Prüfungsberichts sowie der Berichtszusammenfassungen für das übergeordnete Management und die Unternehmensleitung beendet zunächst die Prüfung der Internen Revision. Gleichwohl ist es notwendig, die Umsetzung der ausgesprochenen Empfehlungen zur Verbesserung von Schwachstellen durch das hierfür verantwortliche Management sowie die entsprechenden Fachabteilungen zu begleiten und zu überwachen. Diese weiteren Aufgaben der Internen Revision werden als Nachprüfung – oder auch Follow-up – bezeichnet und schließen sich in angemessenem zeitlichem Abstand an die Erstprüfung an.

3.2.5.3.6.2 Statusüberprüfung

Noch vor Beginn der eigentlichen Nachprüfung führt die Interne Revision gemeinsam mit der betreffenden Abteilung die so genannte *Statusüberprüfung* durch[1358]. Im Optimalfall berichtet das operative Management der geprüften

---

[1355] Vgl. Kagermann, Henning/Küting, Karlheinz/Weber, Claus-Peter (Hrsg.) (Revisions-Handbuch 2006), S. 287.
[1356] Vgl. Kagermann, Henning/Küting, Karlheinz/Weber, Claus-Peter (Hrsg.) (Revisions-Handbuch 2006), S. 287.
[1357] Vgl. hierzu die Ausführungen unter Gliederungspunkt 3.2.5.3.6, S. 232 ff.
[1358] Vgl. Kagermann, Henning/Küting, Karlheinz/Weber, Claus-Peter (Hrsg.) (Revisions-Handbuch 2006), S. 298 ff.

Abteilung regelmäßig selbstständig über den Fortschritt der Umsetzung der angeregten Maßnahmen an die Interne Revision. Dabei sollte stets eine der drei Kategorien ‚offen', ‚in Bearbeitung' oder ‚beendet' zur Einordnung verwendet werden[1359]:
- offen: Die betreffende Empfehlung wurde bisher noch nicht umgesetzt.
- in Bearbeitung: Mit der Umsetzung der Empfehlung wurde bereits begonnen.
- beendet: Die Empfehlung ist bereits vollständig umgesetzt worden.

Die Interne Revision selbst überprüft ebenfalls den Status der Umsetzung der einzelnen Empfehlungen. Sie schätzt den Status dabei als ‚offen', ‚in Bearbeitung', ‚schwebend' oder ‚erledigt' ein[1360]:
- offen: Die betreffende Empfehlung wurde bisher noch nicht umgesetzt.
- in Bearbeitung: Die Verantwortlichen haben nach Einschätzung der Internen Revision schon mit der Umsetzung begonnen.
- schwebend: Die geprüfte Abteilung meldet einen bestimmten Umsetzungsstand, den die Interne Revision allerdings noch verifizieren muss.
- erledigt: Die Empfehlung ist bereits vollständig umgesetzt und der Nachweis hierfür erbracht worden.

Sowohl die Einschätzung des operativen Managements der geprüften Abteilung als auch die der Internen Revision finden Eingang in den für Zwecke der Nachprüfung fortzuschreibenden Prüfungsbericht[1361]. Diese gemeinsame Tätigkeit von Geprüften und Interner Revision trägt dazu bei, dass den Kollegen in der Fachabteilung die Bedeutung der Umsetzung von Empfehlungen immer im Bewusstsein bleibt[1362].

Etwa zwölf bis 18 Monate nach Beendigung der ursprünglichen Prüfung sind die Umsetzung der Empfehlungen und die tatsächliche Wirksamkeit der ergriffenen Maßnahmen erneut Gegenstand einer vollständigen Prüfung durch die Interne Revision. Diese Nachprüfung läuft wie im Folgenden[1363] dargestellt ab.

[1359] Vgl. Kagermann, Henning/Küting, Karlheinz/Weber, Claus-Peter (Hrsg.) (Revisions-Handbuch 2006), S. 299.
[1360] Vgl. Kagermann, Henning/Küting, Karlheinz/Weber, Claus-Peter (Hrsg.) (Revisions-Handbuch 2006), S. 299. Die hier verwendete Terminologie ist angelehnt an das Vorgehen bei der Internen Revision der SAP AG. Natürlich sind in der Praxis weitere ähnliche, dem Wortsinn nach jedoch gleiche Bezeichnungen denkbar.
[1361] Vgl. hierzu die Ausführungen unter Gliederungspunkt 3.2.5.3.5.2, S. 228 ff.
[1362] Vgl. Kagermann, Henning/Küting, Karlheinz/Weber, Claus-Peter (Hrsg.) (Revisions-Handbuch 2006), S. 299 f.
[1363] Vgl. hierzu die Ausführungen unter Gliederungspunkt 3.2.5.3.6.3, S. 234 ff.

3.2.5.3.6.3 Nachprüfung

Im Rahmen der *Nachprüfungsphase* untersucht die Interne Revision die Wirksamkeit der von der geprüften Abteilung durchgeführten Umsetzungsmaßnahmen sowie die Einhaltung des hierzu vereinbarten Zeitplans[1364]. Außerdem beurteilt sie, ob die Maßnahmen an sich ihr Ziel erreicht haben, indem die betreffenden Prozesse nun verbessert sind oder ordnungsmäßig ablaufen und ob bestehende Risiken wie erwartet verringert werden konnten. Als Grundlage hierfür dienen die im Prüfungsbericht der zuvor durchgeführten Erstprüfung dokumentierten Feststellungen und Empfehlungen[1365]. Im Gegensatz zur Statusüberprüfung, die gemeinsam von den internen Revisoren und den geprüften Kollegen vorgenommen wird, ist die Nachprüfung wiederum alleine Sache der Internen Revision[1366].

Grundsätzlich erstreckt sich die Nachprüfung auf denselben Prüfungsstoff wie die zugehörige Erstprüfung. In Ausnahmefällen, bspw. aufgrund von Änderungen in der Organisationsstruktur innerhalb des Unternehmens oder neuer Erkenntnisse, können jedoch neue und von der ursprünglichen Erstprüfung unabhängige Prüfungshandlungen und -schritte notwendig werden[1367]. In einem solchen Fall ist jedoch darauf zu achten, dass bei der Berichtslegung eindeutig zwischen dem ‚alten' und dem ‚neuen' Prüfungsstoff, der dann eine neue Erstprüfung darstellt, unterschieden wird[1368].

Eine Nachprüfung gehört immer zur Erstprüfung dazu. Sie orientiert sich grundsätzlich an dem bereits ausführlich dargestellten Prüfungsprozess[1369]. Dabei muss die Interne Revision jede im Prüfungsbericht dokumentierte Feststellung und Empfehlung erneut betrachten und sich über den aktuellen Bearbeitungszustand jeder Empfehlung informieren[1370]. Der geprüfte Bereich muss hierzu die entsprechenden Auskünfte erteilen oder Nachweise vorlegen. Der interne Revisor hat nun wiederum selbst zu beweisen und zu dokumentieren, dass die entsprechende Maßnahme umgesetzt wurde und die neue Situation

---

[1364] Vgl. Kagermann, Henning/Küting, Karlheinz/Weber, Claus-Peter (Hrsg.) (Revisions-Handbuch 2006), S. 296.
[1365] Vgl. zu dieser Dokumentation die Ausführungen unter Gliederungspunkt 3.2.5.3.5.2, S. 228 ff.
[1366] Vgl. Kagermann, Henning/Küting, Karlheinz/Weber, Claus-Peter (Hrsg.) (Revisions-Handbuch 2006), S. 297.
[1367] Vgl. Kagermann, Henning/Küting, Karlheinz/Weber, Claus-Peter (Hrsg.) (Revisions-Handbuch 2006), S. 296.
[1368] Vgl. hierzu auch die Ausführungen unter Gliederungspunkt 3.2.5.3.3.2, S. 220 ff.
[1369] Vgl. hierzu die Ausführungen unter den Gliederungspunkten 3.2.5.3.2 bis 3.2.5.3.5, S. 215 ff.
[1370] Vgl. Kagermann, Henning/Küting, Karlheinz/Weber, Claus-Peter (Hrsg.) (Revisions-Handbuch 2006), S. 301.

auch aktiv im Alltag gelebt wird. Hierfür wird der zum Ende der Erstprüfung erstellte Prüfungsbericht fortgeschrieben und um den so genannten Nachprüfungsbericht ergänzt[1371]. Die im Rahmen der Statusüberprüfung erläuterte Klassifizierung des Zustands einer Empfehlung durch die Interne Revision wird nun mit den Kriterien ‚in Bearbeitung', ‚angemessen geprüft', ‚offen' und ‚erledigt' weitergeführt[1372]:
- in Bearbeitung: Die Umsetzung der Empfehlung dauert noch an.
- angemessen geprüft: Die Interne Revision hat die Umsetzung abschließend geprüft.
- offen: Die Empfehlung ist noch nicht umgesetzt.
- erledigt: Der Sachverhalt wird endgültig festgestellt.

Kommt die Interne Revision zum Ende der Nachprüfung zu dem Schluss, dass alle Maßnahmen zur Umsetzung der Prüfungsempfehlungen zufriedenstellend durchgeführt wurden und dass der neue Arbeitsablauf effizient funktioniert, gilt diese Prüfung endgültig als abgeschlossen. Nun hängt es von der Risikobewertung und der Prüfungsplanung ab, wann das betreffende Themengebiet erneut Gegenstand einer Prüfung durch die Interne Revision sein wird[1373]. Erschwernisse bei der Nachprüfung können bspw. auftreten, wenn die notwendigen Mitarbeiter nicht zur Verfügung stehen, neue Richtlinien erlassen wurden, die Organisationsstruktur des Unternehmens verändert oder ganze Prozesse und Funktionen weggefallen sind[1374].

Zeigt die Nachprüfung jedoch, dass die Umsetzung der Empfehlungen bzw. die Maßnahmen selbst nicht erfolgreich sind, ist etwa sechs bis zwölf Monate nach der ersten Nachprüfung eine *zweite Nachprüfung* durchzuführen[1375]. Hierbei werden ausschließlich die noch offenen Punkte aus der ersten Nachprüfung erneut betrachtet und die Gründe für das nicht erfolgreiche Handeln gesucht. Das Ergebnis dieser zweiten Nachprüfung ist schließlich final. Dies bedeutet, dass ein immer noch unzureichendes Prüfungsergebnis auch als solches an die entsprechenden übergeordneten Hierarchieebenen – einschließlich der Unternehmensleitung – zu kommunizieren ist und die geprüfte Fach-

---

[1371] Vgl. – auch zu einem Beispiel – Kagermann, Henning/Küting, Karlheinz/Weber, Claus-Peter (Hrsg.) (Revisions-Handbuch 2006), S. 303 f.
[1372] Vgl. Kagermann, Henning/Küting, Karlheinz/Weber, Claus-Peter (Hrsg.) (Revisions-Handbuch 2006), S. 301. Die hier verwendete Terminologie ist angelehnt an das Vorgehen bei der Internen Revision der SAP AG. Natürlich sind in der Praxis weitere ähnliche, dem Wortsinn nach jedoch gleiche Bezeichnungen denkbar.
[1373] Vgl. hierzu die Ausführungen unter Gliederungspunkt 3.2.5.3.2, S. 215 ff.
[1374] Vgl. Kagermann, Henning/Küting, Karlheinz/Weber, Claus-Peter (Hrsg.) (Revisions-Handbuch 2006), S. 301.
[1375] Vgl. Kagermann, Henning/Küting, Karlheinz/Weber, Claus-Peter (Hrsg.) (Revisions-Handbuch 2006), S. 302.

abteilung keine weiteren Möglichkeiten mehr hat, das Prüfungsergebnis zu verändern. Die Berichterstattung über die zweite Nachprüfung erfolgt analog zur ersten Nachprüfung mittels einer Fortschreibung des Prüfungsberichts[1376].
Mit dem Ende der Nachprüfungsphase ist auch der komplette Prüfungszyklus beendet. Hinsichtlich der Archivierung aller damit in Zusammenhang stehenden Dokumente sind die gesetzlichen Vorschriften zur Aufbewahrung sowie ggf. unternehmensinterne Richtlinien zu beachten[1377].

3.2.6 Zwischenfazit

Im Verlauf der Darstellung des Prüfungsprozesses der Internen Revision hat sich gezeigt, dass diese unternehmensinterne Prüfungsinstanz bei der rechnungslegungsfokussierten Prüfung in vielerlei Hinsicht vergleichbar zu einem externen Jahresabschlussprüfer vorgeht, die Tätigkeiten in einigen Punkten jedoch auch voneinander abweichen. Der Grund hierfür liegt zumeist darin, dass sich die Voraussetzungen von unternehmensinternen und -externen Personen durchaus unterscheiden. Auch die Zielsetzung beider Gruppen ist nicht deckungsgleich. Die Interne Revision fokussiert weniger auf den kompletten Jahresabschluss, sondern konzentriert sich auf anders abgegrenzte selbstständige Prüfungsobjekte. Neben deren Ordnungsmäßigkeit und Effektivität steht die Schaffung eines Unternehmensmehrwerts im Zentrum der Bestrebungen.

Die Wahrnehmung der Internen Revision einerseits und ihr Selbstverständnis andererseits haben in den letzten Jahren einen bedeutenden Wandel erfahren. Heutzutage gelten die internen Revisoren weniger als ‚böse Kontrolleure', die bei den eigenen Kollegen auf Fehlersuche gehen. Vielmehr wird ihr positiver Beitrag, den sie zur Unternehmensentwicklung leisten, erkannt und vermehrt genutzt. Dies führte zu einer Ausweitung des Aufgabenspektrums. Auch wenn in den vorangehenden Ausführungen ob der Themenstellung überwiegend auf die Prüfungsaufgabe der Internen Revision abgestellt wurde, darf ihre Funktion als Serviceleister, z.B. im Rahmen des Projektmanagements, oder als Beratungsinstanz keineswegs vergessen werden[1378].

Im Gegensatz zur externen Jahresabschlussprüfung gibt es für die Interne Revision keine bindende Gesetzesnorm, welche sie dazu verpflichtet, wesent-

---

[1376] Vgl. Kagermann, Henning/Küting, Karlheinz/Weber, Claus-Peter (Hrsg.) (Revisions-Handbuch 2006), S. 303 f.
[1377] Vgl. zur Dokumentation bei der Internen Revision ausführlich Kagermann, Henning/Küting, Karlheinz/Weber, Claus-Peter (Hrsg.) (Revisions-Handbuch 2006), S. 470 ff. m.w.N.
[1378] Vgl. ausführlich zur Beratungsfunktion der Internen Revision statt vieler Hunecke, Jörg (Beratung 2005).

liche Unrichtigkeiten und Verstöße aufzudecken[1379]. Gleichwohl ist diese Anforderung uneingeschränkt auf die internen Revisoren zu übertragen. Auch wenn sie keinen vollständigen Jahresabschluss in einer Prüfung untersuchen, gehört es dennoch zu ihren Aufgaben, Accounting Fraud aufzudecken. Dennoch gilt auch hier: Die Interne Revision setzt keine Prüfung auf, bei der sie ausschließlich – einem Kriminalisten gleich – nach Unrichtigkeiten und Verstößen sucht, es sei denn, es liegen konkrete Anhaltspunkte dafür vor. Zu diskutieren bleibt indes die Frage, inwiefern die Interne Revision ob ihrer Zugehörigkeit zum Unternehmen gegenüber der externen Prüfung einen Vorteil mit Blick auf die Aufdeckung bzw. Vermeidung von Accounting Fraud besitzt[1380].

3.2.7 Auswirkungen des Sarbanes-Oxley Act auf die Interne Revision

Der SOX mit seinem Ziel, die Qualität der Rechnungslegung und der Abschlussprüfung zu stärken, hat – zumindest indirekt – auch für die Interne Revision große Veränderungen mit sich gebracht. Diese werden im Folgenden kurz zusammengefasst[1381]:

- Eine wichtige Komponente des SOX liegt in der deutlichen Verstärkung der Verantwortung des Managements, insbesondere des CEO und des CFO. So müssen beide gem. Section 302 SOX den veröffentlichten Finanzbericht persönlich unterzeichnen und somit bestätigen, dass der betreffende Jahresabschluss ihres Wissens nach keine unwahren Tatsachen enthält[1382]. Mit dieser Unterschrift wird ebenfalls bestätigt, dass beide ihre Verantwortung für die Einrichtung und Pflege des installierten internen Kontrollsystems anerkennen und dass dieses System regelmäßig auf seine Wirksamkeit hin überprüft wird. Section 404 SOX verlangt darüber hinaus, dass CEO und CFO die Effizienz der im Unternehmen vorhandenen Kontrollen für die Rechnungslegung und die rechnungslegungsbezogene Finanzberichterstattung einschätzen[1383]. Der Internen Revision wird verstärkt die Aufgabe übertragen, das Management bei der Wahrung dieser Kontroll- und Überwachungsfunktion zu unterstützen[1384]. Insbesondere aufgrund ihrer umfassenden Kenntnisse über das installierte interne Kon-

---

[1379] Für den externen Jahresabschlussprüfer findet sich diese Anforderung explizit in § 317 Abs. 1 Satz 3 HGB.
[1380] Vgl. hierzu die Ausführungen unter Gliederungspunkt 4.4, S. 357 ff.
[1381] Eine ausführliche Darstellung der mit Blick auf die Themenstellung relevanten Neuerungen des SOX findet sich unter Gliederungspunkt 2.3, S. 74 ff.
[1382] Vgl. hierzu die Ausführungen unter Gliederungspunkt 2.3.2.2, S. 85 ff.
[1383] Vgl. hierzu die Ausführungen unter Gliederungspunkt 2.3.2.3, S. 91 ff.
[1384] Vgl. Buderath, Hubertus M. (International 2004), S. 680 f.

trollsystem stellt sie hierfür einen geeigneten Ansprechpartner dar. In vielen großen Unternehmen haben sich daher in der Internen Revision eigenständige SOX-Teams gebildet, deren Aufgabe ausschließlich in der Sicherstellung der Erfüllung aller SOX-relevanten Anforderungen liegt[1385].
– Daneben kann die Interne Revision auch im Rahmen des einzurichtenden Whistleblowing-Systems tätig werden[1386]. Hier kann sie z.B. die Rolle des Empfängers der (anonymen) Hinweise einnehmen. Da die Interne Revision im Unternehmen als Abteilung mit besonderen Regelungen zur Verschwiegenheit und Geheimhaltung bekannt ist, werden die internen Revisoren möglicherweise als Hinweisempfänger eher akzeptiert und ins Vertrauen gezogen als andere Personen.

Als unternehmensinterne Abteilung ist die Interne Revision – je nach Definition – auch Bestandteil des unternehmerischen Corporate Governance-Systems. Dieses besteht jedoch noch aus weit mehr Komponenten. Zur Aufdeckung bzw. Vermeidung von Accounting Fraud kommt es auf das Zusammenspiel vieler Faktoren an. Aus diesem Grund wird das System der Corporate Governance im Unternehmen im Folgenden für Zwecke dieser Arbeit abgegrenzt und erläutert[1387], um darauf aufbauend an späterer Stelle seine Bedeutung im Umgang mit Accounting Fraud darstellen zu können[1388].

3.3 Corporate Governance im Unternehmen
3.3.1 Vorbemerkungen

In den vorangegangenen Kapiteln wurden die beiden prüfenden Instanzen externe Jahresabschlussprüfung und Interne Revision ausführlich beleuchtet. Immer wieder ist dabei auch ein Bezug zu Corporate Governance hergestellt worden. Daher ist es nun an der Zeit, die Rolle und Bedeutung des in Deutschland herrschenden Corporate Governance-Systems im Unternehmen darzustellen[1389]. Auch wenn vielfach die Interne Revision als ein Element dieses Systems angesehen wird[1390], ist dennoch die getrennte Betrachtung beider The-

---

[1385] Vgl. zu den möglichen umfassenden Serviceleistungen der Internen Revision in Bezug auf SOX Kagermann, Henning/Küting, Karlheinz/Weber, Claus-Peter (Hrsg.) (Revisions-Handbuch 2006), S. 622 ff.
[1386] Vgl. zum Whistleblowing nach SOX und dem Entwicklungsstand in Deutschland die Ausführungen unter Gliederungspunkt 2.3.3.5, S. 111 ff.
[1387] Vgl. hierzu die Ausführungen unter Gliederungspunkt 3.3, S. 238 ff.
[1388] Vgl. hierzu die Ausführungen unter Gliederungspunkt 5, S. 377 ff.
[1389] Vgl. zu einer umfassenden Untersuchung der Corporate Governance-Struktur in Deutschland Prigge, Stefan (Survey 1998), S. 943 ff.
[1390] Vgl. zur Einordnung der Internen Revision in das System der Corporate Governance Lück, Wolfgang/Henke, Michael (Bestandteil 2004), S. 5 f.

mengebiete in jeweils eigenständigen Kapiteln durch ihre große Bedeutung für diese Arbeit zu rechtfertigen.

Da die Corporate Governance-Diskussion in Deutschland mit Blick auf den Kapitalmarkt und daher in erster Linie fokussiert auf Unternehmen in der *Rechtsform der AG* geführt wird[1391], stellen die nachfolgenden Ausführungen diese Unternehmensform in den Mittelpunkt[1392]. Darüber hinaus bezieht sich dieses Kapitel auf das dualistische System und damit auf das Vorstand/Aufsichtsrat-Modell der Unternehmensführung und -überwachung[1393]. Soweit erforderlich wird an einzelnen Stellen auf Abweichungen in Bezug auf angelsächsische Systeme hingewiesen[1394].

Die allgemeinen Ausführungen zur Corporate Governance in Deutschland bilden die Grundlage für die spätere Betrachtung der aus der bestehenden Gefahr von Accounting Fraud resultierenden Auswirkungen auf dieses System[1395]. Zunächst wird die Vielfalt des nationalen[1396] Verständnisses von Corporate Governance erläutert[1397].

[1391] Vgl. Feddersen, Dieter/Hommelhoff, Peter/Schneider, Uwe H. (Einführung 1996), S. 1.
[1392] Dies bedeutet jedoch nicht, dass die Inhalte nicht auch auf andere Rechtsformen – nach spezifischen Anpassungen – übertragen werden können. Hierauf wird allerdings im Laufe der weiteren Ausführungen verzichtet.
[1393] Vgl. zur Geschichte der Verantwortungsverteilung in einer AG Schilling, Wolfgang (Macht 1971), S. 159 ff.
[1394] Vgl. zu einer kurzen Erläuterung beider Organisationsformen die Ausführungen unter Gliederungspunkt 2.3.2.1, S. 82 ff. sowie in den zugehörigen Fußnoten.
[1395] Vgl. hierzu die Ausführungen unter Gliederungspunkt 5, S. 377 ff.
Vgl. zu einer Studie über den Zusammenhang zwischen Corporate Governance und Vermögensschädigungen Persons, Obeua S. (Corporate Governance 2006), S. 27 ff.
[1396] Vgl. zu internationalen Corporate Governance-Systemen bspw. Eberhartinger, Michael (Entwicklungen 2005), S. 67 ff. für Österreich; Timmerman, Levinus (Niederlande 2001), S. 89 ff. für die Niederlande; McCann, Dermot (Economic Globalisation 2005), S. 85 ff.; O'Neill, Laura/Martin, David (Corporate Governance 2003), S. 66 ff. für Großbritannien; Witt, Peter (Grundprobleme 2002), S. 62 ff.; Leube, Hans Peter (American Way 2003), S. 98 ff. für die USA; Kanda, Hideki (Japan 1998), S. 891 ff. für Japan.
Kennzeichnend ist, dass in Deutschland und Japan die Finanzwirtschaft einen anderen Stellenwert einnimmt als bspw. in den USA und in Großbritannien. Aus diesem Grund werden die Corporate Governance-Systeme Deutschlands und Japans auch als bankorientiert bezeichnet, wohingegen das in den USA und Großbritannien herrschende Modell als kapitalmarktorientiertes System gilt; vgl. hierzu Witt, Peter (Grundprobleme 2002), S. 59; Schwarz, Günter Christian/Holland, Björn (Corporate Governance 2002), S. 1662.
[1397] Vgl. hierzu die Ausführungen unter Gliederungspunkt 3.3.2, S. 240 ff.

3.3.2 Begriffsbestimmung und -abgrenzung

3.3.2.1 Corporate Governance

Die Definition des Begriffs ‚Corporate Governance' hat bereits vielfältige Ausprägungen erfahren[1398]. Diese erstrecken sich von einer bloßen Übersetzung des Englischen als Unternehmensführung bzw. -überwachung bis hin zu weit reichenden Inhalts- und Zweckbeschreibungen[1399]. Ursprünglich stammt der *Corporate Governance-Begriff* aus einer Veröffentlichung von Adolph A. Berle und Gardiner C. Means aus dem Jahr 1932[1400]. Die Autoren beschäftigten sich mit der Trennung von Eigentum und Kontrolle, den daraus erwachsenden Anreizproblemen und der Frage nach der Sicherstellung, dass das Management seine Entscheidungen i.S.d. Anteilseigner und nicht nach eigenen Interessen trifft[1401]. Bei seiner Erklärung des Begriffs differenziert Schneider zwischen der Bedeutung in der anglo-amerikanischen Rechtssprache einerseits sowie der anglo-amerikanischen Kapitalmarktsprache andererseits[1402]. Erstere sieht Corporate Governance als rechtliche Entscheidungssituation des Unternehmens mit dem Ziel der zweckmäßigen Strukturierung der Leitungsorgane an. In der Kapitalmarktsprache gilt Corporate Governance hingegen als „nachhaltige Wahrnehmung der Interessen der Anteilseigner als Investoren" und umfasst damit „das Verhältnis zwischen dem Unternehmen, dem Kapitalmarkt und je nach Sichtweise [...] die Interessen der anderen ‚stakeholder', also auch die Interessen der Arbeitnehmer, der Lieferanten, der

---

[1398] Vgl. hierzu auch Strieder, Thomas (Kodex 2005), S. 33; Warncke, Markus (Interne Revision 2006), S. 48; Schneider, Uwe H./Strenger, Christian (Grundsatzkommission 2000), S. 106; Prigge, Stefan (Corporate Governance 1999), S. 148 ff.; Nippa, Michael (Konzepte 2002), S. 6 ff.; Picot, Gerhard (Kontrollmechanismen 2001), Rn. 30; Bush, Timothy/Hele, John (Governance 2003), S. 77; Volk, Gerrit (Konzepte 2001), S. 412 ff.; Steger, Ulrich (Globale Unternehmen 2003), S. 423 ff.; Orth, Christian (Kapitalmarktorientierte Rechnungslegung 2005), Rn. 7; Ruhwedel, Peter/Epstein, Rolf (Empirische Analyse 2003), S. 161; Lück, Wolfgang/Henke, Michael (Überwachung 2006), S. 247.

[1399] Vgl. bspw. Wöhe, Günter (Einführung 2008), S. 68 f.; Witt, Peter (Grundprobleme 2002), S. 41; Brunhart, Hans (Anforderungsprofil 2006), S. 904; Tanski, Joachim S. (Entwicklungen 2003), S. 90; Hachmeister, Dirk (Corporate Governance 2002), Sp. 487 ff.; Strenger, Christian (Entwicklung 2001), S. 2225.

[1400] Vgl. Rock, Edward B. (Fascination 1995), S. 291; Witt, Peter (Grundprobleme 2002), S. 41; Hachmeister, Dirk (Corporate Governance 2002), Sp. 487.

[1401] Vgl. Heinrich, Ralph (Complementarities 1999), S. 51; Witt, Peter (Grundprobleme 2002), S. 41.

[1402] Vgl. Schneider, Uwe H. (Grundsätze 2000), S. 2413.

Kunden usw."[1403]. Darüber hinaus fließen auch die Beziehungen zwischen Unternehmensleitung, Überwachungsorganen und Abschlussprüfern in die Betrachtung mit ein[1404]. So soll ebenfalls verhindert werden, dass das Management eigene Ziele verfolgt, anstatt zum Wohle der Gesellschaft zu agieren[1405]. Vielmehr soll die Arbeit der Unternehmensleitung auf eine langfristige Steigerung des Unternehmenswerts ausgerichtet sein[1406].

Neben dieser inhaltlichen Unterscheidung findet sich im Schrifttum die Einteilung in interne und externe Corporate Governance[1407]. Die interne Corporate Governance wird auch als Insider-Kontrollsystem bezeichnet und umfasst das Kräftespiel innerhalb eines Unternehmens. Demgegenüber zielt die auch Outsider-Kontrollsystem genannte externe Corporate Governance auf die unternehmensexternen Akteure und Marktkräfte ab. Hierzu gehören neben dem Markt für Unternehmenskontrolle durch Übernahmen auch die Kapital- und Arbeitsmärkte sowie die Banken[1408]. Als Bindeglied zwischen interner und externer Corporate Governance dienen die Regelungen zur Transparenz, d.h. zur Offenlegung von Unternehmensinformationen[1409], und zur Abschlussprüfung. Die folgenden Ausführungen basieren auf einer engen Abgrenzung des Corporate Governance-Begriffs und fokussieren daher den Bereich der *internen Corporate Governance*, wenn es darum geht, wirksame Strukturen zur Verhinderung bzw. Aufdeckung von Accounting Fraud zu definieren[1410].

Wie aus dieser Einführung ersichtlich lässt sich der Begriff der Corporate Governance nicht abschließend definieren. Die folgende Aufzählung enthält

---

[1403] Schneider, Uwe H. (Grundsätze 2000), S. 2413 (beide Zitate). Vgl. ähnlich Ranzinger, Christoph/Blies, Peter (Audit Committee 2001), S. 455; Claussen, Carsten P./Bröcker, Norbert (Orientierungshilfe 2000), S. 482; Langenbucher, Günther/Blaum, Ulf (Überwachungskrise 1994), S. 2197; Hess, Glen E. (Diskussion 1996), S. 10. Siehe zu den einzelnen Interessengruppen eines Unternehmens auch Witt, Peter (Grundprobleme 2002), S. 42 ff.

[1404] Vgl. zur Position des Abschlussprüfers als Element der Corporate Governance nach einer weiten Begriffsabgrenzung Hucke, Anja (Verbesserung 2006), S. 24 f.

[1405] Vgl. zur Bedeutung von Vertrauen im Rahmen der Corporate Governance Krysteck, Ulrich (Vertrauen 2003), S. 302 ff.

[1406] Vgl. Schneider, Uwe H. (Grundsätze 2000), S. 2413; Schneider, Uwe H./Strenger, Christian (Grundsatzkommission 2000), S. 106 f.

[1407] Vgl. Hopt, Klaus J. (Gemeinsame Grundsätze 2000), S. 782; Ringleb, Henrik-Michael/Kremer, Thomas/Lutter, Marcus/Werder, Axel v. (Hrsg.) (Kommentar 2008), Rn. 1.

[1408] Vgl. Hopt, Klaus J. (Gemeinsame Grundsätze 2000), S. 782.

[1409] Vgl. zur Bedeutung von Unternehmensinformationen für ein wirksames Corporate Governance-System Baker, C. Richard/Wallage, Philip (Financial Reporting 2000), S. 173 ff.; vgl. zur Bedeutung eines weltweiten Informationssystems Thorne, Kym/Gurd, Bruce/Jothidas, Ayadurai (Challenges 2001), S. 201 ff.

[1410] Vgl. hierzu die Ausführungen unter Gliederungspunkt 5, S. 377 ff.

vor diesem Hintergrund einige weitere in der Literatur anzutreffende Umschreibungen des Corporate Governance-Verständnisses:
- Unter Corporate Governance sind Leitlinien für eine gute Unternehmensführung zu verstehen[1411], die verantwortliches und faires Handeln sowohl gegenüber den Anteilseignern als auch gegenüber anderen Interessenten und gegenüber der Allgemeinheit umfassen[1412].
- Der Begriff ‚Corporate Governance' bezeichnet alle Mechanismen, d.h. Märkte, Institutionen, Organe, Gesetze, Verträge etc., die gewährleisten, dass die Shareholder eine angemessene Rendite auf ihr eingesetztes Kapital erzielen[1413].
- Corporate Governance umfasst alle Rechte, Aufgaben und Verantwortlichkeiten der gesellschaftsrechtlichen Organe, der Anteilseigner, der Mitarbeiter und darüber hinaus der übrigen Interessengruppen, d.h. derjenigen, die von der Leistung und dem Erfolg eines Unternehmens profitieren respektive bei Misserfolg Verluste erleiden[1414].
- Die Leitlinien der Corporate Governance stellen eine Art Unternehmensverfassung dar[1415].

Als kleinsten gemeinsamen Nenner und damit als *Gemeinsamkeit* verschiedener Definitionen sehen Pellens/Hillebrandt/Ulmer die „Ausgestaltung von Leitung und Kontrolle des Unternehmens, im weiteren Sinne insbesondere auch dessen Beziehungen zum Kapitalmarkt. Die verschiedenen CG-Richtlinien befassen sich entsprechend mit dem Beziehungsgeflecht zwischen Vorstand, Aufsichtsrat und Aktionären"[1416].

Nicht vergessen werden darf bei allen im Fachschrifttum enthaltenen Definitionen, dass die ‚Initiatoren' der deutschen Corporate Governance in ihren Schriften ebenfalls eine Begriffsbestimmung vorgenommen haben. Seiner Präambel zufolge enthält der DCGK „international und national anerkannte Standards guter und verantwortungsvoller Unternehmensführung"[1417]. Den all-

---

[1411] Vgl. Hüffer, Uwe (Aktiengesetz 2008), § 76 AktG, Rn. 15a.
[1412] Vgl. Schneider, Uwe H./Strenger, Christian (Grundsatzkommission 2000), S. 109; Grundsatzkommission Corporate Governance (Grundsätze 2000), S. 238.
[1413] Vgl. Hilpisch, Yves (Kapitalmarktorientierte Unternehmensführung 2005), S. 26; Pfeil, Christian M. (Capital Structure 1999), S. 32.
[1414] Vgl. Picot, Gerhard (Kontrollmechanismen 2001), Rn. 30.
[1415] Vgl. Raiser, Thomas/Veil, Rüdiger (Kapitalgesellschaften 2006), § 13, Rn. 33; Ringleb, Henrik-Michael/Kremer, Thomas/Lutter, Marcus/Werder, Axel v. (Hrsg.) (Kommentar 2008), Rn. 1; Bergmann, Eckhard (Beurteilung 2002), S. 133; Krysteck, Ulrich (Vertrauen 2003), S. 301.
[1416] Pellens, Bernhard/Hillebrandt, Franca/Ulmer, Björn (Umsetzung 2001), S. 1243.
[1417] DCGK i.d.F. vom 14.06.2007, Präambel; siehe auch Paul, Walter (Aktionärskultur 2005), S. 362.

gemeinen Bestimmungen des Berliner Initiativkreises German Code of Corporate Governance folgend ist unter Corporate Governance ein rechtlicher und faktischer Ordnungsrahmen zu verstehen, der die Leitung und Überwachung eines Unternehmens regelt[1418].

Im Zentrum aller geführten Diskussionen über Sinn und Zweck von Corporate Governance steht die *Verbesserung* des bestehenden Systems an Führungs- und Überwachungsstrukturen bei großen Unternehmen, da dort das Auseinanderfallen zwischen der Risiko tragenden Gruppe – etwa der Eigenkapitalgeber – und dem Management meist unvermeidbar ist[1419]. Dem Principal-Agent-Ansatz folgend[1420] besteht zwischen beiden Parteien eine Informationsasymmetrie, die dazu führen kann, dass – bei einer AG – die Erwartungen der Aktionäre an den Vorstand nicht erfüllt werden[1421]. Eine effektive Corporate Governance soll dazu beitragen, die weitgehende Unabhängigkeit der Unternehmensführung von den Eigentümern einerseits sowie von den Überwachungsinstanzen Aufsichtsrat und Abschlussprüfer andererseits auf ein angemessenes Maß zu reduzieren[1422]. Dies betrifft sowohl unternehmensinterne Strukturen, Prozesse und Personen als auch Transparenz- und Überwachungs-

---

[1418] Vgl. zu diesem Kodex Berliner Initiativkreis German Code of Corporate Governance (German Code 2000), S. 1573 ff.; Peltzer, Martin/Werder, Axel v. (German Code 2001), S. 1 ff.

[1419] Vgl. Böcking, Hans-Joachim/Dutzi, Andreas/Müßig, Anke (Ökonomische Funktion 2004), S. 422 f.

[1420] Vgl. zur Principal-Agent-Problematik mit Blick auf Corporate Governance Strieder, Thomas (Kodex 2005), S. 19 f.; Fleischer, Holger (Treuepflicht 2003), S. 1048 f.; Semler, Johannes (Kapitalmarkt 1995), S. 50 f.; siehe auch Dirrigl, Hans (Koordinationsfunktion 1995), S. 139.

[1421] Vgl. Wöhe, Günter (Einführung 2008), S. 69; Böcking, Hans-Joachim/Dutzi, Andreas/Müßig, Anke (Ökonomische Funktion 2004), S. 422 f.; Scheffler, Eberhard (Auswirkungen 2005), S. 478; zu dieser Thematik ausführlich auch Nippa, Michael/Grigoleit, Jens (Vertrauen 2006), S. 11 ff.
Zur Beurteilung des Werts von Corporate Governance durch institutionelle Investoren vgl. Bergmann, Eckhard (Beurteilung 2002), S. 133 ff.; Gentz, Manfred (Gegensätze 2007), S. 148; Weber, Stefan C./Lentfer, Thies/Köster, Max (Einfluss 2007), S. 53 ff.; zum Einfluss institutioneller Investoren auf ein innovationsförderliches Corporate Governance-System vgl. Petzold, Kerstin (Institutionelle Investoren 2002), S. 149 ff.; zum Zusammenhang zwischen Corporate Governance und Unternehmenserfolg vgl. Bassen, Alexander/Kleinschmidt, Maik/Prigge, Stefan/Zöllner, Christine (Unternehmenserfolg 2006), S. 376 ff.

[1422] Vgl. Nippa, Michael (Konzepte 2002), S. 12.
Zu einer effektiven Corporate Governance gehört auch ein hohes Maß an zusätzlich zum Jahresabschluss vermittelten Informationen; vgl. zur Bedeutung bspw. Fox, Merritt B. (Required Disclosure 1998), S. 701 ff.; Baetge, Jörg/Thiele, Stefan (Disclosure and Auditing 1998), S. 721 ff.; Schmidt, Peter-J. (Disclosure and Auditing 1998), S. 743 ff.

aspekte[1423]. Diese Felder können unterschiedlich ausgestaltet sein, d.h., sie können rechtlich verbindlich als gesetzliche Vorschriften formuliert oder auch als untergesetzliche, unternehmensindividuelle oder generelle Regelungen zur freiwilligen Selbstbindung aller Unternehmen festgehalten werden[1424].

Viele der hinter der Corporate Governance-Diskussion stehenden *Grundgedanken* sind nicht neu[1425]. Vor dem Hintergrund der insbesondere seit den Neunziger Jahren des letzten Jahrhunderts stark voranschreitenden Internationalisierung und Globalisierung der (Kapital-) Märkte und damit auch eines Anstiegs der Zahl internationaler Kapitalanleger in Deutschland wurde es als notwendig erachtet, die zentralen, an verschiedenen Stellen in deutschen Gesetzen verankerten Vorschriften zur Unternehmensführung gebündelt und ergänzt um weitere international übliche Gepflogenheiten – unter Verwendung des international gebräuchlichen Schlagworts der ‚Corporate Governance' – in einem Kodex zusammenzufassen und so den nicht-deutschen Investoren zu einem besseren Überblick über die in Deutschland geltenden Vorschriften zu verhelfen[1426]. Eine Vielzahl von Regelungen zu den Rechten und Pflichten der

---

[1423] Vgl. hierzu ausführlich Wöhe, Günter (Einführung 2008), S. 69 ff.

[1424] Vgl. Wöhe, Günter (Einführung 2008), S. 73.

[1425] Vgl. zur Entwicklung auch Raiser, Thomas/Veil, Rüdiger (Kapitalgesellschaften 2006), § 13, Rn. 27 ff.; Schiessl, Maximilian (Corporate Governance 2002), S. 593 f.; Feddersen, Dieter/Hommelhoff, Peter/Schneider, Uwe H. (Einführung 1996), S. 1 ff.; Haller, Axel/Geirhofer, Susanne (Initiativen 2005), S. 9 ff.; Boycott, Alan (Rahmenkonzept 1997), S. 214 ff.; Lutter, Marcus (Kodex 2003), S. 69 ff.; Strieder, Thomas (Aufsichtsrat 2007), S. 1; Scarr, Craig (Board Strategy 2006), S. 166 ff.; für die USA siehe Aoki, Masahiko (Corporate Governance 2004), S. 31; Willeke, Clemens (Empfehlungen 2001), S. 962 ff.; für Europa vgl. Wiesner, Peter M. (Brüsseler Impulse 2003), S. 213 ff.; Gebhardt, Denis (EU-Initiativen 2006), S. 13 ff.; Warncke, Markus (Empfehlungen 2004), S. 268 f.; Schaub, Alexander A. (European Responses 2005), S. 65 ff.
Vgl. zur Corporate Governance-Diskussion allgemein auch Böckli, Peter (Holzwege 2000), S. 133 ff.; zu einem Überblick über aktuelle Fragen der Corporate Governance-Diskussion vgl. Velte, Patrick/Wernicke, Thomas (Aktuelle Fragen 2006), S. 748 ff.; unter besonderer Berücksichtigung der schweizerischen Gegebenheiten Wulfetange, Jens (Herausforderung 2002), S. 84 ff.
Vgl. zu den OECD-Prinzipien für Corporate Governance Seibert, Ulrich (OECD Principles 1999), S. 337 ff.

[1426] Vgl. Peltzer, Martin (Handlungsbedarf 2002), S. 593; Cromme, Gerhard (Kodex 2001), S. 2; Erlen, Hubertus (Entwicklung 2003), S. 282 f.; zu den Entwicklungen, die zum DCGK geführt haben, vgl. Peltzer, Martin (Handlungsbedarf 2002), S. 593 f.
Vgl. zu Corporate Governance-Aspekten in weltweit vernetzten Unternehmen Mirow, Michael (Governance 2003), S. 349 ff.

einzelnen Gesellschaftsorgane einer AG[1427] in Deutschland – dies sind der Vorstand, der Aufsichtsrat sowie die Hauptversammlung[1428] – sind im AktG enthalten. Ergänzend finden sich auch im HGB umfangreiche Vorschriften, welche zwingende rechtliche Vorgaben für eine AG enthalten[1429]. Kennzeichnend für das deutsche Recht im Vergleich zu anderen Rechtssystemen ist, dass zahlreiche Regelungen, die Aufgaben und Verantwortlichkeiten definieren und daher für die Corporate Governance in einem Unternehmen relevant sind, Bestandteil des Gesellschaftsrechts und nicht des Kapitalmarktrechts[1430] sind[1431]. Letzteres regelt vor allem die organisatorische Ausgestaltung des Kapitalmarkts, beinhaltet darüber hinaus aber keine detaillierten Vorschriften hinsichtlich der Organisation der Unternehmen, die diesen Markt in Anspruch nehmen[1432]. Die Zusammenfassung der zentralen Regelungen in einem Kodex sollte es folglich den aufgrund der Veränderungen der (Kapital-) Märkte zunehmend internationalen Marktteilnehmern erleichtern, das deutsche System der Unternehmensverfassung zu überblicken und ihre verschiedenen Interessen in Deutschland wahrzunehmen[1433]. Aus dieser Absicht heraus entstand der *DCGK*[1434], der am 30.09.2002 im elektronischen Bundesanzeiger bekannt gemacht wurde[1435] und bei Bedarf jährlich an nationale und internationale Entwicklungen angepasst wird[1436]. Derzeit besitzt er in der Fassung vom 14.06.2007 Gültigkeit[1437].

[1427] An dieser Stelle erfolgt eine Bezugnahme auf eine AG, da diese stets im Mittelpunkt der Corporate Governance-Diskussionen und -Entwicklungen in Deutschland steht. Ein Übertragen auf andere Rechtsformen ist indes ohne Weiteres möglich.

[1428] Vgl. Raiser, Thomas/Veil, Rüdiger (Kapitalgesellschaften 2006), § 13, Rn. 7; Prigge, Stefan (Survey 1998), S. 950.

[1429] An dieser Stelle ist bspw. die im HGB normierte Pflicht zur Aufstellung von Jahresabschluss und Lagebericht durch die gesetzlichen Vertreter einer Gesellschaft zu nennen. Vgl. hierzu die Ausführungen unter Gliederungspunkt 3.3.3.2.4, S. 271 ff.

[1430] Hierzu gehört bspw. das Börsenzulassungsrecht.

[1431] Vgl. zum deutschen Corporate Governance-Modell Witt, Peter (Grundprobleme 2002), S. 59 ff. Vgl. zum Verhältnis von Kapitalmarktrecht und Gesellschaftsrecht Merkt, Hanno (Verhältnis 2003), S. 126 ff.

[1432] Vgl. Schneider, Uwe H./Strenger, Christian (Grundsatzkommission 2000), S. 107.

[1433] Vgl. Strieder, Thomas (Kodex 2005), S. 59.

[1434] Vgl. zu seiner historischen Entwicklung ausführlich Strieder, Thomas (Kodex 2005), S. 31 ff.

[1435] Vgl. Raiser, Thomas/Veil, Rüdiger (Kapitalgesellschaften 2006), § 13, Rn. 31.

[1436] Vgl. zu einer Übersicht über die Änderungen bzw. zu früheren Inhalten Strieder, Thomas (Kodex 2005), S. 43 ff.; Warncke, Markus (Interne Revision 2006), S. 53 f.; Ringleb, Henrik-Michael/Kremer, Thomas/Lutter, Marcus/Werder, Axel v. (Hrsg.) (Kommentar 2008), Rn. 148 ff.; Peltzer, Martin (Handlungsbedarf 2002), S. 595 ff.; Lieder, Jan (Aufsichtsratsmitglied 2005), S. 569; Vetter, Eberhard (Update 2005), S. 1689 ff.; Vetter, Eberhard (Änderungen 2007), S. 1963 ff.

Ein wesentlicher Unterschied zwischen dem deutschen Corporate Governance-System und dem System in den USA liegt darin, dass die Unternehmensführung in Deutschland nach dem *dualistischen Prinzip* der Zusammenarbeit zwischen Vorstand und Aufsichtsrat erfolgt, während in den USA das *monistische Board-System* angewendet wird[1438]. Allerdings, so führt es auch der DCGK in seiner Präambel aus, bewegen sich beide Systeme in der Praxis aufeinander zu und sind gleichermaßen erfolgreich[1439]. Als Vorteil des zweistufigen deutschen Modells wird häufig die klare organisatorische Trennung von Geschäftsführung und Überwachung angesehen; andererseits wird auch kritisiert, dass die daraus resultierende größere Entfernung des Aufsichtsrats vom täglichen Unternehmensgeschäft nachteilig sei[1440]. Klar ist jedoch, dass sich die Unterschiede in den Corporate Governance-Systemen einzelner Länder – und daraus resultierend auch unterschiedliche Entwicklungen in der Vergangenheit und in der Zukunft – aus den differierenden Modellen der Unternehmensführung und -überwachung ebenso wie aus abweichenden Rahmenbedingungen sowie dem Zusammenspiel beider Faktoren ergeben[1441].

Nachdem nunmehr die Vielfältigkeit des Begriffsverständnisses von Corporate Governance erläutert wurde, ist nun kurz auf das Selbstverständnis des DCGK einzugehen[1442]. Anschließend werden – Bezug nehmend auf die enge Abgrenzung von Corporate Governance – die in AktG und DCGK enthaltenen

---

[1437] Die aktuelle Fassung des Deutschen Corporate Governance Kodex ist im Internet abrufbar unter: www.corporate-governance-code.de/ger/kodex/index.html (Stand: 15.04.2008).
Fragen der Corporate Governance sind immer wieder auch Gegenstand der Rechtsprechung; vgl. hierzu Röhrich, Raimund (Rechtsprechung 2006), S. 18 ff.; Röhrich, Raimund (Aktuelle Rechtsprechung 2006), S. 58 ff.; Röhrich, Raimund (Corporate Governance 2006), S. 96 ff.; Röhrich, Raimund (Governance 2006), S. 134 ff.; Röhrich, Raimund (Aktuelle Rechtsprechung 2007), S. 27 ff.; Röhrich, Raimund (Corporate Governance 2007), S. 69 ff.; Röhrich, Raimund (Rechtsprechung 2007), S. 165 ff.; Röhrich, Raimund (Governance 2007), S. 211 ff.; Röhrich, Raimund (Governance-Rechtsprechung 2007), S. 253 ff.

[1438] Vgl. zu einer Abgrenzung dieser beiden Konzepte zur Unternehmensführung bereits die Ausführungen unter Gliederungspunkt 2.3.2.1, S. 82 ff.
Mit Einführung der Europäischen Aktiengesellschaft (SE) eröffnet sich jedoch auch deutschen Unternehmen die Möglichkeit, die Führung einem einheitlichen Leitungsorgan, dem Verwaltungsrat, zu übertragen. Vgl. Marsch-Barner, Reinhard (Führungsstruktur 2006); zur SE allgemein Kersebaum, Lars (Europäische Aktiengesellschaft 2005), Rn. 672 ff.

[1439] Vgl. DCGK i.d.F. vom 14.06.2007, Präambel.

[1440] Vgl. Pfeil, Christian M. (Capital Structure 1999), S. 35; vgl. als Befürworter der Trennung auch Scheffler, Eberhard (Überwachungsaufgabe 1994), S. 793.

[1441] Vgl. Heinrich, Ralph (Model 1999), S. 1 f.

[1442] Vgl. hierzu die Ausführungen unter Gliederungspunkt 3.3.2.2, S. 247 ff.

Maßnahmen zur Sicherstellung einer guten Corporate Governance im Unternehmen dargelegt[1443]. Dabei wird sowohl auf den Vorstand und den Aufsichtsrat eingegangen als auch auf ihre Zusammenarbeit Bezug genommen.

3.3.2.2 Deutscher Corporate Governance Kodex

Zur Erarbeitung eines für Deutschland geltenden Corporate Governance Kodex hat die damalige Bundesregierung am 06.09.2001 eine so genannte *Kodex-Kommission* unter dem Vorsitz von Cromme eingesetzt[1444]. Ihr wurde vom Bundesjustizministerium die Aufgabe übertragen, einen freiwilligen Verhaltenskodex zur Corporate Governance in Deutschland zu formulieren[1445]. Dieser sollte ein kurzes, knappes, aber in sich geschlossenes Regelwerk bilden. Der Diskussionsentwurf der Kodex-Kommission mit dem Titel „Deutscher Corporate Governance-Kodex" wurde am 18.12.2001 vorgelegt[1446]. Nach einer Frist, innerhalb derer Interessierte eine Stellungnahme zu diesem Entwurf abgeben konnten, wurde der ‚erste' DCGK am 26.02.2002 auf der Homepage der Kodex-Kommission[1447] und am 30.09.2002 im Bundesanzeiger veröffentlicht[1448]. Seither ist die Kodex-Kommission regelmäßig zusammengetreten, um die

---

[1443] Vgl. hierzu die Ausführungen unter Gliederungspunkt 3.3.3, S. 250 ff.

[1444] Vgl. ausführlich zur Kodex-Kommission Ringleb, Henrik-Michael/Kremer, Thomas/Lutter, Marcus/Werder, Axel v. (Hrsg.) (Kommentar 2008), Rn. 9 ff.; siehe auch Bergmann, Eckhard (Beurteilung 2002), S. 135 f.; Gelhausen, Hans Friedrich/Hönsch, Henning (Kodex 2002), S. 529. Vgl. zu den einzelnen Stufen bis zur Entwicklung des DCGK Arnsfeld, Torsten/Growe, Sebastian (Corporate Governance-Rating 2006), S. 716; Volk, Gerrit (Konzepte 2001), S. 412 ff.; Orth, Christian (Kapitalmarktorientierte Rechnungslegung 2005), Rn. 26 ff.

[1445] Vgl. Cromme, Gerhard (Kodex 2001), S. 2. Die Tatsache, dass es sich um einen freiwilligen Verhaltenskodex handelt, lässt erkennen, dass die Corporate Governance-Grundsätze in Deutschland kein Gesetz sind; vgl. Claussen, Carsten P./Bröcker, Norbert (Orientierungshilfe 2000), S. 482. Vgl. zur Bedeutung dieser Normen in Deutschland grundlegend Claussen, Carsten P./Bröcker, Norbert (Orientierungshilfe 2000), S. 482 ff.

[1446] Vgl. Cromme, Gerhard (Kodex 2001).

[1447] Vgl. Seibert, Ulrich (Kodex 2002), S. 581.

[1448] Vgl. Ringleb, Henrik-Michael/Kremer, Thomas/Lutter, Marcus/Werder, Axel v. (Hrsg.) (Kommentar 2008), Rn. 36 f.; Graumann, Mathias (Corporate Governance 2002), S. 440; Gelhausen, Hans Friedrich/Hönsch, Henning (Kodex 2002), S. 529; Werder, Axel v. (Grundlagen 2002), S. 801 ff.
Vgl. zum DCGK aus der Perspektive kleiner und mittlerer börsennotierter AG Claussen, Carsten Peter/Bröcker, Norbert (Perspektive 2002), S. 1199 ff.

Notwendigkeit der Anpassung des Kodex an neue Entwicklungen zu prüfen und erforderliche Änderungen vorzunehmen[1449].

Obwohl der DCGK *börsennotierte AG*[1450] fokussiert, wird seine Befolgung ausdrücklich auch allen anderen Gesellschaften empfohlen[1451]. Er nimmt insbesondere auf das Beziehungsgeflecht zwischen Anteilseignern, Vorstand und Aufsichtsrat Bezug und ergänzt bestehende rechtliche Regelungen zur Corporate Governance um nationale und internationale Best Practices[1452]. Darüber hinaus enthält er konkrete Ausgestaltungsvorschläge für die Unternehmensführung und -überwachung. Die Inhalte des Kodex lassen sich nach drei unterschiedlichen *Verbindlichkeitsstufen* untergliedern[1453]: Zunächst enthält das Regelwerk Vorschriften, die zudem auch gesetzlich kodifiziert sind und daher zwingend von den Unternehmen beachtet werden müssen[1454]. Darüber hinaus finden sich dort auch Empfehlungen und Anregungen[1455]. *Empfehlungen* sind durch die Verwendung des Wortes ‚soll' gekennzeichnet. Weicht eine Gesellschaft zulässigerweise von einer oder mehreren Empfehlungen ab, muss sie

---

[1449] Vgl. Cromme, Gerhard (Kodex 2001), S. 1; Ringleb, Henrik-Michael/Kremer, Thomas/Lutter, Marcus/Werder, Axel v. (Hrsg.) (Kommentar 2008), Rn. 39; Rosen, Rüdiger von (Stand 2006), S. I; Strieder, Thomas (Änderungen 2005), S. 549 ff.; Strieder, Thomas (Änderungen 2006), S. 621 ff.; Strieder, Thomas (Änderungen 2007), S. 500 ff.; Wehlte, Stefan (Revision 2007), S. 157 ff.; Kirschbaum, Tom (Kodex 2005), S. 1473 ff.

[1450] Vgl. § 161 AktG. „Börsennotiert in diesem Sinne sind alle Gesellschaften, deren Aktien an einer deutschen Börse zum Handel zugelassen oder in den Freiverkehr einbezogen sind"; Schneider, Uwe H./Strenger, Christian (Grundsatzkommission 2000), S. 109.

[1451] Vgl. DCGK i.d.F. vom 14.06.2007, Präambel; Wöhe, Günter (Einführung 2008), S. 74; Werder, Axel v. (Grundlagen 2002), S. 802; Hucke, Anja/Just, Susan (Anwendbarkeit 2007), S. 5 ff. Zu Corporate Governance-Fragen in mittelständischen Unternehmen bzw. Familienunternehmen vgl. Winkeljohann, Norbert/Kellersmann, Dietrich (Familienunternehmen 2006), S. 8 ff.; Peemöller, Volker H. (Instrumente 2006), S. 81 ff.; Kellersmann, Dietrich/Winkeljohann, Norbert (Familienunternehmen 2007), S. 406 ff.

[1452] Vgl. Wöhe, Günter (Einführung 2008), S. 74.

[1453] Vgl. Wöhe, Günter (Einführung 2008), S. 74; Werder, Axel von (Implikationen 2003), S. 435 f.; Pfitzer, Norbert/Orth, Christian/Wader, Dominic (Unabhängigkeitserklärung 2002), S. 753; Seibert, Ulrich (Kodex 2002), S. 582 f.; Boecker, Corinna/Busch, Julia (Auswirkungen 2004), S. 389; vgl. zu einer tabellarischen Übersicht über die Inhalte des ursprünglichen DCGK – untergliedert nach den drei Verbindlichkeitsstufen – Schüppen, Matthias (Chancen 2002), S. 1118 f.

[1454] Vgl. Werder, Axel von (Implikationen 2003), S. 436; Lutter, Marcus (Kodex 2003), S. 73.

[1455] Vgl. Raiser, Thomas/Veil, Rüdiger (Kapitalgesellschaften 2006), § 13, Rn. 34; Ulmer, Peter (Regulierungsinstrument 2002), S. 151 f.; Lutter, Marcus (Kodex 2003), S. 73 f.

darüber jährlich berichten[1456]. Die Empfehlungen sollen den Unternehmen ein hohes Maß an Flexibilität, bspw. zur Anpassung an besondere Branchenspezifika, einräumen. *Anregungen* werden im Kodex unter Verwendung der Worte ‚sollte' oder ‚kann' formuliert. Im Unterschied zu den Empfehlungen ist eine Nichtbefolgung von Anregungen nicht offenlegungspflichtig[1457].

Die Anwendung der über die bestehenden gesetzlichen Regelungen hinausgehenden Kodex-Bestandteile ist grundsätzlich freiwillig. Statt der Befolgung des DCGK ist es einem Unternehmen auch erlaubt, einen eigenen Corporate Governance-Kodex aufzustellen[1458]. § 161 AktG verpflichtet jedoch börsennotierte AG in jedem Fall zur jährlichen Abgabe einer so genannten *Entsprechenserklärung*, die auch als Compliance-Erklärung bezeichnet wird[1459] und Bestandteil des (Konzern-) Anhangs ist[1460]. Darin müssen Vorstand und Aufsichtsrat der AG erklären, dass sie den Empfehlungen des DCGK entsprochen haben bzw. inwieweit sie davon abgewichen sind[1461]. Diese Erklärung ist

---

[1456] Vgl. DCGK i.d.F. vom 14.06.2007, Präambel; siehe zur Berichterstattung auch Arbeitskreis „Externe Unternehmensrechnung" (AKEU) der Schmalenbach-Gesellschaft (Berichterstattung 2006), S.1069 ff.

[1457] Vgl. DCGK i.d.F. vom 14.06.2007, Präambel.

[1458] Vgl. zu der Frage nach der Sinnhaftigkeit eines eigenen Kodex Hütten, Christoph (Zulässigkeit 2002), S. 1740 ff.

[1459] Vgl. Wöhe, Günter (Einführung 2008), S. 74; Ringleb, Henrik-Michael/Kremer, Thomas/Lutter, Marcus/Werder, Axel v. (Hrsg.) (Kommentar 2008), Rn. 46 f.; Peltzer, Martin (Organisation 2002), S. 2580 f.; Seibt, Christoph H. (Entsprechenserklärung 2002), S. 249 ff.; Lutter, Marcus (Kodex 2003), S. 75 ff.

[1460] Vgl. § 285 Satz 1 Nr. 16 HGB bzw. § 314 Abs. 1 Nr. 8 HGB; Ihrig, Hans-Christoph/Wagner, Jens (Reform 2002), S. 791. Vgl. zum Umsetzungsstand der Corporate Governance in Deutschland Hilb, Martin/Knorr, Ursula/Steger, Thomas (Entwicklungsstand 2007), S. 200 ff.

[1461] Wie bereits erläutert ist eine Erklärung über Abweichungen von im DCGK enthaltenen Anregungen nicht erforderlich. Vgl. ausführlich zum comply or explain-Ansatz Strunk, Günther/Kolaschnik, Helge Frank/Blydt-Hansen, Kristoffer/Wessel, Christian (TransPuG 2003), S. 1 ff.; Ringleb, Henrik-Michael/Kremer, Thomas/Lutter, Marcus/Werder, Axel v. (Hrsg.) (Kommentar 2008), Rn. 121; Ulmer, Peter (Regulierungsinstrument 2002), S. 173; Bernhardt, Wolfgang (Kodex 2002), S. 1841 ff.; Orth, Christian (Kapitalmarktorientierte Rechnungslegung 2005), Rn. 36 ff.; Lutter, Marcus (Kodex 2003), S. 71 f.
Die Verpflichtung zur jährlichen Abgabe der Entsprechenserklärung sorgt dafür, dass sich Vorstand und Aufsichtsrat mindestens einmal im Jahr mit der Frage einer guten Unternehmensführung befassen müssen; vgl. Strieder, Thomas (Kodex 2005), S. 48.

den Aktionären dauerhaft zugänglich zu machen[1462], hierzu bietet sich insbesondere die Homepage der Gesellschaft an[1463]. Der externe Jahresabschlussprüfer prüft lediglich das Vorhandensein der entsprechenden Anhangangabe, er nimmt jedoch keine Beurteilung vor, ob die Unternehmensführung respektive -überwachung tatsächlich im Einklang mit den Vorschriften des DCGK steht[1464].

Inhaltlich ist der DCGK – nach der Präambel – in sieben Kapitel unterteilt[1465]. Diese befassen sich mit den Themenbereichen Aktionäre und Hauptversammlung, Zusammenwirken von Vorstand und Aufsichtsrat, Vorstand, Aufsichtsrat, Transparenz sowie Rechnungslegung und Abschlussprüfung. Untergliedert in einzelne Textziffern werden darin die gesetzlichen Regelungen sowie die weitergehenden national und international anerkannten Best Practices für eine gute und verantwortungsvolle Unternehmensführung und -überwachung dargelegt. Die für die in dieser Arbeit diskutierten Fragestellungen relevanten Inhalte des DCGK werden an anderer Stelle näher erläutert[1466].

3.3.3 Maßnahmen zur Sicherstellung einer guten Corporate Governance im Unternehmen

3.3.3.1 Vorbemerkungen

Bezug nehmend auf das Begriffsverständnis des DCGK wird im Folgenden Corporate Governance als rechtlicher und faktischer Ordnungsrahmen für die Leitung und Überwachung einer Gesellschaft verstanden. Dieser basiert im

---

Vgl. zu Studien über die Akzeptanz der Anregungen und Empfehlungen des DCGK in Deutschland Werder, Axel v./Talaulicar, Till/Kolat, Georg L. (Kodex Report 2003), S. 1857 ff.; Werder, Axel v./Talaulicar, Till/Kolat, Georg L. (Kodex Report 2004), S. 1377 ff.; Werder, Axel von/Talaulicar, Till (Kodex Report 2006), S. 849 ff.; Werder, Axel von/Talaulicar, Till (Kodex Report 2007), S. 869 ff.; Theisen, Manuel René/Raßhofer, Martin (Praxistest 2007), S. 1317 ff.; Oser, Peter/Orth, Christian/Wader, Dominic (Umsetzung 2003), S. 1337 ff.

Der Ref-E BilMoG sieht vor, dass künftig die Abweichung von Empfehlungen nicht nur zu erklären, sondern darüber hinaus auch zu begründen ist; vgl. Ref-E BilMoG vom 08.11.2007, S. 40.

[1462] Vgl. § 161 Satz 2 AktG.

[1463] Der Ref-E BilMoG sieht hierzu die Neueinfügung eines Abs. 2 in den § 161 AktG vor, in welchem explizit verlangt wird, dass die Entsprechenserklärung dauerhaft auf der Internetseite der Gesellschaft zu veröffentlichen ist; vgl. Ref-E BilMoG vom 08.11.2007, S. 40.

[1464] Vgl. Cromme, Gerhard (Kodex 2001), S. 2; Gelhausen, Hans Friedrich/Hönsch, Henning (Kodex 2002), S. 532 ff.; Ruhnke, Klaus (Einhaltung 2003), S. 371 ff.

[1465] Vgl. zum Aufbau Werder, Axel v. (Grundlagen 2002), S. 803.

[1466] Vgl. hierzu die Ausführungen unter Gliederungspunkt 3.3.3.2.2, S. 261 ff. und Gliederungspunkt 3.3.3.3.2, S. 283 ff.

Wesentlichen auf den gesetzlichen Vorgaben sowie den im DCGK enthaltenen Standards für eine gute und verantwortungsvolle Unternehmensführung. Nach dem in Deutschland für die AG geltenden dualistischen System kommt dem Vorstand – vereinfacht gesagt – die Geschäftsführungsfunktion zu, bei der er durch den Aufsichtsrat überwacht wird. Das dritte Organ einer AG, die Hauptversammlung, trifft im Wesentlichen Grundsatzentscheidungen und überlässt das ‚tägliche Geschäft' Vorstand und Aufsichtsrat[1467].

Bevor an späterer Stelle aufgezeigt wird, welche Veränderungen sich für die Verantwortlichkeiten von Vorstand und Aufsichtsrat unter der Berücksichtigung der Gefahr von Accounting Fraud ergeben (können)[1468], wird zu Beginn grundlegend dargestellt, welche Aufgaben und Funktionen beide Organe innerhalb eines Unternehmens wahrzunehmen haben[1469]. Dabei wird zunächst auf die aktienrechtlichen Regelungen Bezug genommen[1470]. Im Anschluss werden die zugehörigen Inhalte des DCGK betrachtet.

3.3.3.2 Führungsaufgabe des Vorstands
3.3.3.2.1 Regelungen des Aktiengesetzes

Die Aufgaben des Vorstands sind insbesondere in den §§ 76-94 AktG geregelt[1471]. Hiernach bestimmt sich, dass der Vorstand „unter eigener Verantwortung die Gesellschaft zu leiten"[1472] hat[1473]. „Leitung bedeutet, dass der Vorstand

---

[1467] Da die Hauptversammlung für den weiteren Verlauf dieser Arbeit keine Rolle spielt, wird sie nicht weiter betrachtet. Vgl. zu Zweck und Aufgaben der Hauptversammlung bspw. ausführlich Raiser, Thomas/Veil, Rüdiger (Kapitalgesellschaften 2006), § 16, Rn. 1 ff. sowie die dort angegebenen weiterführenden Literaturhinweise. Siehe zur Beeinflussung des Rechts der Hauptversammlung in der jüngeren Vergangenheit durch TransPuG und den DCGK auch Noack, Ulrich (Hauptversammlung 2002), S. 620 ff.
[1468] Vgl. hierzu die Ausführungen unter Gliederungspunkt 3.3.4, S. 295 ff.
[1469] Vgl. hierzu die Ausführungen unter Gliederungspunkt 3.3.3.2, S. 251 ff. und Gliederungspunkt 3.3.3.3, S. 274 ff.
[1470] Hierbei wird ausschließlich auf die für den weiteren Fortgang der Ausführungen relevanten Bestimmungen von AktG und DCGK eingegangen.
[1471] Weitere Regelungen finden sich bspw. auch im HGB. So muss der Vorstand als gesetzlicher Vertreter der AG nach den §§ 242 und 264 HGB den Jahresabschluss sowie den Lagebericht aufstellen.
Zu Besonderheiten der Organisation des Konzernvorstands siehe Martens, Klaus-Peter (Konzernvorstand 1991), S. 523 ff.; Ott, Kai-Peter (Konzern 2005), Rn. 531 ff. Zu rechtlichen Aspekten des Dienstverhältnisses zwischen Vorstand und Gesellschaft siehe Fleck, Hans-Joachim (Dienstverhältnis 1994), S. 1957 ff.
Auf Haftungsfragen, die sich aus den Vorstandspflichten ergeben können, wird nicht eingegangen; vgl. hierzu bspw. Ehlers, Harald (Risikofelder 2006), S. 138 ff.; Ehlers, Harald (Risikofelder 2007), S. 19 ff.
[1472] § 76 Abs. 1 AktG; vgl. auch Hüffer, Uwe (Aktiengesetz 2008), § 76 AktG, Rn. 7 ff.

die Richtlinien der Unternehmenspolitik festlegt und die geschäftlichen Initiativen ergreift, dh. die eigentliche unternehmerische Funktion wahrnimmt"[1474]. Nach der so genannten Business Judgement Rule steht ihm dabei ein Ermessensspielraum zu[1475]. Außerdem besteht keine Bindungspflicht an die Weisungen der Kapitalgeber[1476]. Grundsätzlich kann die Leitungsaufgabe nicht delegiert werden[1477]. Möglich ist jedoch eine Übertragung von Vorbereitungs- und Ausführungsmaßnahmen an nachgeordnete Hierarchieebenen, sofern der Vorstand letztendlich selbst und in eigener Verantwortung Entscheidungen trifft[1478]. Zur gesetzlichen Führungsaufgabe gehört es damit auch, dass dem

---

[1473] Vgl. Raiser, Thomas/Veil, Rüdiger (Kapitalgesellschaften 2006), § 14, Rn. 1; Martens, Klaus-Peter (Vorstandsverantwortung 1988), S. 193 ff.; Götz, Heinrich (Unternehmenskrise 1995), S. 338. Damit einher geht die Verpflichtung, das Unternehmensinteresse zu wahren; vgl. Raisch, Peter (Unternehmensinteresse 1976), S. 362 f.; Schmidt, Karsten (Gesellschaftsrecht 2002), S. 805. Vgl. zu Unterstützungssystemen für das Management anhand eines Beispiels aus der Schweiz Meyer, Heinz (Assurance-Management-System 2006), S. 931 ff.
Vgl. zur Geschichte der Vorstandsverantwortung Rittner, Fritz (Verantwortung 1971), S. 139 ff.
Zur Leitungsaufgabe des Vorstands zählt eine eigene Überwachungsaufgabe dazu; vgl. Scheffler, Eberhard (Überwachungsaufgabe 1995), S. 80 ff.

[1474] Raiser, Thomas/Veil, Rüdiger (Kapitalgesellschaften 2006), § 14, Rn. 1. Vgl. auch Henze, Hartwig (Leitungsverantwortung 2000), S. 210; Hirschmann, Jörn (Aufgaben 2005), Rn. 133 f.; siehe ausführlich zur Bedeutung des Leitungsbegriffs Fleischer, Holger (Leitungsaufgabe 2003), S. 1 ff.

[1475] Vgl. Schmidt, Karsten (Gesellschaftsrecht 2002), S. 804 f. und S. 815; Grundei, Jens/Werder, Axel v. (Business Judgement Rule 2005), S. 825 ff.; Paefgen, Walter G. (Business Judgement Rule 2004), S. 245 ff.; Roth, Markus (Ermessen 2004), S. 1066 ff.; Laule, Gerhard/Weber, Robert (Sorgfaltspflicht 2005), Rn. 14a; Picot, Gerhard (Kontrollmechanismen 2001), Rn. 7 f.; Pöschel, Ines/Watter, Rolf (Führungsorgane 2006), S. 817 f.; Keunecke, Ulrich (Haftungsfragen 2006), S. 106 ff.; Luttermann, Claus (Unternehmenskontrolle 2006), S. 783; Ringleb, Henrik-Michael/Kremer, Thomas/Lutter, Marcus/Werder, Axel v. (Hrsg.) (Kommentar 2008), Rn. 474 ff. und Rn. 497a ff.

[1476] Vgl. Schmidt, Karsten (Gesellschaftsrecht 2002), S. 805.

[1477] Vgl. Raiser, Thomas/Veil, Rüdiger (Kapitalgesellschaften 2006), § 14, Rn. 12; Fleischer, Holger (Leitungsaufgabe 2003), S. 7; Götz, Jürgen (Unternehmensrecht 2003), S. 11; Preußner, Joachim/Zimmermann, Dörte (Gesamtaufgabe 2002), S. 661.

[1478] Vgl. hierzu sowie zu den Pflichten im Falle einer erlaubten Delegation Fleischer, Holger (Vorstandsverantwortlichkeit 2003), S. 292 ff.; Wolf, Thomas/Nagel, Ulrike (Strafrecht 2007), S. 84 f.

Top-Management die Hauptverantwortung bei der Bekämpfung von Accounting Fraud obliegt[1479].

Der Vorstand kann aus einer oder mehreren Personen bestehen, wobei – sofern die Satzung nichts anderes bestimmt – das AktG ab einem Grundkapital von 3 Mio. Euro mindestens zwei Personen vorsieht[1480]. Als Vorstandsmitglied kommt nur eine natürliche und unbeschränkt geschäftsfähige Person in Frage[1481]. Grundsätzlich sind gem. § 77 Abs. 1 Satz 1 AktG alle Mitglieder des Vorstands nur gemeinschaftlich zur Geschäftsführung befugt[1482]. Abweichende Vereinbarungen in Satzung oder Geschäftsordnung des Vorstands sind unter bestimmten Voraussetzungen allerdings erlaubt[1483]. Seine Geschäftsordnung gibt sich der Vorstand entweder selbst oder sie wird vom Aufsichtsrat erlassen[1484]. Beschlüsse über die Geschäftsordnung müssen vom Vorstand einstimmig erzielt werden[1485]. Bestandteil der Geschäftsordnung sollte auch eine so

---

[1479] Vgl. Knabe, Stephan/Mika, Sebastian/Müller, Klaus-Robert/Rätsch, Gunnar/Schruff, Wienand (Fraud-Risiko 2004), S. 1057; Solfrian, Gregor/Willeke, Clemens (Aufdeckung 2002), S. 1110; Kaduk, Michael (Unregelmäßigkeiten 2007), S. 23; Schruff, Wienand (Top-Management Fraud 2003), S. 902; Hülsberg, Frank/Feller, Steffen/Parsow, Christian (Anti-Fraud-Management 2007), S. 205; Thomas, Arleen R./Gibson, Kim K. (Management 2003), S. 53 ff.; Herzog, Henning (Managementaufgabe 2006), S. 11 ff.; Hülsberg, Frank/Feller, Steffen/Parsow, Christian (Anti-Fraud-Management 2007), S. 204 ff.; Bantleon, Ulrich/Thomann, Detlef (Fraud 2006), S. 1714.

[1480] Vgl. § 76 Abs. 2 AktG; Hüffer, Uwe (Aktiengesetz 2008), § 76 AktG, Rn. 22. Dann wird auch von einem ‚Kollegialorgan' gesprochen; vgl. Raiser, Thomas/Veil, Rüdiger (Kapitalgesellschaften 2006), § 14, Rn. 15; Schmidt, Karsten (Gesellschaftsrecht 2002), S. 811; Peltzer, Martin (Verantwortung 2003), S. 383 ff.

[1481] Vgl. hierzu sowie zu weiteren Voraussetzungen § 76 Abs. 3 AktG; Hüffer, Uwe (Aktiengesetz 2008), § 76 AktG, Rn. 25; Schmidt, Karsten (Gesellschaftsrecht 2002), S. 808.

[1482] Vgl. zur Gesamtverantwortung Hüffer, Uwe (Aktiengesetz 2008), § 77 AktG, Rn. 3 ff.; Zimmer, Daniel/Sonneborn, Andrea Maria (Absichten 2001), Rn. 160; Hirschmann, Jörn (Aufgaben 2005), Rn. 94.

[1483] Vgl. § 77 Abs. 1 Satz 2 HGB; es ist jedoch verboten, Entscheidungen gegen die Mehrheit der Mitglieder zu treffen.

[1484] Übliche Inhalte für eine solche Geschäftsordnung sind bspw. Regelungen zu Sitzungsmodalitäten, Vertretungsordnung, Informationswesen, zur Bildung von Ausschüssen oder hinsichtlich der Zusammenarbeit zwischen Vorstand und Aufsichtsrat; vgl. Hüffer, Uwe (Aktiengesetz 2008), § 77 AktG, Rn. 21; Raiser, Thomas/Veil, Rüdiger (Kapitalgesellschaften 2006), § 14, Rn. 22; Säcker, Franz Jürgen (Geschäftsordnung 1977), S. 1993 ff.; Kann, Jürgen van (Gesamtverantwortung 2005), Rn. 338 ff. Zur Gültigkeitsdauer der Geschäftsordnung siehe Obermüller, Walter (Gültigkeitsdauer 1971), S. 952 f.
Vgl. zu Besonderheiten der Geschäftsordnung bei einem Konzernvorstand Martens, Klaus-Peter (Konzernvorstand 1991), S. 540 ff.

[1485] Vgl. § 77 Abs. 2 AktG.

genannte Informationsordnung sein, in der eindeutig die über die Anforderungen des § 90 AktG hinausgehende regelmäßige Berichtspflicht des Vorstands an den Aufsichtsrat dokumentiert wird[1486]. So kann das Aufsichtsgremium sicherstellen, dass ihm wichtige zur Erfüllung der Überwachungsaufgabe notwendige Informationen durch den Vorstand nicht vorenthalten werden.

„Der Vorstand vertritt die Gesellschaft gerichtlich und außergerichtlich"[1487]. Ist in der Satzung nichts anderes bestimmt, so kann der Vorstand diese Vertretung nur gemeinschaftlich wahrnehmen[1488]. Für die Bestellung und Abberufung des Vorstands ist der Aufsichtsrat zuständig[1489]. Der Aufsichtsrat bestellt Vorstandsmitglieder für höchstens fünf Jahre[1490]. Eine erneute Bestellung ist ebenso wie eine Verlängerung der Amtszeit ebenfalls für höchstens fünf Jahre erlaubt[1491]. Der Aufsichtsrat kann ein Mitglied des Vorstands zum Vorstandsvorsitzenden ernennen[1492]. Sowohl diese Ernennung als auch die Bestellung eines

---

[1486] Vgl. Gernoth, Jan P. (Überwachungspflichten 2001), S. 308. Darin kann auch vereinbart werden, welche Informationen sich ein Aufsichtsrat aus anderen Quellen des Unternehmens als dem Vorstand besorgen darf (z.B. durch die Befragung von Mitarbeitern des Unternehmens); vgl. Roth, Markus (Möglichkeiten 2004), S. 9 f.

[1487] § 78 Abs. 1 AktG; vgl. auch Schmidt, Karsten (Gesellschaftsrecht 2002), S. 806.

[1488] Vgl. § 78 Abs. 2 Satz 1 AktG. Vgl. zu Art und Weise der Gesamtvertretung Hüffer, Uwe (Aktiengesetz 2008), § 78 AktG, Rn. 12; Raiser, Thomas/Veil, Rüdiger (Kapitalgesellschaften 2006), § 14, Rn. 19.

[1489] Vgl. § 84 AktG. Siehe auch Hüffer, Uwe (Aktiengesetz 2008), § 84 AktG, Rn. 1 und Rn. 3 ff.; Graf Lambsdorff, Otto (Überwachungstätigkeit 1996), S. 221; Peltzer, Martin (Vorzeitiges Ausscheiden 1976), S. 1249 ff. Dabei wird dem Aufsichtsrat ein bedeutender Einfluss auf die (Zusammensetzung der) Unternehmensleitung eingeräumt; vgl. Raiser, Thomas/Veil, Rüdiger (Kapitalgesellschaften 2006), § 14, Rn. 34; Hommelhoff, Peter (Eignungsvoraussetzungen 1977), S. 324; Götz, Heinrich (Unternehmenskrise 1995), S. 348. Kritisch zu dieser Einschätzung vgl. Martens, Klaus-Peter (Vorstandsverantwortung 1988), S. 202 ff.
Die Bestellung ist von der Anstellung eines Vorstandsmitglieds zu unterscheiden; vgl. Hueck, Alfred (Rechtsstellung 1954), S. 274; Säcker, Franz Jürgen (Kompetenzstrukturen 1979), S. 1321 f. „Die Bestellung ist die gesellschaftsrechtliche, der Anstellungsvertrag die individualrechtliche Seite des gesamten Vorgangs"; Natzel, Benno (Beendigung 1964), S. 1143.

[1490] Vgl. Raiser, Thomas/Veil, Rüdiger (Kapitalgesellschaften 2006), § 14, Rn. 33; Bauer, Jobst-Hubertus (Beendigung 1992), S. 1413; Gündel, Gerhard (Verhältnis 2005), Rn. 445 ff.

[1491] Vgl. Hüffer, Uwe (Aktiengesetz 2008), § 84 AktG, Rn. 6 f.; Kann, Jürgen van (Bestellung 2005), Rn. 20.

[1492] Dies erfordert einen Beschluss des Gesamtaufsichtsrats; vgl. Hüffer, Uwe (Aktiengesetz 2008), § 84 AktG, Rn. 20; Bezzenberger, Tilman (Vorstandsvorsitzender 1996), S. 661; Kann, Jürgen van (Gesamtverantwortung 2005), Rn. 381 ff. Bestimmt der Aufsichtsrat keinen Vorstandsvorsitzenden, so kann sich der Vorstand selbst einen Vorstandssprecher geben; vgl. Hüffer, Uwe (Aktiengesetz 2008), § 84 AktG, Rn. 22.

jeden Vorstandsmitglieds können vom Aufsichtsrat bei Vorliegen eines wichtigen Grunds[1493] widerrufen werden[1494]. Die Bezüge der Vorstandsmitglieder werden nach § 87 Abs. 1 AktG vom Aufsichtsrat der Gesellschaft festgesetzt[1495]. Sie haben in einem angemessenen Verhältnis sowohl zur Tätigkeit des Vorstandsmitglieds als auch zur wirtschaftlichen Lage der Gesellschaft insgesamt zu stehen[1496]. Bei einer wesentlichen Verschlechterung der Unternehmenslage ist der Aufsichtsrat zu einer Herabsetzung der Vorstandsbezüge berechtigt[1497]. Das Gesetz differenziert an dieser Stelle nicht zwischen fixen und variablen Vergütungsbestandteilen[1498].

[1493] Hierzu zählen nach § 84 Abs. 3 Satz 2 AktG bspw. „grobe Pflichtverletzung, Unfähigkeit zur ordnungsmäßigen Geschäftsführung oder Vertrauensentzug durch die Hauptversammlung, es sei denn, dass das Vertrauen aus offenbar unsachlichen Gründen entzogen worden ist." Dies führt dazu, dass eine Weiterführung des Organverhältnisses bis zum Ende der Amtszeit nicht mehr möglich ist; vgl. Hüffer, Uwe (Aktiengesetz 2008), § 84 AktG, Rn. 26.

[1494] Vgl. Klunzinger, Eugen (Gesellschaftsrecht 2006), S. 173; Hüffer, Uwe (Aktiengesetz 2008), § 84 AktG, Rn. 23 ff.; Bauer, Jobst-Hubertus (Beendigung 1992), S. 1414; Preußner, Joachim/Zimmermann, Dörte (Gesamtaufgabe 2002), S. 658 ff.; Kann, Jürgen van (Bestellung 2005), Rn. 21.

[1495] Vgl. Hoffmann-Becking, Michael (Anmerkungen 2005), S. 155 ff.; Hoffmann-Becking, Michael (Anreizsysteme 1999), S. 797 ff.; Spindler, Gerald (Vergütung 2004), S. 36 ff.; Semler, Johannes (Vorstandsvergütungen 1995), S. 599 ff.; Ziemons, Hildegard (Vorstandsvergütung 2006), S. 1035 ff.; Bihr, Dietrich/Blättchen, Wolfgang (Kritik 2007), S. 1287.
Seit dem Vorstandsvergütungsoffenlegungsgesetz (VorstOG) sind im Anhang Angaben über Höhe und Zusammensetzung der Vergütung anzugeben; vgl. Spindler, Gerald (Offenlegung 2005), S. 689 ff.; Baums, Theodor (Vorstandsvergütung 2005), S. 299; Hoffmann-Becking, Michael (Anmerkungen 2005), S. 172 f.; Kann, Jürgen van (Offenlegung 2005), S. 1496 ff.; Orth, Christian (Kapitalmarktorientierte Rechnungslegung 2005), Rn. 121 ff.; Hennke, Peter/Fett, Torsten (Praxiserfahrungen 2007), S. 1267 ff.; für eine empirische Untersuchung vgl. Andres, Christian/Theissen, Erik (Vorstandsvergütung 2007), S. 167 ff.
Vgl. zur Bedeutung von Change of Control-Klauseln für die Vergütung Dreher, Meinrad (Change of Control-Klauseln 2002), S. 215 f.

[1496] Vgl. § 87 Abs. 1 Satz 1 AktG; Hüffer, Uwe (Aktiengesetz 2008), § 87 AktG, Rn. 2 ff.; Hoffmann-Becking, Michael (Anmerkungen 2005), S. 156 ff. Vgl. zur Diskussion um die Angemessenheit allgemein Schwark, Eberhard (Angemessenheit 2005), S. 377; Lücke, Oliver (Angemessenheit 2005), S. 692 ff.; Körner, Marita (Angemessenheit 2004), S. 2697 ff.; Hoffmann-Becking, Michael (Anreizsysteme 1999), S. 797; Spindler, Gerald (Vergütung 2004), S. 36 ff.; Fleischer, Holger (Angemessenheit 2005), S. 1279 ff. und S. 1318 ff.; Thüsing, Gregor (Angemessenheit 2003), S. 1612 ff.

[1497] Vgl. § 87 Abs. 2 AktG; Hüffer, Uwe (Aktiengesetz 2008), § 87 AktG, Rn. 9 ff. Zu Besonderheiten im Zusammenhang mit der Eröffnung eines Insolvenzverfahrens siehe § 87 Abs. 3 AktG; Hüffer, Uwe (Aktiengesetz 2008), § 87 AktG, Rn. 13.

[1498] Vgl. zu diesen Möglichkeiten Spindler, Gerald (Vergütung 2004), S. 41 f.

Alle Mitglieder des Vorstands unterliegen dem Wettbewerbsverbot des § 88 AktG. Dies bedeutet, dass sie nur mit Einwilligung des Aufsichtsrats[1499] zusätzlich zu ihrer Tätigkeit im Vorstand einer Gesellschaft ein anderes Handelsgewerbe betreiben oder in der Branche des Unternehmens (für eigene oder fremde Rechnung) Geschäfte tätigen dürfen[1500].

Damit der Aufsichtsrat seine Überwachungsfunktion[1501] wahrnehmen kann, regelt der Gesetzgeber in § 90 AktG ausführlich, worüber, in welcher Form und zu welchem Zeitpunkt der Vorstand dem Aufsichtsrat hinsichtlich seiner Tätigkeit berichten muss[1502]. In inhaltlicher Hinsicht ist eine Berichterstattung über folgende Themen erforderlich:

- Der Vorstand berichtet über seine beabsichtigte Geschäftspolitik sowie andere grundsätzliche Fragen der Unternehmensplanung[1503]. Dies betrifft insbesondere die Finanz-, Investitions- und Personalplanung. Dabei ist auf Abweichungen zwischen der tatsächlichen Entwicklung der Gesellschaft und früher berichteten Zielen einzugehen sowie eine Begründung hierfür abzugeben[1504]. Die Berichterstattung hat einmal jährlich zu erfolgen, es sei denn, besondere Ereignisse gebieten eine unverzügliche Information des Aufsichtsrats[1505].
- Eine Berichterstattung über die Rentabilität, insbesondere des Eigenkapitals, der Gesellschaft ist erforderlich[1506]. Dies geschieht in der Aufsichtsratssitzung, in welcher auch der Jahresabschluss besprochen wird[1507].

In der Vergangenheit – insbesondere zu Börsenhochzeiten – haben Stock Options als Form der Vergütung an Bedeutung gewonnen; vgl. zu Stock Options für Führungskräfte aus Sicht der Praxis Kohler, Klaus (Stock Options 1997), S. 246 ff.; Hoffmann-Becking, Michael (Anreizsysteme 1999), S. 801 ff.

[1499] Vgl. Hüffer, Uwe (Aktiengesetz 2008), § 88 AktG, Rn. 5.
[1500] Vgl. § 88 Abs. 1 AktG. Vgl. zum Umfang dieses Verbots Hüffer, Uwe (Aktiengesetz 2008), § 88 AktG, Rn. 3 ff.
[1501] Vgl. hierzu die Ausführungen unter Gliederungspunkt 3.3.3.3, S. 274 ff.
[1502] Vgl. Raiser, Thomas/Veil, Rüdiger (Kapitalgesellschaften 2006), § 14, Rn. 5 f.; Hüffer, Uwe (Aktiengesetz 2008), § 90 AktG, Rn. 1; Gernoth, Jan P. (Überwachungspflichten 2001), S. 301 ff.; Götz, Heinrich (Rechte und Pflichten 2002), S. 600; Dreyer, Jörg-Detlev (Informationsbestandteile 1981), S. 1436 ff.; Hirschmann, Jörn (Aufgaben 2005), Rn. 149 ff.
[1503] Vgl. § 90 Abs. 1 Satz 1 Nr. 1 AktG; Hüffer, Uwe (Aktiengesetz 2008), § 90 AktG, Rn. 4 ff.; Gernoth, Jan P. (Überwachungspflichten 2001), S. 301 f.; Götz, Heinrich (Rechte und Pflichten 2002), S. 600.
[1504] Vgl. Hüffer, Uwe (Aktiengesetz 2008), § 90 AktG, Rn. 4b; Bosse, Christian (Berichtspflichten 2002), S. 1592.
[1505] Vgl. § 90 Abs. 2 Nr. 1 AktG; Hüffer, Uwe (Aktiengesetz 2008), § 90 AktG, Rn. 9.
[1506] Vgl. § 90 Abs. 1 Satz 1 Nr. 2 AktG.
[1507] Vgl. § 90 Abs. 2 Nr. 2 AktG.

- Der Vorstand muss den Aufsichtsrat regelmäßig, d.h. mindestens vierteljährlich[1508], über den Geschäftsgang – insbesondere hinsichtlich des erzielten Umsatzes – sowie über die Lage der Gesellschaft informieren[1509].
- Schließlich muss die Berichterstattung auch solche Geschäfte umfassen, die für die Rentabilität der Gesellschaft oder auch für ihre Liquidität erhebliche Bedeutung entfalten können[1510]. Hierüber ist der Aufsichtsrat nach Möglichkeit so rechtzeitig zu informieren, dass er noch vor Stattfinden dieser Geschäfte zu ihnen Stellung nehmen kann[1511].
- Handelt es sich bei der betreffenden Gesellschaft um ein Mutterunternehmen i.S.d. § 290 HGB, so muss der Vorstand in seinem Bericht an den Aufsichtsrat auch auf Tochterunternehmen und Gemeinschaftsunternehmen eingehen[1512].
- Darüber hinaus muss dem Vorsitzenden des Aufsichtsrats bei allen sonstigen wichtigen Anlässen Bericht erstattet werden[1513]. Hierzu zählen auch Vorgänge bei verbundenen Unternehmen, welche die Lage der Gesellschaft erheblich beeinflussen können[1514].

Zusätzlich zu den hier aufgeführten gesetzlich geregelten Berichterstattungserfordernissen kann der Aufsichtsrat vom Vorstand jederzeit zusätzliche Berichte verlangen[1515]. Diese können bspw. bestimmte Angelegenheiten der Gesellschaft, die rechtlichen und geschäftlichen Beziehungen zu verbundenen Unternehmen oder auch bedeutsame Vorgänge bei diesen Unternehmen zum Gegenstand haben.

Die Berichterstattung des Vorstands an den Aufsichtsrat hat den Grundsätzen einer gewissenhaften und getreuen Rechenschaft zu genügen[1516]. Die Berichte müssen rechtzeitig erstellt und zumeist in Textform[1517] abgefasst sein[1518].

[1508] Vgl. § 90 Abs. 2 Nr. 3 AktG.
[1509] Vgl. § 90 Abs. 1 Satz 1 Nr. 3 AktG; Gernoth, Jan P. (Überwachungspflichten 2001), S. 302 f.
[1510] Vgl. § 90 Abs. 1 Satz 1 Nr. 4 AktG. Siehe zu diesen Sonderberichten auch Gernoth, Jan P. (Überwachungspflichten 2001), S. 303.
[1511] Vgl. § 90 Abs. 2 Nr. 4 AktG.
[1512] Vgl. § 90 Abs. 1 Satz 2 AktG; Hüffer, Uwe (Aktiengesetz 2008), § 90 AktG, Rn. 7a.
[1513] Vgl. § 90 Abs. 1 Satz 3 AktG.
[1514] Vgl. Hüffer, Uwe (Aktiengesetz 2008), § 90 AktG, Rn. 8.
[1515] Vgl. § 90 Abs. 3 AktG; Bosse, Christian (Berichtspflichten 2002), S. 1592; Ambrosius, Jürgen (Berichtsanspruch 1979), S. 2165 ff.
[1516] Vgl. § 90 Abs. 4 AktG; Hüffer, Uwe (Aktiengesetz 2008), § 90 AktG, Rn. 13.
[1517] Im Gegensatz zu der Formulierung ‚schriftlich' schließt dieser Begriff auch die Informationsübermittlung via E-Mail mit ein; vgl. Götz, Heinrich (Rechte und Pflichten 2002), S. 600 f.
[1518] Vgl. hierzu sowie zu einer Ausnahme § 90 Abs. 4 Satz 2 AktG; Bosse, Christian (Berichtspflichten 2002), S. 1592.

Jedem Mitglied des Aufsichtsrats steht das Recht zu, diese Berichte zu erhalten und von ihnen Kenntnis zu nehmen[1519].

Die in § 90 AktG enthaltenen Vorschriften zur Berichterstattung des Vorstands an den Aufsichtsrat erläutern einen Teilbereich der wichtigen Zusammenarbeit von Führungs- und Aufsichtsgremium einer AG[1520]. Eine funktionierende Kooperation ist für eine erfolgreiche Unternehmensentwicklung unerlässlich. Mit zunehmender Gefahr durch Accounting Fraud, der wie erwähnt meist unter aktiver Beteiligung (von Teilen) des Top-Managements durchgeführt wird[1521], sollte ein wachsamer Aufsichtsrat verstärkt kritisch die Vorstandsberichterstattung prüfen. Hierauf wird an späterer Stelle noch ausführlich einzugehen sein[1522].

Weitere wichtige Aspekte der Vorstandsarbeit mit Blick auf das hier betrachtete Themengebiet sind in § 91 AktG enthalten. Gem. Abs. 1 dieser Vorschrift obliegt dem Vorstand die Aufgabe, für das Führen aller erforderlichen Handelsbücher Sorge zu tragen[1523]. Der durch das KonTraG im Jahr 1998 in das Gesetz aufgenommene § 91 Abs. 2 AktG verlangt, dass der Vorstand geeignete Maßnahmen treffen muss, um Entwicklungen, welche den Fortbestand der Gesellschaft[1524] möglicherweise gefährden, rechtzeitig erkennen zu können[1525]. Insbesondere wird in diesem Zusammenhang die Einrichtung eines Überwachungssystems genannt[1526]. Von der Internen Revision wird an dieser Stelle des Gesetzes nicht explizit gesprochen, sie wird allerdings in der Gesetzesbegründung erwähnt[1527].

§ 93 AktG nimmt mit Blick auf die Leitungsaufgabe des Vorstands ebenfalls eine wichtige Position ein. Abs. 1 Satz 1 dieser Vorschrift normiert die allgemeine Sorgfaltspflicht des Vorstands bei der Wahrnehmung seiner Ge-

---

[1519] Vgl. § 90 Abs. 5 AktG.
[1520] Vgl. hierzu auch die Ausführungen unter Gliederungspunkt 3.3.3.4, S. 292 ff.
[1521] Vgl. hierzu die Ausführungen unter Gliederungspunkt 2.2.1, S. 13 ff.
[1522] Vgl. hierzu die Ausführungen unter Gliederungspunkt 5, S. 377 ff.
[1523] Vgl. Hüffer, Uwe (Aktiengesetz 2008), § 91 AktG, Rn. 2 f.; Weiss, Heinz-Jürgen/Heiden, Matthias (Organisation und Buchführung 2003), Rn. 7 ff.
[1524] Vgl. zur Bestandsgefährdung Hüffer, Uwe (Aktiengesetz 2008), § 91 AktG, Rn. 6.
[1525] Vgl. Raiser, Thomas/Veil, Rüdiger (Kapitalgesellschaften 2006), § 14, Rn. 2; Hüffer, Uwe (Aktiengesetz 2008), § 91 AktG, Rn. 4 ff.
Hierzu kann ein Vorstand Grundsätze für eine ordnungsmäßige Risikoüberwachung entwickeln; vgl. weiterführend Huth, Mark-Alexander (Risikoüberwachung 2007), S. 2167 ff.
[1526] Vgl. zur Begriffsbestimmung ausführlich auch die Ausführungen unter Gliederungspunkt 3.4, S. 309 ff.
[1527] Vgl. BT-Drucks. 13/9712, S. 11.

schäftsführungsfunktion[1528]. Der Inhalt dieser Norm kann weder durch die Satzung der Gesellschaft noch durch die Anstellungsverträge der Vorstandsmitglieder entschärft oder verändert werden[1529]. Die Sorgfaltspflicht besagt, dass die Vorstandsmitglieder bei ihrer Geschäftsführung die Sorgfalt eines ordentlichen und gewissenhaften Geschäftsleiters anwenden müssen[1530], der ein Unternehmen einer bestimmten Größe eigenverantwortlich und pflichtbewusst leitet und dabei ähnlich einem Treuhänder nicht seine eigenen, sondern fremde Vermögensinteressen wahrt[1531]. Sie gilt darüber hinaus als konkretere Fassung der allgemeinen Verhaltensstandards des § 276 Abs. 1 BGB und § 347 Abs. 1 HGB, wonach Schuldner bzw. Kaufmann fahrlässiges Verhalten zu vertreten haben[1532].

Eine nähere Präzisierung erfährt die Sorgfaltspflicht in Form einer Negativabgrenzung durch den in § 93 Abs. 1 Satz 2 AktG geregelten Ausschluss einer Pflichtverletzung. Eine Verletzung der allgemeinen Sorgfaltspflicht liegt demnach nicht vor, „wenn das Vorstandsmitglied bei einer unternehmerischen Entscheidung vernünftigerweise annehmen durfte, auf der Grundlage angemessener Information zum Wohle der Gesellschaft zu handeln"[1533]. Der Begriff ‚vernünftigerweise'[1534] kann im vorliegenden Kontext dahingehend interpretiert

---

[1528] Vgl. Hefermehl, Wolfgang/Spindler, Gerald (Sorgfaltspflicht 2004), Rn. 1; siehe ausführlich auch Raiser, Thomas/Veil, Rüdiger (Kapitalgesellschaften 2006), § 14, Rn. 62 ff.; Grundei, Jens/Werder, Axel v. (Business Judgement Rule 2005), S. 827 ff.; Horn, Norbert (Haftung 1997), S. 1129; Laule, Gerhard/Weber, Robert (Sorgfaltspflicht 2005), Rn. 5 ff.; Pöschel, Ines/Watter, Rolf (Führungsorgane 2006), S. 817.

[1529] Vgl. Hüffer, Uwe (Aktiengesetz 2008), § 93 AktG, Rn. 1.

[1530] Vgl. § 93 Abs. 1 Satz 1 AktG; Horn, Norbert (Haftung 1997), S. 1129.

[1531] Vgl. Hüffer, Uwe (Aktiengesetz 2008), § 93 AktG, Rn. 4; Hefermehl, Wolfgang/Spindler, Gerald (Sorgfaltspflicht 2004), Rn. 22; Mertens, Hans-Joachim (Sorgfaltspflicht 1996), Rn. 6; Ulmer, Peter (Fehlentscheidungen 2004), S. 859. Zur Bedeutung des Unternehmensinteresses siehe auch Raisch, Peter (Unternehmensinteresse 1976), S. 347 ff.

[1532] Vgl. Hüffer, Uwe (Aktiengesetz 2008), § 93 AktG, Rn. 4.

[1533] § 93 Abs. 1 Satz 2 AktG. Der zitierte Satz fand Eingang in das AktG durch das Gesetz zur Unternehmensintegrität und Modernisierung des Anfechtungsrechts (UMAG) vom 22.09.2005. Hiermit sollte verdeutlicht werden, dass unter den genannten Umständen eine Haftung des Vorstands ausgeschlossen ist. Vgl. hierzu Hoor, Gerd (Sorgfaltsanforderungen 2004), S. 2104 f. Siehe zu den genannten Voraussetzungen ausführlich auch Hüffer, Uwe (Aktiengesetz 2008), § 93 AktG, Rn. 4a ff. Zur Treuepflicht siehe auch Fleischer, Holger (Treuepflicht 2003), S. 1045 ff. Vgl. allgemein zum UMAG Seibert, Ulrich (Reformbestrebungen 2004), S. 193 ff.

[1534] Ursprünglich sah ein früherer Gesetzesentwurf stattdessen die Formulierung „ohne grobe Fahrlässigkeit" vor; vgl. Hoor, Gerd (Sorgfaltsanforderungen 2004), S. 2104 und S. 2107.

werden, dass das Führungsgremium im Falle grober Fahrlässigkeit für seine Entscheidungen sehr wohl zur Rechenschaft gezogen werden kann.

Zu einer sorgfältigen Geschäftsführung zählt auch die Wahrung von Betriebs- und Geschäftsgeheimnissen sowie sonstigen vertraulichen Angaben[1535], die den Mitgliedern des Vorstands im Rahmen ihrer Tätigkeit über die Gesellschaft bekannt werden[1536]. Eine Ausnahme hiervon erlaubt der Gesetzgeber im Zusammenhang mit einer Prüfung durch die Deutsche Prüfstelle für Rechnungslegung (DPR) im Rahmen des Enforcement[1537].

Weiterhin regelt § 93 AktG u.a. die Binnenhaftung des Vorstands aus Pflichtverletzungen im Verhältnis zur Gesellschaft, wobei zu den Pflichten des Vorstands auch die erläuterte allgemeine Sorgfaltspflicht gehört[1538]. Dabei ist festzuhalten, dass Vorstandsmitglieder gem. § 93 Abs. 2 AktG nur für ihr eigenes Verschulden haftbar gemacht werden können, es sei denn, Leitungsaufgaben, zu deren Erfüllung das Vorstandsmitglied selbst verpflichtet war, wurden delegiert[1539]. In der Vergangenheit war festzustellen, dass Vorstände – aus verschiedenen Gründen – verhältnismäßig selten zur Rechenschaft gezogen wurden[1540]. In der ARAG/Garmenbeck-Entscheidung aus dem Jahr 1997 stellte der BGH diesbezüglich klar, dass es zur Überwachungsaufgabe des Aufsichts-

---

[1535] Vgl. zum Umfang der vertraulichen Angaben und Geheimnisse Hüffer, Uwe (Aktiengesetz 2008), § 93 AktG, Rn. 7.

[1536] Vgl. § 93 Abs. 1 Satz 3 AktG; Hüffer, Uwe (Aktiengesetz 2008), § 93 AktG, Rn. 6 ff.; Roschmann, Christian/Fray, Johannes (Geheimhaltungsverpflichtungen 1996), S. 451; Meyer-Landrut, Joachim (Verschwiegenheitspflicht 1964), S. 325 ff.; Laule, Gerhard/Weber, Robert (Sorgfaltspflicht 2005), Rn. 23 ff. Vgl. zur Verschwiegenheitspflicht i.S.e. Wahrung des Unternehmensinteresses Raisch, Peter (Unternehmensinteresse 1976), S. 347 ff.

[1537] Vgl. § 93 Abs. 1 Satz 4 AktG; Hüffer, Uwe (Aktiengesetz 2008), § 93 AktG, Rn. 8a. Vgl. zur DPR bspw. Hommelhoff, Peter (Enforcement 2005), S. 71 ff.; Orth, Christian (Kapitalmarktorientierte Rechnungslegung 2005), Rn. 112; Scheffler, Eberhard (Kapitalflussrechnung 2007), S. 2045; Zülch, Henning/Burghardt, Stephan (Prüfstelle 2007), S. 369 ff.; Scheffler, Eberhard (Prüfstelle 2006), S. IV f.

[1538] Vgl. hierzu § 93 Abs. 2 ff. AktG. Siehe außerdem m.w.N. Hüffer, Uwe (Aktiengesetz 2008), § 93 AktG, Rn. 11 ff.; Mertens, Hans-Joachim (Sorgfaltspflicht 1996), Rn. 2 ff.; Klunzinger, Eugen (Gesellschaftsrecht 2006), S. 174 f.

[1539] Dann haftet der Vorstand auch für das Verschulden anderer. Vgl. Fleischer, Holger (Vorstandsverantwortlichkeit 2003), S. 292 m.w.N.; Laule, Gerhard/Weber, Robert (Sorgfaltspflicht 2005), Rn. 31 ff. Eine Vorstandshaftung ist über das Institut der Informationsdelikthaftung bei einer Falschinformation des Kapitalmarkts möglich; vgl. Müller-Michaels, Olaf/Wecker, Johannes (Falschinformation 2007), S. 207 ff.

[1540] Vgl. Raiser, Thomas/Veil, Rüdiger (Kapitalgesellschaften 2006), § 14, Rn. 90.

rats gehört, Schadensersatzansprüche der Gesellschaft gegenüber Vorständen eigenverantwortlich zu prüfen und ggf. auch ihre Durchsetzung anzustreben[1541].

Der dargestellte Querschnitt der aktienrechtlichen Regelungen zur Führungsaufgabe des Vorstands in Deutschland zeigt die Basis des täglichen Handelns der Vorstandsmitglieder auf. Wie bereits weiter vorne erklärt[1542], enthält der DCGK sowohl Regelungen, die auch im AktG verankert sind, als auch darüber hinausgehende Vorschriften. Das nachfolgende Kapitel beschäftigt sich mit den im Kodex enthaltenen Aussagen über das Handeln eines Vorstands und zeigt auf, an welcher Stelle sie über die im AktG kodifizierten Normen hinausgehen.

3.3.3.2.2 Regelungen des Deutschen Corporate Governance Kodex

Der aktuell gültige DCGK beschäftigt sich – neben Ausführungen zum Zusammenwirken von Vorstand und Aufsichtsrat[1543] – mit Blick auf den Vorstand einer AG mit den Themengebieten Aufgaben und Zuständigkeiten, Zusammensetzung und Vergütung sowie Interessenkonflikte. Hinsichtlich der Leitung des Unternehmens gibt der DCGK die gesetzlichen Vorschriften wieder, nach denen der Vorstand diese Aufgabe in eigener Verantwortung zu übernehmen hat[1544]. Der DCGK konkretisiert, dass der Vorstand die Strategie des Unternehmens[1545] – in Abstimmung mit dem Aufsichtsrat – zu entwickeln und

---

[1541] Vgl. BGH-Urteil vom 21.04.1997, II ZR 175/95, S. 880 ff.; Henze, Hartwig (Aufgaben 1998), S. 3309 f.; Raiser, Thomas/Veil, Rüdiger (Kapitalgesellschaften 2006), § 14, Rn. 90, siehe genauer zu dem dem Urteil zugrunde liegenden Fall auch Rn. 91; siehe weiterhin Horn, Norbert (Haftung 1997), S. 1136 ff.
Gleichzeitig wird in diesem Urteil auch bestätigt, dass dem Vorstand im Rahmen seiner Leitungsaufgabe ein weiter Ermessensspielraum eingeräumt wird; vgl. Horn, Norbert (Haftung 1997), S. 1133; zur so genannten Business Judgement Rule siehe Schmidt, Karsten (Gesellschaftsrecht 2002), S. 815.

[1542] Vgl. hierzu die Ausführungen unter Gliederungspunkt 3.3.2, S. 240 ff.

[1543] Vgl. hierzu die Ausführungen unter Gliederungspunkt 3.3.3.4, S. 292 ff.

[1544] Vgl. DCGK i.d.F. vom 14.06.2007, Tz. 4.1.1 sowie § 76 Abs. 1 AktG; Ringleb, Henrik-Michael/Kremer, Thomas/Lutter, Marcus/Werder, Axel v. (Hrsg.) (Kommentar 2008), Rn. 94, siehe zum Umfang der Leitungsaufgabe auch Rn. 601 ff. Bei dieser Leitungsaufgabe hat das Unternehmensinteresse im Vordergrund zu stehen; vgl. Strieder, Thomas (Kodex 2005), S. 86 f.

[1545] Zur Entwicklung einer Unternehmensstrategie gehören Entscheidungen in Bezug auf die Produkte bzw. Dienstleistungen des Unternehmens ebenso wie auf die zu bearbeitenden Märkte; vgl. Scheffler, Eberhard (Überwachungsaufgabe 1995), S. 85.

für ihre Umsetzung zu sorgen hat[1546]. Bezüglich der Zusammensetzung spricht sich der Kodex dafür aus, dass ein Vorstand immer aus mehreren Personen besteht und ein Mitglied das Amt des Vorsitzenden (bzw. Sprechers[1547]) übernimmt[1548]. Nicht im AktG kodifiziert ist die Verantwortung des Vorstands für eine ordnungsgemäße Compliance: Dies bedeutet, dass der Vorstand die Einhaltung aller gesetzlichen und unternehmensspezifischen Bestimmungen und Richtlinien zu verantworten hat[1549]. In Anlehnung an § 91 Abs. 2 AktG verlangt der Kodex, dass das Führungsgremium „für ein angemessenes Risikomanagement und Risikocontrolling im Unternehmen"[1550] zu sorgen hat[1551]. Während im Gesetzestext das Wort ‚Risiko' nicht explizit erwähnt ist, nimmt der DCGK hierauf Bezug. Zur Strukturierung der Vorstandsarbeit sieht der Kodex die Entwicklung einer Geschäftsordnung vor, welche u.a. die Zuständigkeiten sowie erforderliche Beschlussmehrheiten regeln soll[1552].

Im Vergleich zum AktG und HGB enthält der DCGK umfangreichere Ausführungen hinsichtlich der Festsetzung und Bestandteile einer angemessenen Vergütung aller Mitglieder des Vorstands[1553]. Dabei spricht sich der Kodex für

---

[1546] Vgl. DCGK i.d.F. vom 14.06.2007, Tz. 4.1.2. Die Festlegung der strategischen Ausrichtung stellt eine bedeutende Leitungsentscheidung des Vorstands dar; vgl. Strieder, Thomas (Kodex 2005), S. 87. Vgl. zum Inhalt strategischer Entscheidungen Ringleb, Henrik-Michael/Kremer, Thomas/Lutter, Marcus/Werder, Axel v. (Hrsg.) (Kommentar 2008), Rn. 612 ff.

[1547] Vgl. zu einer Abgrenzung zwischen Vorstandsvorsitzendem und Vorstandssprecher auch Hüffer, Uwe (Aktiengesetz 2008), § 84 AktG, Rn. 22; Ringleb, Henrik-Michael/Kremer, Thomas/Lutter, Marcus/Werder, Axel v. (Hrsg.) (Kommentar 2008), Rn. 97 und Rn. 672 f.

[1548] Vgl. DCGK i.d.F. vom 14.06.2007, Tz. 4.2.1. Der Vorstandsvorsitzende nimmt die Stellung eines ‚Primus inter Pares' ein; vgl. Strieder, Thomas (Kodex 2005), S. 90; siehe zum Kollegialprinzip auch Ringleb, Henrik-Michael/Kremer, Thomas/Lutter, Marcus/Werder, Axel v. (Hrsg.) (Kommentar 2008), Rn. 95 f.

[1549] Vgl. DCGK i.d.F. vom 14.06.2007, Tz. 4.1.3; Ringleb, Henrik-Michael/Kremer, Thomas/Lutter, Marcus/Werder, Axel v. (Hrsg.) (Kommentar 2008), Rn. 615 ff.; Hehn, Paul A. von/Hartung, Wilhelm (Untersuchungen 2006), S. 1909. Vgl. zu Compliance die Ausführungen unter Gliederungspunkt 3.3.3.2.3, S. 264 ff.

[1550] DCGK i.d.F. vom 14.06.2007, Tz. 4.1.4; siehe auch Strieder, Thomas (Kodex 2005), S. 88 ff.

[1551] Vgl. Ringleb, Henrik-Michael/Kremer, Thomas/Lutter, Marcus/Werder, Axel v. (Hrsg.) (Kommentar 2008), Rn. 637; Preußner, Joachim (Risikomanagement 2004), S. 304.

[1552] Das Gesetz spricht in § 77 Abs. 2 AktG davon, dass sich der Vorstand eine Geschäftsordnung geben **kann**, wenn dies nicht durch Satzung oder Aufsichtsrat geschieht. Vgl. zu Zweck und Inhalt einer Geschäftsordnung Ringleb, Henrik-Michael/Kremer, Thomas/Lutter, Marcus/Werder, Axel v. (Hrsg.) (Kommentar 2008), Rn. 682 ff.

[1553] Vgl. DCGK i.d.F. vom 14.06.2007, Tz. 4.2.2 ff.; Strieder, Thomas (Kodex 2005), S. 91 ff.

eine Zusammensetzung der Vergütung aus fixen und variablen Bestandteilen aus und legt bei vorzeitiger Beendigung der Vorstandstätigkeit Höchstgrenzen fest[1554]. Bevor die Offenlegung der Vorstandsvergütung in § 285 Satz 1 Nr. 9 HGB bzw. § 314 Abs. 1 Nr. 6 HGB gesetzlich kodifiziert wurde, sah der DCGK als Empfehlung bereits eine solche Berichterstattung in einem zum Corporate Governance-Bericht gehörenden Vergütungsbericht vor[1555].

Eine bloße Wiedergabe der gesetzlichen Regelung stellt die Aufnahme des Wettbewerbsverbots für Mitglieder des Vorstands in den Kodex dar[1556]. Jegliche Nebentätigkeiten wie z.B. die Übernahme von Aufsichtsratsmandaten bei anderen Gesellschaften sollen der Zustimmung des Überwachungsgremiums der eigenen Gesellschaft unterliegen[1557]. Darüber hinaus konkretisiert der DCGK das Verbot der Vorteilsnahme von bzw. Vorteilsgewährung durch Vorstände[1558]. Damit einher geht, dass bei allen Entscheidungen allein das Unternehmensinteresse relevant ist[1559] und somit die Verfolgung persönlicher Interessen durch Mitglieder des Führungsgremiums ausgeschlossen ist[1560]. Bestehende Interessenkonflikte sollen dem Aufsichtsrat unverzüglich angezeigt

---

[1554] Vgl. DCGK i.d.F. vom 14.06.2007, Tz. 4.2.3. Bei der Diskussion der Vorstandsvergütung im Aufsichtsrat soll es jedoch nicht um deren konkrete Höhe gehen, sondern vielmehr nur um die Struktur der Zusammensetzung; vgl. Strieder, Thomas (Kodex 2005), S. 92; Ringleb, Henrik-Michael/Kremer, Thomas/Lutter, Marcus/Werder, Axel v. (Hrsg.) (Kommentar 2008), Rn. 722.

[1555] Vgl. DCGK i.d.F. vom 14.06.2007, Tz. 4.2.5; siehe zur Offenlegung ausführlich Ringleb, Henrik-Michael/Kremer, Thomas/Lutter, Marcus/Werder, Axel v. (Hrsg.) (Kommentar 2008), Rn. 782 ff. Vgl. zum Corporate Governance-Bericht allgemein auch Strieder, Thomas/Kuhn, Andreas (Corporate Governance 2005), S. 562 ff.; Lentfer, Thies/Weber, Stefan C. (Corporate Governance Statement 2006), S. 2359 ff.

[1556] Vgl. DCGK i.d.F. vom 14.06.2007, Tz. 4.3.1 sowie § 88 AktG; Ringleb, Henrik-Michael/Kremer, Thomas/Lutter, Marcus/Werder, Axel v. (Hrsg.) (Kommentar 2008), Rn. 797. Das Verbot gilt nicht, wenn der Aufsichtsrat seine Einwilligung zu der betreffenden Tätigkeit gegeben hat; vgl. Strieder, Thomas (Kodex 2005), S. 100.

[1557] Vgl. DCGK i.d.F. vom 14.06.2007, Tz. 4.3.5. Dabei handelt es sich um Tätigkeiten, die nach dem Gesetz keiner Zustimmung bedürfen; vgl. Strieder, Thomas (Kodex 2005), S. 103.

[1558] Vgl. DCGK i.d.F. vom 14.06.2007, Tz. 4.3.2. Diese Textziffer bezieht sich auf mehrere Straftatbestände wie z.B. Bestechung, Untreue oder Betrug; vgl. Strieder, Thomas (Kodex 2005), S. 101.

[1559] Siehe hierzu auch Raiser, Thomas/Veil, Rüdiger (Kapitalgesellschaften 2006), § 14, Rn. 13.

[1560] Vgl. DCGK i.d.F. vom 14.06.2007, Tz. 4.3.3; Strieder, Thomas (Kodex 2005), S. 101 f.; Ringleb, Henrik-Michael/Kremer, Thomas/Lutter, Marcus/Werder, Axel v. (Hrsg.) (Kommentar 2008), Rn. 820.

werden[1561]. Dies folgt zwar implizit aus den gesetzlichen Regelungen des AktG, ist dort jedoch weniger deutlich formuliert.

Insgesamt ist festzuhalten, dass der DCGK bezüglich seiner Inhalte zum Vorstand in einigen Punkten über die gesetzlichen Regelungen hinausgeht bzw. diese konkretisiert, so z.B. bei der Berichterstattung über die Vorstandsbezüge oder den Anforderungen bezüglich Compliance. Compliance gilt als Element guter Corporate Governance[1562]. Die Compliance-Diskussion ist in Deutschland in der jüngeren Zeit stärker in den Fokus des Interesses gerückt[1563]. Dies ist nicht zuletzt darauf zurückzuführen, dass das Thema – genau wie der SOX – als Folge der Bilanzskandale in den USA heftig diskutiert wurde. Aus diesem Grund gibt der folgende Exkurs einen kurzen Überblick über den Stand der Compliance-Diskussion in Deutschland[1564].

3.3.3.2.3 Exkurs: Compliance in Deutschland

Der *Begriff ‚Compliance'* stammt von dem englischen Ausdruck ‚to comply with', was sinngemäß soviel bedeutet wie ‚Handeln im Einklang mit gesetzlichen Regeln'[1565]. Ursprünglich handelt es sich dabei um einen Terminus aus der anglo-amerikanischen Bankenwelt[1566], der eine bestimmte Unternehmensorganisation umschreibt, die die Gewährleistung von gesetzeskonformem Verhalten sowohl eines Unternehmens insgesamt als auch seiner Mitarbeiter zum Ziel hat[1567]. Allerdings umfasst Compliance im heutigen Sinne nicht nur das Einhalten von Gesetzen, sondern es geht dabei in einem weiteren Sinne um die Befolgung von Regeln und Verordnungen jeder Art[1568]. Sie ist zudem nicht mehr nur auf Banken fokussiert, sondern mittlerweile ein integraler Be-

---

[1561] Vgl. DCGK i.d.F. vom 14.06.2007, Tz. 4.3.4. Die Informationen müssen so ausführlich sein, dass die Gesamtsituation angemessen beurteilt werden kann; vgl. Strieder, Thomas (Kodex 2005), S. 102. Dies dient der Schaffung von Transparenz; vgl. Ringleb, Henrik-Michael/Kremer, Thomas/Lutter, Marcus/Werder, Axel v. (Hrsg.) (Kommentar 2008), Rn. 821.
[1562] Vgl. Buff, Herbert (Compliance 2000), Rn. 62; Schneider, Uwe H. (Aufgabe 2003), S. 647.
[1563] Vgl. Mengel, Anja/Hagemeister, Volker (Compliance 2006), S. 2466.
[1564] Vgl. hierzu die Ausführungen unter Gliederungspunkt 3.3.3.2.3, S. 264 ff.
[1565] Vgl. hierzu auch Buff, Herbert (Compliance 2000), Rn. 4; Institut für Interne Revision Österreich (Kontrollsystem 2004), S. 27.
[1566] Vgl. zur Herkunft Buff, Herbert (Compliance 2000), Rn. 17 f.; Fleischer, Holger (Vorstandsverantwortlichkeit 2003), S. 299.
[1567] Vgl. Buff, Herbert (Compliance 2000), Rn. 4.
[1568] Vgl. Mengel, Anja/Hagemeister, Volker (Compliance 2006), S. 2466 f.; Schneider, Uwe H. (Aufgabe 2003), S. 646.

standteil jeder Führungskontrolle[1569]. Auch wenn der Fokus auf Maßnahmen zur Einhaltung von bilanz-, börsen- und kartellrechtlichen[1570] Vorschriften sowie der Korruptionsbekämpfung[1571] liegt, sind darüber hinaus auch andere Rechtsgebiete zu betrachten[1572]. Je nach Größe des Unternehmens variiert der Umfang der Compliance-Maßnahmen; große Unternehmen bzw. Konzerne haben heutzutage eigene Compliance-Abteilungen, welche für ein unternehmensweit einheitliches Compliance-Verständnis und Strukturen zu seiner Sicherstellung verantwortlich sind[1573]. Wichtig ist, dass Compliance eine unabhängige Funktion darstellt, d.h., es handelt sich dabei um einen selbstverantwortlichen Teilbereich der Unternehmensorganisation. Jedes Compliance-Konzept muss ob individueller Besonderheiten unternehmensspezifisch ausgestaltet sein[1574].

Eine *gesetzliche Verpflichtung zur Einrichtung* einer Compliance-Organisation ergibt sich für bestimmte Unternehmen aus Section 406 SOX. Die Vorschrift verlangt die Einführung eines Code of Ethics für leitende Finanzangestellte[1575], der Standards enthalten soll, die der Einhaltung geltender

---

[1569] Vgl. Buff, Herbert (Compliance 2000), Rn. 4 und Rn. 19; Geißler, Cornelia (Compliance 2004), S. 17.

[1570] Vgl. zur Bedeutung von Compliance mit Blick auf das Kartellverbot Pampel, Gunnar (Compliance-Programm 2007), S. 1636 ff.; Hauschka, Christoph E. (Kartellrecht 2004), S. 1178 ff.; siehe ähnlich auch Lampert, Thomas (Unternehmensrisiko 2002), S. 2237 ff.

[1571] Vgl. zur Bekämpfung von Korruption in der Betriebsverfassung Fischer, Ulrich (Korruptionsbekämpfung 2007), S. 997 ff.; zu einem Beispiel für einen Verhaltenskodex zur Korruptionsbekämpfung siehe Kliege, Helmut (Verhaltenskodex 2000), S. 123 ff.; allgemein zu Korruption und möglichen Risiken siehe auch Donner, Gerhard (Korruption 2007); Benwell, Nick/O'Shea, Eoin (Corruption Risk 2006), S. 103 ff.; Wells, Joseph T. (Corruption 2003), S. 49 ff.; Kappel, Jan/Acker, Wendelin (Korruption 2007), S. 168 ff. und Kappel, Jan/Acker, Wendelin (Zivilrecht 2007), S. 216 ff.; Stierle, Jürgen (Unternehmenskrisen 2007), S. 209 ff.; aus juristischer Sicht Schlüter, Harald (Korruption 2006), S. 101 ff.; Stierle, Jürgen (Korruptionscontrolling 2007), S. 13 ff. Vorschläge für ein modellorientiertes Korruptionscontrolling mit Hilfe der Principal-Agent-Theorie beschreibt Stierle, Jürgen (Korruptionscontrolling 2006), S. 53 ff.

[1572] Vgl. zu arbeitsrechtlichen Vorschriften, deren Einhaltung ebenfalls Bestandteil des Compliance-Konzepts sein sollte, ausführlich Mengel, Anja/Hagemeister, Volker (Compliance 2006), S. 2468 ff.; Mengel, Anja/Hagemeister, Volker (Compliance 2007), S. 1387 ff.

[1573] Vgl. zu Besonderheiten der Compliance im Konzern Schneider, Uwe H. (Überlagerung 1996), S. 241 ff.

[1574] Vgl. Buff, Herbert (Compliance 2000), Rn. 14 f.; Fleischer, Holger (Vorstandsverantwortlichkeit 2003), S. 299 f.

[1575] Vgl. hierzu auch die Ausführungen unter Gliederungspunkt 2.3.2.4, S. 94 ff.; Strunk, Günther/Kolaschnik, Helge Frank/Blydt-Hansen, Kristoffer/Wessel, Christian (TransPuG 2003), S. 133.

gesetzlicher Regelungen dienen[1576]. In Deutschland bestehen für Kreditinstitute in § 25a KWG und für Wertpapierdienstleistungsunternehmen in § 33 WpHG spezielle Pflichten zum Erlass von Compliance-Regeln[1577]. Indirekt resultiert zudem aus der aktienrechtlichen Sorgfaltspflicht eine Verpflichtung zu Compliance. Gleiches gilt nach § 130 OWiG, denn demnach handelt ordnungswidrig, wer „als Inhaber eines Betriebes oder Unternehmens vorsätzlich oder fahrlässig die Aufsichtsmaßnahmen unterlässt, die erforderlich sind, um in dem Betrieb oder Unternehmen Zuwiderhandlungen gegen Pflichten zu verhindern, die den Inhaber treffen und deren Verletzung mit Strafe oder Geldbuße bedroht ist, [...] wenn eine solche Zuwiderhandlung begangen wird, die durch gehörige Aufsicht verhindert oder wesentlich erschwert worden wäre"[1578]. Neben den genannten Einzelregelungen gibt es bislang in Deutschland keine generelle Verpflichtung für alle Unternehmen, eine Compliance-Organisation einzurichten[1579].

Compliance verfolgt mehrere *Zielsetzungen*[1580]. Kurz gefasst geht es zunächst um die Einhaltung von Gesetzen, Regelungen, Verordnungen, aber auch von allgemein anerkannten Geschäftsgrundsätzen durch das Unternehmen als Ganzes sowie das Management und alle Mitarbeiter im Speziellen[1581]. Dies sollte zwar selbstverständlich sein, die Häufigkeit von Neuregelungen in den verschiedensten Bereichen in immer kürzeren Zeitabständen führt allerdings dazu, dass es den Unternehmen mitunter schwer fällt, mit diesen Entwicklungen Schritt zu halten[1582]. Außerdem sollen ethische und moralische Standards wie z.B. Ehrlichkeit, Fairness, Transparenz, Anstand und Vertrauen das Verhältnis des Unternehmens zu unternehmensexternen Personen auszeichnen[1583]. Darüber hinaus wird mit Compliance das Ziel verfolgt, zuneh-

---

[1576] Vgl. Schneider, Uwe H. (Aufgabe 2003), S. 648.
[1577] Vgl. Mengel, Anja/Hagemeister, Volker (Compliance 2006), S. 2467; Schneider, Uwe H. (Aufgabe 2003), S. 648.
[1578] Schneider, Uwe H. (Aufgabe 2003), S. 649; vgl. auch Pampel, Gunnar (Compliance-Programm 2007), S. 1637.
[1579] Vgl. Hauschka, Christoph E. (Korruptionsbekämpfung 2004), S. 878; a.A. Schneider, Uwe H. (Aufgabe 2003), S. 648.
[1580] Vgl. zu diesen bspw. Buff, Herbert (Compliance 2000), Rn. 4 und Rn. 20 ff.
[1581] Diese Form von Compliance wird auch als Legal Compliance bezeichnet.
[1582] Vgl. Schneider, Uwe H. (Aufgabe 2003), S. 646.
[1583] Diese Form von Compliance wird auch als Social Compliance bezeichnet und zielt auf die soziale Verantwortung eines Unternehmens, speziell gegenüber der Öffentlichkeit, ab. Vgl. zur Bedeutung des Willens zu unternehmerischer Moral und Ethik Buff, Herbert (Compliance 2000), Rn. 283; Lenz, Hansrudi (Moralökonomische Analyse 2005), S. 234 ff.; zur Beziehung zwischen Rechnungslegung und Ethik Küpper, Hans-Ulrich (Ethik 2005), S. 23 ff. Siehe zur Einrichtung ethischer Compliance-Programme Mocny, Felicitas (Compliance 2006), S. 69 ff.

mende Haftungsrisiken für Unternehmen und für die Mitglieder der Unternehmensführung persönlich kontrollierbar zu machen und negativen Entwicklungen auch vor diesem Hintergrund vorzubeugen[1584]. Diese Zielsetzungen sind in der jüngeren Vergangenheit besonders in den Fokus des Interesses gerückt, da mit ihnen die Hoffnung einer Steigerung des Vertrauens verbunden ist, welches durch Bilanzskandale und andere Formen von Wirtschaftskriminalität bei vielen Kapitalmarktteilnehmern verloren gegangen ist.

Der DCGK spricht seit seiner letzten Aktualisierung im Jahr 2007 auch von Compliance und hat damit ebenfalls einen Beitrag zur Verbreitung von Compliance-Konzepten in deutschen Gesellschaften geleistet[1585]. Der *Kodex* verlangt,

- dass der Vorstand auf die als Compliance bezeichnete Einhaltung gesetzlicher Bestimmungen und unternehmensinterner Richtlinien hinzuwirken hat[1586],
- dass der Vorstand den Aufsichtsrat u.a. über Fragen der Compliance zu unterrichten hat[1587] und
- dass sich der vom Aufsichtsrat einzurichtende Prüfungsausschuss insbesondere auch mit Fragen der Compliance zu befassen hat[1588].

Neben der rechtlichen Basis fußt die Compliance-Diskussion zudem auf den Elementen *Ethik*[1589] und *Moral*[1590]. Das Bedürfnis nach Compliance resultiert gerade nicht nur aus gesetzlichen Normen und Verordnungen, sondern auch aus ethischen Grundnormen[1591]. Ein Unternehmen kann seine Integrität am ehesten durch soziale Gerechtigkeit und Verantwortung beweisen. Nach Buff ist Compliance deshalb „nicht nur rechtliches Wohlverhalten. Compliance umfasst neben der Gesetzeskonformität auch ethisch korrektes Handeln – der Mitarbeiter des Unternehmens und des Unternehmens selbst"[1592]. Verstöße ge-

---

[1584] Vgl. Hauschka, Christoph E. (Reaktion 2004), S. 257; Theisen, Manuel René (Aufsichtsrat 2007), S. 87.
[1585] Vgl. Rodewald, Jörg/Unger, Ulrike (Krisenmanagement 2007), S. 1629, dort Fußnote 3 und S. 1631.
[1586] Vgl. DCGK i.d.F. vom 14.06.2007, Tz. 4.1.3.
[1587] Vgl. DCGK i.d.F. vom 14.06.2007, Tz. 3.4.
[1588] Vgl. DCGK i.d.F. vom 14.06.2007, Tz. 5.3.2.
[1589] Vgl. zum Verhältnis zwischen Betriebswirtschaftslehre und Ethik Küpper, Hans-Ulrich (Ethik 1995), S. 378 ff.; ähnlich Döring, Ulrich (Methodologische Grundprobleme 2004), S. 119 ff.
[1590] Vgl. zu einer Abgrenzung der beiden Begriffe Ethik und Moral Schulte, Karl-Werner/Kolb, Christian (Ethik 2005), S. 94. Vgl. zum Begriff der Unternehmensethik Haueisen, Gunter K. (Unternehmensethik 2000), S. 32 ff.
[1591] Vgl. zu Ethik in Bezug auf Compliance auch Buff, Herbert (Compliance 2000), Rn. 202 ff.
[1592] Buff, Herbert (Compliance 2000), Rn. 200 (Hervorhebungen im Original).

gen ethische und moralische Grundsätze können genauso wie Verstöße gegen gesetzliche und sonstige regulatorische Normen neben einem direkten finanziellen Schaden weitere, schwer quantifizierbare Konsequenzen mit sich bringen. Hiervon kann etwa das Markenimage, die Reputation eines Unternehmens[1593] oder die Moral der Mitarbeiter betroffen sein. Wichtig für die Schaffung eines integren Unternehmens ist daher neben der Gesetzeskonformität immer auch die Befolgung ethischer Grundwerte. Um die ethische und moralische Einstellung des Unternehmens zu erhalten bzw. bei Bedarf zu optimieren, ist ein organisatorisches Konzept, d.h. ein Compliance-Konzept, erforderlich[1594].

Bei der Einrichtung einer *Compliance-Organisation* in einem Unternehmen müssen *unternehmensspezifische Faktoren* berücksichtigt werden. Dabei können bspw. folgende Compliance-relevante Fragestellungen betrachtet werden[1595]:

– Welche gesetzlichen und anderen regulatorischen Vorschriften sowie ethischen Normen betreffen das Unternehmen (abhängig z.B. von Branche und Internationalität)?
– Welche Risiken bzw. Schutzbereiche sollen durch das einzurichtende Compliance-Konzept erfasst werden (z.B. Accounting Fraud, Reputation, Ethik)?
– Wer ist von Verstößen gegen Vorschriften und Normen betroffen (z.B. Aktionäre, Mitarbeiter, Öffentlichkeit)?
– Auf welcher Ebene muss die Risikovorsorge getroffen werden (z.B. global, regional, lokal)?
– An wen ist das Compliance-Konzept adressiert (z.B. alle oder Teile der Mitarbeiter, Management, Externe)?

Außerdem ist zu klären, welche Informationen als Compliance-relevant eingestuft werden, welche Mitarbeiter (-gruppen) insbesondere Träger der erforderlichen Informationen sind und in welchen Funktionsbereichen diese Informationen überwiegend anfallen[1596]. Nur wenn alle diese Fragestellungen berücksichtigt werden, kann eine effektive Compliance-Organisation geschaffen werden.

Die Wahl einer unternehmensindividuell passenden *Gesamtstruktur* ist wichtig, um die Effektivität des Systems zu gewährleisten. Die Gesamtver-

---

[1593] Vgl. zum durch Accounting Fraud verursachten Reputationsrisiko Arx, Jean-Blaise von/Ottiger, Ronald (Réputation 2006), S. 548 ff.; Windolph, Jürgen (Kriminalität 2002), S. 172.
[1594] Vgl. hierzu auch Buff, Herbert (Compliance 2000), Rn. 201.
[1595] Vgl. zu diesen Buff, Herbert (Compliance 2000), Rn. 301.
[1596] Vgl. Buff, Herbert (Compliance 2000), Rn. 301 ff.

antwortung liegt stets bei der Unternehmensleitung[1597]. In mittleren und großen Unternehmen wird jedoch meist die Funktion eines Compliance-Beauftragten oder *Compliance-Officer* geschaffen[1598]. Dessen Aufgabe ist die Unterstützung der Unternehmensleitung und aller Mitarbeiter bei der Anwendung des Compliance-Konzepts, außerdem fungiert er als Ansprechpartner bei allen Compliance-relevanten Fragestellungen. In einem Whistleblowing-System kann er der Empfänger der anonym gemeldeten Informationen und für deren vertrauliche Bearbeitung zuständig sein[1599]. Je nach Größe (und ggf. auch Branche) des Unternehmens wird dem Compliance-Beauftragten eine Compliance-Abteilung zur Seite gestellt. Zusätzlich kann noch ein Compliance-Committee implementiert werden, dem neben dem Compliance-Beauftragten z.B. Vertreter aus der Unternehmensleitung, der Rechtsabteilung, der Personalabteilung, der Internen Revision, dem Controlling sowie auch Ombudsleute angehören können[1600]. Die hierarchische Einordnung dieser Compliance-Abteilung kann entweder als unabhängiger Teilbereich der Unternehmensorganisation in Form einer Stabsstelle oder auch als Teil der Rechtsabteilung erfolgen. Wichtig ist, dass der Compliance-Officer bzw. seine Abteilung unabhängig und weisungsfrei agieren darf[1601]. Einzurichten ist auch ein ausgeprägtes Informationswesen, und zwar sowohl top-down als auch bottom-up[1602]. Die Compliance-Stelle muss ebenso wie die Mitarbeiter über alle zu beachtenden Gesetze und sonstigen Regelungen informiert sein, zudem muss sichergestellt sein, dass der Compliance-Beauftragte über alle aufgedeckten Verstöße ebenso wie über Anzeichen für potenzielle Verstöße informiert wird[1603]. Der Compliance-Officer wiederum muss seine Informationen an die Geschäftsleitung weitergeben. Dies ist bspw. im Rahmen regelmäßiger Sitzungen des Compliance-Committee oder bei Bedarf auch unverzüglich mittels einer Meldung an die Unternehmensleitung möglich[1604].

[1597] Vgl. Rodewald, Jörg/Unger, Ulrike (Krisenmanagement 2007), S. 1630.
[1598] Vgl. Hauschka, Christoph E. (Reaktion 2004), S. 259. Vgl. zu Anforderungen und Funktionen des Compliance-Officer ausführlich Buff, Herbert (Compliance 2000), Rn. 41 ff.; Büchel, Benno (Führungskontrolle 1995), S. 30 ff.
[1599] Vgl. Bürkle, Jürgen (Weitergabe 2004), S. 2160 f.
[1600] Vgl. zu einem Compliance-Committee Rodewald, Jörg/Unger, Ulrike (Krisenmanagement 2007), S. 1630.
[1601] Vgl. Campos Nave, José A. (Compliance Officer 2007), S. I.
[1602] Vgl. ausführlich zum Informationsmanagement in einem Compliance-System Rodewald, Jörg/Unger, Ulrike (Krisenmanagement 2007), S. 1632 f.
[1603] Vgl. zur Bedeutung des Informationsflusses Rodewald, Jörg/Unger, Ulrike (Krisenmanagement 2007), S. 1630 ff.
[1604] Vgl. Rodewald, Jörg/Unger, Ulrike (Krisenmanagement 2007), S. 1631.

Die Schlüsselkomponente für die Wirksamkeit der Compliance-Struktur stellen die Mitarbeiter des Unternehmens dar[1605]. Es ist daher besonders wichtig, entsprechende Maßnahmen zu treffen, die die *Kenntnis* sowie die *Identifikation* aller Mitarbeiter mit dem festgelegten Verhaltenskodex gewährleisten. Hierfür sind regelmäßige Informationsveranstaltungen, aber auch intensive und häufige Schulungen notwendig[1606]. Dies beruht nicht zuletzt darauf, dass das Compliance-Konzept ständig im Fluss ist, d.h. immer Anpassungen an gesetzliche und anderweitige Veränderungen unterliegt[1607]. Der Verhaltenskodex als Grundelement der Compliance muss für alle zugänglich sein[1608]. Für Fragen hat die Compliance-Organisation jederzeit ansprechbar zu sein.

Um wirksam arbeiten zu können, ist die Compliance-Abteilung auf die Unterstützung durch das Management sowie auf eine gute und effektive *Zusammenarbeit mit anderen Unternehmensabteilungen* angewiesen[1609]:

- Das Tätigkeitsfeld der Internen Revision deckt sich zum Teil mit dem der Compliance-Stelle. Dennoch sollten beide Abteilungen grundsätzlich unabhängig voneinander existieren und agieren, um nicht die Unabhängigkeit der Internen Revisoren zu beeinträchtigen[1610]. Die Compliance-Stelle selbst kann Gegenstand einer Prüfung durch die Interne Revision sein. Prüfungsinhalte können in diesem Zusammenhang neben der Wirksamkeit bspw. die Qualität der bereitgestellten Informationen oder die Angemessenheit der Schulungsmaßnahmen sein.

- Sofern die Compliance-Abteilung – und dies ist zu empfehlen – organisatorisch unabhängig von der Rechtsabteilung des Unternehmens ist, sollten beide Abteilungen regelmäßig zusammenarbeiten[1611]. So kann sichergestellt werden, dass das Compliance-System stets aktuell ist und alle notwendigen Anpassungen an Veränderungen im regulatorischen Umfeld tatsächlich vorgenommen werden.

- Bei Konzernunternehmen sollte die Ausübung der konzernweiten Compliance-Funktion beim Mutterunternehmen liegen[1612]. Da jedoch einzelne

---

[1605] Vgl. Rodewald, Jörg/Unger, Ulrike (Krisenmanagement 2007), S. 1630.
[1606] Vgl. Pampel, Gunnar (Compliance-Programm 2007), S. 1637.
[1607] Vgl. Mengel, Anja/Hagemeister, Volker (Compliance 2006), S. 2466; Theisen, Manuel René (Aufsichtsrat 2007), S. 88.
[1608] Die Bereitstellung im Intranet der Gesellschaft ist hierfür zu empfehlen.
[1609] Vgl. Buff, Herbert (Compliance 2000), Rn. 50 und Rn. 608.
[1610] Bei der E.ON AG erfüllt allerdings ausweislich des Code of Ethics for Senior Financial Officers der Leiter der Internen Revision gleichzeitig auch das Amt des Compliance-Officers; vgl. E.ON AG (Code of Ethics 2008), Gliederungspunkt VIII.
[1611] Vgl. Buff, Herbert (Compliance 2000), Rn. 611.
[1612] Vgl. zu dieser und weiteren Möglichkeiten Rodewald, Jörg/Unger, Ulrike (Krisenmanagement 2007), S. 1631.

Tochtergesellschaften nach jeweils geltendem lokalem Recht eigenen – möglicherweise von denen der Muttergesellschaft abweichenden – Regelungen unterliegen können, ist eine eigenständige Compliance-Funktion auf Tochterebene nicht nur sinnvoll, sondern notwendig. Soweit das lokale Recht es zulässt, sollten jedoch die Weisungen des Mutterunternehmens gelten. Eine sorgfältige Koordination von Compliance innerhalb eines Konzerns ist daher erforderlich[1613].

– Der externe Jahresabschlussprüfer kann ebenfalls mit der Compliance-Abteilung eines Unternehmens zusammenarbeiten. Dies entbindet ihn jedoch nicht von seinen ureigenen Prüfungsaufgaben.

Die unternehmensspezifisch angemessene organisatorische Ausgestaltung und Einbindung in die geltende Hierarchiestruktur beeinflussen die Wirksamkeit und *Effizienz* der Compliance-Systeme[1614]. Wenn es gelingt, durch diese die Einhaltung aller Gesetze, Verordnungen und Richtlinien ebenso sicherzustellen wie ein ethisch und moralisch einwandfreies Auftreten des Unternehmens zu ermöglichen, kann dies einen wirkungsvollen Beitrag im Kampf gegen unrechtmäßige Handlungen allgemein – und speziell von Accounting Fraud – leisten[1615].

Als letzte mit Blick auf die diskutierte Themenstellung relevante Aufgabe eines Vorstands ist die ihm obliegende Verpflichtung zur Aufstellung des Jahresabschlusses und Lageberichts[1616] zu betrachten. Seit dem Transparenzrichtlinie-Umsetzungsgesetz (TUG) hat der Vorstand zudem den so genannten Bilanzeid zu leisten. Beide Pflichten sind Gegenstand der nachfolgenden Ausführungen.

3.3.3.2.4 Verpflichtung zur Aufstellung des Jahresabschlusses und Lageberichts und Bilanzeid

Wie gezeigt obliegt dem Vorstand einer AG – allgemeiner gesagt der Unternehmensführung – die Wahrnehmung der Aufgaben des ‚täglichen Geschäfts'. Die aktienrechtlichen Bestimmungen, welche den Rechtsrahmen, innerhalb

---

[1613] So schreibt bspw. die BASF AG in der Einleitung zum ‚Compliance-Programm der BASF-Gruppe' explizit, dass die Gesellschaft „als international tätiges Unternehmen die rechtlichen und kulturellen Rahmenbedingungen der Länder, in denen (sie; d. Verf.) tätig sind, beachten"; BASF AG (Einleitung 2008).
[1614] Vgl. zu einem Beispiel für das Vorgehen bei einem Compliance-Verstoß Rodewald, Jörg/Unger, Ulrike (Krisenmanagement 2007), S. 1634 f.
[1615] Vgl. Buff, Herbert (Compliance 2000), Rn. 10.
[1616] Da der Fokus auf großen AG liegt kann die Erleichterungsvorschrift des § 264 Abs. 1 Satz 3 HGB für kleine Kapitalgesellschaften, nach der diese auf die Aufstellung eines Lageberichts verzichten können, dahinstehen.

dessen der Vorstand tätig wird, abstecken, wurden bereits erläutert. Zur Führung eines Unternehmens gehören jedoch noch weit mehr als die dargestellten *Aufgaben*, wie etwa der Umgang mit Kunden und Lieferanten, die Vermarktung der Produkte, das Personalmanagement oder die Erfüllung aller handelsrechtlichen und steuerrechtlichen Pflichten. Während das Steuerrecht hier nicht weiter betrachtet werden soll, wird die Verpflichtung der Unternehmensleitung zur Aufstellung von Jahresabschluss und Lagebericht nachfolgend thematisiert, da beide ein Objekt von Accounting Fraud darstellen. Bilanzmanipulationen treten zumeist auf, wenn entweder die Unternehmensleitung selbst ihrer Aufstellungspflicht nicht ordnungsgemäß nachkommt oder wenn sie nicht erkennt, dass andere Mitarbeiter, wie z.B. der Leiter des Rechnungswesens, falsche Angaben in Jahresabschluss und/oder Lagebericht aufnehmen.

Die Verpflichtung zur Aufstellung einer Bilanz sowie einer Gewinn- und Verlustrechnung zum Ende des Geschäftsjahrs gilt für alle Kaufleute und ist in § 242 HGB geregelt. Bei Kapitalgesellschaften (und den ihnen gleich gestellten bestimmten Personenhandelsgesellschaften nach § 264a HGB) kommt diese Aufgabe den gesetzlichen Vertretern, also der Unternehmensführung, zu. Diese werden von § 264 Abs. 1 HGB zur *Aufstellung eines Jahresabschlusses*, welcher neben der Bilanz und der Gewinn- und Verlustrechnung auch einen Anhang zu enthalten hat, und – im Fall von mittelgroßen und großen Kapitalgesellschaften i.S.d. § 276 HGB – eines *Lageberichts* verpflichtet. Für einen Konzern haben gem. § 290 HGB die gesetzlichen Vertreter des Mutterunternehmens die Aufgabe, den Konzernabschluss und -lagebericht aufzustellen.

Die auch als *Generalnorm* bezeichnete Vorschrift des § 264 Abs. 2 Satz 1 HGB schreibt vor, dass der Jahresabschluss „unter Beachtung der Grundsätze ordnungsmäßiger Buchführung ein den tatsächlichen Verhältnissen entsprechendes Bild der Vermögens-, Finanz- und Ertragslage der Kapitalgesellschaft zu vermitteln" hat. Treten besondere Umstände auf, aufgrund derer in Ausnahmefällen trotz Anwendung der Vorschriften des HGB kein den tatsächlichen Verhältnissen entsprechendes Bild des Unternehmens gezeichnet werden kann, verlangt § 264 Abs. 2 Satz 2 HGB die Vermittlung zusätzlicher Informationen im Anhang, um diese ‚Informationslücke' auszugleichen.

Um diesem Erfordernis mehr Nachdruck zu verleihen und als Reaktion auf die Fälle fehlerhafter Rechnungslegung verlangt das Transparenzrichtlinie-Umsetzungsgesetz (TUG) für alle nach dem 31.12.2006 beginnenden Geschäftsjahre von allen Inlandsemittenten gem. § 2 Abs. 7 WpHG, die keine Kapitalgesellschaften i.S.d. § 327a HGB sind[1617], dass die gesetzlichen Vertre-

---

[1617] Vgl. zum Kreis der Erklärungspflichtigen Hönsch, Henning (Bilanzeid 2006), S. 117.

ter dieser Gesellschaften den so genannten *Bilanzeid* leisten[1618]. Dabei handelt es sich um eine schriftliche Erklärung der gesetzlichen Vertreter darüber, dass „nach bestem Wissen der Jahresabschluss ein den tatsächlichen Verhältnissen entsprechendes Bild im Sinne des Satzes 1 vermittelt oder der Anhang Angaben nach Satz 2 enthält"[1619]. Gleiches gilt nach § 289 Abs. 1 Satz 5 HGB, wonach die gesetzlichen Vertreter versichern müssen, dass „nach bestem Wissen im Lagebericht der Geschäftsverlauf einschließlich des Geschäftsergebnisses und die Lage der Kapitalgesellschaft so dargestellt sind, dass ein den tatsächlichen Verhältnissen entsprechendes Bild vermittelt wird, und dass die wesentlichen Chancen und Risiken im Sinne des Satzes 4 beschrieben sind"[1620]. Damit verpflichtet der Gesetzgeber die gesetzlichen Vertreter dazu, die Einhaltung aller für den Jahresabschluss und Lagebericht geltenden Vorschriften durch ihre Unterschrift zu versichern, und macht sie persönlich dafür verantwortlich[1621]. Von dieser Maßnahme erhofft sich der Gesetzgeber einerseits ein gesteigertes Bewusstsein für die große Bedeutung der Richtigkeit der Finanzangaben und andererseits eine höhere Abschreckungswirkung zur Vermeidung von Accounting Fraud[1622]. Ist der Jahresabschluss bzw. der Lagebericht nicht ordnungsmäßig, obwohl dies durch Unterschrift bestätigt wird, fällt die Sanktionierung des falschen Bilanzeids unter die Vorschriften des § 331 HGB[1623]. Als Strafmaß für die unrichtige Darstellung kommen folglich eine Freiheitsstrafe bis zu drei Jahren oder eine Geldstrafe in Betracht[1624].

Die dargestellten Regelungen zum Bilanzeid werden durch § 297 Abs. 2 Satz 4 HGB auf den Konzernabschluss und durch § 315 Abs. 1 Satz 6 HGB auf den Konzernlagebericht übertragen[1625]. Hier werden jeweils die *gesetzli-*

[1618] Diese Neuregelung stellt die erforderliche Umsetzung von Art. 4 Abs. 2 Buchstabe c der EU-Transparenzrichtlinie in deutsches Recht dar. Vgl. auch Hönsch, Henning (Bilanzeid 2006), S. 117 ff.

[1619] § 264 Abs. 2 Satz 3 HGB; gemeint sind § 264 Abs. 2 Satz 1 HGB bzw. § 264 Abs. 2 Satz 2 HGB. Siehe auch Baetge, Jörg/Kirsch, Hans-Jürgen/Thiele, Stefan (Bilanzen 2007), S. 35; Wolf, Thomas/Nagel, Ulrike (Strafrecht 2007), S. 85 f. Siehe zu einem Beispiel für eine solche abzugebende Erklärung Hönsch, Henning (Bilanzeid 2006), S. 118.

[1620] Gemeint ist § 289 Abs. 1 Satz 4 HGB.

[1621] Vgl. BT-Drucks. 16/2498, S. 55; Hönsch, Henning (Bilanzeid 2006), S. 117.

[1622] In den USA ist die Abschreckungswirkung ob eines speziellen Unternehmensstrafrechts stärker; vgl. Schulte Döinghaus, Uli (Absage 2007), S. 9; Odenthal, Roger (Mitarbeiterkriminalität 2005), S. 233.

[1623] Vgl. Hönsch, Henning (Bilanzeid 2006), S. 119; Müller-Michaels, Olaf/Wecker, Johannes (Falschinformation 2007), S. 210.

[1624] Vgl. § 331 Nr. 3a HGB. Vgl. grundlegend zur Aufgabe von § 331 HGB Hoyos, Martin/Huber, Hans-Peter (Unrichtige Darstellung 2006), Rn. 1 f.

[1625] Vgl. Wolf, Thomas/Nagel, Ulrike (Strafrecht 2007), S. 85 f.

chen Vertreter des Mutterunternehmens zur Abgabe dieser schriftlichen Erklärung verpflichtet. Dabei bezieht sich die Aussage auf die Gesamtheit der Angaben aller in den Konzernabschluss einbezogenen Unternehmen[1626]. Ist ein Unternehmen kapitalmarktorientiert und hat daher nach der IAS-Verordnung seinen Konzernabschluss in Anwendung der IFRS aufzustellen, so sorgt § 315a Abs. 1 HGB dafür, dass der Bilanzeid auch in diesem Fall für Konzernabschluss und -lagebericht zu leisten ist.

Obwohl der Gesetzgeber bereits durch Straf- und Sanktionsvorschriften einem Missbrauch des Vorstandsamts vorzubeugen versucht, kommt der zweiten Komponente im deutschen dualistischen System, dem Aufsichtsrat als Überwachungsorgan, eine wesentliche Bedeutung zu. Seine Aufgaben werden nachfolgend dargestellt[1627].

3.3.3.3 Überwachungsaufgabe des Aufsichtsrats

3.3.3.3.1 Regelungen des Aktiengesetzes

„Die Überwachung durch den Aufsichtsrat ist ein zentraler Bestandteil der Corporate Governance eines Unternehmens"[1628]. Dieser Ansicht von Lück ist zuzustimmen. Die den Aufsichtsrat betreffenden Vorschriften sind in den §§ 95-116 AktG enthalten[1629]. Ein Aufsichtsrat besteht aus mindestens drei *Mitgliedern*[1630]. Je nach Höhe des Grundkapitals der AG legt das Gesetz unter-

---

[1626] Vgl. BT-Drucks. 16/2498, S. 55.

[1627] Vgl. hierzu die Ausführungen unter Gliederungspunkt 3.3.3.3, S. 274 ff.

[1628] Lück, Wolfgang (Überwachungssystem 2003), S. 68. Vgl. zur betriebswirtschaftlichen Interpretation entsprechender aktiengesetzlicher Regelungen bereits Bea, Franz Xaver/Scheurer, Steffen (Kontrollfunktion 1994), S. 2149. Baer formuliert bestimmte Anforderungen an die Überwachung von Unternehmen; vgl. Baer, Jakob (Führung 2006), S. 800; in diesem Zusammenhang sind auch mögliche Grenzen einer ordnungsmäßigen Aufsichtsratstätigkeit zu sehen; vgl. Bihr, Dietrich/Blättchen, Wolfgang (Kritik 2007), S. 1285 ff. Vgl. zu einer empirischen Analyse über die Tätigkeit in deutschen Aufsichtsräten Ruhwedel, Peter/Epstein, Rolf (Empirische Analyse 2003), S. 161 ff.
Vgl. zur Bestimmung von Überwachungsmaßstäben Scheffler, Eberhard (Überwachungsorgane 1995), S. 658 ff.
Vgl. zu Besonderheiten eines Aufsichtsrats im Konzern Hoffmann-Becking, Michael (Aufsichtsrat 1995), S. 325 ff.; Scheffler, Eberhard (Konzernleitung 1995), S. 163 ff.
Die Frage nach sich aus der Aufsichtsratstätigkeit möglicherweise ergebenden Haftungsrisiken wird nicht weiter thematisiert; vgl. hierzu bspw. Theisen, Manuel René (Haftungsrisiko 2004), S. 241 ff.; Wiese, Götz Tobias (Verantwortlichkeit 2000), S. 1901 ff.; Mutter, Stefan/Gayk, Thorsten (Aufsichtsratsarbeit 2003), S. 1773 ff.; Müller-Michaels, Olaf (Haftung 2007), S. 73 ff.

[1629] Vgl. zur historischen Entwicklung der den Aufsichtsrat betreffenden Gesetzesnormen Strobel, Wilhelm (Reform 2000), S. 537 ff.

[1630] Vgl. § 95 Abs. 1 Satz 1 AktG; Hüffer, Uwe (Aktiengesetz 2008), § 95 AktG, Rn. 2.

schiedliche Begrenzungen hinsichtlich der maximalen Anzahl der Aufsichtsratsmitglieder fest[1631]. Die Anzahl muss immer durch drei teilbar sein[1632]. § 96 AktG enthält detaillierte Regelungen bezüglich der Zusammensetzung des Aufsichtsrats[1633]. Aufgrund der in Deutschland geltenden Mitbestimmung[1634] sind unter bestimmten Voraussetzungen nicht nur von den Aktionären gewählte Personen im Aufsichtsrat, sondern darüber hinaus auch Vertreter der Arbeitnehmer und/oder weitere Mitglieder[1635].

Mitglieder eines Aufsichtsrats müssen gewisse *persönliche Voraussetzungen* erfüllen[1636]. Zunächst muss es sich um eine natürliche und unbeschränkt geschäftsfähige Person handeln[1637]. Darüber hinaus ist die Annahme einer Position in einem Aufsichtsrat nur möglich, wenn keines der drei folgenden Kriterien erfüllt ist[1638]: die Person ist bereits Mitglied in zehn gesetzlich zu bilden-

---

[1631] Vgl. § 95 Abs. 1 Satz 4 AktG.
[1632] Vgl. zur Dreiteilbarkeit Herold, Hermann (Dreiteilbarkeit 1953), S. 1809 ff.; vgl. Sünner, Eckart (Effizienz 2000), S. 496.
[1633] Vgl. auch Dreher, Meinrad (Organisation 1996), S. 44.
[1634] Vgl. zu diesem Begriff z.B. Raiser, Thomas/Veil, Rüdiger (Kapitalgesellschaften 2006), § 13, Rn. 16 ff.; Wulfetange, Jens (Herausforderung 2002), S. 90 f.
[1635] Vgl. Hüffer, Uwe (Aktiengesetz 2008), § 96 AktG, Rn. 2; Raiser, Thomas/Veil, Rüdiger (Kapitalgesellschaften 2006), § 15, Rn. 19 ff.; Schmidt, Karsten (Gesellschaftsrecht 2002), S. 829 ff.; Klunzinger, Eugen (Gesellschaftsrecht 2006), S. 176 f. Vgl. zu Erschwernissen in der Aufsichtsratstätigkeit, die möglicherweise durch die Mitbestimmungsvorschriften entstehen können, Hoffmann-Becking, Michael (Verbesserung 1995), S. 240 ff.
Sofern es ungewiss ist, ob der Aufsichtsrat gem. den geltenden gesetzlichen Bestimmungen zusammengesetzt ist, gelangen die §§ 97 bis 99 AktG zur Anwendung. Vgl. zu diesen Bestimmungen Göz, Philipp (Statusverfahren 1998), S. 1523 ff.; Martens, Klaus-Peter (Amtskontinuität 1978), S. 1065 ff.
[1636] Vgl. Schmidt, Karsten (Gesellschaftsrecht 2002), S. 831; Götz, Heinrich (Unternehmenskrise 1995), S. 345.
Darüber hinaus sollte es auch selbstverständlich sein, dass sich ein Aufsichtsratsmitglied umfassend mit allen einschlägigen in Bezug auf eine Aufsichtsratstätigkeit geltenden Vorschriften sowie mit unternehmensspezifischen Informationen vertraut macht; vgl. Semler, Johannes (Erinnerungen 2007), S. 21 ff.; Semler, Johannes (Kapitalmarkt 1995), S. 38. Konkrete Vorgaben hinsichtlich besonderer fachlicher Qualifikationen macht das AktG allerdings noch immer nicht; vgl. zu dieser Frage bereits Krüger, Ralf (Jahresabschluss 1983), S. 295; Hoffmann-Becking, Michael (Verbesserung 1995), S. 231 f.
[1637] Vgl. § 100 Abs. 1 AktG; Raiser, Thomas/Veil, Rüdiger (Kapitalgesellschaften 2006), § 15, Rn. 32.
[1638] Vgl. § 100 Abs. 2 Satz 1 AktG. Zu Besonderheiten bei Aufsichtsratstätigkeiten bei einer Konzerngesellschaft oder im Fall des Innehabens des Aufsichtsratsvorsitzes vgl. § 100 Abs. 2 Sätze 2 und 3 AktG.

den Aufsichtsräten[1639], sie ist gesetzlicher Vertreter eines von der Gesellschaft abhängigen Unternehmens[1640] oder sie ist gesetzlicher Vertreter einer anderen Kapitalgesellschaft, in deren Aufsichtsrat ein Vorstandsmitglied der Gesellschaft sitzt[1641]. Weitere persönliche Voraussetzungen finden sich in den einschlägigen Vorschriften über die Mitbestimmung in deutschen Aufsichtsräten[1642] sowie ggf. in der Satzung der Gesellschaft[1643].

Die nicht aufgrund anderer gesetzlicher Vorschriften in den Aufsichtsrat entsandten Mitglieder werden für eine bestimmte *Amtszeit*[1644] von der Hauptversammlung gewählt[1645]. Stellvertreter von Aufsichtsratsmitgliedern können grundsätzlich nicht bestellt werden[1646]. Die Hauptversammlung hat das Recht, – bei Vorliegen einer Dreiviertelmehrheit – Aufsichtsratsmitglieder vor Ablauf ihrer Amtszeit abzuberufen[1647]. In der Satzung können hierzu auch eine andere erforderliche Mehrheit sowie zusätzliche Anforderungen festgelegt werden[1648]. Auf mit einfacher Mehrheit verabschiedeten Antrag des Aufsichtsrats kann ein

---

[1639] Vgl. zu dieser Höchstzahl und der Diskussion um eine Absenkung Raiser, Thomas/Veil, Rüdiger (Kapitalgesellschaften 2006), § 15, Rn. 33; Hüffer, Uwe (Aktiengesetz 2008), § 100 AktG, Rn. 3 ff.; Picot, Gerhard (Kontrollmechanismen 2001), Rn. 63.

[1640] Vgl. Hüffer, Uwe (Aktiengesetz 2008), § 100 AktG, Rn. 5.

[1641] Vgl. zu dieser so genannten ‚Überkreuzverflechtung' Hüffer, Uwe (Aktiengesetz 2008), § 100 AktG, Rn. 6; Raiser, Thomas/Veil, Rüdiger (Kapitalgesellschaften 2006), § 15, Rn. 34.

[1642] Vgl. § 100 Abs. 3 AktG. Zu nennen sind an dieser Stelle das Mitbestimmungsgesetz, das Montan-Mitbestimmungsgesetz, das Mitbestimmungsergänzungsgesetz, das Drittelbeteiligungsgesetz sowie das Gesetz über die Mitbestimmung der Arbeitnehmer bei einer grenzüberschreitenden Verschmelzung. Siehe auch Hüffer, Uwe (Aktiengesetz 2008), § 100 AktG, Rn. 8. Vgl. zur Frage der Vereinbarkeit eines Aufsichtsratsmandats mit einem Handeln ‚im Auftrag' Kropff, Bruno (Aufsichtsratsmitglied 2006), S. 844 ff.

[1643] Vgl. § 100 Abs. 4 AktG; Hüffer, Uwe (Aktiengesetz 2008), § 100 AktG, Rn. 9 f.

[1644] Vgl. § 102 Abs. 1 AktG. Wörtlich heißt es hierzu im Gesetz, dass die Mitglieder des Aufsichtsrats „nicht für längere Zeit als bis zur Beendigung der Hauptversammlung bestellt werden, die über die Entlastung für das vierte Geschäftsjahr nach dem Beginn der Amtszeit beschließt. Das Geschäftsjahr, in dem die Amtszeit beginnt, wird nicht mitgerechnet"; vgl. auch Klunzinger, Eugen (Gesellschaftsrecht 2006), S. 177; Schmidt, Karsten (Gesellschaftsrecht 2002), S. 833; Mülbert, Peter O. (Stellung 1996), S. 101. Siehe auch Hüffer, Uwe (Aktiengesetz 2008), § 102 AktG, Rn. 2 ff., dort findet sich in Rn. 2 auch ein Beispiel zur Bestimmung der maximalen Dauer einer Amtszeit.

[1645] Vgl. § 101 Abs. 1 AktG. Siehe zur Wahl auch Raiser, Thomas/Veil, Rüdiger (Kapitalgesellschaften 2006), § 15, Rn. 38; Hüffer, Uwe (Aktiengesetz 2008), § 101 AktG, Rn. 3 ff.

[1646] Ausnahmen gelten lediglich für das weitere Mitglied, welches nach dem Montan-Mitbestimmungsgesetz oder dem Mitbestimmungsergänzungsgesetz gewählt wird. Vgl. § 101 Abs. 3 AktG, § 102 Abs. 2 AktG sowie § 103 Abs. 5 AktG.

[1647] Vgl. § 103 Abs. 1 AktG; Hüffer, Uwe (Aktiengesetz 2008), § 103 AktG, Rn. 4.

[1648] Vgl. § 103 Abs. 1 Satz 3 AktG.

Aufsichtsratsmitglied bei Vorliegen eines wichtigen Grunds nach § 103 Abs. 3 AktG von einem Gericht abberufen werden[1649].

Die Regelungen des AktG verbieten eine gleichzeitige Zugehörigkeit derselben Person zu Vorstand und Aufsichtsrat[1650]. In Ausnahmefällen ist es für maximal ein Jahr möglich, dass einzelne Aufsichtsratsmitglieder als Stellvertreter fehlender oder behinderter Vorstandsmitglieder fungieren[1651]. Während dieser Zeit dürfen sie jedoch nicht gleichzeitig ihre Tätigkeit als Aufsichtsratsmitglied ausüben[1652].

Die *innere Ordnung* des Aufsichtsrats ist in § 107 AktG geregelt[1653]. Diese soll eine ordnungsgemäße Arbeitsweise des Überwachungsgremiums ermöglichen[1654]. Abs. 1 der Vorschrift legt fest, dass jeder Aufsichtsrat ein Mitglied zum Vorsitzenden[1655] und mindestens einen Stellvertreter, der nur bei Behinderung des Vorsitzenden dessen Rechte und Pflichten übernimmt, zu wählen hat[1656]. Zu jeder Aufsichtsratssitzung ist eine vom Vorsitzenden zu unterzeichnende Niederschrift anzufertigen, welche Informationen über Ort und Datum der Sitzung, Teilnehmerkreis, Tagesordnungspunkte, wesentliche Verhandlungsinhalte sowie gefasste Beschlüsse des Aufsichtsrats enthalten muss[1657]. Zur Vorbereitung von Verhandlungen und Beschlüssen sowie zur Überwachung der Durchführung gefasster Beschlüsse kann der Aufsichtsrat mehrere

---

[1649] Die Bestimmung eines ‚wichtigen Grunds' orientiert sich hierbei an § 84 Abs. 3 Satz 2 AktG; vgl. Hüffer, Uwe (Aktiengesetz 2008), § 103 AktG, Rn. 10 mit Verweis auf Hüffer, Uwe (Aktiengesetz 2008), § 84 AktG, Rn. 26 ff.

[1650] Vgl. § 105 Abs. 1 AktG. Zweck der Vorschrift ist die klare Funktionstrennung zwischen Vorstand und Aufsichtsrat, dies wird auch als Inkompatibilitätsregel bezeichnet; vgl. Raiser, Thomas/Veil, Rüdiger (Kapitalgesellschaften 2006), § 15, Rn. 35; Hüffer, Uwe (Aktiengesetz 2008), § 105 AktG, Rn. 1.

[1651] Vgl. Hüffer, Uwe (Aktiengesetz 2008), § 105 AktG, Rn. 7; Heidbüchel, Volker (Vorstandsvertreter 2004), S. 1317 ff.

[1652] Vgl. § 105 Abs. 2 AktG.

[1653] Vgl. hierzu auch Schaub, Dieter (Innere Organisation 1977), S. 293 ff.

[1654] Vgl. zum Ablauf von Aufsichtsratssitzungen den Erfahrungsbericht bei Semler, Johannes (Erinnerungen 2007), S. 37 ff.

[1655] Vgl. zu den Aufgaben des Aufsichtsratsvorsitzenden Sarrazin, Jürgen (Aufsichtsratsvorsitzender 1995), S. 125 ff.

[1656] Vgl. Raiser, Thomas/Veil, Rüdiger (Kapitalgesellschaften 2006), § 15, Rn. 57 und Rn. 62; Hüffer, Uwe (Aktiengesetz 2008), § 107 AktG, Rn. 3; Schaub, Dieter (Innere Organisation 1977), S. 295.

[1657] Vgl. § 107 Abs. 2 AktG; siehe zu dieser Protokollpflicht auch Hüffer, Uwe (Aktiengesetz 2008), § 107 AktG, Rn. 12 ff.

Ausschüsse bilden[1658]. Diese Ausschüsse müssen dem gesamten Aufsichtsrat regelmäßig über ihre Tätigkeit berichten[1659].
Aufsichtsratsbeschlüsse stellen das Ergebnis einer Entscheidung des Aufsichtsrats dar[1660]. Die *Beschlussfähigkeit* des Aufsichtsrats kann gesetzlich geregelt oder von der Satzung festgelegt sein[1661]. Ist beides nicht der Fall, so ist der Aufsichtsrat nur dann beschlussfähig, wenn mindestens die Hälfte aller Mitglieder anwesend ist, wobei in jedem Fall mindestens drei Mitglieder an der Beschlussfassung teilnehmen müssen[1662]. Abwesende Aufsichtsratsmitglieder können sich gem. § 108 Abs. 3 AktG durch schriftliche Stimmabgabe an der Beschlussfassung beteiligen[1663]. Die Teilnahme an den Sitzungen des Aufsichtsrats ist Personen, die weder dem Vorstand noch dem Aufsichtsrat angehören, grundsätzlich verboten[1664]. Das Gesetz erlaubt jedoch als Ausnahme, dass *Sachverständige* oder sonstige Auskunftspersonen sofern erforderlich beigezogen werden dürfen[1665]. Weniger streng geregelt ist die Teilnahme an

---

[1658] Vgl. § 107 Abs. 3 AktG. Darüber hinaus sollte sich auch jedes Aufsichtsratsmitglied persönlich auf die jeweilige Sitzung vorbereiten; vgl. Semler, Johannes (Erinnerungen 2007), S. 28 ff.
Vgl. zur Ausschussbildung auch Raiser, Thomas/Veil, Rüdiger (Kapitalgesellschaften 2006), § 15, Rn. 81 ff.; Hüffer, Uwe (Aktiengesetz 2008), § 107 AktG, Rn. 16 ff.; Schmitz, Ronaldo H. (Überwachungstätigkeit 1996), S. 239 f.; Hommelhoff, Peter (Störungen 1995), S. 4 f.; Graf Lambsdorff, Otto (Überwachungstätigkeit 1996), S. 227 f.; Dreher, Meinrad (Organisation 1996), S. 45 ff.; Luther, Martin (Innere Organisation 1977), S. 313 f.; Semler, Johannes (Ausschüsse 1988), S. 60 ff.; Theisen, Manuel R. (Board Structure 1998), S. 261; Salzberger, Wolfgang (Überwachung 2000), S. 763.
Diese Ausschussbildung dient insbesondere bei mitbestimmten Gesellschaften der Sicherung der Arbeitsfähigkeit des Aufsichtsrats, da nach den Regeln der Mitbestimmung gebildete Aufsichtsräte regelmäßig sehr groß sind und so eine effektivere Arbeit auf Ausschussebene möglich ist; vgl. Scheffler, Eberhard (Abschlussprüfer 2004), S. 272. Auch Semler bezeichnet die Größe des Aufsichtsrats einer mitbestimmten Gesellschaft als verantwortlich für eine Effizienzverminderung des Gremiums; vgl. Semler, Johannes (Kapitalmarkt 1995), S. 37.
[1659] Vgl. Hüffer, Uwe (Aktiengesetz 2008), § 107 AktG, Rn. 22a; Bosse, Christian (Berichtspflichten 2002), S. 1593; Semler, Johannes (Ausschüsse 1988), S. 64.
[1660] Vgl. § 108 Abs. 1 AktG; Hüffer, Uwe (Aktiengesetz 2008), § 108 AktG, Rn. 2.
[1661] Vgl. § 108 Abs. 2 AktG; Hüffer, Uwe (Aktiengesetz 2008), § 108 AktG, Rn. 10 ff. Geheime Abstimmungen im Aufsichtsrat gelten als zulässig; vgl. Peus, Egon A. (Abstimmung 1996), S. 1656 f.
[1662] Vgl. Raiser, Thomas/Veil, Rüdiger (Kapitalgesellschaften 2006), § 15, Rn. 64; Hüffer, Uwe (Aktiengesetz 2008), § 108 AktG, Rn. 11.
[1663] Vgl. Raiser, Thomas/Veil, Rüdiger (Kapitalgesellschaften 2006), § 15, Rn. 69.
[1664] Vgl. § 109 Abs. 1 Satz 1 AktG.
[1665] Vgl. § 109 Abs. 1 Satz 2 AktG; Schmidt, Karsten (Gesellschaftsrecht 2002), S. 834; Hüffer, Uwe (Aktiengesetz 2008), § 109 AktG, Rn. 5; Götz, Jürgen (Unternehmensrecht 2003), S. 11; Janberg, Hans/Oesterlink, Hans-Christian (Gäste 1960), S. 240 ff.

Ausschusssitzungen: Hier dürfen nicht dem betreffenden Ausschuss angehörige Aufsichtsratsmitglieder – sofern der Aufsichtsratsvorsitzende nichts anderes bestimmt – auch an der Besprechung dieses Ausschusses teilnehmen[1666]. Insgesamt erlaubt § 109 Abs. 3 AktG, dass bei Aufsichtsrats- und Ausschusssitzungen nicht dem Gremium angehörende Personen stellvertretend für verhinderte Mitglieder teilnehmen können, wenn diese sie schriftlich hierzu ermächtig haben und die Satzung der Gesellschaft dies auch zulässt[1667].

Das Gesetz verpflichtet den Aufsichtsrat dazu, zwei *Sitzungen* pro Kalenderhalbjahr abzuhalten[1668]; in der Praxis tritt das Gremium in der Regel etwa drei- bis viermal jährlich zusammen[1669]. Unabhängig davon kann jedes Aufsichtsratsmitglied oder der Vorstand unter Angabe von Zweck und Gründen verlangen, dass der Aufsichtsratsvorsitzende den Aufsichtsrat unverzüglich einberuft und innerhalb einer zweiwöchigen Frist eine Aufsichtsratssitzung abhält[1670].

In § 111 AktG werden die zentralen *Aufgaben und Rechte* eines deutschen Aufsichtsrats geregelt. So enthält Abs. 1 die klare Formulierung seines Auftrags: „Der Aufsichtsrat hat die Geschäftsführung zu überwachen"[1671]. Um die-

---

[1666] Vgl. § 109 Abs. 2 AktG; Hüffer, Uwe (Aktiengesetz 2008), § 109 AktG, Rn. 6; Semler, Johannes (Ausschüsse 1988), S. 65.
[1667] Vgl. Hüffer, Uwe (Aktiengesetz 2008), § 109 AktG, Rn. 7; Mülbert, Peter O. (Stellung 1996), S. 109.
[1668] Vgl. § 110 Abs. 3 AktG. Bei nicht-börsennotierten Gesellschaften kann bei entsprechendem Beschluss des Aufsichtsrats auch eine Sitzung pro Kalenderhalbjahr ausreichend sein.
[1669] Vgl. Raiser, Thomas/Veil, Rüdiger (Kapitalgesellschaften 2006), § 15, Rn. 63. Hinzu kommt noch die Teilnahme an Ausschusssitzungen; vgl. Hommelhoff, Peter (Störungen 1995), S. 7. Vgl. zur Forderung nach sechs Treffen jährlich bereits Schmitz, Ronaldo H. (Überwachungstätigkeit 1996), S. 240.
Darüber hinaus muss jedoch während des gesamten Jahres regelmäßiger Kontakt zwischen den einzelnen Aufsichtsratsmitgliedern und der Gesellschaft stattfinden; vgl. Hommelhoff, Peter (Störungen 1995), S. 7.
[1670] Vgl. § 110 Abs. 1 AktG; Raiser, Thomas/Veil, Rüdiger (Kapitalgesellschaften 2006), § 15, Rn. 63; Bosse, Christian (Berichtspflichten 2002), S. 1593.
[1671] Vgl. Lück, Wolfgang (Überwachungssystem 2003), S. 70; Scheffler, Eberhard (Abschlussprüfer 2004), S. 271; Hüffer, Uwe (Publikumsgesellschaft 1980), S. 323; Henze, Hartwig (Leitungsverantwortung 2000), S. 213; Strobel, Wilhelm (Reform 2000), S. 535 f.; Theisen, Manuel René (Aufsichtsrat 1995), S. 107 ff.; Theisen, Manuel R. (Board Structure 1998), S. 259.
Vgl. zur Frage, inwieweit ein Vorstand auch bereits selbst seine Geschäftsführung kontrollieren muss und in welchem Umfang der Aufsichtsrat dazu ob seiner begrenzten sachlichen und personellen Mittel in der Lage ist, Martens, Klaus-Peter (Vorstandsverantwortung 1988), S. 198 ff.; zur Überwachung als Bestandteil der Leitungsaufgabe des Vorstands siehe Scheffler, Eberhard (Überwachungsaufgabe 1995), S. 80 ff.

se Pflicht erfüllen zu können, werden dem Aufsichtsrat Einsichts- und Prüfungsrechte bezüglich relevanter Bücher und Schriften der Gesellschaft ebenso wie hinsichtlich der Vermögensgegenstände und Schulden zuerkannt[1672]; diese können auch durch einzelne Mitglieder des Gremiums oder durch beauftragte Sachverständige wahrgenommen werden[1673]. Über die in § 90 AktG geregelte Berichterstattung des Vorstands hinaus ist es Pflicht jedes Aufsichtsratsmitglieds, für eine angemessene Informationsbasis des Gremiums zu sorgen[1674]. In erster Linie handelt es sich um eine vergangenheitsbezogene Kontrolle der Tätigkeiten des Vorstands[1675]. Zusätzlich muss die Überwachung aber auch präventiv wirken, d.h., auf die Zukunft ausgerichtet sein[1676]. In die Überwachung der Geschäftsführung sind die nach § 91 Abs. 2 AktG getroffenen Maßnahmen einzuschließen[1677]. Die Pflichtenauflistung zeigt, dass dem Aufsichtsrat auch eine Verantwortung bezüglich der Vermeidung bzw. Aufdeckung von Accounting Fraud zukommt[1678].

Zur Bedeutung von Vertrauen und Misstrauen im Verhältnis zwischen Vorstand und Aufsichtsrat siehe Steinmann, Horst/Klaus, Hans (Kontrollorgan 1987), S. 31 ff.

[1672] Vgl. Schmidt, Karsten (Gesellschaftsrecht 2002), S. 823; Henze, Hartwig (Leitungsverantwortung 2000), S. 213; Kropff, Bruno (Informationsbeschaffungspflicht 2005), S. 239; Lutter, Marcus (Aufsichtsrat 2002), Sp. 126 f.; Roth, Markus (Möglichkeiten 2004), S. 7. Dabei finden sich im Schrifttum unterschiedliche Auffassungen dahingehend, ob diese Einsichtsrechte grundsätzlich bestehen oder ob sie nur bezogen auf eine konkrete Fragestellung zu gewähren sind; vgl. dazu Merkt, Hanno/Köhrle, Julien (Information 2004), S. 223. Diskutiert wird dies u.a. anhand des Arguments einer möglichen Misstrauenswirkung gegenüber dem Vorstand.
Vgl. zur Heranziehung von Abschlusskennzahlen zur Unterstützung der Überwachungsfunktion sowie zu ausgewählten Kennzahlen Baetge, Jörg/Zülch, Henning (Abschlusskennzahlen 2003), S. 221 ff.

[1673] Vgl. § 111 Abs. 2 Sätze 1 und 2 AktG; Hüffer, Uwe (Aktiengesetz 2008), § 111 AktG, Rn. 12.

[1674] Vgl. Kropff, Bruno (Informationsbeschaffungspflicht 2005), S. 232; Hüffer, Uwe (Aktiengesetz 2008), § 90 AktG, Rn. 1a. Zur großen Bedeutung angemessener Information auch vgl. Eglau, Hans Otto (Nachsicht 1988), S. 26; Hommelhoff, Peter/Mattheus, Daniela (Corporate Governance 1998), S. 253 f.; Bea, Franz Xaver/Scheurer, Steffen (Kontrollfunktion 1994), S. 2152; Bierich, Marcus (Aufgaben 1977), S. 149; Roth, Markus (Möglichkeiten 2004), S. 2.

[1675] Vgl. Raiser, Thomas/Veil, Rüdiger (Kapitalgesellschaften 2006), § 15, Rn. 1; Hüffer, Uwe (Aktiengesetz 2008), § 111 AktG, Rn. 4; Henze, Hartwig (Rechtsstellung 2005), S. 165 f.; Picot, Gerhard (Kontrollmechanismen 2001), Rn. 10.

[1676] Vgl. Raiser, Thomas/Veil, Rüdiger (Kapitalgesellschaften 2006), § 15, Rn. 2; Hüffer, Uwe (Aktiengesetz 2008), § 111 AktG, Rn. 5; Horn, Norbert (Haftung 1997), S. 1136 f.; Henze, Hartwig (Rechtsstellung 2005), S. 165; Semler, Johannes (Unternehmensaufsicht 1977), S. 528 f.; Picot, Gerhard (Kontrollmechanismen 2001), Rn. 11.

[1677] Vgl. Kindler, Peter/Pahlke, Anne-Kathrin (Überwachungspflichten 2001), Rn. 193 ff.; siehe hierzu außerdem die Ausführungen unter Gliederungspunkt 3.4, S. 309 ff.

[1678] Vgl. Schruff, Wienand (Top-Management Fraud 2003), S. 902.

Darüber hinaus gehört es seit KonTraG zu den Aufgaben des Aufsichtsrats, dem von der Hauptversammlung gewählten externen Jahresabschlussprüfer seinen *Prüfungsauftrag* zu erteilen[1679]. Hiermit sollte insbesondere eine verbesserte Zusammenarbeit zwischen beiden Instanzen ermöglicht werden[1680].

Maßnahmen der Geschäftsführung dürfen dem Aufsichtsrat nach § 111 Abs. 4 Satz 1 AktG nicht übertragen werden[1681]. Die Gesellschaftssatzung oder der Aufsichtsrat selbst können allerdings festlegen, dass der Vorstand bestimmte Geschäfte ausschließlich mit vorheriger Zustimmung des Aufsichtsgremiums durchführen darf[1682]. Bleibt diese Zustimmung aus, kann der Vorstand diese unter bestimmten Voraussetzungen auch von der Hauptversammlung erhalten[1683].

Gem. § 112 AktG vertritt der Aufsichtsrat die Gesellschaft gegenüber den Vorstandsmitgliedern sowohl gerichtlich als auch außergerichtlich[1684]. Für ihre Tätigkeit kann den Mitgliedern des Überwachungsorgans eine angemessene

---

[1679] Vgl. § 111 Abs. 2 Satz 3 AktG; Hüffer, Uwe (Aktiengesetz 2008), § 111 AktG, Rn. 12a ff.; Hommelhoff, Peter (Organisationsverfassung 1998), S. 2569; Scheffler, Eberhard (Aufsichtsrat 2005), Rn. 89 ff.; ausführlich hierzu auch Theisen, Manuel René (Prüfungsauftrag 1999), S. 341 ff. Zur Verbindung zwischen Abschlussprüfer und Aufsichtsrat siehe auch Semler, Johannes (Erinnerungen 2007), S. 55 ff.

[1680] Vgl. Picot, Gerhard (Kontrollmechanismen 2001), Rn. 69; Gelhausen, Hans Friedrich (Zweckgemeinschaft 1999), S. 393 f. Außerdem versprach sich der Gesetzgeber davon auch eine verbesserte Unabhängigkeit des Abschlussprüfers; vgl. Clemm, Hermann (Krisenwarner 1995), S. 97 f.

[1681] Vgl. Hüffer, Uwe (Aktiengesetz 2008), § 111 AktG, Rn. 16; Raiser, Thomas/Veil, Rüdiger (Kapitalgesellschaften 2006), § 15, Rn. 5.

[1682] Vgl. § 111 Abs. 4 Sätze 2 ff. AktG; Raiser, Thomas/Veil, Rüdiger (Kapitalgesellschaften 2006), § 15, Rn. 8 ff.; Hüffer, Uwe (Publikumsgesellschaft 1980), S. 343 ff.; Bosse, Christian (Berichtspflichten 2002), S. 1594; Götz, Heinrich (Rechte und Pflichten 2002), S. 602 f.; Dreher, Meinrad (Organisation 1996), S. 48 ff.; Lenz, Tobias (Zustimmungsvorbehalt 1997), S. 448 ff.; Henze, Hartwig (Rechtsstellung 2005), S. 166 f.; Boujong, Karlheinz (Vorstandskontrolle 1995), S. 205 ff.; Scheffler, Eberhard (Konzernleitung 1995), S. 166 f.

[1683] Vgl. Hüffer, Uwe (Aktiengesetz 2008), § 111 AktG, Rn. 20.

[1684] Vgl. Hüffer, Uwe (Aktiengesetz 2008), § 112 AktG; Werner, Winfried (Vertretung 1989), S. 369 ff.; Sarrazin, Jürgen (Aufsichtsratsvorsitzender 1995), S. 134; Gündel, Gerhard (Verhältnis 2005), Rn. 452 ff.

Vergütung gewährt werden[1685]. Verträge zwischen einem Aufsichtsratsmitglied und der Gesellschaft außerhalb seiner Tätigkeit im Aufsichtsrat bedürfen expliziter Zustimmung[1686].

Von besonderer Bedeutung bei den Bestimmungen über den Aufsichtsrat allgemein und vor dem Hintergrund der hier diskutierten Thematik im Speziellen sind die in § 116 AktG geregelte *Sorgfaltspflicht* und Verantwortlichkeit der Aufsichtsratsmitglieder[1687]. Da das Gesetz an dieser Stelle einen Verweis auf die entsprechenden Regelungen für den Vorstand in § 93 AktG vorsieht[1688], gelten die Ausführungen[1689] dazu analog für den Aufsichtsrat. Explizit werden die Mitglieder des Überwachungsgremiums zur Verschwiegenheit hinsichtlich erhaltener Berichte und stattgefundener Beratungen verpflichtet[1690].

Als weitere wichtige Aufgabe obliegt dem Aufsichtsrat nach § 171 Abs. 1 AktG die *Prüfung* des vom Vorstand aufgestellten und dem Aufsichtsrat un-

---

[1685] Vgl. § 113 AktG; Hüffer, Uwe (Aktiengesetz 2008), § 113 AktG; Hoffmann-Becking, Michael (Anmerkungen 2005), S. 174 ff.; Vetter, Eberhard (Verträge 2008), S. 2 ff.; Bischof, Jannis (Aufsichtsratsvergütung 2006), S. 2627; Strieder, Thomas (Vergütungen 2007), S. 32. Der Aufsichtsrat kann sich nicht selbst eine Vergütung bewilligen. Vielmehr wird diese entweder in der Satzung geregelt oder von der Hauptversammlung bewilligt; vgl. Raiser, Thomas/Veil, Rüdiger (Kapitalgesellschaften 2006), § 15, Rn. 92 ff. Zur Frage der Entlohnung von Aufsichtsräten mittels Stock Options siehe Vetter, Eberhard (Stock Options 2004), S. 234 ff.; Henze, Hartwig (Rechtsstellung 2005), S. 172 f. Vgl. zu Vergütungsmodellen für Aufsichtsräte auch Raible, Karl-Friedrich/Vaupel, Alexander (Vergütungsmodelle 2007), S. 151 ff.; Siegel, Theodor (Vergütung 2003), S. 408 ff.

[1686] Vgl. § 114 AktG; Hüffer, Uwe (Aktiengesetz 2008), § 114 AktG; Vetter, Eberhard (Verträge 2008), S. 6 ff.; Krummel, Christoph/Küttner, Wolfdieter (Verträge 1996), S. 193 ff. Vgl. zur Problematik von Beratungsverträgen zwischen einer Gesellschaft und den Mitgliedern ihres Aufsichtsrats Peltzer, Martin (Beratungsverträge 2007), S. 305 ff.; Müller-Michaels, Olaf (Beratungsverträge 2006), S. 99 ff.

[1687] Vgl. hierzu ausführlich und m.w.N. Raiser, Thomas/Veil, Rüdiger (Kapitalgesellschaften 2006), § 15, Rn. 97 ff.; Hüffer, Uwe (Aktiengesetz 2008), § 116 AktG; Liese, Jens/Theusinger, Ingo (Bericht des Aufsichtsrats 2007), S. 2530; Mülbert, Peter O. (Stellung 1996), S. 116 ff. Der Aufsichtsrat hat stets im Interesse der Gesellschaft zu handeln; vgl. Semler, Johannes (Unternehmensaufsicht 1977), S. 521 f.

[1688] Vgl. Wirth, Gerhard (Anforderungsprofil 2005), S. 332.

[1689] Vgl. hierzu die Ausführungen unter Gliederungspunkt 3.3.3.2.1, S. 251 ff.

[1690] Vgl. § 116 Satz 2 AktG; Raiser, Thomas/Veil, Rüdiger (Kapitalgesellschaften 2006), § 15, Rn. 106 f.; Bosse, Christian (Berichtspflichten 2002), S. 1594; Meyer-Landrut, Joachim (Verschwiegenheitspflicht 1964), S. 325 ff.; Rittner, Fritz (Verschwiegenheitspflicht 1976), S. 365 ff. Vgl. zur Verschwiegenheitspflicht i.S.d. Wahrung des Unternehmensinteresses Raisch, Peter (Unternehmensinteresse 1976), S. 347 ff.; siehe zu verschiedenen Aspekten der Verschwiegenheitspflicht auch Rittner, Fritz (Verschwiegenheitspflicht 1976), S. 365 ff.; Schmidt, Karsten (Gesellschaftsrecht 2002), S. 824 ff.

verzüglich übermittelten *Jahresabschlusses*[1691]. Das Ergebnis seiner Prüfung muss der Aufsichtsrat in schriftlicher Form der Hauptversammlung mitteilen[1692]. Darin berichtet der Aufsichtsrat außerdem darüber, „in welcher Art und in welchem Umfang er die Geschäftsführung der Gesellschaft während des Geschäftsjahrs geprüft hat"[1693]. Im Fall eines prüfungspflichtigen Jahresabschlusses nimmt der Aufsichtsrat auch Stellung zu dem Ergebnis des externen Jahresabschlussprüfers[1694]. Schließlich hat er gem. § 171 Abs. 2 Satz 4 AktG zu erklären, ob er den vom Vorstand aufgestellten Jahresabschluss billigt[1695]. Nach erfolgter Billigung gilt dieser als festgestellt[1696].

Diese an einigen Stellen stark zusammengefasste Darstellung der aktienrechtlichen Regelungen verdeutlicht, dass das deutsche zweistufige Modell der Unternehmensführung und -überwachung grundsätzlich mit dem Aufsichtsrat eine starke Komponente beinhaltet, welche zur Sicherung des Gesellschaftswohls beitragen soll. Dabei werden an die Aufsichtsratsmitglieder hohe persönliche Anforderungen gestellt[1697]. Da der DCGK ebenfalls Regelungen zur Ausgestaltung der Überwachungsaufgabe durch den Aufsichtsrat und darüber hinaus Bestimmungen über das Zusammenwirken von Vorstand und Aufsichtsrat enthält, wird auf diese zum Verständnis der Rollenverteilung im System der Corporate Governance wichtigen Aspekte nachfolgend ebenfalls eingegangen[1698].

3.3.3.3.2 Regelungen des Deutschen Corporate Governance Kodex

Die Bestimmungen zum Aufsichtsrat im DCGK behandeln allgemeinen Aufgaben und Zuständigkeiten, den Aufsichtsratsvorsitzenden, die Ausschüsse, die Zusammensetzung und Vergütung sowie Interessenkonflikte. Außerdem

---

[1691] Vgl. Raiser, Thomas/Veil, Rüdiger (Kapitalgesellschaften 2006), § 15, Rn. 6; Klunzinger, Eugen (Gesellschaftsrecht 2006), S. 191; Hüffer, Uwe (Publikumsgesellschaft 1980), S. 329; Dörner, Dietrich (Überwachungsorgan 1995), S. 186; Potthoff, Erich (Prüfung 1996), S. 831 ff.

[1692] Vgl. § 171 Abs. 2 Satz 1 AktG; Raiser, Thomas/Veil, Rüdiger (Kapitalgesellschaften 2006), § 15, Rn. 6; Theisen, Manuel René (Aufsichtsrat 2007), S. 211 f.

[1693] § 171 Abs. 2 Satz 2 1. Halbsatz AktG. Vgl. Liese, Jens/Theusinger, Ingo (Bericht des Aufsichtsrats 2007), S. 2530 und S. 2532.

[1694] Vgl. § 171 Abs. 2 Satz 3 AktG; Emmerich, Volker (Kontrolle 1977), S. 218.

[1695] Vgl. Bosse, Christian (Berichtspflichten 2002), S. 1594. Vgl. zum Begriff der Billigung auch Küting, Karlheinz/Weber, Claus-Peter/Boecker, Corinna (Fast Close 2004), S. 5.

[1696] Vgl. Raiser, Thomas/Veil, Rüdiger (Kapitalgesellschaften 2006), § 15, Rn. 6 f.

[1697] Vgl. Lück, Wolfgang (Überwachungssystem 2003), S. 74 ff.

[1698] Vgl. hierzu die Ausführungen unter Gliederungspunkt 3.3.3.3.2, S. 283 ff.

empfiehlt der Kodex dem Aufsichtsrat, regelmäßig die Effizienz seiner Tätigkeit zu überprüfen[1699].

Der Aufsichtsrat berät und überwacht den Vorstand regelmäßig[1700] und ist immer dann in Entscheidungen einzubinden, wenn diese grundlegend für das Unternehmen sind[1701]. Außerdem hat er die Vorstandsmitglieder zu bestellen und zu entlassen[1702]. Hier spricht sich der Kodex dafür aus, dass Vorstand und Aufsichtsrat gemeinsam eine langfristige *Nachfolgeplanung* betreiben, um so die Kontinuität in der Zusammensetzung zu wahren und die Arbeit nicht durch zu häufige Veränderung in der Zusammensetzung der Gremien zu belasten[1703]. Zur Vorbereitung der Bestellung von Mitgliedern des Vorstands wird angeregt, diese einem Ausschuss des Aufsichtsrats zu übertragen[1704]. Auch wenn § 84 Abs. 1 Satz 1 AktG die Bestellung eines Vorstands für max. fünf Jahre zulässt, enthält der DCGK die Anregung, diese max. mögliche Bestelldauer

---

[1699] Vgl. DCGK i.d.F. vom 14.06.2007, Tz. 5.6; siehe ausführlich auch Ringleb, Henrik-Michael/Kremer, Thomas/Lutter, Marcus/Werder, Axel v. (Hrsg.) (Kommentar 2008), Rn. 1152 ff.; Semler, Johannes (Effizienzprüfung 2005), S. 399 ff.; Strieder, Thomas (Effizienzprüfung 2007), S. 168 ff.; Arbeitskreis Externe und Interne Überwachung der Unternehmung der Schmalenbach-Gesellschaft für Betriebswirtschaft e.V. (AKEIÜ) (Aufsichtsrat 2006), S. 1633 ff.; Schilling, Florian (Beurteilung 2004), S. 293 ff.; Peltzer, Martin (Verantwortung 2003), S. 385 f. Diese Empfehlung wird als sehr wichtig für die Praxis angesehen, weil eine mangelhafte Überwachung oftmals zu spät erkannt wurde. International ist die Durchführung einer solchen Effizienzprüfung durchaus üblich; vgl. Strieder, Thomas (Kodex 2005), S. 128 ff.; Lück, Wolfgang (Überwachungssystem 2003), S. 72.
Als Maßstab zur Messung der Effizienz der Aufsichtsratstätigkeit gilt nach Semler „die Entwicklung des überwachten Unternehmens und seiner Vermögens-, Ertrags- und Finanzlage"; Semler, Johannes (Effizienzprüfung 2005), S. 401.

[1700] Vgl. zum Gegenstand der Überwachung Ringleb, Henrik-Michael/Kremer, Thomas/Lutter, Marcus/Werder, Axel v. (Hrsg.) (Kommentar 2008), Rn. 913 ff.

[1701] Vgl. DCGK i.d.F. vom 14.06.2007, Tz. 5.1.1. Dies bedeutet, dass der Aufsichtsrat dem Vorstand ein kompetenter Diskussionspartner in Fragen der Unternehmensentwicklung und -strategie sein soll; vgl. Strieder, Thomas (Kodex 2005), S. 104.

[1702] Vgl. DCGK i.d.F. vom 14.06.2007, Tz. 5.1.2. Die Personalentscheidungen stellen eine der wesentlichen Aufgaben jedes Aufsichtsrats dar; vgl. Ringleb, Henrik-Michael/Kremer, Thomas/Lutter, Marcus/Werder, Axel v. (Hrsg.) (Kommentar 2008), Rn. 932.

[1703] Vgl. DCGK i.d.F. vom 14.06.2007, Tz. 5.1.2. Diese Empfehlung ist als sinnvoll zu qualifizieren, da langfristige Personalplanungen eine gewisse Sicherheit mit sich bringen; vgl. auch Strieder, Thomas (Kodex 2005), S. 106; siehe zur Nachfolgeplanung auch Ringleb, Henrik-Michael/Kremer, Thomas/Lutter, Marcus/Werder, Axel v. (Hrsg.) (Kommentar 2008), Rn. 940.

[1704] Dieser Ausschuss könnte dann auch die Vertragsbedingungen sowie die Vergütung festlegen; vgl. DCGK i.d.F. vom 14.06.2007, Tz. 5.1.2.

bei Erstbestellungen nicht auszunutzen[1705]. Außerdem regt der DCGK die Einführung einer *Altersgrenze* für Vorstandsmitglieder an[1706]. Anders als für den Vorstand ist eine *Geschäftsordnung* für den Aufsichtsrat nicht gesetzlich normiert[1707]. Nichtsdestotrotz empfiehlt der DCGK die Einrichtung einer solchen Geschäftsordnung[1708]. So kann das Aufsichtsgremium über das Gesetz hinausgehend seine Arbeitsgrundsätze formulieren.

Hinsichtlich der Festlegung der Aufgaben und Befugnisse des Aufsichtsratsvorsitzenden finden sich im Kodex die bereits im vorherigen Kapitel genannten gesetzlichen Verpflichtungen, darüber hinaus auch mehrere Empfehlungen und Anregungen, die die Wirksamkeit seiner Tätigkeit i.S.e. guten Corporate Governance erhöhen sollen[1709]. Der Aufsichtsratsvorsitzende übernimmt die Koordination der gesamten Aufsichtsratsarbeit sowie die Leitung der Sitzungen, darüber hinaus vertritt er das Gremium nach außen[1710]. Der DCGK spricht sich dafür aus, dass der Vorsitzende zugleich auch in dem einzurichtenden Ausschuss, der die Vorstandsverträge verhandelt[1711], und in einem

---

[1705] Vgl. DCGK i.d.F. vom 14.06.2007, Tz. 5.1.2; Ringleb, Henrik-Michael/Kremer, Thomas/Lutter, Marcus/Werder, Axel v. (Hrsg.) (Kommentar 2008), Rn. 947. Dabei ist es jedoch ein Unterschied, ob eine erstmals bestellte Person aus dem Unternehmen selbst kommt und somit bekannt ist, oder ob es sich um einen quasi Fremden handelt; vgl. Strieder, Thomas (Kodex 2005), S. 107.

[1706] Vgl. Deutscher Corporate Governance Kodex in der Fassung vom 14.06.2007, Tz. 5.1.2. Die Entscheidung über die Festlegung der Altersgrenze hat jeweils unternehmensindividuell zu erfolgen; vgl. Strieder, Thomas (Kodex 2005), S. 107; Ringleb, Henrik-Michael/Kremer, Thomas/Lutter, Marcus/Werder, Axel v. (Hrsg.) (Kommentar 2008), Rn. 951 ff.

[1707] Dennoch gilt diese als notwendige organisatorische Regelung; vgl. Lück, Wolfgang (Überwachungssystem 2003), S. 71; Hommelhoff, Peter (Störungen 1995), S. 3 f.; Hommelhoff, Peter/Mattheus, Daniela (Corporate Governance 1998), S. 254; Semler, Johannes (German Aufsichtsrat 1998), S. 270. Vgl. zur Dauer der Gültigkeit einer Geschäftsordnung Obermüller, Walter (Gültigkeitsdauer 1971), S. 952 f.

[1708] Vgl. DCGK i.d.F. vom 14.06.2007, Tz. 5.1.3. Diese dient der Selbstorganisation des Aufsichtsrats und kann zur Effizienzsteigerung beitragen; vgl. Strieder, Thomas (Kodex 2005), S. 108; Ringleb, Henrik-Michael/Kremer, Thomas/Lutter, Marcus/Werder, Axel v. (Hrsg.) (Kommentar 2008), Rn. 955 ff.

[1709] Vgl. Ringleb, Henrik-Michael/Kremer, Thomas/Lutter, Marcus/Werder, Axel v. (Hrsg.) (Kommentar 2008), Rn. 960.

[1710] Vgl. DCGK i.d.F. vom 14.06.2007, Tz. 5.2.

[1711] Vgl. zum Vorsitz im Personalausschuss Ringleb, Henrik-Michael/Kremer, Thomas/Lutter, Marcus/Werder, Axel v. (Hrsg.) (Kommentar 2008), Rn. 967.

die Aufsichtsratssitzungen vorbereitenden Ausschuss den Vorsitz übernimmt. Den Vorsitz des Prüfungsausschusses sollte er dagegen nicht innehaben[1712].

Es wird empfohlen, dass der Aufsichtsratsvorsitzende regelmäßig *Kontakt* zum Vorstand, insbesondere zu seinem Vorsitzenden, hält und dabei mit ihm über die Strategie, die Geschäftsentwicklung sowie das Risikomanagement des Unternehmens berät[1713]. Zusätzlich ist der Vorstand durch § 90 AktG dazu verpflichtet, den Aufsichtsrat unverzüglich bei besonderen Ereignissen, die sich auf die Gesellschaft und ihre Entwicklung auswirken, zu unterrichten. In einem solchen Fall soll der Aufsichtsratsvorsitzende seinerseits den gesamten Aufsichtsrat unterrichten und bei Bedarf eine außerordentliche Sitzung des Gremiums einberufen[1714]. Der Kontakt zwischen Vorstand und Aufsichtsrat muss also stets bilateral funktionieren.

Der DCGK empfiehlt jedem Aufsichtsrat, in Abhängigkeit der Anzahl seiner Mitglieder und unter Berücksichtigung unternehmensspezifischer Besonderheiten verschiedene fachlich qualifizierte *Ausschüsse* aus seinen Mitgliedern zu bilden[1715]. Dies soll eine Effizienzsteigerung der Arbeit des Aufsichtsrats bewirken und gleichzeitig der entsprechend vertieften Behandlung komplexer Sachverhalte dienen. Jeder Ausschuss soll seinen eigenen Vorsitzenden haben, der wiederum regelmäßig an den Vorsitzenden des gesamten Aufsichtsrats zu berichten hat[1716]. Insbesondere spricht sich der Kodex für die Einrichtung eines Prüfungsausschusses, der als Audit Committee bezeichnet

---

[1712] Vgl. DCGK i.d.F. vom 14.06.2007, Tz. 5.2; Ringleb, Henrik-Michael/Kremer, Thomas/Lutter, Marcus/Werder, Axel v. (Hrsg.) (Kommentar 2008), Rn. 968 f. Diese Anregung stellt darauf ab, dass in Deutschland häufig der Vorsitzende des Aufsichtsrats früher auch Vorstandsvorsitzender war. Nimmt er dann noch gleichzeitig den Vorsitz des Prüfungsausschusses wahr, so erhöht dies die Gefahr, dass er von ihm als Vorstand verantwortete Entscheidungen nunmehr überprüfen muss. Damit ist seine Unabhängigkeit beeinträchtigt. Vgl. hierzu auch Strieder, Thomas (Kodex 2005), S. 109 f.

[1713] Vgl. Ringleb, Henrik-Michael/Kremer, Thomas/Lutter, Marcus/Werder, Axel v. (Hrsg.) (Kommentar 2008), Rn. 970 ff.; Preußner, Joachim (Risikomanagement 2004), S. 306 f.; Kromschröder, Bernhard/Lück, Wolfgang (Grundsätze 1998), S. 1576. Vgl. zur Bedeutung der Beurteilung des Risikomanagements durch den Aufsichtsrat Gleißner, Werner (Beurteilung 2007), S. 173 ff.; Röhrich, Raimund (Aufsichtsrat 2006), S. 41 ff.

[1714] Vgl. DCGK i.d.F. vom 14.06.2007, Tz. 5.2.

[1715] Vgl. DCGK i.d.F. vom 14.06.2007, Tz. 5.3.1. Dies ist nicht zuletzt auch deshalb sinnvoll, da deutsche Aufsichtsräte aufgrund gesetzlicher Bestimmungen häufig sehr groß sind; vgl. Strieder, Thomas (Kodex 2005), S. 111; Ringleb, Henrik-Michael/Kremer, Thomas/Lutter, Marcus/Werder, Axel v. (Hrsg.) (Kommentar 2008), Rn. 976.

[1716] Vgl. DCGK i.d.F. vom 14.06.2007, Tz. 5.3.1; Ringleb, Henrik-Michael/Kremer, Thomas/Lutter, Marcus/Werder, Axel v. (Hrsg.) (Kommentar 2008), Rn. 985.

wird, aus[1717]. Dieser soll sich „mit Fragen der Rechnungslegung, des Risikomanagements und der Compliance, der erforderlichen Unabhängigkeit des Abschlussprüfers, der Erteilung des Prüfungsauftrags an den Abschlussprüfer, der Bestimmung von Prüfungsschwerpunkten und der Honorarvereinbarung"[1718] befassen[1719]. Der Vorsitzende dieses Prüfungsausschusses[1720] soll für seine Tätigkeit über besondere Kenntnisse und Erfahrungen auf dem Gebiet der Rechnungslegung sowie interner Kontrollverfahren verfügen[1721]. Dieses

---

[1717] Vgl. zu dessen Einbindung in das deutsche Corporate Governance-System Warncke, Markus (Zusammenarbeit 2005), S. 182 ff.; Breuer, Rolf-E. (Zusammenspiel 2003), S. S119; zur ökonomischen Funktion siehe Böcking, Hans-Joachim/Dutzi, Andreas/Müßig, Anke (Ökonomische Funktion 2004), S. 422 ff.
Dieser Prüfungsausschuss ist jedoch nicht mit dem Audit Committee angloamerikanischer Prägung identisch; vgl. Schmitz, Ronaldo (Audit Committee 2003), S. 182; Kersting, Christian (Ausländische Emittenten 2003), S. 2011; zur Abgrenzung Ringleb, Henrik-Michael/Kremer, Thomas/Lutter, Marcus/Werder, Axel v. (Hrsg.) (Kommentar 2008), Rn. 991; Bender, Christian/Vater, Hendrik (Kernprobleme 2003), S. 1809. Zur Diskussion über die Einführung von Audit Committees nach US-amerikanischem Vorbild in Deutschland vgl. bereits Langenbucher, Günther/Blaum, Ulf (Überwachungskrise 1994), S. 2199 ff.

[1718] DCGK i.d.F. vom 14.06.2007, Tz. 5.3.2.

[1719] Vgl. Strieder, Thomas (Kodex 2005), S. 112 ff.; Ringleb, Henrik-Michael/Kremer, Thomas/Lutter, Marcus/Werder, Axel v. (Hrsg.) (Kommentar 2008), Rn. 992 ff.; Schmitz, Ronaldo (Audit Committee 2003), S. 185; Ranzinger, Christoph/Blies, Peter (Audit Committee 2001), S. 458 f.; Hommelhoff, Peter (Organisationsverfassung 1998), S. 2569 ff.; Gelhausen, Hans Friedrich/Hönsch, Henning (Kodex 2002), S. 530.
Vgl. zur Unabhängigkeitserklärung des Abschlussprüfers gegenüber dem Aufsichtsrat Pfitzer, Norbert/Orth, Christian/Wader, Dominic (Unabhängigkeitserklärung 2002), S. 753 ff. Vgl. zur Qualifikation der Mitglieder des Prüfungsausschusses Scheffler, Eberhard (Aufsichtsrat 2005), Rn. 63 ff.
Darüber hinaus soll sich der Prüfungsausschuss auch mit der Arbeit der Internen Revision befassen; vgl. Fahrion, Hans-Jürgen/Geis, Astrid (Anforderungen 2007), S. 262 f.
Eine empirische Untersuchung aus dem Jahr 2005 bei DAX- und MDAX-Gesellschaften hat ergeben, „dass die Empfehlung des Kodex dem Prüfungsausschuss in deutschen Aufsichtsräten letztlich zum Durchbruch verholfen hat"; Peemöller, Volker H./Warncke, Markus (Prüfungsausschüsse 2005), S. 402. Der empirischen Untersuchung liegt eine Fragebogenerhebung bei den 80 Unternehmen, die zu diesem Zeitpunkt in DAX und MDAX notiert waren, zugrunde. Nur 36 Antworten gingen ein. Von diesen waren aus verschiedenen Gründen nicht alle verwertbar, so dass das zitierte Ergebnis letztendlich auf den Antworten von 14 DAX- und ebenfalls 14 MDAX-Gesellschaften beruht. Vgl. zur Datenerhebung Peemöller, Volker H./Warncke, Markus (Prüfungsausschüsse 2005), S. 401.

[1720] Wie oben beschrieben regt der DCGK an, dass der Aufsichtsratsvorsitzende dieses Amt nicht innehaben sollte; vgl. DCGK i.d.F. vom 14.06.2007, Tz. 5.2.

[1721] Vgl. DCGK i.d.F. vom 14.06.2007, Tz. 5.3.2. Vgl. zu möglichen Qualifikationen Strieder, Thomas (Kodex 2005), S. 113; Ringleb, Henrik-Michael/Kremer, Thomas/Lutter, Marcus/Werder, Axel v. (Hrsg.) (Kommentar 2008), Rn. 1005.

Amt sollte jedoch nicht von einem ehemaligen Vorstandsmitglied der Gesellschaft übernommen werden[1722].

Ebenfalls neu im Kodex seit dem Jahr 2007 ist die Empfehlung der Regierungskommission Corporate Governance an den Aufsichtsrat zur Bildung eines *Nominierungsausschusses*[1723]. Dieser soll ausschließlich mit Anteilseignervertretern besetzt sein und dem Aufsichtsrat geeignete Kandidaten für dessen Wahlvorschläge an die Hauptversammlung mitteilen[1724]. Neben diesen genannten Ausschüssen können weitere Ausschüsse zur Behandlung verschiedener Sachthemen gebildet werden[1725]. Zudem regt der DCGK die Vorbereitung von Aufsichtsratssitzungen durch Ausschüsse an[1726].

Mit Blick auf die *Zusammensetzung* des Aufsichtsrats enthält der DCGK folgende über die gesetzlichen Anforderungen hinausgehende Empfehlungen:

– Werden Vorschläge zur Wahl von Aufsichtsratsmitgliedern gemacht, so ist darauf zu achten, dass dem Gremium Mitglieder angehören, die über die erforderlichen Kenntnisse, Fähigkeiten und fachlichen Erfahrungen verfügen, um ihre Aufgabe ordnungsgemäß wahrnehmen zu können[1727]. Kriterien bei der Auswahl potenzieller Kandidaten sollen das internationale Umfeld des Unternehmens, möglicherweise bestehende oder auftretende Interessenkonflikte sowie eine Altershöchstgrenze sein[1728].

– Dem Aufsichtsrat soll eine seiner Einschätzung nach ausreichende Anzahl unabhängiger Mitglieder angehören, damit er die Beratung und Überwachung des Vorstands unabhängig durchführen kann[1729]. Ein Aufsichtsratsmitglied gilt dem Kodex zufolge dann als unabhängig, wenn es zu der Gesellschaft oder deren Vorstand nicht in einer geschäftlichen oder persönlichen Beziehung steht, aus der ein Interessenkonflikt entsteht[1730]. Zur

---

[1722] Vgl. DCGK i.d.F. vom 14.06.2007, Tz. 5.3.2.
[1723] Vgl. DCGK i.d.F. vom 14.06.2007, Tz. 5.3.3.
[1724] Vgl. Ringleb, Henrik-Michael/Kremer, Thomas/Lutter, Marcus/Werder, Axel v. (Hrsg.) (Kommentar 2008), Rn. 1005b.
[1725] Vgl. DCGK i.d.F. vom 14.06.2007, Tz. 5.3.4; Strieder, Thomas (Kodex 2005), S. 115; Ringleb, Henrik-Michael/Kremer, Thomas/Lutter, Marcus/Werder, Axel v. (Hrsg.) (Kommentar 2008), Rn. 1006 ff.
[1726] Vgl. DCGK i.d.F. vom 14.06.2007, Tz. 5.3.5; Ringleb, Henrik-Michael/Kremer, Thomas/Lutter, Marcus/Werder, Axel v. (Hrsg.) (Kommentar 2008), Rn. 1009 ff.
[1727] Vgl. DCGK i.d.F. vom 14.06.2007, Tz. 5.4.1.
[1728] Vgl. Ringleb, Henrik-Michael/Kremer, Thomas/Lutter, Marcus/Werder, Axel v. (Hrsg.) (Kommentar 2008), Rn. 1021 ff.
[1729] Vgl. DCGK i.d.F. vom 14.06.2007, Tz. 5.4.2.
[1730] Vgl. zur Unabhängigkeit des Aufsichtsrats Ringleb, Henrik-Michael/Kremer, Thomas/Lutter, Marcus/Werder, Axel v. (Hrsg.) (Kommentar 2008), Rn. 1029 ff.; Lieder, Jan (Aufsichtsratsmitglied 2005), S. 570 ff.; Roth, Günter H./Wörle, Ulrike (Unabhängigkeit 2004), S. 565 ff.; Bender, Willi (Interessen 2002), S. 123.

Gewährleistung der Unabhängigkeit sollen dem Aufsichtsrat auch nicht mehr als zwei ehemalige Vorstandsmitglieder angehören[1731]. Außerdem sollen Aufsichtsräte einer Gesellschaft nicht bei einem bedeutenden Wettbewerber eine Organfunktion oder Beratungsaufgaben wahrnehmen[1732].
- Die Aufsichtsratswahl ist als Einzelwahl durchzuführen[1733]. Vorschläge zur Wahl des Aufsichtsratsvorsitzenden sollen den Aktionären bekannt gemacht werden[1734].
- Des Weiteren spricht sich der DCGK dafür aus, dass der Wechsel des Vorstandsvorsitzenden oder eines anderen Vorstandsmitglieds nach dem Ende seiner Amtszeit in die Position des Aufsichtsratsvorsitzenden oder des Vorsitzenden eines Aufsichtsratsausschusses nicht die Regel sein soll[1735]. Geschieht dies dennoch, so erachtet der Kodex eine besondere Begründung gegenüber der Hauptversammlung als notwendig[1736].
- Die ordnungsgemäße Wahrnehmung der Überwachungsaufgabe erfordert Zeit. Aus diesem Grund hat jedes Aufsichtsratsmitglied darauf zu achten, dass ihm zur Erfüllung seiner Mandate genügend Zeit zur Verfügung steht[1737]. Den Vorständen einer börsennotierten Gesellschaft empfiehlt die Regierungskommission, zusätzlich max. fünf Aufsichtsratsmandate in konzernexternen börsennotierten Gesellschaften zu übernehmen[1738].
- Veränderungen in der Zusammensetzung des Aufsichtsrats sind unerlässlich, allerdings kann ein zu häufiger Wechsel die Arbeit des Gremiums erschweren. Um Kontinuität zu wahren, bietet es sich an, die (Neu-) Wahl

---

[1731] Vgl. DCGK i.d.F. vom 14.06.2007, Tz. 5.4.2. Vgl. zu dieser Problematik auch Strieder, Thomas (Kodex 2005), S. 109 f.; Ringleb, Henrik-Michael/Kremer, Thomas/Lutter, Marcus/Werder, Axel v. (Hrsg.) (Kommentar 2008), Rn. 1042 ff.

[1732] Vgl. hierzu auch Schneider, Uwe H. (Wettbewerbsverbot 1995), S. 365 ff.

[1733] Vgl. DCGK i.d.F. vom 14.06.2007, Tz. 5.4.3; Lieder, Jan (Aufsichtsratsmitglied 2005), S. 573; Henze, Hartwig (Rechtsstellung 2005), S. 171.

[1734] Vgl. Ringleb, Henrik-Michael/Kremer, Thomas/Lutter, Marcus/Werder, Axel v. (Hrsg.) (Kommentar 2008), Rn. 1059 f.

[1735] Vgl. DCGK i.d.F. vom 14.06.2007, Tz. 5.4.4; Lieder, Jan (Aufsichtsratsmitglied 2005), S. 572 f. Dies ist in der Praxis – zumindest bei den ‚großen' Gesellschaften – bisher jedoch vielfach erfolgt; vgl. Wirth, Gerhard (Anforderungsprofil 2005), S. 339 f.; Bender, Christian/Vater, Hendrik (Kernprobleme 2003), S. 1807 f. Dies kann jedoch – zumindest zu Beginn der Tätigkeit – zu einer Beeinflussung der Unabhängigkeit des alten Vorstands- und neuen Aufsichtsratsmitglieds führen; vgl. Strieder, Thomas (Kodex 2005), S. 120.

[1736] Vgl. Ringleb, Henrik-Michael/Kremer, Thomas/Lutter, Marcus/Werder, Axel v. (Hrsg.) (Kommentar 2008), Rn. 1066.

[1737] Vgl. DCGK i.d.F. vom 14.06.2007, Tz. 5.4.5. Diese Forderung resultiert bereits aus der aktienrechtlichen Sorgfaltspflicht; vgl. Strieder, Thomas (Kodex 2005), S. 121.

[1738] Vgl. Ringleb, Henrik-Michael/Kremer, Thomas/Lutter, Marcus/Werder, Axel v. (Hrsg.) (Kommentar 2008), Rn. 1069.

von Aufsichtsratsmitgliedern zu unterschiedlichen Terminen und auch für unterschiedlich lange Amtsperioden durchzuführen[1739]. Die nach § 113 Abs. 1 Satz 1 AktG mögliche *Vergütung* für die Tätigkeit in einem Aufsichtsrat wird von der Hauptversammlung bewilligt oder in der Satzung festgelegt[1740]. Bei ihrer Höhe sind der Tätigkeitsumfang sowie die Verantwortung der Aufsichtsratsmitglieder zu berücksichtigen[1741]. Über diese im Gesetz verankerten Anforderungen hinaus enthält der DCGK eine Reihe von Empfehlungen mit Blick auf die Vergütung von Aufsichtsräten. So sollen bei der Festlegung ihrer Höhe das Amt des Aufsichtsratsvorsitzenden bzw. seines Stellvertreters ebenso Beachtung finden wie der Vorsitz bzw. die Mitgliedschaft in Ausschüssen[1742]. Neben einer festen Vergütung sieht der DCGK zusätzlich variable Bestandteile vor, die sich am langfristigen Erfolg der Unternehmung orientieren sollen[1743]. Auch wenn die Angabe der Aufsichtsratsvergütung seit dem VorstOG im Anhang gesetzlich bereits vorgeschrieben ist[1744], spricht sich der Kodex für eine individualisierte und nach Bestandteilen aufgegliederte Berichterstattung im Corporate Governance-Bericht aus[1745]. Diese Empfehlung beinhaltet eine individualisierte Angabe aller gezahlten Vergütungen oder gewährten Vorteile für durch Aufsichtsratsmitglieder persönlich erbrachte Leistungen wie z.B. Beratungs- und Vermittlungsleistungen[1746].

[1739] Vgl. DCGK i.d.F. vom 14.06.2007, Tz. 5.4.6; Strieder, Thomas (Kodex 2005), S. 122; Ringleb, Henrik-Michael/Kremer, Thomas/Lutter, Marcus/Werder, Axel v. (Hrsg.) (Kommentar 2008), Rn. 1074.

[1740] Vgl. zur Vergütungskompetenz der Hauptversammlung Ringleb, Henrik-Michael/Kremer, Thomas/Lutter, Marcus/Werder, Axel v. (Hrsg.) (Kommentar 2008), Rn. 1077 ff.; Vetter, Eberhard (Verträge 2008), S. 2.

[1741] Vgl. § 113 Abs. 1 Satz 3 AktG; DCGK i.d.F. vom 14.06.2007, Tz. 5.4.7.

[1742] Vgl. DCGK i.d.F. vom 14.06.2007, Tz. 5.4.7. Dies soll der unterschiedlichen Verantwortung sowie differierender Arbeitsbelastung Rechnung tragen; vgl. Strieder, Thomas (Kodex 2005), S. 123; Ringleb, Henrik-Michael/Kremer, Thomas/Lutter, Marcus/Werder, Axel v. (Hrsg.) (Kommentar 2008), Rn. 1085 ff.

[1743] Vgl. DCGK i.d.F. vom 14.06.2007, Tz. 5.4.7. In der Praxis ist häufig eine Kopplung der variablen Bezüge an die Dividendenausschüttung der Gesellschaft anzutreffen; vgl. Strieder, Thomas (Kodex 2005), S. 123; Ringleb, Henrik-Michael/Kremer, Thomas/Lutter, Marcus/Werder, Axel v. (Hrsg.) (Kommentar 2008), Rn. 1092 ff. Vgl. zu Formen variabler Aufsichtsratsvergütungen Bischof, Jannis (Aufsichtsratsvergütung 2006), S. 2628.

[1744] Vgl. § 285 Satz 1 Nr. 9 HGB für den Einzelabschluss sowie § 314 Abs. 1 Nr. 6 HGB für den Konzernabschluss.

[1745] Vgl. DCGK i.d.F. vom 14.06.2007, Tz. 5.4.7; Ringleb, Henrik-Michael/Kremer, Thomas/Lutter, Marcus/Werder, Axel v. (Hrsg.) (Kommentar 2008), Rn. 1102 ff.

[1746] Vgl. DCGK i.d.F. vom 14.06.2007, Tz. 5.4.7.

Grundsätzlich sollten bei jeder Aufsichtsratssitzung alle Mitglieder *anwesend* sein[1747]. Die Teilnehmer werden nach § 107 Abs. 2 Satz 2 AktG in der Niederschrift erfasst. § 110 Abs. 3 Satz 1 AktG schreibt börsennotierten Gesellschaften vor, mindestens zwei Aufsichtsratssitzungen pro Kalenderhalbjahr, d.h. vier Sitzungen in jedem Geschäftsjahr, abzuhalten. Der DCGK empfiehlt die Aufnahme eines gesonderten Vermerks im Bericht des Aufsichtsrats, sofern ein Mitglied des Gremiums in einem Geschäftsjahr an weniger als der Hälfte aller abgehaltenen Sitzungen teilgenommen hat[1748], da davon auszugehen ist, dass ein mehrheitlich abwesendes Aufsichtsratsmitglied seine Aufgabe möglicherweise nicht mehr ordnungsmäßig ausüben kann.

Es versteht sich von selbst, dass jedes Mitglied eines Aufsichtsrats dem *Interesse des Unternehmens verpflichtet* ist[1749]. Bei zu treffenden Entscheidungen darf es sich nicht von persönlichen Interessen leiten lassen[1750], außerdem darf es nicht dem Unternehmen zustehende Geschäftschancen für sich nutzen. Bestehende Interessenkonflikte – z.B. in Bezug auf Kunden, Lieferanten oder Kreditgeber – soll jedes Mitglied dem Aufsichtsrat gegenüber offenlegen[1751]. In seinem Bericht an die Hauptversammlung soll der Aufsichtsrat wiederum über solche Konflikte und den Umgang mit ihnen informieren[1752]. Liegen wesentliche und nicht nur vorübergehende Interessenkonflikte vor, empfiehlt der Kodex die Beendigung des betreffenden Aufsichtsratsmandats[1753].

Der *Unabhängigkeit* des Aufsichtsrats kommt mit Blick auf eine ordnungsgemäße Wahrnehmung seiner Überwachungsfunktion eine ebenso große Bedeutung zu wie dem Erfordernis einer klar geregelten und strukturierten Durchführung seiner Tätigkeiten. Der DCGK versucht diesen Anforderungen

---

[1747] Vgl. Ringleb, Henrik-Michael/Kremer, Thomas/Lutter, Marcus/Werder, Axel v. (Hrsg.) (Kommentar 2008), Rn. 1109.

[1748] Vgl. DCGK i.d.F. vom 14.06.2007, Tz. 5.4.8. Dies betrifft sowohl die ordentlichen als auch die außerordentlichen Sitzungen; vgl. Strieder, Thomas (Kodex 2005), S. 125.

[1749] Vgl. DCGK i.d.F. vom 14.06.2007, Tz. 5.5.1; Raisch, Peter (Unternehmensinteresse 1976), S. 347 ff. Interessenkonflikte können insbesondere daraus resultieren, dass die Aufsichtsratstätigkeit ein Nebenamt darstellt; vgl. Strieder, Thomas (Kodex 2005), S. 125.

[1750] Vgl. Ringleb, Henrik-Michael/Kremer, Thomas/Lutter, Marcus/Werder, Axel v. (Hrsg.) (Kommentar 2008), Rn. 1119.

[1751] Vgl. DCGK i.d.F. vom 14.06.2007, Tz. 5.5.2. Dabei ist das Unternehmen jedoch auf die Integrität seiner Mitarbeiter angewiesen; vgl. Strieder, Thomas (Kodex 2005), S. 126.

[1752] Vgl. DCGK i.d.F. vom 14.06.2007, Tz. 5.5.3. Die Persönlichkeitsrechte des betreffenden Aufsichtsratsmitglieds sind zu wahren; vgl. Strieder, Thomas (Kodex 2005), S. 127.

[1753] Vgl. DCGK i.d.F. vom 14.06.2007, Tz. 5.5.3; Ringleb, Henrik-Michael/Kremer, Thomas/Lutter, Marcus/Werder, Axel v. (Hrsg.) (Kommentar 2008), Rn. 1141.

Rechnung zu tragen, indem die Kommission viele der gesetzlich verankerten Anforderungen weiter konkretisiert. In der nach § 161 AktG geforderten Entsprechenserklärung muss jedes Unternehmen offen legen, von welchen der den im Kodex enthaltenen Empfehlungen abgewichen wurde[1754]. Damit geht eine gewisse ‚Überwachung' durch die Kapitalmarktteilnehmer einher. Dies soll zur breiten Akzeptanz der deutschen Corporate Governance-Regeln und damit auch zu einem effektiven Aufsichtsgremium beitragen.

Unabhängig davon, wie gut die Unternehmensleitung einerseits und die Unternehmensüberwachung andererseits arbeitet, ist zur Erzielung eines nachhaltigen Erfolgs eine gute *Zusammenarbeit* beider Organe unerlässlich. Auch hierfür sieht der DCGK konkrete Regelungen vor, die im Wesentlichen eine Zusammenführung der Gesetzesnormen darstellen[1755].

3.3.3.4 Regelungen des Deutschen Corporate Governance Kodex zur Zusammenarbeit zwischen Vorstand und Aufsichtsrat

„Vorstand und Aufsichtsrat arbeiten zum Wohle des Unternehmens eng zusammen"[1756]. Mit diesen Worten leitet der DCGK seine Corporate Governance-Regeln zum Zusammenwirken von Vorstand und Aufsichtsrat ein. Hierzu gehört auch die Durchsetzung einer zwischen Vorstand und Aufsichtsrat abgestimmten Strategie, deren tatsächliche Umsetzung regelmäßig zu erörtern ist[1757]. Zur Vermeidung von Wiederholungen werden im Folgenden die wesentlichen Aspekte zur *Zusammenarbeit* von Vorstand und Aufsichtsrat aus dem DCGK nur stichwortartig aufgeführt. Lediglich dann, wenn der Kodex über die bereits besprochenen gesetzlichen Regelungen hinausgeht, erfolgt eine kurze Erläuterung.

- Zur Durchführung bestimmter Geschäfte ist der Vorstand auf die Zustimmung des Aufsichtsrats angewiesen[1758].

[1754] Nach BilMoG-E ist zukünftig auch zu begründen, warum von den Empfehlungen abgewichen wurde; vgl. hierzu Petersen, Karl/Zwirner, Christian (Umbruch 2008), S. 27.
[1755] Vgl. hierzu die Ausführungen unter Gliederungspunkt 3.3.3.4, S. 292 ff.
[1756] DCGK i.d.F. vom 14.06.2007, Tz. 3.1; siehe auch Strieder, Thomas (Kodex 2005), S. 73 f.; Ringleb, Henrik-Michael/Kremer, Thomas/Lutter, Marcus/Werder, Axel v. (Hrsg.) (Kommentar 2008), Rn. 352.
[1757] Vgl. DCGK i.d.F. vom 14.06.2007, Tz. 3.2; Strieder, Thomas (Kodex 2005), S. 74.
[1758] Hierzu gehören z.B. Maßnahmen von grundlegender Bedeutung für die Vermögens-, Finanz- und Ertragslage der Gesellschaft. Vgl. § 111 Abs. 4 Satz 2 AktG; DCGK i.d.F. vom 14.06.2007, Tz. 3.3. Siehe zu einer Aufzählung von in der Praxis üblicherweise zustimmungspflichtigen Geschäften auch Strieder, Thomas (Kodex 2005), S. 75 f.; Ringleb, Henrik-Michael/Kremer, Thomas/Lutter, Marcus/Werder, Axel v. (Hrsg.) (Kommentar 2008), Rn. 369 ff.

- Vorstand und Aufsichtsrat sind gemeinsam für die ausreichende Information des Aufsichtsrats verantwortlich[1759]. § 90 AktG enthält umfassende Regelungen zur Berichterstattungspflicht des Vorstands an den Aufsichtsrat einer Gesellschaft. In diesem Zusammenhang verlangt der DCGK ebenfalls einen Informationsfluss über den Stand der Compliance[1760] im Unternehmen[1761]. Der Kodex empfiehlt darüber hinaus, dass der Aufsichtsrat die Berichtspflichten des Vorstands noch konkreter festlegt, als der Gesetzgeber dies tut[1762].
- Für Sitzungen relevante Unterlagen wie z.b. der Jahresabschluss oder der Prüfungsbericht werden dem Aufsichtsrat rechtzeitig vom Vorstand übermittelt[1763].
- Gute Unternehmensführung i.S.e. guten Corporate Governance bedarf nach Ansicht der Regierungskommission einer offenen Diskussion, und zwar einerseits zwischen Vorstand und Aufsichtsrat und andererseits jeweils innerhalb der beiden Organe[1764]. Verschwiegenheit aller Organmitglieder ist hierbei ein wichtiger Baustein für eine solche umfassende Informationskultur, welche die Basis für eine effektive Zusammenarbeit darstellt[1765].
- In mitbestimmten Aufsichtsräten regt der DCGK an, dass Aktionärs- und Arbeitnehmervertreter Aufsichtsratssitzungen auch getrennt vorbereiten[1766].

[1759] Vgl. § 90 AktG i.V.m. § 111 Abs. 2 AktG; DCGK i.d.F. vom 14.06.2007, Tz. 3.4; Strieder, Thomas (Kodex 2005), S. 76 ff.; Hüffer, Uwe (Aktiengesetz 2008), § 90 AktG, Rn. 1a; Ringleb, Henrik-Michael/Kremer, Thomas/Lutter, Marcus/Werder, Axel v. (Hrsg.) (Kommentar 2008), Rn. 378.

[1760] Vgl. zu Compliance die Ausführungen unter Gliederungspunkt 3.3.3.2.3, S. 264 ff.

[1761] Vgl. DCGK i.d.F. vom 14.06.2007, Tz. 3.4.

[1762] Vgl. DCGK i.d.F. vom 14.06.2007, Tz. 3.4; Ringleb, Henrik-Michael/Kremer, Thomas/Lutter, Marcus/Werder, Axel v. (Hrsg.) (Kommentar 2008), Rn. 380.

[1763] Vgl. DCGK i.d.F. vom 14.06.2007, Tz. 3.4; Ringleb, Henrik-Michael/Kremer, Thomas/Lutter, Marcus/Werder, Axel v. (Hrsg.) (Kommentar 2008), Rn. 385.

[1764] Vgl. DCGK i.d.F. vom 14.06.2007, Tz. 3.5. Ein offenes Diskussionsklima soll dazu beitragen, dass letztlich beide Gremien allein das Unternehmensinteresse uneingeschränkt in den Fokus ihrer Tätigkeit stellen; vgl. Strieder, Thomas (Kodex 2005), S. 78 f.; Ringleb, Henrik-Michael/Kremer, Thomas/Lutter, Marcus/Werder, Axel v. (Hrsg.) (Kommentar 2008), Rn. 387 ff.

[1765] Vgl. Ringleb, Henrik-Michael/Kremer, Thomas/Lutter, Marcus/Werder, Axel v. (Hrsg.) (Kommentar 2008), Rn. 390 ff.

[1766] Vgl. DCGK i.d.F. vom 14.06.2007, Tz. 3.6. In der Praxis ist es bei mitbestimmten Gesellschaften durchaus üblich, dass sich die Arbeitnehmervertreter getrennt von den übrigen Aufsichtsratsmitgliedern auf die jeweiligen Sitzungen vorbereiten; vgl. Strieder, Thomas (Kodex 2005), S. 80. Dies soll zur Schaffung einer offenen Diskussionsebene beitragen; vgl. Ringleb, Henrik-Michael/Kremer, Thomas/Lutter, Marcus/Werder, Axel v. (Hrsg.) (Kommentar 2008), Rn. 404.

- Außerdem sollte ein Aufsichtsrat bei Bedarf ohne den Vorstand tagen[1767].
- Vorstand und Aufsichtsrat handeln unter Beachtung ihrer Sorgfaltspflicht der §§ 93 und 116 AktG[1768]. Verletzen sie diese schuldhaft, sind sie der Gesellschaft zu Schadensersatz verpflichtet[1769]. Neu in diesem Zusammenhang ist seit der letzten Kodexanpassung im Juni 2007 folgende Vorschrift: „Bei unternehmerischen Entscheidungen liegt keine Pflichtverletzung vor, wenn das Mitglied von Vorstand oder Aufsichtsrat vernünftigerweise annehmen durfte, auf der Grundlage angemessener Information zum Wohle der Gesellschaft zu handeln (Business Judgement Rule)"[1770]. Diese aus dem angelsächsischen Raum stammenden Gedanken stellen auf den Fall ab, dass ein Mitglied eines Unternehmensorgans ‚seinem' Unternehmen zwar einen Schaden zugefügt hat, dies jedoch unabsichtlich, d.h. nicht fahrlässig, geschah, weil die Person im Zeitpunkt ihrer Entscheidungsfindung ausreichend informiert war und nach bestem Wissen und Gewissen zum vermeintlichen Wohl des Unternehmens gehandelt hat[1771]. Sind alle diese Voraussetzungen erfüllt, hat die Person keine Pflichtverletzung begangen, da sie den zu erfüllenden Anforderungen – ausreichende Information sowie Berücksichtigung des Unternehmenswohls – nachgekommen ist.
- Wurde vom Unternehmen für Vorstand und/oder Aufsichtsrat eine D&O-Versicherung abgeschlossen, empfiehlt der DCGK die Vereinbarung eines angemessenen Selbstbehalts[1772]. Dies soll dazu beitragen, den Mandatsträger selbst in die Verantwortung zu nehmen, und so als wirksamere Ab-

---

[1767] Vgl. DCGK i.d.F. vom 14.06.2007, Tz. 3.6. Dies kann bspw. bei der nach Tz. 5.6 des DCGK geforderten Effizienzprüfung des Aufsichtsrats sinnvoll sein; vgl. Strieder, Thomas (Kodex 2005), S. 80. Darüber hinaus soll diese Anregung ebenfalls zur Schaffung einer offenen Diskussionskultur beitragen; vgl. Ringleb, Henrik-Michael/Kremer, Thomas/Lutter, Marcus/Werder, Axel v. (Hrsg.) (Kommentar 2008), Rn. 410 ff.

[1768] Vgl. Ringleb, Henrik-Michael/Kremer, Thomas/Lutter, Marcus/Werder, Axel v. (Hrsg.) (Kommentar 2008), Rn. 456 ff.

[1769] Vgl. DCGK i.d.F. vom 14.06.2007, Tz. 3.8. Zulässig ist indes der Abschluss einer D&O-Versicherung durch die Gesellschaft; vgl. Strieder, Thomas (Kodex 2005), S. 83.

[1770] DCGK i.d.F. vom 14.06.2007, Tz. 3.8. Vgl. zur Business Judgement Rule auch die Angaben in Fußnote 1475, S. 252.

[1771] Vgl. zu den Voraussetzungen Ringleb, Henrik-Michael/Kremer, Thomas/Lutter, Marcus/Werder, Axel v. (Hrsg.) (Kommentar 2008), Rn. 497e ff.

[1772] Vgl. DCGK i.d.F. vom 14.06.2007, Tz. 3.8. Die Sinnhaftigkeit dieser Empfehlung wird allerdings in der Literatur auch kritisch diskutiert; vgl. hierzu bspw. Strieder, Thomas (Kodex 2005), S. 83 m.w.N.; Ringleb, Henrik-Michael/Kremer, Thomas/Lutter, Marcus/Werder, Axel v. (Hrsg.) (Kommentar 2008), Rn. 508 ff.

schreckung davor dienen, dem Unternehmen Schaden, z.B. durch Accounting Fraud, zuzufügen[1773].
- Eine Kreditgewährung an Mitglieder von Vorstand oder Aufsichtsrat sowie an deren Angehörige ist nur mit Zustimmung des Aufsichtsrats erlaubt[1774].
- I.S.e. guten Unternehmensführung spricht sich der Kodex dafür aus, dass Vorstand und Aufsichtsrat jährlich in einem Corporate Governance-Bericht über die Corporate Governance des Unternehmens informieren[1775]. Dabei können auch Abweichungen von den Empfehlungen des DCGK erläutert bzw. zu Anregungen Stellung genommen werden[1776].

Ein gut funktionierendes Corporate Governance-System in einem Unternehmen durch die konstruktive Zusammenarbeit von Vorstand und Aufsichtsrat spielt eine große Rolle dabei, Accounting Fraud zu vermeiden bzw. frühzeitig aufzudecken. An dieser Stelle ist es nun erforderlich, die bestehende Gefahr von Accounting Fraud in das beschriebene System der Unternehmensführung und -überwachung einzuordnen[1777].

3.3.4 Einordnung der bestehenden Gefahr von Accounting Fraud in den Anforderungsrahmen einer guten Corporate Governance im Unternehmen

Die Ausführungen stellen sowohl auf die Möglichkeit der Vermeidung von Accounting Fraud ab als auch darauf, diesen – wenn es den Tätern zunächst gelungen ist, ihn zu begehen – möglichst zeitnah aufzudecken. Eine genaue Betrachtung zeigt eine Vielzahl von Möglichkeiten, bei denen das Corporate Governance-System des Unternehmens ausgeschaltet werden kann und damit Accounting Fraud möglich ist[1778]. Beispiele hierfür werden nachfolgend jeweils stichpunktartig aufgelistet.

[1773] Vgl. zur D&O-Versicherung im Unternehmensinteresse Ringleb, Henrik-Michael/Kremer, Thomas/Lutter, Marcus/Werder, Axel v. (Hrsg.) (Kommentar 2008), Rn. 516 f.

[1774] Vgl. §§ 89 und 115 AktG; DCGK i.d.F. vom 14.06.2007, Tz. 3.9; Strieder, Thomas (Kodex 2005), S. 84; Ringleb, Henrik-Michael/Kremer, Thomas/Lutter, Marcus/Werder, Axel v. (Hrsg.) (Kommentar 2008), Rn. 527 ff.

[1775] Vgl. DCGK i.d.F. vom 14.06.2007, Tz. 3.10. Dies stellt eine deutliche Verbesserung der Unternehmenstransparenz dar; vgl. Strieder, Thomas (Kodex 2005), S. 85.

[1776] Vgl. zur Corporate Governance-Publizität Ringleb, Henrik-Michael/Kremer, Thomas/Lutter, Marcus/Werder, Axel v. (Hrsg.) (Kommentar 2008), Rn. 534 ff.

[1777] Vgl. hierzu die Ausführungen unter Gliederungspunkt 3.3.4, S. 295 ff.

[1778] Vgl. zur Rolle und Bedeutung von Corporate Governance bezüglich der Prävention bzw. Aufdeckung von Accounting Fraud Rezaee, Zabihollah (Financial Statement Fraud 2002), S. 123.

Für den *Vorstand*:
- Der Vorstand handelt nicht nach der Maxime, das Wohl des Unternehmens und der Anteilseigner in den Mittelpunkt zu stellen, sondern er verfolgt persönliche Vorteile und Interessen.
- Es gibt keinen festgelegten Ordnungsrahmen für die Leitung und Überwachung des Unternehmens.
- Der Vorstand ‚herrscht' über das Unternehmen und es wird nicht hinterfragt, ob er bei seinem Handeln der ihm auferlegten Verantwortung gerecht wird.
- Bei der Bestellung und Abberufung des Vorstands können im Hintergrund Absprachen getroffen werden, so dass etwa dem Vorstandsvorsitzenden wohlgesonnene Personen bestimmte Funktionen übernehmen. Auf diese Weise kann es dem Vorstandsvorsitzenden erleichtert werden, seine Interessen durchzusetzen. Das Prinzip der gemeinschaftlichen Unternehmensführung besteht dann im Einzelfall nur pro forma.
- Eine besondere Bedeutung nimmt die Thematik der Vorstandsvergütung ein. Die Frage nach der Höhe einer angemessenen Vergütung lässt sich nur im Einzelfall beantworten und ist erheblich von subjektiver Wahrnehmung geprägt. Aber bei der Bemessung von Abfindungszahlungen könnte eine Obergrenze geschaffen werden, die sich an der Höhe der vorherigen regulären Vergütung orientiert. Ein solcher Vorschlag findet sich auch im DCGK. Die Regierungskommission regt an, einen so genannten ‚Abfindungs-Cap' einzuführen, welcher bei einer vorzeitigen Beendigung einer Vorstandstätigkeit ohne wichtigen Grund greifen sollte[1779]. Wie damit im Fall einer Vertragsbeendigung aus wichtigem Grund zu verfahren ist, bleibt allerdings offen. Insgesamt lässt sich jedoch festhalten, dass eine hohe Vorstandsvergütung dazu führen kann, dass die betreffende Person weniger motiviert ist und nicht (mehr) ausreichend engagiert der ihr übertragenen Aufgabe nachgeht.
- Ein besonderes Problem im Zusammenhang mit der Vergütung stellen die variablen und erfolgsorientierten Leistungsbestandteile dar. Diese wurden in der Vergangenheit bereits häufig dafür verantwortlich gemacht, dass Manager Manipulationen in der Rechnungslegung vorgenommen haben[1780]. Zwei Fälle sind hierbei zu unterscheiden, die jedoch zum gleichen Ergeb-

---

[1779] Vgl. DCGK i.d.F. vom 14.06.2007, Tz. 4.2.3; Böcking, Hans-Joachim/Dutzi, Andreas/Müßig, Anke (Ökonomische Funktion 2004), S. 417 ff.; Vetter, Eberhard (Änderungen 2007), S. 1965 f. Der Kodex spricht dabei von einer Obergrenze in Höhe von maximal zwei Jahresvergütungen, die aber gleichzeitig auch nicht höher als die für die eigentliche Restlaufzeit des Vertrags noch ausstehende Vergütung sein sollte.

[1780] Vgl. Schwarz, Günter Christian/Holland, Björn (Corporate Governance 2002), S. 1665.

nis führen können: Entweder orientiert sich die variable Vergütung unmittelbar an einer Ergebnisgröße[1781] oder der Vorstand besitzt Aktienoptionen der eigenen Gesellschaft und ist aus diesem Grund besonders an einer positiven Unternehmensentwicklung am Kapitalmarkt interessiert[1782]. In beiden Fällen besteht die Gefahr, dass variable Entlohnungssysteme einen Anreiz für die Verfolgung persönlicher Interessen bieten können.
- Der Vorstand muss für die Zukunft Prognosen – z.b. hinsichtlich Umsatz, Ergebnis oder Marktanteilen – abgeben. An diesen Aussagen wird er gemessen. Trifft eine Vorhersage nicht zu – dies kann sowohl aufgrund einer Fehleinschätzung durch das Management als auch aufgrund nicht vorhersehbarer Entwicklungen[1783] geschehen –, folgt oftmals eine ‚Strafe' durch den Kapitalmarkt. Neben den oben erläuterten variablen Vergütungsbestandteilen stellen demnach Prognosen über die zukünftige Unternehmensentwicklung einen weiteren möglichen Anreiz für Accounting Fraud dar. Um sich und das Unternehmen nach außen hin gut darzustellen, kann der Vorstand unrechtmäßigerweise die Unternehmensberichterstattung manipulieren.
- § 87 Abs. 2 Satz 1 AktG ermächtigt den Aufsichtsrat dazu, bei einer wesentlichen Verschlechterung der Unternehmenslage die Bezüge des Vorstands zu senken. Diese gesetzliche Möglichkeit könnte den Vorstand dazu veranlassen, die wahre Unternehmenslage zu kaschieren und die Gesellschaft stattdessen besser aussehen zu lassen.
- Auch wenn § 88 AktG ein Wettbewerbsverbot für Mitglieder des Vorstands vorsieht, könnte dieses durch besondere rechtliche Konstruktionen umgangen werden.
- Die in § 90 AktG ausführlich geregelte Berichterstattung des Vorstands an den Aufsichtsrat kann seitens des Vorstands manipuliert werden. In diesem Fall läge ein Verstoß gegen das Gebot der gewissenhaften Rechenschaftslegung vor.
- Dem Vorstand wird nach § 91 Abs. 1 AktG die Verantwortung zur Führung aller erforderlichen Handelsbücher übertragen. Hierbei hat er dafür Sorge zu tragen, dass entsprechende Strukturen und Organisationseinheiten

---

[1781] Dies wäre z.B. der Fall, wenn die Auszahlung eines Bonus an einen bestimmten vorher festgelegten Umsatz- oder Ergebniszuwachs im Vergleich zum vorhergehenden Geschäftsjahr anknüpft.
[1782] In einem solchen Fall wäre der Vorstand sehr daran interessiert, dass die Börsenentwicklung des Unternehmens einen zur Ausübung der Aktienoptionen günstigen Verlauf nimmt.
[1783] Ein solches nicht vorherzusehendes Ereignis stellten bspw. die Terroranschläge in New York und Washington D.C. vom 11.09.2001 und die daraus resultierenden wirtschaftlichen Folgen dar.

geschaffen werden, um ordnungsgemäß Rechenschaft in finanzieller Hinsicht ablegen zu können. Aufgrund seiner Verantwortung kann der Vorstand in diesem Bereich entweder selbst Manipulationen vornehmen oder es kann ihm im Fall von Manipulationen durch andere zum Vorwurf gemacht werden, dass er seiner diesbezüglichen Verantwortung und Sorgfaltspflicht nicht nachgekommen ist.

- Ähnliche Möglichkeiten bieten sich auch in Bezug auf das nach § 91 Abs. 2 AktG vom Vorstand einzurichtende Überwachungssystem. Dieses kann – bewusst oder unbewusst – entweder nicht den Anforderungen entsprechend eingerichtet und ausgestaltet sein, oder der Vorstand kennt das System und insbesondere die in der Finanzberichterstattung installierten internen Kontrollen so genau, dass er deren Funktion im Bedarfsfall ausschalten oder übergehen kann.
- Zentraler Grundsatz der Tätigkeit eines Vorstands ist die in § 93 Abs. 1 AktG normierte Sorgfaltspflicht. Wendet der Vorstand nicht das erforderliche Maß an Sorgfalt an, ist er im Schadensfall nach § 93 Abs. 2 AktG der Gesellschaft zum Ersatz verpflichtet. Durch sein nicht ordnungsgemäßes Handeln ermöglicht er es darüber hinaus anderen Mitarbeitern des Unternehmens, unerlaubte Handlungen durchzuführen. So ist es denkbar, dass ein Leiter des Finanz- und Rechnungswesens den Jahresabschluss manipuliert, sei es, weil er selbst davon unmittelbar profitiert, z.B. durch eine Bonuszahlung, oder sei es, um andere Taten, z.B. die widerrechtliche Aneignung von Vermögen, zu verschleiern.
- Mit der Compliance-Forderung, also der angestrebten Sicherstellung der Einhaltung aller gesetzlichen und anderen unternehmensspezifischen Regelungen und Vorschriften, wird von einem Vorstand verlangt, dass er im Unternehmen ein so genanntes Compliance-System einrichtet. Arbeitet dieses System nicht effektiv, kann potenziellen Tätern die Durchführung von Manipulationen erleichtert werden.
- Bestehen Interessenkonflikte, bspw. weil ein Vorstand auch bei einer anderen Gesellschaft ein Amt bekleidet, können diese eine Person zum Begehen von Accounting Fraud motivieren, wenn sie darin eine Möglichkeit sieht, sich dieses Konflikts zu entledigen.
- Ausführlich wurde weiter vorne der Bilanzeid erläutert[1784]. Dieser soll dazu beitragen, dass der Vorstand seine Leitungsaufgabe verantwortungsvoller wahrnimmt, wenn er zukünftig bei einer zu Unrecht abgegebenen Unterschrift nach § 331 HGB strafrechtlich belangt werden kann.

[1784] Vgl. hierzu die Ausführungen unter Gliederungspunkt 3.3.3.2.4, S. 271 ff.

Für den Aufsichtsrat:
- Aufsichtsratsmitglieder sollen vor allem unabhängig sein, damit sie ihre nach § 111 Abs. 1 AktG ureigenste Aufgabe, die Überwachung der Geschäftsführung, wahrnehmen können. Ist diese Unabhängigkeit durch Interessenkonflikte oder andere Gründe beeinträchtigt, ist das Überwachungsorgan geschwächt und es besteht die Gefahr seines Versagens.
- Regelmäßig werden in einem Aufsichtsrat mehrere Ausschüsse gebildet, welche sich ausführlich mit Spezialthemen befassen und darüber anschließend dem Aufsichtsratsvorsitzenden berichten. Werden allerdings zu viele einzelne Ausschüsse gebildet, kann dies dazu führen, dass der gesamte Aufsichtsrat nicht ausreichend über die Geschehnisse informiert ist, weil die einzelnen Informationen an zu vielen verschiedenen Stellen verteilt, nicht aber zentral gebündelt sind. Auch wenn jeder einzelne Ausschuss schriftliche Berichte über seine Tätigkeiten anfertigt, bedeutet dies nicht, dass der Aufsichtsrat insgesamt über das gleiche Wissen verfügt, um fundiert seine Entscheidungen treffen zu können. Aus diesem Grund sollte die Zahl der Aufsichtsratsausschüsse angemessen bleiben, um eine effektive Arbeit zu gewährleisten.
- Nicht immer verfügen alle Mitglieder des Aufsichtsrats über das für ein bestimmtes Thema erforderliche Fachwissen. Zwar räumt § 109 Abs. 1 Satz 2 AktG in diesen Fällen dem Gremium die Möglichkeit ein, Sachverständige hinzuzuziehen. Dennoch kann es passieren, dass Entscheidungen auf einer nach objektiven Gesichtspunkten nicht ausreichenden Informationsbasis getroffen werden. Dies stellt einen Verstoß gegen die Sorgfaltspflicht dar. In diesem Fall besteht die Gefahr, dass Anzeichen für Accounting Fraud nicht erkannt oder nicht zutreffend gedeutet werden.
- § 111 Abs. 2 AktG beinhaltet umfassende Einsichtsrechte des Aufsichtsrats in Bücher, Schriften, Vermögensgegenstände und Schulden der Gesellschaft. Damit soll dem Gremium die Wahrnehmung seiner Überwachungsfunktion erleichtert werden. Macht der Aufsichtsrat jedoch von diesen Einsichtsrechten nicht (ausreichend) Gebrauch, kommt es u.U. zur Nicht-Entdeckung von begangenem Accounting Fraud oder zur Ermutigung, aufgrund mangelnder Überwachung Manipulationen überhaupt erst zu begehen.
- Wie für den Vorstand stellt sich auch für einen Aufsichtsrat möglicherweise ein Problem bezüglich der Vergütung. Obwohl die Zahlungen, welche ein Aufsichtsratsmitglied für sein Mandat erhält, nicht so hoch sind wie die Vergütung der Unternehmensführung, ist zu konstatieren, dass Geld an sich immer einen Anreiz zum nicht ordnungsgemäßen Handeln darstellt. Oftmals wird mit Aufsichtsräten ebenfalls – zusätzlich zu einem fixen Ent-

gelt – eine variable Vergütungskomponente vereinbart, die sich bspw. am erzielten Erfolg des Unternehmens orientiert[1785]. Aus diesem Grund kann der Fall eintreten, dass sich der Aufsichtsrat zwar eines Vergehens seitens des Vorstands bewusst ist, absichtlich jedoch keine Maßnahmen einleitet, weil er selbst auch in finanzieller Hinsicht – etwa durch eine höhere variable Vergütung – von der Tat profitiert. Schließlich ist auch denkbar, dass es aufgrund finanzieller Anreize zu einer Absprache zwischen Vorstand und Aufsichtsrat und damit zu konkludentem Handeln kommen könnte.

- Jede Aufsichtsratsverpflichtung beansprucht ein gewisses Mindestmaß an Zeit. Übt bspw. ein Manager eine leitende Funktion in einem Unternehmen aus und hat gleichzeitig bei einer unabhängigen Gesellschaft ein Aufsichtsratsmandat inne, wird die Vergütung für die Führungsposition die für die Mitgliedschaft im Aufsichtsrat gezahlte Aufwandsentschädigung in der Regel deutlich übersteigen. Daher ist nicht auszuschließen, dass in einem solchen Fall die Gefahr der Vernachlässigung des Aufsichtsratsmandats gegeben ist. Aus diesem Grund ist davon auszugehen, dass das Risiko einer nicht ordnungsgemäßen Erledigung der Aufsichtsratspflichten mit einer zunehmenden Zahl anderer Mandate und Aufgaben steigt[1786].

- Wie der Vorstand unterliegt auch der Aufsichtsrat einer Sorgfaltspflicht. Dies wird bereits durch den Verweis in § 116 AktG auf § 93 AktG deutlich. An dieser Stelle lediglich auf die entsprechenden Ausführungen weiter oben zu verweisen, greift indes zu kurz, da sich die Aufgaben von Vorstand und Aufsichtsrat grundlegend unterscheiden und insofern auch andere Anforderungen an eine sorgfältige Pflichterfüllung zu stellen sind. Mit Blick auf den Aufsichtsrat ist zu differenzieren, ob dieser seine Überwachungsaufgabe überhaupt nicht wahrnimmt oder ob er sie nur unzureichend ausführt. Im ersten Fall ist denkbar, dass sich das Gremium zwar ausführlich und sorgfältig mit einzelnen Aspekten der Vorstandsarbeit auseinandersetzt, andere Aspekte dafür jedoch gänzlich vernachlässigt und dort keine Untersuchungen durchführt. Insgesamt betrachtet käme es dann zu einer nicht ordnungsgemäßen Erfüllung der in § 111 Abs. 1 AktG verankerten Aufgabe des Aufsichtsrats. Gleiches gilt, wenn der Aufsichtsrat bei seiner Tätigkeit zwar die gesamten Leistungen des Vorstands mit einbezieht, seine Tätigkeit wie z.B. die Wahrnehmung der Einsichtsrechte des § 111 Abs. 2 AktG jedoch nur oberflächlich durchführt, so dass mögli-

---

[1785] Dies wird auch im DCGK empfohlen; vgl. DCGK i.d.F. vom 14.06.2007, Tz. 5.4.7.
[1786] Der DCGK empfiehlt daher bspw., dass ein Vorstand einer börsennotierten Gesellschaft gleichzeitig insgesamt „nicht mehr als fünf Aufsichtsratsmandate in konzernexternen börsennotierten Gesellschaften wahrnehmen" (DCGK i.d.F. vom 14.06.2007, Tz. 5.4.5) soll. Siehe auch Hommelhoff, Peter (Störungen 1995), S. 14.

cherweise Manipulationen in der Rechnungslegung unentdeckt bleiben, die jedoch bei einer entsprechenden Sorgfalt durchaus hätten erkannt werden können.
- Der Aufsichtsrat ist zur Verschwiegenheit verpflichtet. Verstößt er gegen dieses Gebot, so könnten andere unternehmensinterne oder -externe Personen Insiderinformationen erlangen, welche sie wiederum für eigene nicht legale Handlungen nutzen könnten.
- Aufgabe des Aufsichtsrats ist die Bestellung von Vorstandsmitgliedern. Hier besteht grundsätzlich die Gefahr, dass diese aus Gefälligkeit bestellt werden, weil sich daraus in irgendeiner Form ein Privileg oder Vorteil für den Aufsichtsrat ergibt. Auch in einem solchen Fall kann es zu unerlaubten Absprachen zwischen Unternehmensleitungs- und überwachungsorgan kommen.
- Der DCGK empfiehlt die Festlegung einer Altershöchstgrenze für eine Mitgliedschaft im Aufsichtsrat. Eine solche ist sicherlich sehr schwierig zu bestimmen. Auch wenn gerade die Erfahrung der Älteren von unschätzbarem Wert bei der Beurteilung bestimmter Sachverhalte sein kann, darf dennoch nicht vergessen werden, dass mit zunehmendem Alter die ordnungsgemäße Pflichtenwahrnehmung unter einer geringeren Belastbarkeit oder gar Krankheit leiden kann. Im eigenen Interesse sollte also in jedem Unternehmen gewährleistet sein, dass ein Aufsichtsratsmitglied, welches aufgrund seines Alters oder wegen einer Krankheit überhaupt nicht mehr oder nur noch eingeschränkt tätig sein kann, durch ein den Anforderungen besser gewachsenes Mitglied ersetzt wird.
- Von besonderer Bedeutung ist das Verhältnis zwischen Vorstand und Aufsichtsrat. Besteht nur in unregelmäßigen Abständen Kontakt zwischen beiden Organen, so erschwert dies in hohem Maße die Aufgabenerledigung des Aufsichtsrats. Obwohl in § 90 Abs. 1 AktG zunächst die Berichtspflicht des Vorstands an das Aufsichtsgremium geregelt ist, erlaubt es darüber hinaus der dritte Absatz dieser Vorschrift dem Aufsichtsrat, selbst jederzeit aktiv eigene Berichte anzufordern. Gerade von dieser Möglichkeit sollte regelmäßig Gebrauch gemacht werden, um die Gefahr von Accounting Fraud einzudämmen. Nur ein bestmöglich informierter Aufsichtsrat kann gute und zuverlässige Arbeit leisten.
- Mittlerweile finden sich in fast allen Aufsichtsräten so genannte Prüfungsausschüsse. In Tz. 5.3.2 verlangt der DCGK, dass der Vorsitzende dieses Ausschusses über besondere Kenntnisse und Erfahrungen in der Rechnungslegung und internen Kontrollverfahren verfügen soll. Auf den ersten Blick erscheint diese Forderung überflüssig, denn schließlich sollte es selbstverständlich sein, dass jemand, der sich mit der Prüfung des aufge-

stellten Jahresabschlusses und dem Prüfungsbericht des Abschlussprüfers befasst, auf diesem Gebiet über ein gewisses Maß an Fachwissen verfügen muss. Andererseits lässt dies jedoch darauf schließen, dass solche Kenntnisse – zumindest in der Vergangenheit – in deutschen Aufsichtsräten nicht immer in ausreichendem Umfang vorhanden waren, wenn eine solche Forderung explizit Bestandteil des DCGK ist. Mit Nachdruck wird hier die Ansicht vertreten, dass entsprechendes Fachwissen von großer Bedeutung für die Effektivität der Aufsichtsräte ist und dass ein Mangel daran das Risiko von Accounting Fraud deutlich erhöht.

- Allgemein ist festzuhalten, dass das Vorhandensein einer entsprechenden Kompetenz der Aufsichtsräte unerlässlich ist. Es sollte für die Mitglieder der Überwachungsorgane nicht darauf ankommen, eine solche Position in möglichst vielen verschiedenen Gremien innezuhaben, sondern der Fokus sollte auf einer gewissenhaften Arbeitsausführung liegen. In diesem Zusammenhang ist nicht von der Hand zu weisen, dass eine sachgerechte Pflichterfüllung umso besser möglich erscheint, je weniger verschiedene Tätigkeiten ausgeübt werden müssen. In seinem eigenen Interesse sollte jedes Aufsichtsratsmitglied das persönliche Engagement auf nicht zu viele unterschiedliche Gremien und Funktionen ausweiten, um so jeweils das für jede einzelne Tätigkeit erforderliche Maß an Sorgfalt und Zeit aufbringen zu können. Damit lässt sich die Gefahr des Auftretens persönlicher Fehler und damit einhergehend der Nichterfüllung der eigentlichen Aufgabe verringern.

- Kritisch zu sehen ist der Wechsel eines Vorstands in den Aufsichtsrat[1787]. Dies ist in Deutschland kein seltener Fall, sondern stellt bei großen Unternehmen eher die Regel dar[1788]. Allerdings stellt sich die Frage nach der Sinnhaftigkeit einer solchen Maßnahme, wenn ein ehemaliger Vorstand als Mitglied des Aufsichtsrats oder gar als dessen Vorsitzender seine eigene zuvor geleistete Arbeit überprüft[1789]. Im Bereich der internen und externen Prüfung besteht ein Selbstprüfungsverbot. Die hier zu betrachtende Fragestellung ist ähnlich. Es ist kaum anzunehmen, dass das neue Aufsichtsratsmitglied seine eigenen früheren Entscheidungen nachträglich in Frage stellen wird[1790]. Außerdem könnte zudem die Gefahr bestehen, dass andere Mitglieder des Aufsichtsgremiums aufgrund der früheren ‚Machtposition' des ehemaligen Vorstands ebenfalls nicht die Initiative ergreifen, wenn es

---

[1787] Vgl. auch Hauschka, Christoph E. (Reaktion 2004), S. 257; Rode, Oliver (Wechsel 2006), S. 341 ff.
[1788] Vgl. Strenger, Christian/Rott, Roland (Vertrauen 2004), S. 233.
[1789] Vgl. Rode, Oliver (Wechsel 2006), S. 342.
[1790] Vgl. Bender, Christian/Vater, Hendrik (Kernprobleme 2003), S. 1808.

darum geht, die Vergangenheit kritisch zu durchleuchten, mögliche Fehler aufzudecken oder auch die für die Zukunft geplante Strategie in Frage zu stellen. Der DCGK spricht sich daher zumindest dafür aus, dass ein Wechsel aus dem Vorstand in den Vorsitz des Aufsichtsrats oder eines Ausschusses nicht die Regel sein soll und jeweils gegenüber der Hauptversammlung besonders zu begründen ist[1791].

- Der Faktor Zeit wurde bereits thematisiert. Gute und qualitativ hochwertige Arbeit benötigt Zeit. Daher ist es wichtig, dass jedem einzelnen Aufsichtratsmitglied – trotz anderweitiger Verpflichtungen – genug davon zur Verfügung steht, und zwar nicht nur zur Teilnahme an allen Sitzungen des Gesamtgremiums sowie ggf. von einzelnen Ausschüssen, sondern darüber hinaus auch zur Vor- und Nachbereitung aller Zusammenkünfte. Ein ausreichend großes Zeitfenster erhöht die Sorgfalt, mit der ein Aufsichtsratsmitglied arbeitet.
- Gefährlich kann auch ein zu häufiger Wechsel in der Zusammensetzung des Aufsichtsgremiums sein. Insbesondere bei Prüfungs- und Überwachungstätigkeiten kommt es darauf an, sich auf seine Kollegen verlassen zu können. Allerdings ist darauf hinzuweisen, dass bei zu seltenen Veränderungen auch die Gefahr von zu eingefahrenen Strukturen und zu großer Vertrautheit besteht, auf deren Basis unerlaubte Absprachen getroffen werden können. Grundsätzlich muss jedes Aufsichtsratsmitglied unabhängig sein. Bestehen jedoch Anreize dazu, Accounting Fraud – welche Gründe im Einzelfall auch dafür sprechen mögen – zu tolerieren, können sowohl ein zu häufiger als auch ein zu seltener Wechsel von Aufsichtsratsmitgliedern hierfür förderlich sein.
- Bestehende Interessenkonflikte – bspw. im Zusammenhang mit weiteren neben der Mitgliedschaft im Aufsichtsrat bestehenden Aufgaben und Mandaten – können sich ebenfalls nachteilig auf die Überwachungsfunktion des Aufsichtsrats auswirken.
- Schließlich kann auch eine Gefahr darin bestehen, dass der Aufsichtsrat im Rahmen seiner Berichterstattung wichtige Informationen zurückhält und so in der Öffentlichkeit ein falsches Bild von der Gesellschaft vermittelt wird. Bei einer Hauptversammlung könnte es dann bspw. dazu kommen, dass einem Aufsichtsrat die Entlastung nach § 120 Abs. 1 AktG erteilt wird, obwohl diese eigentlich nicht gerechtfertigt ist.

Für die *Kooperation* zwischen Vorstand und Aufsichtsrat:
- Bereits mehrfach wurde darauf hingewiesen, dass eine funktionierende Zusammenarbeit zwischen Vorstand und Aufsichtsrat zur Sicherstellung eines

---

[1791] Vgl. DCGK i.d.F. vom 14.06.2007, Tz. 5.4.4.

ordnungsmäßigen Geschäftsgangs und einer ordnungsmäßigen Rechenschaftslegung eine große Rolle spielt. Als problematisch können sich schwerwiegende Meinungsverschiedenheiten zwischen einzelnen Mitgliedern der Gremien oder zwischen beiden Organen insgesamt erweisen. Dies könnte dazu führen, dass das Wohl der Gesellschaft nicht mehr im Mittelpunkt steht und bspw. Informationen überhaupt nicht oder mit Verspätung übermittelt werden. Auch wenn dem Aufsichtsrat vom Gesetzgeber gewisse Einsichtsrechte eingeräumt werden, so ist er dennoch darauf angewiesen, dass der Vorstand ihm Informationen – mindestens im Rahmen der gesetzlich geforderten Berichterstattung – bestenfalls auch darüber hinausgehend, zukommen lässt. Außerdem kann nie ausgeschlossen werden, dass die Unternehmensleitung – unter der Voraussetzung, dass Top-Management Fraud vorliegt und dieser vertuscht werden soll – dem Aufsichtsrat nicht alle oder manipulierte Informationen zur Verfügung stellt. Daher sollte das Aufsichtsorgan stets auch selbst tätig werden.

- Gefahr für Accounting Fraud aufgrund einer mangelhaften Kooperation zwischen Vorstand und Aufsichtsrat besteht auch, wenn beide Organe nicht ehrlich zueinander sind und versucht wird, sich auf Kosten des anderen eigene Vorteile zu verschaffen oder das eigene Tun und Handeln besonders positiv hervorzuheben.
- Der bereits im Zusammenhang mit den variablen Vergütungsbestandteilen angesprochene Aspekt von Accounting Fraud wird hier erneut kurz aufgegriffen. Manipulationen in der Rechnungslegung werden immer dann ermöglicht, wenn Vorstand und Aufsichtsrat untereinander Absprachen treffen, um die für die Bemessung ihrer Vergütung relevanten Kennzahlen entsprechend zu beeinflussen. Funktioniert also die Zusammenarbeit zwischen beiden Gruppen ‚zu gut', kann dies auch mit negativen Folgen für das Unternehmen verbunden sein.
- Schließlich ist denkbar, dass der Aufsichtsrat im Rahmen seiner Prüfung zwar bewusst falsche Angaben in der Rechnungslegung gefunden hat, er diese jedoch eigentlich schon viel früher hätte aufdecken müssen. Es wäre dann zwar einerseits positiv, dass die Manipulation überhaupt aufgedeckt wurde, allerdings müsste sich der Aufsichtsrat auch fragen lassen, warum die Entdeckung erst zu diesem späten Zeitpunkt gemacht wurde. Wurde Accounting Fraud mit Wissen der Unternehmensführung begangen, könnte der Vorstand in diesem Fall den Aufsichtsrat unter Druck setzen, die Informationen (noch eine Zeitlang) geheim zu halten, um so weder dem An-

sehen der Gesellschaft noch dem Ansehen des Aufsichtsrats Schaden zuzufügen[1792].

Die umfassende Aufzählung verdeutlicht eindrucksvoll, wie viele Möglichkeiten sich in einer großen kapitalmarktorientierten AG bei Versagen des vorgesehenen Systems der Leitungs- und Überwachungsstrukturen zum Begehen von Accounting Fraud ergeben können. Nicht vergessen werden darf jedoch, dass die Gelegenheit zum unrechtmäßigen Handeln allein zum Begehen der Tat nicht ausreicht. Hinzu müssen immer auch die beiden anderen Kriterien des Fraud Triangle – Motivation und eine innere Rechtfertigung – treten[1793].

Auf den ersten Blick wirkt diese Auflistung von Situationen, in denen die Wirksamkeit des Corporate Governance-Systems unterbrochen und damit Accounting Fraud ermöglicht wird, ernüchternd. Trotzdem lässt sich aus verschiedenen Studien zum Thema Wirtschaftskriminalität herauslesen, dass das Management vielfach die drohende Gefahr im eigenen Unternehmen unterschätzt. Insofern darf dieses Thema nicht verdrängt werden, denn es ist ernster und realistischer, als einige Verantwortliche dies einschätzen[1794]. Dennoch gilt, dass es sich nicht immer um *den* Vorstand oder *den* Aufsichtsrat insgesamt handelt, wenn von nicht ordnungsgemäßen oder nicht der Sorgfaltspflicht genügendem Verhalten gesprochen wird. Es ist nicht davon auszugehen, dass stets das ganze Gremium unrechtmäßig handelt, sondern meist sind es nur wenige Personen, denen es gelingt, ihre persönlichen Interessen durchzusetzen. Nach wie vor handelt es sich bei diesen Fällen um eine Minderheit, wenn sie vermutlich auch größer ist als weithin angenommen.

Die obigen Ausführungen haben darüber hinaus gezeigt, dass in den meisten Fällen dem Vorstand eher die Rolle des Handelnden zukommt, wohingegen der Aufsichtsrat – wenn überhaupt – eher im Bereich des Verdeckens bzw. Nichtaufdeckens ins Spiel kommt. Dies ist Ausfluss der unterschiedlichen Aufgabenverteilung von Vorstand und Aufsichtsrat. Da dem Vorstand als gesetzlichem Vertreter des Unternehmens die Aufstellung von Jahresabschluss und Lagebericht obliegt[1795], ist es nur folgerichtig, dass er gestaltend

---

[1792] Dieses Szenario erinnert an den Fall WorldCom, als die Leiterin der Internen Revision die Falschbilanzierung aufdeckte, der von ihr in Kenntnis gesetzte Finanzvorstand jedoch die Entdeckung verschweigen wollte; vgl. hierzu die Ausführungen unter Gliederungspunkt 2.2.5.3, S. 54 ff. Auch wenn es dabei nicht um den hier in Rede stehenden möglichen Konflikt zwischen Vorstand und Aufsichtsrat ging, zeigt das Geschehene dennoch, dass nach Einschätzung mancher Beteiligten nicht jede Entdeckung unmittelbar auch der Öffentlichkeit kommuniziert werden soll.
[1793] Vgl. zum Fraud Triangle die Ausführungen unter Gliederungspunkt 2.2.4, S. 31 ff.
[1794] Vgl. hierzu PwC (Wirtschaftskriminalität 2005), S. 10 f. Siehe auch die Ausführungen unter Gliederungspunkt 1.1, S. 1 ff.
[1795] Vgl. hierzu die Ausführungen unter Gliederungspunkt 3.3.3.2.4, S. 271 ff.

auf diesen einwirken kann. Diese Möglichkeit bietet sich dem Aufsichtsrat hingegen nicht. Der Aufsichtsrat kann Accounting Fraud – der nicht zwingend vom Vorstand begangen werden muss, sondern auch auf andere unternehmensinterne Personen zurückgehen kann – vielmehr ‚nur' entweder tolerieren oder aufgrund mangelnder Pflichterfüllung nicht aufdecken. Allerdings ist festzuhalten, dass der Aufsichtsrat im Rahmen seiner Überwachung der Geschäftsführung keine lückenlose Prüfung durchführen kann. Vielmehr muss er ein gewisses Maß an Wirtschaftlichkeit walten lassen. Genauso wie bei der externen Jahresabschlussprüfung stellt sich für den Aufsichtsrat bei jedem Einzelfall die Frage, ob er die konkrete Manipulation in der Rechnungslegung oder eine Schwachstelle im Corporate Governance-System des Unternehmens im Rahmen einer der Sorgfaltspflicht genügenden Tätigkeit hätte erkennen bzw. verhindern müssen oder nicht.

Handelt es sich bei einem Accounting Fraud-Fall nicht um Top-Management Fraud, sondern wurde die Manipulation auf einer weiter unten liegenden Hierarchiestufe begangen, ist zu überlegen, inwieweit ein Vorstand diese Fälle sozusagen ‚von ganz oben' tatsächlich selbst erkennen kann. Stellt man sich die Struktur einer großen Gesellschaft vor, so ist es offensichtlich, dass die Unternehmensleitung nicht im Detail darüber informiert sein kann, was in den einzelnen Abteilungen tatsächlich geschieht. Allerdings gehört es zu den Aufgaben eines sorgfältig arbeitenden Vorstands, die Organisationsstrukturen auf den einzelnen Hierarchieebenen innerhalb des Unternehmens so einzurichten, dass etwaige unrechtmäßige Handlungen wie z.B. das Manipulieren der Rechnungslegung bereits weiter unten erkannt werden und dass solche Fälle unverzüglich an den Vorstand gemeldet werden. Auch die Führungskräfte, die nicht zum Top-Management einer Gesellschaft zählen, nehmen trotzdem in Bezug auf ihren jeweiligen Verantwortungsbereich eine Führungsposition ein, die sie – genau wie ein Vorstand auch – mit entsprechender Verantwortung zu bekleiden und die ihnen übertragenen Aufgaben sorgfältig und ordnungsgemäß zu erfüllen haben. Insofern ist der Vorstand auch zur Verantwortung zu ziehen, wenn Situationen eintreten, die bei einer besseren und effektiveren Vorstandsarbeit – dazu zählt das Delegieren von Managementaufgaben – hätten vermieden werden können.

Wie die Ausführungen belegen, ist die Wirksamkeit des betrachteten Corporate Governance-Systems eng mit der Gefahr des Auftretens von Accounting Fraud verknüpft. Es gilt also, die bestehenden Strukturen nicht nur sorgfältig auszufüllen, sondern sie auch kontinuierlich hinsichtlich ihrer Effektivität kritisch zu hinterfragen, sie regelmäßig an international übliche Standards anzupassen und sofern erforderlich entsprechende Veränderungen am System selbst vorzunehmen. Solche Veränderungen können bspw. der Austausch von

(Führungs-) Personen sein, die sich nicht bewährt haben, oder eine Neudefinition von Organisationsstrukturen und Hierarchieverteilungen. Das bereits weiter vorne angesprochene Compliance-System spielt in diesem Zusammenhang ebenfalls eine wichtige Rolle[1796]. Die Bedeutung einer funktionierenden Corporate Governance wurde von den Initiatoren des SOX ebenfalls erkannt, weswegen dieses Gesetz ebenfalls Neuerungen zur Verbesserung des Systems der Unternehmensführung und -überwachung enthält. Diese sind schon an anderer Stelle ausführlicher erläutert worden[1797] und sollen nachfolgend zur Vervollständigung dieses Kapitels nur noch einmal kurz aufgegriffen werden[1798].

3.3.5 Auswirkungen des Sarbanes-Oxley Act auf die Corporate Governance im Unternehmen

Insbesondere die Abschnitte 3 und 4 des SOX befassen sich mit den Anforderungen an ein effektives System der Corporate Governance. Von zentraler Bedeutung ist die Verpflichtung für den CEO und den CFO aus Section 302 SOX, durch ihre Unterschrift persönlich zu bestätigen, dass die Finanzberichte ihrer Kenntnis nach keine unwahren Tatsachen enthalten und dass der Jahresabschluss in allen wesentlichen Belangen ein tatsächliches Bild von der Vermögens-, Finanz- und Ertragslage der Gesellschaft vermittelt. Diese in Deutschland als *Bilanzeid* bekannte Verpflichtung findet sich auch in den EU-Vorgaben zur Sicherstellung der Qualität der publizierten Jahresabschlüsse und ist mittlerweile auch Bestandteil der Normen des HGB[1799]. Außerdem wird die Unternehmensleitung durch Section 302 SOX zur Einrichtung eines *internen Kontrollsystems* für die Finanzberichterstattung verpflichtet; in diesem Zusammenhang wird verlangt, dass sie die Wirksamkeit dieses Systems sicherstellt und diese bestätigt. Ähnliches gilt für das nach Section 404 SOX einzurichtende interne Kontrollsystem für die Rechnungslegung[1800], dessen Effizienz ebenfalls durch das Management zu beurteilen ist. Mit Section 406 SOX wird die Einrichtung eines *Code of Ethics* für leitende Finanzverantwortliche geregelt. Dieser Kodex soll genauso wie die hinsichtlich der Finanzdaten und Kontrollsysteme verlangten Unterschriften dazu beitragen, den entsprechenden Personen ihre Verantwortung noch deutlicher bewusst zu machen und

---

[1796] Vgl. hierzu die Ausführungen unter Gliederungspunkt 3.3.3.2.3, S. 264 ff.
[1797] Vgl. hierzu die Ausführungen unter Gliederungspunkt 2.3, S. 74 ff.
[1798] Vgl. hierzu die Ausführungen unter Gliederungspunkt 3.3.5, S. 307 ff.
[1799] Vgl. hierzu die Ausführungen unter Gliederungspunkt 3.3.3.2.4, S. 271 ff.
[1800] Vgl. zum Unterschied zwischen beiden Kontrollsystemen die Ausführungen unter Gliederungspunkt 2.3.2.3, S. 91 ff.

gleichzeitig auch härtere persönliche Konsequenzen bei fehlerhafter Amtsführung zu ermöglichen.

Mit Blick auf die Überwachungsseite wird durch den SOX die Stellung des *Audit Committee* deutlich gestärkt[1801]. Section 407 SOX enthält dabei ebenfalls die seltsam wirkende Forderung, dass mindestens ein Mitglied des Audit Committee ein so genannter Finanzexperte sein muss[1802]. Darüber hinaus gelten durch SOX verschärfte Anforderungen an die Unabhängigkeit der einzelnen Mitglieder dieses Gremiums. Das Audit Committee wird aktiv bei der Analyse und Beseitigung aufgetretener Fehler im internen Kontrollsystem des Unternehmens und bei aufgetretenen Fällen von Betrug, Manipulationen oder sonstigen Unregelmäßigkeiten.

Schließlich beinhaltet Section 806 SOX ein verbessertes *Whistleblowing-System* und damit einhergehend einen stärkeren Schutz für anonym Verstöße meldende Mitarbeiter. Damit soll sichergestellt werden, dass eventuelle Schwachstellen im Corporate Governance-System noch früher erkannt und behoben werden können.

Viele der bei der Reflexion der deutschen Regelungen zu Unternehmensführung und -überwachung hervorgehobenen möglichen Schwachstellen wurden in den USA ebenfalls erkannt und der dortige Gesetzgeber hat versucht, mit dem SOX das Ausnutzen dieser Gelegenheiten zum Begehen von unrechtmäßigen Handlungen einerseits zu erschweren. Andererseits wurde das zugehörige Strafmaß verschärft. Inwieweit diese Regelungen, die teilweise bereits Eingang in die deutschen Gesetzesvorschriften gefunden haben, in der Zukunft dazu beitragen, das Corporate Governance-System in jedem einzelnen Unternehmen zu verbessern, bleibt abzuwarten. Die unternehmenseigene Corporate Governance kann allerdings immer nur so gut sein, wie sie von der Unternehmensleitung und dem Aufsichtsorgan selbst gewünscht ist.

Im Zuge der bisherigen Ausführungen zur Corporate Governance wurde mehrfach bereits die Verantwortlichkeit für ein Management und eine Kontrolle der im Unternehmen bestehenden Risiken angesprochen. Aufgrund der großen Bedeutung von Risiken verschiedener Art wird an dieser Stelle – in der mit Blick auf die Gesamtausführungen gebotenen Kürze – auf Risiko und Risikomanagement unter Berücksichtigung der Gefahr von Accounting Fraud eingegangen[1803].

[1801] Vgl. hierzu ausführlich die Ausführungen unter Gliederungspunkt 2.3.3.4, S. 107 ff.
[1802] Vgl. Lieder, Jan (Aufsichtsratsmitglied 2005), S. 573 f.; zum Verständnis des ‚Finanzexperten' nach Maßgabe der SEC vgl. die Ausführungen unter Gliederungspunkt 2.3.3.4, S. 107 ff.
[1803] Vgl. hierzu die Ausführungen unter Gliederungspunkt 3.4, S. 309 ff.

3.4 Risiko und Risikomanagement im Unternehmen vor dem Hintergrund der Gefahr von Accounting Fraud

Ganz allgemein ist unter einem *Risiko* ein mögliches Ereignis oder eine mögliche Entwicklung zu verstehen, das bzw. die sich (negativ) auf die Erreichung der Unternehmensziele auswirkt[1804]. Eine allgemein gültige Definition für den Begriff ‚Risiko' ist weder gesetzlich normiert noch hat sie sich in der Praxis oder im Fachschrifttum bisher herausgebildet[1805]. Jede unternehmerische Tätigkeit ist aufgrund einer nicht vorhersehbaren Zukunft mit Risiken verbunden[1806], denen allerdings auch Chancen gegenüberstehen[1807]. Grundsätzlich stellt die Verpflichtung zur Überwachung von Risiken – auch schon vor KonTraG – eine betriebswirtschaftliche Selbstverständlichkeit dar, die letztlich gesetzlich

---

[1804] Vgl. IDW (Handbuch 2006), Rn. P8; Lück, Wolfgang (Corporate Governance 2003), S. 4; Kromschröder, Bernhard/Lück, Wolfgang (Grundsätze 1998), S. 1573; Wolf, Klaus (Risikobegriff 2006), S. 450.

[1805] Vgl. IDW (Handbuch 2006), Rn. P8; Schmid, Wolfgang (Überwachungssystem 2003), S. 31; Lange, Knut Werner (Berichterstattung 2001), Rn. 18 ff.; Wall, Friederike (Betriebswirtschaftliches Risikomanagement 2001), Rn. 102 ff.; Neubeck, Guido (Risikomanagementsysteme 2003), S. 13 ff.; Hofmann, Günter (Risikobegriff 2004), S. 256; Plendl, Martin (Risiken 2008), S. 329 f.; Zepp, Marcus (Risikobericht 2007), S. 19 ff.; Krämer, Gregor (Bankenaufsicht 2000), S. 182 ff.; eine Einteilung von Risiken in vier Hauptarten findet sich bei Boutellier, Roman/Barodte, Berthold/Montagne, Eric (Risikobewertung 2006), S. 75.
Wehrheim/König bezeichnen Risiko allgemein als „Abweichung einer Variablen von einem gewünschten oder erwarteten Wert"; Wehrheim, Michael/König, Karl-Ulrich (Balanced Scorecard 2007), S. 1316.
Historisch gesehen findet sich der Begriff ‚Risiko' in der Literatur der Antike und des Mittelalters noch nicht und ist damit vergleichsweise modern. Erstmals erscheint er in der italienischen Renaissance im Zusammenhang mit Seefahrern, die sich über die ihnen bekannten Gewässer hinaus wagten. Damals bedeutete das Wort ‚risciare' soviel wie ‚eine schwierige Strömung durchqueren'. Vgl. zu dieser Historie Koehler, Benedikt (Unvorhergesehenes 2003), S. 15; siehe hierzu auch Oberparleiter, Karl (Risiko 1933), S. 41.

[1806] Vgl. Oberparleiter, Karl (Risiko 1933), S. 41 ff.; Schmid, Wolfgang (Überwachungssystem 2003), S. 33; Diederichs, Marc (Risikomanagement 2004), S. 8; Neubeck, Guido (Risikomanagementsysteme 2003), S. 14.

[1807] Vgl. Weber, Jürgen/Weißenberger, Barbara E./Liekweg, Armin (Ausgestaltung 1999), S. 1711; Jeetun, B. Sanat (Untersuchung 2003), S. 529; Wiedmann, Harald (Risikomanagement 2002), Sp. 2057. Vgl. zum Umgang mit strategischen Risiken Liebl, Franz (Risikomanagement 2001), Rn. 125 ff.
Dabei handelt es sich nicht ausschließlich um quantitative Risiken, sondern es können auch qualitative Risiken wie z.B. die Gefahr eines Reputationsverlusts auftreten. Vgl. zum Reputationsrisiko Blunden, Tony/Allen, Ed (Reputational Risk 2003), S. 17 ff. Insbesondere im Zusammenhang mit der Gefahr von Accounting Fraud ist dieses Risiko, das auch infolge eines Vertrauensverlusts eintreten kann, von großer Bedeutung.

normiert wurde[1808]. Sowohl aus der Perspektive des externen Abschlussprüfers als auch der Internen Revision bestehen zahlreiche Risikofaktoren – in der Literaur auch als Red Flags bezeichnet[1809] –, die als Anreiz zum Begehen von Accounting Fraud gelten oder den Verdacht des Vorliegens von Verstößen begründen können[1810]. Es ist durchaus möglich, dass unternehmensinterne und -externe Prüfer einzelnen Faktoren eine unterschiedliche Bedeutung beimessen.

Der Gesetzesbegründung zum KonTraG ist zu entnehmen, dass der Gesetzgeber mit der Regelung des § 91 Abs. 2 AktG die Verpflichtung der Vorstands verdeutlichen möchte, für ein angemessenes Risikomanagement im Unternehmen zu sorgen[1811]. Das Wort Risikomanagementsystem selbst ist im Gesetzestext indes nicht enthalten, dort wird von der Einrichtung eines Überwachungssystems gesprochen[1812]. Im Fachschrifttum herrscht ein nicht immer einheitliches Begriffsverständnis von Überwachungssystem, Kontroll-

---

[1808] Vgl. IIR-Arbeitskreis „Interne Revision in der Versicherungswirtschaft" (Risikomanagementsystem 1999), S. 186; Schoberth, Joerg/Servatius, Hans-Gerd/Thees, Alexander (Interne Kontrollsysteme 2006), S. 2575; Salzberger, Wolfgang (Überwachung 2000), S. 758.
Hinzu kommt die Verpflichtung zur Berichterstattung über Risiken und Chancen im (Konzern-) Lagebericht nach § 289 Abs. 1 Satz 4 HGB bzw. § 315 Abs. 1 Satz 5 HGB; vgl. Lange, Knut Werner (Berichterstattung 2001), Rn. 1 ff.

[1809] Vgl. z.B. Bantleon, Ulrich/Thomann, Detlef (Fraud 2006), S. 1719.

[1810] Vgl. zu einer Auflistung verschiedener Warnsignale Knabe, Stephan/Mika, Sebastian/Müller, Klaus-Robert/Rätsch, Gunnar/Schruff, Wienand (Fraud-Risiko 2004), S. 1059, Solfrian, Gregor/Willeke, Clemens (Aufdeckung 2002), S. 1112; Kaduk, Michael (Unregelmäßigkeiten 2007), S. 96 ff.; Schruff, Wienand (Top-Management Fraud 2003), S. 908; O'Gara, John D. (Corporate Fraud 2004), S. 99 ff.; Zikmund, Paul (Fraud 2003), S. 31 f.; Hackenbrack, Karl (Experience 1993), S. 103 und 108; Langenbucher, Günther/Blaum, Ulf (Aufdeckung 1997), S. 441.

[1811] Vgl. BT-Drucks. 13/9712, S. 15; Salzberger, Wolfgang (Überwachung 2000), S. 758; vgl. zur Entwicklung dieser Norm auch Zimmer, Daniel/Sonneborn, Andrea Maria (Absichten 2001), Rn. 148 ff. Was genau der Gesetzgeber an dieser Stelle fordert, darüber existieren im Fachschrifttum verschiedene Auffassungen; vgl. Lorenz, Manuel (Rechtliche Grundlagen 2006), S. 5 m.w.N.; Pahlke, Anne-Kathrin (Risikomanagement 2002), S. 1680 ff.; Berwanger, Jörg/Kullmann, Stefan (Interne Revision 2008), S. 93 ff.
Vgl. zur Entwicklung dieser neuen Gesetzesvorschrift Brebeck, Frank/Herrmann, Dagmar (Frühwarnsystem 1997), S. 382 ff.
Vgl. zur Ausstrahlungswirkung von § 91 Abs. 2 AktG auf GmbH Daum, Thomas (Ausstrahlung 2001), Rn. 1 ff.

[1812] Vgl. Weber, Jürgen/Weißenberger, Barbara E./Liekweg, Armin (Ausgestaltung 1999), S. 1710; Jeetun, B. Sanat (Untersuchung 2003), S. 527; zu unterschiedlichen Auffassungen im Schrifttum siehe Kindler, Peter/Pahlke, Anne-Kathrin (Überwachungspflichten 2001), Rn. 196 ff.

system und Risikomanagementsystem[1813]. Unter Risikogesichtspunkten übernimmt das Überwachungssystem sowohl eine Präventiv- als auch eine Korrekturfunktion[1814]. Zu diesem *Überwachungssystem* gehören organisatorische Sicherungsmaßnahmen, interne Kontrollen sowie die Interne Revision[1815].

Allgemein umfasst *Risikomanagement* alle organisatorischen Regelungen und Maßnahmen zur Risikoerkennung und zum Umgang mit den aus der unternehmerischen Betätigung entstehenden Risiken[1816]. Es kann nur dann erfolgreich sein, wenn für jeden Teilbereich des Unternehmens eine in die gesamte Unternehmensstrategie integrierte Risikostrategie entwickelt wird[1817]. Die im Unternehmen herrschende Risikokultur hat einen großen Einfluss auf die Ef-

---

[1813] Vgl. Hofmann, Stefan (Prävention 2006), S. 41; Schoberth, Joerg/Servatius, Hans-Gerd/Thees, Alexander (Interne Kontrollsysteme 2006), S. 2571; Buderath, Hubertus M. (Kontrollsystem 2003), S. S220; Kropff, Bruno (Überwachungssystem 2003), S. 346; Lück, Wolfgang (Überwachungssystem 1998), S. 1925; Wall, Friederike (Betriebswirtschaftliches Risikomanagement 2001), Rn. 118; Winter, Peter (Unternehmens-Risikomanagementsysteme 2007), S. 149 ff.; Potthoff, Erich (Bewusstsein 2003), S. 104 f.

[1814] Vgl. Lück, Wolfgang (Überwachungssystem 1998), S. 1928 f. Während Erstere dazu beitragen soll, Risiken zu vermeiden oder zu vermindern, dient Letzterer der Feststellung der Funktionsfähigkeit der Maßnahmen des Risikomanagementsystems und hat diese ggf. zu korrigieren.

[1815] Vgl. Lück, Wolfgang (Betriebswirtschaftliche Aspekte 2003), S. 347; Lück, Wolfgang (Elemente 1998), S. 9; Kagermann, Henning/Küting, Karlheinz/Weber, Claus-Peter (Hrsg.) (Revisions-Handbuch 2006), S. 6; Gernoth, Jan P. (Überwachungspflichten 2001), S. 299.
Vgl. zur Internen Revision ausführlich die Ausführungen unter Gliederungspunkt 3.2, S. 198 ff.

[1816] Vgl. IDW PS 340, Tz. 4; Wehrheim, Michael/König, Karl-Ulrich (Balanced Scorecard 2007), S. 1316; Teixeira, Tom (Enterprise Risk Management 2003), S. 36; IIR-Arbeitskreis „Interne Revision in der Versicherungswirtschaft" (Risikomanagementsystem 1999), S. 197; Hölscher, Reinhold/Giebel, Stefan/Karrenbauer, Ulrike (Risikomanagement 2006), S. 150 ff.; Sommerfeld, Holger (Konzeption 2008), S. 18 f.; Zimmer, Daniel/Sonneborn, Andrea Maria (Absichten 2001), Rn. 174.
Vgl. zur IT-Unterstützung beim Risikomanagement an einem Beispiel Hempel, Mario/Gleißner, Werner (Effizienz 2006), S. 83 ff.

[1817] Vgl. Lück, Wolfgang (Corporate Governance 2003), S. 10; Jeetun, B. Sanat (Untersuchung 2003), S. 530; Bayram, Murat (Risikomanagement 2007), S. 59; Schmid, Wolfgang (Überwachungssystem 2003), S. 33; Zimmer, Daniel/Sonneborn, Andrea Maria (Absichten 2001), Rn. 174.

fektivität des Risikomanagements[1818]. Alle risikobezogenen Informationen müssen systematisch geordnet werden; ferner ist dafür Sorge zu tragen, dass sie an die jeweils zuständigen Entscheidungsträger weitergeleitet werden. Den Fortbestand des Unternehmens gefährdende Risiken[1819] müssen der Unternehmensleitung kommuniziert werden.

Das *Risikomanagementsystem* strukturiert das Risikomanagement und somit den Umgang mit Risiken im Unternehmen. Es stellt in seiner Gesamtheit einen Prozess aus mehreren Einzelschritten dar, die zwar nacheinander ablaufen, trotzdem aber auch miteinander zusammenhängen[1820]. Den ersten Prozessschritt stellt die bereits erwähnte Formulierung einer *Risikostrategie* dar. Dabei geht es insbesondere darum festzulegen, „welche Risiken eingegangen werden sollen, welches Verhältnis zwischen Chancen und Risiken in einzelnen Unternehmensbereichen mindestens einzuhalten ist und ab welcher Schadenhöhe Maßnahmen zur Risikosteuerung eingeleitet werden müssen"[1821]. Zudem wird eine maximale Verlustgrenze bestimmt[1822]. Basierend auf dieser Risikostrategie werden nachfolgend geeignete *Maßnahmen zum Risikomanagement* entwickelt. Diese Maßnahmen dienen der Einhaltung des festgelegten Verhältnisses zwischen Chancen und Risiko ebenso wie der Verlustgrenze[1823]. Der Unternehmensleitung kommt die Aufgabe zu, Informationen über mögliche Risiken sowie ihre Auswirkungen zu gewinnen. Hierfür entwickelt sie Be-

---

[1818] Vgl. zur Risikokultur ausführlich Bungartz, Oliver (Risikokultur 2006), S. 170 ff. Zur Schaffung einer Risikokultur sind Schulungsmaßnahmen wichtig; vgl. John, Dieter/Bäcker, Ingo (Unternehmensreputation 2003), S. 451. Diese kann, zusammen mit erforderlichen Maßnahmen, in einem Risikohandbuch dokumentiert werden; vgl. Jeetun, B. Sanat (Untersuchung 2003), S. 531; Schmid, Wolfgang (Überwachungssystem 2003), S. 36 f.

[1819] Hierzu zählen insbesondere risikobehaftete Geschäfte sowie Unrichtigkeiten in der Rechnungslegung und Verstöße gegen Gesetzesnormen, die wesentliche Auswirkungen auf die Vermögens-, Finanz- und Ertragslage der Gesellschaft (bzw. des Konzerns) haben; vgl. BT-Drucks. 13/9712, S. 15; Picot, Gerhard (Kontrollmechanismen 2001), Rn. 39.

[1820] Vgl. zum Regelkreislauf die Abbildung bei Lück, Wolfgang (Betriebswirtschaftliche Aspekte 2003), S. 338. Siehe zu der im Folgenden dargestellten sowie alternativen Ausgestaltungsmöglichkeiten auch Lück, Wolfgang (Überwachungssystem 1998), S. 1926 ff.; Wiedmann, Harald (Risikomanagement 2002), Sp. 2061 ff.; Wall, Friederike (Betriebswirtschaftliches Risikomanagement 2001), Rn. 116 ff.; Boutellier, Roman/Fischer, Adrian/Palazzesi, Mauro/Buser, Stefan (Risikobeurteilung 2006), S. 616; Wittmann, Edgar (Bestandteil 2001), Rn. 320 ff. für das Beispiel der Siemens AG; Gleißner, Werner/Mott, Bernd/Schenk, Mark (Risikomanagement 2007), S. 179 ff. für das Beispiel der Bauer AG.

[1821] Lück, Wolfgang (Betriebswirtschaftliche Aspekte 2003), S. 339.

[1822] Vgl. Lück, Wolfgang (Überwachungssystem 1998), S. 1926.

[1823] Vgl. Lück, Wolfgang (Überwachungssystem 1998), S. 1926.

stimmungen zur Identifikation, Analyse und Bewertung von Risiken[1824]. Die *Risikoidentifikation* wird auch als Risikoinventur bezeichnet. Dabei ist herauszufiltern, in welchen betrieblichen Vorgängen Risiken vorhanden sind[1825]. Es bietet sich an, die Risiken nach bestimmten Kategorien zu untergliedern, z.B. nach ihrer Herkunft oder ihrer Ursache[1826]. Als wichtigstes Instrument in diesem Zusammenhang gelten Frühwarnsysteme. Diese sollen „durch die Beobachtung von Frühwarnindikatoren latente (d.h. im Verborgenen bereits vorhandene) Gefahren und Risiken im zeitlichen Vorlauf identifizieren und ggf. analysieren"[1827]. Bei der *Risikoanalyse* werden unter Anwendung des Wesentlichkeitsgrundsatzes Schwerpunktrisiken von vernachlässigbaren Risiken unterschieden[1828]. Dies hat anhand geeigneter Risikomaße und Methoden zur Risikomessung zu erfolgen. Dabei muss auch untersucht werden, ob Einzelrisiken, denen alleine keine große Bedeutung beizumessen ist, zusammen mit anderen Risiken bedeutend oder gar bestandsgefährdend werden können[1829]. Die *Bewertung der Risiken* dient der Ermittlung des Ausmaßes einzelner Risiken[1830]. Hierbei werden in der Regel die drei Risikoklassen geringes, mittleres und hohes Risiko unterschieden. Zur Klassifizierung kann bspw. eine Risikomatrix zur Anwendung gelangen, in der sich verschiedene Schadenshöhen mit unterschiedlichen Eintrittswahrscheinlichkeiten kombinieren lassen[1831]. Der nächste Prozessschritt wird als *Risikosteuerung* bezeichnet. Dabei geht es darum, die identifizierten, analysierten und bewerteten Risiken unter Beachtung

---

[1824] Vgl. Lück, Wolfgang (Betriebswirtschaftliche Aspekte 2003), S. 339.
[1825] Die Risikoerhebung kann bspw. mittels Befragungen, Dokumentenanalysen oder auch in Risiko-Workshops geschehen. Die Erfassung sollte in einer zentralen Risikodatenbank erfolgen; vgl. Jeetun, B. Sanat (Untersuchung 2003), S. 531.
[1826] Vgl. Jeetun, B. Sanat (Untersuchung 2003), S. 533; Wolf, Klaus (Risikobegriff 2006), S. 451; Kromschröder, Bernhard/Lück, Wolfgang (Unternehmensüberwachung 1998), S. 244 f. Vgl. zu verschiedenen Risiken bspw. Bayram, Murat (Risikomanagement 2007), S. 28 ff.
[1827] Lück, Wolfgang (Betriebswirtschaftliche Aspekte 2003), S. 359. Vgl. allgemein zu den Bestandteilen und der Wirkungsweise eines Frühwarnsystems Lück, Wolfgang (Betriebswirtschaftliche Aspekte 2003), S. 360 ff.; Lück, Wolfgang (Elemente 1998), S. 11 ff.; Wiedmann, Harald (Risikomanagement 2002), Sp. 2061.
[1828] Vgl. Lück, Wolfgang (Betriebswirtschaftliche Aspekte 2003), S. 340. Außerdem wird auch untersucht, ob die Ursachen der Risiken von der Unternehmensleitung beeinflusst werden können oder nicht; vgl. Lück, Wolfgang (Überwachungssystem 1998), S. 1927.
[1829] Vgl. Wolf, Klaus (Risikomanagementsysteme 2002), S. 1732.
[1830] Vgl. hierzu ausführlich Lück, Wolfgang (Betriebswirtschaftliche Aspekte 2003), S. 340 ff.
[1831] Vgl. zu einem Beispiel für eine solche Entscheidungsmatrix Jeetun, B. Sanat (Untersuchung 2003), S. 534 f. In der Praxis wird die Risikomatrix auch als Risikoportfolio oder Risikomap bezeichnet; vgl. Wolf, Klaus (Risikoberichterstattung 2006), S. 151.

der gewählten Risikostrategie zu beeinflussen[1832]. Zur Vermeidung eines Vermögensschadens für das Unternehmen können Risiken einerseits vermieden, andererseits zumindest reduziert werden. Hierbei kann zwischen der Risikovermeidung, d.h. dem Verzicht auf risikobehaftete Geschäfte, der Risikoüberwälzung auf andere Unternehmen[1833] und der Risikokompensation durch Abschluss eines gegenläufigen Geschäfts unterschieden werden[1834]. Außerdem kann das Unternehmen sich bewusst dafür entscheiden, ein Risiko in Kauf zu nehmen. Bei der sich daran anschließenden Darstellung der *Risikosituation* des Unternehmens handelt es sich um eine Ist-Aufnahme bestehender und potenzieller Risiken[1835]. Zuletzt wird die gegebene Risikosituation mit den Vorgaben der Risikostrategie abgeglichen. Auf diese Weise wird beurteilt, ob die gewünschten Ziele erreicht wurden oder ob Veränderungen an der Strategie oder den Maßnahmen des Managements und der Steuerung der Risiken vorgenommen werden müssen[1836].

Voraussetzung für ein wirksames Risikomanagement ist das Vorhandensein eines angemessenen Risikobewusstseins bei allen Mitarbeitern des Unternehmens[1837], insbesondere jedoch in den als besonders risikoanfällig geltenden Bereichen. Die Informationen über die einzelnen Risiken müssen allen betreffenden Mitarbeitern kommuniziert werden. Wichtig für ein dauerhaft wirksames Risikomanagementsystem ist die Sicherstellung seiner personenungebundenen Funktionsfähigkeit. Hierfür ist eine umfassende Dokumentation des gesamten Systems und aller getroffenen Maßnahmen erforderlich. Diese stellt gleichzeitig einen Nachweis für den Vorstand dar, dass er seiner Verpflichtung des § 91 Abs. 2 AktG in vollem Umfang nachgekommen ist[1838].

Hat der Vorstand von Risiken Kenntnis erlangt, muss er darauf reagieren und entsprechende Maßnahmen zu ihrer Verminderung oder Vermeidung ergreifen. Dabei kann es sich z.B. auch um (personelle) Veränderungen im gesamten Bereich oder in Teilbereichen des Risikomanagementsystems handeln. So können etwa Berichtslinien gestrafft oder ausgebaut werden, außerdem können zusätzliche Kontrollen installiert oder das gesamte System umstrukturiert werden. Das Management des risikobehafteten Prozesses ist ggf. neu zu

---

[1832] Vgl. Lück, Wolfgang (Betriebswirtschaftliche Aspekte 2003), S. 342 ff.
[1833] Meist handelt es sich dabei um Versicherungsunternehmen; vgl. Lück, Wolfgang (Überwachungssystem 1998), S. 1927 f.
[1834] Vgl. Horst, Christoph A. (Integration 2007), S. 30. Vgl. zum Risikotransfer Löffler, Hendrik F. (Optimierung 2006), S. 20 ff.
[1835] Vgl. Lück, Wolfgang (Betriebswirtschaftliche Aspekte 2003), S. 347.
[1836] Vgl. Lück, Wolfgang (Betriebswirtschaftliche Aspekte 2003), S. 345.
[1837] Dies ist Ausdruck der im Unternehmen herrschenden Risikokultur; vgl. Bungartz, Oliver (Risikokultur 2006), S. 171.
[1838] Vgl. Lück, Wolfgang (Überwachungssystem 1998), S. 1930.

überdenken. In einen solchen Prozess sollte auch die Interne Revision integriert werden, da sie aufgrund ihrer Tätigkeit über ein breit gefächertes Wissen hinsichtlich der Risiko- und Kontrollstruktur des Unternehmens verfügt.

Accounting Fraud ist keine neue Erscheinung. Allerdings ist diese Problematik in der jüngeren Vergangenheit deutlich stärker sowohl in das Bewusstsein der Öffentlichkeit als auch der Unternehmensverantwortlichen gerückt. Dies mag daran liegen, dass die Auswirkungen aufgrund der insbesondere seit der zweiten Hälfte des letzten Jahrhunderts stark zunehmenden internationalen Orientierung und damit einhergehenden globalen Verflechtung der Gesellschaften wesentlich umfangreicher und schwerwiegender geworden sind[1839]. Diese Entwicklung beeinflusst nicht nur finanzielle Risiken, sondern in gleichem Maße auch qualitative Risiken wie etwa die Gefahr eines Reputationsverlusts[1840]. Außerdem wurden auch die Regelungen zur Inspruchnahme von Managern kontinuierlich verschärft, woraus eine zusätzliche Sensibilität für das Thema Risikomanagement resultiert[1841]. Schutz vor Accounting Fraud spielt zunehmend eine zentrale Rolle im unternehmerischen Risikomanagement. Dabei ist zu unterscheiden, ob die Tat auf Ebene des Top-Managements oder auf einer tiefer gelegenen Hierarchiestufe begangen wird. Bei der Gefahr von Top-Management Fraud ist der Aufsichtsrat in das Risikomanagement mit einzubeziehen[1842].

Manipulationen in der Rechnungslegung können – anders als dolose Handlungen – nicht überall im Unternehmen durchgeführt werden. Der mögliche Täterkreis erstreckt sich regelmäßig auf die Personen mit Zugang zum betrieblichen Rechnungswesen, zumindest werden Komplizen in diesem Bereich benötigt. Zur Vermeidung bzw. für eine frühzeitige Aufdeckung von Accounting Fraud müssen einerseits das Rechnungswesen und das damit zusammenhän-

---

[1839] Bei dem Zusammenbruch von Enron verlor z.B. eine Vielzahl von Arbeitnehmern in den USA wesentliche Bestandteile ihrer Altersversorgung. Es ist also zunehmend nicht mehr ‚nur' der Zusammenbruch der betroffenen Gesellschaft alleine die Konsequenz aus Accounting Fraud, sondern die Auswirkungen erstrecken sich auch auf Investoren, Zulieferunternehmen oder auch andere völlig unbeteiligte Unternehmen, die jedoch zur gleichen Branche gehören und von der negativen Stimmung dort beeinflusst werden.

[1840] Vgl. Blunden, Tony/Allen, Ed (Reputational Risk 2003), S. 17 ff.; Arx, Jean-Blaise von/Ottiger, Ronald (Réputation 2006), S. 548 ff.

[1841] Vgl. Jeetun, B. Sanat (Untersuchung 2003), S. 554. Nicht zu vergessen sind internationale Entwicklungen. So nimmt bspw. der SOX auf das Management von Risiken Bezug; vgl. Teixeira, Tom (Enterprise Risk Management 2003), S. 33. Nach Section 404 SOX müssen der Vorstandsvorsitzende und der Finanzvorstand von Foreign Private Issuers das interne Kontrollsystem für die Finanzberichterstattung dokumentieren und seine Wirksamkeit bestätigen; vgl. Stadtmann, Georg/Wißmann, Markus F. (Vergleich 2006), S. 16.

[1842] Vgl. Jeetun, B. Sanat (Untersuchung 2003), S. 541.

gende Berichtswesen an sich unter Risikomanagementaspekten betrachtet werden, andererseits haben die Risiken, welche sich in der Rechnungslegung niederschlagen (können), im Fokus zu stehen. Es sind besondere Maßnahmen zur Sicherstellung einer ordnungsgemäßen Erfassung von Geschäftsvorfällen einzurichten. Hierzu gehören grundlegende Kontrollmechanismen wie etwa Funktionstrennungen[1843] oder das Vieraugenprinzip. Der Prozessablauf muss so ausgestaltet werden, dass es weder möglich ist, tatsächlich stattgefundene Geschäftsvorfälle nicht zu erfassen[1844], noch Geschäftsvorfälle zu buchen, die in realiter überhaupt nicht vorhanden sind[1845], d.h. so genannte ‚Luftbuchungen' vorzunehmen. Wichtig ist insbesondere eine umfangreiche Kommunikation einzelner Unternehmensbereiche untereinander, um Informationsverluste zu vermeiden. Je mehr Mitwisser ein Täter haben muss, um sein Handeln durchführen und ggf. auch verschleiern zu können, umso eher wird er zögern, ob es sich lohnt, ein solches Risiko einzugehen.

Zur Rechnungslegung gehört die Berichterstattung im Lagebericht nach § 289 HGB respektive § 315 HGB, der bei mittelgroßen und großen Kapitalgesellschaften i.S.d. § 267 HGB ebenfalls Gegenstand der handelsrechtlichen Jahresabschlussprüfung ist. Nach § 317 Abs. 2 HGB hat der Abschlussprüfer zu untersuchen, ob der Lagebericht eine zutreffende und den tatsächlichen Verhältnissen entsprechende Darstellung von der Vermögens-, Finanz- und Ertragslage des Unternehmens bzw. Konzerns enthält. Mit Blick auf den von der Gesellschaft aufzustellenden Lagebericht muss das Risikomanagementsystem so ausgestaltet sein, dass alle zu berücksichtigenden Sachverhalte Eingang in die Beurteilung der Lage der Gesellschaft durch das Management finden. Es darf nicht der Fall eintreten, dass einzelne Mitarbeiter bedeutende Informationen zurückhalten und so die Entscheidungsgrundlage verändern. Darüber hinaus hat ein effektives Risikomanagement dafür zu sorgen, dass die Unternehmensleitung nicht selbst wesentliche Aspekte verschweigt und so den externen Informationsadressaten die tatsächliche Unternehmenslage nicht wahrheitsgetreu, sondern geschönt präsentiert. Hilfreich wäre es hier z.B., wenn Informationen verschiedenen Stellen im Unternehmen bekannt sind mit der Zielsetzung, dass eine unrechtmäßige Handlung umso unwahrscheinlicher ist, je schwerer es ist, sie zu verschleiern bzw. je mehr Mitwisser eingeweiht werden müssen.

Insgesamt ist festzuhalten, dass in jedem Unternehmen – unabhängig davon, ob hierzu nach § 91 Abs. 2 AktG eine konkrete gesetzliche Verpflichtung

---

[1843] Vgl. zur Funktionstrennung Hofmann, Rolf (Dolose Handlungen 1988), S. 58.
[1844] Es kann z.B. versucht werden, tatsächlich abgegangene Vermögensgegenstände weiterhin in der Bilanz auszuweisen, um so das Vermögen künstlich zu erhöhen.
[1845] Die zentrale Gefahr besteht hier in der Buchung von fiktiven Umsätzen.

besteht oder nicht – ein individuell ausgestaltetes Risikomanagement eingerichtet sein muss[1846]. Dies gebietet die Sorgfalt, die jeder Kaufmann bei seiner Tätigkeit walten zu lassen hat. Die Ausgestaltung und der Umfang hängen vom jeweiligen Einzelfall, insbesondere von der Unternehmensgröße und dem Aktionsrahmen der Gesellschaft sowie von der Branchenzugehörigkeit, ab[1847]. Die Erfahrungen der Praxis in den letzten Jahren haben gezeigt, dass mitunter das bestehende Risikomanagement nicht ausreichend ist, um Accounting Fraud verhindern oder aufdecken zu können. Daher ist es für jedes Unternehmen erforderlich, speziell der Gefahr von Accounting Fraud durch Anpassungen im Risikomanagementsystem zu begegnen. Damit kann ein Ausbau oder eine Neustrukturierung des bisherigen Systems einhergehen[1848].

3.5 Bestehende Wechselwirkungen und Abhängigkeiten zwischen externer Jahresabschlussprüfung, Interner Revision und Corporate Governance

3.5.1 Vorbemerkungen

Im Rahmen der Darstellung der Aufgabengebiete von externer Jahresabschlussprüfung und Interner Revision sowie von Vorstand und Aufsichtsrat als zentralen Corporate Governance-Elementen eines Unternehmens ist regelmäßig angeklungen, dass diese Instanzen nicht nur nebeneinander her agieren und jeweils völlig unabhängig voneinander und autark die ihnen zugeschriebenen Aufgaben erfüllen. Vielmehr treten teilweise Überschneidungen bzw. Abhängigkeiten zwischen den einzelnen Tätigkeiten auf. Trotzdem ist es wichtig, die Unabhängigkeit der einzelnen – insbesondere aller prüfenden – Organe sicherzustellen. Je nach Beziehungsgeflecht ist dies nicht immer einfach und erfordert ein besonderes Maß an Sensibilität und Sorgfalt.

Da an späterer Stelle unter dem Fokus der Berücksichtigung der bestehenden Gefahr von Accounting Fraud untersucht und dargestellt wird, wie alle betrachteten Instanzen einzeln und gemeinsam sowohl bei der Prävention als

---

[1846] Studien in der Praxis haben indes gezeigt, dass das Risikomanagement bei vielen – insbesondere kleineren und mittelständischen – Unternehmen mit Mängeln behaftet ist; vgl. zu einer Studie ausführlich Hölscher, Reinhold/Giebel, Stefan/Karrenbauer, Ulrike (Risikomanagement 2006), S. 149 ff.; Hölscher, Reinhold/Giebel, Stefan/Karrenbauer, Ulrike (Risikomanagement 2007), S. 5 ff.; Romeike, Frank/Erben, Roland Franz (Mängel 2006), S. 145.
[1847] Vgl. Lorenz, Manuel (Rechtliche Grundlagen 2006), S. 9.
[1848] Vgl. zu weiteren Maßnahmen mit Blick auf das Risikomanagement als Element der Corporate Governance die Ausführungen unter Gliederungspunkt 5, S. 377 ff.

auch bei der Aufdeckung von Verstößen handeln sollten[1849], folgt zunächst eine allgemeine Betrachtung der bestehenden Wechselwirkungen und Abhängigkeiten zwischen externer Jahresabschlussprüfung, Interner Revision und Corporate Governance. Dabei werden drei mögliche Konstellationen unterschieden[1850]: die Beziehung zwischen externer Jahresabschlussprüfung und Interner Revision, die Beziehung zwischen externer Jahresabschlussprüfung und Corporate Governance sowie die Beziehung zwischen Interner Revision und Corporate Governance.

3.5.2 Beziehung zwischen externer Jahresabschlussprüfung und Interner Revision

Sowohl bei der externe *Jahresabschlussprüfung* als auch bei der *Internen Revision* handelt es sich um prüfende Instanzen, die sich ‚nur' durch ihre Stellung in Bezug auf das Unternehmen, in dem geprüft wird, unterscheiden. Gemeinsam ist ihnen der grundsätzliche Ablauf ihres Prüfungsprozesses. Zunächst scheint es sich um dieselbe Aufgabenstellung unter verschiedenen Bezeichnungen zu handeln. Eine genauere Betrachtung zeigt indes, dass dieser Eindruck täuscht dies bei genauerer Betrachtung. Nicht zu unterschätzen ist die Bedeutung des unterschiedlichen Blickwinkels, aus dem ein externer Jahresabschlussprüfer bzw. ein interner Revisor seine Prüfungsarbeit durchführt[1851]. Darüber hinaus prüft der Abschlussprüfer primär vergangenheitsorientiert, während die Interne Revision in stärkerem Maße zukunftsgerichtet tätig ist[1852]. Beide Prüfungsorgane zwingend notwendig und können nicht – auch nicht teilweise – durch das jeweils andere ersetzt werden. Das Verhältnis zwischen externer und interner Prüfung darf nicht von Konkurrenz geprägt sein. Vielmehr ist es für eine effiziente und wirkungsvolle Arbeit auf beiden Seiten erforderlich, dass dort, wo es notwendig und sinnvoll erscheint, kooperiert wird[1853]. Eine Aufteilung des gesamten Prüfungsstoffs auf beide Instanzen, so dass jedes Themengebiet entweder nur durch den externen Jahresabschlussprüfer oder nur durch die Interne Revision bearbeitet wird, ist allerdings abzu-

---

[1849] Vgl. hierzu die Ausführungen unter Gliederungspunkt 4, S. 337 ff. und Gliederungspunkt 5, S. 377 ff.

[1850] Vgl. hierzu die Ausführungen unter Gliederungspunkt 3.5.2, S. 318 ff., Gliederungspunkt 3.5.3, S. 323 ff. und Gliederungspunkt 3.5.4, S. 328 ff.

[1851] Damit geht auch eine Abweichung im Grad der Unabhängigkeit einher; vgl. IDW PS 321, Tz. 13.

[1852] Vgl. Kagermann, Henning/Küting, Karlheinz/Weber, Claus-Peter (Hrsg.) (Revisions-Handbuch 2006), S. 498.

[1853] Vgl. zu möglichen Stufen der Zusammenarbeit Heese, Klaus/Peemöller, Volker H. (Zusammenarbeit 2007), S. 1381 f.

lehnen, da dies nicht mit der geforderten Unabhängigkeit der beiden Prüfungsinstanzen zu vereinbaren ist. Eine Kooperation beider Prüfungsorgane hat den Aspekt der Wirtschaftlichkeit[1854] zu beachten[1855]. Die mögliche Kooperation zwischen Interner Revision und externer Abschlussprüfung hat auch die beiden berufsständischen Vertretungen beschäftigt. Das IDW hat hierzu IDW PS 321 ‚Interne Revision und Abschlussprüfung' veröffentlicht, das IIR formuliert seine Ansichten in IIR-Revisionsstandard Nr. 1 ‚Zusammenarbeit von Interner Revision und Abschlussprüfer'[1856]. Im Prüfungsstandard des IDW werden bestimmte Anforderungen benannt, bei deren Erfüllung eine Verwertung der Ergebnisse des jeweils anderen Organs möglich ist. So muss der externe Prüfer eine Einschätzung der Qualität der Arbeit der Internen Revision vornehmen[1857]. Nur wenn die Interne Revision aus der Sicht des Abschlussprüfers als gleichwertige Prüfungsinstanz angesehen wird, ist ein Rückgriff auf ihre Prüfungsergebnisse – sowohl als Informationslieferant als auch i.S.e. Verwertung der Ergebnisse fremder Dritter[1858] – dem IDW-Prüfungsstandard zufolge zulässig[1859]. Umgekehrt knüpft auch die Interne Revision eine Kooperation an bestimmte Voraussetzungen[1860]. Dies betrifft insbesondere die Einhaltung der allgemeinen

---

[1854] Vgl. Lück, Wolfgang (Zusammenarbeit 2003), S. 91; Hofmann, Rolf (Wirkungsgrad 1991), S. 2253.

[1855] Ein wesentlicher Grund für eine Zusammenarbeit liegt in der Forderung nach einer wirtschaftlichen Urteilsgewinnung (auf beiden Seiten) und damit einhergehend auch der Vermeidung von Doppelarbeiten; vgl. Heese, Klaus/Peemöller, Volker H. (Zusammenarbeit 2007), S. 1378; Theisen, Manuel René (Risikomanagement 2003), S. 1429.

[1856] Vgl. Heese, Klaus/Peemöller, Volker H. (Zusammenarbeit 2007), S. 1378. Bereits viele Jahre zuvor beschäftigten sich die entsprechenden Gremien mit einer Regulierung der Zusammenarbeit. So nimmt erstmals ein Fachgutachten des IDW von 1934 auf diese Thematik Bezug; vgl. zur Historie IIR Revisionsstandard Nr. 1, Tz. 7; siehe auch Füss, Roland (Interne Revision 2005), S. 277 ff.; Lück, Wolfgang (Zusammenarbeit 2003), S. 17 ff.

[1857] Vgl. Heese, Klaus/Peemöller, Volker H. (Zusammenarbeit 2007), S. 1381; Füss, Roland/Hecker, Achim (Zusammenarbeit 2006), S. 107. Hierbei kann ein in der Internen Revision selbst eingerichtetes Qualitätsmanagementsystem hilfreich sein; vgl. zum Quality Assessment in der Internen Revision Cauers, Lutz/Häge, Max (Prüfstand 2007), S. 1477 ff.

[1858] Vgl. zur Verwendung von Urteilen Dritter im Rahmen der Abschlussprüfung ausführlich Philipps, Holger (Urteile 2001), S. 81 ff.

[1859] Vgl. IDW PS 321, Tz. 17; Heese, Klaus/Peemöller, Volker H. (Zusammenarbeit 2007), S. 1381.

[1860] Vgl. hierzu ausführlich Lück, Wolfgang (Zusammenarbeit 2003), S. 23 ff.; Freiling, Claus/Lück, Wolfgang (Zusammenarbeit 1992), S. 270 f.; Lück, Wolfgang (Zusammenarbeit 2003), S. 34 ff.; Heese, Klaus/Peemöller, Volker H. (Zusammenarbeit 2007), S. 1381.

und besonderen Berufspflichten des Berufsstands der Wirtschaftsprüfer. Außerdem muss der Abschlussprüfer die für ihn geltenden fachspezifischen Verlautbarungen seines Berufsstands kennen und beachten. Gleiches gilt für die in den §§ 319 und 319a HGB normierten Ausschlusstatbestände eines Prüfers von einer Abschlussprüfung[1861].

Eine Zusammenarbeit darf folglich nicht dergestalt geschehen, dass die jeweils anderen Ergebnisse wahllos und unmittelbar übernommen werden. Stattdessen muss jeder Prüfer sich sein eigenes Bild von dem Prüfungsgegenstand machen und auf Basis seiner Erkenntnisse seine eigene Entscheidung treffen, die er auch *alleine zu verantworten* hat[1862]. Prüfungsfeststellungen der Internen Revision können also niemals eigene Prüfungen des externen Prüfers ersetzen oder umgekehrt[1863]. Hilfreich kann eine Berücksichtigung der jeweils anderen Prüfungsergebnisse z.B. bei der Informationsbeschaffung sein[1864]. Vorteile können dabei bspw. aus den unterschiedlichen Arten von Informationen entstehen, über die der Abschlussprüfer bzw. die Interne Revision verfügen. Während Letztere insbesondere umfassende unternehmensinterne Kenntnisse besitzt, kann der externe Prüfer auch auf seine Erfahrungen aus unterschiedlichen Unternehmen zurückgreifen[1865]. Wichtig ist für jede Form der Zusammenarbeit, dass diese unter Wahrung der Vertraulichkeit und Verschwiegenheit geschieht[1866]. Um die Kooperation zwischen Interner Revision und Jahresabschlussprüfer wirksam zu gestalten, sollten in angemessenen Abständen gemeinsame Besprechungen stattfinden, bei denen u.a. die geplanten Prüfungsthemen erörtert und so ggf. die gegenseitige Informationsvermittlung abgestimmt werden kann[1867].

Eine inhaltliche Überschneidung zwischen externer Prüfung und Interner Revision besteht insbesondere bei der Prüfung des Finanz- und Rechnungswe-

---

[1861] Vgl. zu diesen bspw. Baetge, Jörg/Thiele, Stefan (Auswahl 2004); Förschle, Gerhart/Schmidt, Stefan (Auswahl 2006); Förschle, Gerhart/Schmidt, Stefan (Besondere Ausschlussgründe 2006).

[1862] Vgl. IDW PS 321, Tz. 13; IIR Revisionsstandard Nr. 1, Tz. 8; Schüttrich, Peter (Zusammenarbeit 1998), S. 288; Heese, Klaus/Peemöller, Volker H. (Zusammenarbeit 2007), S. 1379.

[1863] Vgl. Füss, Roland/Hecker, Achim (Zusammenarbeit 2006), S. 104; Peemöller, Volker H./Richter, Martin (Entwicklungstendenzen 2000), S. 62.

[1864] Vgl. IDW PS 321, Tz. 11.

[1865] Vgl. Heese, Klaus/Peemöller, Volker H. (Zusammenarbeit 2007), S. 1378 f.

[1866] Vgl. Kagermann, Henning/Küting, Karlheinz/Weber, Claus-Peter (Hrsg.) (Revisions-Handbuch 2006), S. 479.

[1867] Vgl. IDW PS 321, Tz. 18 f.; IIR Revisionsstandard Nr. 1, Tz. 14; Füss, Roland (Interne Revision 2005), S. 280; Hofmann, Rolf (Wirkungsgrad 1991), S. 2253; Schüttrich, Peter (Zusammenarbeit 1998), S. 289 f.; Heese, Klaus/Peemöller, Volker H. (Zusammenarbeit 2007), S. 1379; Palazzesi, Mauro/Pfyffer, Hans-Ulrich (Kooperation 2004), S. 8.

sens bzw. der diesem zugrunde liegenden internen Kontrollen[1868], so dass hier eine Kooperation zwischen den beiden prüfenden Instanzen durchführbar ist. Die Interne Revision ist Bestandteil des von § 91 Abs. 2 AktG für börsennotierte AG geforderten internen Überwachungssystems[1869]. Da dieses System der Prüfung durch den Abschlussprüfer unterliegt[1870], kommt es folglich bei der Jahresabschlussprüfung auf diesem Gebiet auch zu einer Beurteilung der Arbeit der Internen Revision. Eine wirksame Interne Revision senkt das Kontrollrisiko und damit verbunden das Fehlerrisiko und beeinflusst so den Umfang erforderlicher Prüfungshandlungen[1871]. In Abhängigkeit davon wird der externe Prüfer seine Prüfungsschwerpunkte festlegen[1872] und das Verhältnis zwischen Einzelfallprüfungen und Auswahlprüfungen bestimmen[1873].

Die Interne Revision verfügt zudem über umfangreiche Kenntnisse der im Unternehmen vorhandenen Risikomanagement- und Kontrollstrukturen[1874]. Auf diese nützlichen Informationen kann ein externer Prüfer zurückgreifen und die Einschätzung der Internen Revision hinsichtlich der Qualität des Risikomanagementsystems erfragen[1875]. Darüber hinaus kann sich der Jahresabschlussprüfer über nach Ansicht der Internen Revision kritische Prüfungsthemen und -bereiche informieren. Dies kann entweder allgemein in Besprechungen oder anhand einzelner Prüfungsberichte, die gemeinsam erörtert werden, gesche-

---

[1868] Vgl. Kagermann, Henning/Küting, Karlheinz/Weber, Claus-Peter (Hrsg.) (Revisions-Handbuch 2006), S. 498; IIR Revisionsstandard Nr. 1, Tz. 15; Lück, Wolfgang/Schüttrich, Peter (Zusammenarbeit 1993), S. 363; Schüttrich, Peter (Zusammenarbeit 1998), S. 287; Füss, Roland/Hecker, Achim (Zusammenarbeit 2006), S. 108.

[1869] Vgl. hierzu die Ausführungen unter Gliederungspunkt 3.4, S. 309 ff.

[1870] Vgl. § 317 Abs. 4 HGB. Damit wurde die Zusammenarbeit zwischen Interner Revision und externem Abschlussprüfer durch KonTraG quasi gesetzlich intensiviert; vgl. IIR Revisionsstandard Nr. 1, Tz. 17.

[1871] Vgl. Füss, Roland/Hecker, Achim (Zusammenarbeit 2006), S. 107.

[1872] Ist der externe Prüfer der Meinung, dass das interne Kontrollsystem wirksam arbeitet, so wird er bei seiner Prüfung verstärkt nur einmalig oder selten auftretende Geschäftsvorfälle untersuchen, während er sich bei Routinetransaktionen im Wesentlichen auf die Arbeit des internen Kontrollsystems verlassen kann. Im umgekehrten Fall sind in zunehmendem Maße auch regelmäßig anfallende Geschäftsvorfälle Gegenstand der externen Jahresabschlussprüfung, da der Prüfer sich nicht auf die Wirksamkeit der installierten internen Kontrollen verlassen kann. Vgl. hierzu Kagermann, Henning/Küting, Karlheinz/Weber, Claus-Peter (Hrsg.) (Revisions-Handbuch 2006), S. 499.

[1873] Vgl. IDW PS 321, Tz. 15.

[1874] Vgl. Füss, Roland/Hecker, Achim (Zusammenarbeit 2006), S. 109.

[1875] Vgl. Heese, Klaus/Peemöller, Volker H. (Zusammenarbeit 2007), S. 1380. Bereits in den Siebziger Jahren des letzten Jahrhunderts wurde es als eine gute Form der Kooperation angesehen, wenn der externe Prüfer bei seiner Beurteilung der Ordnungsmäßigkeit der Daten aus dem Finanz- und Rechnungswesen auf die Arbeit der Internen Revision zurückgreift; vgl. Saßmannshausen, Günther (Führungsunterstützung 1977), S. 70.

hen[1876]. Umgekehrt sind die Feststellungen des Abschlussprüfers, insbesondere aus seiner Prüfung nach § 317 Abs. 4 HGB, von großem Interesse für die Interne Revision. Sie kann auf dieser Basis ihrerseits ggf. die eigenen Prüfungstätigkeiten bzw. den weiteren Prüfplan an diese Erkenntnisse anpassen, sofern dies erforderlich oder sinnvoll erscheint[1877].

Hilfreich ist es zudem, dem Jahresabschlussprüfer die Möglichkeit zur Einsichtnahme in die Arbeitspapiere und sonstigen Arbeitsunterlagen der Internen Revision einzuräumen und ihn über wichtige Ergebnisse der Arbeit der Internen Revision zu unterrichten[1878]. Auf diese Weise erhält er einen guten Einblick in die abgearbeiteten Prüfungsthemen sowie die zugehörigen Ergebnisse[1879]. Außerdem lassen sich bei der Betrachtung eines längerfristigen Zeitraums hieraus Rückschlüsse darauf ziehen, wie das zu prüfende Unternehmen allgemein bzw. speziell jede von der Internen Revision geprüfte Abteilung mit den Prüfungsergebnissen und Empfehlungen der Internen Revision umgegangen ist[1880], d.h., mit wie viel Nachdruck Verbesserungsmaßnahmen im Unternehmen umgesetzt werden. Je nach Ergebnis hat der Abschlussprüfer die Möglichkeit, seine eigene Prüfungstätigkeit entsprechend auszugestalten.

Mit Blick auf den (Konzern-) Lagebericht obliegt dem externen Jahresabschlussprüfer nach § 317 Abs. 2 HGB die Pflicht, diesen dahingehend zu prüfen, ob er zusammen mit dem (Konzern-) Abschluss eine zutreffende Vorstellung von der Lage des Unternehmens bzw. Konzerns vermittelt und ob die Chancen und Risiken der zukünftigen Entwicklung zutreffend dargestellt sind. Daraus folgt, dass der Abschlussprüfer die im Lagebericht der Gesellschaft enthaltene Risikoeinschätzung der Unternehmensleitung zu beurteilen hat. Hierbei ist es ebenfalls möglich, die Interne Revision nach ihrer Einschätzung über die Arbeit der Unternehmensleitung allgemein und die Chancen- und Risikobeurteilung im Besonderen zu befragen[1881]. Dies entbindet den externen Prüfer zwar nicht von einer eigenen Urteilsfindung, aber die Einschätzung ei-

---

[1876] Vgl. Heese, Klaus/Peemöller, Volker H. (Zusammenarbeit 2007), S. 1380.
[1877] Vgl. Heese, Klaus/Peemöller, Volker H. (Zusammenarbeit 2007), S. 1380.
[1878] Vgl. Kagermann, Henning/Küting, Karlheinz/Weber, Claus-Peter (Hrsg.) (Revisions-Handbuch 2006), S. 499; IDW PS 321, Tz. 20; Füss, Roland (Interne Revision 2005), S. 279; Lück, Wolfgang (Zusammenarbeit 2003), S. 54 f.; Hofmann, Rolf (Wirkungsgrad 1991), S. 2253; Heese, Klaus/Peemöller, Volker H. (Zusammenarbeit 2007), S. 1379. Dies kann bspw. im Rahmen der Auskunftsrechte des Abschlussprüfers gem. § 320 HGB geschehen.
[1879] Der Abschlussprüfer stützt sich also regelmäßig auf die von der Internen Revision ermittelten Feststellungen; vgl. IDW PS 321, Tz. 2.
[1880] Vgl. Kagermann, Henning/Küting, Karlheinz/Weber, Claus-Peter (Hrsg.) (Revisions-Handbuch 2006), S. 499; IDW PS 321, Tz. 17.
[1881] Vgl. Füss, Roland/Hecker, Achim (Zusammenarbeit 2006), S. 108 f.

nes anderen Prüfungsorgans, die noch dazu aus einem anderen, unternehmensinternen Blickwinkel getroffen wird, kann durchaus hilfreich sein und möglicherweise neue Erkenntnisse mit sich bringen.

Bei den prüfenden Organen externer Jahresabschlussprüfer und Interne Revision finden sich sowohl Gemeinsamkeiten als auch Unterschiede. Davon können bei einer entsprechend gut organisierten Zusammenarbeit, die auf einem Vertrauensverhältnis zwischen beiden Parteien und auf Verschwiegenheit basiert, beide Seiten profitieren – sowohl bei ihrer regulären Prüfungstätigkeit als auch, wie noch zu zeigen sein wird[1882], bei dem gemeinsamen Ziel der Vermeidung bzw. Aufdeckung von Accounting Fraud.

3.5.3 Beziehung zwischen externer Jahresabschlussprüfung und Corporate Governance

Die gewählte enge Begriffsabgrenzung von Corporate Governance beibehaltend nehmen die folgenden Ausführungen auf das Verhältnis des externen Jahresabschlussprüfers zum Vorstand als Leitungsorgan einerseits und dem Aufsichtsrat als Überwachungsorgan andererseits Bezug. Der Vorstand verantwortet als gesetzlicher Vertreter der Gesellschaft die Aufstellung des Jahresabschlusses und des Lageberichts, ihm obliegt damit die ‚Produktion' des Prüfungsgegenstands der externen Jahresabschlussprüfung. Nach § 320 Abs. 1 HGB ist er zur unverzüglichen Vorlage des Jahresabschlusses und Lageberichts an den Abschlussprüfer verpflichtet[1883] und muss diesem die Prüfung aller Bücher, Schriften, Vermögensgegenstände und Schulden der Gesellschaft gestatten[1884]. Der Abschlussprüfer hat im Gegenzug das Recht, vom Vorstand alle Aufklärungen und Nachweise zu verlangen, die er für eine ordnungsgemäße Prüfungsdurchführung benötigt[1885]. Das Verhältnis zwischen gesetzlichen Vertretern und externen Prüfern einer Gesellschaft ist also sowohl durch eine *Bringschuld* der einen Seite als auch durch umfassende *Informationsrechte* der anderen Seite charakterisiert. Der Vorstand hat somit keine – legale – Möglichkeit, die von ihm verantwortete Rechnungslegung (oder zumindest Teile davon) wissentlich einer externen Prüfung zu entziehen bzw. dem

---

[1882] Vgl. hierzu die Ausführungen unter Gliederungspunkt 4, S. 337 ff.
[1883] Vgl. Scheffler, Eberhard (Abschlussprüfer 2004), S. 276.
[1884] Vgl. Baetge, Jörg/Göbel, Reimund (Auskunftsrecht 2002), Rn. 13; Winkeljohann, Norbert/Hellwege, Heiko (Auskunftsrecht 2006), Rn. 6 ff.
[1885] Vgl. § 320 Abs. 2 HGB. Vgl. zu den Auskunftsrechten des Prüfers Jacobs, Otto H. (Auskunftsrechte 2002), Sp. 184 ff.; Hellberg, Walter (Prüfung 2002), Rn. 56; zu diesbezüglichen Problemen siehe Budde, Wolfgang Dieter/Steuber, Elgin (Bilanzpolizist 2003), S. 137.

Abschlussprüfer wichtige Dokumente vorzuenthalten. In diesem Zusammenhang ist das Instrument der *Vollständigkeitserklärung* zu erwähnen, welches regelmäßig bei Jahresabschlussprüfungen zum Einsatz gelangt. „Die Vollständigkeitserklärung ist eine umfassende Versicherung der gesetzlichen Vertreter des geprüften Unternehmens über die Vollständigkeit der erteilten Erklärungen und Nachweise"[1886]. Sie dient dem Prüfer ferner als Nachweis für solche Geschäftsvorfälle, die nicht durch andere Nachweise von Dritten belegt werden können[1887]. Außerdem sind darin auch Personen zu benennen, welche dem Prüfer als Auskunftsperson zur Verfügung stehen[1888].

Ein weiteres Objekt der Beziehung zwischen Vorstand und externem Jahresabschlussprüfer ist das Risikomanagementsystem des Unternehmens. Auch wenn primär nach § 317 Abs. 4 HGB nur das vom Vorstand einzurichtende Überwachungssystem bei börsennotierten AG direkt der Abschlussprüfung unterliegt[1889], beurteilt der Prüfer dennoch indirekt die gesamten von der Unternehmensleitung zum Risikomanagement eingerichteten Prozesse und Maßnahmen. Sie bilden die Basis, auf der ein Jahresabschlussprüfer seine Entscheidungen hinsichtlich des Prüfungsvorgehens, der Schwerpunktsetzung und der einzusetzenden Prüfungshandlungen trifft. Insbesondere die Analyse des Frühwarnsystems liefert dem Prüfer wichtige Erkenntnisse darüber, inwiefern der Vorstand die Risikolage der Gesellschaft zutreffend einschätzt und möglicherweise dazu in der Lage ist, eine Bestandsgefährdung der Gesellschaft zu erkennen und abzuwehren.

Eng damit verbunden ist die Aufgabe des Prüfers, die Darstellung der Chancen und Risiken durch die Unternehmensleitung im Lagebericht prüfen und beurteilen zu müssen[1890]. Damit geht einher, dass sich der Abschlussprüfer selbst ein Bild von den zukünftigen Risiken und Chancen macht und das mit ihnen verbundene positive respektive negative Potenzial einschätzt. Nur so kann er beurteilen, ob die Darstellung des Managements im Lagebericht zutreffend und vollständig ist. Die externe Jahresabschlussprüfung stellt keine Managementprüfung im eigentlichen Sinn, d.h., es geht nicht darum, die Qualität der Unternehmensführung an sich zu beurteilen i.S.e. Bewertung der gewählten Unternehmensstrategie, der verfolgten Geschäftspolitik o.Ä. Die Unternehmensleitung selbst ist also kein unmittelbarer Prüfungsgegenstand, son-

---

[1886] IDW PS 303, Tz. 21. Vgl. zur Vollständigkeitserklärung IDW (Handbuch 2006), Rn. R771 ff.
[1887] Vgl. Baetge, Jörg/Göbel, Reimund (Auskunftsrecht 2002), Rn. 22.
[1888] Vgl. Baetge, Jörg/Göbel, Reimund (Auskunftsrecht 2002), Rn. 21.
[1889] Vgl. zur Risikobetrachtung die Ausführungen unter Gliederungspunkt 3.4, S. 309 ff.
[1890] Vgl. Forster, Karl-Heinz (Zusammenspiel 1999), S. 195.

dern ‚nur' das Ergebnis ihres Handelns in Bezug auf die Rechnungslegung des Unternehmens.

Hat der Prüfer während seiner Prüfungstätigkeit Unrichtigkeiten oder Verstöße aufgedeckt, die eine Einschränkung des Bestätigungsvermerks erforderlich machen, wird er den Vorstand darüber unterrichten und diesem Gelegenheit dazu geben, erforderliche Korrekturen vorzunehmen. Stimmt der Vorstand mit dem Abschlussprüfer über den Sachverhalt überein, kann er mit der Berichtigung eine Berichterstattung im Testat vermeiden. Beharren die gesetzlichen Vertreter indes auf ihrer Meinung, muss der Prüfer hierüber entsprechend informieren. Während der gesamten Prüfung sollte ein regelmäßiger Dialog zwischen beiden Parteien stattfinden. Dies stellt gleichzeitig eine Maßnahme der Vertrauensförderung dar. Das Verhalten des Vorstands gegenüber dem externen Prüfer erlaubt Letzterem zudem Rückschlüsse auf die Einstellung des Managements gegenüber einer ordnungsmäßigen Rechnungslegung.

Während sich das Beziehungsgeflecht zwischen Vorstand und externem Jahresabschlussprüfer vereinfacht als Prüfer-Geprüfter-Verhältnis darstellen lässt, bestehen zwischen dem *Aufsichtsrat* als zum Unternehmen gehörendem Überwachungsorgan und dem Abschlussprüfer als unabhängiger externer Prüfungsinstanz vielschichtigere Verbindungen[1891]. Theisen spricht vom „Dualismus der beiden Überwachungsträger mit unterschiedlich abgegrenztem Überwachungsauftrag, aber demselben Überwachungsobjekt"[1892]. Zunächst unterstützt der Abschlussprüfer den Aufsichtsrat bei seiner Überwachungstätigkeit gegenüber der Unternehmensleitung[1893]. Hierfür ist eine intensive und offene *Kommunikation* zwischen Abschlussprüfer und Aufsichtsrat unerlässlich[1894], die auch durch die Auftraggeber- und Informationsempfängerposition des Aufsichtsrats bedingt und gefordert ist. Nach § 111 Abs. 2 Satz 3 AktG erteilt der Aufsichtsrat dem Abschlussprüfer den Prüfungsauftrag[1895]. Damit einhergehend kann der Aufsichtsrat im Rahmen des Prüfungsauftrags bestimmte

---

[1891] Vgl. zu Vorschlägen aus der Vergangenheit, die sich auf das Verhältnis zwischen externem Abschlussprüfer und Aufsichtsrat beziehen und mittlerweile teilweise gesetzlich umgesetzt wurden, Theisen, Manuel René (Zusammenarbeit 1994), S. 815 ff.
[1892] Theisen, Manuel René (Zusammenarbeit 1994), S. 811.
[1893] Vgl. Nonnenmacher, Rolf (Verbesserung 2001), S. S15; Warncke, Markus (Zusammenarbeit 2005), S. 185; Hucke, Anja (Beziehung 2003), S. 130.
[1894] Vgl. Stebler, Werner/Abresch, Michael (Zusammenarbeit 2004), S. 389; Lück, Wolfgang (Überwachungssystem 2003), S. 72.
[1895] Vgl. Scheffler, Eberhard (Abschlussprüfer 2004), S. 274.

Prüfungsschwerpunkte festlegen[1896]. Mit dieser Neuregelung des KonTraG wollte der Gesetzgeber zu einer stärkeren Unabhängigkeit zwischen Abschlussprüfer und Vorstand beitragen[1897]. Im gleichen Sinne ist die Empfehlung des DCGK zu sehen, dass der Aufsichtsrat die Honorarvereinbarung mit dem Abschlussprüfer übernimmt[1898]. Da der Abschlussprüfer seinen Auftrag zur Prüfung vom Aufsichtsrat erhält, ist es nur folgerichtig, dass er diesem das Ergebnis seiner Prüfung in Form des nach § 321 HGB zu erstellenden Prüfungsberichts übermittelt[1899]. Darüber hinausgehend hat der Aufsichtsrat mit dem Abschlussprüfer umfassende Berichtspflichten zu vereinbaren[1900]. Vor Zuleitung des Prüfungsberichts an den Aufsichtsrat ist – wie erwähnt – den gesetzlichen Vertretern Gelegenheit zur Stellungnahme einzuräumen.

Nach § 171 Abs. 1 Satz 1 AktG muss der Aufsichtsrat den vom Vorstand aufgestellten Jahresabschluss, Lagebericht sowie den Gewinnverwendungsvorschlag prüfen[1901]. Dabei wird er vom Abschlussprüfer unterstützt[1902]. Der

---

[1896] Vgl. Dörner, Dietrich (Zusammenarbeit 2000), S. 101; Scheffler, Eberhard (Abschlussprüfer 2004), S. 272. Da der Abschlussprüfer allein und unabhängig von der Gesellschaft entscheidet, worauf sich die betreffende Prüfung konzentrieren soll, kann es sich bei den Festlegungen des Aufsichtsrats immer nur um zusätzliche Prüfungsaufgaben handeln. Der Aufsichtsrat kann also dem Prüfer nicht umfassend vorschreiben, was er zu tun hat. Siehe zu möglichen Erweiterungen des Prüfungsauftrags Scheffler, Eberhard (Abschlussprüfer 2004), S. 274 f.
[1897] Vgl. BT-Drucks. 13/9712, S. 16; Dörner, Dietrich (Zusammenarbeit 2000), S. 101; Forster, Karl-Heinz (Zusammenspiel 1999), S. 194.
[1898] Vgl. DCGK i.d.F. vom 14.06.2007, Tz. 7.2.2 und Tz. 5.3.2. In aller Regel trifft der Aufsichtsrat in der Praxis auch die Honorarvereinbarung mit dem Abschlussprüfer; vgl. Hucke, Anja (Beziehung 2003), S. 129; Scheffler, Eberhard (Abschlussprüfer 2004), S. 274.
[1899] Vgl. § 321 Abs. 5 Satz 2 HGB. Dies war jedoch nicht immer so; vgl. Theisen, Manuel René (Zusammenarbeit 1994), S. 819.
Vgl. zum Prüfungsbericht des handelsrechtlichen Abschlussprüfers ausführlich die Ausführungen unter Gliederungspunkt 3.1.5.4.5.1, S. 186 ff.
[1900] Vgl. Hucke, Anja (Beziehung 2003), S. 129.
[1901] Diese Prüfung kann nicht auf einen Aufsichtsratsausschuss übertragen werden; vgl. Westerfelhaus, Herwarth (Kooperation 1998), S. 2079.
[1902] Vgl. Nonnenmacher, Rolf (Governance 2003), S. 296; Gelhausen, Hans Friedrich (Zweckgemeinschaft 1999), S. 396.

Abschlussprüfer nimmt an der entsprechenden Aufsichtsratssitzung[1903], in der der Abschluss besprochen wird, teil und berichtet bei dieser Gelegenheit über die wesentlichen Ergebnisse seiner Prüfung[1904]. In diesem Zusammenhang ist die Darstellung der künftigen Chancen und Risiken durch das Management im Lagebericht ebenfalls Gegenstand der Diskussion[1905]. Allerdings werden in der Literatur zum Teil Zweifel dahingehend geäußert, ob die Form der Berichterstattung im Prüfungsbericht wirklich zielführend und für einen Aufsichtsrat hilfreich für seine Tätigkeit ist[1906]. Die Rechtmäßigkeit und Ordnungsmäßigkeit des aufgestellten Abschlusses bzw. Lageberichts ist das wesentliche Bezugsobjekt im Verhältnis zwischen Prüfer und Aufsichtsrat.

Hat der Aufsichtsrat einen Prüfungsausschuss eingerichtet, übernimmt dieser in erster Linie das Führen der Beziehung zum externen Abschlussprüfer. Nichtsdestotrotz ist der Prüfer dem gesamten Aufsichtsrat als Auftraggeber rechenschaftspflichtig.

Mit Blick auf die Unabhängigkeit des Abschlussprüfers empfiehlt der DCGK, dass der Abschlussprüfer dem Aufsichtsrat bzw. dem Prüfungsausschuss regelmäßig über seine Unabhängigkeit berichtet[1907]. Dies soll in Form einer Erklärung geschehen, in der der Abschlussprüfer über seine geschäftlichen, finanziellen, persönlichen und sonstigen Beziehungen zu dem zu prüfenden Unternehmen informiert, aus denen Zweifel an seiner Unabhängigkeit

---

[1903] Dabei kann es sich nach § 171 Abs. 1 Satz 2 AktG auch um die Sitzung eines Aufsichtsratsausschusses handeln. Vgl. Westerfelhaus, Herwarth (Kooperation 1998), S. 2078. Vor KonTraG war diese Teilnahme fakultativ und vom Verlangen des Aufsichtsrats abhängig; vgl. Forster, Karl-Heinz (Zusammenspiel 1999), S. 197; Forster, Karl-Heinz (Folgen 1995), S. 5; Forster, Karl-Heinz (Teilnahme 1998), S. 376. Forster führt aus, dass in der Vergangenheit „viele Aufsichtsratsmitglieder die Prüfer, welche die Abschlußprüfung durchzuführen hatten, persönlich nie kennengelernt" (Forster, Karl-Heinz (Zusammenspiel 1999), S. 194) haben – diese aus heutiger Sicht unvorstellbare Tatsache verdeutlicht die Notwendigkeit einer gesetzlichen Verpflichtung zur gemeinsamen Besprechung der Prüfung des Jahresabschlusses und Lageberichts durch Abschlussprüfer und Aufsichtsrat durch das KonTraG in § 171 Abs. 1 Satz 2 AktG.

[1904] Vgl. Dörner, Dietrich (Zusammenarbeit 2000), S. 101; Nonnenmacher, Rolf (Verbesserung 2001), S. S16; Westerfelhaus, Herwarth (Kooperation 1998), S. 2078; Scheffler, Eberhard (Abschlussprüfer 2004), S. 283; Gelhausen, Hans Friedrich (Zweckgemeinschaft 1999), S. 402. Dies wurde bereits 1977 gefordert; vgl. Goerdeler, Reinhard (Stellungnahme 1977), S. 30.

[1905] Vgl. Forster, Karl-Heinz (Zusammenspiel 1999), S. 195.

[1906] Vgl. z.B. Nonnenmacher, Rolf (Verbesserung 2001), S. S16 f.

[1907] Vgl. DCGK i.d.F. vom 14.06.2007, Tz. 7.2.1; Rossmanith, Jonas/Gehrlein, Christine (Corporate Governance 2006), S. 272.

erwachsen können. Dabei ist auch auf Beratungsleistungen einzugehen[1908]. Außerdem soll eine Vereinbarung dahingehend getroffen werden, dass Aufsichtsrat bzw. Prüfungsausschuss unverzüglich unterrichtet werden, sofern während einer Prüfung Ausschluss- oder Befangenheitsgründe auftreten, die nicht beseitigt werden können[1909].

In seinem Verhältnis zu den betrachteten Corporate Governance-Elementen nimmt der externe Jahresabschlussprüfer unterschiedliche Positionen ein. Während er einerseits das Handeln der Unternehmensleitung in Bezug auf die Rechnungslegung und Finanzberichterstattung überwacht und damit beide Parteien gegensätzliche Positionen einnehmen, zeichnet sich andererseits sein Verhältnis zum Aufsichtsrat durch gleich gerichtete Zusammenarbeit aus. Vorstand und Abschlussprüfer kooperieren auch miteinander, allerdings vollzieht sich dies aufgrund der unterschiedlichen Aufgabenstellungen auf einer anderen Ebene. Aufsichtsrat und Abschlussprüfer haben die Verpflichtung zur Überwachung als Gemeinsamkeit, wenngleich die Ausgestaltung der jeweiligen Tätigkeiten sich voneinander unterscheidet.

3.5.4 Beziehung zwischen Interner Revision und Corporate Governance

Zu den Corporate Governance-Elementen Vorstand und Aufsichtsrat steht die Interne Revision in einer besonderen Beziehung. Dies liegt nicht zuletzt an ihrer besonderen organisatorischen Stellung als zwar zum Unternehmen gehörende, dennoch aber unabhängig agierende Prüfungsinstanz. Die Interne Revision muss sowohl mit dem Leitungs- als auch mit dem Überwachungsgremium zusammenarbeiten[1910]. Zurückkommend auf die bereits erörterte Frage der organisatorischen Eingliederung der Internen Revision ist festzuhalten, dass diese zumeist als eigenständige Stabsstelle ausgestaltet ist, die hinsichtlich ihrer operativen Belange an die Unternehmensleitung, häufig den Vorstandsvorsitzenden, angegliedert ist[1911]. Obwohl das interne Prüfungsorgan nicht weisungsgebunden ist, ist es der Unternehmensleitung möglich, spezielle ‚Wünsche' hinsichtlich der Bearbeitung bestimmter Themen durch die Interne

---

[1908] Vgl. Rossmanith, Jonas/Gehrlein, Christine (Corporate Governance 2006), S. 272; Gelhausen, Hans Friedrich/Hönsch, Henning (Kodex 2002), S. 530 f.; Breuer, Rolf-E. (Zusammenspiel 2003), S. S117.

[1909] Vgl. hierzu insgesamt DCGK i.d.F. vom 14.06.2007, Tz. 7.2.1; Gelhausen, Hans Friedrich/Hönsch, Henning (Kodex 2002), S. 531.

[1910] Vgl. Kagermann, Henning/Küting, Karlheinz/Weber, Claus-Peter (Hrsg.) (Revisions-Handbuch 2006), S. 494 f.

[1911] Vgl. hierzu die Ausführungen zur Organisation der Internen Revision unter Gliederungspunkt 3.2.3, S. 202 ff.; siehe auch Kagermann, Henning/Küting, Karlheinz/Weber, Claus-Peter (Hrsg.) (Revisions-Handbuch 2006), S. 495.

Revision zu äußern. Liegen konkrete Verdachtsmomente vor, kann sie bspw. so genannte Ad hoc-Prüfungen beantragen[1912]. Diese Möglichkeit resultiert letztlich aus der Delegation der unternehmensinternen Überwachungsaufgabe des Vorstands an die Interne Revision.

Nach Abschluss einer Prüfung durch die Interne Revision müssen sowohl die für den betreffenden Bereich zuständigen Führungskräfte als auch die Unternehmensleitung über das Prüfungsergebnis informiert werden. In besonders dringenden Fällen kann eine unverzügliche Kommunikation zwischen Interner Revision und Vorstand geboten sein. In jedem Unternehmen sollte es für diese *Berichterstattung* eine festgelegte Organisationsstruktur geben[1913]. Aus den getroffenen Prüfungsfeststellungen lassen sich bestehende Schwachstellen im Unternehmen ableiten. Die von der Internen Revision entwickelten Verbesserungsvorschläge sollten zur Beseitigung der Mängel umgesetzt werden. Dies obliegt der Unternehmensführung – zunächst auf den entsprechend verantwortlichen Hierarchiestufen, letztendlich jedoch unter der Hauptverantwortung des Vorstands. Auf diese Weise kann die Unternehmensleitung direkt von der Arbeit der Internen Revision profitieren.

Da die Interne Revision in ihrer Tätigkeit nicht mehr nur vergangenheitsgerichtet ausgerichtet ist, sondern nunmehr als Führungsinstrument der Unternehmensleitung angesehen wird, muss sie in Bezug auf Vorstand und Aufsichtsrat proaktiv handeln. Als Bestandteil des unternehmerischen Überwachungssystems ist es für die Interne Revision erforderlich, eigene Ideen und Maßnahmen zu entwickeln und mit der Unternehmensleitung über deren Umsetzung zu diskutieren. Wichtig ist eine aktive Unterstützung der Unternehmensleitung bei der Entwicklung eines angemessenen Risikomanagement- und damit auch Überwachungssystems, um so einen wirksamen Beitrag zum Schutz des Unternehmens zu leisten[1914].

Eine Besonderheit besteht in der Zusammenarbeit von Vorstand und Interner Revision bei den Gesellschaften, die dem *SOX* unterliegen. Insbesondere

---

[1912] Bei Ad hoc-Prüfungen widmet sich die Interne Revision Frage- und Aufgabenstellungen schnell und unmittelbar. Neben Verdacht auf Accounting Fraud können sie auch bei plötzlich auftretenden Problemen im täglichen Geschäftsablauf, bei Sonderprojekten oder im Zusammenhang mit externen Geschäftsbeziehungen zur Anwendung gelangen; vgl. zu Ad hoc-Prüfungen durch die Interne Revision Kagermann, Henning/Küting, Karlheinz/Weber, Claus-Peter (Hrsg.) (Revisions-Handbuch 2006), S. 171 ff.

[1913] Vgl. zur Berichterstattung der Internen Revision die Ausführungen unter Gliederungspunkt 3.2.5.3.5.3, S. 230 ff. sowie zur Berichterstattung an übergeordnete Unternehmensebenen auch Kagermann, Henning/Küting, Karlheinz/Weber, Claus-Peter (Hrsg.) (Revisions-Handbuch 2006), S. 283 ff.

[1914] Vgl. Lück, Wolfgang (Zusammenarbeit 2003), S. 69.

in der Umsetzungsphase der neuen Vorschriften und bei der Implementierung der erforderlichen internen Kontrollen[1915] kann die Interne Revision der Unternehmensleitung ein wichtiger Partner sein[1916]. Diese Unterstützung kann sich bspw. auf folgende Bereiche beziehen[1917]: Gestaltung und Dokumentation der internen Kontrollsysteme gem. Section 404 SOX, Erstellung eines Internal Control Report nach den Sections 302 und 404 SOX sowie Organisation des Whistleblowing-Prozesses. Von großer Bedeutung ist sicherlich die Durchführung von Tests der internen Kontrollen gem. Section 404 SOX und damit einhergehend die Beurteilung ihrer Effektivität[1918]. Auf diese Weise kann das Management auf einen zuverlässigen Partner bei der Erfüllung der ihm durch SOX neu auferlegten Pflichten zurückgreifen. In vielen großen deutschen Konzernen, so z.B. auch bei der SAP AG, kam es zur Etablierung spezieller SOX-Teams innerhalb der Internen Revision[1919]. Die alleinige Verantwortung für die Erfüllung von Section 302 und 404 SOX verbleibt jedoch letztendlich eindeutig bei der Unternehmensleitung.

Bezogen auf den *Vorstand* agiert die Interne Revision während ihrer Prüfungstätigkeit zunächst unabhängig. Nach der Prüfung erfolgt eine umfassende Kooperation sowohl hinsichtlich der Kommunikation der Prüfungsergebnisse als auch der daraus abgeleiteten Konsequenzen. Gegenüber dem *Aufsichtsrat* als zuständigem Aufsichtsgremium hat die Interne Revision eine Informationsverantwortung[1920]. Existiert im Aufsichtsrat ein Prüfungsausschuss, kann auch dieser als erster Ansprechpartner der Internen Revision dienen[1921]. Grundsätzlich ist allerdings festzuhalten, dass in Deutschland – im Gegensatz zu den USA[1922] – eine direkte Berichterstattung der Internen Revision an den Auf-

---

[1915] Vgl. hierzu die Ausführungen unter Gliederungspunkt 2.3.2, S. 82 ff.
[1916] Vgl. hierzu Kagermann, Henning/Küting, Karlheinz/Weber, Claus-Peter (Hrsg.) (Revisions-Handbuch 2006), S. 622 ff.; Peemöller, Volker H. (Sarbanes-Oxley Act 2006), S. 122.
[1917] Vgl. zu diesen und anderen Bereichen Peemöller, Volker H. (Sarbanes-Oxley Act 2006), S. 122.
[1918] Vgl. hierzu ausführlich Peemöller, Volker H. (Sarbanes-Oxley Act 2006), S. 122 ff.
[1919] Vgl. Kagermann, Henning/Küting, Karlheinz/Weber, Claus-Peter (Hrsg.) (Revisions-Handbuch 2006), S. 641.
[1920] Vgl. Kagermann, Henning/Küting, Karlheinz/Weber, Claus-Peter (Hrsg.) (Revisions-Handbuch 2006), S. 495; Merkt, Hanno/Köhrle, Julien (Information 2004), S. 222.
[1921] In einem solchen Fall übernimmt der Prüfungsausschuss die zielorientierte Koordination der Überwachungstätigkeiten von Interner Revision, Aufsichtsrat und externem Jahresabschlussprüfer und trägt damit wesentlich zu einer Verbesserung der Unternehmensüberwachung bei; vgl. Lück, Wolfgang (Zusammenarbeit 2003), S. 85.
[1922] Vgl. zur Organisation in den USA Warncke, Markus (Interne Revision 2006), S. 63.

sichtsrat bzw. seinen Prüfungsausschuss lange Zeit unüblich war[1923]. Die Rolle des primären Informationsvermittlers für den Aufsichtsrat sollte dem Vorstand nicht aberkannt werden[1924], vielmehr sollte die vorstandsunabhängige Information in der Weise einbezogen werden, dass die Autorität und damit auch die Effektivität der Unternehmensleitung gewahrt bleiben[1925]. Dies schließt jedoch keinesfalls grundsätzlich aus, dass die Prüfungsunterlagen der Internen Revision zu den Dokumenten der Gesellschaft zählen, die der Aufsichtsrat nach § 111 Abs. 2 Satz 1 AktG einsehen darf, bzw. dass die Interne Revision auch an den Aufsichtsrat berichtet[1926].

Eine empirische Untersuchung bei DAX- und MDAX-Konzernen aus dem Jahr 2005 hat gezeigt, dass in der Praxis mittlerweile regelmäßig folgende Kooperationsformen zwischen Interner Revision und Prüfungsausschuss zu finden sind[1927]:

- Das Jahresprüfprogramm der Internen Revision ist Gegenstand der Ausschusssitzung; dabei wird mehrheitlich auch darüber diskutiert, statt dass eine bloße Kenntnisnahme erfolgt.
- Der Prüfungsausschuss wird – meist direkt durch den Leiter der Internen Revision – über die Ergebnisse der Prüfungen der Internen Revision unterrichtet.
- Der Internen Revision werden auch eigene Prüfungsaufträge bzw. -anregungen des Prüfungsausschusses übermittelt[1928].

Die Untersuchung ergab, dass „die Interne Revision bei 71 % der DAX- und 57 % der MDAX-Unternehmen Gegenstand der Beratungen im Prüfungsausschuss ist und inzwischen eine wichtige Informationsquelle für die Prüfungs-

---

[1923] Vgl. Kagermann, Henning/Küting, Karlheinz/Weber, Claus-Peter (Hrsg.) (Revisions-Handbuch 2006), S. 496. Hierzu gehörte auch, dass eine Befragung von Mitarbeitern der Internen Revision durch den Aufsichtsrat bzw. Prüfungsausschuss allgemein als unzulässig angesehen wurde, weil dies als Misstrauensbekundung gegenüber dem Vorstand angesehen werden könnte; vgl. Merkt, Hanno/Köhrle, Julien (Information 2004), S. 222; Kropff, Bruno (Überwachungssystem 2003), S. 348.

[1924] Vgl. Gernoth, Jan P. (Überwachungspflichten 2001), S. 307.

[1925] Vgl. Merkt, Hanno/Köhrle, Julien (Information 2004), S. 223 f. Die Informationen der Internen Revision können eine große Rolle bei der Ausübung der Überwachungstätigkeit des Aufsichtsrats spielen.

[1926] Vgl. Kropff, Bruno (Überwachungssystem 2003), S. 348; Merkt, Hanno/Köhrle, Julien (Information 2004), S. 223; Warncke, Markus (Interne Revision 2006), S. 63.

[1927] Vgl. Peemöller, Volker H./Warncke, Markus (Prüfungsausschüsse 2005), S. 404. Siehe hierzu allgemein auch Warncke, Markus (Zusammenarbeit 2005), S. 182.

[1928] Dies wird von Teilen des Schrifttums unter Hinweis auf ein fehlendes Weisungsrecht des Aufsichtsrats gegenüber der Internen Revision jedoch abgelehnt; vgl. Merkt, Hanno/Köhrle, Julien (Information 2004), S. 224; Warncke, Markus (Interne Revision 2006), S. 64. A.A. ist Kropff, der das Weisungsrecht vom konkreten Einzelfall abhängig macht; vgl. Kropff, Bruno (Überwachungssystem 2003), S. 350.

ausschüsse deutscher börsennotierter Aktiengesellschaften darstellt"[1929]. Dies belegt, dass eine Berichterstattung der Internen Revision an den Aufsichtsrat bzw. seinen Prüfungsausschuss – zumindest bei den in der Untersuchung betrachteten Konzernen – keine Seltenheit mehr ist.

Mit Blick auf die Überwachung der Geschäftsführung durch den Vorstand können sich die Prüfungsziele der Internen Revision und des Aufsichtsrats überschneiden. Insofern ist eine reibungslose, effektive Zusammenarbeit zwischen beiden Instanzen wünschenswert[1930]. Als Vorteil kann sich dabei die Kombination aus unternehmensinternem Spezialwissen und unternehmensexternem Expertenwissen erweisen und zur Schaffung einer verbreiterten Informationsbasis beitragen. Der Aufsichtsrat erhält so einen besseren Einblick in das unternehmerische Tagesgeschäft. Wenn der Fall eintritt, dass entgegen der Empfehlung des DCGK ehemalige Vorstandsmitglieder im Aufsichtsrat sitzen, die noch über Kontakte in das Unternehmen verfügen und möglicherweise aus der Vergangenheit heraus ein Gespür für risikobehaftete Prüfungsobjekte haben, kann dies zum Vorteil für die Interne Revision werden[1931]. Ob dies allerdings tatsächlich dazu beiträgt, dass unrechtmäßige Handlungen leichter entdeckt werden können, ist kritisch zu sehen – in jedem Fall ist es abhängig vom jeweiligen Einzelfall und den zugehörigen Personen. Nicht vergessen werden darf das potenzielle Problem, dass ehemalige Vorstände ggf. nicht mehr genau überprüfen möchten, was in der Vergangenheit in ihrem Verantwortungsbereich geschehen ist.

Besteht der Verdacht oder ist es sogar erwiesen, dass die Unternehmensleitung selbst für nicht ordnungsgemäß ablaufende Dinge verantwortlich ist, oder weigert diese sich, aus Sicht der Internen Revision als dringend notwendig erachtete Veränderungsprozesse einzuleiten, sollte sich die Interne Revision an den Aufsichtsrat wenden. Dies betrifft auch den Fall von (vermutlich) durch das Top-Management begangenem Accounting Fraud. In dieser Situation wird es umgekehrt ebenso als zulässig erachtet, dass sich der Aufsichtsrat direkt an die Interne Revision wendet und sie um Informationen oder Aufklärungshilfe bittet, falls der Verdacht einer schwerwiegenden Pflichtverletzung durch den Vorstand vom Aufsichtsgremium ausgeht[1932].

Zwischen Interner Revision und Compliance-Abteilung des Unternehmens sollte auch eine Zusammenarbeit erfolgen. Grundsätzlich verfolgen beide die

---

[1929] Peemöller, Volker H./Warncke, Markus (Prüfungsausschüsse 2005), S. 404. Vgl. zur Datenerhebung Peemöller, Volker H./Warncke, Markus (Prüfungsausschüsse 2005), S. 401.
[1930] Vgl. Füss, Roland (Interne Revision 2005), S. 281.
[1931] Vgl. Füss, Roland (Interne Revision 2005), S. 281.
[1932] Vgl. Merkt, Hanno/Köhrle, Julien (Information 2004), S. 222.

gleiche Zielsetzung i.S.e. Erfüllung aller rechtlichen oder sonstigen regulatorischen Anforderungen. Dennoch sollten beide Instanzen sowohl inhaltlich als auch organisatorisch deutlich voneinander getrennt werden[1933]. Außerdem stellt die Compliance-Organisation einen Bestandteil des Unternehmens dar, der selbst in regelmäßigen Abständen der Prüfung durch die Interne Revision unterliegt. Bestehende Synergien in der Überwachungsaufgabe sollten in jedem Fall ausgenutzt werden, um die Effizienz der Tätigkeit zu steigern. Eine Zusammenarbeit ist insbesondere möglich bei der Erstellung von Konzepten zur Umsetzung bestimmter regulatorischer Vorgaben innerhalb des gesamten Unternehmens. Letztlich ist das Vorgehen der Internen Revision durch ihren prozess- und risikoorientierten Prüfungsansatz viel umfangreicher als das der Compliance-Stelle, die stärker auf die Prävention ausgerichtet ist[1934].

Wie die Ausführungen gezeigt haben, ist die Einbindung der Internen Revision in das Corporate Governance-System komplexer als die eines externen Prüfers. Dies verwundert allerdings nicht, da die Interne Revision allein schon aufgrund ihrer Unternehmenszugehörigkeit – trotz Wahrung der Unabhängigkeit – stärker in den Unternehmensablauf integriert ist. Anders als bei der externen Jahresabschlussprüfung finden sich zum Verhältnis zwischen Interner Revision und Unternehmensleitung sowie -überwachung weniger gesetzliche Regelungen. Vielmehr ergibt sich die Einbindung der unternehmensinternen Überwachung indirekt aus der Aufgabendefinition von Vorstand und Aufsichtsrat.

3.5.5 Gesamtbetrachtung des Beziehungsgeflechts

In den vorherigen Ausführungen wurden drei relevante Konstellationen aus dem Bereich der Unternehmensführung sowie der externen und internen Unternehmensüberwachung hinsichtlich der jeweils bestehenden Abhängigkeiten und Wechselwirkungen betrachtet. Wie sich gezeigt hat, bestehen vielfältige Kooperationen sowie mehr oder weniger stark ausgeprägte Formen der Zusammenarbeit. Diese sind nur teilweise explizit gesetzlich normiert.

Das Verhältnis der einzelnen Elemente des betrachteten Beziehungsgeflechts untereinander hat in den letzten Jahren einen *starken Wandel* erfahren. Der nationale Gesetzgeber sah sich dazu verpflichtet, die geltenden Regeln zur Unternehmensüberwachung zu reformieren. Dies führte zu einer Zunahme der Wechselwirkungen und Abhängigkeiten zwischen Unternehmensleitung, Aufsichtsrat, externer Prüfung und Interner Revision. Wie die aktuelle Ausge-

---

[1933] Vgl. Füss, Roland (Interne Revision 2005), S. 284.
[1934] Vgl. Füss, Roland (Interne Revision 2005), S. 284.

staltung des Beziehungsgeflechts vor dem Hintergrund der Gefahr von Accounting Fraud noch verbessert werden kann, ist Gegenstand der weiteren Betrachtungen[1935].

3.6 Zwischenfazit zum System der externen und internen Unternehmensüberwachung in Deutschland

Die ausführliche Darstellung des Systems der externen und internen Unternehmensüberwachung in Deutschland hat die Vielfältigkeit der einzelnen Mechanismen aufgezeigt. Diese sind teilweise gesetzlich verankert oder basieren auf privatrechtlichen Normengefügen wie etwa dem DCGK. Im Fokus der Arbeit steht die Betrachtung von Verstößen – dabei wird untersucht, wie die von Accounting Fraud ausgehende Gefahr durch weitere Veränderungen sowohl im Bereich der externen und internen Prüfung als auch der Verantwortung von Unternehmensleitung und Aufsichtsgremium ebenso wie im Zusammenspiel der genannten Instanzen verringert bzw. besser kontrolliert werden kann. Obwohl die Kooperation der verschiedenen Verantwortungsbereiche in den letzten Jahren schon erheblich ausgeweitet wurde, besteht weiteres Verbesserungspotenzial. Dazu müssen die einzelnen Aufgaben und Zuständigkeiten kritisch beleuchtet werden.

Die nachstehende Abbildung 15 zeigt die derzeitige Situation in Bezug auf Accounting Fraud. Dabei wird deutlich, dass sich alle betrachteten Instanzen jeweils mit der Gefahr von manipulierter Rechnungslegung und dolosen Handlungen auseinandersetzen. Trotzdem könnte die Verzahnung der einzelnen Elemente besser sein, um ein noch wirksameres Vorgehen gegen Accounting Fraud zu erreichen. Dies bedeutet bildlich gesprochen, dass der Kreis, mit dem das Corporate Governance-System zusammen mit der externen und internen Prüfung die Gefahr von Accounting Fraud umschließt, noch enger sein könnte. So könnten die Störfaktoren noch stärker reduziert oder ganz eliminiert werden. Mit zunehmender Annäherung der hier im äußeren Ring dargestellten einzelnen Faktoren wird der Druck auf die Gefahr von Accounting Fraud i.S.e. Bekämpfung dieser Verstöße weiter zunehmen.

[1935] Vgl. hierzu die Ausführungen unter Gliederungspunkt 4, S. 337 ff. und Gliederungspunkt 5, S. 377 ff.

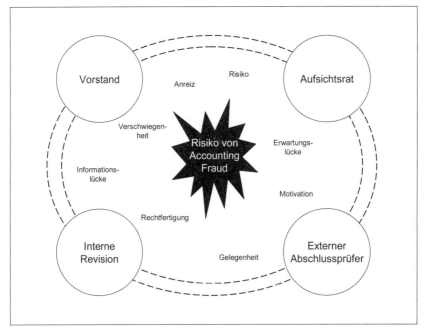

Abbildung 15: System der Prüfung und Corporate Governance unter Berücksichtigung von Störfaktoren

Obwohl der deutsche Gesetzgeber und privatrechtliche Gremien in der jüngeren Vergangenheit bereits vielfältige Veränderungen am System der Unternehmensüberwachung vorgenommen haben, ist damit die Gefahr von Accounting Fraud noch nicht gebannt[1936]. Seine gänzliche Vermeidung Vermeidung ist

---

[1936] Ergänzend sei an dieser Stelle darauf hingewiesen, dass der deutsche Gesetzgeber zusätzlich zu den genannten Neuerungen im Bereich von Prüfung und Corporate Governance ein zweistufiges Enforcementsystem geschaffen hat, welches – in Kooperation mit den Unternehmen selbst – zu einer wirksamen Durchsetzung der geltenden Rechnungslegungsstandards in Deutschland beitragen soll. Dieses deutsche Enforcement, auf das im Rahmen der weiteren Ausführungen nicht eingegangen werden soll, besteht auf der ersten Stufe aus der neu gegründeten DPR. In zweiter Instanz tritt dann u.U. die BaFin hinzu.

in der Realität höchst unwahrscheinlich, trotzdem stellt sich die Frage, welche weiteren Veränderungen möglich bzw. erforderlich sind, um die derzeit bestehenden Systeme der Unternehmensführung und -überwachung zu verbessern und so unrechtmäßige Handlungen entweder stärker zu erschweren oder ihre Aufdeckung zu erleichtern. Bezug nehmend auf Abbildung 15 bedeutet dies, dass die Veränderungen mittels Annäherung der vier äußeren Elemente zu erfolgen haben, um so den Druck auf die Gefahr im Mittelpunkt zu erhöhen, d.h., das Risiko von Accounting Fraud zu vermindern.

Dieser Problemstellung wird im Folgenden nachgegangen. Dabei ist es wichtig, sowohl die Möglichkeiten zur generellen Prävention von Accounting Fraud als auch die Möglichkeiten seiner Entdeckung und damit einhergehend der Enttarnung der handelnden Personen zu betrachten. Aus diesem Grund wird in Kapitel 4[1937] zunächst untersucht, wie die Gefahr von Accounting Fraud die externe Abschlussprüfung und die Interne Revision beeinflusst. Anschließend beschäftigt sich Kapitel 5[1938] mit den Auswirkungen dieser Gefahr auf die Corporate Governance im Unternehmen.

Vgl. weiterführend zum deutschen Enforcementsystem Küting, Karlheinz/Wohlgemuth, Frank (Enforcement 2002), S. 265 ff.; Hommelhoff, Peter (Enforcement 2005), S. 57 ff.; Beschluss des OLG Frankfurt a.M. vom 14.06.2007 – WpÜG 1/07, S. 2060 ff.; Haller, Peter/Bernais, Nina (Enforcement 2005), S. 23 ff.; Winnefeld, Robert (Unternehmensüberwachung 2004), S. 131 ff.; Zülch, Henning/Burghardt, Stephan (Prüfstelle 2007), S. 369 ff.; Scheffler, Eberhard (Enforcement 2006), S. 2 ff.; Scheffler, Eberhard (Aufgaben 2006), S. 13 ff.; Schildbach, Thomas (Enforcement 2006), S. 924 ff.; Scheffler, Eberhard (Enforcement 2007), S. I; Naumann, Klaus-Peter/Tielmann, Sandra (Überwachung 2003), S. 159 ff.; Gelhausen, Hans Friedrich/Hönsch, Henning (Enforcement-Verfahren 2005), S. 511 ff.; Claussen, Carsten Peter (Gedanken 2007), S. 1421 ff.; Gahlen, Dieter/Schäfer, Andreas (Bekanntmachung 2006), S. 1619 ff.; Boxberger, Lutz (Bilanzpolizei 2007), S. 1362 ff.; Künnemann, Martin (Spannungsverhältnis 2004), S. 152 ff.
Die jeweiligen Prüfungsschwerpunkte können der Homepage der DPR entnommen werden; vgl. aktuell die Pressemitteilung unter www.frep.info/docs/press_releases/2007/20071126_dpr_pruefungsschwerpunkte_2008.pdf (Stand: 15.04.2008).

[1937] Vgl. S. 339 ff.
[1938] Vgl. S. 379 ff.

4 Beeinflussung der externen Jahresabschlussprüfung und der Internen Revision durch die Gefahr von Accounting Fraud

4.1 Vorbemerkungen

„Bilanzbetrug stellt auch in Zukunft ein ernsthaftes Problem und eine Bedrohung für die Kapitalmärkte und die Investoren dar. Die Anstrengungen zur Vermeidung von Bilanzskandalen dürfen deshalb nicht nachlassen"[1939]. Diesem Zitat von Peemöller aus dem Jahr 2006 ist zuzustimmen. Obwohl die Reglementierung der Prüfung in den letzten Jahren in vielerlei Hinsicht Veränderungen erfahren hat, um der Gefahr von manipulierter Rechnungslegung zu begegnen, ist das Ende der Reformbewegungen vermutlich noch nicht erreicht. Im Nachgang der in den Medien stark präsenten Unternehmenszusammenbrüche Anfang des 21. Jahrhunderts erfolgten weltweit zügige Reaktionen. Ob einzelne neue Gesetze oder privatrechtliche Regulierungen schon ihre (volle) Wirkung entfaltet haben bzw. ob die ihnen zugeschriebenen Verbesserungen tatsächlich den gewünschten Erfolg bringen werden, vermag noch nicht abschließend beurteilt zu werden. Allein dass in der jüngsten Vergangenheit kein ‚zweites Enron' aufgetreten ist, bedeutet nicht, dass das Risiko nicht mehr bedeutsam ist. Im Gegenteil: Accounting Fraud wird sich in der Unternehmenswelt nie gänzlich ausschließen lassen, daran besteht kein Zweifel. Dies liegt in der Natur des Menschen begründet: Es wird immer wieder Personen geben, die aus unterschiedlichster Motivation heraus Bilanzbetrug begehen. Zunächst klingt diese Einschätzung negativ. Auf den zweiten Blick wird allerdings deutlich, dass dies keinesfalls heißt, dass es den Handelnden nicht einerseits so schwer wie möglich gemacht werden muss und andererseits die größtmöglichen Anstrengungen unternommen werden müssen, um falsche Angaben in der Rechnungslegung aufzudecken, die Täter zu ermitteln und sie zur Rechenschaft zu ziehen.

Die nachfolgenden Ausführungen beleuchten die gesamte prüferische Perspektive und stellen heraus, welche (gemeinsamen) Anstrengungen seitens der externen Jahresabschlussprüfung und der Internen Revision zur Vermeidung bzw. zur Aufdeckung von Accounting Fraud-Fällen einen Beitrag leisten können. Wenn fortan von der Vermeidung von Accounting Fraud gesprochen

---

[1939] Peemöller, Volker H. (Sarbanes-Oxley Act 2006), S. 128.

wird, so geschieht dies in dem Wissen, dass dieser, wie erwähnt, nie völlig auszuschließen ist. Es geht vielmehr darum, möglichst viele Fälle zu vermeiden, denn jeder Verstoß, der trotz vorhandener Motivation und innerer Rechtfertigung nicht begangen wird, stellt einen Erfolg dar. Im Schrifttum haben sich bereits einzelne Veröffentlichungen mit der Frage der Aufdeckung von unrechtmäßiger Bilanzierung insbesondere durch den externen Abschlussprüfer beschäftigt[1940]; die vorliegende Arbeit verfolgt einen umfassenderen, vielschichtigeren Ansatz. Dies resultiert insbesondere daraus, dass auf das Zusammenspiel unternehmensinterner und -externer Faktoren besonderen Wert gelegt wird.

4.2 Einfluss des unternehmensinternen Risikomanagements auf die Arbeit der externen und internen Prüfer

Das an früherer Stelle betrachtete Risikomanagementsystem[1941] spielt eine wichtige Rolle in Bezug auf die prüferische Tätigkeit. Einerseits gilt dies für seine tatsächliche Wirksamkeit. Andererseits kommt es in diesem Zusammenhang auf die Beurteilung der Funktionsfähigkeit seitens der Prüfer an, weil diese sich wiederum auf die konkrete Ausgestaltung der Prüfung auswirkt. Da die Interne Revision selbst einen Bestandteil des unternehmensweiten Überwachungssystems darstellt, wird sie mit diesem System besser vertraut sein als der externe Prüfer. Gleichzeitig muss die interne Prüfungsinstanz alle eingerichteten Maßnahmen zur Aufdeckung und Steuerung von Risiken ebenso wie die installierten internen Kontrollen kritisch betrachten. Gleiches gilt für den Jahresabschlussprüfer. Seine Evaluierung des Risikomanagementsystems hat bei jeder Prüfung erneut zu erfolgen, da sich seit der letzten Prüfung sowohl positive als auch negative Entwicklungen vollzogen haben können.

EinAnhaltspunkt bei der Beurteilung ist, wie offen die Unternehmensleitung über alle Kontrollmaßnahmen spricht und wie deutlich sie sich z.B. über noch vorhandene oder bereits beseitigte Schwachstellen äußert. In diesem Zusammenhang ist außerdem zu berücksichtigen, mit welchem Engagement bei fehlenden oder fehlerhaften Risikoschutzmaßnahmen vorgegangen wird. Diese Erkenntnisse zeigen, wie verantwortungsbewusst das Management diese seine Führungsaufgabe wahrnimmt, und erlauben es dem Prüfer, daraus Rückschlüsse auf die Gefahr von Accounting Fraud zu ziehen. Scheint das Interesse des Managements an einem ordnungsmäßigen Risikomanagementsystem eher gering zu sein, könnte darin ein Indiz dafür gesehen werden, dass Schwach-

---

[1940] Vgl. bspw. Terlinde, Christian (Bilanzmanipulationen 2005); Hamann, Christian (Dolose Handlungen 2003); Sell, Kirsten (Bilanzdelikte 1999).
[1941] Vgl. hierzu die Ausführungen unter Gliederungspunkt 3.4, S. 309 ff.

stellen für Manipulationszwecke bewusst nicht beseitigt oder sogar geschaffen wurden.

Die Unternehmensleitung hat das eingerichtete Risikomanagementsystem zu dokumentieren; diese Dokumentation unterliegt der prüferischen Beurteilung. Je nach Ausführlichkeit der Beschreibung kann ein Prüfer ablesen, ob das System umfassend genug ausgestaltet zu sein scheint. Verlassen darf er sich auf die schriftliche Beschreibung indes nicht, vielmehr gilt es zu überprüfen, ob sich die Realität mit den Aussagen des Managements deckt. Ist bspw. die Dokumentation der internen Kontrollen für die Rechnungslegung wenig umfangreich und nach Ansicht des Prüfers nicht ausreichend, sind besondere Vorsicht und eine Analyse dahingehend geboten, ob es sich ‚nur' um eine unvollständige Dokumentation handelt, oder ob darüber hinaus das Risikomanagementsystem selbst lückenhaft und damit die Rechnungslegung möglicherweise fehlerhaft ist.

Sowohl aus der Dokumentation des Risikomanagementsystems als auch aus Befragungen der verantwortlichen Personen lässt sich ableiten, seit wann das System besteht und wann es letztmals überarbeitet bzw. an veränderte gesetzliche oder organisatorische Rahmenbedingungen angepasst wurde. Je nachdem, ob der Prüfer zu der Einschätzung gelangt, dass das Risikomanagement auf einem aktuellen Konzept basiert, wirkt sich dies auf seine Einschätzung der Wirksamkeit und damit auch auf den weiteren Fortgang der Prüfung aus. Je aktueller das System ist und je regelmäßiger es hinsichtlich seiner Effektivität überprüft und ggf. angepasst wurde, desto mehr Vertrauen kann der Prüfer diesem System grundsätzlich entgegenbringen. Gemeinsam mit der Betrachtung anderer möglicher Risikofaktoren ist jedoch trotzdem zu beurteilen, ob die Aktualität auch den tatsächlichen Gegebenheiten entspricht oder ob die Unternehmensleitung sie aus persönlichen Motiven heraus lediglich vortäuscht.

Der externe Abschlussprüfer muss im Rahmen seiner Prüfung des unternehmensinternen Risikomanagements indirekt auch die Qualität und die Wirksamkeit der Arbeit der Internen Revision zu beurteilen. Aus diesem Ergebnis leitet er sowohl Konsequenzen für die Ausgestaltung seiner weiteren Tätigkeit, d.h. z.B. hinsichtlich Art und Umfang der anzuwendenden Prüfungshandlungen, als auch generell für die Qualität von Beurteilungen der Internen Revision ab. Bezüglich des Risikomanagementsystems sollte sich der externe Prüfer immer über die Einschätzung der Internen Revision informieren. Ist der Abschlussprüfer der Meinung, dass die Interne Revision zuverlässig arbeitet und ihrem Urteil damit eine gewisse Sicherheit und Verlässlichkeit zugesprochen werden kann, so misst er der Beurteilung des Risikomanagements durch die Interne Revision regelmäßig eine höhere Bedeutung bei, als wenn er zu dem

Ergebnis gelangt, dass die Einschätzungen der Internen Revision in der Realität nicht belastbar sind.

Schließlich wird die prüferische Tätigkeit von der Angemessenheit und der Praktikabilität der vom Unternehmen gewählten Organisationsstruktur für das Risikomanagement beeinflusst. Daraus lässt sich möglicherweise ableiten, ob alle notwendigen Aufgaben sinnvoll verteilt und somit, auch im Zusammenspiel, effektiv angelegt sind. Werden vor oder während einer Prüfung diesbezüglich Mängel festgestellt, kann dies eine Ausweitung der Prüfungstätigkeit sowie die Formulierung von Verbesserungsvorschlägen zur Folge haben. Kommen die Prüfer aber zu dem Schluss, dass die Organisation des Risikomanagements insgesamt einen zuverlässigen Eindruck vermittelt, zeugt dies von der Verantwortungsübernahme durch die Unternehmensleitung. Trotzdem kann nicht vollständig ausgeschlossen werden, dass einzelne Kontrollmechanismen – bewusst oder unbeabsichtigt – nicht wirksam arbeiten.

Zur Beurteilung der Effektivität des unternehmerischen Risikomanagements müssen sowohl die internen als auch die externen Prüfer eine Reihe von Fragen stellen und im Unternehmen nach Antworten suchen. Auch wenn die betrachteten Aspekte – mit Ausnahme der Frage nach der Einschätzung der Arbeit der Internen Revision – sowohl durch den externen Abschlussprüfer als auch durch die Interne Revision zu untersuchen sind, geschieht dies jeweils aus einem anderen Blickwinkel.

4.3 Veränderte Aufgabenwahrnehmung durch den externen Jahresabschlussprüfer vor dem Hintergrund der Gefahr von Accounting Fraud

4.3.1 Vorbemerkungen

Im Verlauf der bisherigen Ausführungen wurde bereits untersucht, welche Voraussetzungen überhaupt erst zum Begehen von Verstößen führen (können) und welche Risikofaktoren besonders charakteristisch für das Vorliegen von Accounting Fraud sind[1942]. Basierend auf den an anderer Stelle[1943] dargestellten Grundlagen zum Ablauf des Prüfungsprozesses in der externen Jahresabschlussprüfung soll nun im Folgenden näher darauf eingegangen werden, inwiefern der bewährte Prüfungsablauf aufgrund der bestehenden Gefahr von Accounting Fraud verändert und an diese Rahmenbedingungen angepasst werden muss. Auch wenn es Verstöße schon immer gegeben hat, werden ihre Auswirkungen im Einzelfall ob der Internationalisierung und Globalisierung

---

[1942] Vgl. zu den Voraussetzungen die Ausführungen unter Gliederungspunkt 2.2.4, S. 31 ff.
[1943] Vgl. hierzu die Ausführungen unter Gliederungspunkt 3.1.5, S. 163 ff.

der Märkte immer bedeutender. Dazu trägt nicht zuletzt die stetig gewachsene Medienpräsenz bei, die dafür sorgt, dass Informationen zeitnah und weltweit verbreitet werden.

Zunächst gilt es nochmals hervorzuheben, dass die externe Jahresabschlussprüfung auch in Zukunft keine forensische Prüfung[1944] darstellen soll[1945]. Weiterhin gelten die Vorgaben des deutschen Gesetzgebers, der in § 317 Abs. 1 Satz 3 HGB verlangt, die Prüfung so anzulegen, dass Unrichtigkeiten und Verstöße gegen Vorschriften aus Gesetz, Satzung und Gesellschaftsvertrag, die sich wesentlich auf die Vermögens-, Finanz- und Ertragslage auswirken, bei gewissenhafter Berufsausübung des Abschlussprüfers erkannt werden[1946]. Trotzdem sollte jeder Prüfer statt der allgemein geltenden kritischen Grundhaltung, mit der er an seine Aufgabe herangehen soll, – insbesondere bei Vorliegen typischer Risikofaktoren – seiner Tätigkeit eine skeptische Grundhaltung zugrunde legen.

4.3.2 Der Prüfungsstandard des IDW – IDW PS 210 n.F.

Für Deutschland hat sich das IDW im September 2006 explizit mit dem *überarbeiteten IDW PS 210* zur Aufdeckung von Unrichtigkeiten und Verstößen in der Rechnungslegung durch den Abschlussprüfer geäußert[1947]. Dieser Prüfungsstandard enthält bereits Änderungen aufgrund der Anpassung an den (ebenfalls geänderten) ISA 240[1948]. Mit der Neufassung des Prüfungsstandards verfolgt das IDW insbesondere das Ziel, der Gefahr von Unrichtigkeiten und Verstößen in der Rechnungslegung und ihrer Berücksichtigung in der Abschlussprüfung verstärkt Rechnung zu tragen. Als wesentliche Ergänzungen zur früheren Fassung des IDW PS 210[1949] sind die folgenden zu nennen[1950]:

[1944] Vgl. Schruff, Wienand (Gesetzesverstöße 2005), S. 210; Schruff, Wienand (Top-Management Fraud 2003), S. 908; Bologna, G. Jack/Lindquist, Robert J. (Forensic Accounting 1987), S. 83 ff.; Kelly, Harvey R. (Forensic Accountants 2000), S. 89 ff.

[1945] Vgl. IDW PS 210, Tz. 11.

[1946] Vgl. IDW PS 210, Tz. 12; Kaduk, Michael (Unregelmäßigkeiten 2007), S. 25.

[1947] Vgl. zur Entwicklung der IDW-Verlautbarungen Schruff, Wienand (Gesetzesverstöße 2005), S. 207 f.; Gärtner, Michael (Aufdeckung 2003), S. 243 ff.; Förschle, Gerhart/Schmidt, Stefan (Weiterentwicklung 2003), S. 216 ff.

[1948] Vgl. IDW PS 210, Tz. 77. Vgl. zur Entwicklung von ISA 240 Mertin, Dietz/Schmidt, Stefan (Aufdeckung von Unregelmäßigkeiten 2001), S. 1304 ff.
Vgl. zur Anpassung der Prüfungsstandards des IDW an die Vorgaben der ISA die Ausführungen zum Clarity-Project unter Gliederungspunkt 3.1.2, S. 146 ff.

[1949] Vgl. IDW PS 210 a.F. vom 08.05.2003.

- Die Bedeutung einer berufsüblichen Skepsis wird stärker hervorgehoben als bisher.
- Der Tätigkeit des Aufsichtsrats mit Blick auf mögliche Verstöße muss mehr Beachtung geschenkt werden.
- Die Pflichten zur Durchführung von Befragungen, insbesondere von Mitgliedern des Aufsichtsrats und Mitarbeitern der Internen Revision, werden ausgeweitet.
- Wie bei der Internen Revision soll auch bei der externen Abschlussprüfung das Überraschungsmoment eine stärkere Rolle bei der Prüfungsdurchführung einnehmen.
- Das IDW sieht die Umsatzerlöse als Hauptrisikogruppe von Manipulationen in der Rechnungslegung an und verlangt von den Abschlussprüfern daher explizit eine Betrachtung dieses Risikofelds.
- Der Abschlussprüfer hat nach Anzeichen dafür zu suchen, ob das interne Kontrollsystem durch das Management außer Kraft gesetzt wurde.
- Die genannten erhöhten Anforderungen an Abschlussprüfer im Umgang mit Accounting Fraud ziehen veränderte Dokumentationserfordernisse nach sich.

Auf die einzelnen Punkte wird nachfolgend eingegangen.

Die Jahresabschlussprüfung basiert auf einer kritischen Grundhaltung des Prüfers gegenüber dem Unternehmen und allen Personen, mit denen er im Verlauf der Prüfung zu tun hat[1950]. IDW PS 210 rückt nun die *Bedeutung der berufsüblichen Skepsis* des Abschlussprüfers weiter in den Mittelpunkt. Nach der in dieser Arbeit vertretenen Ansicht sollte in Einklang mit den Forderungen des IDW ein Prüfer dem zu prüfenden Unternehmen nicht mehr nur kritisch, sondern vielmehr skeptisch gegenüberstehen[1952], wobei diese skeptische Grundhaltung als eine Mittelposition zwischen einer kritischen Grundhaltung und Misstrauen[1953] verstanden wird. Mit Blick auf Unrichtigkeiten und Verstöße verlangt IDW PS 210, dass der Prüfer „ungeachtet seiner Erfahrungen über die Ehrlichkeit und Integrität des Managements sowie der Mitglieder des Aufsichtsorgans" aus der Vergangenheit „die Möglichkeit wesentlicher falscher

---

[1950] Vgl. IDW PS 210, Einführung; siehe ähnlich für eine Gegenüberstellung von ISA 240 und dem – damals noch geplanten – IDW PS 210 Schruff, Wienand (Gesetzesverstöße 2005), S. 208; später dann Schruff, Wienand/Gärtner, Michael (Ansätze 2007), S. 177 f. Vgl. zu einer Beschreibung des Neuentwurfs von IDW PS 210 Gärtner, Michael (Aufdeckung 2003), S. 249 ff.
[1951] Vgl. IDW PS 210, Tz. 14.
[1952] Vgl. ähnlich Walter, Peter (Deliktische Handlungen 1985), S. 273; Odenthal, Roger (Wirtschaftskriminelle Handlungen 1997), S. 244.
[1953] Die Abschlussprüfung gilt nicht als Misstrauensauftrag; vgl. Schruff, Wienand (Top-Management Fraud 2003), S. 903.

Angaben aufgrund von Verstößen in Betracht"[1954] zieht. Dabei sollen gemachte positive Erfahrungen zwar nicht vergessen werden, trotzdem darf sich der Prüfer – insbesondere bezüglich einer möglichen Außerkraftsetzung von internen Kontrollmechanismen durch das Management – nicht von diesen leiten lassen. Die skeptische Einstellung gegenüber der Unternehmensleitung soll bereits während der Prüfungsplanung gelten, d.h., seine Einschätzung der Integrität des Managements darf den Prüfer bei der Erörterung möglicher Prüfungsschwerpunkte nicht beeinflussen. Aus der Tatsache, dass der Prüfungsstandard nunmehr explizit auf die berufsübliche Skepsis eines Abschlussprüfers Bezug nimmt, lässt sich ableiten, dass in der Vergangenheit möglicherweise Unregelmäßigkeiten und Verstöße wegen einer zu wenig kritischen Einstellung nicht oder erst zu spät aufgedeckt wurden.

IDW PS 210 verlangt vom Abschlussprüfer, dass dieser sich mit den *Überwachungstätigkeiten des Aufsichtsrats* zur Aufdeckung von Unregelmäßigkeiten und Verstößen auseinandersetzt. Dabei hat er sich einen Überblick darüber zu verschaffen, wie das Aufsichtsgremium die vom Management eingerichteten Prozesse zur Erkennung von und zum Umgang mit Risiken von Verstößen sowie die betreffenden Teile des internen Überwachungssystems prüft[1955]. Dies geschieht meist mittels Befragungen. Auf diese Weise kann der Abschlussprüfer sein Bild von der Integrität und Kompetenz des Managements, der Angemessenheit der installierten Kontrollmaßnahmen und der Gefährdung des Unternehmens allgemein vervollständigen[1956].

Die Neuregelungen des Prüfungsstandards beinhalten eine Ausweitung der Pflichten des Abschlussprüfers zur Durchführung von *Befragungen*. In Gesprächen mit der Unternehmensleitung während der Planungsphase geht es einerseits darum, wie diese die Wirksamkeit der internen Kontrollen beurteilt und dem Aufsichtsrat darüber berichtet[1957]. Weiterhin soll bei der Befragung thematisiert werden, welche Kenntnisse das Management über bestehende, vermutete oder behauptete Verstöße innerhalb des Unternehmens hat und wie bei angeblichen Verstößen reagiert wird[1958]. Für den Fall, dass das Management selbst in Manipulationen verwickelt ist, ist eine solche Befragung allerdings nicht zielführend. Zur Gewinnung solcher Informationen sind vielmehr Gespräche mit Mitarbeitern außerhalb der Führungsebene notwendig [1959]. In dieser Situation besteht zudem das Risiko, dass die Unternehmensleitung den

---

[1954] IDW PS 210, Tz. 14 (beide Zitate).
[1955] Vgl. IDW PS 210, Tz. 30.
[1956] Vgl. IDW PS 210, Tz. 30.
[1957] Vgl. IDW PS 210, Tz. 26.
[1958] Vgl. IDW PS 210, Tz. 26.
[1959] Vgl. IDW PS 210, Tz. 28.

Prüfer dergestalt zu beeinflussen versucht, dass er die Manipulation nicht aufdeckt. Hierzu könnte das Management bspw. versuchen, die Prüfungshandlungen des Abschlussprüfers gezielt auf ein nicht vom Accounting Fraud betroffenes Prüfungsobjekt zu richten und dort einen Verdacht eines von Mitarbeitern begangenen Verstoßes zu behaupten. Damit lenkt es zum einen die Aufmerksamkeit des Abschlussprüfers auf einen nicht von der eigentlichen Manipulation betroffenen Bereich und erweckt gleichzeitig zum anderen den Eindruck, wachsam gegenüber Accounting Fraud zu sein[1960].

Falls das Unternehmen über eine *Interne Revision* verfügt[1961], hält IDW PS 210 den Abschlussprüfer dazu an, deren Mitarbeiter nach folgenden Sachverhalten zu *befragen*[1962]:
- Kenntnisse über bestehende, vermutete oder behauptete Unrichtigkeiten und Verstöße im Unternehmen,
- Einschätzung zu Risiken von Verstößen,
- Prüfungshandlungen, die von der Internen Revision während des Geschäftsjahrs zur Aufdeckung von Verstößen vorgenommen wurden, und
- ob das Management angemessen auf die Prüfungsergebnisse der Internen Revision reagiert hat.

Auch wenn nur diese vier Punkte explizit im Prüfungsstandard Erwähnung finden, handelt es sich dabei nicht um eine abschließende Aufzählung, sondern vielmehr um die Vorgabe einer groben Richtung sinnvoller und sachdienlicher Fragen. Letztlich obliegt es jedem externen Prüfer selbst, inwieweit er diese Fragen zusammen mit seinem berufsspezifischen Wissen, seiner Erfahrung und den GoA im Verlauf der Prüfung einsetzt.

Anders als eine externe Jahresabschlussprüfung, die regelmäßig stattfindet, ist der Prüfungsrhythmus der Internen Revision für nicht der Abteilung angehörende Mitarbeiter des Unternehmens nicht ohne Weiteres ersichtlich. Insbesondere bei Gefahr, dass wichtige und belastende Unterlagen bei einer Vorankündigung der Prüfung beiseite geschafft werden könnten, kann die Interne Revision daher auf das *Überraschungsmoment* zurückgreifen. Einen solchen Überraschungseffekt soll ein externer Jahresabschlussprüfer nunmehr verstärkt bei der Bestimmung von Art, Umfang und Zeitpunkt seiner Prüfungshandlungen berücksichtigen[1963]. Damit soll verhindert werden, dass Personen mit Kenntnissen über die übliche Vorgehensweise des Abschlussprüfers ihre

---

[1960] Vgl. Terlinde, Christian (Bilanzmanipulationen 2005), S. 138.
[1961] Die vorliegende Arbeit fokussiert auf große, kapitalmarktorientierte AG, bei denen immer von der Existenz einer Internen Revision auszugehen ist.
[1962] Vgl. IDW PS 210, Tz. 29.
[1963] Vgl. IDW PS 210, Tz. 42.

unrechtmäßigen Handlungen bei immer gleich bleibenden Prüfungshandlungen vorausschauend verdecken können. Die Erfahrungen aus der Vergangenheit haben gezeigt, dass Accounting Fraud häufig mit einem falschen Ausweis der (angeblich) erzielten Umsatzerlöse verbunden war[1964]. Aufgrund dieser Tatsache nimmt IDW PS 210 explizit auf diese Größe Bezug. Der Abschlussprüfer muss nunmehr bei jeder Prüfung in Betracht ziehen, dass im Zusammenhang mit der *Umsatzrealisierung* Risiken für mögliche Manipulationen im Jahresabschluss vorliegen können[1965]. Dazu hat er festzustellen, welche Arten von Erlösen und Geschäftsvorfällen hierfür besonders anfällig sein können[1966]. Risiken aus der Manipulation von Umsatzerlösen gelten stets als bedeutsame Risiken und sind als solche zu behandeln[1967].

Eng mit einer bewusst falschen Abbildung von Umsatzerlösen ist das Problem der Außerkraftsetzung des internen Kontrollsystems durch das Management verbunden, der so genannte *Management Override of Controls*. Daher erfährt diese Fragestellung im überarbeiteten Prüfungsstandard eine stärkere Berücksichtigung. Speziell zur Adressierung dieses Risikos muss der Abschlussprüfer bestimmte Prüfungshandlungen festlegen und durchführen[1968]. Dies kann bspw. durch eine detaillierte Betrachtung des wirtschaftlichen Hintergrunds von außergewöhnlichen Geschäftsvorfällen geschehen. Häufig macht die Unternehmensleitung bei Accounting Fraud interne Kontrollen im Bereich des Rechnungslegungsprozesses unwirksam, um so gezielt Manipulationen an der Buchführung vorzunehmen. Explizit geht IDW PS 210 auf das Problem einseitig beeinflusster und zielgerichteter Schätzungen von Wertangaben durch das Management ein, die aufgrund nicht wirksamer Kontrollen unentdeckt bleiben. Der Abschlussprüfer muss dahingehende Überprüfungen vornehmen und insbesondere beurteilen, ob „Unterschiede zwischen den Schätzwerten, die sich aus den Prüfungsnachweisen ableiten lassen, und den im Abschluss tatsächlich berücksichtigten Schätzwerten auf eine mögliche interessengerichtete Darstellung durch das Management hinweisen"[1969]. Zur Vorbeugung des Management Override of Controls sind die Berichtspflichten des Managements gegenüber dem Abschlussprüfer ausgeweitet worden. So muss

---

[1964] Vgl. Brinkmann, Markus (Bilanzmanipulation 2007), S. 156.
[1965] Vgl. zur Umsatzrealisierung bspw. Pilhofer, Jochen (Umsatz- und Gewinnrealisierung 2002), S. 19 ff.; Küting, Karlheinz/Weber, Claus-Peter/Pilhofer, Jochen (Umsatzrealisation 2002), S. 310 ff.
[1966] Vgl. IDW PS 210, Tz. 39.
[1967] Vgl. IDW PS 210, Tz. 39.
[1968] Vgl. IDW PS 210, Tz. 43.
[1969] IDW PS 210, Tz. 43.

die Unternehmensleitung eine spezielle Erklärung zum Thema ‚Unrichtigkeiten und Verstöße' abgeben, in der sie bestätigt, „die Ergebnisse ihrer Beurteilung von Risiken, dass der Abschluss und der Lagebericht wesentliche falsche Angaben aufgrund von Verstößen enthalten könnten, dem Abschlussprüfer mitgeteilt"[1970] zu haben. Darüber hinaus haben die gesetzlichen Vertreter zu erklären, dass sie dem Abschlussprüfer alle ihnen bekannten Verstöße und alle ihnen bekannten Behauptungen Dritter über begangene oder vermutete Verstöße, die auf den Jahresabschluss oder Lagebericht einen wesentlichen Einfluss haben können, kommuniziert haben[1971].

Schließlich bringt der überarbeitete IDW PS 210 für den Abschlussprüfer eine Erweiterung der *Dokumentationspflichten* mit sich. Über die allgemeinen insbesondere in IDW PS 261 normierten Vorschriften zur Berichterstattung hinausgehend muss der Abschlussprüfer gesondert die Ergebnisse seiner Prüfungshandlungen dokumentieren, die er speziell mit Blick auf das Risiko von Management Override of Controls durchgeführt hat[1972]. Außerdem muss er schriftlich festhalten, wie er bspw. das Management, das Aufsichtsorgan oder Aufsichtsbehörden über bei der Prüfung aufgedeckte Verstöße informiert hat. Für den Fall, dass im Zusammenhang mit der Umsatzrealisierung kein durch Verstöße verursachtes Risiko wesentlicher falscher Angaben besteht, hat der Abschlussprüfer seine Gründe für diese Erkenntnis ebenfalls zu dokumentieren[1973]. Insbesondere der letzte Punkt macht nochmals deutlich, welch hohe Bedeutung der Gefahr eines nicht zutreffenden Ausweises der Umsatzerlöse beigemessen wird.

Die Fälle von Bilanzmanipulationen aus den letzten Jahren haben gezeigt, auf welche verschiedenen Arten Accounting Fraud begangen und wie er – mehr oder weniger erfolgreich – verdeckt werden kann[1974]. Eine genaue Analyse fördert eine Vielzahl an Gedanken, wie dem Problem zukünftig besser begegnet werden kann. Auch wenn eine externe Jahresabschlussprüfung keine Unterschlagungsprüfung und keine forensische Prüfung ist und die Aufdeckung von Bilanzstraftaten nicht zu den ureigenen Aufgaben eines Abschlussprüfers zählt, sollte dennoch den veränderten Rahmenbedingungen, mit denen sich die Jahresabschlussprüfung konfrontiert sieht, Rechnung getragen und das Aufgabengebiet des externen Prüfers ausgeweitet werden. Ein völliges Schließen der zwischen den Vorstellungen der Adressaten und der Arbeit des Prüfers

---

[1970] IDW PS 210, Tz. 67.
[1971] Vgl. IDW PS 210, Tz. 67.
[1972] Vgl. IDW PS 210, Tz. 68.
[1973] Vgl. IDW PS 210, Tz. 68.
[1974] Vgl. zu einer Auswahl von Beispielen für Accounting Fraud die Ausführungen unter Gliederungspunkt 2.2.5, S. 49 ff.

bestehenden Erwartungslücke erscheint schwierig. Dennoch ist es notwendig, bei der Ausrichtung einer Abschlussprüfung umzudenken und den Fokus je nach Einzelfall neu zu positionieren. Einen wichtigen Schritt hat das IDW mit der Neufassung von IDW PS 210 und der Einführung einer neuen Schwerpunktsetzung bereits getan. Dieser Prüfungsstandard entspricht gleichzeitig den in ISA 240 formulierten internationalen Anforderungen[1975]. Der überarbeitete Standard ist zu begrüßen, weil er für die deutsche Jahresabschlussprüfung einen wichtigen Schritt auf dem Weg in die Zukunft darstellt, um trotz veränderter Rahmenbedingungen weiterhin qualitativ hochwertige Prüfungsleistungen erbringen zu können.

4.3.3 Weitere Änderungen bei der externen Jahresabschlussprüfung

Neben dem eben erläuterten IDW PS 210 existieren weitere Ansatzpunkte, wie der Prozess der Jahresabschlussprüfung und das Verhältnis zwischen dem Abschlussprüfer und dem zu prüfenden Unternehmen verändert und damit der Gefahr von Bilanzmanipulationen Rechnung getragen werden kann. Außerdem können einzelne Neuerungen aus dem Prüfungsstandard noch weitergehend ausgestaltet werden. Diese Aspekte werden nachfolgend erläutert.

Seitens des Abschlussprüfers ist zukünftig ein Mehr an ‚*Spürsinn*' gefordert – die Zeiten eines nur wenig veränderten, sich jährlich wiederholenden standardisierten Prüfungsablaufs sind eindeutig vorbei. Wie bereits erwähnt sollte die in IDW PS 210 geforderte kritische Grundhaltung bei jeder Prüfung von vornherein zu einer skeptischen Grundhaltung werden. Diese Forderung wird erhoben im Bewusstsein, dass ein Prüfer sich damit auf eine schmale Gratwanderung zwischen Skepsis und Misstrauen begibt. Dennoch erscheint dieser Weg unumgänglich. Im Einklang mit dem IDW wird an dieser Stelle die Ansicht vertreten, dass in der Vergangenheit gemachte positive Erfahrungen mit der Unternehmensleitung oder anderen Mitarbeitern des Unternehmens die aktuelle Prüfung nicht mehr beeinflussen dürfen. Dies bedeutet natürlich nicht, dass das Verhältnis zwischen externem Prüfer und Unternehmensführung völlig distanziert zu sein hat. Allerdings ginge ein Prüfer leichtfertig ein Risiko ein, wenn er von einer Befragung der Führungkräfte oder von Prüfungshandlungen, die auch Top-Management Fraud berücksichtigen, gänzlich absehen würde, nur weil die Geschäftsbeziehung schon eine Zeitlang andauert und diese nicht belastet werden soll. Unabhängig davon, dass zwischen Unternehmensleitung und Abschlussprüfer ein gutes Arbeitsklima herrschen soll, darf nicht vergessen werden, dass der Gesetzgeber bei-

---

[1975] Vgl. IDW PS 210, Tz. 77.

den Seiten gegensätzliche Positionen im System der Unternehmensführung und -überwachung zugeschrieben hat. Mit Sicherheit trägt es zu einer Reduzierung der Gefahr von Accounting Fraud bzw. zu einer rascheren Aufdeckung bei, wenn ein Jahresabschlussprüfer schneller misstrauisch wird, als dies vielleicht früher der Fall war.

Bei der *Zusammensetzung des Prüfteams* gilt es für die Verantwortlichen, eine sorgfältige Auswahl zu treffen, um ausreichende Kapazitäten sowie alle erforderlichen Kompetenzen für eine Prüfung bereitstellen zu können. Dabei darf der Wirtschaftlichkeitsgedanke nicht außer Acht gelassen werden. Wichtig ist vor dem Hintergrund der Prüfung auf Bilanzmanipulationen, dass ausreichend erfahrene Prüfer dem Team angehören. Insbesondere bei der – durch IDW PS 210 aufgewerteten[1976] – Befragung des Managements ist jedes Mehr an Erfahrung wichtig, um so mögliche versteckte Hinweise besser erkennen zu können. Diese Befragungen, die bereits frühzeitig, d.h. während der Prüfungsplanung, durchgeführt werden sollen, müssen detailliert vorbereitet werden. Hierzu sollte das gesamte für das Mandat zuständige Prüfteam im Rahmen ausführlicher Vorbesprechungen und unter Beachtung prüfungsspezifischer Besonderheiten zusammenarbeiten, um ein passendes Interviewkonzept zu erstellen[1977]. Gleichzeitig dienen diese Teambesprechungen der Konkretisierung und Festlegung der Prüfungsstrategie[1978]. Nur wenn jeder einzelne Prüfer über alle Risiken Bescheid weiß und über das zu prüfende Unternehmen gut informiert ist, kann er konstruktiv und zielführend arbeiten.

Zur *Prüfungsplanung* gehört es, den weiteren Verlauf der Prüfung so zu strukturieren, dass besonders risikobehaftete Bereiche wie z.B. Umsatzerlöse, Rückstellungen und andere Größen, die stark von Schätzungen und damit vom subjektiven Ermessen des Bilanzierenden geprägt sind, Bestandteil der Prüfung sind. Zu groß wäre das Risiko von Accounting Fraud, wenn diese neuralgischen Punkte nur eine nachlässige Behandlung erfahren würden. Je variantenreicher einzelne Prüfungsobjekte in den einzelnen Jahren betrachtet werden, desto größer ist die Chance einer Vermeidung oder Aufdeckung von Verstößen, da die handelnden Personen nicht vorhersehen können, nach wel-

---

[1976] Vgl. IDW PS 210, Tz. 26 ff.
[1977] Vgl. zur Interviewführung Comer, Michael J. (Corporate Fraud 2003), S. 149 ff.; Hofmann, Stefan (Bilanzmanipulationen 2006), S. 27 ff.
[1978] Vgl. Schruff, Wienand (Top-Management Fraud 2003), S. 907. I.S.e. Fraud-Brainstorming sollte in diesem Zusammenhang gemeinsam erarbeitet werden, welche Bereiche als möglicherweise Fraud-Risiko behaftet gelten; vgl. zum Fraud-Brainstorming ausführlicher Hofmann, Stefan (Fraud-Brainstorming 2007), S. 80 ff.; siehe auch Schindler, Joachim (Verstöße 2007), S. 92 f.; Montgomery, Daniel D./Beasley, Mark S./Menelaides, Susan L./Palmrose, Zoe-Vonna (New Procedures 2002), S. 64.

chem Schema der Abschlussprüfer vorgeht, und sie sich somit nicht – oder zumindest nur erschwert – beim Begehen und Verdecken ihrer Manipulationen auf die Prüfung einstellen können. Damit einher geht die Forderung, die Prüfungsschwerpunkte stärker zu variieren und Zeitpunkt, Art und Umfang einzelner Prüfungshandlungen erst kurz vorher zu kommunizieren. So kann der externe Prüfer genau wie die Interne Revision vom Überraschungsmoment profitieren. Die große Bedeutung von nicht lange im Voraus angekündigten Prüfungen, die von der Internen Revision durch Ad hoc-Prüfungen regelmäßig genutzt wird, schätzt auch das IDW, speziell vor dem Hintergrund von Bilanzbetrug, und hebt dieses Instrument der Abschlussprüfung mittlerweile besonders hervor[1979].

Bestandteil jeder Abschlussprüfung und mittlerweile der GoA ist es, dass sich der Prüfer von den gesetzlichen Vertretern der Gesellschaft eine *Vollständigkeitserklärung* geben lässt[1980]. Durch ihre Unterschrift bringt die Unternehmensleitung zum Ausdruck, dass sie sich der ihr in Bezug auf die Aufstellung des Jahresabschlusses obliegenden Verantwortung bewusst ist[1981]. Dies ändert jedoch nichts an der Tatsache, dass der Abschlussprüfer alleine für das Ergebnis seiner Prüfung verantwortlich zeichnet[1982]. Die Unternehmensvertreter sind nicht gesetzlich zur Abgabe einer Vollständigkeitserklärung verpflichtet, eine Verweigerung ist jedoch im Prüfungsbericht zu dokumentieren[1983]. Die bisherige Bedeutung der Vollständigkeitserklärung kann mit Blick auf die Vermeidung oder Aufdeckung von Bilanzmanipulationen erheblich ausgeweitet werden. Entsprechend den Vorgaben des IDW haben die gesetzlichen Vertreter sich zu verschiedenen in diesem Zusammenhang bedeutsamen Aspekten zu äußern wie etwa zu ihrer Risikobeurteilung, zu ihnen bekannten oder vermuteten Verstößen oder zu ihnen von anderen Personen übermittelten Hinweisen auf solche Taten[1984]. Damit wird das Management noch stärker in die Verantwortung zur Vermeidung oder Aufdeckung von Accounting Fraud genommen. Es erscheint es hilfreich, eine solche speziell auf die Abschlussprüfung abgestimmte Erklärung, die bestimmte zur Verringerung der Gefahr von Bilanzmanipulationen erforderliche Inhalte aufweist, zu einem zwingenden – gesetzlich geforderten – Bestandteil jeder Abschlussprüfung zu machen. Im Rahmen

---

[1979] Vgl. IDW PS 210, Tz. 42.
[1980] Vgl. IDW PS 303, Tz. 20; Baetge, Jörg/Göbel, Reimund (Auskunftsrecht 2002), Rn. 21.
[1981] Vgl. Baetge, Jörg/Göbel, Reimund (Auskunftsrecht 2002), Rn. 23.
[1982] Vgl. IDW PS 303, Tz. 2; Baetge, Jörg/Göbel, Reimund (Auskunftsrecht 2002), Rn. 24.
[1983] Vgl. Baetge, Jörg/Göbel, Reimund (Auskunftsrecht 2002), Rn. 25; IDW PS 450, Tz. 59.
[1984] Vgl. IDW PS 210, Tz. 67; Solfrian, Gregor/Willeke, Clemens (Aufdeckung 2002), S. 1114.

der gegenwärtig noch bestehenden Freiwilligkeit sollte ein externer Prüfer besondere Vorsicht walten lassen, falls die Abgabe einer solchen Erklärung seitens des zu prüfenden Unternehmens verzögert oder verweigert wird.

In IDW PS 210 ist die Notwendigkeit zur Durchführung von *Befragungen* bereits deutlich aufgewertet worden. Hier bietet es sich für eine effiziente Prüfung an, mit dem Rechnungslegungsprozess betraute Mitarbeiter – möglichst ohne Beisein eines Vorgesetzten[1985] – detailliert zu befragen. Damit kann der Prüfer ein Verständnis über alle installierten Kontrollmaßnahmen erhalten, gleichzeitig kann er so zu einer Einschätzung kommen, wie die befragten Mitarbeiter die Wirksamkeit der Kontrollen einschätzen bzw. wie ernst sie selbst diese Kontrollen nehmen und zu ihrer Effektivität beitragen. Es steht außer Frage, dass ein Prüfer, gerade in einem großen Konzern, nicht mit allen Personen, die an der Erstellung der Rechnungslegung beteiligt sind, sprechen kann[1986]. Dennoch sollte die Chance der Mitarbeiterbefragung in jedem Fall als zusätzliche Absicherung genutzt werden. Im Übrigen lässt sich dies sehr gut damit verbinden, dass der Prüfer selbst anhand eines Beispielsachverhalts den gesamten Verarbeitungsprozess exemplarisch nachvollzieht. Bei diesem so genannten Walk-Through begleitet der Prüfer einen Sachverhalt durch den gesamten Rechnungslegungsprozess, um sich auf diese Weise ein Bild der einzelnen Arbeitsschritte zu verschaffen. So kann er nicht nur theoretisch, sondern auch mittels praktischer Erfahrungen überprüfen und beurteilen, wie das Kontrollsystem arbeitet und anhand dessen das Risiko, dass bisher unentdeckte Manipulationen in der Rechnungslegung bestehen, abschätzen.

Bei allen Besprechungen – sei es mit der Unternehmensleitung, mit der Internen Revision oder mit anderen Mitarbeitern des Unternehmens – sollte der Abschlussprüfer stets einen Kollegen als möglichen *Zeugen* hinzuziehen. Außerdem sollten alle Gespräche in gebotener Ausführlichkeit dokumentiert werden. Sollte es tatsächlich zur Aufdeckung einer Straftat kommen und somit fremde Dritte wie etwa Polizei oder Staatsanwaltschaft in den Fall involviert werden, können solche Zeugenaussagen oder Besprechungsprotokolle wichtige Beweismittel sein, die belastbar sein müssen. Das Kriterium der Belastbarkeit wird nur schwer zu erfüllen sein, wenn entsprechende Informationen lediglich aus einem informellen Gespräch zwischen Prüfer und Unternehmensmitarbeiter stammen, bei dem weder bewiesen werden kann, dass es

---

[1985] Es ist davon auszugehen, dass zumindest manche Mitarbeiter offener über mögliche Schwachstellen oder Verbesserungsoptionen sprechen, wenn kein Vorgesetzter bei diesem Gespräch anwesend ist.

[1986] Bei der Auswahl sollte darauf geachtet werden, dass in unterschiedlichen Jahren unterschiedliche Personen ausgewählt werden; eine Zufallsauswahl könnte gegliedert nach Hierarchieebenen und Verantwortungsbereichen erfolgen.

tatsächlich stattgefunden hat, noch welche Inhalte Gegenstand waren. Ein Protokoll sollte daher von allen Anwesenden unterzeichnet werden.

Obwohl es dem externen Abschlussprüfer wegen des Unabhängigkeitserfordernisses nicht erlaubt ist, im zu prüfenden Unternehmen ein *Überwachungssystem* zu installieren bzw. für dessen wirksame Umsetzung zu sorgen, kann er die Unternehmensleitung dennoch bei ihrer diesbezüglichen Aufgabe unterstützen. In diesem Zusammenhang kann der externe Prüfer bspw. an alle Mitarbeiter appellieren, jegliche Hinweise auf Handlungen zur Bilanzmanipulation an entsprechende Stellen zu melden[1987]. Diese Forderung basiert auf der Annahme, dass das Whistleblowing-System umso öfter genutzt und damit effektiver wird, je mehr Informationen die Mitarbeiter darüber haben und je deutlicher ihnen von verschiedenen Seiten seine große Bedeutung erläutert wird. Hilfreich könnte zudem sein, wenn der Prüfer – zur Erfüllung der Verschwiegenheitspflicht anonymisierte – positive Beispiele aus seinen bereits bei anderen Unternehmen gemachten Erfahrungen berichtet und so weitere Überzeugungsarbeit zur Nutzung des Whistleblowing leisten kann.

Während seiner Prüfung werden dem Abschlussprüfer zahlreiche Dokumente aus dem Unternehmen vorgelegt. Das IDW führt in seinem Prüfungsstandard IDW PS 210 aus, dass „grundsätzlich von der Echtheit von Dokumenten und Buchungsunterlagen sowie von der Korrektheit der übergebenen Informationen"[1988] ausgegangen werden kann, sofern im Verlauf der Prüfung keine Anhaltspunkte für eine gegenteilige Einschätzung gefunden werden[1989]. Mit Blick auf die heutigen technologischen Möglichkeiten der Datenerstellung und -verbreitung stellt sich allerdings die Frage, ob eine solche Einstellung kritisch genug ist. Selbstverständlich kann es nicht dazu kommen, dass ein Abschlussprüfer die *Echtheit von Dokumenten* überprüft, wie es durch die Polizei geschehen würde. Dennoch sollte er vorsichtig mit wichtigen Dokumenten wie z.B. Verträgen umgehen. So sollte er bspw. prüfen, ob eine geleistete Unterschrift echt ist oder ob es sich dabei um eine mit dem Computer an diese Stelle gedruckte Unterschrift oder ein Faksimile handelt[1990]. Bei elektronischen Unterschriften sowie Faksimiles ist zu entscheiden, ob dies für das betreffende

---

[1987] Mitarbeiter können von ihren Vorgesetzten zur Vornahme unrechtmäßiger Handlungen, bspw. zu unerlaubten Buchungen, unter Androhung des Arbeitsplatzverlusts gezwungen werden.
[1988] IDW PS 210, Tz. 50.
[1989] Vgl. Schruff, Wienand (Top-Management Fraud 2003), S. 903.
[1990] Vgl. ähnlich Odenthal, Roger (Wirtschaftskriminelle Handlungen 1997), S. 311.

Dokument überhaupt zulässig ist[1991]. Gerade im Falle eines kriminellen Managements kann das Fälschen von Dokumenten als Hilfsmittel zur Verschleierung der Taten gesehen werden. Bestes Beispiel hierfür ist der Fall FlowTex, bei dem mit einer Vielzahl unechter Dokumente das Vorhandensein einer bedeutenden Maschinenanzahl vorgetäuscht wurde, ohne dass dies bei der Abschlussprüfung aufgefallen ist[1992]. Da aber die Jahresabschlussprüfung nach wie vor keine forensische Untersuchung ist, ändern im Nachhinein aufgedeckte Fälschungen von Unterlagen die Ordnungsmäßigkeit der Prüfung nicht[1993].

Gelangt ein Abschlussprüfer im Rahmen seiner Tätigkeit zu der Erkenntnis, dass ein begründeter Verdacht einer manipulierten Rechnungslegung besteht, oder kann er den Accounting Fraud-Fall sogar beweisen, kommt es für den weiteren Fortgang erheblich darauf an, wem er seine Informationen zu welchem Zeitpunkt kommuniziert. Für jede Prüfung sollte es ein auf das jeweilige Unternehmen abgestimmtes *Eskalationsmodell* geben, welches im Krisenfall eine sofortige Reaktion des Abschlussprüfers ermöglicht und somit Verzögerungen verhindert. Insgesamt sollte der Kreis der eingeweihten Personen – zumindest so lange noch nicht eindeutig geklärt ist, wer dem Täterkreis zuzurechnen ist – möglichst klein gehalten werden, um die Beseitigung von Spuren oder Beweismitteln zu verhindern[1994]. Ausschlaggebend für die Vorgehensweise ist die Schwere der Falschbilanzierung. Das IDW sieht vor, dass der Prüfer beim Entdecken von Unregelmäßigkeiten zunächst nach seinem Ermessen zu entscheiden hat, welche übergeordnete Managementebene er informiert[1995]. Bei wesentlichen falschen Angaben in der Rechnungslegung hat er sich unverzüglich an die gesetzlichen Vertreter der Gesellschaft zu wenden. Ob er auch das Aufsichtsorgan informiert, soll der Prüfer je nach Einzelfall respektive dessen Schwere abwägen[1996]. Gelangt der Prüfer zu der Erkenntnis, dass die gesetzlichen Vertreter selbst in den Accounting Fraud verwickelt

---

[1991] Außerdem kann der Prüfer bspw. untersuchen, ob die auf Dokumenten oder im elektronischen Schriftverkehr gespeicherten Daten insgesamt zum Ablauf eines Sachverhalts passen. Gleiches gilt für das häufig auf einer in Papierform vorliegenden E-Mail vermerkte Datum des Druckzeitpunkts. Natürlich würde ein kriminelles Management versuchen, seine Handlungen in allen Bereichen, d.h. auch bei der Dokumentation, entsprechend zu verschleiern. Fraglich ist indes, ob dies immer gelingt.
[1992] Vgl. zu diesem Fall die Ausführungen unter Gliederungspunkt 2.2.5.6, S. 63 ff.
[1993] Vgl. IDW PS 210, Tz. 50.
[1994] Vgl. Ditzel, Hans (Bewältigung 1997), S. 15.
[1995] Vgl. IDW PS 210, Tz. 60.
[1996] Vgl. IDW PS 210, Tz. 61.

sind, hat er sich unmittelbar an den Aufsichtsrat zu wenden[1997]. Besteht lediglich der Verdacht, dass die Unternehmensleitung selbst an dem betreffenden Verstoß beteiligt ist, wird der Prüfer diesen Verdacht dem Aufsichtsgremium mitteilen und mit ihm das weitere Vorgehen abstimmen[1998]. IDW PS 210 enthält vier Beispiele von Sachverhalten, die unmittelbar dem Aufsichtsorgan zu kommunizieren sind[1999]:
- Fragen bezüglich der Kompetenz und Integrität des Managements,
- den Abschluss wesentlich verfälschende Unrichtigkeiten und Verstöße,
- falsche Angaben, die wesentliche Schwächen im internen Kontrollsystem oder im Rechnungslegungsprozess erkennen lassen, sowie
- falsche Angaben, aus denen eine wesentliche Verfälschung zukünftiger Abschlüsse resultiert.

Ist – insbesondere aufgrund der Wesentlichkeit der falschen Angaben – Eile bei der Einleitung von Maßnahmen geboten, sind die Berichtspflichten des Abschlussprüfers unmittelbar wahrzunehmen[2000]. Das Aufsichtsorgan ist nicht in allen Fällen von entdeckten Verstößen unmittelbar zu informieren. Hier stellt sich allerdings die Frage, ob dies vor dem Hintergrund der hier erhobenen Forderung nach einer verstärkten Zusammenarbeit aller verschiedenen Parteien ausreichend ist. An dieser Stelle wird die Ansicht vertreten, dass entgegen der in IDW PS 210 enthaltenen einzelfallabhängigen Regelung[2001] stets eine Informationspflicht gegenüber dem Aufsichtsrat besteht, sofern nicht für den Abschlussprüfer eindeutig ersichtlich ist, dass die falsche Angabe in der Rechnungslegung ausschließlich auf einem unbewusst begangenen Fehler beruht. Ein Abstellen auf die Wesentlichkeit bei der Ermessensentscheidung über eine Berichterstattung an das Aufsichtsorgan, wie sie der Prüfungsstandard derzeit vorsieht, wird nicht als zielführend erachtet. Es ist in einem solchen Fall nämlich nicht auszuschließen, dass zunächst als unwesentlich eingestuften Falschangaben nach erfolgter Abschlussprüfung noch weitere und schwerwiegendere Manipulationen folgen werden.

Jeder Abschlussprüfer hat die in § 43 Abs. 1 WPO, § 9 BS WP/vBP, § 323 Abs. 1 HGB und § 203 StGB geregelte *Verschwiegenheitspflicht* zu erfül-

---

[1997] Vgl. IDW PS 210, Tz. 62. Gleiches gilt, wenn der Prüfer Verstöße aufdeckt, an denen Mitarbeiter beteiligt sind, die in verantwortlicher Position z.B. im Bereich des internen Kontrollsystems beschäftigt sind. In einem solchen Fall müssen die Unternehmensleitung und das Überwachungsgremium informiert werden.
[1998] Vgl. IDW PS 210, Tz. 62.
[1999] Vgl. IDW PS 210, Tz. 65.
[2000] Vgl. IDW PS 210, Tz. 66.
[2001] Vgl. IDW PS 210, Tz. 61.

len[2002]. Diese Verpflichtung hindert den externen Prüfer daran, die bei seiner Prüfung gewonnenen Erkenntnisse über Bilanzmanipulationen an Dritte, d.h. z.B. an Gläubiger, die Staatsanwaltschaft oder die Öffentlichkeit[2003], zu berichten. Ausnahmen von dieser Grundregel bestehen lediglich bei der Prüfung von Kreditinstituten oder Versicherungsunternehmen in Bezug auf die obligatorische Berichterstattungspflicht gegenüber der BaFin[2004]. Die Verschwiegenheitspflicht bildet quasi das Gegenstück zu den durch § 320 HGB eingeräumten umfassenden Auskunfts- und Einsichtsrechten, sie gilt unbeschränkt auch nach Beendigung des Prüfungsauftrags weiter[2005]. Sie besteht explizit nicht gegenüber den Vertretungs- und Überwachungsorganen des geprüften Unternehmens, soweit diese Adressat des Prüfungsberichts sind; außerdem sind das bei der Prüfung eingesetzte Personal sowie die gesetzlichen Vertreter der Prüfungsgesellschaft ausgenommen[2006]. Um den Abschlussprüfer von seiner Verschwiegenheitspflicht zu entbinden, bedarf es einer Entscheidung der Unternehmensleitung der geprüften Gesellschaft[2007].

Da seit dem KonTraG regelmäßig der Aufsichtsrat dem Abschlussprüfer den Prüfungsauftrag erteilt[2008] und folglich er auch der Adressat des Prüfungsberichts ist, ist er von der Verschwiegenheitspflicht des Abschlussprüfers ausgenommen. Dies sollte ein externer Prüfer umfassend nutzen und wie bereits erwähnt dem Aufsichtsgremium über seine Feststellungen offen berichten. Mit Blick auf Accounting Fraud stellt sich darüber hinaus die Frage, ob im Fall eindeutig erwiesener Manipulationen ein Abschlussprüfer nicht gleichzeitig auch dazu befugt, wenn nicht gar verpflichtet sein sollte, über diese Vorkommnisse Polizei und/oder Staatsanwaltschaft zu informieren[2009]. Deutlich sticht in diesem Zusammenhang ein Beispiel aus den USA hervor: Im Fall

---

[2002] Eine Verletzung dieser Verschwiegenheitspflicht wird gem. § 333 HGB strafrechtlich sanktioniert; vgl. hierzu bspw. Quick, Reiner (Geheimhaltungspflicht 2004), S. 1490 ff.; Hammers, Nina (Bilanzierungsverstöße 2007), Rn. 117 ff.
[2003] Vgl. zum Geltungsbereich auch Kuhner, Christoph/Päßler, Nadja (Verantwortlichkeit 2003), Rn. 14; Winkeljohann, Norbert/Hellwege, Heiko (Verantwortlichkeit 2006), Rn. 30 ff.; IDW (Handbuch 2006), Rn. A340 ff.
[2004] Vgl. § 29 Abs. 3 KWG; § 57 Abs. 1 VAG; IDW PS 210, Tz. 66.
[2005] Vgl. Kuhner, Christoph/Päßler, Nadja (Verantwortlichkeit 2003), Rn. 14.
[2006] Vgl. Kuhner, Christoph/Päßler, Nadja (Verantwortlichkeit 2003), Rn. 21. Außerdem gehören auch die zur externen Qualitätskontrolle nach § 57b Abs. 3 WPO beauftragten Prüfer nicht zu dem Kreis, gegenüber dem die Verschwiegenheitspflicht besteht.
[2007] Vgl. Kuhner, Christoph/Päßler, Nadja (Verantwortlichkeit 2003), Rn. 19. Unter bestimmten Voraussetzungen kann auch ein Insolvenzverwalter – zumindest für bestimmte Bereiche – eine Ausnahme von der Verschwiegenheitspflicht zulassen.
[2008] Vgl. § 111 Abs. 2 Satz 3 AktG.
[2009] Derzeit ist dies verboten; vgl. Schruff, Wienand (Top-Management Fraud 2003), S. 909.

WorldCom wollte der damalige Finanzvorstand, nachdem die Leiterin der Internen Revision ihm falsche Angaben in der Rechnungslegung kommuniziert hatte, nicht die entsprechenden Konsequenzen einleiten[2010]. Dies zeigt, dass es ggf. nicht immer ausreichend ist, wenn der Abschlussprüfer die oberste Managementebene oder den Aufsichtsrat über das Vergehen in Kenntnis setzt. Liegt ein hohes Maß an krimineller Energie vor, wird die Aufdeckung der Lage nach außen hin durch die Gesellschaft möglicherweise – zumindest noch eine gewisse Zeit lang – verhindert werden können. Die einzige Möglichkeit, die dem Abschlussprüfer zur Information der Öffentlichkeit verbleibt[2011], ist die Einschränkung bzw. Versagung seines Bestätigungsvermerks[2012] – und dies wird in der Regel deutlich zeitverzögert im Vergleich zur Aufdeckung der Manipulation publik werden. Abgeleitet aus den vorstehenden Ausführungen wird daher an dieser Stelle die Ansicht vertreten, dass für Fälle von Manipulationen in der Rechnungslegung eine Aufweichung der Verschwiegenheitspflicht des Abschlussprüfers, z.B. gegenüber Polizei und Staatsanwaltschaft oder auch der DPR – die ihrerseits wiederum der Geheimhaltung unterliegen – sinnvoll ist. Aufgrund der Tatsache, dass diese genannten Parteien selbst nicht ohne Weiteres mit ihren Informationen an die Öffentlichkeit treten können, stellt eine derartige Berichterstattung des Abschlussprüfers keine unternehmensschädigende Maßnahme dar. Vielmehr kann ein solcher ‚direkter Draht' eine zusätzliche Abschreckungswirkung zum Begehen von Accounting Fraud entfalten. Außerdem könnte so auch der Tatsache entgegen gewirkt werden, dass viele Unternehmen den Tätern aus dem Kreis der Mitarbeiter zwar kündigen, von einer weiteren Strafverfolgung indes absehen, sofern die Öffentlichkeit nicht ohnehin schon Kenntnis über den Fall erlangt hat. Auf diese Weise hofft die Gesellschaft, einen aus dem Accounting Fraud resultierenden Imageschaden abwenden zu können[2013].

Da ein Prüfer grundsätzlich seine Aufmerksamkeit nicht immer auf alle Bereiche gleichermaßen richten und bei jeder Prüfung nur einen vergleichsweise kleinen Einblick in das Unternehmensgeschehen erlangen kann, ist er neben einer ausgeprägten Zusammenarbeit mit der Unternehmensleitung zudem auf eine möglichst enge *Kooperation* mit anderen Überwachungsinstan-

---

[2010] Schließlich ergriff die Leiterin der Internen Revision selbst die Initiative und informierte eigenständig den Vorsitzenden des Audit Committee von WorldCom. Vgl. hierzu die Ausführungen unter Gliederungspunkt 2.2.5.3, S. 54 ff.

[2011] Siehe zur Notwendigkeit der Einschaltung der Öffentlichkeit als Abschreckungsinstrument Fischer, Ulrich (Korruptionsbekämpfung 2007), S. 1001.

[2012] Vgl. zu Gründen für eine Einschränkung Castan, Edgar (Handelsgesetzbuch 2004), Rn. 9 und Rn. 40 f.

[2013] Vgl. Ditzel, Hans (Bewältigung 1997), S. 16; Windolph, Jürgen (Kriminalität 2002), S. 172.

zen wie z.B. der Internen Revision und dem Aufsichtsorgan angewiesen[2014]. Die Interne Revision kann bspw. bestimmte Prozesse während des gesamten Jahrs im Auge behalten und so möglicherweise besser Beweise für Manipulationen finden als ein externer Prüfer, der einen Prozess nur während eines begrenzten Zeitraums untersucht.

Die Gefahr von Accounting Fraud verändert die Prüfungsdurchführung an sich in der Form, dass ein externer Prüfer *spezielle Prüfungshandlungen* zur Erkennung von Fraud-Risiken durchführen muss. Zu diesen zählen bspw. die schon genannten ausführlichen Befragungen innerhalb des Unternehmens ebenso wie der Walk-Through des Rechnungslegungsprozesses. Darüber hinaus sind die an anderer Stelle[2015] thematisierten Risiken in Bezug auf das Management sowie den Aufsichtsrat ausführlich abzuprüfen und bei erhöhter Eintrittswahrscheinlichkeit detaillierte Analysen durchzuführen. Insbesondere ist in einem solchen Fall der Umfang der Einzelfallprüfungen deutlich auszudehnen, um das Prüfungsurteil auf möglichst sicherer Basis treffen zu können.

Der Abschlussprüfer muss die *Unternehmensleitung* mit seiner Risikoeinschätzung über die Unternehmenslage allgemein sowie über die Gefahr von Accounting Fraud im Speziellen konfrontieren. Zu seinen Prüfungspflichten gehört es auch, die im Lagebericht niedergelegte Einschätzung der Unternehmensleitung hinsichtlich der zukünftigen Chancen und Risiken bei der unternehmerischen Entwicklung zu beurteilen[2016]. Auch wenn die Lageberichterstattung im Chancen- und Risikobericht primär nicht auf mögliche Bilanzmanipulationen, sondern vielmehr auf die Geschäftsentwicklung in der Zukunft abstellt, lassen sich daraus für den externen Prüfer auf zweierlei Art Erkenntnisse gewinnen. Zum einen zeigt ihm die Beurteilung der (zukünftigen) Unternehmenslage durch das Management im Vergleich zu seiner eigenen Einschätzung, ob die Unternehmensleitung seiner Ansicht nach die Zukunft realistisch einschätzt. Je nach Ergebnis sollte dies auch die Beurteilung der Kompetenz des Managements durch den Abschlussprüfer und damit sein grundsätzliches Vertrauen in dessen Arbeit beeinflussen. Zum anderen ist für einen Abschlussprüfer die Reaktion des Führungsgremiums auf seine Risikoeinschätzung von Interesse. Divergieren nämlich die Risiko- und Chancenbeurteilung von Abschlussprüfer und Management und lässt sich Letzteres nicht durch die Argumentation des Prüfers von dessen Ansicht überzeugen, kann der Grund darin bestehen, dass die Unternehmensleitung das Risiko einer

---

[2014] Vgl. zur durch die Gefahr von Accounting Fraud veränderten Kooperation auch die Ausführungen unter Gliederungspunkt 6, S. 397 ff.
[2015] Vgl. hierzu die Ausführungen unter Gliederungspunkt 3.3.4, S. 295 ff.
[2016] Vgl. § 317 Abs. 2 Satz 2 HGB.

Falschbilanzierung – obwohl sie sich dessen bewusst ist – verschweigen möchte.

Die ausführliche Betrachtung möglicher Auswirkungen der Gefahr von Accounting Fraud auf die externe Jahresabschlussprüfung hat sowohl bezogen auf den neu gefassten IDW PS 210 im Speziellen[2017] als auch auf die allgemeiner gehaltene Betrachtung einzelner Aspekte des Prüfungsprozesses[2018] gezeigt, dass umfassende Veränderungen das tägliche Geschäft eines externen Abschlussprüfers prägen. Teilweise sind diese bereits gesetzlich oder privatrechtlich normiert. In anderen Fällen der angesprochenen Forderungen wird sich in der Zukunft zeigen müssen, ob diese ebenfalls einer Form der Regulierung zugeführt werden, ob sie ‚nur' als Best Practice Eingang in die Tätigkeit des Abschlussprüfers finden oder ob sie sich in der Praxis nicht durchsetzen können. Auch wenn aktuell in der Öffentlichkeit kaum über die Qualität der externen Jahresabschlussprüfung diskutiert wird, ist nicht auszuschließen, dass diese Diskussion wieder entflammt, sobald ein neuer Fall von Accounting Fraud bekannt wird. Dann wird der Ruf nach einer Verbesserung der Abschlussprüfung vermutlich wieder hörbar – und dabei spielt es keine Rolle, ob der nächste Bilanzskandal in Deutschland, im übrigen Europa oder weltweit auftritt.

4.4 Veränderte Aufgabenwahrnehmung durch die Interne Revision vor dem Hintergrund der Gefahr von Accounting Fraud

Nach der ausführlichen Betrachtung der Beeinflussung der externen Jahresabschlussprüfung durch die Gefahr von Accounting Fraud werden nachfolgend die Auswirkungen auf die Interne Revision näher untersucht. Dabei wird zunächst eine isolierte Betrachtung der unternehmensinternen Prüfungsinstanz vorgenommen, bevor an späterer Stelle auf die Bedeutung der Kooperation der externen und internen Prüfer eingegangen wird[2019].

Anders als der externe Abschlussprüfer konnte die Interne Revision schon in der Vergangenheit im Rahmen ihrer Tätigkeit leichter mit einem *Überraschungsmoment* spielen, d.h., nicht jede Prüfung wurde (lange im Voraus) angekündigt. Potenzielle unrechtmäßig handelnde Personen waren so nicht oder nur sehr schwer in der Lage, rechtzeitig vor Erscheinen der Internen Revision belastende Dokumente o.Ä. zu vernichten. Dass nunmehr in IDW PS 210 auch für eine Jahresabschlussprüfung die Nutzung des Überraschungseffekts vorgesehen ist, zeigt, welch große Bedeutung solchen Ad hoc-Einsätzen eingeräumt wird. In diesem Sinne sollte eine Interne Revision zukünftig verstärkt Prüfun-

---

[2017] Vgl. hierzu die Ausführungen unter Gliederungspunkt 4.3.2, S. 341 ff.
[2018] Vgl. hierzu die Ausführungen unter Gliederungspunkt 4.3.3, S. 347 ff.
[2019] Vgl. hierzu die Ausführungen unter Gliederungspunkt 4.5, S. 366 ff.

gen dieser Art in ihr Prüfprogramm aufnehmen. Als positiver Effekt daraus lässt sich nicht nur eine höhere Aufdeckungschance, sondern auch eine zusätzliche Präventionswirkung ableiten. Außerdem kann es zweckdienlich sein, Untersuchungen zunächst verdeckt ablaufen zu lassen, um so unbehelligt erste Informationen zu sammeln[2020].

Mit Ad hoc-Prüfungen kann die Interne Revision proaktiv und präventiv tätig sein und ist so ein fester Bestandteil eines unternehmensinternen Präventionsprogramms gegen Accounting Fraud. Die Auswahl der *präventiven Prüfungshandlungen* basiert vor allem auf Erfahrungswerten der Internen Revision aus der Vergangenheit, außerdem können sie sich aus der Beurteilung der Risikofaktoren und der Einschätzung der Wirksamkeit des internen Kontrollsystems ergeben. Beispiele für den Fokus solcher Tätigkeiten sind etwa die Gewinn- und Verlustrechnung, die Debitoren- bzw. Kreditorenbuchhaltung oder auch die Beschaffungsabteilung[2021].

Für jede Interne Revision ist es mit Blick auf die Gefahr von Accounting Fraud zwingend erforderlich, *typische unternehmensspezifische Risikofaktoren* zu identifizieren und diese regelmäßig zu überwachen[2022]. Zur Bestimmung der Risikofaktoren sollte jeder interne Prüfer mit seinen bei seiner täglichen Arbeit gewonnenen Kenntnissen und Erfahrungen beitragen. Außerdem können in Gesprächen mit den Verantwortlichen für einzelne Bereiche wie etwa Rechnungswesen, Compliance, Controlling, Risikomanagement oder auch Rechtsabteilung Meinungen über das aktuelle Risikopotenzial eingeholt werden. Zusätzlich zur ‚normalen' Risikobetrachtung durch die Interne Revision ist die Erstellung eines speziell auf mögliche Manipulationen in der Rechnungslegung ausgerichteten Risikoprofils, welches ständiger Kontrolle durch die Prüfer unterliegt, zu empfehlen. Bei der Überwachung dieser Risikofaktoren, die eine sehr gute Möglichkeit zur Kooperation mit dem externen Prüfer darstellt[2023], kann die Interne Revision zudem versuchen, verdeckt vorzugehen, um so weniger Aufmerksamkeit zu erregen und möglicherweise authentischere Ergebnisse zu erzielen.

Es bietet sich an, dass die Interne Revision einige Mitarbeiter speziell mit der Accounting Fraud-Prävention betraut. Natürlich müssen alle internen Re-

---

[2020] Vgl. Barthel, Michael/Schielin, Herbert (Dolose Handlungen 2001), S. 181; John, Dieter/Bäcker, Ingo (Unternehmensreputation 2003), S. 448. Vgl. zu möglichen Prüfungsaktivitäten bei verdeckten Untersuchungen Barthel, Michael/Schielin, Herbert (Dolose Handlungen 2002), S. 202.
[2021] Vgl. zu diesen und weiteren Beispielen Kagermann, Henning/Küting, Karlheinz/Weber, Claus-Peter (Hrsg.) (Revisions-Handbuch 2006), S. 617.
[2022] Vgl. Wicher, Boris (Prävention 2007), S. 59.
[2023] Vgl. hierzu die Ausführungen unter Gliederungspunkt 4.5, S. 366 ff.

visoren bei ihrer Tätigkeit auf Manipulationen achten, die Einrichtung eines separaten Teams bietet allerdings den Vorteil, dass alle Informationen zentral an einer Stelle gesammelt werden und sich jeder einzelne Mitarbeiter der Internen Revision dort über bestehende Risiken und eingeleitete Maßnahmen informieren kann und dies auch regelmäßig tun muss. Die Schaffung eines speziellen *Accounting Fraud-Teams*, dem in jedem Fall der Leiter der Internen Revision angehören sollte, sollte im Interesse der Unternehmensleitung liegen und von dieser unterstützt werden. Neben der Koordination der Accounting Fraud-Überwachung des Unternehmens aus Sicht der Internen Revision obliegt diesem Team das Abhalten regelmäßiger Besprechungen mit den einzelnen Abteilungsleitern, um auf diese Weise Informationen über Risiken, eingeleitete Maßnahmen und ihren Erfolg sowie über mögliche Verdachtsfälle zu erhalten.

Ein besonderes Augenmerk bei der Risikoüberwachung ist auf das *interne Kontrollsystem* zu richten. Treten dort Schwachstellen auf, die einen Einfluss auf den Prozess der Erstellung der Rechnungslegung haben (können), ist erhöhte Vorsicht geboten. Hier sollte die Interne Revision nicht nur insgesamt dessen Angemessenheit und Wirksamkeit prüfen, sondern zusätzlich auch in regelmäßigen Abständen den – anhand der Dokumentation nachvollziehbaren – Soll-Zustand im Detail mit dem Ist-Zustand abgleichen. Für eine solche Prüfung einzelner oder mehrerer Kontrollschritte bieten sich Ad hoc-Prüfungen an. So lassen sich insbesondere bei einem Mitwirken von Mitgliedern der Unternehmensleitung von diesen ausgeschaltete interne Kontrollen leichter erkennen. Denkbar ist auch, dass die Interne Revision ohne Vorankündigung – z.B. bei besonders bedeutsamen Geschäftsvorfällen – einen kompletten Walk-Through durchführt.

Unmittelbar einleuchtend ist, dass für den Umgang mit der Gefahr von Accounting Fraud jederzeit ein *flexibles Handeln* möglich sein muss. Dies bedeutet nicht nur, dass bei der jährlichen Prüfungsplanung[2024] Raum gelassen werden muss für plötzlich notwendige Sonderprüfungen, sondern auch dass bei einer ohnehin schon auf Manipulationen in der Rechnungslegung fokussierenden Prüfung jederzeit Anpassungen in der Vorgehensweise erforderlich werden können. In diesem Sinne darf das Prüfprogramm niemals starr, sondern es muss bei Bedarf unmittelbar flexibel veränderbar sein. Das Risiko von Accounting Fraud bringt eine große Unsicherheitskomponente in den prüferischen Alltag hinein. Aus diesem Grund muss die Interne Revision verstärkt darauf eingehen, um erfolgreich tätig sein zu können. Der Prüfungsprozess darf nicht immer gleich ablaufen. Dies würde zum einen die Gefahr bergen,

---

[2024] Vgl. hierzu die Ausführungen unter Gliederungspunkt 3.2.5.3.2, S. 215 ff.

dass Täter sich darauf einstellen und somit ihre Handlungen besser verdecken können, zum anderen würde dies dazu führen, dass bei einem erhöhten Risikopotenzial oder bei Verdacht auf oder der Entdeckung von Manipulationen keine zügige Reaktion möglich wäre.

Wie der externe Abschlussprüfer muss sich auch die Interne Revision noch stärker der Wissenserlangung aus der *Befragung* von Mitarbeitern des eigenen Unternehmens zuwenden. Gespräche in einer vertraulichen Atmosphäre können dazu beitragen, dass ein Prüfer wichtige Details aus dem Arbeitsablauf in dem betrachteten Unternehmensfeld erfährt. Solche Interviews müssen detailliert und gezielt vorbereitet werden, da die für jede spezielle Situation richtigen Fragen – abgestimmt auf die zu interviewende Person – vom gesamten Prüfteam zu erarbeiten sind. Hier kommt es insbesondere auf hohe Erfahrungswerte der Internen Revision an sowie auf die Fähigkeit, Gespräche über sensible Themen zielführend zu lenken[2025]. Für jede Prüfung sind die zu befragenden Personen neu auszuwählen, dabei spielen z.B. ihre Aufgabe an sich, deren Bedeutung für den Arbeitsprozess, der Schwierigkeitsgrad der ausgeübten Tätigkeit sowie die Dauer der Unternehmenszugehörigkeit des Mitarbeiters eine Rolle. Für jede Befragung wird ein separater Fragenkatalog sorgfältig vorbereitet. Beherrscht ein interner Revisor die Kunst der Interviewführung bei Kollegen, so stellt dies ein sehr wichtiges Hilfsmittel bei der Wahrnehmung seiner unternehmerischen Prüfungs- und Überwachungsaufgabe allgemein dar und leistet im Speziellen einen großen Beitrag zum effektiven Umgang mit der Gefahr von Accounting Fraud. Jeder interne Prüfer sollte sich also um die Entwicklung gut ausgebildeter Interview-Fertigkeiten bemühen. Solche Befragungen werden zukünftig einen noch wichtigeren Stellenwert in der Tätigkeit einer Internen Revision einnehmen.

Bei allen Prüfungen muss der Accounting Fraud-Aspekt berücksichtigt werden. Nur wenn die davon ausgehende Gefahr jederzeit ernst genommen wird, ist eine Verminderung des Risikos seines Eintritts zu erreichen. Dabei kommt es auf eine gute, d.h. offene und effektive *Zusammenarbeit zwischen der Unternehmensleitung und der Internen Revision* an, falls nicht der Verdacht oder die Gewissheit besteht, dass das Management selbst in die Rechnungslegungsmanipulationen verwickelt ist. Wichtig ist in diesem Zusammenhang insbesondere eine Abstimmung bezüglich der Einschätzung der Risikosituation. Hat sich aus Sicht der Unternehmensleitung bspw. ein Risikofaktor erhöht, muss sie dies unverzüglich der Internen Revision mitteilen. Gleichzeitig besteht im umgekehrten Fall eine Informationspflicht für die Interne Revision. Es empfiehlt sich, die Zahl regelmäßiger Meetings zwischen Manage-

---

[2025] Vgl. Hall, John J. (Interviewing 2005), S. 61 ff.

ment und Revisionsabteilung zu erhöhen. An Besprechungen zum Thema Accounting Fraud sollte seitens der Internen Revision das speziell geschaffene Accounting Fraud-Team teilnehmen, da dort alle Informationen zentral gesammelt und koordiniert werden.

Sind tatsächlich Manipulationen in der Rechnungslegung vorgenommen und entdeckt worden, müssen diese falschen Angaben in der *Rechnungslegung korrigiert* werden. Gleiches gilt für aufgedeckte Schwachstellen im internen Kontrollsystem, die es schnellstmöglich zu beseitigen gilt. In jedem dieser Fälle sollte die Interne Revision die Umsetzung der entsprechenden Maßnahmen prüferisch begleiten, um neue Fehler zu vermeiden. Außerdem sollte sie in angemessenem zeitlichem Abstand eine Nachprüfung durchführen[2026]. Insbesondere bei Neuerungen im internen Kontrollsystem sollten in regelmäßigen Abständen überprüft werden. So kann untersucht werden, ob die entsprechenden Kontrollen nun tatsächlich wirksam sind, oder ob sie zwar installiert, aber nach kurzer Zeit durch im Unternehmen verbliebene und bisher unentdeckte Mittäter wieder ausgeschaltet wurden, so dass es weiterhin zu Manipulationen in der Rechnungslegung kommt.

Als ein wirksames Mittel zur Verhinderung von Straftaten wird allgemein die Erzeugung von *Abschreckungspotenzial* gesehen. In diesem Kontext ist auf den von den gesetzlichen Vertretern einer Kapitalgesellschaft zu leistenden Bilanzeid[2027] ebenso wie auf die im SOX normierte Verpflichtung zur Unterzeichnung der Finanzberichterstattung durch CEO und CFO[2028] hinzuweisen. Die nationale wie internationale Normierung einer solchen Unterschriftenregelung zeigt, dass die Gesetzgeber diese als eine wichtige Maßnahme erachten. In diesem Sinne sollte die Interne Revision von der Unternehmensleitung dazu ermächtigt werden, von den einzelnen Abteilungsleitern – mit Blick auf Accounting Fraud insbesondere von denen, die mit ihrem Verantwortungsbereich die Rechnungslegung und damit die Richtigkeit des Jahresabschlusses beeinflussen – eine schriftliche Bestätigung über die Ordnungsmäßigkeit ihrer die Rechnungslegung betreffenden Angaben zu verlangen. Eine solche Unterschrift, die bei falschem Zeugnis mit angemessenen Sanktionen belegt sein muss, schreckt möglicherweise potenzielle Täter ab, weil ihnen dann eine Strafe nicht nur aufgrund ihres unrechtmäßigen Handelns, sondern zusätzlich wegen der Abgabe einer falschen Erklärung droht. Zusätzlich kann es Abteilungsverantwortliche dazu veranlassen, die Qualitätssicherung in der eigenen Abteilung auf hohem Niveau zu halten. Die Erfahrungen mit dem SOX haben

---

[2026] Vgl. zur Nachprüfung der Internen Revision die Ausführungen unter Gliederungspunkt 3.2.5.3.6.3, S. 234 ff.
[2027] Vgl. hierzu die Ausführungen unter Gliederungspunkt 3.3.3.2.4, S. 271 ff.
[2028] Vgl. hierzu die Ausführungen unter Gliederungspunkt 2.3.2.2, S. 85 ff.

gezeigt, dass die Unterzeichnenden sich der Bedeutung ihrer Unterschrift durchaus bewusst sind und sich bspw. unter Zuhilfenahme der Internen Revision zusätzlich absichern möchten[2029]. Es stellt sich also die Frage, warum dieses als positiv für die Integrität der Unternehmensleitung erachtete Absicherungsinstrument nicht auch auf eine tiefer liegende Hierarchieebene wie etwa den Bereich der Abteilungsverantwortlichen übertragen werden kann. So wird nämlich auch derjenige, der mit seiner Unterschrift für die Ordnungsmäßigkeit seiner Abteilung in Bezug auf die rechnungslegungsrelevanten Angaben einzustehen hat, darauf achten, dass ihm hieraus kein besonderes Risiko erwächst, und selbst dafür Sorge tragen, dass keine Manipulationen auftreten. Außerdem fördert eine solche Regelung den proaktiven Umgang mit Verdachtsfällen.

Als möglicher Hinweis auf die Beteiligung an Accounting Fraud gilt eine *Veränderung der Persönlichkeit* einzelner Mitarbeiter. Insbesondere Top-Management Fraud könnte damit einhergehen, dass sich hochrangige Manager plötzlich und zunächst ohne ersichtlichen Grund verändern. Dies kann sich als Wandel im Stil der Lebensführung[2030] ebenso äußern wie in einer Person, die zunehmend nervös und stark unter Stress stehend wirkt. Denkbar ist auch, dass sich das Engagement in Bezug auf das Risikomanagement und die Einstellung gegenüber der Gefahr von Accounting Fraud negativ entwickeln. Ein anderer möglicher Hinweis wäre, dass enge Beziehungen zwischen einzelnen Mitgliedern der Unternehmensleitung oder auch im Verhältnis zu Mitarbeitern der Gesellschaft geknüpft werden, die vorher noch nicht bestanden haben. Eine derartige Veränderung bei einer Person stellt natürlich nicht zwingend einen Hinweis darauf dar, dass diese in einen Accounting Fraud-Fall verwickelt ist. Es sollte aber Vorsicht geboten sein. Da die Interne Revision ein gutes Verhältnis und regelmäßigen Kontakt zur Unternehmensleitung haben sollte, wird sie einer solchen Veränderung eher gewahr als bspw. der externe Prüfer. Wie damit umzugehen ist, hängt vom Einzelfall und der insgesamt zu diesem Zeitpunkt im Unternehmen herrschenden Risikosituation ab.

Eine Beurteilung der Gesamtstimmung innerhalb eines Unternehmens leistet ebenfalls einen wichtigen Beitrag für den Umgang mit Accounting Fraud. Um die aktuelle *Stimmungslage* zu erfahren, kann die Interne Revision von ihren Kontakten in allen Unternehmensbereichen profitieren, sie übernimmt damit quasi die Rolle eines Seismographen innerhalb der Gesellschaft. I.S.d. angestrebten Ziels einer in allen Belangen ordnungsmäßig agierenden Gesell-

---

[2029] Vgl. Kagermann, Henning/Küting, Karlheinz/Weber, Claus-Peter (Hrsg.) (Revisions-Handbuch 2006), S. 628 ff.

[2030] Vgl. Odenthal, Roger (Wirtschaftskriminelle Handlungen 1997), S. 311. Vgl. hierzu auch den Fall FlowTex unter Gliederungspunkt 2.2.5.6, S. 63 ff.

schaft sollte die Interne Revision die Gründe für besondere Miss- oder Hochstimmungen, die über einen ungewöhnlich langen Zeitraum anhalten, in Erfahrung bringen. Es ist nicht auszuschließen, dass diese durch besonderen Druck, der von einer höheren Hierarchieebene ausgeübt wird, verursacht werden, wenn z.B. Mitarbeiter eine Manipulation vermuten, ihnen jedoch verboten wird, ihren Verdacht den zuständigen Stellen innerhalb des Unternehmens zu melden.

Der *SOX* enthält eine Reihe von Regelungen, welche u.a. auf die Bekämpfung von Accounting Fraud ausgerichtet sind. Hat eine deutsche Gesellschaft diese Regelungen zu befolgen[2031] oder tut sie dies freiwillig, ist sie im Bereich der Accounting Fraud-Prävention bereits gut aufgestellt. Vor diesem Hintergrund hat eine Interne Revision zusammen mit der Unternehmensleitung darauf hinzuwirken, dass den Vorgaben des SOX in allen Bereichen mindestens entsprochen wird. Dabei kommt ihr zugute, dass sie ohnehin vielfach als Unterstützung des Managements zur Sicherstellung der SOX-Compliance eingesetzt wird[2032]. Für die Gesellschaften, die grundsätzlich nicht den Anforderungen des SOX unterliegen, sollten Teile oder alle der auf die Gefahr durch Bilanzmanipulationen Bezug nehmenden Regelungen i.S.e. Benchmark übernommen werden. So ist gewährleistet, dass der Schutz vor Manipulationen sich auf einem sehr hohen Niveau bewegt und für einzelne Bereiche zuständige Personen noch mehr in die Verantwortung genommen werden. Gesellschaften, für die die SOX-Regelungen nicht verbindlich sind, sollten ggf. zusätzlich daran angelehnte eigene Verhaltensnormen festlegen. Der Internen Revision ist hierbei ob ihrer Vernetzung im gesamten Unternehmen eine wichtige Rolle bei der Einführung und Durchsetzung dieser Regelungen zu übertragen.

Ein zentraler Bestandteil in der Accounting Fraud-Prävention ist die Einführung eines *Verhaltenskodex*, der von jedem Mitarbeiter unterzeichnet werden muss. An der Erarbeitung dieses Kodex sollte die Interne Revision maßgeblich beteiligt sein. Zu ihren Aufgaben gehört es weiterhin, regelmäßig dazu beizutragen, die Bekanntheit der Kodexinhalte im gesamten Unternehmen zu überwachen. Hierzu zählt auch, dass bei Bedarf Schulungsmaßnahmen – nicht nur für neue Mitarbeiter – durchgeführt werden. Treten Fragen zu einzelnen Bestandteilen des Kodex auf, muss die Interne Revision in der Lage sein, diese zu beantworten. Insbesondere hinsichtlich der Einhaltung des Verhaltenkodex spielt das interne Prüfungsorgan eine wichtige Rolle und muss dabei eng mit der Compliance-Abteilung zusammenarbeiten. Mit seiner Unterzeichnung soll

---

[2031] Vgl. zu den Voraussetzungen die Ausführungen unter Gliederungspunkt 2.3.1, S. 74 ff.
[2032] Dies ist bspw. bei der SAP AG der Fall; vgl. hierzu Kagermann, Henning/Küting, Karlheinz/Weber, Claus-Peter (Hrsg.) (Revisions-Handbuch 2006), S. 622 ff.

jeder Mitarbeiter u.a. anerkennen, dass er niemals selbst Verstöße begehen wird und dass er erhaltene Hinweise auf solche Fälle oder eigene diesbezügliche Beobachtungen unmittelbar den dafür zuständigen Gremien innerhalb des Unternehmens mitteilt. Ein solcher persönlich unterzeichneter Verhaltenskodex schafft für die Accounting Fraud-Bekämpfung innerhalb des Unternehmens einen neuen Maßstab der Verbindlichkeit. Als maßgeblich dafür zuständiges Organ innerhalb des Unternehmens steigert dies einmal mehr die Verantwortung der Internen Revision und hebt ihre Position deutlich hervor. Bei Verstößen gegen Regelungen des Kodex müssen angemessene Sanktionen drohen, die zusammen mit dem Verhaltenskodex im Unternehmen publik zu machen sind. Nachzudenken ist hier z.B. über die Einführung einer Geldstrafe, denn ein Verlust privaten Vermögens stellt für jeden Mitarbeiter eine gewisse Abschreckung dar. Je empfindlicher das Strafmaß ist, desto größer ist die damit verbundene Präventionswirkung[2033].

Sind in der Vergangenheit im Unternehmen Schwachstellen im internen *Kontrollsystem* bekannt geworden oder gar Unregelmäßigkeiten aufgetreten, gilt es, bestehende interne Regeln zu verändern oder zusätzlich neue Verhaltensmaßstäbe und Prozessabläufe zu konzipieren. In diesem Zusammenhang kommt der Internen Revision eine bedeutungsvolle Aufgabe zu, wenn sie bei der Erarbeitung neuer Vorschriften und Ablaufdiagramme ihr Wissen und ihre Gesamtübersicht über das Unternehmen einbringt. Auch wenn die Optimierung des internen Kontrollsystems primär der Unternehmensleitung im Rahmen der Erfüllung ihrer Sorgfaltspflicht obliegt, sollte die Interne Revision hier maßgeblich eingebunden sein. So ist gewährleistet, dass möglichst viele Informationen aus dem Erfahrungsschatz der Internen Revision tatsächlich bei einer Umgestaltung der unternehmerischen Überwachung Berücksichtigung finden. Sollte das oberste Management selbst in irgendeiner Form absichtlich an einer Schwächung des internen Kontrollsystems beteiligt sein, ist die Tätigkeit der Internen Revision bei der Veränderung interner Regelungen umso mehr von Bedeutung, da ein solches Management sicherlich nicht darauf bedacht ist, die bestmöglichen Schutzmechanismen einzurichten.

Wurde die Rechnungslegung eines Unternehmens tatsächlich manipuliert und wird diese Bilanzfälschung entdeckt, stellt sich die Frage, wie mit einer solchen Situation umzugehen ist. Je nach Perspektive betrifft dies unterschiedliche Formen der *Reaktion*. Kommt es z.B. durch einen ‚normalen' Mitarbeiter zur Aufdeckung der Tat, ist zu fragen, welche Maßnahmen dieser ergreifen soll. Dies ist von umso größerer Wichtigkeit, falls er von Kollegen dazu aufgefordert wird, sein Wissen für sich zu behalten. Für die Unternehmensleitung

---

[2033] Vgl. Odenthal, Roger (Mitarbeiterkriminalität 2005), S. 230.

ist die Situation ebenfalls schwierig – vorausgesetzt, sie war in die Fälle nicht verwickelt. Sie muss plötzlich mit einer neuen Situation umgehen, und zwar sowohl innerhalb des Unternehmens als auch die Kommunikation nach außen betreffend. Intern geht es darum, alle Täter zu ermitteln und die erforderlichen Maßnahmen zur Strafverfolgung einzuleiten sowie gleichzeitig dafür zu sorgen, dass der gesamten Situation ruhig und besonnen begegnet wird. Aufkommende Hektik und nicht durchdachte Entscheidungen richten möglicherweise noch mehr Schaden an, als ohnehin schon eingetreten ist. Außerhalb des Unternehmens kann die Aufregung groß sein, sofern der Fall an die Öffentlichkeit gelangt ist. Hier liegt es am Top-Management, Ruhe zu bewahren, Geschlossenheit zu demonstrieren und eine Strategie zur Problembewältigung zu entwickeln.

Je nachdem, welche Perspektive betrachtet wird, kommt auch der Internen Revision in diesem Zusammenhang eine wechselnde Aufgabe zu. Bezogen auf die erstgenannte Situation ist es wichtig, dass der Mitarbeiter weiß, an wen er sich wenden kann. Daher muss die Interne Revision regelmäßig auf ein bestehendes Whistleblowing-System hinweisen und sicherstellen, dass seine Wirkungsweise allen Mitarbeitern bekannt ist. Insgesamt sollen immer wieder Schulungsmaßnahmen zur Bewältigung von Konfliktsituationen durchgeführt werden, damit im Schadensfall keine Unsicherheit herrscht. Jeder Mitarbeiter muss wissen, dass er durch den Verhaltenskodex dazu verpflichtet ist, seine Informationen über Unregelmäßigkeiten weiterzugeben. Das (anonyme) Meldewesen muss bekannt und vertrauenswürdig sein. Die Schaffung einer in diesem Sinne ‚angenehmen' Atmosphäre ist eine wichtige Aufgabe der Internen Revision, deren Erfolg maßgeblich die Gefahr eines Schadens durch Accounting Fraud mitbestimmt. Solche Schulungsmaßnahmen sollen auch die Erläuterung typischer Risikofaktoren umfassen, damit jeder Einzelne weiß, worauf zu achten ist. Dies trägt dazu bei, dass Hinweise mitunter bereits früher erkannt werden und somit möglicherweise ein Schaden durch Bilanzmanipulation verhindert oder zumindest reduziert werden kann.

Bezogen auf die zweite Perspektive, d.h. den Umgang der Unternehmensleitung mit der neuen Situation, muss die Interne Revision insbesondere eine Unterstützungsfunktion wahrnehmen. Hierfür lassen sich keine Schulungen durchführen, in denen man den Umgang mit solchen Entwicklungen trainieren kann. Vielmehr kommt es bei der Krisenbewältigung darauf an, dass das Management nach außen hin ein einheitliches Bild vermittelt und der Öffentlichkeit zeigt, dass es ehrlich um eine Lösung des Problems kämpft. An dieser Stelle kann die Interne Revision insbesondere als Mittler zwischen den betroffenen Abteilungen und dem Management agieren. Insgesamt sollte sie – zumindest intern – eine sehr aktive Rolle übernehmen und von sich aus in Abstimmung mit der Unternehmensleitung Maßnahmen zur Bewältigung der Situation einleiten und durchführen.

Die Interne Revision muss sich bei ihrer täglichen Arbeit im Unternehmen umstellen, um der Gefahr von Accounting Fraud angemessen zu begegnen. Dabei hat sie die Gratwanderung zu bewältigen, grundsätzlich misstrauisch zu sein, andererseits aber trotzdem das Vertrauen aller Mitarbeiter des Unternehmens zu gewinnen und zu bewahren. Zu einem internen Prüfer wird sich immer ein anderes persönliches Verhältnis aufbauen als zu einem externen Prüfer. Diesen Trumpf muss die Interne Revision für sich zu nutzen wissen – nicht um in einen Konkurrenzkampf mit dem Abschlussprüfer zu treten, sondern um ihrerseits einen Beitrag im gemeinsamen Kampf gegen Accounting Fraud zu leisten.

Anders als im Bereich der externen Prüfung erfährt die Tätigkeit der Internen Revision keine gesetzliche Regelung. Insofern bedarf es zur Umsetzung des dargestellten Änderungsbedarfs nicht zwingend der Anpassung von Gesetzen. Vielmehr kann jedes Unternehmen selbst die dafür notwendigen Maßnahmen einleiten und es liegt insbesondere an der Unternehmensleitung und der Internen Revision selbst, wie schnell diese umgesetzt und damit zum Bestandteil der täglichen Prüfungsarbeit der internen Revisoren werden.

4.5 Veränderte Kooperationsformen zwischen den externen Jahresabschlussprüfern und der Internen Revision

Bereits mehrfach wurde die Notwendigkeit zur Kooperation zwischen externer und interner Prüfungsinstanz angesprochen, die durch das Risiko von Accounting Fraud noch verstärkt wird. Auch wenn vereinzelt an anderer Stelle der Ausführungen bereits veränderte Formen der Zusammenarbeit genannt wurden, soll dieser Thematik nun ein eigenständiges Kapitel gewidmet werden. Die Grundphilosophie beinhaltet, dass eine ständige sowie – unter Beachtung des Unabhängigkeitserfordernisses – möglichst enge und offen ausgestaltete Form der Zusammenarbeit zu wählen ist, welche eine solide Basis für die gemeinsamen Anstrengungen zur Vermeidung bzw. zeitnahen Aufdeckung von Accounting Fraud bildet. Aufbauend auf dem Konzept einer effektiven Kooperation lassen sich nach der hier vertretenen Ansicht die besten Erfolge erzielen.

Bei jeder Art von Aufdeckung oder Prävention von Straftaten spielt das *Maß der Überwachung* eine Rolle. Je mehr Bereiche überwacht werden, je detaillierter die entsprechenden Mechanismen ausgestaltet sind und je mehr eine Überwachung aus verschiedenen Perspektiven heraus betrieben wird, desto wirksamer ist das gesamte System. Je enger sich der Überwachungskreis[2034] zusammenzieht, desto mehr Druck wird auf die unrechtmäßig handelnden Personen ausgeübt. Potenzielle Täter können auf diese Art möglicherweise vom Begehen von Accounting Fraud abgehalten werden. Wurden Verstöße bereits durchgeführt, hilft ein engmaschiges Überwachungsnetz dabei, diese aufzudecken oder die Täter nervös werden zu lassen, so dass sie Fehler begehen und sich dadurch verraten. Mit Blick auf die Zusammenarbeit von externem Abschlussprüfer und Interner Revision ist zu empfehlen, dass beide ein gemeinsames Team einrichten, welches sich speziell mit Fragen von Accounting Fraud beschäftigt. Ziel soll es sein, dass die jeweiligen Risikoeinschätzungen einander präsentiert, als notwendig erachtete Prüfungshandlungen abgestimmt und gegenseitige Erkenntnisse ausgetauscht werden. Wichtig ist dabei, die Eigenständigkeit beider Prüfungsinstanzen nicht aufzugeben. Schlussendlich prüft jede Partei für sich alleine, darf sich nicht nur auf den jeweils anderen Partner verlassen und trägt die Alleinverantwortung für die Prüfungsergebnisse. Eine koordinierte Abstimmung dergestalt, dass auf dem Weg zur Prüfungsfeststellung nicht manche Objekte doppelt, andere Bereiche aber dafür überhaupt nicht betrachtet werden, scheint jedoch im Kampf gegen Accounting Fraud eine erfolgversprechende Maßnahme zu sein. So kann dem Aspekt Rechnung getragen werden, dass insbesondere im Zusammenhang mit Bilanzmanipulationen eine möglichst umfassende Abdeckung aller Risikobereiche gewährleistet sein soll. Da externer Abschlussprüfer und Interne Revision dies getrennt nicht vollständig leisten können, bietet sich mit einer verstärkten Kooperation eine hervorragende Lösungsmöglichkeit.

Die angesprochenen *Treffen zwischen Mitgliedern des Prüfteams des externen Abschlussprüfers und der Internen Revision*, die insbesondere der Prävention von Accounting Fraud dienen sollen, können nur einen wirksamen Beitrag zur Sicherung des Unternehmens leisten, wenn sie regelmäßig stattfinden. Vor allem bei großen Gesellschaften ist der externe Abschlussprüfer während des gesamten Jahrs im Haus, so dass Abstimmungsbesprechungen mit der Internen Revision organisatorisch relativ leicht einzubinden sein werden. Außer Zweifel steht, dass dabei die Unabhängigkeit beider Parteien jeweils gewahrt bleiben muss, so dass diese Anforderung die Grenzen der möglichen Kooperation bestimmt.

Beurteilen der externe Prüfer und die Interne Revision einen bestimmten Bereich als besonders risikobehaftet für Accounting Fraud, so ist es denkbar, dass dieser – jeweils ohne frühe Vorankündigung – nacheinander von beiden

---

[2034] Vgl. zur graphischen Darstellung des Überwachungskreises Abbildung 15, S. 335 und Abbildung 16, S. 399.

Prüfungsinstanzen untersucht wird, d.h., der externe Prüfer wird bspw. im Frühjahr tätig, die Interne Revision prüft erneut im Herbst. Eine solche Vorgehensweise stellt zum einen sicher, dass das Prüfungsthema aus zwei unterschiedlichen Blickwinkeln heraus betrachtet wird. Außerdem wird so (potenziellen) Tätern verdeutlicht, dass die Gefahr nicht unbekannt ist. Begangene Handlungen unterliegen damit – aus Sicht der Täter – der Gefahr, aufgedeckt zu werden, während gleichzeitig geplante Manipulationen möglicherweise aus Angst vor den überraschend stattfindenden Prüfungen nicht erst begangen werden. Auch auf diese Weise kann also eine effektive Kooperation zwischen externen und internen Prüfern abschreckend und gleichzeitig präventiv wirken.

Von großer Bedeutung ist die Zusammenarbeit beider Instanzen, wenn der Verdacht einer Bilanzmanipulation besteht und nun nach Indizien und Beweisen zu suchen ist, um diesen Verdacht zu belegen oder zu entkräften. Gemeinsam und aufgrund der unterschiedlichen Herangehensweisen kann es besser gelingen, mutmaßliche Täter zu überführen oder ihre Unschuld zu belegen. Dabei kann es zudem für die Wirkung im Unternehmen wichtig sein, wenn beide prüferischen Parteien geschlossen auftreten und in Absprache miteinander agieren. So wird allen Mitarbeitern demonstriert, dass Accounting Fraud nicht geduldet und intensiv bekämpft wird.

Ist ein Accounting Fraud-Fall tatsächlich eingetreten und gilt es nun, die falschen Angaben in der Rechnungslegung zu korrigieren, sollte dieser Prozess gemeinsam von dem externen Abschlussprüferteam und Mitarbeitern aus der Internen Revision begleitet werden. So lässt sich sicherstellen, dass mit ausreichender Sorgfalt gehandelt wird und zukünftig weitere Nachwirkungen des Accounting Fraud in der Rechnungslegung vermieden werden können. Externer Abschlussprüfer und Interne Revision können in diesem Fall gemeinsam den Verantwortlichen aus der Unternehmensleitung mit ihrem Wissen unterstützend zur Seite stehen.

Sowohl die Interne Revision als auch der externe Abschlussprüfer beurteilen im Rahmen ihrer Tätigkeit die Ausgestaltung und Wirksamkeit des *internen Kontrollsystems*. Obwohl jede Partei ihre Entscheidungen eigenverantwortlich zu treffen hat, bietet es sich bei diesem Themengebiet dennoch an, zu kooperieren. Dies kann bis hin zu einer gemeinsamen Prüfung einzelner Kontrollmaßnahmen führen. Bereits durch eine weniger intensiv ausgestaltete Form der Zusammenarbeit wie z.B. gemeinsame Besprechungen zur Wirkungsweise des Systems oder die Beurteilung eines von der Internen Revision entwickelten und als angemessen erscheinenden Soll-Profils durch den externen Abschlussprüfer kann ein wichtiger Schritt beim Umgang mit der Gefahr durch Accounting Fraud gelingen. In diesem Zusammenhang ist darauf Bezug zu nehmen, wie das Management mit Verbesserungsvorschlägen betreffend die Ausgestaltung des internen Kontrollsystems umgeht. Je nachdem, wie engagiert diese Vorschläge diskutiert und schließlich umgesetzt werden, lässt sich daraus ableiten, welche Bedeutung die Unternehmensleitung dem internen Kontrollsystem und seiner Wirksamkeit für das gesamte Unternehmen und die Problematik Accounting Fraud im Speziellen beimisst. Möglicherweise lässt sich auch hier über eine gemeinsam von Abschlussprüfer und Interner Revision vorgetragene Argumentation leichter das entsprechende Verständnis und die notwendige Sensibilität für dieses Thema erreichen.

Einige der eben angesprochenen Aspekte und Argumente waren bereits Gegenstand der isolierten Betrachtung von externer Abschlussprüfung[2035] und Interner Revision[2036] in den vorigen Kapiteln. Um Wiederholungen zu vermeiden, wurden sie daher an dieser Stelle in der gebotenen Kürze betrachtet. Insgesamt lässt sich anhand der Ausführungen deutlich erkennen, dass gerade mit Blick auf die Gefahr von Accounting Fraud die Bedeutung von Gemeinsamkeit und Kooperationen zugenommen hat. Dies wird einmal mehr offensichtlich, wenn an späterer Stelle zusätzlich auf Kooperationsmöglichkeiten unter Corporate Governance-Gesichtspunkten eingegangen wird[2037].

4.6 Einfluss auf zukünftige Aufträge der Prüfer

Erfahrungen mit Accounting Fraud beeinflussen die zukünftige (Ausrichtung der) Arbeit eines Prüfers. Bei einem externen Jahresabschlussprüfer können die bei einem Prüfungsmandat erworbenen Kenntnisse über dieses Mandat hinausgehend auch auf die Tätigkeit bei anderen zu prüfenden Unternehmen nachwirken. In jedem Fall wird jeder Prüfer, unabhängig davon ob er zur Internen Revision oder zum Team des externen Abschlussprüfers gehört, aus den Ereignissen lernen und daraus wichtige Schlüsse für seine zukünftige Arbeit ziehen können.

Die Notwendigkeit einer kritischen respektive skeptischen Grundhaltung eines Prüfers wurde bereits thematisiert. Es ist davon auszugehen, dass ein Prüfer, der bereits Erfahrungen mit Manipulationen in der Rechnungslegung gemacht hat, fortan mit diesem Thema noch sensibler umgehen wird als ein Prüfer, der noch nicht selbst mit einem solchen Fall konfrontiert wurde. Ähnliches gilt für jede weitere Prüfung in dem betroffenen Unternehmen. Unabhängig davon, ob es sich um dasselbe oder um ein anderes Prüfteam handelt, sollte dem Mandanten aufgrund der Erfahrungen aus der Vergangenheit – zu-

---

[2035] Vgl. hierzu die Ausführungen unter Gliederungspunkt 4.3, S. 340 ff.
[2036] Vgl. hierzu die Ausführungen unter Gliederungspunkt 4.4, S. 357 ff.
[2037] Vgl. hierzu die Ausführungen unter Gliederungspunkt 6, S. 397 ff.

mindest in der unmittelbar auf den Accounting Fraud-Fall folgenden Zeit – mit einer eher misstrauischen Einstellung begegnet werden. Zwar ist davon auszugehen, dass nach der Aufdeckung einer Bilanzmanipulation die Täter nicht mehr im Unternehmen arbeiten werden. Dennoch lässt sich nicht völlig ausschließen, dass ggf. nicht ermittelte Mittäter weiterhin unrechtmäßige Handlungen planen. Außerdem ist u.U. nicht klar, ob alle Schwachstellen im internen Kontrollsystem, die möglicherweise die Manipulationen erst ermöglicht haben, tatsächlich gefunden und beseitigt werden.

Jeder Fall von Accounting Fraud stellt eine *Unternehmenskrise* dar, die es zu meistern gilt. In erster Linie obliegt diese Aufgabe der Unternehmensführung, selbstverständlich wird sie dabei von anderen Abteilungen innerhalb der Gesellschaft unterstützt. Aus prüferischer Sicht müssen die zur Krisenbewältigung ergriffenen Maßnahmen des Managements beleuchtet und ihre Umsetzung beobachtet werden. Daraus lassen sich zum einen Rückschlüsse darauf ziehen, wie sehr sich die Unternehmensführung im Umgang mit dem Accounting Fraud-Problem engagiert, d.h., wie ernst sie diese Angelegenheit nimmt. Zum anderen beeinflussen die eingeleiteten Maßnahmen die von den internen und externen Prüfern gesetzten Prüfungsschwerpunkte. Die aufgrund von Bilanzfälschungen notwendig gewordenen Korrekturen sind sowohl durch den externen Abschlussprüfer als auch durch die Interne Revision prüferisch zu begleiten und zu überwachen. In diesem Zusammenhang ist darauf zu achten, dass erläuternde Informationen – etwa im Anhang und im Lagebericht– in ausreichendem und verständlichem Maße gegeben werden. Insofern zieht ein Accounting Fraud-Fall immer eine Anpassung der Prüfungsplanung für die Folgeperiode allgemein sowie des Prüfprogramms im Speziellen nach sich.

Interessant ist die Frage nach der *Zusammensetzung des zukünftigen Prüfteams*. Einerseits bietet nach aufgedecktem Accounting Fraud der Einsatz derselben Mitarbeiter, die auch vorher an der Prüfung beteiligt waren, die Möglichkeit, dass diese i.S.e. Vorher-Nachher-Beurteilung das Maß an Veränderungen direkter beurteilen können als neu hinzugestoßene Kollegen. Möglicherweise sind sie aufgrund der gemachten Erfahrungen schneller in der Lage, die wesentliche mit den Krisenbewältigungsmaßnahmen verfolgte Absicht zu erkennen und alle vom Accounting Fraud betroffenen Teilbereiche der Rechnungslegung und ihres Erstellungsprozesses zu identifizieren. Andererseits begegnen neue Teammitglieder, die mit dem betreffenden Mandat noch nicht vertraut sind, einem Sachverhalt unvoreingenommener als andere Kollegen. Insofern sollte insbesondere in der Zeit nach der Aufdeckung eines Accounting Fraud-Falls die Zusammensetzung des Prüfteams eine ausgewogene Mischung von mit der betreffenden Prüfung vertrauten einerseits und erstmalig dieser Prüfung zugeteilten Mitarbeitern andererseits widerspiegeln.

Zugleich ist darauf zu achten, dass die Mehrzahl der Mitglieder des Prüfteams über ausreichend lange Berufserfahrung verfügt. Die Ausführungen gelten sowohl für die externe Abschlussprüfung als auch für die Interne Revision.

Der externe Abschlussprüfer muss – anders als die zum Unternehmen gehörende Interne Revision – jährlich neu beauftragt werden. Empirische Erhebungen aus der jüngeren Vergangenheit haben gezeigt, dass zumeist regelmäßig derselbe Prüfer beauftragt wird und ein externer Prüferwechsel in Deutschland damit die Ausnahme darstellt[2038]. Ein aufgedeckter Fall von Top-Management Fraud könnte allerdings ein Grund dafür sein, dass ein Abschlussprüfer aus mangelndem Vertrauen dieses Mandat nicht weiter betreuen möchte und folglich den *Prüfungsauftrag* für die Folgeperiode *nicht mehr annimmt*. Außerdem ist es denkbar, dass das *Unternehmen nicht mehr mit dem Abschlussprüfer zusammenarbeiten möchte*, weil dieser den Accounting Fraud-Fall lange Zeit nicht entdeckt hat. Mit Blick auf das Verhältnis zwischen dem zu prüfenden Unternehmen und seinem Abschlussprüfer stellt ein solcher Vertrauensbruch und damit einhergehend die Beendigung der Mandatsbeziehung einen bedeutenden Schritt und eine große Beeinflussung zukünftiger Prüfungen dar. Es bleibt noch darauf hinzuweisen, dass der Internen Revision eine solche Konsequenz ob ihrer Unternehmenszugehörigkeit nicht möglich ist.

Es zeigt sich, dass Accounting Fraud immer einen Einfluss auf die zukünftigen Aufgaben eines Prüfers haben wird – und zwar unabhängig davon, ob die externe Jahresabschlussprüfung oder die Interne Revision betrachtet wird. Im Extremfall können aufgedeckte Bilanzmanipulationen sogar eine Mandatsbeendigung des externen Prüfers nach sich ziehen. I.S.e. ordnungsmäßigen Rechnungslegung als Ziel aller Bemühungen sollten alle Konsequenzen darauf ausgerichtet sein, dieses Ziel zu erreichen.

Ein Abstellen auf mögliche von Prüfern zu erbringende *Beratungsleistungen* eröffnet neben den dargestellten Auswirkungen weitere Betätigungsmöglichkeiten für Abschlussprüfer und interne Revisoren. Hierbei ist insbesondere auf das interne Kontrollsystem Bezug zu nehmen. Neben den bereits genannten unter Unabhängigkeitsaspekten zulässigen Unterstützungstätigkeiten können sowohl interne als auch externe Prüfer beratend, d.h. gestalterisch tätig werden und – u.U. gemeinsam – ein verbessertes Konzept für ein internes Kontrollsystem erarbeiten. Dies ist allerdings für als externe Abschlussprüfer der Gesellschaft bestellte Prüfer aufgrund der erforderlichen Trennung von Prüfung und Beratung zur Wahrung des Selbstprüfungsverbots nicht zuläs-

---

[2038] Vgl. Küting, Karlheinz/Reuter, Michael (Prüferwechsel 2007), S. 957 ff.; Petersen, Karl/Zwirner, Christian (Konzentrationsbefunde 2007), S. 1740 ff.

sig[2039]. Eine solche Aufgabe kann jedoch von Prüfern einer anderen Wirtschaftsprüfungsgesellschaft, die ausschließlich als Berater beauftragt sind, erfüllt werden. Auch die Interne Revision hat darauf zu achten, dass Kollegen, die eine solche Beratungsleistung erbringen, nicht dem das Ergebnis prüfenden Team angehören, um auf diese Weise ein Prüfen der eigenen Arbeit zu verhindern.

4.7 Kommunikation über Accounting Fraud

Kommunikation über Accounting Fraud setzt voraus, dass ein Schadensfall tatsächlich eingetreten ist. In diesem konkreten Sachverhalt geht es folglich nicht mehr um die Vermeidung von Accounting Fraud, sondern stattdessen um den Umgang mit der Krise. Von der Berichterstattung über ein betroffenes Unternehmen kann eine Präventionswirkung auf andere Unternehmen ausgehen.

Zur Beschreibung des Informationsflusses im Fall von Accounting Fraud existieren bereits Regelungen. Sowohl der externe Abschlussprüfer als auch die Interne Revision haben eine Reihe von internen und externen Berichtspflichten zu erfüllen. In erster Linie sind hierbei mit Blick auf die Jahresabschlussprüfung die in den §§ 321 f. HGB normierten Berichtselemente Prüfungsbericht und Bestätigungsvermerk zu nennen[2040]. Ob der fehlenden gesetzlichen Normierung entwickelt jede Interne Revision ein eigenes System für das unternehmensinterne Berichtswesen. Dabei ist zu unterscheiden, welche Hierarchieebene wie detailliert über Prüfungsergebnisse unterrichtet werden soll[2041].

Den Kommunikationsmöglichkeiten beider Prüfungsinstanzen sind durch die Verschwiegenheitspflicht Grenzen gesetzt. Diese gilt – sofern keine Entbindung durch die gesetzlichen Vertreter der Gesellschaft erfolgt ist – gegenüber allen fremden Dritten; sie besteht nicht gegenüber der Unternehmensleitung sowie anderen Organen des geprüften Unternehmens, sofern es sich dabei um Adressaten des Prüfungsberichts handelt[2042]. Die Reaktion der Öffentlichkeit ist ein wichtiger Faktor im Umgang mit Accounting Fraud. Eine sachliche Berichterstattung über die Ereignisse, die ausschließlich auf bewiesenen Fakten beruhen darf, sollte durchaus fester Bestandteil des Krisenbewältigungsprozesses sein. Nicht zuletzt das eigene Erscheinungsbild in der Öffentlichkeit kann für einen potenziellen Täter als Abschreckung dienen. Dabei können die

---

[2039] Vgl. zu dieser Frage auch die Angaben in Fußnote 223, S. 54.
[2040] Vgl. hierzu ausführlich die Ausführungen unter Gliederungspunkt 3.1.5.4.5, S. 186 ff.
[2041] Vgl. zum Berichtswesen der Internen Revision ausführlich die Ausführungen unter Gliederungspunkt 3.2.5.3.5, S. 227 ff.
[2042] Vgl. hierzu die Ausführungen unter Gliederungspunkt 4.3.3, S. 347 ff.

internen und externen Prüfungsinstanzen unter Wahrung der Verschwiegenheitspflichten Unterstützungsarbeit leisten.

Sofern das Top-Management bzw. das Aufsichtsorgan nicht in die kriminellen Machenschaften verstrickt sind, sollte eine solche Kommunikation der prüferischen Instanzen gemeinsam mit Unternehmensleitung und Aufsichtsrat erfolgen. Dies trüge auch dazu bei, in der Öffentlichkeit deutlich zu machen, dass das betroffene Unternehmen die Manipulationen keinesfalls gutheißt und dass alle gemeinsam an der Aufklärung der Fälle und einer Vermeidung von Wiederholungen in der Zukunft arbeiten. Negative Berichterstattung lässt sich im Zusammenhang mit Accounting Fraud ohnehin nicht vermeiden – insofern sollte die Chance genutzt werden, diese möglichst schnell ins Positive zu wenden und ein effektives und effizientes Krisenmanagement sowohl durchzuführen als auch dieses aktiv der Öffentlichkeit zu kommunizieren.

Am Kapitalmarkt notierte AG sind nach § 15 WpHG zur *Ad hoc-Publizität* verpflichtet[2043]. Diese betrifft Tatsachen, die eine Auswirkung auf die Einschätzung der Unternehmenslage durch Außenstehende haben können. Ein eingetretener Fall von Accounting Fraud gehört zu den Informationen, die im Rahmen einer solchen kurzfristigen Berichterstattung vermittelt werden müssen. Die Unternehmensleitung ist folglich dazu verpflichtet, unmittelbar nach Aufdeckung des Accounting Fraud ihrer Publizitätspflicht nachzukommen, so dass auf diese Weise grundsätzlich eine zeitnahe Information der Öffentlichkeit sichergestellt ist. Die Erfahrungen der Vergangenheit[2044] haben gezeigt, dass die Reaktionen des Kapitalmarkts wie z.B. ein Absinken des Aktienkurses oder Vertrauensschwund regelmäßig großen Einfluss auf die weitere Entwicklung des betroffenen Unternehmens genommen haben. Aus diesem Grund ist eine aktiv geführte Kommunikation mit der Öffentlichkeit von großer Bedeutung, um verloren gegangenes Vertrauen zurückzugewinnen.

Nicht immer ist einem Abschlussprüfer oder der Internen Revision auf Anhieb klar, ob ein Fehler in der Rechnungslegung auf einer Manipulation beruht. Besteht ein Verdacht, sollen spezielle Prüfungshandlungen dazu dienen, diese Vermutung entweder zu bestätigen oder sie zu widerlegen. In einem solchen Fall besteht einerseits die Möglichkeit zur Zusammenarbeit von Interner Revision und dem Team der externen Abschlussprüfung; diese Möglichkeit sollte in jedem Fall genutzt werden. Darüber hinaus gilt es andererseits zu überlegen, inwieweit auch andere externe Stellen in einer solchen Phase der

---

[2043] Vgl. zu dieser Vorschrift bspw. Kümpel, Siegfried/Veil, Rüdiger (Wertpapierhandelsgesetz 2006), S. 83 ff.; Fischer zu Cramburg, Ralf/Royé, Claudia (Insiderinformationen 2007), Rn. 1 ff.

[2044] Vgl. hierzu die Beschreibung einzelner Accounting Fraud-Fälle unter Gliederungspunkt 2.2.5, S. 49 ff.

Prüfung, die mit Blick auf den Accounting Fraud-Verdacht als Voruntersuchungsphase bezeichnet werden kann, hinzugezogen werden sollten. Zu denken wäre bspw. an speziell für einen solchen Fall ausgebildete Wirtschaftsdetektive, Mitarbeiter der Polizei oder der Staatsanwaltschaft[2045]. Weiterhin wäre bereits in einem solchen Stadium über die Zusammenarbeit mit der DPR nachzudenken. Gerade in dieser sensiblen Situation kommt es darauf an, mögliche Belege zur Erhärtung oder Widerlegung des Verdachts zu sichern und gleichzeitig zu verhindern, dass die Täter Beweismaterial manipulieren oder vernichten können. Eine Einschaltung der genannten außenstehenden Stellen sollte daher möglichst verdeckt erfolgen. Zu unterscheiden ist, ob das Top-Management unter dem Verdacht einer Beteiligung steht oder nicht und inwieweit das Aufsichtsorgan in den Fall eingebunden wird – zu empfehlen ist eine möglichst umfassende Einbindung. In jedem Fall ist mit einer solchen Vorgehensweise, die nach der hier vertretenen Ansicht einen großen Beitrag zur raschen Aufdeckung und Aufklärung von Manipulationsfällen leisten und damit auch eine gewisse Präventionswirkung mit sich bringen kann, erneut die Forderung nach einer Lockerung der Verschwiegenheitspflicht für die Prüfungsinstanzen in besonderen Fällen verbunden. Nicht zuletzt aufgrund der Tatsache, dass die genannten externen Institutionen ihrerseits selbst dem Gebot der Verschwiegenheit unterliegen und zur frühzeitigen Aufklärung der Fälle einen großen Beitrag leisten könnten, käme eine solche Regelung keinesfalls einer Preisgabe von Informationen an Dritte, die damit dem Unternehmen schaden könnten, gleich.

Notwendige Veränderungen zur Ausgestaltung der Kooperation erfordern in Deutschland *Aktivität* seitens des *Gesetzgebers*. Neben mit dem BilMoG-E geplanten Verschärfungen im Bereich der externen Abschlussprüfung[2046] könnten darüber hinaus andere gesetzliche Maßnahmen einen wirksamen Beitrag zur Reduzierung bzw. zeitnahen Aufdeckung von Accounting Fraud leisten. Als Empfehlung zu einer Gesetzesänderung ist insbesondere die Verschwiegenheitspflicht des Abschlussprüfers zu nennen[2047]. Diese sollte bei Accounting

---

[2045] Vgl. Salvenmoser, Steffen (Lösungswege 2007), S. 6; Meyer zu Lösebeck, Heiner (Unterschlagung 2002), Sp. 2455; Odenthal, Roger (Mitarbeiterkriminalität 2005), S. 234, der auf die in diesem Zusammenhang bestehenden juristischen Probleme bei der Verfolgung von Mitarbeiterkriminalität eingeht.
In den USA unternehmen AICPA und FBI gemeinsame Anstrengungen zur Bekämpfung von Accounting Fraud; vgl. Telberg, Rick (Joint Effort 2004), S. 53 ff.

[2046] Vgl. zu diesen bspw. Petersen, Karl/Zwirner, Christian (Abschlussprüfung 2008), S. 50 ff.; Petersen, Karl/Zwirner, Christian (Umbruch 2008), S. 27 ff.

[2047] Vgl. hierzu auch die Ausführungen unter Gliederungspunkt 4.3.3, S. 347 ff. Vgl. zu den derzeit noch geltenden strafrechtlichen Konsequenzen Quick, Reiner (Geheimhaltungspflicht 2004), S. 1490 ff.

Fraud für bestimmte Adressaten wie Polizei, Staatsanwaltschaft oder auch die DPR aufgehoben werden. Zum einen kann eine solche direkte Berichtslinie eine zusätzliche Abschreckung für mögliche Täter mit sich bringen, zum anderen wird auf diese Weise sichergestellt, dass es bei Top-Management Fraud der Unternehmensleitung nicht gelingt, den Vorfall insgesamt oder zumindest Details zu vertuschen. Außerdem ermöglicht eine solche Kooperation eine konstruktive Zusammenarbeit i.S.e. effizienten Aufklärung des Geschehenen.

Wie die Ausführungen belegen, stellt die Frage nach der richtigen Kommunikation im Umgang mit Accounting Fraud eine bedeutende Herausforderung dar. Es scheint durchaus eine Überlegung wert zu sein, inwiefern die aktuell bestehenden Regelungen ergänzt und/oder verändert werden können, um einerseits die Kommunikation mit der Öffentlichkeit zielgerichteter durchführen und steuern zu können. Andererseits wird es dem internen bzw. externen Prüfer vermutlich eine wichtige Hilfe im Umgang mit Bilanzmanipulationen – und dies gilt insbesondere bei Top-Management Fraud – sein, wenn er bestimmte unternehmensexterne Stellen zu Rate ziehen und sich damit qualifizierte Unterstützung holen könnte.

4.8 Zwischenfazit

Die Gefahr von Accounting Fraud beeinflusst die Aufgabenwahrnehmung von externer Jahresabschlussprüfung und Interner Revision umfassend. Zukünftig hängt der Erfolg der prüferischen Arbeit i.S.e. Vermeidung von Verstößen – dies wäre der bestmögliche Fall – oder zumindest ihrer zeitnahen Aufdeckung zu einem großen Teil von der Qualität der getroffenen Risikoeinschätzung ab. Je mehr Zusammenarbeit in diesem Bereich stattfindet, desto höher ist die Wahrscheinlichkeit, möglichst viele oder sogar alle Risikofaktoren zu ermitteln und diese hinsichtlich ihrer potenziellen Wirkung zutreffend einzuschätzen. Die Kooperation ist insbesondere zwischen den beiden betrachteten prüfenden Instanzen verstärkt auszuweiten[2048]; dies gilt darüber hinaus für die Ebene der Prüferung einerseits und der Corporate Governance-Elemente andererseits, wie im Folgenden noch zu zeigen sein wird[2049].

Während es im Bereich der externen Jahresabschlussprüfung einige gesetzliche Regelungen gibt, fehlen solche Normierungen mit Blick auf die Interne Revision völlig. Aus diesem Grund erscheint die Umsetzung der als notwendig erachteten Anpassungen zunächst für die Interne Revision einfacher, weil keine gesetzlichen Initiativen ergriffen werden müssen, sondern diese Aus-

---

[2048] Vgl. hierzu die Ausführungen unter Gliederungspunkt 4.5, S. 366 ff.
[2049] Vgl. hierzu die Ausführungen unter Gliederungspunkt 6, S. 397 ff.

fluss der unternehmerischen Sorgfaltspflicht sind. Auf den zweiten Blick zeigt sich jedoch, dass auch für die externe Prüfung die relevante Konkretisierung der Erfüllung ihrer gesetzlichen Aufgabe größtenteils mittels privatrechtlicher Verlautbarungen wie z.B. den Prüfungsstandards des IDW geschieht. Genauso wie die Revisionsstandards des IIR sollten diese unkomplizierter an die neuen Herausforderungen angepasst werden können, als dies bei gesetzlichen Regelungen der Fall ist.

Die vorstehend genannten Vorschläge zu einer veränderten Aufgabendefinition von externer Prüfung und Interner Revision verstehen sich nicht als abschließende Aufzählung. Sie stellen vielmehr das Ergebnis umfassender Abwägungen der derzeitigen Situation verglichen mit der potenziellen Bedrohung durch Accounting Fraud dar. Weitere Neuentwicklungen sind damit nicht ausgeschlossen. Das bei einer Umsetzung der Forderungen entstehende Mehr an zu leistenden Tätigkeiten und zu übernehmender Verantwortung wird als notwendig erachtet und sollte kein Hindernis bei der Bekämpfung von Accounting Fraud darstellen.

5 Beeinflussung der Corporate Governance im Unternehmen durch die Gefahr von Accounting Fraud

5.1 Vorbemerkungen

Bei einer Beurteilung der Gefahr durch Accounting Fraud im Unternehmen sind bei den hier zu betrachtenden Corporate Governance-Elementen Unternehmensleitung und Aufsichtsorgan grundsätzlich zwei unterschiedliche Perspektiven zu berücksichtigen. Zum einen besteht die Möglichkeit, dass beide Gremien nichts von den begangenen Manipulationen gewusst haben, zum anderen kann es sein, dass – und dies betrifft im Besonderen den Vorstand – eine Verstrickung in die unrechtmäßigen Handlungen vorliegt. Die persönlichen Konsequenzen für die jeweils Beteiligten sind leicht zu umschreiben: Die betroffenen Personen sind aus dem Unternehmen zu entfernen und entsprechende Sanktionen müssen eingeleitet werden – dies gilt auch für in Bilanzmanipulationen verwickelte Vorstands- und Aufsichtsratsmitglieder.

Wesentlich interessanter ist hingegen die Frage, inwieweit ein am Geschehen unbeteiligter Vorstand bzw. Aufsichtsrat einen wirksamen Beitrag zur Vermeidung oder zur Aufdeckung und dem anschließenden Umgang mit Accounting Fraud leisten kann. Hierfür unterscheiden die nachfolgenden Ausführungen zunächst zwischen der Präventions- und der Reaktionsphase, jeweils getrennt betrachtet aus Sicht der Unternehmensleitung und des Aufsichtsrats[2050]. Daran anschließend wird untersucht, ob ebenso wie im Bereich der externen und internen Prüfung einer funktionierenden Kooperation zwischen Vorstand und Aufsichtsrat eine hohe Relevanz zukommt[2051]. Schließlich erfolgt eine Verknüpfung aller bis dahin betrachteten Verantwortungsträger[2052].

5.2 Präventive Maßnahmen zur Vermeidung von Accounting Fraud
5.2.1 Möglichkeiten aus Sicht der Unternehmensleitung

Dem Vorstand obliegt im Rahmen seiner Unternehmensleitungsfunktion die wichtige Aufgabe der Einrichtung von sowie die *Verantwortung für die Funk-*

[2050] Vgl. hierzu die Ausführungen unter Gliederungspunkt 5.2, S. 377 ff. und Gliederungspunkt 5.3, S. 389 ff.
[2051] Vgl. hierzu die Ausführungen unter Gliederungspunkt 5.4, S. 393 ff.
[2052] Vgl. hierzu die Ausführungen unter Gliederungspunkt 6, S. 397 ff.

tionstüchtigkeit der internen Kontrollen[2053]. Begründet durch die Gefahr, dass Manipulationen in der Rechnungslegung des Unternehmens vorgenommen werden und dadurch sowohl ein wirtschaftlicher Schaden als auch eine Beschädigung des Images der Gesellschaft drohen, steigt die Bedeutung eines wirksamen internen Kontrollsystems, insbesondere für die Finanzberichterstattung, ständig. Daher muss ein Vorstand dieser Aufgabe die notwendige Priorität einräumen. Vielfach wird damit in den Unternehmen eine veränderte Wahrnehmung der Verantwortlichkeiten einhergehen. Zusätzlich wurde in den letzten Jahren vermehrt an der Entwicklung von EDV-Systemen gearbeitet, welche als computerbasierte Risikofrühwarnsysteme der Unternehmensleitung ebenfalls Unterstützung bieten sollen[2054]. Das Management darf zwar die Verantwortung dieser Aufgabe nicht delegieren. Es kann und sollte allerdings kompetente Hilfe zur Erarbeitung einer für das Unternehmen angemessenen Risiko- und Kontrollstrategie sowie -struktur hinzuziehen. Hierbei spielen bspw. Mitarbeiter der Internen Revision, des Risikomanagements oder auch der Compliance-Organisation eine Rolle. In jedem Fall muss sich der Vorstand regelmäßig dem Thema der internen Kontrollen annehmen, dies bedeutet auch, dass ihre Wirksamkeit fortlaufend zu überwachen ist. Es ist nicht ausreichend, nur in unregelmäßigen Abständen einen Blick auf das interne Kontrollsystem zu werfen. Da der Vorstand nicht selbst in entsprechenden Zeitabständen einzelne Kontrollmechanismen testen kann, ist es seine Aufgabe, ein spezielles Team hierfür aufzubauen. Trotzdem ist der Vorstand letztlich allein für die Wirksamkeit der internen Kontrollen verantwortlich.

Bei der aufgrund der Internationalisierung bzw. Globalisierung herrschenden Risikosituation und einhergehend mit der gestiegenen internationalen Bedeutung von Codes of Ethics sind Verhaltenskodizes aus dem heutigen Unternehmensgeschehen in Deutschland nicht mehr wegzudenken und gelten als Bestandteil guter Corporate Governance[2055]. Die Verantwortung für einen *Verhaltenskodex* liegt ebenfalls beim Management. Seiner Bedeutung innerhalb des Unternehmens, aber auch der mit seiner Verabschiedung nach außen hin erzielten Wirkung muss sich die Unternehmensleitung stets bewusst sein. Die Ausarbeitung eines Kodex sollte daher ernst genommen werden. Zusammen

---

[2053] Vgl. ausführlich zu den gesetzlichen Pflichten des Vorstands die Ausführungen unter Gliederungspunkt 3.3.3.2.1, S. 251 ff.

[2054] Vgl. Odenthal, Roger (Defraudanten 2002), S. 1019 ff.; Schruff, Wienand (Gesetzesverstöße 2005), S. 209 f.; Odenthal, Roger (Wirtschaftskriminelle Handlungen 1997), S. 301 ff.; Albrecht, W. Steve/Albrecht, Conan C. (Deception 2002), S. 32.

[2055] Ein wirksames Ethikmanagement leistet einen wichtigen Beitrag zum Schutz eines Unternehmens vor Accounting Fraud; vgl. Brinkmann, Markus (Bilanzmanipulation 2007), S. 159. In jedem Verhaltenskodex sollte auch ein Unternehmensleitbild festgeschrieben sein; vgl. John, Dieter/Bäcker, Ingo (Unternehmensreputation 2003), S. 453.

mit einem kompetenten Team geht es für jedes Unternehmen darum, den individuell – unternehmensspezifisch – zutreffenden und angemessenen Wortlaut zu entwickeln. Nach seiner Verabschiedung kommt es darauf an, dass der Kodex im gesamten Unternehmen bekannt gemacht und seine Bedeutung erläutert wird[2056]. So wird erreicht, dass die Kodexinhalte umgesetzt und im Alltag gelebt werden. Jeder einzelne Mitarbeiter soll durch seine persönliche Unterschrift die Regelungen des Verhaltenskodex anerkennen. Werden die dort enthaltenen Vorschriften nicht eingehalten, müssen spürbare Sanktionen greifen, die zusammen mit dem Kodex kommuniziert werden müssen. Auf diese Weise ist sichergestellt, dass jeder Einzelne im Vorfeld darüber informiert ist, welche Konsequenzen ihm bei einem Verstoß gegen eine Kodexregelung drohen. Bei der Bemessung des ‚Strafmaßes' ist die Schwere der Tat zu berücksichtigen. Ein Verhaltenskodex ist nur wirksam, wenn seine Einhaltung konsequent verfolgt wird. Sobald bei den Mitarbeitern der Eindruck entsteht, dass die Unternehmensleitung selbst die von ihr aufgestellten Regelungen nicht ernst nimmt, vermindert dies ihre Akzeptanz bei anderen Unternehmensangehörigen. Aus diesem Grund muss der Vorstand ein geeignetes System zur Kontrolle der Befolgung des Verhaltenskodex einrichten und dafür sorgen, dass dieses effektiv ist. Verstöße gegen den Kodex müssen anonym, etwa über ein Whistleblowing-System, gemeldet werden können.

Der Verhaltenskodex darf nicht dazu führen, dass die Mitarbeiter sich durch das Management bevormundet fühlen. Daher ist es sehr wichtig, dass seine Notwendigkeit und die damit verfolgte Intention im gesamten Unternehmen verdeutlicht und verstanden werden. Eng damit verbunden ist die Schaffung einer *positiven Unternehmenskultur*[2057]. Zufriedene Mitarbeiter, die sich mit ihrem Arbeitgeber identifizieren, sind viel eher dazu bereit, sich für eine positive Weiterentwicklung des Unternehmens zu engagieren. Die Erzeugung eines guten Arbeitsklimas gehört somit zu den Vorstandsaufgaben von größter Wichtigkeit. Dies führt nicht nur zu einer Erhöhung der Produktivität, sondern verbessert darüber hinaus die Integrität aller Mitarbeiter.

Top-Management Fraud zeichnet sich dadurch aus, dass Mitglieder der obersten Führungsebene in die begangenen Verstöße verwickelt sind. In den seltensten Fällen wird dies den gesamten Vorstand betreffen. Wie einige der betrachteten Fälle der Vergangenheit gezeigt haben, ist das *Risikopotenzial* insbesondere bei dem *Vorstandsvorsitzenden* oder dem *Finanzvorstand* am größten, weil beide Ämter die Möglichkeit eröffnen, Einfluss auf die betref-

---

[2056] Der Vollständigkeit halber sei an dieser Stelle darauf hingewiesen, dass dies bei einem weltweit vertretenen Konzern auch bedeutet, dass für die einzelnen Tochtergesellschaften der Kodex in der jeweiligen Landessprache formuliert wird.
[2057] Vgl. Dawson, Simon (Fraud 2003), S. 156.

fenden Abteilungen wie etwa das Rechnungswesen auszuüben. Dieser Gefahr muss sich jedes Vorstandsmitglied bewusst sein. Natürlich bedeutet dies keineswegs, dass in einem solchen Gremium Misstrauen herrschen soll und darf. Im Gegenteil, eine solche Situation wäre keine gute Basis für eine erfolgreiche Zusammenarbeit. Trotzdem sollte jeder für sich auffällige Veränderungen im Wesen einer anderen Person des Vorstands kritisch hinterfragen. Stillschweigen ist in einer solchen Situation nicht zielführend. Hat ein Vorstandsmitglied ein ungutes Gefühl gegenüber einem Kollegen, das nicht auf einer subjektiv geprägten Sympathieeinschätzung beruht, sollte es wachsam sein.

Kritisch ist das Thema der *variablen Vorstandsvergütungen* zu betrachten, da diese möglicherweise einen Anreiz darstellen, die Rechnungslegung dergestalt zu ‚schönen', dass die gewünschten, für eine hohe Auszahlung an Vorstandmitglieder sorgenden Kennzahlen erreicht werden können. Hier sind Grenzen zu setzen, indem in der Geschäftsordnung des Vorstands ein bestimmtes Höchstmaß eines variablen Vergütungsanteils festgelegt wird. Darüber hinaus sollte jedes Vorstandsmitglied mit seiner Unterschrift, etwa unter dem Verhaltenskodex, explizit erklären, dass es nicht versuchen wird, unrechtmäßigen Einfluss auf die Bemessung der variablen Vergütung zu nehmen.

Der Vorstand und sein Handeln dienen vielen Mitarbeitern als *Vorbild*. Dieser Funktion muss der Vorstand sich bewusst sein und seinen Mitarbeitern die von ihnen verlangten Werte selbst vorleben. Mit Blick auf die Prävention von Accounting Fraud bedeutet dies, dass er deutlich zeigen muss, mit welchem Ernst er das Thema angeht und wie sehr er von der Wichtigkeit überzeugt ist. Indem das Management die Schaffung einer adäquaten Überwachungsstruktur federführend übernimmt und auch das Leitungsgremium selbst von diesem System eingeschlossen wird, kann es seiner Vorbildfunktion gerecht werden.

Grundlage für eine effektive Funktionsweise des dualen Systems der Unternehmensführung und -überwachung ist der *Informationsfluss zwischen Vorstand und Aufsichtsrat*. § 90 AktG verpflichtet den Vorstand zu einer regelmäßigen Berichterstattung an den Aufsichtsrat und schreibt bestimmte zwingend zu übermittelnde Informationen vor. Ohne bereits jetzt die an späterer Stelle zu betrachtende Frage der Zusammenarbeit zwischen Vorstand und Aufsichtsrat vorwegnehmen zu wollen[2058], ist festzuhalten, dass der Vorstand selbst einen wesentlichen Beitrag dazu leisten kann, wie gut der Aufsichtsrat seine Überwachungsaufgabe erfüllen kann, denn die Ausführlichkeit und Regelmäßigkeit der von ihm verfassten Berichte beeinflusst die Beurteilungs-

---

[2058] Vgl. hierzu die Ausführungen unter Gliederungspunkt 5.4, S. 393 ff.

grundlage des Aufsichtsrats. Aus diesem Grund liegt es im Interesse des Vorstands, durch seine Berichterstattung die Qualität der Aufsichtsratstätigkeit zu erhöhen. Zusätzlich zu den vom Gesetzgeber geforderten Berichten sollte jeder Vorstand Regeln verabschieden, anhand derer er in entsprechend definierten Zeitabständen dem Überwachungsorgan Informationen zu übermitteln hat. Neben einem zu vereinbarenden Zeitplan können andere Kriterien als Berichtsauslöser fungieren. Bei langfristigen Fertigungsaufträgen kann dies etwa das Erreichen eines bestimmten Meilensteins sein; weiterhin ist denkbar, das Überschreiten einer bestimmten Umsatzhöhe als Schwellenwert zu definieren, der zu einer Information an den Aufsichtsrat über den zugrunde liegenden Geschäftsvorfall führt. Andere Vereinbarungen sind in Abhängigkeit der unternehmensspezifischen Gegebenheiten möglich. Um die Effektivität der Aufsichtsratsüberwachung zu erhöhen und damit eine verbesserte Überwachung des Accounting Fraud-Risikos zu erreichen, ist es notwendig, den Stellenwert der Vorstandsberichterstattung zu steigern. Zukünftig sollten die Vorstandsmitglieder der Ausgestaltung ihrer Berichterstattung demnach noch höhere Aufmerksamkeit schenken. Neben der Tatsache, dass auf diese Weise der Umfang der vom Vorstand übermittelten Beurteilungsgrundlage[2059] des Aufsichtsrats zunimmt, stellt eine umfassende Kommunikation seitens des Vorstands eine Schutzfunktion für den Vorstand selbst dar. Tritt der Fall ein, dass die Rechnungslegung ohne Wissen der Unternehmensleitung manipuliert wurde, kann sie mit der Berichterstattung an den Aufsichtsrat dokumentieren, dass sie ihrer Unternehmensführungsverantwortung dennoch nachgekommen ist und sich mit den jeweiligen Sachverhalten ausführlich beschäftigt hat, obwohl ihr dabei der Verstoß entgangen ist. So ist nämlich das Management selbst gefordert, sich detailliert mit wichtigen Entwicklungen des Unternehmens auseinanderzusetzen, und erkennt möglicherweise durch die Anfertigung schriftlicher Erläuterungen Probleme und Schwachstellen, die ohne die Berichterstattung nicht aufgefallen wären. Außerdem erhöht sich mit jeder vom Vorstand an den Aufsichtsrat übermittelten Information die Wissensbasis des Aufsichtsrats, so dass gleichzeitig der Umfang der Informationen, die sich der Aufsichtsrat selbst über seine ihm nach § 111 Abs. 2 AktG zustehenden Einsichtsrechte beschaffen muss, verringert werden kann. Dies gibt dem Aufsichtsrat

---

[2059] Neben der Informationsversorgung des Aufsichtsrats durch den Vorstand ist darauf hinzuweisen, dass der Aufsichtsrat selbst nach § 111 Abs. 2 AktG auch Einsichtsrechte besitzt, welche ihn bei seiner Überwachungstätigkeit unterstützen sollen. Je mehr Informationen er allerdings bereits vom Vorstand erhält, desto stärker vermindert sich das Risiko, dass ihm wesentliche Informationen fehlen oder vorenthalten werden, weil der Aufsichtsrat sich ihrer Wichtigkeit nicht bewusst war und sie daher nicht selbst angefordert hat.

zusätzliche Sicherheit, dass er Kenntnis von allen erforderlichen Informationen hat. Je detaillierter einzelne Informationen dem Vorstand selbst bewusst sind, desto eher kann er darin – falls überhaupt vorhanden – Risiken für Accounting Fraud im Unternehmen erkennen.

Wurden dem Vorstand *Hinweise oder Verdächtigungen* zu Accounting Fraud übermittelt, muss er diesen in jedem Fall direkt nachgehen[2060]. Dies ist Bestandteil seiner aktienrechtlichen Sorgfaltspflicht zur ordnungsgemäßen Leitung eines Unternehmens. Ein Aufschieben seiner Intervention könnte dazu führen, dass potenzielle Täter in die Lage versetzt werden, Beweise zu vernichten oder andere Maßnahmen zu ergreifen, um ihr Entdecken zu verhindern. Der Vorstand sollte ein Krisenteam aus verschiedenen betroffenen Abteilungen zusammenstelln und sich einen Überblick über alle bereits vorhandenen Informationen verschaffen, bevor die Hinweise konkret verfolgt werden. Hierbei kann insbesondere die Interne Revision ein hilfreicher Partner sein. Kommt es zur Befragung von möglicherweise involvierten Mitarbeitern, haben solche Gespräche einen besonders sensiblen Charakter. Dabei kann es nützlich sein, wenn der Interviewer in der Gesprächsführung über sensible Themen geübt ist. Um Verdachtsfälle auf Accounting Fraud möglichst schnell aufklären und entweder Maßnahmen zur Krisenbewältigung einleiten oder den Verdacht widerlegen zu können, sollte sich der Vorstand jeder als sinnvoll und notwendig erachteten Unterstützung – auch von außerhalb des Unternehmens – bedienen. An dieser Stelle ist nochmals – neben der umfassenden Kooperation mit den Prüfungsinstanzen[2061] – auf die an anderer Stelle erhobene Forderung hinzuweisen, frühzeitig die Zusammenarbeit mit entsprechend ausgebildeten Experten von Polizei und Staatsanwaltschaft oder auch mit Wirtschaftsdetektiven anzustreben[2062]. Wird die Existenz von Bilanzmanipulationen schließlich bewiesen, hat der Vorstand sich mit den an späterer Stelle[2063] aufgezeigten reaktiven Maßnahmen zu befassen.

Der als Konsequenz aus bekannt gewordenen Bilanzmanipulationen eingetretene Schaden am Ruf eines betroffenen Unternehmens in der Öffentlichkeit verdeutlicht, wie wichtig eine angemessene Reaktion des Vorstands sein kann. Wichtig ist daher, dass zukünftig ein Vorstand im Vorfeld einen grundsätzlichen ‚*Notfallplan*' ausgearbeitet hat, damit bei tatsächlichem Eintreten einer durch Accounting Fraud verursachten Krise keine Zeit verschwendet wird, sondern die grundlegend abgestimmte Vorgehensweise zur Bewältigung an

---

[2060] Vgl. Fleischer, Holger (Vorstandsverantwortlichkeit 2003), S. 294. Siehe auch BGH-Urteil vom 08.10.1984, II ZR 175/83, S. 143 f.
[2061] Vgl. hierzu die Ausführungen unter Gliederungspunkt 6, S. 397 ff.
[2062] Vgl. hierzu die Ausführungen unter Gliederungspunkt 4.7, S. 372 ff.
[2063] Vgl. hierzu die Ausführungen unter Gliederungspunkt 5.3.1, S. 389 ff.

die Details des konkreten Falls angepasst und ausgeführt werden kann[2064]. Die Unternehmensleitung muss sich regelmäßig mit der Gefahr von Verstößen beschäftigen und darf nicht darauf hoffen, dass ein solcher Fall im eigenen Unternehmen nicht zur Realität wird.

Insgesamt betrachtet spielen für einen Vorstand, der aktiv daran beteiligt sein möchte, das Risiko von Accounting Fraud im eigenen Unternehmen zu vermeiden, vor allem zwei Punkte eine wesentliche Rolle: der Wille, alles dafür zu tun, um die Gesellschaft möglichst wenig anfällig für Verstöße zu machen, und Zusammenarbeit mit anderen Parteien. Einer dieser Kooperationspartner ist das Aufsichtsorgan des Unternehmens. Nachfolgend wird untersucht, welchen Beitrag es durch seine Tätigkeit zur Verhinderung und Aufdeckung von Verstößen leisten kann.

5.2.2 Möglichkeiten aus Sicht des Aufsichtsorgans

Die Hauptaufgabe, die der deutsche Gesetzgeber dem Aufsichtsrat überträgt, ist die Überwachung der Geschäftsleitung[2065]. Die hohe Bedeutung der Überwachungsfunktion wurde im Verlauf dieser Arbeit bereits mehrfach hervorgehoben. Ein Aufsichtsrat muss seine Aufgabe ernst nehmen. Dazu gehört, dass jedes einzelne Mitglied ausreichend *Zeit für sein Mandat* aufwendet. Dies scheint derzeit in der Realität nicht immer gewährleistet zu sein[2066]. Der DCGK empfiehlt eine Begrenzung der Anzahl der möglichen Aufsichtsratsmandate pro Person[2067], eine gesetzliche Regelung hierzu sollte überlegt werden. Dies trüge sicherlich dazu bei, dass – zumindest in einigen Fällen – ein größeres Verantwortungsbewusstsein und eine sorgfältigere Erfüllung der übertragenen Aufgabe Einzug halten. Da Aufsichtsratsmandate in aller Regel nicht hauptberuflich ausgeübt werden, könnte mit einer solchen Begrenzung erreicht werden, dass jedes Mitglied mehr Zeit für eine gewissenhafte Vorbereitung der Sitzungen aufwenden kann.

Außerdem sollte bei der Auswahl der Aufsichtsratsmitglieder zukünftig noch mehr auf die *Kompetenz* geachtet werden. Allein die Tatsache, dass der

---

[2064] Vgl. Ditzel, Hans (Bewältigung 1997), S. 21 ff.; Wehling, Jörg/Weiß, Christian (Abwehr 2005), S. 107; Odenthal, Roger (Mitarbeiterkriminalität 2005), S. 230; Wicher, Boris (Prävention 2007), S. 61; Arbeitskreis „Abwehr wirtschaftskrimineller Handlungen in Kreditinstituten" des Deutschen Instituts für Interne Revision e.V. (Abwehr 2000), S. 25; Belker, Peter/Heimbrock, Frauke (Krise 2006), S. 67.

[2065] Vgl. zu dieser und zu weiteren Aufgaben eines Aufsichtsrats nach dem AktG die Ausführungen unter Gliederungspunkt 3.3.3.3.1, S. 274 ff.

[2066] Vgl. zu ähnlichen Feststellungen bereits Theisen, Manuel R. (Board Structure 1998), S. 259 ff.

[2067] Vgl. DCGK i.d.F. vom 14.06.2007, Tz. 5.4.5.

DCGK explizit darauf hinweist, dass auch *Rechnungslegungsexperten* im Prüfungsausschuss des Aufsichtsrats sitzen sollen[2068], spricht für sich. Diese Tatsache sollte eigentlich selbstverständlich sein und keiner speziellen Betonung bedürfen, da rechnungslegungsspezifisches Fachwissen für eine Tätigkeit im Prüfungsausschuss erforderlich ist. Nicht zuletzt, da die Prüfung des von der Unternehmensleitung aufgestellten Jahresabschlusses zu den vom Aufsichtsrat wahrzunehmenden Aufgaben gehört, wirkt der Gedanke, dass dies vielfach von Personen durchgeführt wird, die über keine besonderen Rechnungslegungskenntnisse verfügen, befremdlich. Außerdem stellt sich berechtigterweise die Frage, wie diese Personen die Gefahr von Accounting Fraud einschätzen oder mögliche Risikofaktoren erkennen sollen, wenn nur wenig Kompetenz in Bilanzierungsregeln vorhanden ist. Dazu, eine übertragene Aufgabe ernst zu nehmen, gehört auch, sie mit dem notwendigen Sachverstand zu erfüllen. Es ist daher an alle Aufsichtsratsmitglieder zu appellieren, die eigenen Fähigkeiten sowie das mögliche zeitliche Engagement und damit die Eignung für ein Aufsichtsratsmandat kritisch zu hinterfragen. Mit dem BilMoG sieht der deutsche Gesetzgeber in § 100 Abs. 5 AktG-E für kapitalmarktorientierte Unternehmen vor, dass mindestens ein unabhängiges Aufsichtsratsmitglied über Sachverstand bezüglich Rechnungslegung oder Abschlussprüfung zu verfügen hat[2069].

Die große Bedeutung von umfassender, sachgerechter Information haben die Ausführungen bisher regelmäßig bestätigt. Neben fachlicher Kompetenz und ausreichender zeitlicher Verfügbarkeit sollte die *Anzahl* der verpflichtenden jährlichen *Aufsichtsratssitzungen* zudem deutlich erhöht werden. Sofern jedes Mitglied insgesamt weniger unterschiedliche Mandate übernimmt, kann der so erzielte Zeitgewinn auf die verbliebenen Aufgaben übertragen werden. Derzeit verlangt § 110 Abs. 3 AktG, dass bei börsennotierten AG mindestens vier Sitzungen pro Geschäftsjahr abgehalten werden. Dies reicht nach der hier vertretenen Ansicht nicht aus. Einhergehend mit der im vorigen Gliederungspunkt[2070] geäußerten Forderung nach zusätzlicher und ausführlicherer Berichterstattung seitens des Vorstands an den Aufsichtsrat muss das Aufsichtsgremium öfter zusammentreten, damit es alle vom Vorstand kommunizierten Informationen entsprechend verarbeiten kann. Dies führt gleichzeitig zu einer intensiveren und zeitnahen Überwachung des Unternehmens. Mit Blick auf die

---

[2068] Vgl. DCGK i.d.F. vom 14.06.2007, Tz. 5.3.2.
[2069] Vgl. Habersack, Mathias (Prüfungsausschuss 2008), S. 99. Habersack bezeichnet es in diesem Zusammenhang als „unglücklich, dass sich § 100 Abs. 5 AktG-E mit Sachverstand entweder auf dem Gebiet der Rechnungslegung oder auf dem der Abschlussprüfung begnügt"; Habersack, Mathias (Prüfungsausschuss 2008), S. 103.
[2070] Vgl. hierzu die Ausführungen unter Gliederungspunkt 5.2.1, S. 377 ff.

von Accounting Fraud ausgehende Gefahr sollte sich jeder Aufsichtsrat eine eigene Strategie zur Prüfung überlegen. Werden ihm hierfür benötigte Informationen durch den Vorstand nicht übermittelt, hat er diese anzufordern. Im Fall, dass die Unternehmensleitung die Herausgabe bestimmter Daten verweigert, sollte der Aufsichtsrat wachsam sein und dem Grund für dieses Verhalten nachgehen.

Gesetz und DCGK ermöglichen bzw. begrüßen ausdrücklich die *Bildung von speziellen Ausschüssen* innerhalb des Aufsichtsrats. Grundsätzlich ist nichts dagegen einzuwenden, wenn einzelne Gruppen, die über ein besonderes Fachwissen in einem bestimmten Bereich verfügen, im kleinen Kreis diese Spezialthemen diskutieren. Allerdings darf die Ergebnispräsentation an den gesamten Aufsichtsrat weder vernachlässigt noch unterschätzt werden, damit die Informationen nicht nur auf einen Teil des Gremiums beschränkt bleiben. Nur wenn jedes einzelne Mitglied des Aufsichtsorgans umfassend über alle relevanten Sachverhalte informiert ist, lassen sich fundierte Beurteilungen zur Qualität der Unternehmensführung allgemein und der Lage der Gesellschaft im Besonderen vornehmen. Kommt es zu einer Reduzierung der Zahl der maximal von einer Person gleichzeitig zu übernehmenden Aufsichtsratsmandate, bleibt jedem Einzelnen mehr Zeit, die entsprechenden Informationen gewissenhaft zu studieren und sich somit zu einer fundierten Entscheidungsgrundlage zu verhelfen. Aufsichtsratsausschüsse können – insbesondere bei großen Aufsichtsräten – dazu beitragen, dass Probleme in der kleineren Gruppe leichter diskutiert und gelöst werden können. Sie sollten allerdings nur dann gebildet werden, wenn dies nicht mit einem Informationsverlust und damit einer Verschlechterung der Wissensbasis des Gesamtaufsichtsrats einhergeht, denn letztlich ist die Überwachung der Geschäftsführung die Aufgabe des Aufsichtsrats insgesamt und er unterliegt als Ganzes der entsprechenden Verantwortung. In diesem Zusammenhang ist die Kompetenz des Aufsichtsratsvorsitzenden gefragt, das Gremium trotz einzelner Teilgebilde als Ganzes zu formen und erfolgreich zu machen.

Jedes Aufsichtsratsmitglied muss am die Gesellschaft betreffenden *Tagesgeschehen* interessiert sein. Wiederum tragen Aspekte wie umfassende Information, ausreichende Zeit, regelmäßige Sitzungen und entsprechende Kompetenz dazu bei, dieses Ziel leichter zu verwirklichen. Weiß ein Aufsichtsrat über die Entwicklung des ‚eigenen' Unternehmens Bescheid und kennt er darüber hinaus den Trend bei anderen Unternehmen derselben Branche oder die Situation der Branche insgesamt, führt dies dazu, dass er ungewöhnliche Entwicklungen der von ihm überwachten Gesellschaft ceteris paribus schneller erkennen kann. In einem solchen Fall sollte er unverzüglich reagieren und versuchen, die Gründe für die aktuelle Unternehmensentwicklung zu ermitteln.

Nicht immer müssen bspw. ungewöhnlich hohe Umsätze oder ein starker Anstieg des Anlagevermögens bedeuten, dass die Zahlen manipuliert sind. In den meisten Fällen wird es eine rationale – und legale – Erklärung für die Entwicklung geben. Trotzdem sollte ein Aufsichtsrat die Möglichkeit von Accounting Fraud stets in Betracht ziehen und entsprechende Nachforschungen anstellen. So kann es gelingen, begangene Taten zeitnah aufzudecken, deren Entstehen aber auch von vornherein zu verhindern.

Dazu, dass ein Aufsichtsratsmitglied seine Aufgabe ernst nimmt, gehört auch, dass er an möglichst allen Sitzungen regelmäßig und während der gesamten Zeitdauer teilnimmt. Trifft dies bei einzelnen Personen nicht zu, sollte der gesamte Aufsichtsrat von dem betreffenden Mitglied eine Erklärung und ggf. die Aufgabe seines Mandats verlangen. Diese Vorgehensweise kann z.B. in der *Geschäftsordnung* des Aufsichtsrats niedergeschrieben werden. Zudem sollte die Geschäftsordnung weitere detaillierte Vorschriften zu den Aufgaben und ihrer ordnungsgemäßen Erfüllung durch den Aufsichtsrat enthalten. I.S.e. verlässlichen Wirksamkeit des dualen Systems der Unternehmensführung und -überwachung – bestehend aus Vorstand und Aufsichtsrat – sollte der Aufsichtsrat zum Wohle der Gesellschaft seine eigene Arbeitsweise angemessen reglemetieren. Zum Umgang mit der Gefahr von Manipulationen in der Rechnungslegung sollten in der Geschäftsordnung spezielle Maßnahmen festgeschrieben sein. Auf diese Weise kann das Gremium nach außen zeigen, dass es seine Überwachungsaufgabe ernst nimmt und einen Beitrag zur Prävention sowie Aufdeckung von Accounting Fraud leisten will. Es ist nicht auszuschließen, dass ein solches Zeichen potenzielle Täter vom Begehen ihrer Tat abschreckt, weil sie das Risiko einer Entdeckung als zu groß erachten.

Neben der Überwachung der Geschäftsleitung gehört es seit KonTraG zu den Pflichten eines Aufsichtsrats, den *Abschlussprüfer*, der der Hauptversammlung zur Wahl vorgeschlagen werden soll, auszuwählen. Da der Abschlussprüfer ebenfalls eine sehr wichtige Rolle im Prüfungs- und Überwachungskonzept des Unternehmens einnimmt, sollte seine Auswahl mit besonderer Sorgfalt erfolgen. Der Aufsichtsrat muss dabei gewissenhaft prüfen, ob der potenzielle Abschlussprüfer der Aufgabe (noch) gewachsen ist, ob er alle Unabhängigkeitskriterien der §§ 319 und 319a HGB erfüllt und ob die für die Prüfung veranschlagte Zeit angemessen erscheint. Wie an anderer Stelle[2071] erklärt führt die erforderliche Berücksichtigung der Gefahr von Accounting Fraud zu einer Ausweitung der prüferischen Aufgabe. Hierüber sollte eine Vereinbarung zwischen Aufsichtsrat und Abschlussprüfer getroffen werden. Erst wenn der Aufsichtsrat überzeugt davon ist, dass der in Rede stehende Prü-

---

[2071] Vgl. hierzu die Ausführungen unter Gliederungspunkt 4.3, S. 340 ff.

fer geeignet ist, darf er diesen als Wahlvorschlag der Hauptversammlung unterbreiten. Die Abschlussprüferentscheidung darf demnach keine Selbstverständlichkeit darstellen, sondern ist in jedem Einzelfall neu abzuwägen und zu treffen.

Die Forderung nach einem *Verhaltenskodex* sollte nicht nur auf die Unternehmensleitung und die übrigen Mitarbeiter des Unternehmens beschränkt bleiben. Angepasst an die spezifischen Besonderheiten des Aufsichtsrats sollte für dieses Organ ein eigener Kodex entwickelt werden, in dem die ethischen und moralischen Grundsätze der Aufsichtsratsarbeit niedergelegt sind. Dieser Verhaltenskodex ist von allen Mitgliedern des Gremiums zu unterzeichnen. Für den Aufsichtsrat sollten ebenfalls Sanktionen vorgesehen werden, die bei Nichtbefolgung einzelner Grundsätze wirksam werden. Die Verwaltung und Überwachung der Regelungen sollte beim Aufsichtsrat selbst liegen. Im Interesse des Handelns zum Wohle des Unternehmens sollte bei jedem einzelnen Aufsichtsratsmitglied ausreichend Sensibilität für die Entwicklung und Einhaltung eines solchen Kodex bestehen.

Als kritisch und mögliche Motivation von Aufsichtsratsmitgliedern, Accouting Fraud zu decken, wird der Aspekt der *variablen Vergütungsbestandteile* gesehen. Hier ist – wie bei der Unternehmensleitung auch – zu überlegen, insgesamt den variablen Anteil der Entlohnung zu verringern. In jedem Fall sollte der Verhaltenskodex des Aufsichtsrats entsprechende Vorschriften enthalten, zu denen auch eine Selbstverpflichtung zählt, dass die eigene Position nicht dazu ausgenutzt wird, sich mit Blick auf die Vergütung Vorteile zu verschaffen.

Als großes Risiko insbesondere mit Blick auf die Aufdeckung von Accounting Fraud gilt der *Wechsel von ehemaligen Vorstandsmitgliedern in den Aufsichtsrat*. Der DCGK spricht sich gegen einen solchen Wechsel, zumindest für den ehemaligen Vorstandsvorsitzenden, aus[2072]. Es ist allerdings nicht zu erkennen, warum ein solcher Wechsel nicht generell verboten oder zumindest nur mit einer Abkühlungsphase von z.B. drei Jahren erlaubt sein sollte. Die Kritik an solchen Wechseln besteht insbesondere darin, dass diese neuen Aufsichtsräte u.a. solche Maßnahmen, Entscheidungen oder Geschäftsabschlüsse prüfen, die sie selbst noch während ihrer aktiven Zeit als Vorstandsmitglied mitverantwortet haben. Unmittelbar einleuchtend ist, dass in einem solchen Fall keine objektive Prüfung mehr durchgeführt werden kann. Bei der externen Abschlussprüfung wird ebenso wie bei der Internen Revision großen Wert auf die Wahrung des Selbstprüfungsverbots gelegt. Warum sollte dies mit Blick auf einen Aufsichtsrat anders gesehen werden? War – um einen extre-

---

[2072] Vgl. DCGK i.d.F. vom 14.06.2007, Tz. 5.4.4.

men Fall zu skizzieren – ein Vorstand in seiner aktiven Zeit an Accounting Fraud beteiligt und blieb dieser bis dato unentdeckt, kann er sein neues Amt als Aufsichtsratsmitglied dafür missbrauchen, die Manipulationen weiterhin zu vertuschen oder noch immer unrechtmäßig handelnde ehemalige Kollegen zu decken. Ist jedoch eine angemessene Frist nach dem Ausscheiden aus der Unternehmensleitung verstrichen, kann vermutet werden, dass ein solcher Mandatsmissbrauch weniger wahrscheinlich ist.

Der Aufsichtsrat soll vom Vorstand in die *Entwicklung der Unternehmensstrategie* eingebunden werden[2073]. Während dieses Prozesses hat jedes Aufsichtsratsmitglied verstärkt darauf zu achten, ob die vom Vorstand vorgeschlagenen Maßnahmen sinnvoll und der derzeitigen Unternehmenssituation angemessen erscheinen. Hierfür ist einmal mehr eine umfassende Kenntnis der Lage der Gesellschaft an sich sowie der gesamten Branche erforderlich. Hegt ein Aufsichtsrat Zweifel an der Strategie des Vorstands, hat er diese mit der Unternehmensleitung zu diskutieren, dabei sind alle vorgetragenen Argumente sorgfältig zu überprüfen. Wurde eine Unternehmensstrategie verabschiedet, gilt es in den Folgejahren für den Aufsichtsrat darauf zu achten, ob diese im Einklang mit der tatsächlichen Entwicklung des Unternehmens steht. Ist dies nicht der Fall, sind die Gründe zu erforschen. Insgesamt ist festzuhalten, dass der Aufsichtsrat die Handlungen des Vorstands zunehmend kritischer hinterfragen muss, um nicht Gefahr zu laufen, von der Unternehmensleitung hintergangen und getäuscht zu werden.

Der DCGK verlangt vom Aufsichtsrat, regelmäßig eine *Prüfung seiner Effizienz* durchzuführen[2074]. Bei dieser Selbsteinschätzung ist es wichtig, dass der Aufsichtsrat diese Aufgabe sich selbst gegenüber ehrlich und offen wahrnimmt und dabei untersucht, wie sehr seine Einschätzungen aus der Vergangenheit zugetroffen haben. Zudem sollten einzelne Mitglieder untereinander ihre jeweilige Effizienz ebenfalls beurteilen. Daraus darf jedoch kein Konkurrenzkampf entstehen. Eine solche Evaluierung fördert das Engagement jedes Einzelnen, da niemand negativ auffallen möchte. In diesem Sinne trägt eine Effizienzbeurteilung zur Erhöhung der Qualität der Aufsichtsratsarbeit und damit auch zu einem verbesserten Umgang mit der Gefahr von Accounting Fraud bei.

Für den Aufsichtsrat stehen mit Blick auf den Umgang mit dem Accounting Fraud-Risiko andere Aspekte als für den Vorstand im Vordergrund. Jeder Aufsichtsrat sieht sich zukünftig insbesondere der Herausforderung gegenüber, zu zeigen, dass er effektiv an einer Verbesserung des Unternehmens-

---

[2073] Vgl. DCGK i.d.F. vom 14.06.2007, Tz. 3.2.
[2074] Vgl. DCGK i.d.F. vom 14.06.2007, Tz. 5.6.

schutzes mitarbeiten möchte. In erster Linie sollte er hierfür die Zahl der Zusammenkünfte innerhalb eines Jahres erhöhen, vom Vorstand ein Mehr an regelmäßig zu übermittelnden Informationen verlangen und vor allem dafür Sorge tragen, dass die einzelnen Mitglieder des Gremiums die Sitzungen und zu behandelnden Themen sorgfältig vorbereiten. Hierzu gehört der Einsatz eines ausreichenden Zeitbedarfs. Sollte es nicht zu einer gesetzlichen Begrenzung der zulässigen Höchstzahl unterschiedlicher Aufsichtsratsmandate pro Person kommen, kann jeder Aufsichtsrat selbst in seiner Geschäftsordnung festlegen, dass er keine Mitglieder aufnehmen wird, die eine bestimmte Zahl an zusätzlichen Mandaten innehaben. Der Aufsichtsrat muss sich der großen Bedeutung seiner Aufgabe im Kampf gegen Accounting Fraud bewusst sein. Er darf sich nicht länger unternehmensextern positionieren, sondern muss selbst die Initiative ergreifen und sich aktiv der Gesellschaft annähern, ohne dabei jedoch seinen Status als unabhängiges Aufsichtsorgan zu verlieren.

5.3 Reaktive Maßnahmen im Umgang mit Accounting Fraud
5.3.1 Möglichkeiten aus Sicht der Unternehmensleitung

Konnte ein Accounting Fraud-Fall trotz Präventionsmaßnahmen nicht verhindert werden, geht damit eine je nach Schwere des Falls mehr oder weniger stark ausgeprägte Unternehmenskrise einher[2075]. Diese Situation, zu der insbesondere bei den hier betrachteten großen Unternehmen verstärkt der durch die Öffentlichkeit ausgeübte Druck kommt, gilt es zu meistern, um anschließend möglichst rasch wieder zur normalen Geschäftstätigkeit zurückfinden zu können[2076].

Als für die Führung der Gesellschaft verantwortliches Organ kommt dem Vorstand dabei eine besondere Rolle zu. Wichtig ist, dass das Gremium nach innen und außen Stärke demonstriert und unnachgiebig um *Aufklärung* aller Fakten und die Ermittlung der involvierten Personen bemüht ist. Konnte einem Mitarbeiter seine Beteiligung an dem Accounting Fraud nachgewiesen werden, ist dieser umgehend durch Kündigung aus dem Unternehmen zu entfernen[2077]. Neben der Aufklärungsarbeit innerhalb der Gesellschaft ist bei den in der Öffentlichkeit stehenden Unternehmen zudem der Fokus auf die unternehmensexterne Kommunikation zu richten. Außerdem muss möglichst sofort

---

[2075] Vgl. zu den Auswirkungen Kelly, Harvey R. (Financial Statements 2000), S. 55 ff.
[2076] Vgl. Nusbaum, Jack H./Oller, John (Aftermath 2000), S. 41 ff.
[2077] Hierbei gilt eine Frist von 14 Tagen nach Bekanntwerden der Tat, in der eine fristlose Kündigung überhaupt möglich ist; vgl. Barthel, Michael/Schielin, Herbert (Dolose Handlungen 2001), S. 182; Walter, Peter (Deliktische Handlungen 1985), S. 262; Odenthal, Roger (Mitarbeiterkriminalität 2005), S. 230 f.

mit der Rückgewinnung des verlorenen Vertrauens begonnen werden. Ein offener Umgang mit der Situation kann dazu erheblich beitragen. Bei dieser Öffentlichkeitsarbeit sollte der Vorstand überlegen, den externen Abschlussprüfer und die Interne Revision als Unterstützer hinzuzuziehen[2078]. Für die unternehmensintern geführten Ermittlungen gilt das Gleiche, zusätzlich sollte hierbei ein offenes Verhältnis zu den Behörden wie der Polizei und der Staatsanwaltschaft gepflegt werden. Es ist wichtig, alle Gründe, die den Accounting Fraud ermöglicht haben, zu suchen, damit Lösungen für die Problemstellen erarbeitet werden können.

Unabhängig davon, dass die offensichtlich bestehenden Lücken im internen Kontrollsystem, die die Rechnungslegungsmanipulation zugelassen haben, unverzüglich beseitigt werden müssen, hat der Vorstand darüber hinausgehend das gesamte *Überwachungssystem* zu hinterfragen. Der eingetretene Fall von Accounting Fraud zeigt nicht nur, dass das Fehlen einzelner Kontrollen sich negativ ausgewirkt hat, sondern offenbart darüber hinaus möglicherweise übergreifende Schwachstellen. Allerdings ist an dieser Stelle zu betonen, dass es eine völlige Sicherheit durch die Prüfung nie geben kann und wird. Auch wenn alle Instanzen zusätzliche Maßnahmen ergreifen und skeptischer an ein Unternehmen herantreten sollen, bleibt es insbesondere im Bereich der externen Prüfung dabei, dass diese grundsätzlich nicht auf die Aufdeckung von Verstößen ausgerichtet ist. Insgesamt sollte Accounting Fraud jedoch eine Verschärfung der Überwachung des Unternehmens nach sich ziehen.

Im Verlauf der den Accounting Fraud-Fall betreffenden Ermittlungen kann sich ergeben, dass einzelne Kontrollen zwar grundsätzlich installiert und auch funktionsfähig waren, ihre *Wirksamkeit* jedoch durch mangelnde Kompetenz oder Sorgfalt des sie betreuenden Mitarbeiters *herabgesetzt* wurde und die Täter diese Schwächung ausgenutzt haben. In einem solchen Fall sollte der Vorstand zusammen mit den betreffenden Abteilungsleitern und ggf. auch unter Hinzuziehung der Internen Revision über eine Abberufung dieser Person entscheiden. Auch wenn menschliches Versagen nicht völlig ausgeschlossen werden kann, liegt es trotzdem in der Verantwortung einer sorgfältig agierenden Unternehmensleitung, die Gefahr daraus soweit als möglich zu reduzieren.

Es sollte während der Krise sehr eng mit der *Internen Revision* zusammengearbeitet werden. Diese kann den Vorstand ob ihrer Vernetzung innerhalb der Gesellschaft dabei unterstützen, die Vorgänge lückenlos aufzuklären und aufzuarbeiten. Darüber hinaus kann sie mit ihrem umfassenden Wissen und Verständnis über Kontrollen und Überwachungsmechanismen gemeinsam mit der

---

[2078] Vgl. hierzu auch bereits die Ausführungen unter Gliederungspunkt 4.3.3, S. 347 ff.

Unternehmensleitung ein Präventionsmodell erarbeiten, um das Risiko von Accounting Fraud in der Zukunft noch stärker zu bekämpfen. Neben der Betrachtung der Kontrollsituation sollte die Unternehmensleitung ihr Augenmerk zudem auf die *Struktur der Unternehmensorganisation* insgesamt lenken. Haben möglicherweise eine unklare Verantwortungs- bzw. Zuständigkeitsverteilung den Accounting Fraud überhaupt erst ermöglicht? Mitarbeiter welcher Hierarchieebenen waren an den Manipulationen beteiligt? Inwieweit wussten Kollegen Bescheid, konnten oder wollten ihr Wissen jedoch nicht weiterleiten? Die Antworten auf diese und weitere Fragen in diesem Zusammenhang begründen zusätzliche einzuleitende Maßnahmen für die Unternehmensleitung. War es bspw. so, dass eingeweihte Mitarbeiter nicht wussten, wem sie ihre Informationen kommunizieren sollten, oder hatten sie Bedenken vor möglichen Konsequenzen aus dem Kollegenkreis, muss das Management ein effektives System zur Meldung solcher Fälle einrichten und alle Mitarbeiter umfassend in dessen Benutzung schulen. Je nachdem, welche Ergebnisse im Verlauf der Ermittlungen zu Tage treten, muss der Vorstand darauf angemessen reagieren. Flexibilität und der ständige Wille, Verbesserungen zu erreichen, bilden hierfür die Grundlage.

Wenn ein Vorstand sich nach dem Bekanntwerden des Accounting Fraud mit der neuen Situation konfrontiert sieht und dringende Entscheidungen zu treffen hat, muss er diese sorgfältig abwägen und das *Wohl der Gesellschaft* im Auge behalten. Wie bereits erwähnt ist es in einem solchen Fall hilfreich, wenn es einen ‚Notfallplan' gibt, der zumindest grundlegende Dinge im Umgang mit der Situation regelt[2079]. Nicht nur bei der Prävention, sondern auch bei der Reaktion auf eingetretene Accounting Fraud-Fälle kommt es in besonderem Maße auf eine effektive Zusammenarbeit verschiedener Parteien an. Der Vorstand hat zwar durch seine Aufgabe der Unternehmensleitung die Hauptverantwortung, unmittelbar auf das Geschehen angemessen zu reagieren. Zur erfolgreichen Krisenbewältigung ist er allerdings auf die Mitarbeit vieler angewiesen.

5.3.2 Möglichkeiten aus Sicht des Aufsichtsorgans

Ist ein Accounting Fraud-Fall eingetreten, bleibt auch dem Aufsichtsorgan nur die Möglichkeit der Reaktion. Dazu gehört in erster Linie, die *Unternehmensleitung* möglichst umfassend bei der Aufklärung des Sachverhalts zu *unterstützen*. Als unternehmensexternes Gremium kann der Aufsichtsrat zwar nicht selbst Maßnahmen umsetzen, er kann jedoch – denn dies gehört auch zur Er-

---

[2079] Vgl. hierzu die Ausführungen unter Gliederungspunkt 5.2.1, S. 377 ff.

füllung seiner Überwachungsaufgabe – mithelfen, nach Schwachstellen zu suchen. Dabei sollte das Aufsichtsorgan berücksichtigen, inwieweit der Vorstand selbst durch eine mangelnde Erfüllung seiner Sorgfaltspflicht dazu beigetragen hat, dass Manipulationen durchgeführt werden und (zunächst) unentdeckt bleiben konnten.

Eng mit einer Analyse der Vorstandstätigkeit verbunden ist die Notwendigkeit, dass der Aufsichtsrat sein eigenes *Überwachungskonzept kritisch hinterfragt*. War der Vorstand indirekt für die Ermöglichung von Accounting Fraud mit verantwortlich, strahlt dies auf das Aufsichtsorgan zurück. Jedes einzelne Aufsichtsratsmitglied muss für sich selbst kritisch hinterfragen, inwieweit es seine Aufgabe ordnungsgemäß, d.h. mit der gebotenen Sorgfalt und Zeit, ausgeübt hat. Dabei ist zu untersuchen, ob einzelne Mitglieder möglicherweise mit ihrer Aufgabe überfordert waren. Dies gilt insbesondere, wenn es sich um Top-Management Fraud handelt.

Der Aufsichtsrat sollte die Unternehmenskrise als Chance begreifen, aus den Erfahrungen zu lernen und Verbesserungen einzuleiten. Zudem ist es denkbar, ein speziell auf die Aufsichtsratstätigkeit ausgerichtetes *Qualitätssicherungssystem* zu entwickeln. Dies könnte bspw. darauf aufbauen, dass anhand von unternehmensspezifisch erarbeiteten Checklisten sichergestellt wird, dass alle für die Überwachung erforderlichen Arbeitsschritte durchgeführt wurden, dass Informationen an alle Mitglieder des Aufsichtsrats übermittelt wurden o.Ä. Die bereits genannten[2080] möglichen präventiven Maßnahmen, mit denen das Aufsichtsorgan einen Beitrag zur Verhinderung von Accounting Fraud leisten kann, sollten – sofern noch nicht geschehen – fortan umgesetzt werden. Außerdem ist die Effizienzbeurteilung des Aufsichtsrats in das Qualitätssicherungssystem zu integrieren.

Möglicherweise lag der Grund für eine nicht ausreichende Erfüllung seiner Überwachungsaufgabe darin, dass dem Aufsichtsrat *wichtige Informationen nicht bekannt* waren. Die Informationsversorgung des Aufsichtsrats ist sowohl Aufgabe des Vorstands als auch des Aufsichtsrats selbst. Wichtig ist, dass der Vorstand dem Aufsichtsgremium mehr Informationen übermittelt, als dies in § 90 AktG als Mindestmaß verlangt wird[2081]. Eine Änderung der gesetzlichen Regelungen erscheint allerdings vor dem Hintergrund der Berücksichtigung unternehmensspezifischer Besonderheiten nicht hilfreich. Vielmehr sollte die Pflicht zur Schaffung einer eigenen, über § 90 AktG hinausgehenden Berichtsordnung im Gesetz verankert werden. Zusätzlich hat jeder Aufsichtsrat umfassend von den ihm in § 111 AktG zugestandenen Einsichtsrechten

---

[2080] Vgl. hierzu die Ausführungen unter Gliederungspunkt 5.2.2, S. 383 ff.
[2081] Vgl. hierzu auch die Ausführungen unter Gliederungspunkt 5.2.1, S. 377 ff.

Gebrauch zu machen. Die Tatsache, dass stets ein gut organisierter und regelmäßig stattfindender Informationsfluss zwischen Vorstand und Aufsichtsrat zu erfolgen hat, stellt eine der wichtigsten Lehren aus einem eingetretenen Accounting Fraud-Fall dar.

In dem Fall, dass ein Aufsichtsratsmitglied selbst in die Vorfälle verwickelt ist, indem es bspw. mit den handelnden Personen kooperiert und dafür gesorgt hat, dass der Aufsichtsrat bestimmte Bereiche keiner Prüfung unterzieht oder relevante Dokumente nicht erhält, treten für diese Person *persönliche Konsequenzen* ein. Neben einem sofortigen Ausschluss aus dem Gremium[2082] haben die übrigen Aufsichtsratsmitglieder die Ermittlungen zur Verfolgung des Amtsmissbrauchs in der erforderlichen Art und Weise zu unterstützen. Darüber hinaus muss sich der gesamte Aufsichtsrat der Kritik stellen, warum das unrechtmäßige Handeln innerhalb des Gremiums – zumindest eine Zeit lang – unentdeckt geblieben ist. Die Kriterien zur sorgfältigen Auswahl der Aufsichtsratsmitglieder sind ggf. neu zu überdenken.

Ähnlich wie bei der Betrachtung der Reaktionsmöglichkeiten für die Unternehmensleitung ergibt sich aus der hier dargestellten Perspektive des Aufsichtsorgans ebenfalls, dass diese eher begrenzt sind, da der Accounting Fraud bereits eingetreten ist. Es geht folglich ‚nur' noch darum, den Schaden zu minimieren. Wichtig ist dennoch, dass das Unternehmen und alle betrachteten Parteien aus der gegebenen Situation lernen und für die Zukunft der Gesellschaft Vorkehrungen treffen, um die Wiederholung eines solchen Falls nach Möglichkeit ausschließen zu können.

5.4 Möglichkeiten zur Kooperation der Corporate Governance-Elemente untereinander

Die Forderung nach einer verstärkten Kooperation verschiedener Parteien im Kampf gegen Accounting Fraud ist regelmäßig erhoben worden. Dabei spielt es keine Rolle, ob ein Verstoß bereits eingetreten ist oder ob es um seine Prävention geht.

Zentraler Erfolgsfaktor sowohl für eine wirksame Prävention von als auch für eine Reaktion auf Accounting Fraud ist eine *umfassende Informationsvermittlung*. Vor diesem Hintergrund gilt es, ein ausgeprägtes und auf die jeweiligen unternehmensspezifischen Besonderheiten ausgerichtetes Berichtswesen zwischen Vorstand und Aufsichtsrat zu schaffen. Beide Gremien müssen daher gemeinsam eine ausführliche Berichtsordnung festlegen und diese doku-

---

[2082] Gem. § 103 Abs. 3 Satz 1 AktG hat das Gericht ein Aufsichtsratsmitglied auf Antrag des Aufsichtsrats abzuberufen, wenn in dessen Person ein wichtiger Grund vorliegt.

mentieren. Nach einem festgelegten Zeitplan sollten zu bestimmten Terminen regelmäßig Berichte über festgelegte Themen vom Vorstand zu erstellen und an den Aufsichtsrat zu übermitteln sein. Sind im betrachteten Zeitraum keine Informationen angefallen, führt dies zur Abgabe einer Negativerklärung. Die damit verbundene zusätzliche Arbeit darf einer Ausweitung des Berichtswesens nicht entgegenstehen. Der Mehraufwand dient letztendlich dem Wohl des Unternehmens, dem beide Parteien verpflichtet sind, und sollte allein aus diesem Grund keiner besonderen Rechtfertigung bedürfen.

Zur Ausweitung des Informationsflusses gehört, dass Vorstand und Aufsichtsrat bei auftretenden Verdachtsmomenten zügig die jeweils andere Partei informieren, um dann die weitere Vorgehensweise *abzustimmen*. Ein konzertiertes Handeln kann zu einem erfolgreicheren Einschreiten führen und demonstriert zudem nach außen Entschlossenheit. Trotzdem ist vor diesem Hintergrund darauf hinzuweisen, dass das gemeinsame Agieren mit Blick auf ein Accounting Fraud-Risiko nicht die Tatsache verdrängen darf, dass die im Gesetz vorgesehene Aufgabe des Aufsichtsrats die Überwachung der Unternehmensleitung ist. Dieser Gegensatz kann und darf auch nicht durch eine zunehmende Kooperation überwunden werden. Diese besondere Aufgabe der Rollenneudefinition gilt es für beide Parteien zu meistern – sie stellt eine der größten Herausforderungen im Umgang mit Accounting Fraud dar.

Wichtig ist, dass beide Corporate Governance-Elemente ihrer Arbeit ein hohes Maß an *Professionalität* zugrunde legen. Die Schaffung eines größeren Bewusstseins hierfür könnte dadurch erreicht werden, dass Vorstand und Aufsichtsrat einen speziell auf die Ausgestaltung ihrer Zusammenarbeit abgestimmten Verhaltenskodex entwerfen, den alle Mitglieder unterzeichnen und somit als verbindliche Maxime für ihr Handeln akzeptieren.

Wie gezeigt erfordert die Kooperation zwischen beiden betrachteten Corporate Governance-Elementen ein hohes Maß an beruflicher Sorgfalt. Durch die vom Gesetzgeber festgelegte und weiterhin gültige Beziehung, die sich als Verhältnis zwischen Handelndem und Überwachendem charakterisieren lässt, sind der Zusammenarbeit beider Parteien eindeutige Grenzen gesetzt. Jedes Organ darf für sich nicht die Wahrnehmung seiner ureigensten Aufgabe vernachlässigen. Dies stellt zweifelsohne eine schwierige Gratwanderung dar, die es zukünftig zu bewältigen gilt.

5.5 Zwischenfazit

Vorstand und Aufsichtsrat können einen wirksamen Beitrag zur Accounting Fraud-Prävention leisten. Insbesondere der Vorstand hat ob der ihm obliegenden Aufgabe der Leitung des Unternehmens nicht nur die Möglichkeit, sondern auch die Pflicht, alle erdenklichen Maßnahmen zu ergreifen, um das Auftreten von Verstößen zu vermeiden. Aus diesem Grund kommt ihm die Rolle des aktivsten Präventionsorgans zu, denn selbst wenn bspw. ein externer oder interner Prüfer bestimmte präventive Maßnahmen vorschlägt, hat letztendlich der Vorstand allein über deren Umsetzung zu entscheiden und diese anzuordnen. Der Aufsichtsrat kann selbst bestimmen, wie er die ihm vom Gesetzgeber übertragene Aufgabe der Geschäftsführungsüberwachung konkret ausgestaltet. Hier ist an das Gremium zu appellieren, diese Pflicht ernst zu nehmen und sie mit größtmöglicher Sorgfalt zu erfüllen.

Bei der Reaktion auf bereits eingetretene Accounting Fraud-Fälle ist der Vorstand das Organ, welches letztendlich über die Vorgehensweise der Krisenbewältigung entscheidet. Es kann und sollte dabei aber unbedingt auf die Unterstützung anderer Parteien zurückgreifen, um die Situation zum Wohl des Unternehmens bestmöglich meistern zu können.

Nachdem nun ausführlich die Beeinflussung der prüferischen Instanzen externer Jahresabschlussprüfer und Interne Revision sowie der Corporate Governance-Elemente Vorstand und Aufsichtsrat durch die Gefahr von Accounting Fraud untersucht und beschrieben wurde, werden die Erkenntnisse im folgenden Gliederungspunkt 6[2083] zur Betrachtung von Accounting Fraud im Spannungsfeld von Revision und Corporate Governance zusammengeführt und graphisch veranschaulicht.

[2083] Vgl. S. 397 ff.

6 Synopse: Accounting Fraud im Spannungsfeld von Revision und Corporate Governance

Die Kooperation aller in dieser Arbeit betrachteten Instanzen in verschiedenen Untergruppierungen oder auch gemeinsam stellt das Kernelement im Umgang mit der Gefahr von Accounting Fraud dar. Einzelne dafür relevante Aspekte wie Fragen der Unabhängigkeit wurden bereits an anderen Stellen thematisiert und werden daher hier nicht weiter betrachtet.

Information als Erfolgsfaktor im Kampf gegen Accounting Fraud bedingt, dass die Übermittlung aller notwendigen Daten und Fakten in einer angemessenen Struktur und einem Regelungskanon folgend geschieht. Daher wird an dieser Stelle die Einrichtung eines *Accounting Fraud Committee (AFC)* empfohlen, welchem Mitglieder des Vorstands und des Aufsichtsrats sowie Mitarbeiter aus dem Team des externen Abschlussprüfers und der Internen Revision angehören sollen. In regelmäßig stattfindenden Treffen entwickelt dieses Komitee eine *Strategie der Accounting Fraud-Prävention*, in der jedem Mitglied seinem Aufgabengebiet entsprechende besondere Pflichten zugewiesen werden. Diese Tätigkeiten sind auf die jeweilige Unternehmenssituation zugeschnitten und müssen bei Bedarf, z.B. bei Veränderungen in der Organisationsstruktur oder bei Unternehmenszu- oder -verkäufen, überarbeitet und ggf. angepasst werden. Die einzelnen Aufgaben umfassen die an früherer Stelle erläuterten Möglichkeiten zur Verhinderung von Accounting Fraud[2084]. Auf diese Weise kann erreicht werden, dass das Risikobewusstsein und der ernsthafte Umgang mit der Gefahr über die einzelnen Elemente des AFC in alle Unternehmensbereiche hineingetragen werden kann. Als Unterstützung kann bspw. ein regelmäßig erstellter Bericht über die Arbeit des Komitees dienen, der im gesamten Unternehmen verteilt wird und so über die Tätigkeit und eingeleitete Maßnahmen des AFC unterrichtet.

Zusätzlich überwacht und koordiniert das Komitee die erforderlichen *Schulungsmaßnahmen*, um ein umfassendes Verständnis der Accounting Fraud-Prävention zu erreichen. Diese Schulungen befassen sich je nach Bedarf z.B. mit dem eingerichteten Whistleblowing-System oder auch mit neuen oder veränderten internen Kontrollen. Das AFC nimmt innerhalb des Unterneh-

---

[2084] Vgl. hierzu die Ausführungen unter Gliederungspunkt 4.3, S. 340 ff., Gliederungspunkt 4.4, S. 357 f., Gliederungspunkt 5.2.1, S. 377 f. und Gliederungspunkt 5.2.2, S. 383 ff.

mens die zentrale Stelle zur Koordination aller Fragen im Zusammenhang mit der Gefahr von Accounting Fraud ein. Dass ihm u.a. Mitglieder aus Vorstand und Aufsichtsrat angehören, ist ein Zeichen der hohen Priorität, die dem Accounting Fraud-Risiko eingeräumt wird.

Tritt im Unternehmen trotz aller ergriffenen Schutzmaßnahmen ein Fall von Accounting Fraud auf, übernimmt das AFC die Aufgabe, alle einzelnen Parteien bei den ihnen jeweils obliegenden Pflichten im Zusammenhang mit der *Krisenbewältigung* umfassend zu unterstützen[2085]. Alle bei der Aufklärung der Vorgänge und der Ermittlung der Täter gewonnenen Informationen werden zentral im AFC verwaltet; die einzelnen durchzuführenden Maßnahmen werden aufeinander abgestimmt. Mit Blick auf den Umgang mit der Öffentlichkeit kann das Komitee eine Strategie entwickeln, wie den Informationsadressaten des Unternehmens offen Bericht erstattet wird, um einen Vertrauensverlust zu minimieren, und gleichzeitig damit begonnen wird, verloren gegangenes Vertrauen zurückzugewinnen. Innerhalb des Unternehmens fungiert das AFC zudem als Ansprechpartner für die Mitarbeiter.

An anderer Stelle in dieser Arbeit wurde bereits die Ansicht vertreten, dass jedes Unternehmen einen ‚*Notfallplan*' auszuarbeiten hat, der im Fall einer durch aufgedeckten Accounting Fraud hervorgerufenen Krise grundsätzliche Maßnahmen zur Bewältigung der Situation zu enthalten hat[2086]. Auf diese Weise können umgehend, d.h., ohne dass Zeit für ihre Entwicklung aufgewendet werden muss, reaktive Maßnahmen eingeleitet werden. Hat das betreffende Unternehmen ein AFC eingerichtet, soll dieses den Notfallplan verwalten. Dies geschieht im Bewusstsein, dass letztlich der Vorstand als Inhaber der Leitungsverantwortung über alle vom AFC vorgeschlagenen Reaktionsmaßnahmen entscheiden und diese anordnen muss.

Die Arbeitsgrundsätze des AFC müssen dokumentiert werden. Hierzu bietet sich die Erarbeitung einer speziellen *Kodex* an. Dieser dient zum einen dazu, den Mitgliedern selbst einen Leitfaden für ihre Tätigkeit bereitzustellen, dessen Verbindlichkeit sie durch ihre Unterschrift anerkennen. Zum anderen werden mit einer solchen Dokumentation nach außen eindeutig die Aufgabenstellung des AFC und sein Selbstverständnis dokumentiert. Auf diese Weise wird es sowohl allen vier genannten Parteien, aus deren Vertretern sich das Komitee zusammensetzt, als auch den übrigen Mitarbeitern des Unternehmens sowie der interessierten Öffentlichkeit ermöglicht, den Auftrag und die Bedeutung des AFC kennenzulernen respektive zu beurteilen.

[2085] Vgl. zu den einzelnen Pflichten die Ausführungen unter Gliederungspunkt 4.3, S. 340 ff., Gliederungspunkt 4.4, S. 357 ff., Gliederungspunkt 5.3.1, S. 389 ff. und Gliederungspunkt 5.3.2, S. 391 ff.

[2086] Vgl. hierzu die Ausführungen unter Gliederungspunkt 5.2.1, S. 377 ff.

Ein AFC symbolisiert den gemeinsamen Willen aller, zur Vermeidung von Verstößen beizutragen. Aus diesem Grund kommt dem Gremium insbesondere eine hohe Präventivwirkung zu, da es potenziellen Tätern deutlich signalisiert, dass innerhalb wie außerhalb des Unternehmens über alle Ebenen und Bereiche hinweg zur Bekämpfung von Accounting Fraud zusammengearbeitet wird und somit das Risiko der Täter, entdeckt zu werden, beträchtlich steigt.

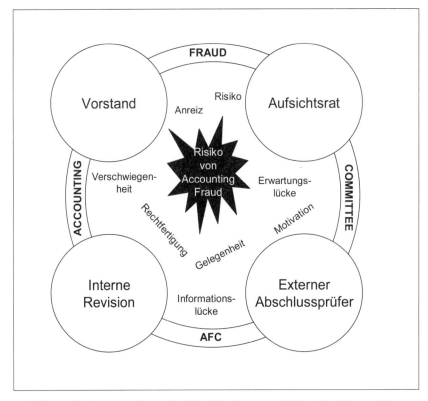

Abbildung 16: Synopse – Accounting Fraud im Spannungsfeld von Revision und Corporate Governance

Abbildung 16 stellt das erläuterte Zusammenspiel von externer Jahresabschlussprüfung, Interner Revision, Vorstand und Aufsichtsrat graphisch dar. Im Vergleich zu Abbildung 15[2087] zeigt sich, dass bei einem gestiegenen Ge-

---

[2087] Vgl. S. 335.

fahrenbewusstsein[2088] und einer umfassenden Kooperation der vier genannten Parteien – dargestellt durch die durchgezogene Linie[2089] – der *Überwachungskreis* enger wird und somit alle Instanzen dichter zusammenrücken. Die so erreichte verbesserte Überwachung führt zu einer verminderten Bedeutung der Risikofaktoren, welche zu Accounting Fraud führen können. Somit reduziert sich schließlich das Risiko des Eintritts von Accounting Fraud. Dies ist graphisch durch das verkleinerte Symbol im Zentrum der Abbildung veranschaulicht. Die vier Elemente werden verbunden durch das AFC, welches sich sowohl aus Mitgliedern von Vorstand und Aufsichtsrat als auch der beiden Prüfteams zusammensetzt. Das Komitee übernimmt die Koordinationsfunktion aller Handlungen zur Prävention von bzw. Reaktion auf Accounting Fraud.

Die abgeleitete notwendige umfassende Kooperation der vier Parteien und ihre erfolgreiche Umsetzung führen dazu, dass das Risiko und damit auch die Gefahr von Accounting Fraud erheblich verringert werden können. Eines ist jedoch gewiss: Völlig ausschließen lassen wird sich dieses nie. Trotz aller Schutzmaßnahmen und einem wachsamen AFC können Situationen auftreten, in denen Personen die Kriterien des Fraud Triangle[2090] erfüllen und versuchen, sich auf kriminelle Art und Weise einen persönlichen (finanziellen) Vorteil zu verschaffen. Trotzdem darf dies nicht dazu führen, dass die Unternehmen im Kampf gegen Accounting Fraud nachlassen. Eine effektive Implementierung des dargestellten Konzepts eines AFC trägt dazu bei, dass eine größere Zahl von möglichen Verstößen gar nicht erst begangen wird. Kommt es doch zu Bilanzmanipulationen, unterstützt das Konzept darüber hinaus die reaktiven Maßnahmen und hilft dabei, das durch den Schadenseintritt verloren gegangene Vertrauen in das betroffene Unternehmen wiederherzustellen.

[2088] Dies wird durch die im Vergleich zu Abbildung 15 vergrößerten Symbole der vier Elemente ausgedrückt.
[2089] In Abbildung 15, S. 335 wurde diese Linie noch gestrichelt gezeichnet. Die durchgezogene Linie symbolisiert die enger gewordene Kooperation.
[2090] Vgl. hierzu die Ausführungen unter Gliederungspunkt 2.2.4, S. 31 ff.

7 Fazit und Ergebniszusammenfassung

1. Wirtschaftskriminalität gehört zu den bedeutendsten operationellen Risiken eines Unternehmens. *Accounting Fraud* ist eine Unterkategorie davon, die in der jüngeren Vergangenheit – nicht zuletzt ob bekannt gewordener Bilanzskandale in den USA und in Europa – deutlich an Relevanz gewonnen hat. Kriminelle Handlungen in Form von Bilanzmanipulationen können in keinem Rechtssystem völlig ausgeschlossen werden. Da mit ihnen regelmäßig ein wirtschaftlicher Schaden für die Wirtschaft im Allgemeinen sowie das betroffene Unternehmen im Speziellen verbunden ist, ist es erforderlich, sie durch geeignete Präventionsmaßnahmen entweder nicht entstehen zu lassen oder die Chancen ihrer Aufdeckung zu erhöhen, um so die negativen Auswirkungen minimieren zu können. Diese Erkenntnis bildet den Ausgangspunkt der in dieser Arbeit erbrachten wissenschaftlichen Forschungsleistung. Als Accounting Fraud werden in dieser Arbeit Verstöße i.S.d. IDW PS 210 bezeichnet, also beabsichtigte falsche Angaben in der Rechnungslegung.
2. Das Auftreten von Accounting Fraud ist regelmäßig an das Vorliegen von drei Voraussetzungen gebunden, die im Schrifttum als *Fraud Triangle* bezeichnet werden: Motivation, Gelegenheit und innere Rechtfertigung. Eine Motivation zum Begehen von Verstößen ist dann gegeben, wenn Täter einen besonderen Druck verspüren oder einen Anreiz haben, der sie die Tat begehen lässt. Hinzu kommt eine Situation (Gelegenheit), die es den Handelnden ermöglicht, ihre Tat zu begehen. Erlaubt die persönliche Einstellung eines Täters ihm, den Accounting Fraud tatsächlich zu begehen, ist das Kriterium der inneren Rechtfertigung erfüllt. Sobald eine der drei Voraussetzungen vorliegt, steigt das Risiko, dass Verstöße begangen werden.
3. Die Auswirkungen von gefälschter Rechnungslegung auf die betreffenden Unternehmen sind vielfältig. Nicht selten führen sie zu *Unternehmenskrisen* bis hin zum Zusammenbruch der Gesellschaft bzw. des Konzerns, wie die in der Arbeit angeführten Beispiele zeigen. Sind börsennotierte Unternehmen von Accounting Fraud betroffen, beeinflusst dies zunächst ihren eigenen Börsenwert. Darüber hinaus hat die Erfahrung gezeigt, dass die Kapitalmarktakteure verunsichert und das Vertrauen nicht nur in das im Fokus stehende Unternehmen verloren haben, sondern darüber hinaus die Kapitalmarktorganisation insgesamt ebenso wie die zugehörigen Überwachungsträger in Frage gestellt wurden. Die Globalisierung der Güter- und

damit einhergehend der Kapitalmärkte trug dazu bei, dass dieses Phänomen nicht auf den jeweils nationalen Bereich beschränkt blieb.
4. Aufgrund des entstandenen wirtschaftlichen Schadens durch Accounting Fraud für Unternehmen und Wirtschaft – auch wegen des verloren gegangenen Vertrauens in die Kapitalmärkte – sah sich der Gesetzgeber in verschiedenen Staaten in der Pflicht, auf die aufgedeckten Fälle von Bilanzmanipulationen mit *Gesetzesinitiativen* oder anderen Formen der Normsetzung zu reagieren. Eine wesentliche Maßnahme in den USA war die Verabschiedung des SOX im Jahr 2002. Das Gesetz enthält sowohl Vorschriften zur Ausweitung der Verantwortung der Unternehmensleitung als auch hinsichtlich einer verstärkten Überwachung des Berufsstands der Wirtschaftsprüfer. Mit Blick auf die Abschlussprüfung ist in Europa und damit auch für Deutschland insbesondere die Neufassung der 8. EU-Richtlinie aus dem Jahr 2006 zu nennen, die in einigen Bereichen durch den SOX geprägt ist. Der deutsche Gesetzgeber hat die meisten der EU-Vorgaben vorausschauend bereits 2004 mit dem BilReG umgesetzt, weitere noch erforderliche Änderungen sollen mit dem derzeit als Ref-E vorliegenden BilMoG in nationales Recht transformiert werden.
5. Zur Bestimmung von Accounting Fraud ist die Frage zu klären, inwieweit von einer den Rechnungslegungsnormen genügenden und damit zulässigen Gestaltung von Jahresabschluss und Lagebericht gesprochen werden kann und ab wann die Grenze der Legalität überschritten wird. Die Untersuchung des Verhältnisses von *Bilanzpolitik* und Accounting Fraud hat gezeigt, dass zwischen beiden Bereichen nicht immer eine eindeutige Trennlinie gezogen werden kann, sondern dass der Übergang von der erlaubten Ausnutzung von Wahlrechten und Ermessensspielräumen hin zur unrechtmäßigen Manipulation der Rechnungslegung im Einzelfall fließend sein kann. In dieser Grauzone zwischen legaler Bilanzpolitik und illegalem Accounting Fraud ist es u.U. schwierig, Sachverhalte als eindeutig zu der ein oder anderen Seite zugehörig zu klassifizieren.
6. Accounting Fraud ist stets in mehrfacher Hinsicht mit negativen Konsequenzen verbunden. Aus diesem Grund muss seine *Prävention* mit besonderem Nachdruck erfolgen. Da sich Manipulationen in der Rechnungslegung allerdings nie gänzlich ausschließen lassen werden, ist zusätzlich zu präventivem Handeln der Entwicklung von Maßnahmen zu ihrer zeitnahen Aufdeckung eine große Bedeutung beizumessen. Die Arbeit untersucht diese beiden Herausforderungen *aus vier verschiedenen Blickwinkeln*. Zunächst sind die prüfenden Instanzen externer Abschlussprüfer und Interne Revision Gegenstand der Ausführungen. Im Anschluss wird – einer engen

Abgrenzung des Corporate Governance-Verständnisses folgend – die Rolle von Vorstand und Aufsichtsrat betrachtet.

7. Auf das Vorliegen von Accounting Fraud können verschiedene *Risikofaktoren* hindeuten, die sich – zumindest zum Teil – aus der Tätigkeit der vier genannten Parteien – externer und interner Prüfer sowie Vorstand und Aufsichtsrat – ableiten lassen. Diese Warnsignale beziehen sich insbesondere auf den Vorstand sowie den Aufsichtsrat. Zu nennen sind bspw. ein hoher variabler Anteil an der Gesamtvergütung, dem Kapitalmarkt kommunizierte und als wenig realistisch erscheinende Prognosen für die zukünftige Entwicklung, wenig Rechnungslegungskompetenz bei den Mitgliedern des Aufsichtsrats oder ein schlechtes Verhältnis und damit eine mangelhafte Kommunikation zwischen Vorstand und Aufsichtsrat. Für die externen und internen Prüfer bedeutet das Vorhandensein von Risikofaktoren, dass sie die betreffenden Bereiche besonders aufmerksam zu prüfen haben.

8. Zum Umgang mit der Gefahr von Accounting Fraud, d.h. zur Verhinderung seiner Entstehung oder zur Verbesserung der Chancen auf eine rasche und zeitnahe *Aufdeckung*, kann zunächst jede der vier betrachteten Parteien – externer Jahresabschlussprüfer, Interne Revision, Vorstand und Aufsichtsrat – für sich genommen einen Beitrag leisten. Darüber hinaus dient eine erweiterte und entsprechend regulierte Kooperation einzelner ebenso wie aller Bereiche untereinander dem genannten Ziel. Für die externe Jahresabschlussprüfung hat das IDW im Jahr 2006 mit der Neufassung seines Prüfungsstandards 210 zur Aufdeckung von Unrichtigkeiten und Verstößen im Rahmen der Prüfung bereits ein Konzept vorgelegt, das die prüferischen Aufgaben regelt. Dieses sollte allerdings noch erweitert werden. Für die Interne Revision finden sich in Deutschland keine diesbezüglichen Regelungen. Die Verantwortung des Vorstands hat der deutsche Gesetzgeber 2007 durch die Einführung des Bilanzeids nach dem Vorbild des SOX erweitert. Die Aufgabendefinition des Aufsichtsrats hat indes noch keine gesetzliche Veränderung speziell unter Accounting Fraud-Gesichtspunkten erfahren.

9. Als zentrale Veränderung der *Aufgabenwahrnehmung eines externen Prüfers* gilt die Hinwendung von einer kritischen zu einer skeptischen Grundhaltung, mit der er dem zu prüfenden Unternehmen begegnen soll. Außerdem soll bspw. das Instrument der Mitarbeiterbefragung stärker ausgebaut werden. Gleiches gilt für die Nutzung des Überraschungsmoments bei Prüfungen. Zudem soll der Abschlussprüfer gezielt nach Hinweisen auf eine Außerkraftsetzung des internen Kontrollsystems durch das Management suchen. Die Prüfungsplanung ist ebenso wie die Zusammensetzung des

Prüfteams und die Auswahl der Prüfungshandlungen an die Gefahr von Accounting Fraud anzupassen. Zusätzlich ist die Vollständigkeitserklärung, die der Prüfer von der Unternehmensleitung einholt, um spezifische Inhalte mit Blick auf das mögliche Vorliegen von Verstößen gegen Rechnungslegungsvorschriften zu erweitern. Werden bei der Untersuchung des internen Überwachungssystems Schwachstellen aufgedeckt, hat der Prüfer hiernach unter Wahrung seiner Unabhängigkeit und Berücksichtigung des Selbstprüfungsverbots zukünftig verstärkt Unterstützungsarbeit für die Unternehmensleitung im Zusammenhang mit der Verbesserung der Wirksamkeit des Systems zu leisten. Hierzu gehört auch, dass der Prüfer die Risikoeinschätzung des Managements einer kritischen Analyse unterzieht. Kommt es bei der Prüfung zur Aufdeckung von Accounting Fraud, soll der Prüfer über ein *Eskalationsmodell* verfügen, anhand dessen er zeitnah seiner Mitteilungspflicht gegenüber unterschiedlichen Stellen nachkommen kann. Der Aufsichtsrat ist grundsätzlich in die über den Prüfungsbericht hinausgehende Berichterstattung des Abschlussprüfers zu integrieren. Schließlich ist darüber nachzudenken, die Verschwiegenheitspflicht gegenüber bestimmten Institutionen wie z.B. der Polizei oder der Staatsanwaltschaft zu lockern.

10. Die *Interne Revision* soll zukünftig den Vorteil des Überraschungsmoments bei Ad hoc-Prüfungen noch häufiger einsetzen. Aufgrund ihrer während des gesamten Jahres stattfindenden Prüfungstätigkeit kann sie in besonders risikobehafteten Bereichen verstärkt präventive Prüfungshandlungen durchführen und dabei Erfahrungen aus Nachprüfungen, d.h. aus dem Umgang mit von ihr ausgesprochenen Empfehlungen, einfließen lassen. Die Interne Revision kann darüber hinaus regelmäßige Gespräche mit Mitarbeitern unterschiedlicher Abteilungen dazu nutzen, typische Risikofaktoren zu identifizieren. Zu empfehlen ist die Einrichtung eines *speziellen Accounting Fraud-Teams*, in welchem das gesamte themenspezifische Wissen gebündelt wird und das die Koordination der Prävention übernehmen kann. Wichtig ist für die Interne Revision die Bereitstellung flexibler Strukturen, damit sie bei einem Verdacht unmittelbar reagieren und prüferisch tätig werden kann. Ist ein Accounting Fraud-Fall eingetreten und müssen dessen Auswirkungen in der Rechnungslegung korrigiert werden, soll dieser Prozess von der Internen Revision kritisch begleitet werden. Mit Blick auf die Anforderungen des SOX nimmt die Interne Revision die Position einer wichtigen Unterstützung für die Unternehmensleitung ein und trägt somit dazu bei, allen Vorschriften zu entsprechen. Als unternehmensinterne Organisation kann sie darüber hinaus die Stimmungslage im Unternehmen insgesamt einschätzen und muss verstärkt versuchen, daraus

Rückschlüsse auf das Vorliegen von Accounting Fraud zu ziehen. Bei der Erarbeitung und Durchsetzung eines Verhaltenskodex für alle Mitarbeiter soll die Interne Revision maßgeblich beteiligt sein. Gleiches gilt für die Umsetzung eines unternehmensweiten Whistleblowing-Konzepts. Als Reaktion auf einen aufgedeckten Verstoß müssen die internen Prüfer dazu beitragen, alle erforderlichen Informationen zu ermitteln.

11. Bei jeder Art von Aufdeckung oder Prävention von Straftaten spielt das Maß der Prüfung eine Rolle. Auf dieser Basis hat eine *umfassende Kooperation* zwischen dem externen Abschlussprüfer und der Internen Revision eines Unternehmens zu erfolgen, um so ein möglichst engmaschiges Prüfungsnetz spannen zu können. Hilfreich hierzu sind bspw. regelmäßige Treffen von Vertretern beider Parteien, die zur Koordination der jeweiligen Tätigkeiten dienen sollen. Gerade bei Verdacht auf Accounting Fraud kann es hilfreich sein, wenn beide Instanzen mit ihrer unterschiedlichen Herangehensweise nach Anzeichen oder Beweisen suchen, um den Verdacht zu belegen oder zu entkräften. Eine Abstimmung kann auch bei der Beurteilung des internen Kontrollsystems erfolgen. Grundsätzlich gilt allerdings weiterhin, dass beide Prüfungsorgane jeweils selbstständig zu einem Prüfungsurteil gelangen müssen und dieses auch jeweils alleine zu verantworten haben.

12. Aus der Gefahr von Accounting Fraud ergibt sich sowohl für einen externen Jahresabschlussprüfer als auch für interne Revisoren unter Beratungsgesichtspunkten ein *neues Betätigungsfeld*. Dies betrifft insbesondere das interne Kontrollsystem. Sowohl interne als auch externe Prüfer können beratend, d.h. gestalterisch tätig werden und – u.U. gemeinsam – ein verbessertes Konzept für ein Kontrollsystem erarbeiten. Da dies für als externe Abschlussprüfer der Gesellschaft bestellte Prüfer aufgrund der erforderlichen Trennung von Prüfung und Beratung nicht zulässig ist, stellt es eine neue Aufgabe für andere Prüfer, die ausschließlich als Berater beauftragt sind, dar. Die Interne Revision hat ebenfalls darauf zu achten, dass Kollegen, die eine solche Beratungsleistung erbringen, nicht dem das Ergebnis prüfenden Team angehören, um auf diese Weise ein Prüfen der eigenen Arbeit zu verhindern.

13. Ist in einem Unternehmen ein Accounting Fraud-Fall eingetreten, beeinflusst dies die zukünftige *Wahrnehmung der Prüfungsaufgabe* sowohl inhaltlich als auch personell. Ein externer Prüfer kann für die Folgeperiode entscheiden, ob er den Prüfungsauftrag wieder annehmen oder das Mandat niederlegen möchte. Eine solche Möglichkeit bietet sich der Internen Revision ob ihrer Zugehörigkeit zum Unternehmen nicht. Zur Kommunikation über Accounting Fraud müssen für beide Parteien festgelegte Regeln, so-

wohl hinsichtlich der unternehmensinternen als auch -externen Berichterstattung, gelten.

14. Dem in Deutschland geltenden *dualistischen System der Unternehmensverfassung* folgend überwacht der Aufsichtsrat als Aufsichtsorgan die durch den Vorstand ausgeübte Unternehmensleitungsfunktion. Entsprechend seiner in § 93 AktG kodifizierten Sorgfaltspflicht hat der Vorstand einer AG Vorkehrungen zu treffen, damit Manipulationen in der Rechnungslegung nicht durchgeführt werden können. Hierzu gehört auch die Pflicht zur Einrichtung eines Überwachungssystems nach § 91 Abs. 2 AktG. Verstöße werden ermöglicht, wenn das zum Überwachungssystem gehörende Kontrollsystem nicht effektiv arbeitet. Mögliche Gründe können insbesondere darin bestehen, dass einzelne erforderliche Kontrollmaßnahmen fehlen, dass installierte interne Kontrollen nicht wirksam funktionieren oder dass sie umgangen werden. Die Ausschaltung (von Teilen) des internen Kontrollsystems (*Management Override of Controls*) kann insbesondere durch die Unternehmensleitung geschehen, da diese aufgrund ihrer Verantwortung für das Gesamtsystem über einen Überblick der Zusammenhänge aller einzelnen Kontrollmaßnahmen verfügt und somit einschätzen kann, wie ihre Wirksamkeit beeinträchtigt oder aufgehoben werden kann.

15. Die *Unternehmensleitung* ist nicht nur für die Funktionstüchtigkeit des internen Überwachungssystems verantwortlich. Zusätzlich soll unter der Verantwortung des Vorstands ein *Verhaltenskodex* erarbeitet und als für alle Mitarbeiter des Unternehmens verbindlich erklärt werden. Große Bedeutung ist zudem der Schaffung einer positiven Unternehmenskultur beizumessen. Der Vorstand hat sich seiner Aufgabe als Vorbild für alle Mitarbeiter bewusst zu sein. Insbesondere bezüglich der variablen Anteile der Vorstandsvergütung ist ein hohes Maß an Integrität unerlässlich. Ein besonderes Augenmerk ist auf den Informationsfluss zwischen Vorstand und Aufsichtsrat zu legen. Liegen Hinweise auf Accounting Fraud vor, muss die Unternehmensleitung diesen unverzüglich nachgehen und den Sachverhalt aufklären. Für den Fall des Eintritts einer Krise soll ein Notfallplan ausgearbeitet werden, an dem sich die reaktiven Maßnahmen orientieren können. War ein Mitglied der Unternehmensleitung selbst an dem Verstoß beteiligt, ist es aus dem Unternehmen zu entfernen. Insgesamt betrachtet spielen für einen Vorstand, der aktiv daran beteiligt sein möchte, das Risiko von Accounting Fraud im eigenen Unternehmen zu minimieren, vor allem zwei Punkte eine wesentliche Rolle: einerseits der Wille, alles zu unternehmen, um die Gesellschaft möglichst wenig anfällig für Verstöße zu machen, und andererseits Kommunikation sowie Zusammenarbeit mit

anderen Parteien wie z.B. externem Jahresabschlussprüfer, Interner Revision oder Aufsichtsrat.
16. Das *Aufsichtsorgan* eines Unternehmens stellt einen wichtigen Bestandteil der unternehmerischen Überwachung dar. Um eine bestmögliche Prävention zu erreichen, muss jedes Mitglied für seine Tätigkeit die erforderliche Zeit und Kompetenz mitbringen. Daher wird es als notwendig erachtet, die Zahl der maximal möglichen Aufsichtsratsmandate noch stärker zu begrenzen. Bei der Auswahl der Mitglieder ist auf das Vorhandensein von *rechnungslegungsspezifischem Fachwissen* zu achten. Die verpflichtende Anzahl der Aufsichtsratssitzungen innerhalb eines Geschäftsjahrs soll erhöht werden. Bei der Ausschussbildung ist darauf zu achten, dass die in den einzelnen Gremien vorhandenen und diskutierten Informationen auch dem Gesamtaufsichtsrat vermittelt werden. Die Geschäftsordnung des Aufsichtsrats soll noch stärker das Vorgehen des Gremiums, insbesondere unter Accounting Fraud-Gesichtspunkten, reglementieren und die Verantwortlichkeit der einzelnen Aufsichtsratsmitglieder erhöhen. Hierzu trägt ein Verhaltenskodex bei, der von jedem Mitglied zu unterzeichnen ist und speziell auf die Aufsichtsratsbelange abgestimmt sein muss. Mit Blick auf variable Anteile an der Aufsichtsratsvergütung ist Integrität der Aufsichtsratsmitglieder erforderlich. Bei der Auswahl des Abschlussprüfers hat der Aufsichtsrat zukünftig noch gewissenhafter zu prüfen, ob ein Kandidat der Aufgabe gewachsen ist, statt jährlich ohne erneutes Abwägen den Abschlussprüfer des Vorjahrs wieder vorzuschlagen. Ein zentraler Kritikpunkt ist der Wechsel ehemaliger Vorstandsmitglieder in den Aufsichtsrat, der unter Unabhängigkeitsgesichtspunkten abzulehnen ist. Hier ist es Aufgabe eines Aufsichtsrats, selbstständig Regelungen zu schaffen, die einen solchen Wechsel wenigstens nicht direkt, sondern erst nach Ablauf einer Abkühlungsphase ermöglichen. Bei der regelmäßigen Bewertung seiner Effizienz durch den Aufsichtsrat selbst ist es wichtig, dass das Gremium seine Tätigkeit kritisch hinterfragt und untersucht, wie sehr seine Einschätzungen aus der Vergangenheit zugetroffen haben. Zudem sollen einzelne Mitglieder untereinander ihre jeweilige Effizienz gegenseitig beurteilen. Ist ein Accounting Fraud-Fall eingetreten, hat der Aufsichtsrat den Vorstand bei der Bewältigung der Krise zu unterstützen. Außerdem muss er sein eigenes Überwachungskonzept kritisch hinterfragen. In diesem Zusammenhang ist die Entwicklung eines speziellen Qualitätssicherungssystems für die Aufsichtsratstätigkeit anzuregen. Falls ein Mitglied des Gremiums selbst an dem Verstoß beteiligt war bzw. diesen gedeckt hat, ist es aus dem Aufsichtsorgan abzuberufen.

17. Sowohl zur Prävention von als auch für den Umgang mit Accounting Fraud ist eine *Kooperation* zwischen den beiden Corporate Governance-Elementen Vorstand und Aufsichtsrat sehr wichtig. Diese erfordert von beiden Parteien ein hohes Maß an Professionalität. Zentraler Bestandteil ist der Informationsfluss zwischen beiden Organen, der im Vergleich zu der vom Gesetzgeber geforderten Intensität und Regelmäßigkeit deutlich ausgeweitet werden muss. Die weiterhin geltende Beziehung zwischen Vorstand und Aufsichtsrat, die sich als Verhältnis zwischen Handelndem und Überwachendem charakterisieren lässt, setzt der Zusammenarbeit beider Parteien allerdings eindeutige Grenzen. Kein Organ darf die Wahrnehmung seiner ureigensten Aufgabe vernachlässigen. Dies stellt zweifelsohne eine sehr schwierige Gratwanderung dar, die es zukünftig zu meistern gilt.
18. Die Zusammenarbeit zwischen Revisionsinstanzen und Corporate Governance-Elementen stellt ebenfalls den Aspekt der Informationsvermittlung in den Mittelpunkt. Information als Erfolgsfaktor bedingt, dass die Übermittlung aller notwendigen Daten und Fakten nach einer angemessenen Struktur und einem Regelungskanon folgend geschieht. Daher wird in der Arbeit die Einrichtung eines *Accounting Fraud Committee* empfohlen, welchem Mitglieder des Vorstands und des Aufsichtsrats sowie aus dem Team des externen Abschlussprüfers und der Internen Revision angehören sollen. In regelmäßig stattfindenden Treffen entwickelt dieses Komitee eine Strategie der Accounting Fraud-Prävention, in der jedem Mitglied seinem Aufgabengebiet entsprechende besondere Pflichten zugewiesen werden. Auf diese Weise kann erreicht werden, dass das Risikobewusstsein und der ernsthafte Umgang mit der Gefahr über die einzelnen Elemente des Accounting Fraud Committee in alle Unternehmensbereiche hineingetragen wird. Tritt im Unternehmen trotz aller ergriffenen Schutzmaßnahmen ein Fall von Accounting Fraud auf, übernimmt das Accounting Fraud Committee die Aufgabe, alle einzelnen Parteien bei den ihnen jeweils obliegenden Pflichten im Zusammenhang mit der Krisenbewältigung umfassend zu unterstützen und alle eingeleiteten Maßnahmen zu koordinieren. Zudem fungiert es als Ansprechpartner für die Mitarbeiter. Ein solches Accounting Fraud Committee symbolisiert insbesondere den gemeinsamen Willen aller, zur Vermeidung von Verstößen beizutragen. Aus diesem Grund kommt dem Gremium eine hohe Präventivwirkung zu, da es potenziellen Tätern deutlich die Einigkeit signalisiert, mit der innerhalb wie außerhalb des Unternehmens über alle Ebenen und Bereiche hinweg zur Bekämpfung von Accounting Fraud zusammengearbeitet wird.
19. Die Untersuchung der einzelnen Aufgabengebiete von externer Jahresabschlussprüfung, Interner Revision, Vorstand und Aufsichtsrat sowie die

Betrachtung der Kooperationsmöglichkeiten haben ergeben, dass eine *Ausweitung der jeweiligen Verantwortlichkeiten* verbunden mit einer *engeren und umfassenderen Kooperation* dazu führen werden, die Bedeutung der relevanten Risikofaktoren zu vermindern und somit insgesamt die Gefahr von Accounting Fraud deutlich zu reduzieren. Allerdings ist trotz allem festzuhalten, dass sich diese voraussichtlich nie gänzlich ausschließen lassen wird. Dies darf jedoch nicht dazu führen, dass die Unternehmen ihre Bemühungen im Kampf gegen Accounting Fraud nicht weiterhin mit dem nötigen Engagement verfolgen. Eine effektive Implementierung des dargestellten Konzepts eines Accounting Fraud Committee und die effektive Ausführung der aufgezeigten Einzelmaßnahmen tragen dazu bei.

20. Die bisher ergriffenen gesetzlichen Initiativen weisen in die richtige Richtung. Zur verbesserten Prävention bzw. Reaktion sind weitere Aktivitäten seitens des (deutschen) Gesetzgebers gefragt. Abgeleitet aus den vorstehenden Ausführungen zum Umgang mit der Gefahr durch Accounting Fraud können *weitere gesetzgeberische Maßnahmen* einen wirksamen Beitrag zur Reduzierung bzw. zügigen Aufdeckung von Verstößen leisten. In diesem Zusammenhang ist zunächst eine Verschärfung der Sanktionen zu nennen, und zwar sowohl für die Täter selbst als auch für die Unternehmensleitung oder das Aufsichtsorgan, falls diese Informationen verschweigen oder die Prüfer bei ihren Untersuchungen behindern. In diesem Zusammenhang ist eine Verschärfung der in § 331 HGB enthaltenen Sanktionsvorschriften in der Form zu empfehlen, dass die angedrohte Mindeststrafe eine Freiheitsstrafe darstellt. Indem Geldstrafen als mögliche Sanktionen nicht mehr zugelassen werden, erhöht sich die Abschreckungswirkung der Norm bei einem Accounting Fraud Fall. Außerdem soll über die Lockerung der Verschwiegenheitsverpflichtung des externen und internen Prüfers nachgedacht werden. Inwieweit diese oder andere gesetzgeberische Maßnahmen zur Verringerung bzw. Aufdeckung von Accounting Fraud verwirklicht werden, bleibt abzuwarten.

21. Die vorliegende Arbeit betrachtet *Accounting Fraud im Spannungsfeld von Revision und Corporate Governance* mit Fokus auf eine inländische, börsennotierte AG sowie unter Zugrundelegung eines engen Corporate Governance-Verständnisses. Die Gefahr von Accounting Fraud ist allerdings nicht nur bei kapitalmarktorientierten Gesellschaften gegeben. Die vorliegende Arbeit kann daher als Anstoß verstanden werden, eine derartige Untersuchung auf den Mittelstand zu übertragen, denn auch dieser muss zukünftig verstärkt sowohl die Prävention als auch die Aufdeckung von Accounting Fraud und anderen wirtschaftskriminellen Handlungen vorantreiben. Außerdem erscheint es lohnenswert, unter Ausweitung der

Corporate Governance-Abgrenzung die Einbeziehung weiterer Elemente wie etwa der Hauptversammlung oder der Enforcement-Instanzen zu untersuchen.

Zunächst klingt das *Fazit* am Ende dieser Arbeit ernüchternd: Accounting Fraud kann nie gänzlich verhindert werden. Zudem lässt sich die menschliche Schwäche nicht leugnen, dass das Handeln einzelner Personen von der Suche nach persönlichen Vorteilen bestimmt werden kann. Die drei Elemente des Fraud Triangle (Motivation, Gelegenheit, innere Rechtfertigung) können lediglich in ihrem Auftreten möglichst stark eingeschränkt werden, um das Begehen von Verstößen zu erschweren. Hierzu ist zunächst die Verantwortung der Unternehmensleitung zu erweitern. Parallel dazu muss das System der Überwachung von Unternehmen ausgebaut und gestärkt werden. Auf diese Weise sollen die Entstehung von Accounting Fraud bestenfalls verhindert, in jedem Fall allerdings die Chancen seiner Aufdeckung verbessert werden. Die in der Arbeit vorgeschlagenen Möglichkeiten leisten hierzu einen wichtigen Beitrag.

Literatur- und Quellenverzeichnis

Fachschrifttum

Adlem, Mike (Employee Fraud 2006): The cost of employee fraud – the unexpected risk, in: Reuvid, Jonathan (Hrsg.), Managing Business Risk, A practical guide to protecting your business, 3. Aufl., London/Philadelphia 2006, S. 111-116.

Adler, Hans (Verantwortlichkeit 1933): Verantwortlichkeit des Wirtschaftsprüfers, in: Ertel, Hermann Anatol (Hrsg.), Wirtschaftsprüfung, Ein Handbuch für das Revisions- und Treuhandwesen, Berlin/Wien 1933, S. 154-171.

Adler, Hans/Düring, Walther/Schmaltz, Kurt (Gegenstand und Umfang 2000): Rechnungslegung und Prüfung der Unternehmen, Kommentar zum HGB, AktG, GmbHG, PublG nach den Vorschriften des Bilanzrichtlinien-Gesetzes, 6. Aufl., Teilband 7, Kommentierung des § 317 HGB, Stuttgart 2000.

Adler, Hans/Düring, Walther/Schmaltz, Kurt (Gliederung 1997): Rechnungslegung und Prüfung der Unternehmen, Kommentar zum HGB, AktG, GmbHG, PublG nach den Vorschriften des Bilanzrichtlinien-Gesetzes, 6. Aufl., Teilband 5, Kommentierung des § 266 HGB, Stuttgart 1997.

Adler, Hans/Düring, Walther/Schmaltz, Kurt (Verantwortlichkeit 2000): Rechnungslegung und Prüfung der Unternehmen, Kommentar zum HGB, AktG, GmbHG, PublG nach den Vorschriften des Bilanzrichtlinien-Gesetzes, 6. Aufl., Teilband 7, Kommentierung des § 323 HGB, Stuttgart 2000.

Albrecht, Tobias (Kooperation 2007): Interne Revision & Controlling – Instrumente moderner Unternehmensführung in Kooperation, in: Zeitschrift für Controlling und Management 2007, S. 326-332.

Albrecht, W. Steve/Albrecht, Conan C. (Deception 2002): Root Out Financial Deception, in: Journal of Accountancy, April 2002, S. 30-34.

Albrecht, W. Steve/Searcy, David I. (Increasing Fraud 2001): Top 10 Reasons Why Fraud Is Increasing in the U.S., in: Strategic Finance, May 2001, S. 58-61.

Altenburger, Otto A. (Periodische Prüfung 2002): Pflichtprüfungen, periodische, in: Ballwieser, Wolfgang/Coenenberg, Adolf G./Wysocki, Klaus v. (Hrsg.), Handwörterbuch der Rechnungslegung und Prüfung, 3. Aufl., Stuttgart 2002, Sp. 1674-1684.

Ambrosius, Jürgen (Berichtsanspruch 1979): Der Berichtsanspruch des Aufsichtsrats nach § 90 Abs. 3 AktG – sein Umfang und seine Grenzen, in: Der Betrieb 1979, S. 2165-2167.

Amling, Thomas/Bantleon, Ulrich (Handbuch 2007): Handbuch der Internen Revision – Grundlagen, Standards, Berufsstand, Berlin 2007.

Andres, Christian/Theissen, Erik (Vorstandsvergütung 2007): Eine empirische Untersuchung der individualisierten Veröffentlichung der Vorstandsvergütung, in: Die Betriebswirtschaft 2007, S. 167-178.

Aoki, Masahiko (Corporate Governance 2004): Comparative Institutional Analysis of Corporate Governance, in: Grandori, Anna (Hrsg.), Corporate Governance and Firm Organization: Microfoundations and Structural Forms, New York 2004, S. 31-44.

Arbeitskreis „Abwehr wirtschaftskrimineller Handlungen in Kreditinstituten" des Deutschen Instituts für Interne Revision e.V. (Abwehr 2000): Abwehr wirtschaftskrimineller Handlungen in Kreditinstituten, Berlin 2000.

Arbeitskreis „Externe und Interne Überwachung der Unternehmung" der Schmalenbach-Gesellschaft für Betriebswirtschaft e.V. (Best Practice 2006): Best Practice für die Interne Revision, in: Der Betrieb 2006, S. 225-229.

Arbeitskreis „Externe und Interne Überwachung der Unternehmung" der Schmalenbach-Gesellschaft für Betriebswirtschaft e.V. (Prognoseprüfung 2003): Probleme der Prognoseprüfung, in: Der Betrieb 2003, S. 105-111.

Arbeitskreis „Externe und Interne Überwachung der Unternehmung" der Schmalenbach-Gesellschaft für Betriebswirtschaft e.V. (Unternehmensüberwachung 2004): Auswirkung des Sarbanes-Oxley Act auf die Interne und Externe Unternehmensüberwachung, in: Betriebs-Berater 2004, S. 2399-2407.

Arbeitskreis „Externe Unternehmensrechnung" (AKEU) der Schmalenbach-Gesellschaft (Berichterstattung 2006): Externe Corporate Governance-Berichterstattung, in: Der Betrieb 2006, S. 1069-1071.

Arbeitskreis „Revision der Anlagen- und Materialwirtschaft" des Deutschen Instituts für Interne Revision e.V. (Anlagevermögen 1993): Revision des Anlagevermögens, Prüfungsfragebogen für die Revisionspraxis, Berlin 1993.

Arbeitskreis „Revision der Anlagen- und Materialwirtschaft" des Deutschen Instituts für Interne Revision e.V. (Wirtschaftlichkeitsprüfungen 1992): Wirtschaftlichkeitsprüfungen, Prüfungsfragen für die Revisionspraxis, Berlin 1992.

Arbeitskreis „Revision des Finanz- und Rechnungswesens" des Deutschen Instituts für Interne Revision e.V. (Finanzwesen 2006): Revision des Finanzwesens – Prüfungsleitfaden für die Revisionspraxis, 3. Aufl., Berlin 2006.

Arbeitskreis „Revision des Finanz- und Rechnungswesens" des Deutschen Instituts für Interne Revision e.V. (Rechnungswesen 2002): Revision des Rechnungswesens, 2. Aufl., Berlin 2002.

Arbeitskreis Bilanzrecht der Hochschullehrer Rechtswissenschaft (Grundkonzept 2008): Stellungnahme zu dem Entwurf eines BilMoG: Grundkonzept und Aktivierungsfragen, in: Betriebs-Berater 2008, S. 152-158.

Arbeitskreis Bilanzrecht der Hochschullehrer Rechtswissenschaft (Materielles Bilanzrecht 2008): Stellungnahme zu dem Entwurf eines BilMoG: Einzelfragen zum materiellen Bilanzrecht, in: Betriebs-Berater 2008, S. 209-216.

Arbeitskreis Externe und Interne Überwachung der Unternehmung der Schmalenbach-Gesellschaft für Betriebswirtschaft e.V. (AKEIÜ) (Aufsichtsrat 2006): Best Practice des Aufsichtsrats der AG – Empfehlungen zur Verbesserung der Effektivität und Effizienz der Aufsichtsrattätigkeit, in: Der Betrieb 2006, S. 1625-1636.

Arnold, Jerry L. (Reporting 1986): Fraudulent Financial Reporting, in: Journal of Accountancy, August 1986, S. 72-78.

Arnsfeld, Torsten/Growe, Sebastian (Corporate Governance-Rating 2006): Corporate Governance-Ratings in Deutschland, in: Finanz Betrieb 2006, S. 715-720.

Arx, Jean-Blaise von/Ottiger, Ronald (Réputation 2006): Fraude et Réputation dans le Private Banking – Une gestion efficace des risques, condition de réussite importante, in: Der Schweizer Treuhänder 2006, S. 548-553.

Atkins, Paul S. (US-Sarbanes-Oxley Act 2003): Der US-Sarbanes-Oxley Act: Zielsetzungen, Inhalt und Implementierungsstand, in: Der Konzern in Recht und Wirtschaft 2003, S. 260-264.

Baer, Jakob (Führung 2006): Führung und Kontrolle von Unternehmen, in: Der Schweizer Treuhänder 2006, S. 800.

Baer, Jakob/Meeusen, Paul (Finanzkontrollmechanismen 2007): Finanzkontrollmechanismen sind hilfreich für den Geschäftsbetrieb, „Substance over Form", in: Der Schweizer Treuhänder 2007, S. 425-431.

Baetge, Jörg (Redepflicht 1995): Möglichkeiten der Objektivierung der Redepflicht nach § 321 Abs. 1 Satz 4 und Abs. 2 HGB, in: Lanfermann, Josef (Hrsg.), Internationale Wirtschaftsprüfung, Festschrift zum 65. Geburtstag von Prof. Dr. Dr. h.c. Hans Havermann, Düsseldorf 1995, S. 1-35.

Baetge, Jörg (Stärkung 2007): 7. WPO-Novelle: Überzeugende Stärkung der Berufsaufsicht deutscher Wirtschaftsprüfer, in: Betriebs-Berater 2007, Heft 38, S. I.

Baetge, Jörg (Vergleich 1997): Der risikoorientierte Prüfungsansatz im internationalen Vergleich, in: Bertl, Romuald/Mandl, Gerwald (Hrsg.), Rechnungswesen und Controlling, Festschrift für Anton Egger zum 65. Geburtstag, Wien 1997, S. 437-456.

Baetge, Jörg/Ballwieser, Wolfgang (Probleme 1978): Probleme einer rationalen Bilanzpolitik, in: Betriebswirtschaftliche Forschung und Praxis 1978, S. 511-530.

Baetge, Jörg/Ballwieser, Wolfgang (Spielraum 1977): Zum bilanzpolitischen Spielraum der Unternehmensleitung, in: Betriebswirtschaftliche Forschung und Praxis 1977, S. 199-215.

Baetge, Jörg/Commandeur, Dirk (Pflicht 2003): Kommentierung des § 264 HGB, in: Küting, Karlheinz/Weber, Claus-Peter (Hrsg.), Handbuch der Rechnungslegung – Einzelabschluss, Kommentar zur Bilanzierung und Prüfung, 5. Aufl., Loseblatt, Stuttgart 2002 ff. (Stand: 2. Ergänzungslieferung, November 2006).

Baetge, Jörg/Fischer, Thomas R./Sickmann, Eric (Pflicht 2003): Kommentierung des § 316 HGB, in: Küting, Karlheinz/Weber, Claus-Peter (Hrsg.), Handbuch der Rechnungslegung – Einzelabschluss, Kommentar zur Bilanzierung und Prüfung, 5. Aufl., Loseblatt, Stuttgart 2002 ff. (Stand: 2. Ergänzungslieferung, November 2006).

Baetge, Jörg/Fischer, Thomas R./Stellbrink, Jörn (Gegenstand und Umfang 2003): Kommentierung des § 317 HGB, in: Küting, Karlheinz/Weber, Claus-Peter (Hrsg.), Handbuch der Rechnungslegung – Einzelabschluss, Kommentar zur Bilanzierung und Prüfung, 5. Aufl., Loseblatt, Stuttgart 2002 ff. (Stand: 2. Ergänzungslieferung, November 2006).

Baetge, Jörg/Göbel, Reimund (Auskunftsrecht 2002): Kommentierung des § 320 HGB, in: Küting, Karlheinz/Weber, Claus-Peter (Hrsg.), Handbuch der Rechnungslegung – Einzelabschluss, Kommentar zur Bilanzierung und Prüfung, 5. Aufl., Loseblatt, Stuttgart 2002 ff. (Stand: 2. Ergänzungslieferung, November 2006).

Baetge, Jörg/Kirsch, Hans-Jürgen/Thiele, Stefan (Bilanzen 2007): Bilanzen, 9. Aufl., Düsseldorf 2007.

Baetge, Jörg/Linßen, Thomas (Beurteilung 1999): Beurteilung der wirtschaftlichen Lage durch den Abschlußprüfer und die Darstellung des Urteils im Prüfungsbericht und Bestätigungsvermerk, in: Betriebswirtschaftliche Forschung und Praxis 1999, S. 369-389.

Baetge, Jörg/Matena, Sonja (Überlegungen 2003): Normative Überlegungen zur Ausgestaltung der Abschlussprüfung im Lichte aktueller Unternehmenskrisen, in: Wollmert, Peter et al. (Hrsg.), Wirtschaftsprüfung und Unternehmensüberwachung, Festschrift für Prof. Dr. Dr. h.c. Wolfgang Lück, Düsseldorf 2003, S. 179-203.

Baetge, Jörg/Thiele, Stefan (Auswahl 2004): Kommentierung des § 319 HGB, in: Küting, Karlheinz/Weber, Claus-Peter (Hrsg.), Handbuch der Rechnungslegung – Einzelabschluss, Kommentar zur Bilanzierung und Prüfung, 5. Aufl., Loseblatt, Stuttgart 2002 ff. (Stand: 2. Ergänzungslieferung, November 2006).

Baetge, Jörg/Thiele, Stefan (Disclosure and Auditing 1998): Disclosure and Auditing as Affecting Corporate Governance, in: Hopt, Klaus J. et al. (Hrsg.), Comparative Corporate Governance – The State of the Art and Emerging Research –, Oxford 1998, S. 719-741.

Baetge, Jörg/Zülch, Henning (Abschlusskennzahlen 2003): Abschlusskennzahlen als Instrumente zur Überwachungsfunktion des Aufsichtsrates, in: Werder, Axel von/Wiedmann, Harald (Hrsg.), Internationalisierung der Rechnungslegung und Corporate Governance, Festschrift für Professor Dr. Klaus Pohle, Stuttgart 2003, S. 221-245.

Bahr, Andreas (Vertrauen 2003): Vertrauen in Wirtschaftsprüfer – Konzeptioneller Bezugsrahmen für eine realwissenschaftliche Theorie der Erwartungslücke, Wiesbaden 2003.

Baio, Joseph T. (Regulators 2000): Dealing with the Regulators, in: Young, Michael R. (Hrsg.), Accounting Irregularities and Financial Fraud – A Corporate Governance Guide, San Diego u.a. 2000, S. 157-177.

Baker, C. Richard/Wallage, Philip (Financial Reporting 2000): The Future of Financial Reporting in Europe: Its Role in Corporate Governance, in: The International Journal of Accounting 2000, S. 173-187.

Ballwieser, Wolfgang (Prüfungslehre 2002): Prüfungslehre, in: Ballwieser, Wolfgang/Coenenberg, Adolf G./Wysocki, Klaus v. (Hrsg.), Handwörterbuch der Rechnungslegung und Prüfung, 3. Aufl., Stuttgart 2002, Sp. 1825-1831.

Ballwieser, Wolfgang (Rechnungslegungstheorie 1985): Informationsökonomie, Rechnungslegungstheorie und Bilanzrichtlinie-Gesetz, in: Zeitschrift für betriebswirtschaftliche Forschung 1985, S. 47-66.

Ballwieser, Wolfgang (Risikoorientierter Prüfungsansatz1998): Was leistet der risikoorientierte Prüfungsansatz?, in: Matschke, Manfred Jürgen/Schildbach, Thomas (Hrsg.), Unternehmensberatung und Wirtschaftsprüfung – Festschrift für Professor Dr. Günter Sieben zum 65. Geburtstag, Stuttgart 1998, S. 359-374.

Ballwieser, Wolfgang (Unabhängigkeit 2001): Die Unabhängigkeit des Wirtschaftsprüfers – eine Analyse von Beratungsverbot und externer Rotation, in: Lutter, Marcus (Hrsg.), Der Wirtschaftsprüfer als Element der Corporate Governance, Vorträge des 12. Bonner Europa-Symposions, Düsseldorf 2001, S. 99-115.

Bantleon, Ulrich/Thomann, Detlef (Fraud 2006): Grundlegendes zum Thema „Fraud" und dessen Vorbeugung, in: Deutsches Steuerrecht 2006, S. 1714-1721.

Bär-Schatzmann, Jakob Hans (Interne Revision 1979): Interne Revision – Grundlagen und Entwicklungen unter besonderer Berücksichtigung der schweizerischen Verhältnisse, Winterthur 1979.

Barthel, Michael/Schielin, Herbert (Dolose Handlungen 2001): Dolose Handlungen, Prüfungsablaufstruktur – Anlass für Prüfungsaktivitäten – Verdeckte und offizielle Untersuchungsschritte – Grundregeln zur Prüfungsabwicklung und Berichterstattung, in: Zeitschrift Interne Revision 2001, S. 181-183.

Barthel, Michael/Schielin, Herbert (Dolose Handlungen 2002): Dolose Handlungen, Prüfungsablaufstruktur – Anlass für Prüfungsaktivitäten – Verdeckte und offizielle Untersuchungsschritte – Grundregeln zur Prüfungsabwicklung und Berichterstattung, in: Zeitschrift Interne Revision 2002, S. 201-203.

Bassen, Alexander/Kleinschmidt, Maik/Prigge, Stefan/Zöllner, Christine (Unternehmenserfolg 2006): Deutscher Corporate Governance Kodex und Unternehmenserfolg – Empirische Befunde, in: Die Betriebswirtschaft 2006, S. 375-401.

Bauer, Jobst-Hubertus (Beendigung 1992): Rechtliche und taktische Probleme bei der Beendigung von Vorstandsverhältnissen, in: Der Betrieb 1992, S. 1413-1422.

Bauer, Jörg (Rechnungspolitik 1981): Grundlagen einer handels- und steuerrechtlichen Rechnungspolitik der Unternehmung, Wiesbaden 1981.

Bauer, Jörg (Wahlrechte 1981): Zur Rechtfertigung von Wahlrechten in der Bilanz, in: Betriebs-Berater 1981, S. 766-772.

Baums, Theodor (Vorstandsvergütung 2005): Zur Offenlegung von Vorstandsvergütungen, in: Zeitschrift für das gesamte Handelsrecht und Wirtschaftsrecht 2005, S. 299-309.

Baums, Theodor/Fischer, Christian (Haftung 2003): Haftung des Prospekt- und des Abschlussprüfers gegenüber den Anlegern, in: Richter, Frank/Schüler, Andreas/Schwetzler, Bernhard (Hrsg.), Kapitalgeberansprüche, Marktwertorientierung und Unternehmenswert, Festschrift für Prof. Dr. Dr. h.c. Jochen Drukarczyk zum 65. Geburtstag, München 2003, S. 37-58.

Bayram, Murat (Risikomanagement 2007): Risikomanagement im internationalen Konzern, Saarbrücken 2007.

Bea, Franz Xaver/Scheurer, Steffen (Kontrollfunktion 1994): Die Kontrollfunktion des Aufsichtsrats, in: Der Betrieb 1994, S. 2145-2152.

Beisse, Heinrich (Rechtsfragen 1990): Rechtsfragen der Gewinnung von GoB, in: Betriebswirtschaftliche Forschung und Praxis 1990, S. 499-514.

Beisse, Heinrich (Wandlungen 1997): Wandlungen der Grundsätze ordnungsmäßiger Bilanzierung – Hundert Jahre „GoB", in: Schön, Wolfgang (Hrsg.), Gedächtnisschrift für Brigitte Knobbe-Keuk, Köln 1997, S. 385-409.

Belker, Peter/Heimbrock, Frauke (Krise 2006): Erfolgsfaktor Krise – Zur Psycho-Logik der Krise, in: Zeitschrift Risk, Fraud & Governance 2006, S. 63-68.

Bender, Christian/Vater, Hendrik (Kernprobleme 2003): Lückenhaft und unverbindlich – Der Deutsche Corporate Governance Kodex lässt auch nach der Überarbeitung wichtige Kernprobleme der Unternehmensüberwachung ungelöst, in: Deutsches Steuerrecht 2003, S. 1807-1812.

Bender, Willi (Interessen 2002): Die Interessen der privaten Anleger in der Diskussion um Corporate Governance Richtlinien, in: Nippa, Michael/Petzold, Kerstin/Kürsten, Wolfgang (Hrsg.), Corporate Governance – Herausforderungen und Lösungsansätze, Heidelberg 2002, S. 119-132.

Benwell, Nick/Moses, Stephen (Employee Fraud 2006): Employee fraud, in: Reuvid, Jonathan (Hrsg.), Managing Business Risk, A practical guide to protecting your business, 3. Aufl., London/Philadelphia 2006, S. 117-124.

Benwell, Nick/O'Shea, Eoin (Corruption Risk 2006): Corruption risk, in: Reuvid, Jonathan (Hrsg.), Managing Business Risk, A practical guide to protecting your business, 3. Aufl., London/Philadelphia 2006, S. 103-110.

Bergmann, Eckhard (Beurteilung 2002): Beurteilung unternehmensstrategischer Entscheidungen und Managementgüte durch institutionelle Investoren, in: Nippa, Michael/Petzold, Kerstin/Kürsten, Wolfgang (Hrsg.), Corporate Governance – Herausforderungen und Lösungsansätze, Heidelberg 2002, S. 133-148.

Berliner Initiativkreis German Code of Corporate Governance (German Code 2000): German Code of Corporate Governance (GCCG), in: Der Betrieb 2000, S. 1573-1581.

Berndt, Thomas/Hoppler, Ivo (Whistleblowing 2005): Whistleblowing – ein integraler Bestandteil effektiver Corporate Governance, in: Betriebs-Berater 2005, S. 2623-2629.

Berndt, Thomas/Jeker, Marc (Fraud Detection 2007): Fraud Detection im Rahmen der Abschlussprüfung, in: Betriebs-Berater 2007, S. 2615-2621.

Bernhardt, Wolfgang (Kodex 2002): Der Deutsche Corporate Governance Kodex: Zuwahl (comply) oder Abwahl (explain)? – Unternehmensführung zwischen „muss", „soll" und „kann" –, in: Der Betrieb 2002, S. 1841-1846.

Bertl, Romuald (Sanierungsprüfung 1997): Die Sanierungsprüfung – ein spezieller Fall der Prüfung zukünftiger Ereignisse, in: Bertl, Romuald/Mandl, Gerwald (Hrsg.), Rechnungswesen und Controlling, Festschrift für Anton Egger zum 65. Geburtstag, Wien 1997, S. 457-474.

Bertschinger, Peter/Meier, Rosmarie (Einfluss 2006): Qualitätssicherung und Dokumentation – Wirtschaftsprüfung und der Einfluss ausländischer Bestimmungen (inkl. US PCAOB), in: Der Schweizer Treuhänder 2006, S. 371-376.

Berwanger, Jörg/Kullmann, Stefan (Interne Revision 2008): Interne Revision – Wesen, Aufgaben und rechtliche Verankerung, Wiesbaden 2008.

Bezzenberger, Tilman (Vorstandsvorsitzender 1996): Der Vorstandsvorsitzende der Aktiengesellschaft, in: Zeitschrift für Gesellschaftsrecht 1996, S. 661-673.

Bibawi, Emad L./Nicoletti, Carlo (Erfahrungen 2005): Erste Erfahrungen mit Sarbanes-Oxley Section 404, in: Der Schweizer Treuhänder 2005, S. 431-436.

Bieg, Hartmut/Kußmaul, Heinz (Externes Rechnungswesen 2006): Externes Rechnungswesen, 4. Aufl., München/Wien 2006.

Biener, Herbert (Erwartungslücke 1995): Die Erwartungslücke – eine endlose Geschichte, in: Lanfermann, Josef (Hrsg.), Internationale Wirtschaftsprüfung, Festschrift zum 65. Geburtstag von Prof. Dr. Dr. h.c. Hans Havermann, Düsseldorf 1995, S. 37-63.

Biener, Herbert (Prüfungsgrundsätze 1997): Wäre die Übernahme der Prüfungsgrundsätze der IFAC oder anderer Berufsorganisationen geeignet, die Qualität der Abschlußprüfung in Deutschland zu verbessern?, in: Fischer, Thomas R./Hömberg, Reinhold (Hrsg.), Jahresabschluß und Jahresabschlußprüfung – Probleme, Perspektiven, internationale Einflüsse, Festschrift zum 60. Geburtstag von Jörg Baetge, Düsseldorf 1997, S. 639-666.

Bierich, Marcus (Aufgaben 1977): Die Aufgaben des Wirtschaftsprüfers: Möglichkeit der Entwicklung oder Notwendigkeit der Reform? – Podiumsgespräch, in: Busse von Colbe, Walther/Lutter, Marcus (Hrsg.), Wirtschaftsprüfung heute: Entwicklung oder Reform? – Ein Bochumer Symposium, Wiesbaden 1977, S. 141-162.

Bierwirth, Siegfried (Haushaltsgrundsätzegesetz 1996): Die erweiterte Prüfung und Berichterstattung nach § 53 Haushaltsgrundsätzegesetz (HGrG), in: Baetge, Jörg et al. (Hrsg.), Rechnungslegung, Prüfung und Beratung – Herausforderungen für den Wirtschaftsprüfer –, Festschrift zum 70. Geburtstag von Professor Dr. Rainer Ludewig, Düsseldorf 1996, S. 123-142.

Biggs, Stanley F./Mock, Theodore J./Quick, Reiner (Prüfungsurteil 2000): Das Prüfungsurteil bei analytischen Prüfungshandlungen – Praktische Implikationen von Forschungsergebnissen –, in: Die Wirtschaftsprüfung 2000, S. 169-178.

Bigus, Jochen (Fertigungsaufträge 2005): Bilanzierung von langfristigen Fertigungsaufträgen nach IAS 11 und nach HGB, in: Wirtschaftswissenschaftliches Studium 2005, S. 602-606.

Bihr, Dietrich/Blättchen, Wolfgang (Kritik 2007): Aufsichtsräte in der Kritik: Ziele und Grenzen einer ordnungsgemäßen Aufsichtsratstätigkeit – Ein Plädoyer für den „Profi-Aufsichtsrat", in: Betriebs-Berater 2007, S. 1285-1291.

Birgel, Karl (Bilanzpolitik 2003): Bilanzpolitik, in: bilanz & buchhaltung 2003, S. 193-196.

Bischof, Jannis (Aufsichtsratsvergütung 2006): Zweckmäßigkeit erfolgsunabhängiger Aufsichtsratsvergütung, in: Betriebs-Berater 2006, S. 2627-2633.

Bischof, Stefan (Arbeitspapiere 2002): Arbeitspapiere, in: Ballwieser, Wolfgang/Coenenberg, Adolf G./Wysocki, Klaus v. (Hrsg.), Handwörterbuch der Rechnungslegung und Prüfung, 3. Aufl., Stuttgart 2002, Sp. 96-101.

Bitz, Michael/Schneeloch, Dieter/Wittstock, Wilfried (Jahresabschluss 2003): Der Jahresabschluß – Rechtsvorschriften, Analyse, Politik, 4. Aufl., München 2003.

Block, Ulrich (Neue Regelungen 2003): Neue Regelungen zur Corporate Governance gemäß Sarbanes-Oxley Act, in: Zeitschrift für Bank- und Kapitalmarktrecht 2003, S. 774-787.

Blunden, Tony/Allen, Ed (Reputational Risk 2003): Reputational risk, in: Jolly, Adam (Hrsg.), Managing Business Risk, London/Sterling 2003, S. 17-20.

Böcking, Hans-Joachim (Öffentliche Aufgabe 2001): Die öffentliche Aufgabe des Wirtschaftsprüfers, Untersuchungs- und Redepflicht versus verbale Verschleierung, in: Lutter, Marcus (Hrsg.), Der Wirtschaftsprüfer als Element der Corporate Governance, Vorträge des 12. Bonner Europa-Symposions, Düsseldorf 2001, S. 53-65.

Böcking, Hans-Joachim (Transparenz 2003): Corporate Governance und Transparenz – Zur Notwendigkeit der Transparenz für eine wirksame Unternehmensüberwachung, in: Werder, Axel von/Wiedmann, Harald (Hrsg.), Internationalisierung der Rechnungslegung und Corporate Governance, Festschrift für Professor Dr. Klaus Pohle, Stuttgart 2003, S. 247-277.

Böcking, Hans-Joachim/Dutzi, Andreas/Müßig, Anke (Ökonomische Funktion 2004): Ökonomische Funktion des Prüfungsausschusses im deutschen Corporate Governance-System, in: Betriebswirtschaftliche Forschung und Praxis 2004, S. 417-440.

Böcking, Hans-Joachim/Löcke, Jürgen (Abschlussprüfung 1997): Abschlußprüfung und Beratung, Eine ökonomische Analyse, in: Die Betriebswirtschaft 1997, S. 461-474.

Böcking, Hans-Joachim/Orth, Christian (Erwartungslücke 1998): Kann das „Gesetz zur Kontrolle und Transparenz im Unternehmensbereich (KonTraG)" einen Beitrag zur Verringerung der Erwartungslücke leisten? – Eine Würdigung auf Basis von Rechnungslegung und Kapitalmarkt, in: Die Wirtschaftsprüfung 1998, S. 351-364.

Böcking, Hans-Joachim/Orth, Christian (Reformzwang 1998): Neue Vorschriften zur Rechnungslegung und Prüfung durch das KonTraG und das KapAEG – Ergebnisse eines kapitalmarktinduzierten Reformzwangs –, in: Der Betrieb 1998, S. 1241-1246.

Böcking, Hans-Joachim/Orth, Christian (Vereinbarkeit 2002): Beratung und Prüfung, Vereinbarkeit von, in: Ballwieser, Wolfgang/Coenenberg, Adolf G./Wysocki, Klaus v. (Hrsg.), Handwörterbuch der Rechnungslegung und Prüfung, 3. Aufl., Stuttgart 2002, Sp. 257-267.

Böcking, Hans-Joachim/Orth, Christian/Brinkmann, Ralph (Anwendung 2000): Die Anwendung der International Standards on Auditing (ISA) im Rahmen der handelsrechtlichen Konzernabschlussprüfung und deren Berücksichtigung im Bestätigungsvermerk, in: Die Wirtschaftsprüfung 2000, S. 216-234.

Böckli, Peter (Gratwanderung 2003): Leitung eines „Audit Committee": Gratwanderung zwischen Übereifer und Unsorgfalt, Das Audit Committee in der Praxis, in: Der Schweizer Treuhänder 2003, S. 559-572.

Böckli, Peter (Holzwege 2000): Corporate Governance auf Schnellstrassen und Holzwegen, in: Der Schweizer Treuhänder 2000, S. 133-152.

Boecker, Corinna/Busch, Julia (Auswirkungen 2004): Die Auswirkungen des TransPuG auf die handelsrechtliche Jahresabschlussprüfung in Deutschland, in: Brösel, Gerrit/Kasperzak, Rainer (Hrsg.), Internationale Rechnungslegung, Prüfung und Analyse – Aufgaben und Lösungen, München/Wien 2004, S. 384-393.

Bologna, G. Jack/Lindquist, Robert J. (Forensic Accounting 1987): Fraud Auditing and Forensic Accounting, New Tools and Techniques, New York 1987.

Bömelburg, Peter/Köbrich, Michael (Unregelmäßigkeiten 1998): Aufdeckung von Unregelmäßigkeiten – ein Beitrag zur Abgrenzung und/oder Verknüpfung von Jahresabschluß- und Sonderprüfung, in: Betrieb und Wirtschaft 1998, S. 121-132.

Bormann, Michael (Unabhängigkeit 2002): Unabhängigkeit des Abschlussprüfers: Aufgabe und Chance für den Berufsstand, in: Betriebs-Berater 2002, S. 190-197.

Born, Karl (Rechnungslegung international 2007): Rechnungslegung international – IAS/IFRS im Vergleich mit HGB und US-GAAP, 5. Aufl., Stuttgart 2007.

Bosse, Christian (Berichtspflichten 2002): TransPuG: Änderungen zu den Berichtspflichten des Vorstands und zur Aufsichtsratstätigkeit – Weitere Änderungen zur Gründungsprüfung und Kapitalbildung –, in: Der Betrieb 2002, S. 1592-1595.

Boujong, Karlheinz (Vorstandskontrolle 1995): Rechtliche Mindestanforderungen an eine ordnungsgemäße Vorstandskontrolle und -beratung, in: Die Aktiengesellschaft 1995, S. 203-207.

Boutellier, Roman/Barodte, Berthold/Montagne, Eric (Risikobewertung 2006): Alternativer Ansatz zur Risikobewertung – Methodische Unterschiede im Risikomanagement bei Versicherungen und Unternehmen, in: Zeitschrift Risk, Fraud & Governance 2006, S. 74-78.

Boutellier, Roman/Fischer, Adrian/Palazzesi, Mauro/Buser, Stefan (Risikobeurteilung 2006): Ansatz zur Prüfung der Risikobeurteilung – Für Aktiengesellschaften, GmbH, Genossenschaften, Stiftungen und Vereine, in: Der Schweizer Treuhänder 2006, S. 615-620.

Boxberger, Lutz (Bilanzpolizei 2007): Enforcement: Erste Erfahrungen, Beratungsempfehlungen und Ad-hoc-Publizitätspflichten bei Prüfungen der „Bilanzpolizei", in: Deutsches Steuerrecht 2007, S. 1362-1369.

Boycott, Alan (Rahmenkonzept 1997): Corporate Governance: Zur Entwicklung eines Rahmenkonzepts für interne Kontrollsysteme, in: Zeitschrift Interne Revision 1997, S. 214-221 (Teil I) und S. 259-274 (Teil II).

Brakensiek, Sonja (Finanzierungsinstrumente 2001): Bilanzneutrale Finanzierungsinstrumente in der internationalen und nationalen Rechnungslegung – Die Abbildung von Leasing, Asset-Backed-Securities-Transaktionen und Special Purpose Entities im Konzernabschluss, Herne/Berlin 2001.

Brand-Noé, Christine (Personalwesen 2007): Aufgaben des Personalwesens im Hinblick auf die Prävention von unternehmensschädigendem Verhalten, Erkennung und Reduzierung von Personalrisiken, in: Zeitschrift Risk, Fraud & Governance 2007, S. 63-70.

Brandt, Werner/Stromann, Hilke (Umsetzung 2004): Die Umsetzung des Sarbanes-Oxley Act in deutschen Unternehmen mit US-Börsennotierung – Das Beispiel SAP AG, in: Küting, Karlheinz/Pfitzer, Norbert/Weber, Claus-Peter (Hrsg.), Herausforderungen und Chancen durch weltweite Rechnungslegungsstandards, Kapitalmarktorientierte Rechnungslegung und integrierte Unternehmenssteuerung, Stuttgart 2004, S. 359-375.

Braun, Frank (Pflichtprüfungen 1996): Gebührendruck und Prüfungsqualität bei Pflichtprüfungen mittelständischer Unternehmen, in: Betriebs-Berater 1996, S. 999-1001.

Braun, Ulrich (Organisatorische Pflichten 2004): Kommentierung des § 25a KWG, in: Boos, Karl-Heinz/Fischer, Reinfried/Schulte-Mattler, Hermann (Hrsg.), Kreditwesengesetz, Kommentar zu KWG und Ausführungsvorschriften, 2. Aufl., München 2004.

Brebeck, Frank (Zusammenarbeit 2001): Zusammenarbeit von Interner Revision und Abschlussprüfer, in: Lück, Wolfgang (Hrsg.), Lexikon der Internen Revision, München/Wien 2001, S. 380-382.

Brebeck, Frank/Herrmann, Dagmar (Frühwarnsystem 1997): Zur Forderung des KonTraG-Entwurfs nach einem Frühwarnsystem und zu den Konsequenzen für die Jahres- und Konzernabschlußprüfung, in: Die Wirtschaftsprüfung 1997, S. 381-391.

Breuer, Rolf-E. (Zusammenspiel 2003): Die Abschlussprüfung aus der Sicht der Unternehmen – das Zusammenspiel mit dem Abschlussprüfer als Element der Corporate Governance, in: Die Wirtschaftsprüfung 2003, Sonderheft, S. S115-S120.

Briese, Klaus-Joachim/Obenaus, Karsten/Warncke, Markus/Zschau, Helmut (Control Self-Assessment 2003): Control Self-Assessment – Beurteilung der Methoden, Nutzen für die Interne Revision und Einsatz in der Praxis, in: Zeitschrift Interne Revision 2003, S. 46-55.

Brinkmann, Jürgen (Anforderungen 2007): Die Informationsfunktion der Rechnungslegung nach IFRS – Anspruch und Wirklichkeit (Teil I) – Anforderungen an informationsvermittelnde Rechenwerke, in: Zeitschrift für Corporate Governance 2007, S. 228-232.

Brinkmann, Jürgen (Informationsfunktion 2007): Die Informationsfunktion der Rechnungslegung nach IFRS – Anspruch und Wirklichkeit (Teil II) – Liefert die IFRS-Rechnungslegung entscheidungsnützliche Informationen?, in: Zeitschrift für Corporate Governance 2007, S. 269-275.

Brinkmann, Markus (Bilanzmanipulation 2007): Bilanzmanipulation – Erscheinungsformen, Warnsignale und Schutzmechanismen, in: Zeitschrift Risk, Fraud & Governance 2007, S. 156-161.

Brinkmann, Ralph (Abschlussprüfung 2006): Abschlussprüfung nach International Standards on Auditing – Überblick über aktuelle Entwicklungen durch die 8. EU-Richtlinie und das „Clarity-Project" des IAASB sowie Auswirkungen auf die IDW-Prüfungsstandards, Teil II (Fortsetzung von KoR 2006 S. 409) –, in: Zeitschrift für internationale und kapitalmarktorientierte Rechnungslegung 2006, S. 668-685.

Brinkmann, Ralph/Leibfried, Peter (Ausbildung 2003): Reform und Internationalisierung der Ausbildung der Accountancy Profession in der Krise – Anmerkungen aus Sicht der US-Certified Public Accountants in Deutschland vor dem Hintergrund der Reform der US-Uniform-CPA-Examination –, in: Zeitschrift für internationale und kapitalmarktorientierte Rechnungslegung 2003, S. 84-96 (Teil I), S. 196-208 (Teil II) und S. 291-312 (Teil III).

Brinkmann, Ralph/Spieß, Alexander (Abschlussprüfung 2006): Abschlussprüfung nach International Standards on Auditing – Überblick über aktuelle Entwicklungen durch die 8. EU-Richtlinie und das „Clarity-Project" des IAASB sowie Auswirkungen auf die IDW-Prüfungsstandards (Teil I) –, in: Zeitschrift für internationale und kapitalmarktorientierte Rechnungslegung 2006, S. 395-409.

Brunhart, Hans (Anforderungsprofil 2006): Anforderungsprofil des Verwaltungsrates, Die gewandelte Rolle des Verwaltungsrates zum Führungsgremium eines Unternehmens, in: Der Schweizer Treuhänder 2006, S. 904-907.

Bruns, Hans-Georg (Anwendung 2002): International vergleichbare und qualitativ hochwertige deutsche Jahresabschlüsse durch Anwendung der IAS/IFRS, in: Zeitschrift für betriebswirtschaftliche Forschung 2002, S. 173-180.

Büchel, Benno (Führungskontrolle 1995): Compliance als Instrument der Führungskontrolle, Bern/Stuttgart/Wien 1995.

Buchheim, Regine/Gröner, Susanne/Kühne, Mareike (Komitologieverfahren 2004): Übernahme von IAS/IFRS in Europa: Ablauf und Wirkung des Komitologieverfahrens auf die Rechnungslegung, in: Betriebs-Berater 2004, S. 1783-1788.

Buchner, Robert/Wolz, Matthias (Redepflicht 1997): Zur Beurteilung der Redepflicht des Abschlußprüfers gemäß § 321 HGB mit Hilfe der Fuzzy-Diskriminanzanalyse, in: Fischer, Thomas R./Hömberg, Reinhold (Hrsg.), Jahresabschluß und Jahresabschlußprüfung – Probleme, Perspektiven, internationale Einflüsse, Festschrift zum 60. Geburtstag von Jörg Baetge, Düsseldorf 1997, S. 909-933.

Budde, Wolfgang Dieter/Steuber, Elgin (Bilanzpolizist 2003): Der Bilanzpolizist und seine Rechte, Eine Rolle für den Abschlussprüfer?, in: Wollmert, Peter et al. (Hrsg.), Wirtschaftsprüfung und Unternehmensüberwachung, Festschrift für Prof. Dr. Dr. h.c. Wolfgang Lück, Düsseldorf 2003, S. 133-144.

Buderath, Hubertus M. (Auswirkungen 2004): Auswirkungen des Sarbanes-Oxley-Acts auf die Interne Revision, in: Betriebswirtschaftliche Forschung und Praxis 2004, S. 39-50.

Buderath, Hubertus M. (International 2004): Internationale Interne Revision, in: Förschle, Gerhart/Peemöller, Volker H. (Hrsg.), Wirtschaftsprüfung und Interne Revision, Heidelberg 2004, S. 667-703.

Buderath, Hubertus M. (Kontrollsystem 2003): Das Interne Kontrollsystem in einem internationalen Unternehmen, in: Die Wirtschaftsprüfung 2003, Sonderheft, S. S219-S223.

Buderath, Hubertus/Langer, Andreas (Wertorientierte Steuerung 2007): Eine kritische Perspektive zur wertorientierten Steuerung von Unternehmensbereichen am Beispiel der Internen Revision, in: Controlling 2007, S. 129-135.

Buff, Herbert (Compliance 2000): Compliance, Zürich 2000.

Bumbacher, Robert-Jan/Schweizer, Markus (Anforderungen 2002): Gestiegene Anforderungen an die Interne Revision, in: Der Schweizer Treuhänder 2002, S. 1039-1044.

Bundendorfer, Reinhart/Krumm, Michael (Stellung 2008): Stellung der Internen Revision im Rahmen der Unternehmensorganisation, in: Freidank, Carl-Christian/Peemöller, Volker H. (Hrsg.), Corporate Governance und Interne Revision – Handbuch für die Neuausrichtung des Internal Auditings, Berlin 2008, S. 47-55.

Bungartz, Oliver (Risikokultur 2006): Risikokultur, „Soft Skills" für den Umgang mit Risiken im Unternehmen, in: Zeitschrift Risk, Fraud & Governance 2006, S. 170-178.

Bürkle, Jürgen (Weitergabe 2004): Weitergabe von Informationen über Fehlverhalten in Unternehmen (Whistleblowing) und Steuerung auftretender Probleme durch ein Compliance-System, in: Der Betrieb 2004, S. 2158-2161.

Busch, Julia/Boecker, Corinna (Haftung 2004): Die Haftung des Abschlussprüfers, in: Brösel, Gerrit/Kasperzak, Rainer (Hrsg.), Internationale Rechnungslegung, Prüfung und Analyse – Aufgaben und Lösungen, München/Wien 2004, S. 353-368.

Bush, Timothy/Dennis, Nicki (Management Systems 2006): Management systems for corporate governance, in: Reuvid, Jonathan (Hrsg.), Managing Business Risk, A practical guide to protecting your business, 3. Aufl., London/Philadelphia 2006, S. 172-176.

Bush, Timothy/Hele, John (Governance 2003): Governance, management and systems, in: Jolly, Adam (Hrsg.), Managing Business Risk, London/Sterling 2003, S. 76-80.

Busse von Colbe, Walther/Ordelheide, Dieter/Gebhardt, Günther/Pellens, Bernhard (Konzernabschlüsse 2006): Konzernabschlüsse – Rechnungslegung nach betriebswirtschaftlichen Grundsätzen sowie nach Vorschriften des HGB und der IAS/IFRS, 8. Aufl., Wiesbaden 2006.

Busse von Colbe, Walther/Schurbohm-Ebneth, Anne (Neue Vorschriften 2008): Neue Vorschriften für den Konzernabschluss nach dem Entwurf für ein BilMoG, in: Betriebs-Berater 2008, S. 98-102.

Buxbaum, Richard M. (Leitung 1996): Die Leitung von Gesellschaften – Strukturelle Reformen im amerikanischen und deutschen Gesellschaftsrecht, in: Feddersen, Dieter/Hommelhoff, Peter/Schneider, Uwe H. (Hrsg.), Corporate Governance, Optimierung der Unternehmensführung und der Unternehmenskontrolle im deutschen und amerikanischen Aktienrecht, Köln 1996, S. 65-93.

Campos Nave, José A. (Compliance Officer 2007): Chief Corporate Compliance Officer – Werbewirksame Mogelpackung oder Garant einer effizienten Corporate Governance?, in: Betriebs-Berater 2007, Heft 31, S. I.

Carmichael, Douglas R./Willingham, John J./Schaller, Carol A. (Auditing Concepts 1996): Auditing Concepts and Methods, A Guide to Current Theory and Practice, 6. Aufl., New York u.a. 1996.

Carsten, Anja (Systematisierung 1998): Zur Systematisierung bilanzpolitischer Möglichkeiten nach Handels- und Steuerrecht, in: Schönbrunn, Norbert/Schulte, Axel/ Siebert, Hilmar (Hrsg.), Betriebswirtschaftslehre und Wirtschaftsprüfung – Nationale und internationale Entwicklungstendenzen, Wolfgang Lück zum 60. Geburtstag, Krefeld 1998, S. 105-115.

Castan, Edgar (Handelsgesetzbuch 2004): Vorschriften des HGB und der handelsrechtlichen Nebengesetze bei Verstößen gegen die Rechnungslegungsvorschriften (D 10), in: Castan, Edgar et al. (Hrsg.), Beck'sches Handbuch der Rechnungslegung, München 1986 ff. (Stand: 27. Ergänzungslieferung, Juli 2007).

Castan, Edgar/Müller, Matthias (Steuerrecht 2004): Vorschriften des Steuerrechts bei Verstößen gegen die Rechnungslegungsvorschriften (D 30), in: Castan, Edgar et al. (Hrsg.), Beck'sches Handbuch der Rechnungslegung, München 1986 ff. (Stand: 27. Ergänzungslieferung, Juli 2007).

Castan, Edgar/Müller, Matthias (Strafgesetzbuch 2004): Vorschriften des Strafgesetzbuchs bei Verstößen gegen die Rechnungslegungsvorschriften (D 20), in: Castan, Edgar et al. (Hrsg.), Beck'sches Handbuch der Rechnungslegung, München 1986 ff. (Stand: 27. Ergänzungslieferung, Juli 2007).

Cauers, Lutz/Häge, Max (Prüfstand 2007): Die Interne Revision auf dem Prüfstand durch ein Quality Assessment, in: Der Betrieb 2007, S. 1477-1479.

Chandler, Roy (Materiality 1984): Materiality in Practice, in: The Accountant, March 1984, S. 179-181.

Claussen, Carsten P. (Aktienrechtsreform 1996): Aktienrechtsreform 1997, in: Die Aktiengesellschaft 1996, S. 481-494.

Claussen, Carsten P./Bröcker, Norbert (Orientierungshilfe 2000): Corporate-Governance-Grundsätze in Deutschland – nützliche Orientierungshilfe oder regulatorisches Übermaß?, in: Die Aktiengesellschaft 2000, S. 481-491.

Claussen, Carsten Peter (Gedanken 2007): Gedanken zum Enforcement, in: Der Betrieb 2007, S. 1421-1425.

Claussen, Carsten Peter/Bröcker, Norbert (Perspektive 2002): Der Corporate Governance-Kodex aus der Perspektive der kleinen und mittleren Börsen-AG, in: Der Betrieb 2002, S. 1199-1206.

Clemm, Hermann (Bedeutung 1977): Die Bedeutung des Bestätigungsvermerkes des Abschlußprüfers einer Aktiengesellschaft nach derzeitiger gesetzlicher Regelung und nach dem Verständnis der Allgemeinheit, in: Die Wirtschaftsprüfung 1977, S. 145-158.

Clemm, Hermann (Ehrlichkeitsgebot 1989): Bilanzpolitik und Ehrlichkeits- („true and fair view"-) Gebot, in: Die Wirtschaftsprüfung 1989, S. 357-366.

Clemm, Hermann (Jahresabschlussanalyse 1989): Die Jahresabschlußanalyse als Grundlage für die Lageberichtsprüfung und die Berichterstattung des Abschlußprüfers?, in: Baetge, Jörg (Hrsg.), Bilanzanalyse und Bilanzpolitik – Vorträge und Diskussionen zum neuen Recht –, Düsseldorf 1989, S. 53-78.

Clemm, Hermann (Krisenwarner 1995): Der Abschlußprüfer als Krisenwarner und der Aufsichtsrat – Anmerkungen zu einem – wieder einmal – aktuellen Thema –, in: Lanfermann, Josef (Hrsg.), Internationale Wirtschaftsprüfung, Festschrift zum 65. Geburtstag von Prof. Dr. Dr. h.c. Hans Havermann, Düsseldorf 1995, S. 83-107.

Clemm, Hermann (Recht und Ethik 1998): Rechnungslegungspolitik und ihre Begrenzung durch Recht und (Wirtschafts-)Ethik, Vereinbarkeit mit rechtlichen und ethischen Grundgeboten wie Fairneß, Ehrlichkeit, Verantwortungsbewußtsein, getreue Rechenschaftslegung, in: Freidank, Carl-Christian (Hrsg.), Rechnungslegungspolitik – Eine Bestandsaufnahme aus handels- und steuerrechtlicher Sicht, Hamburg 1998, S. 1199-1242.

Coenenberg, Adolf G. (Jahresabschluss 2005): Jahresabschluss und Jahresabschlussanalyse – Betriebswirtschaftliche, handelsrechtliche, steuerrechtliche und internationale Grundsätze – HGB, IFRS und US-GAAP, 20. Aufl., Stuttgart 2005.

Coenenberg, Adolf Gerhard/Haller, Axel/Marten, Kai-Uwe (Accounting Education 1999): Accounting education for professionals in Germany – current state and new challenges, in: Journal of Accounting Education 1999, S. 367-390.

Comer, Michael J. (Corporate Fraud 1998): Corporate Fraud, 3. Aufl., Aldershot 1998.

Comer, Michael J. (Corporate Fraud 2003): Investigating Corporate Fraud, Aldershot 2003.

Connor, Joseph E. (Public Confidence 1986): Enhancing Public Confidence in the Accounting Profession, in: Journal of Accountancy, July 1986, S. 76-83.

Coutre, Walter (Materielle Revisionen 1933): Materielle Revisionen, in: Ertel, Hermann Anatol (Hrsg.), Wirtschaftsprüfung, Ein Handbuch für das Revisions- und Treuhandwesen, Berlin/Wien 1933, S. 63-81.

Cressey, Donald R. (Money 1973): Other People's Money – A study in the Social Psychology of Embezzlement, Montclair 1973.

Crezelius, Georg (Rechtsinstitut 1997): Die Bilanz als Rechtsinstitut, in: Claussen, Carsten P./Hahn, Oswald/Kraus, Willy (Hrsg.), Umbruch und Wandel, Herausforderungen zur Jahrhundertwende, Festschrift für Prof. Dr. Carl Zimmerer zum 70. Geburtstag, München/Wien 1997, S. 509-522.

Crone, Hans Caspar von der/Roth, Katja (Bedeutung 2003): Der Sarbanes-Oxley Act und seine extraterritoriale Bedeutung, in: Aktuelle Juristische Praxis 2003, S. 131-140.

Cushing, Barry E./Loebbecke, James K. (Analytical Approaches 1983): Analytical Approaches to Audit Risk: A Survey and Analysis, in: Auditing, Fall 1983, S. 23-41.

Daum, Thomas (Ausstrahlung 2001): Ausstrahlung des § 91 Abs. 2 AktG auf das Risk-Management in der GmbH, in: Lange, Knut Werner/Wall, Friederike (Hrsg.), Risikomanagement nach dem KonTraG – Aufgaben und Chancen aus betriebswirtschaftlicher und juristischer Sicht –, München 2001, S. 423-437.

Dawson, Simon (Fraud 2003): Fraud, in: Jolly, Adam (Hrsg.), Managing Business Risk, London/Sterling 2003, S. 154-158.

Deshmukh, Ashutosh/Millet, Ido (Analytic Hierarchy Process 1998): An Analytic Hierarchy Process Approach to Assessing the Risk of Management Fraud, in: The Journal of Applied Business Research 1998, S. 87-102.

Dieckmann, Sylvia/Preuss, Peter (Sarbanes-Oxley Act 2007): Der „Sarbanes-Oxley Act" – Seine Auswirkungen auf die IT-Landschaft von Unternehmen, in: Zeitschrift der Unternehmensberatung 2007, S. 81-85.

Diederichs, Marc (Risikomanagement 2004): Risikomanagement und Risikocontrolling, Risikocontrolling – ein integrierter Bestandteil einer modernen Risikomanagement-Konzeption, München 2004.

Diehl, Carl-Ulrich (Risikoorientierte Abschlussprüfung 1993): Risikoorientierte Abschlußprüfung – Gedanken zur Umsetzung in der Praxis, in: Deutsches Steuerrecht 1993, S. 1114-1121.

Dinkel, Fritz (Bilanz 1974): Bilanz und Bewertung, Berlin 1974.

Dirrigl, Hans (Koordinationsfunktion 1995): Koordinationsfunktion und Principal-Agent-Theorie als Fundierung des Controlling? – Konsequenzen und Perspektiven –, in: Elschen, Rainer/Siegel, Theodor/Wagner, Franz W. (Hrsg.), Unternehmenstheorie und Besteuerung, Festschrift zum 60. Geburtstag von Dieter Schneider, Wiesbaden 1995, S. 129-170.

Diße, Sabine/Merz, Gabriela (International Standards on Auditing 2000): International Standards on Auditing (ISA) – Gemeinsamkeiten und Unterschiede im Vergleich zu den deutschen Prüfungsgrundsätzen, in: Blomeyer, Wolfgang/Peemöller, Volker H. (Hrsg.), Internationale Rechnungslegung und Prüfung – Betriebswirtschaftliche und juristische Aspekte: HGB, IAS, US-GAAP und ISA, Herne/Berlin 2000, S. 445-473.

Ditzel, Hans (Bewältigung 1997): Die Bewältigung doloser Handlungen, Ein Leitfaden für das Krisenmanagement im Falle ihrer Aufdeckung (1), in: Zeitschrift Interne Revision 1997, S. 14-23.

Döllerer, Georg (Grundsätze 1959): Grundsätze ordnungsmäßiger Bilanzierung, deren Entstehung und Ermittlung, in: Die Wirtschaftsprüfung 1959, S. 653-658.

Donald, David C. (Entwicklung 2003): Die Entwicklung der US-amerikanischen Corporate Governance nach Enron, in: Wertpapier-Mitteilungen 2003, S. 705-714.

Dorenkamp, Axel (Materiality 2003): Materiality-Entscheidungen: Qualitativer statt quantitativer Prüfungsansatz!, in: Betriebs-Berater 2003, S. 1116-1119.

Döring, Ulrich (Methodologische Grundprobleme 2004): Zwischen Effizienz und Ethik – Methodologische Grundprobleme der Betriebswirtschaftslehre –, in: Döring, Ulrich/Kußmaul, Heinz (Hrsg.), Spezialisierung und Internationalisierung, Entwicklungstendenzen der deutschen Betriebswirtschaftslehre, Festschrift für Prof. Dr. Dr. h.c. mult. Günter Wöhe zum 80. Geburtstag am 2. Mai 2004, München 2004, S. 119-138.

Dörner, Dietrich (Aufwandsrückstellungen 1991): Aufwandsrückstellungen – Möglichkeiten und Grenzen der Bilanzpolitik, in: Die Wirtschaftsprüfung 1991, S. 225-229 (Teil I) und S. 264-271 (Teil II).

Dörner, Dietrich (Prüfungsansatz 2002): Prüfungsansatz, risikoorientierter, in: Ballwieser, Wolfgang/Coenenberg, Adolf G./Wysocki, Klaus v. (Hrsg.), Handwörterbuch der Rechnungslegung und Prüfung, 3. Aufl., Stuttgart 2002, Sp. 1744-1762.

Dörner, Dietrich (Überwachungsorgan 1995): Der Abschlußprüfer als Überwachungsorgan, in: Scheffler, Eberhard (Hrsg.), Corporate Governance, Wiesbaden 1995, S. 170-207.

Dörner, Dietrich (Wirtschaftsprüfung 1998): Von der Wirtschaftsprüfung zur Unternehmensberatung, in: Die Wirtschaftsprüfung 1998, S. 302-318.

Dörner, Dietrich (Zusammenarbeit 2000): Zusammenarbeit von Aufsichtsrat und Wirtschaftsprüfer im Lichte des KonTraG – Schlüssel zur Verbesserung der Corporate Governance –, in: Der Betrieb 2000, S. 101-105.

Dörner, Dietrich/Hayn, Sven/Knop, Wolfgang/Lorson, Peter/Wirth, Michael (Einzelne Posten 2004): Kommentierung des § 268 HGB, in: Küting, Karlheinz/Weber, Claus-Peter (Hrsg.), Handbuch der Rechnungslegung – Einzelabschluss, Kommentar zur Bilanzierung und Prüfung, 5. Aufl., Loseblatt, Stuttgart 2002 ff. (Stand: 2. Ergänzungslieferung, November 2006).

Dreher, Meinrad (Change of Control-Klauseln 2002): Change of control-Klauseln bei Aktiengesellschaften, in: Die Aktiengesellschaft 2002, S. 214-223.

Dreher, Meinrad (Organisation 1996): Die Organisation des Aufsichtsrats, in: Feddersen, Dieter/Hommelhoff, Peter/Schneider, Uwe H. (Hrsg.), Corporate Governance, Optimierung der Unternehmensführung und der Unternehmenskontrolle im deutschen und amerikanischen Aktienrecht, Köln 1996, S. 33-60.

Dreyer, Jörg-Detlev (Informationsbestandteile 1981): Zum Ausbau der Informationsbestandteile des § 90 Abs. 1 Satz 1 AktG zu Informationskonzepten, in: Betriebs-Berater 1981, S. 1436-1440.

Ebeling, Michael/Böhme, Carsten (Unterschlagungsprüfungen 2000): Methoden gerichtsrelevanter Unterschlagungsprüfungen, in: Die Wirtschaftsprüfung 2000, S. 467-477.

Eberhartinger, Michael (Entwicklungen 2005): Der Österreichische Corporate Governance Kodex vor dem Hintergrund europäischer und nationaler Entwicklungen, in: Haller, Axel (Hrsg.), Wirtschaftsprüfung und Corporate Governance in Österreich, Wien 2005, S. 67-90.

Eberl, Stephan/Hachmeister, Dirk (Aufgabengebiet 2007): Veränderungen des Aufgabengebiets der Internen Revision und die Abgrenzung zum Controlling, in: Zeitschrift für Controlling und Management 2007, S. 317-325.

Egner, Thomas (Bilanzskandale 2006): Eine wirkungsorientierte Systematisierung bilanzpolitischer Gestaltungen am Beispiel der Bilanzskandale der jüngsten Vergangenheit, in: Seicht, Gerhard (Hrsg.), Jahrbuch für Controlling und Rechnungswesen 2006, Wien 2006, S. 201-217.

Ehlers, Harald (Risikofelder 2006): Neue Risikofelder der Managerhaftung – Teil A: Zunehmende Klagepotentiale in haftungsauslösenden Tätigkeitsbereichen, in: Zeitschrift für Corporate Governance 2006, S. 138-142.

Ehlers, Harald (Risikofelder 2007): Neue Risikofelder der Managerhaftung – Teil B: Identifizierung und Beherrschungsmöglichkeiten, in: Zeitschrift für Corporate Governance 2007, S. 19-26.

Ehrentreich, Norman/Schmidt, Reinhardt (System 1999): The German Corporate Governance System with Special Respect to Innovation, in: Martin-Luther-Universität Halle-Wittenberg, Wirtschaftswissenschaftliche Fakultät (Hrsg.), Betriebswirtschaftliche Diskussionsbeiträge, Beitrag Nr. 34/99, Halle/Saale 1999.

Ellerich, Marian/Swart, Christoph (Pflicht 2003): Kommentierung des § 242 HGB, in: Küting, Karlheinz/Weber, Claus-Peter (Hrsg.), Handbuch der Rechnungslegung – Einzelabschluss, Kommentar zur Bilanzierung und Prüfung, 5. Aufl., Loseblatt, Stuttgart 2002 ff. (Stand: 2. Ergänzungslieferung, November 2006).

Ellrott, Helmut/Rhiel, Raimund (Rückstellungen 2006): Kommentierung des § 249 HGB, in: Ellrott, Helmut et al. (Hrsg.), Beck'scher Bilanz-Kommentar, Handels- und Steuerbilanz, §§ 238 bis 339, 342 bis 342e HGB mit EGHGB und IAS/IFRS-Abweichungen, 6. Aufl., München 2006.

Emmerich, Gerhard/Schaum, Wolfgang (Auswirkungen 2003): Auswirkungen des Sarbanes-Oxley Act auf deutsche Abschlussprüfer – Berufsaufsicht, Registrierung, Unabhängigkeit –, in: Die Wirtschaftsprüfung 2003, S. 677-691.
Emmerich, Volker (Kontrolle 1977): Die Kontrolle der Kontrolleure, in: Busse von Colbe, Walther/Lutter, Marcus (Hrsg.), Wirtschaftsprüfung heute: Entwicklung oder Reform? – Ein Bochumer Symposium, Wiesbaden 1977, S. 215-238.
Engelen, Klaus C. (Reformdruck 2004): Sarbanes-Oxley setzt Europa unter Reformdruck, in: Finanz Betrieb 2004, S. 690-697.
Erlen, Hubertus (Entwicklung 2003): Entwicklung der Corporate Governance aus Sicht internationaler Unternehmen, in: Werder, Axel von/Wiedmann, Harald (Hrsg.), Internationalisierung der Rechnungslegung und Corporate Governance, Festschrift für Professor Dr. Klaus Pohle, Stuttgart 2003, S. 279-290.
Ernst, Christoph (Regelungen 2005): Die neuen Regelungen zur Abschlussprüfung im nationalen und europäischen Umfeld, in: Baetge, Jörg/Kirsch, Hans-Jürgen (Hrsg.), Anpassung des deutschen Bilanzrechts an internationale Standards – Bilanzrechtsreformgesetz und Bilanzkontrollgesetz –, Vorträge und Diskussionen zum 20. Münsterischen Tagesgespräch des Münsteraner Gesprächskreis Rechnungslegung und Prüfung e.V. am 27. Mai 2004, Düsseldorf 2005, S. 135-148.
Ernst, Christoph/Seidler, Holger (Kernpunkte 2007): Kernpunkte des Referentenentwurfs eines Bilanzrechtsmodernisierungsgesetzes, in: Betriebs-Berater 2007, S. 2557-2566.
Euler, Karl August (Interne Kontrollen 1992): Interne Kontrollen im Unternehmen – Konzepte zur Vermögenssicherung und Effizienzsteigerung, 2. Aufl., Berlin 1992.
Ewert, Ralf (Unabhängigkeit 2002): Unabhängigkeit und Unbefangenheit, in: Ballwieser, Wolfgang/Coenenberg, Adolf G./Wysocki, Klaus v. (Hrsg.), Handwörterbuch der Rechnungslegung und Prüfung, 3. Aufl., Stuttgart 2002, Sp. 2386-2395.

Fahrion, Hans-Jürgen/Geis, Astrid (Anforderungen 2007): Anforderungen an eine wirksame Interne Revision – Kriterien und Methoden zur Überwachung der Wirksamkeit der Internen Revision, in: Zeitschrift für Corporate Governance 2007, S. 257-263.
Farber, David B. (Restoring Trust 2005): Restoring Trust after Fraud: Does Corporate Governance Matter?, in: The Accounting Review 2005, S. 539-561.
Farr, Wolf-Michael (Beurteilung 2004): Beurteilung der Auftragsabwicklung im Rahmen der externen Qualitätskontrolle, in: Marten, Kai-Uwe/Quick, Reiner/Ruhnke, Klaus (Hrsg.), Externe Qualitätskontrolle im Berufsstand der Wirtschaftsprüfer, Status quo und Weiterentwicklung, Tagungsband zur Fachveranstaltung des Ulmer Forums für Wirtschaftswissenschaften (UFW) e.V. am 5. Mai 2004 an der Universität Ulm, Düsseldorf 2004, S. 127-160.
Farr, Wolf-Michael/Niemann, Walter (Besonderheiten 2007): Besonderheiten bei der Abschlussprüfung kleiner und mittelgroßer Unternehmen (KMU), in: Deutsches Steuerrecht 2007, S. 822-825.
Feddersen, Dieter (Aufsichtsrat 2000): Neue gesetzliche Anforderungen an den Aufsichtsrat, in: Die Aktiengesellschaft 2000, S. 385-396.
Feddersen, Dieter/Hommelhoff, Peter/Schneider, Uwe H. (Einführung 1996): Corporate Governance – eine Einführung, in: Feddersen, Dieter/Hommelhoff, Peter/Schneider, Uwe H. (Hrsg.), Corporate Governance, Optimierung der Unternehmensführung und der Unternehmenskontrolle im deutschen und amerikanischen Aktienrecht, Köln 1996, S. 1-8.

Federmann, Rudolf (Bilanzierung 2000): Bilanzierung nach Handelsrecht und Steuerrecht – Gemeinsamkeiten, Unterschiede und Abhängigkeiten von Handels- und Steuerbilanz unter Berücksichtigung internationaler Rechnungslegungsstandards, 11. Aufl., Berlin 2000.

Ferlings, Josef/Lanfermann, Georg (Unabhängigkeit 2002): Unabhängigkeit von deutschen Abschlussprüfern nach Verabschiedung des Sarbanes-Oxley Acts, in: Der Betrieb 2002, S. 2117-2122.

Ferlings, Josef/Poll, Jens/Schneiß, Ulrich (Aktuelle Entwicklungen 2007): Aktuelle Entwicklungen im Bereich nationaler und internationaler Prüfungs- und Qualitätssicherungsstandards – Unter besonderer Berücksichtigung der Prüfung von KMU –, in: Die Wirtschaftsprüfung 2007, S. 101-113 (Teil 1) und S. 145-153 (Teil 2).

Fey, Gerd (Unternehmensberichterstattung 2002): Externe Beurteilung einer kapitalmarktorientierten Unternehmensberichterstattung, Überlegungen zur Erweiterung der Abschlussprüfung, in: Richter, Martin (Hrsg.), Theorie und Praxis der Wirtschaftsprüfung III, Entwicklungstendenzen – Corporate Governance – E-Commerce, 3. Symposium der KPMG/Universität Potsdam zur Theorie und Praxis der Wirtschaftsprüfung, Berlin 2002, S. 161-207.

Fischer zu Cramburg, Ralf/Royé, Claudia (Insiderinformationen 2007): Kommentierung des § 15 WpHG, in: Heidel, Thomas (Hrsg.), Aktienrecht und Kapitalmarktrecht, 2. Aufl., Baden-Baden 2007.

Fischer, Andrea/Haller, Axel (Gewinnglättung 1993): Bilanzpolitik zum Zwecke der Gewinnglättung, in: Zeitschrift für Betriebswirtschaft 1993, S. 35-59.

Fischer, Jochen M. (Neuausrichtung 2006): Strategische Neuausrichtung mittelständischer Wirtschaftsprüferpraxen vor dem Hintergrund des BilReG – Geschäftsmodellentscheidungen des Abschlussprüfers in Sachen Prüfung und Beratung –, in: Die Wirtschaftsprüfung 2006, S. 671-682.

Fischer, Thomas M./Klöpfer, Elisabeth (Bilanzpolitik 2006): Bilanzpolitik nach IFRS: Sind die IFRS objektiver als das HGB?, in: Zeitschrift für internationale und kapitalmarktorientierte Rechnungslegung 2006, S. 709-719.

Fischer, Ulrich (Korruptionsbekämpfung 2007): Korruptionsbekämpfung in der Betriebsverfassung, in: Betriebs-Berater 2007, S. 997-1001.

Fleck, Hans-Joachim (Dienstverhältnis 1994): Das Dienstverhältnis der Vorstandsmitglieder und Geschäftsführer in der Rechtsprechung des BGH, in: Wertpapier-Mitteilungen 1994, S. 1957-1969.

Fleischer, Holger (Angemessenheit 2005): Zur Angemessenheit der Vorstandsvergütung im Aktienrecht, in: Deutsches Steuerrecht 2005, S. 1279-1283 (Teil I) und S. 1318-1323 (Teil II).

Fleischer, Holger (Leitungsaufgabe 2003): Zur Leitungsaufgabe des Vorstands im Aktienrecht, in: Zeitschrift für Wirtschaftsrecht 2003, S. 1-11.

Fleischer, Holger (Treuepflicht 2003): Zur organschaftlichen Treuepflicht der Geschäftsleiter im Aktien- und GmbH-Recht, in: Wertpapier-Mitteilungen 2003, S. 1045-1058.

Fleischer, Holger (Vorstandsverantwortlichkeit 2003): Vorstandsverantwortlichkeit und Fehlverhalten von Unternehmensangehörigen – Von der Einzelüberwachung zur Errichtung einer Compliance-Organisation, in: Die Aktiengesellschaft 2003, S. 291-300.

Fluri, Edgar (Rolle 2006): Die Rolle des Wirtschaftsprüfers, Komplexität der Tätigkeit und des Umfeldes, in: Der Schweizer Treuhänder 2006, S. 822-827.

Förschle, Gerhart/Küster, Thomas (Bestätigungsvermerk 2006): Kommentierung des § 322 HGB, in: Ellrott, Helmut et al. (Hrsg.), Beck'scher Bilanz-Kommentar, Handels- und Steuerbilanz, §§ 238 bis 339, 342 bis 342e HGB mit EGHGB und IAS/IFRS-Abweichungen, 6. Aufl., München 2006.

Förschle, Gerhart/Küster, Thomas (Gegenstand und Umfang 2006): Kommentierung des § 317 HGB, in: Ellrott, Helmut et al. (Hrsg.), Beck'scher Bilanz-Kommentar, Handels- und Steuerbilanz, §§ 238 bis 339, 342 bis 342e HGB mit EGHGB und IAS/IFRS-Abweichungen, 6. Aufl., München 2006.

Förschle, Gerhart/Schmidt, Stefan (Auswahl 2006): Kommentierung des § 319 HGB, in: Ellrott, Helmut et al. (Hrsg.), Beck'scher Bilanz-Kommentar, Handels- und Steuerbilanz, §§ 238 bis 339, 342 bis 342e HGB mit EGHGB und IAS/IFRS-Abweichungen, 6. Aufl., München 2006.

Förschle, Gerhart/Schmidt, Stefan (Besondere Ausschlussgründe 2006): Kommentierung des § 319a HGB, in: Ellrott, Helmut et al. (Hrsg.), Beck'scher Bilanz-Kommentar, Handels- und Steuerbilanz, §§ 238 bis 339, 342 bis 342e HGB mit EGHGB und I-AS/IFRS-Abweichungen, 6. Aufl., München 2006.

Förschle, Gerhart/Schmidt, Stefan (Prüfungsbericht 2006): Kommentierung des § 321 HGB, in: Ellrott, Helmut et al. (Hrsg.), Beck'scher Bilanz-Kommentar, Handels- und Steuerbilanz, §§ 238 bis 339, 342 bis 342e HGB mit EGHGB und IAS/IFRS-Abweichungen, 6. Aufl., München 2006.

Förschle, Gerhart/Schmidt, Stefan (Weiterentwicklung 2003): Die Weiterentwicklung der deutschen und internationalen Prüfungsstandards, in: Wollmert, Peter et al. (Hrsg.), Wirtschaftsprüfung und Unternehmensüberwachung, Festschrift für Prof. Dr. Dr. h.c. Wolfgang Lück, Düsseldorf 2003, S. 205-238.

Förschler, Dominik (Trends 2007): Trends und Perspektiven der Internen Revision – Umfrageergebnisse Drei-Länder-Studie, in: Förschler, Dominik (Hrsg.), Innovative Prüfungstechniken und Revisionsvorgehensweisen, Frankfurt a.M. 2007, S. 3-32.

Förschler, Dominik/Scherf, Christian (Revisionsgestaltung 2007): COSO II – Enterprise Risk Management Framework in der operativen Revisionsgestaltung – Effektive risikoorientierte Prüfung erfordert eine ganzheitliche Sichtweise, in: Zeitschrift Risk, Fraud & Governance 2007, S. 209-215.

Forster, Karl-Heinz (Erwartungslücke 1994): Zur „Erwartungslücke" bei der Abschlußprüfung, in: Die Wirtschaftsprüfung 1994, S. 789-795.

Forster, Karl-Heinz (Folgen 1995): MG, Schneider, Balsam und die Folgen – was können Aufsichtsräte und Abschlußprüfer gemeinsam tun?, in: Die Aktiengesellschaft 1995, S. 1-7.

Forster, Karl-Heinz (Regierungsentwurf 1998): Abschlußprüfung nach dem Regierungsentwurf des KonTraG, in: Die Wirtschaftsprüfung 1998, S. 41-56.

Forster, Karl-Heinz (Runderneuerung 1996): Gedanken zur Runderneuerung des Bestätigungsvermerks – Nationale oder internationale Grundsätze? –, in: Baetge, Jörg et al. (Hrsg.), Rechnungslegung, Prüfung und Beratung – Herausforderungen für den Wirtschaftsprüfer –, Festschrift zum 70. Geburtstag von Professor Dr. Rainer Ludewig, Düsseldorf 1996, S. 253-273.

Forster, Karl-Heinz (Teilnahme 1998): Zur Teilnahme des Abschlußprüfers an der Bilanzsitzung des Aufsichtsrats und zur Berichterstattung in der Sitzung, in: Matschke, Manfred Jürgen/Schildbach, Thomas (Hrsg.), Unternehmensberatung und Wirtschaftsprüfung – Festschrift für Professor Dr. Günter Sieben zum 65. Geburtstag, Stuttgart 1998, S. 375-386.

Forster, Karl-Heinz (Zusammenspiel 1999): Zum Zusammenspiel von Aufsichtsrat und Abschlußprüfer nach dem KonTraG, in: Die Aktiengesellschaft 1999, S. 193-198.

Forster, Karl-Heinz/Gelhausen, Hans Friedrich/Möller, Matthias (Einsichtsrecht 2007): Das Einsichtsrecht nach § 321a HGB in Prüfungsberichte des gesetzlichen Abschlussprüfers, in: Die Wirtschaftsprüfung 2007, S. 191-201.

Fox, Merritt B. (Required Disclosure 1998): Required Disclosure and Corporate Governance, in: Hopt, Klaus J. et al. (Hrsg.), Comparative Corporate Governance – The State of the Art and Emerging Research –, Oxford 1998, S. 701-718.

Freidank, Carl-Christian (Bilanzpolitik 1982): Zielsetzungen und Instrumente der Bilanzpolitik bei Aktiengesellschaften, in: Der Betrieb 1982, S. 337-345.

Freidank, Carl-Christian (Zielformulierungen 1998): Zielformulierungen und Modellbildungen im Rahmen der Rechnungslegungspolitik, in: Freidank, Carl-Christian (Hrsg.), Rechnungslegungspolitik – Eine Bestandsaufnahme aus handels- und steuerrechtlicher Sicht, Hamburg 1998, S. 85-153.

Freiling, Claus/Lück, Wolfgang (Zusammenarbeit 1992): Zusammenarbeit von Abschlußprüfer und Interner Revision, in: Zeitschrift Interne Revision 1992, S. 268-276.

Freiseisen, Reinhold Michael (Interne Revision 1996): Interne Revision: Financial Audit – Dolose Handlung, Wien 1996.

Frotscher, Gerrit (Grenzen 1998): Grenzen der Rechnungslegungspolitik und steuerliche Betriebsprüfung, in: Freidank, Carl-Christian (Hrsg.), Rechnungslegungspolitik – Eine Bestandsaufnahme aus handels- und steuerrechtlicher Sicht, Hamburg 1998, S. 609-651.

Fülbier, Rolf Uwe/Gassen, Joachim (Neuinterpretation 2007): Das Bilanzrechtsmodernisierungsgesetz (BilMoG): Handelsrechtliche GoB vor der Neuinterpretation, in: Der Betrieb 2007, S. 2605-2612.

Fusaro, Peter C./Miller, Ross M. (Enron 2002): What went wrong at Enron, Everyone's Guide to the Largest Bankruptcy in U.S. History, Hoboken 2002.

Füss, Roland (Interne Revision 2005): Die Interne Revision – Bestandsaufnahme und Entwicklungsperspektiven, Berlin 2005.

Füss, Roland/Hecker, Achim (Zusammenarbeit 2006): Die Zusammenarbeit von Interner Revision und externen Abschlussprüfern, Anforderungen, Nutzen und realisierbare Formen, in: Zeitschrift für Corporate Governance 2006, S. 104-110.

Gahlen, Dieter/Schäfer, Andreas (Bekanntmachung 2006): Bekanntmachung von fehlerhaften Rechnungslegungen im Rahmen des Enforcementverfahrens: Ritterschlag oder Pranger?, in: Betriebs-Berater 2006, S. 1619-1623.

Gard, Stéphane/Guillaume, Alain (Questionnaire 2006): Questionnaire d'Auto-Évaluation du Système de Contrôle Interne, Un Outil Pragmatique et Performant, in: Der Schweizer Treuhänder 2006, S. 840-845.

Gärtner, Michael (Anwendung 1994): Die Anwendung von analytischen Prüfungshandlungen – Ein Grundsatz ordnungsmäßiger Abschlußprüfung im Spannungsfeld zwischen Wirtschaftlichkeit und Qualität der Jahresabschlußprüfung –, in: Der Betrieb 1994, S. 949-951.

Gärtner, Michael (Aufdeckung 2003): Aufdeckung von Fraud im Rahmen der Abschlussprüfung – Ein Vergleich der Regelungen in den Standards des IDW, in ISA 240 und in SAS 99, in: Wollmert, Peter et al. (Hrsg.), Wirtschaftsprüfung und Unternehmensüberwachung, Festschrift für Prof. Dr. Dr. h.c. Wolfgang Lück, Düsseldorf 2003, S. 239-256.

Gärtner, Michael (Prüfungshandlungen 1994): Analytische Prüfungshandlungen im Rahmen der Jahresabschlußprüfung – Ein Grundsatz ordnungsmäßiger Abschlußprüfung, Marburg 1994.

Gärtner, Michael (Prüfungshandlungen 1998): Analytische Prüfungshandlungen im Rahmen der Jahresabschlußprüfung, in: Schönbrunn, Norbert/Schulte, Axel/Siebert, Hilmar (Hrsg.), Betriebswirtschaftslehre und Wirtschaftsprüfung – Nationale und internationale Entwicklungstendenzen, Wolfgang Lück zum 60. Geburtstag, Krefeld 1998, S. 179-184.

Gebhardt, Denis (EU-Initiativen 2006): Ausgewählte EU-Initiativen auf den Gebieten der Corporate Governance und des Aktienrechts, Ein Statusbericht zur Rechtsentwicklung, in: Zeitschrift für Corporate Governance 2006, S. 13-18.

Gebler, David (Ethical Culture 2006): Creating an Ethical Culture, in: Strategic Finance, May 2006, S. 29-34.

Geier, Johannes (Geschichte 2001): Geschichte der Internen Revision, in: Lück, Wolfgang (Hrsg.), Lexikon der Internen Revision, München/Wien 2001, S. 106-107.

Geiger, Hansjörg (Anlegerschutz 2003): Unternehmensintegrität und Anlegerschutz – Herausforderungen für den Wirtschaftsprüfer –, in: Die Wirtschaftsprüfung 2003, Sonderheft, S. S98-S101.

Geirhofer, Susanne (Konzentration 2005): Konzentration des Marktes für Abschlussprüfungen – empirische Erkenntnisse über ausgewählte nationale Märkte, in: Haller, Axel (Hrsg.), Wirtschaftsprüfung und Corporate Governance in Österreich, Wien 2005, S. 145-191.

Geißler, Cornelia (Compliance 2004): Was ist... Compliance Management?, in: Harvard Business manager, Februar 2004, S. 17.

Gelhausen, Hans Friedrich (Bestätigungsvermerk 2002): Bestätigungsvermerk, in: Ballwieser, Wolfgang/Coenenberg, Adolf G./Wysocki, Klaus v. (Hrsg.), Handwörterbuch der Rechnungslegung und Prüfung, 3. Aufl., Stuttgart 2002, Sp. 303-320.

Gelhausen, Hans Friedrich (Zweckgemeinschaft 1999): Aufsichtsrat und Abschlußprüfer – eine Zweckgemeinschaft, in: Betriebswirtschaftliche Forschung und Praxis 1999, S. 390-406.

Gelhausen, Hans Friedrich/Heinz, Stephan (Honoraranspruch 2005): Der befangene Abschlussprüfer, seine Ersetzung und sein Honoraranspruch – Eine aktuelle Bestandsaufnahme auf der Grundlage des Bilanzrechtsreformgesetzes –, in: Die Wirtschaftsprüfung 2005, S. 693-703.

Gelhausen, Hans Friedrich/Hönsch, Henning (Enforcement-Verfahren 2005): Das neue Enforcement-Verfahren für Jahres- und Konzernabschlüsse, in: Die Aktiengesellschaft 2005, S. 511-529.

Gelhausen, Hans Friedrich/Hönsch, Henning (Kodex 2002): Deutscher Corporate Governance Kodex und Abschlussprüfung, in: Die Aktiengesellschaft 2002, S. 529-535.

Gentz, Manfred (Gegensätze 2007): Shareholder Value und Corporate Governance – Gegensätze?, in: Zeitschrift für Corporate Governance 2007, S. 145-150.

Gernoth, Jan P. (Überwachungspflichten 2001): Die Überwachungspflichten des Aufsichtsrats im Hinblick auf das Risiko-Management und die daraus resultierenden Haftungsfolgen für den Aufsichtsrat, in: Deutsches Steuerrecht 2001, S. 299-309.

Gerstner, Paul (Bilanzen 1933): Bilanzen und Wirtschaftsprüfung, in: Meithner, Karl (Hrsg.), Die Bilanzen der Unternehmungen, Band 1: Grundlegung, Aufbau und Problemkreis der Bilanzen, Berlin 1933, S. 689-703.

Giese, Rolf (Risikomanagementsystem 1998): Die Prüfung des Risikomanagementsystems einer Unternehmung durch den Abschlußprüfer gemäß KonTraG, in: Die Wirtschaftsprüfung 1998, S. 451-458.

Giese, Rolf (Risikomanagementsystem 2000): Die Prüfung des Risikomanagementsystems gemäß § 317 Abs. 4 HGB, in: Lachnit, Laurenz/Freidank, Carl-Christian (Hrsg.), Investororientierte Unternehmenspublizität – Neue Entwicklungen von Rechnungslegung, Prüfung und Jahresabschlussanalyse, September 2000, S. 465-493.

Gisler, Markus G. (Wirtschaftsdelikte 1994): Wirtschaftsdelikte – Herausforderung für die Revision, Prävention und Aufdeckung von sowie Berichterstattung über Wirtschaftsdelikte durch die Externe und Interne Revision, Winterthur 1994.

Glaum, Martin/Thomaschewski, Dieter/Weber, Silke (Sarbanes-Oxley Act 2006): Der Sarbanes-Oxley Act: Folgen für US-Börsennotierungen aus Sicht deutscher Unternehmen, in: Finanz Betrieb 2006, S. 182-194.

Glaum, Martin/Thomaschewski, Dieter/Weber, Silke (Section 404 2006): Die Vorschriften zur Einrichtung und Dokumentation eines internen Kontrollsystems nach Section 404 Sarbanes-Oxley Act: Umsetzung durch deutsche Unternehmen, in: Zeitschrift für internationale und kapitalmarktorientierte Rechnungslegung 2006, S. 206-219.

Gleißner, Werner (Beurteilung 2007): Beurteilung des Risikomanagements durch den Aufsichtsrat: nötig und möglich?, in: Der Aufsichtsrat 2007, S. 173-175.

Gleißner, Werner/Mott, Bernd/Schenk, Mark (Risikomanagement 2007): Risikomanagement in der Bauwirtschaft – Praktische Umsetzung am Beispiel der Bauer AG, in: Zeitschrift Risk, Fraud & Governance 2007, S. 179-185.

Göbel, Horst (Einzelfallprüfung 1998): Einzelfallprüfung, in: Lück, Wolfgang (Hrsg.), Lexikon der Rechnungslegung und Abschlußprüfung, 4. Aufl., München/Wien 1998, S. 214.

Goerdeler, Reinhard (Berichterstattung 1981): Die Berichterstattung über die Abschlußprüfung – Anforderungen und Erwartungen, in: IDW (Hrsg.), 50 Jahre Wirtschaftsprüferberuf, Bericht über die Jubiläumsfachtagung vom 21. bis 23. Oktober 1981 in Berlin, Düsseldorf 1981, S. 83-97.

Goerdeler, Reinhard (Stellungnahme 1977): Stellungnahme, in: Busse von Colbe, Walther/Lutter, Marcus (Hrsg.), Wirtschaftsprüfung heute: Entwicklung oder Reform? – Ein Bochumer Symposium, Wiesbaden 1977, S. 29-36.

Goppelt, Wolf (International Federation 2002): International Federation of Accountants (IFAC), in: Ballwieser, Wolfgang/Coenenberg, Adolf G./Wysocki, Klaus v. (Hrsg.), Handwörterbuch der Rechnungslegung und Prüfung, 3. Aufl., Stuttgart 2002, Sp. 1200-1208.

Göthel, Stefan R. (Kapitalgesellschaftsrecht 2007): Entwicklung des US-amerikanischen Kapitalgesellschaftsrechts in den Jahren 2006/2007, in: Recht der internationalen Wirtschaft 2007, S. 570-580.

Götz, Heinrich (Rechte und Pflichten 2002): Rechte und Pflichten des Aufsichtsrats nach dem Transparenz- und Publizitätsgesetz, in: Neue Zeitschrift für Gesellschaftsrecht 2002, S. 599-604.

Götz, Heinrich (Unternehmenskrise 1995): Die Überwachung der Aktiengesellschaft im Lichte jüngerer Unternehmenskrisen, in: Die Aktiengesellschaft 1995, S. 337-353.

Götz, Jürgen (Unternehmensrecht 2003): Corporate Governance multinationaler Konzerne und deutsches Unternehmensrecht, in: Zeitschrift für Unternehmens- und Gesellschaftsrecht 2003, S. 1-20.

Göz, Philipp (Statusverfahren 1998): Statusverfahren bei Änderungen in der Zusammensetzung des Aufsichtsrats, in: Zeitschrift für Wirtschaftsrecht 1998, S. 1523-1528.

Graf Lambsdorff, Otto (Überwachungstätigkeit 1996): Die Überwachungstätigkeit des Aufsichtsrats – Verbesserungsmöglichkeiten de lege lata und de lege ferenda, in: Feddersen, Dieter/Hommelhoff, Peter/Schneider, Uwe H. (Hrsg.), Corporate Governance, Optimierung der Unternehmensführung und der Unternehmenskontrolle im deutschen und amerikanischen Aktienrecht, Köln 1996, S. 217-233.

Graf von Treuberg, Hubert (Konzeption 2004): Konzeption des Systems der externen Qualitätskontrolle in Deutschland, in: Marten, Kai-Uwe/Quick, Reiner/Ruhnke, Klaus (Hrsg.), Externe Qualitätskontrolle im Berufsstand der Wirtschaftsprüfer, Status quo und Weiterentwicklung, Tagungsband zur Fachveranstaltung des Ulmer Forums für Wirtschaftswissenschaften (UFW) e.V. am 5. Mai 2004 an der Universität Ulm, Düsseldorf 2004, S. 23-40.

Graham, Lynford E. (Techniques 1981): Analytical Review Techniques: Some neglected Tools, in: CPA Journal, October 1981, S. 18-24.

Graumann, Mathias (Corporate Governance 2002): Die künftige Rolle des Wirtschaftsprüfers im Rahmen der Corporate Governance, in: Steuern und Bilanzen 2002, S. 436-441.

Graumann, Mathias (Harmonisierung 2002): Initiativen und Maßnahmen zur Harmonisierung der Abschlussprüfung in der EU, in: Steuern und Bilanzen 2002, S. 313-323.

Green, Edward F. et al. (Sarbanes-Oxley 2003): The Sarbanes-Oxley Act: Analysis and Practice, New York 2003.

Grenz, Thorsten (Warnfunktion 2007): Der Risikobericht – empirische Analyse seiner Warnfunktion, in: Der Aufsichtsrat 2007, S. 18-19.

Grewe, Wolfgang/Plendl, Martin (Redepflicht 2002): Redepflicht des Abschlussprüfers, in: Ballwieser, Wolfgang/Coenenberg, Adolf G./Wysocki, Klaus v. (Hrsg.), Handwörterbuch der Rechnungslegung und Prüfung, 3. Aufl., Stuttgart 2002, Sp. 2006-2013.

Gross, Gerhard (Regelungen 2005): Die neuen Regelungen aus der Sicht des Berufsstandes, in: Baetge, Jörg/Kirsch, Hans-Jürgen (Hrsg.), Anpassung des deutschen Bilanzrechts an internationale Standards – Bilanzrechtsreformgesetz und Bilanzkontrollgesetz –, Vorträge und Diskussionen zum 20. Münsterischen Tagesgespräch des Münsteraner Gesprächskreis Rechnungslegung und Prüfung e.V. am 27. Mai 2004, Düsseldorf 2005, S. 87-118.

Gross, Gerhard/Schruff, Lothar (Jahresabschluss 1986): Der Jahresabschluß nach neuem Recht – Aufstellung – Prüfung – Offenlegung, 3. Aufl., Düsseldorf 1986.

Grundei, Jens/Werder, Axel v. (Business Judgement Rule 2005): Die Angemessenheit der Informationsgrundlage als Anwendungsvoraussetzung der Business Judgment Rule – Anforderungen an die Fundierung strategischer Entscheidungen aus betriebswirtschaftlicher Sicht –, in: Die Aktiengesellschaft 2005, S. 825-834.

Grundsatzkommission Corporate Governance (Grundsätze 2000): Corporate Governance-Grundsätze („Code of Best Practice") für börsennotierte Gesellschaften, in: Der Betrieb 2000, S. 238-241.

Grupp, Bruno (Revisionsmanagement 2002): Professionelles Revisionsmanagement, Prozessorientierte Kontrollsysteme – Deliktabwehr im Informatik- und Internetumfeld – Mehr Sicherheit für Unternehmen und Behörden, Renningen 2002.

Gruson, Michael/Kubicek, Matthias (Sarbanes-Oxley Act 2003): Der Sarbanes-Oxley Act, Corporate Governance und das deutsche Aktienrecht, in: Die Aktiengesellschaft 2003, S. 337-352 (Teil I) und S. 393-406 (Teil II).

Gstraunthaler, Thomas/Kausalius, Ingrid (Self-Assessment 2007): Control Self-Assessment, in: Steckel, Rudolf (Hrsg.), Aktuelle Entwicklungen und Herausforderungen der Internen Revision, Wien 2007, S. 29-51.

Gündel, Gerhard (Verhältnis 2005): Das Verhältnis zu anderen Organen und dem Abschlussprüfer, in: Kann, Jürgen van (Hrsg.), Vorstand der AG – Führungsaufgaben, Rechtspflichten und Corporate Governance, Berlin 2005, S. 176-206.

Guy, Dan M./Sullivan, Jerry D. (Expectation Gap 1988): The Expectation Gap Auditing Standards, in: Journal of Accountancy, April 1988, S. 36-46.

Haake, Manfred (Risiko 2002): Risikogerechte Berichterstattung und risikoorientierte Prüfungsplanung, in: Zeitschrift Interne Revision 2002, S. 2-5.

Habersack, Mathias (Prüfungsausschuss 2008): Aufsichtsrat und Prüfungsausschuss nach dem BilMoG, in: Die Aktiengesellschaft 2008, S. 98-107.

Hachmeister, Dirk (Corporate Governance 2002): Corporate Governance, in: Ballwieser, Wolfgang/Coenenberg, Adolf G./Wysocki, Klaus v. (Hrsg.), Handwörterbuch der Rechnungslegung und Prüfung, 3. Aufl., Stuttgart 2002, Sp. 487-504.

Hackenbrack, Karl (Experience 1993): The Effect of Experience with Different Sized Clients on Auditor Evaluations of Fraudulent Financial Reporting Indicators, in: Auditing, Spring 1993, S. 99-110.

Haeseler, Herbert R. (Akquisitionsverbundene Prüfungen 1997): Akquisitionsverbundene Prüfungen, in: Bertl, Romuald/Mandl, Gerwald (Hrsg.), Rechnungswesen und Controlling, Festschrift für Anton Egger zum 65. Geburtstag, Wien 1997, S. 489-501.

Hahn, Ulrich (Berufsgrundlagen 2008): Berufsgrundlagen der Internen Revision – Standards von IIA und IIR, in: Freidank, Carl-Christian/Peemöller, Volker H. (Hrsg.), Corporate Governance und Interne Revision – Handbuch für die Neuausrichtung des Internal Auditings, Berlin 2008, S. 73-107.

Hall, John J. (Interviewing 2005): Answer Please: Fraud-Based Interviewing, in: Journal of Accountancy, August 2005, S. 61-65.

Haller, Axel (Aperiodische Prüfung 2002): Pflichtprüfungen, aperiodische, in: Ballwieser, Wolfgang/Coenenberg, Adolf G./Wysocki, Klaus v. (Hrsg.), Handwörterbuch der Rechnungslegung und Prüfung, 3. Aufl., Stuttgart 2002, Sp. 1662-1673.

Haller, Axel/Geirhofer, Susanne (Initiativen 2005): Initiativen der EU zur Verbesserung der Abschlussprüfung und der Corporate Governance, in: Haller, Axel (Hrsg.), Wirtschaftsprüfung und Corporate Governance in Österreich, Wien 2005, S. 9-42.

Haller, Peter/Bernais, Nina (Enforcement 2005): Enforcement und BilKoG – Grundlagen der Überwachung von Unternehmensberichten und Bilanzkontrollgesetz, Berlin 2005.

Hamann, Christian (Dolose Handlungen 2003): Die Aufdeckung doloser Handlungen im Unternehmen und die anschließende Berichterstattung durch den Wirtschaftsprüfer im Rahmen der gesetzlichen Jahresabschlussprüfung, Göttingen 2003.

Hammers, Nina (Bilanzierungsverstöße 2007): Bilanzierungsverstöße, in: Federmann, Rudolf/Kußmaul, Heinz/Müller, Stefan (Hrsg.), Handbuch der Bilanzierung – Das gesamte Wissen zur Rechnungslegung nach HGB, EStG und IFRS, Loseblatt, Freiburg i.Br. 1960 ff. (Stand: 142. Ergänzungslieferung, Dezember 2007).

Hardach, Fritz Wilhelm (Wandel 1961): Die Interne Revision als Mittel der Unternehmensleitung und der Wandel ihrer Aufgaben, in: Ballmann, Wilhelm et al. (Hrsg.), Interne Revision in der Wirtschaft und im Unternehmen, München 1961, S. 55-81.

Harder, Ulrich (Bilanzpolitik 1962): Bilanzpolitik – Wesen und Methoden der taktischen Beeinflussung von handels- und steuerrechtlichen Jahresabschlüssen, Wiesbaden 1962.

Hasenack, Wilhelm (Rechnungslegung 1960): Zur Rechnungslegung der Aktiengesellschaft, insbesondere zur Berichtspflicht des Wirtschaftsprüfers über stille Reserven, in: Betriebswirtschaftliche Forschung und Praxis 1960, S. 95-110.

Hau, Rita (Wörterbuch 1986): PONS Globalwörterbuch Lateinisch – Deutsch, 2. Aufl., Stuttgart 1986.

Haueisen, Gunter K. (Unternehmensethik 2000): Unternehmensethik als Steuerungsproblem – Eine motivationstheoretische Untersuchung unter besonderer Berücksichtigung der Bankwirtschaft, München/Mering 2000.

Hauschka, Christoph E. (Kartellrecht 2004): Der Compliance-Beauftragte im Kartellrecht, Absicherungsstrategien für mittelständische Unternehmen und deren Organe, in: Betriebs-Berater 2004, S. 1178-1182.

Hauschka, Christoph E. (Korruptionsbekämpfung 2004): Compliance am Beispiel der Korruptionsbekämpfung, in: Zeitschrift für Wirtschaftsrecht 2004, S. 877-883.

Hauschka, Christoph E. (Reaktion 2004): Compliance, Compliance-Manager, Compliance-Programme: Eine geeignete Reaktion auf gestiegene Haftungsrisiken für Unternehmen und Management?, in: Neue Juristische Wochenschrift 2004, S. 257-261.

Hauser, Harald (Wirtschaftskriminalität 2000): Jahresabschlussprüfung und Aufdeckung von Wirtschaftskriminalität, Baden-Baden 2000.

Havermann, Hans (Aufgaben 1977): Die Aufgaben des Wirtschaftsprüfers: Möglichkeit der Entwicklung oder Notwendigkeit der Reform? – Podiumsgespräch, in: Busse von Colbe, Walther/Lutter, Marcus (Hrsg.), Wirtschaftsprüfung heute: Entwicklung oder Reform? – Ein Bochumer Symposium, Wiesbaden 1977, S. 141-162.

Hayn, Sven/Hold-Paetsch, Christiane (Bilanzpolitik 2008): Bilanzpolitik und Bilanzanalyse, in: Freidank, Carl-Christian/Peemöller, Volker H. (Hrsg.), Corporate Governance und Interne Revision – Handbuch für die Neuausrichtung des Internal Auditings, Berlin 2008, S. 267-281.

Heck, Meinrad (FlowTex 2006): Der Flowtex-Skandal – Wie Politik und Fiskus jahrelang von einem gigantischen Wirtschaftsbetrug profitierten, Frankfurt a.M. 2006.

Hecker, Achim/Füss, Roland (Mittelstand 2006): Die Interne Revision im deutschen Mittelstand – Eine empirische Bestandsaufnahme, in: Zeitschrift für Corporate Governance 2006, S. 67-71.

Heese, Klaus/Peemöller, Volker H. (Zusammenarbeit 2007): Zusammenarbeit zwischen Interner Revision und Abschlussprüfern, in: Betriebs-Berater 2007, S. 1378-1383.

Hefermehl, Wolfgang/Spindler, Gerald (Sorgfaltspflicht 2004): Kommentierung des § 93 AktG, in: Kropff, Bruno/Semler, Johannes (Hrsg.), Münchener Kommentar zum Aktiengesetz, Band 2, §§ 76-117 AktG, MitbestG, § 76 BetrVG 1952, 2. Aufl., München 2004.

Hehn, Paul A. von/Hartung, Wilhelm (Untersuchungen 2006): Unabhängige interne Untersuchungen in Unternehmen als Instrument guter Corporate Governance – auch in Europa?, in: Der Betrieb 2006, S. 1909-1914.

Heidbüchel, Volker (Vorstandsvertreter 2004): Das Aufsichtsratsmitglied als Vorstandsvertreter – Voraussetzungen und Risiken der Bestellung eines „Interimsvorstands" –, in: Wertpapier-Mitteilungen 2004, S. 1317-1324.

Heiden, Matthias (Pro-forma-Berichterstattung 2006): Pro-forma-Berichterstattung – Reporting zwischen Information und Täuschung, Berlin 2006.

Hein, Gert (Management Auditing 2001): Management Auditing, in: Lück, Wolfgang (Hrsg.), Lexikon der Internen Revision, München/Wien 2001, S. 190-191.

Hein, Gert (Organisation 2001): Organisation der Revision, in: Lück, Wolfgang (Hrsg.), Lexikon der Internen Revision, München/Wien 2001, S. 213-214.

Heinhold, Michael (Bilanzpolitik 1984): Bilanzpolitik – Wesen, Ziele und Stellung in der Unternehmensplanung –, in: Wirtschaftswissenschaftliches Studium 1984, S. 388-392.

Heinhold, Michael (Bilanzpolitik 1993): Bilanzpolitik, in: Wittmann, Waldemar et al. (Hrsg.), Handwörterbuch der Betriebswirtschaft, Teilband 1 (A-H), 5. Aufl., Stuttgart 1993, Sp. 525-543.

Heinhold, Michael (Instrumente 1984): Instrumente der unternehmerischen Bilanzpolitik, in: Wirtschaftswissenschaftliches Studium 1984, S. 449-454.

Heinhold, Michael (Jahresabschluss 1996): Der Jahresabschluß, 4. Aufl., München/Wien 1996.

Heinhold, Michael/Wotschofski, Stefan (Interne Revision 2002): Interne Revision, in: Ballwieser, Wolfgang/Coenenberg, Adolf G./Wysocki, Klaus v. (Hrsg.), Handwörterbuch der Rechnungslegung und Prüfung, 3. Aufl., Stuttgart 2002, Sp. 1217-1228.

Heininger, Klaus/Bertram, Klaus (Referentenentwurf 2006): Der Referentenentwurf zur 7. WPO-Novelle (BARefG), in: Der Betrieb 2006, S. 905-911.

Heinrich, Ralph (Complementarities 1999): Complementarities in Corporate Governance – A Survey of the Literature with Special Emphasis on Japan, Kiel Working Paper No. 947, Kiel 1999.

Heinrich, Ralph (Model 1999): A Model of Corporate Governance As a System, Kiel Working Paper No. 931, Kiel 1999.

Heintges, Sebastian (Bilanzkultur 1998): Bilanzkultur und Bilanzpolitik in den USA und in Deutschland – Einflüsse auf die Bilanzpolitik börsennotierter Unternehmen, in: Schönbrunn, Norbert/Schulte, Axel/Siebert, Hilmar (Hrsg.), Betriebswirtschaftslehre und Wirtschaftsprüfung – Nationale und internationale Entwicklungstendenzen, Wolfgang Lück zum 60. Geburtstag, Krefeld 1998, S. 3-13.

Heintges, Sebastian (Bilanzkultur 2005): Bilanzkultur und Bilanzpolitik in den USA und in Deutschland – Einflüsse auf die Bilanzpolitik börsennotierter Unternehmen, 3. Aufl., Sternenfels 2005.

Heintzen, Marcus (EU-Verordnungsentwurf 2001): EU-Verordnungsentwurf zur Anwendung von IAS: Kein Verstoß gegen Unionsverfassungsrecht, in: Betriebs-Berater 2001, S. 825-829.

Hellberg, Walter (Prüfung 2002): Prüfung des Jahresabschlusses (B 600), in: Castan, Edgar et al. (Hrsg.), Beck'sches Handbuch der Rechnungslegung, München 1986 ff. (Stand: 27. Ergänzungslieferung, Juli 2007).

Hellwig, Hans-Jürgen (Öffentliche Aufgabe 2001): Die öffentliche Aufgabe des Abschlussprüfers: Untersuchungs- und Redepflicht versus verbale Verschleierung, in: Lutter, Marcus (Hrsg.), Der Wirtschaftsprüfer als Element der Corporate Governance, Vorträge des 12. Bonner Europa-Symposions, Düsseldorf 2001, S. 67-88.

Hempel, Mario/Gleißner, Werner (Effizienz 2006): Effizienz im Risikomanagement durch IT-Unterstützung – Einführung eines Risk-Management-Informationssystems in der Energiewirtschaft am Beispiel Vattenfall Europe AG, in: Zeitschrift Risk, Fraud & Governance 2006, S. 83-90.

Hennke, Peter/Fett, Torsten (Praxiserfahrungen 2007): Vorstandsvergütungs-Offenlegungsgesetz: erste Praxiserfahrungen und Stellungnahme zu E-DRS 22, in: Betriebs-Berater 2007, S. 1267-1273.

Henssler, Martin (Gesellschaftsrecht 2003): Der Einfluss des Sarbanes Oxley Acts auf die Fortentwicklung des deutschen Gesellschaftsrechts – Eine Einführung, in: Der Konzern in Recht und Wirtschaft 2003, S. 255-259.

Henze, Hartwig (Aufgaben 1998): Prüfungs- und Kontrollaufgaben des Aufsichtsrates in der Aktiengesellschaft – Die Entscheidungspraxis des Bundesgerichtshofes –, in: Neue Juristische Wochenschrift 1998, S. 3309-3312.

Henze, Hartwig (Leitungsverantwortung 2000): Leitungsverantwortung des Vorstands – Überwachungspflicht des Aufsichtsrats, in: Betriebs-Berater 2000, S. 209-216.

Henze, Hartwig (Rechtsstellung 2005): Neuere Rechtsprechung zu Rechtsstellung und Aufgaben des Aufsichtsrats, in: Betriebs-Berater 2005, S. 165-175.

Herold, Hermann (Dreiteilbarkeit 1953): Der Grundsatz der Dreiteilbarkeit bei der Zahl der Aufsichtsratsmitglieder, in: Neue Juristische Wochenschrift 1953, S. 1809-1811.

Herold, Marcus (Stichprobenverfahren 2006): Stichprobenverfahren in der Revision, in: Peemöller, Volker H. (Hrsg.), Interne Revision Jahrbuch 2007, Fachteil, Hamburg 2006, S. 167-211.

Herzig, Norbert (Modernisierung 2008): Modernisierung des Bilanzrechts und Besteuerung, in: Der Betrieb 2008, S. 1-10.

Herzog, Henning (Managementaufgabe 2006): Risk & Fraud Management als erweiterte Managementaufgabe, Effektive Risikoprävention erfordert interdisziplinäre und ganzheitliche Forschung und Ausbildung, in: Zeitschrift Risk, Fraud & Governance 2006, S. 11-15.

Hess, Glen E. (Diskussion 1996): Corporate Governance – zum Stand der Diskussion in den Vereinigten Staaten, in: Feddersen, Dieter/Hommelhoff, Peter/Schneider, Uwe H. (Hrsg.), Corporate Governance, Optimierung der Unternehmensführung und der Unternehmenskontrolle im deutschen und amerikanischen Aktienrecht, Köln 1996, S. 9-24.

Hilb, Martin/Knorr, Ursula/Steger, Thomas (Entwicklungsstand 2007): Der Entwicklungsstand der Corporate Governance in Deutschland – Ergebnisse einer empirischen Erhebung im Überblick und daraus abzuleitende Folgerungen für die Corporate-Governance-Praxis, in: Zeitschrift für Corporate Governance 2007, S. 200-204.

Hilber, Marc/Hartung, Jürgen (Verschwiegenheitspflicht 2003): Auswirkungen des Sarbanes-Oxley Act auf deutsche WP-Gesellschaften: Konflikte mit der Verschwiegenheitspflicht der Wirtschaftsprüfer und dem Datenschutzrecht, in: Betriebs-Berater 2003, S. 1054-1060.

Hilpisch, Yves (Kapitalmarktorientierte Unternehmensführung 2005): Kapitalmarktorientierte Unternehmensführung, Wiesbaden 2005.

Hirschmann, Jörn (Aufgaben 2005): Aufgaben des Vorstands als Leitungsorgan, in: Kann, Jürgen van (Hrsg.), Vorstand der AG – Führungsaufgaben, Rechtspflichten und Corporate Governance, Berlin 2005, S. 53-95.

Hodson, Nicholas M. (Fraud 2005): Detecting Fraud and Managing the Risk, in: O'Brien, Justin (Hrsg.), Governing the Corporation – Regulation and Corporate Governance in an Age of Scandal and Global Markets, Chichester 2005, S. 185-204.

Hoffmann, Dietmar/Müller, Frank (Führungsverhalten 2006): Führungsverhalten und wirtschaftskriminelle Handlungen – immer nur ein Thema nach der Aufdeckung?, in: Zeitschrift Interne Revision 2006, S. 138-142.

Hoffmann, Volker H./Sandrock, Stefan (Ombudsmann 2001): Der Ombudsmann – betriebliche Möglichkeit zur Bekämpfung von Wirtschaftskriminalität, in: Der Betrieb 2001, S. 433-435.

Hoffmann-Becking, Michael (Anmerkungen 2005): Rechtliche Anmerkungen zur Vorstands- und Aufsichtsratsvergütung, in: Zeitschrift für das gesamte Handelsrecht und Wirtschaftsrecht 2005, S. 155-180.

Hoffmann-Becking, Michael (Anreizsysteme 1999): Gestaltungsmöglichkeiten bei Anreizsystemen, in: Neue Zeitschrift für Gesellschaftsrecht 1999, S. 797-804.

Hoffmann-Becking, Michael (Aufsichtsrat 1995): Der Aufsichtsrat im Konzern, in: Zeitschrift für das gesamte Handelsrecht und Wirtschaftsrecht 1995, S. 325-345.

Hoffmann-Becking, Michael (Verbesserung 1995): Rechtliche Möglichkeiten und Grenzen einer Verbesserung der Arbeit des Aufsichtsrats, in: Lanfermann, Josef (Hrsg.), Internationale Wirtschaftsprüfung, Festschrift zum 65. Geburtstag von Prof. Dr. Dr. h.c. Hans Havermann, Düsseldorf 1995, S. 229-246.

Hofmann, Günter (Berichtserfordernis 2000): Schwerwiegende Mängel und wesentliche Feststellungen der Internen Revision als Berichtserfordernis an die Aufsichtsorgane, in: Zeitschrift Interne Revision 2000, S. 127-128.

Hofmann, Günter (Funktion 2004): Die Stärkung der Funktion der Internen Revision durch das Sarbanes Oxley Gesetz von 2002 – Die Interne Revision nimmt an Bedeutung zu –, in: Zeitschrift Interne Revision 2004, S. 174-175.

Hofmann, Günter (Risikobegriff 2004): Der Risikobegriff im Licht des Aufsichtsrechts und der aktuellen Diskussion – ganzheitliche Aspekte einer Risikobetrachtung, in: Zeitschrift Interne Revision 2004, S. 256-258.

Hofmann, Günter (Sarbanes-Oxley Act 2005): Sarbanes Oxley – Erkenntnisse aus dem ersten Jahr nach Einführung, in: Zeitschrift Interne Revision 2005, S. 188-190.

Hofmann, Rolf (Dolose Handlungen 1988): Dolose Handlungen – Maßnahmen zur Verhütung und Aufdeckung durch die Interne Revision, in: Zeitschrift Interne Revision 1988, S. 42-64.

Hofmann, Rolf (Interne Revision 1972): Interne Revision – Organisation und Aufgaben, Konzernrevision, Opladen 1972.

Hofmann, Rolf (Prüfungshandbuch 2005): Prüfungs-Handbuch – Leitfaden für eine Überwachungs- und Revisionskonzeption in der Corporate Governance, 5. Aufl., Berlin 2005.

Hofmann, Rolf (Unterschlagung 1997): Unterschlagungsprophylaxe und Unterschlagungsprüfung – Leitfaden zur Verhütung und Aufdeckung unrechtmäßiger Bereicherung in Unternehmen, 2. Aufl., Berlin 1997.

Hofmann, Rolf (Wirkungsgrad 1991): Zusammenarbeit zwischen Interner Revision und Abschlußprüfung – Instrumente zur Erhöhung des Wirkungsgrades, in: Der Betrieb 1991, S. 2249-2254.

Hofmann, Stefan (Bilanzmanipulationen 2006): Aufdeckung von Bilanzmanipulationen, Ein Leitfaden zur „richtigen" Gestaltung von Fraud-Interviews, in: Zeitschrift für Corporate Governance 2006, S. 27-32.

Hofmann, Stefan (Fraud-Brainstorming 2007): Fraud-Brainstorming: Kreatives Vorgehen gegen Bilanzmanipulationen – Zur Bedeutung und Ausgestaltung von „Brainstorming Sessions" im Rahmen des Fraud-orientierten Prüfungsansatzes, in: Zeitschrift für Corporate Governance 2007, S. 78-83.

Hofmann, Stefan (Prävention 2006): Leitlinien zur Prävention von Wirtschaftdelikten und Unternehmenskrisen – Zur Anwendung des neuen COSO-II-Frameworks in der Praxis, in: Krisen-, Sanierungs- und Insolvenzberatung 2006, S. 41-46.

Hofmann, Stefan (Spielball 2006): IFRS als „Spielball der Bilanz-Jongleure"? – Zum Risiko des Gestaltungsmissbrauchs in der internationalen Rechnungslegung, in: Zeitschrift für Corporate Governance 2006, S. 72-78.

Hofmann, Stefan (Whistleblowing 2006): Whistleblowing: Heldentat oder Verrat?, Hinweisgeber im Spannungsfeld zwischen Zivilcourage und Denunziantentum, in: Zeitschrift für Corporate Governance 2006, S. 121-126.

Holder, William W./Collmer, Sheryl (Procedures 1980): Analytical Review Procedures: New Relevance, in: CPA Journal, November 1980, S. 29-35.

Holleck, Monika (Risikoorientierung 2004): Risikoorientierter Prüfungsansatz der Internen Revision – Auswirkungen auf die Revisionsarbeit, in: Zeitschrift Interne Revision 2004, S. 31-32.

Hölscher, Reinhold/Giebel, Stefan/Karrenbauer, Ulrike (Risikomanagement 2006): Stand und Entwicklungstendenzen des industriellen Risikomanagements, Ergebnisse einer aktuellen Studie der Technischen Universität Kaiserslautern
– Teil 1 –, in: Zeitschrift Risk, Fraud & Governance 2006, S. 149-154.

Hölscher, Reinhold/Giebel, Stefan/Karrenbauer, Ulrike (Risikomanagement 2007): Stand und Entwicklungstendenzen des industriellen Risikomanagements, Ergebnisse einer aktuellen Studie der Technischen Universität Kaiserslautern
– Teil 2 –, in: Zeitschrift Risk, Fraud & Governance 2007, S. 5-14.

Holzer, H. Peter/Makowski, Andreas (Corporate Governance 1997): Corporate Governance, in: Der Betrieb 1997, S. 688-692.

Hömberg, Reinhold (Prüfungsplanung 2002): Prüfungsplanung, in: Ballwieser, Wolfgang/Coenenberg, Adolf G./Wysocki, Klaus v. (Hrsg.), Handwörterbuch der Rechnungslegung und Prüfung, 3. Aufl., Stuttgart 2002, Sp. 1852-1861.

Hömberg, Reinhold (Zufallsauswahl 2002): Stichprobenprüfung mit Zufallsauswahl, in: Ballwieser, Wolfgang/Coenenberg, Adolf G./Wysocki, Klaus v. (Hrsg.), Handwörterbuch der Rechnungslegung und Prüfung, 3. Aufl., Stuttgart 2002, Sp. 2287-2304.

Hommelhoff, Peter (Eignungsvoraussetzungen 1977): Satzungsmäßige Eignungsvoraussetzungen für Vorstandsmitglieder einer Aktiengesellschaft, in: Betriebs-Berater 1977, S. 322-326.

Hommelhoff, Peter (Enforcement 2005): Deutsches Enforcement im richtigen Fahrwasser?, in: Baetge, Jörg/Kirsch, Hans-Jürgen (Hrsg.), Anpassung des deutschen Bilanzrechts an internationale Standards – Bilanzrechtsreformgesetz und Bilanzkontrollgesetz –, Vorträge und Diskussionen zum 20. Münsterischen Tagesgespräch des Münsteraner Gesprächskreis Rechnungslegung und Prüfung e.V. am 27. Mai 2004, Düsseldorf 2005, S. 57-86.

Hommelhoff, Peter (Organisationsverfassung 1998): Die neue Position des Abschlußprüfers im Kraftfeld der aktienrechtlichen Organisationsverfassung (Teil I), in: Betriebs-Berater 1998, S. 2567-2573.

Hommelhoff, Peter (Störungen 1995): Störungen im Recht der Aufsichtsrats-Überwachung: Regelungsvorschläge an den Gesetzgeber, in: Picot, Arnold (Hrsg.), Corporate Governance – Unternehmensüberwachung auf dem Prüfstand, Stuttgart 1995, S. 1-28.

Hommelhoff, Peter/Mattheus, Daniela (Corporate Governance 1998): Corporate Governance nach dem KonTraG, in: Die Aktiengesellschaft 1998, S. 249-259.

Hönsch, Henning (Bilanzeid 2006): Der Bilanzeid – Versicherungen zur Ordnungsmäßigkeit der Rechnungslegung, in: Zeitschrift für Corporate Governance 2006, S. 117-120.

Hooks, Karen L./Kaplan, Steven E./Schultz, Joseph J. Jr. (Enhancing Communication 1994): Enhancing Communication to Assist in Fraud Prevention and Detection, in: Auditing: A Journal of Practice & Theory, Fall 1994, S. 86-117.

Hoor, Gerd (Sorgfaltsanforderungen 2004): Die Präzisierung der Sorgfaltsanforderungen nach § 93 Abs. 1 AktG durch den Entwurf des UMAG, in: Deutsches Steuerrecht 2004, S. 2104-2108.

Hopt, Klaus J. (Gemeinsame Grundsätze 2000): Gemeinsame Grundsätze der Corporate Governance in Europa?, in: Zeitschrift für Gesellschaftsrecht 2000, S. 779-818.

Hopt, Klaus J. (Two-Tier Board 1998): The German Two-Tier Board: Experience, Theories, Reforms, in: Hopt, Klaus J. et al. (Hrsg.), Comparative Corporate Governance – The State of the Art and Emerging Research –, Oxford 1998, S. 227-258.

Hopt, Klaus J. (Unternehmenskontrolle 2000): Unternehmenskontrolle (Corporate Governance), vorgelegt in der Sitzung vom 7. Juli 2000, in: Berichte aus den Sitzungen der Joachim Jungius-Gesellschaft der Wissenschaften e.V., Hamburg, Jahrgang 18, Heft 3, Hamburg 2000.

Horn, Norbert (Haftung 1997): Die Haftung des Vorstands der AG nach § 93 AktG und die Pflichten des Aufsichtsrats, in: Zeitschrift für Wirtschaftsrecht 1997, S. 1129-1139.

Horst, Christoph A. (Integration 2007): Kosten und Nutzen einer Integration des Risikomanagements – Traditionelles vs. Integriertes Risikomanagement in Finanzinstituten, in: Zeitschrift Risk, Fraud & Governance 2007, S. 29-34.

Hoyos, Martin/Huber, Hans-Peter (Unrichtige Darstellung 2006): Kommentierung des § 331 HGB, in: Ellrott, Helmut et al. (Hrsg.), Beck'scher Bilanz-Kommentar, Handels- und Steuerbilanz, §§ 238 bis 339, 342 bis 342e HGB mit EGHGB und IAS/IFRS-Abweichungen, 6. Aufl., München 2006.

Hoyos, Martin/Ritter-Thiele, Katja M. (Aufstellung 2006): Kommentierung des § 290 HGB, in: Ellrott, Helmut et al. (Hrsg.), Beck'scher Bilanz-Kommentar, Handels- und Steuerbilanz, §§ 238 bis 339, 342 bis 342e HGB mit EGHGB und IAS/IFRS-Abweichungen, 6. Aufl., München 2006.

Hübner, Heinz (Gestaltung 1955): Gestaltung der Betriebsorganisation zur Vorbeugung gegen deliktartige Unregelmäßigkeiten durch Betriebsangehörige, Mannheim 1955.

Hucke, Anja (Beziehung 2003): Aufsichtsrat und Abschlussprüfer – Eine symbiotische Beziehung?, in: Wollmert, Peter et al. (Hrsg.), Wirtschaftsprüfung und Unternehmensüberwachung, Festschrift für Prof. Dr. Dr. h.c. Wolfgang Lück, Düsseldorf 2003, S. 115-131.

Hucke, Anja (Verbesserung 2006): Die Inanspruchnahme des Abschlussprüfers als Beitrag zur Verbesserung der Corporate Governance, Teil A: Grundlagen, interne Haftung und berufsrechtliche Sanktionen und Teil B: Externe Haftung und Ausblick auf mögliche verschärfende Rahmenbedingungen, in: Zeitschrift für Corporate Governance 2006, S. 23-26 (Teil A) und S. 63-66 (Teil B).

Hucke, Anja/Just, Susan (Anwendbarkeit 2007): Die Anwendbarkeit des DCGK auf nicht börsennotierte Unternehmen – Welche Standards sollten Sekundäradressaten übernehmen?, in: Zeitschrift für Corporate Governance 2007, S. 5-12.

Hueck, Alfred (Rechtsstellung 1954): Die Rechtsstellung der Mitglieder von Organen der juristischen Personen, in: Der Betrieb 1954, S. 274-276.

Hüffer, Uwe (Aktiengesetz 2008): Aktiengesetz, Kommentar, 8. Aufl., München 2008.

Hüffer, Uwe (Publikumsgesellschaft 1980): Der Aufsichtsrat in der Publikumsgesellschaft – Pflichte und Verantwortlichkeiten der Aufsichtsratsmitglieder –, in: Zeitschrift für Gesellschaftsrecht 1980, S. 320-358.

Hulle, Karel van/Lanfermann, Georg (Europäische Entwicklungen 2003): Europäische Entwicklungen zur Abschlussprüfung vor dem Hintergrund des Sarbanes-Oxley Act, in: Die Wirtschaftsprüfung 2003, Sonderheft, S. S102-S109.

Hulle, Karl van/Lanfermann, Georg (Mitteilung 2003): Mitteilung der Europäischen Kommission zur Stärkung der Abschlussprüfung, in: Betriebs-Berater 2003, S. 1323-1328.

Hülsberg, Frank/Feller, Steffen/Parsow, Christian (Anti-Fraud-Management 2007): Anti-Fraud-Management – Reduzierung von Haftungsrisiken und Vermögensschädigungen, in: Zeitschrift Risk, Fraud & Governance 2007, S. 204-208.

Hunecke, Jörg (Beratung 2005): Interne Beratung durch die Interne Revision, Herausforderungen und Chancen für den Berufsstand der Internen Revisoren, 3. Aufl., Sternenfels 2005.

Hunecke, Jörg (Internal Consulting 2001): Zusammenarbeit von Interner Revision und Abschlussprüfer, in: Lück, Wolfgang (Hrsg.), Lexikon der Internen Revision, München/Wien 2001, S. 133-134.

Hunecke, Jörg (Warnfunktion 1998): Die Warnfunktion des Abschlußprüfers, in: Schönbrunn, Norbert/Schulte, Axel/Siebert, Hilmar (Hrsg.), Betriebswirtschaftslehre und Wirtschaftsprüfung – Nationale und internationale Entwicklungstendenzen, Wolfgang Lück zum 60. Geburtstag, Krefeld 1998, S. 265-271.

Huth, Mark-Alexander (Risikoüberwachung 2007): Grundsätze ordnungsmäßiger Risikoüberwachung, in: Betriebs-Berater 2007, S. 2167-2170.

Hütten, Christoph (Zulässigkeit 2002): Unternehmenseigener Corporate Governance-Kodex – Zulässigkeit und Sinnhaftigkeit in Zeiten von TransPuG und Deutschem Kodex, in: Betriebs-Berater 2002, S. 1740-1742.

Hütten, Christoph/Lorson, Peter (Internationale Rechnungslegung 2000): Internationale Rechnungslegung in Deutschland – Teil 4: Die Rechnungslegungssysteme der USA und des IASC –, in: Betrieb und Wirtschaft 2000, S. 985-997.

Hütten, Christoph/Stromann, Hilke (Unternehmenspraxis 2003): Umsetzung des Sarbanes-Oxley Act in der Unternehmenspraxis, in: Betriebs-Berater 2003, S. 2223-2227.

IDW (Handbuch 2006): WP-Handbuch 2006 – Wirtschaftsprüfung, Rechnungslegung, Beratung, Band I, 13. Aufl., Düsseldorf 2006.

IDW (Hrsg.) (Qualitätssicherung 2007): IDW Praxishandbuch zur Qualitätssicherung – Mit Arbeitshilfen zur internen Qualitätssicherung und zum risikoorientierten Prüfungsvorgehen bei der Prüfung kleiner und mittelgroßer Unternehmen, 2. Aufl., Düsseldorf 2007.

IDW (Vergleichende Darstellung 1998): Abschlußprüfung nach International Standards on Auditing (ISA) – Vergleichende Darstellung deutscher und internationaler Prüfungsgrundsätze, Düsseldorf 1998.

IFU-Institut (Kontrollsystem 2005): Prüfung und Dokumentation des internen Kontrollsystems, Bonn 2005.

Ihrig, Hans-Christoph/Wagner, Jens (Reform 2002): Die Reform geht weiter: Das Transparenz- und Publizitätsgesetz kommt, in: Betriebs-Berater 2002, S. 789-797.

IIR-Arbeitskreis „Interne Revision in der Versicherungswirtschaft" (Risikomanagementsystem 1999): Konzept für den Aufbau eines Risikomanagementsystems (RMS) unter Berücksichtigung der Anforderungen durch das KonTraG, in: Zeitschrift Interne Revision 1999, S. 185-215.

Institut für Interne Revision Österreich (Kontrollsystem 2004): Das Interne Kontrollsystem aus der Sicht der Internen Revision, Wien 2004.

Jacob, Hans-Joachim (Transformation 2001): Die Transformation der International Standards on Auditing in deutsche Grundsätze ordnungsmäßiger Abschlussprüfung, in: Die Wirtschaftsprüfung 2001, S. 237-244.

Jacob, S. (Bilanzdelikte 1933): Bilanzdelikte – Vom Standpunkte des österreichischen Strafrechtes, in: Meithner, Karl (Hrsg.), Die Bilanzen der Unternehmungen, Band 1: Grundlegung, Aufbau und Problemkreis der Bilanzen, Berlin 1933, S. 776-788.

Jacobs, Otto H. (Auskunftsrechte 2002): Auskunftsrechte des Prüfers, in: Ballwieser, Wolfgang/Coenenberg, Adolf G./Wysocki, Klaus v. (Hrsg.), Handwörterbuch der Rechnungslegung und Prüfung, 3. Aufl., Stuttgart 2002, Sp. 184-192.

Janberg, Hans/Oesterlink, Hans-Christian (Gäste 1960): Gäste im Aufsichtsrat, in: Die Aktiengesellschaft 1960, S. 240-243.

Janke, Günter (Anforderungen 2003): Neue Anforderungen an die Interne Revision, in: Betrieb und Wirtschaft 2003, S. 573-581.

Janssen, Friedrich-Carl (Prüfungsstandards 2001): KonTraG und internationale Prüfungsstandards, in: Kubin, Konrad W. et al. (Hrsg.), Internationale Grundsätze für Rechnungslegung und Prüfung, Vorträge vor dem Münsteraner Gesprächskreis Rechnungslegung und Prüfung e.V., Düsseldorf 2001, S. 131-181.

Jeetun, B. Sanat (Untersuchung 2003): Prozess und Praxis des Risikomanagements – Ergebnisse einer Untersuchung der Praxis mittelständischer Unternehmen in Europa, in: Wollmert, Peter et al. (Hrsg.), Wirtschaftsprüfung und Unternehmensüberwachung, Festschrift für Prof. Dr. Dr. h.c. Wolfgang Lück, Düsseldorf 2003, S. 523-556.

John, Dieter/Bäcker, Ingo (Unternehmensreputation 2003): Fraud Investigation, Prevention und Corporate Integrity zum Schutz der Unternehmensreputation, in: Wiedmann, Klaus-Peter/Heckemüller, Carsten (Hrsg.), Ganzheitliches Corporate Finance Management, Konzept – Anwendungsfelder – Praxisbeispiele, Wiesbaden 2003, S. 441-458.

Jozseffi, Thomas (Erwartungen 2003): Erwartungen an die Interne Revision – Anmerkungen eines Unternehmers, in: Zeitschrift Interne Revision 2003, S. 8-13.

Justenhoven, Petra/Krawietz, Manfred (Prüfungsansatz 2006): Prüfungsansatz nach Enron, in: Betriebswirtschaftliche Forschung und Praxis 2006, S. 62-76.

Kademann, Martin (Management Audit 2006): Management Audit durch die Interne Revision – Analyse und Praxiskonzept, Saarbrücken 2006.

Kaduk, Michael (Unregelmäßigkeiten 2007): Aufdeckung von Unregelmäßigkeiten – Im Rahmen der Jahresabschlussprüfung, Saarbrücken 2007.

Kaesberg, Günter (Prävention 1986): Prävention doloser Handlungen durch wirtschaftseigene Maßnahmen – untersucht am Zahlungsverkehr bei Kreditinstituten –, Dissertation, Münster 1986.

Kagermann, Henning/Küting, Karlheinz/Weber, Claus-Peter (Hrsg.) (Revisions-Handbuch 2006): Handbuch der Revision – Management mit der SAP®-Revisions-Roadmap, Stuttgart 2006.

Kaiser, Thomas (Berichtigung 2000): Berichtigung und Änderung des handelsrechtlichen Jahresabschlusses, Herne/Berlin 2000.

Kaiser, Thomas (Investorensicht 2006): IFRS aus Investorensicht, in: Küting, Karlheinz/Pfitzer, Norbert/Weber, Claus-Peter (Hrsg.), Internationale Rechnungslegung: Standortbestimmung und Zukunftsperspektiven – Kapitalmarktorientierte Rechnungslegung und integrierte Unternehmenssteuerung, Stuttgart 2006, S. 131-158.

Kalveram, Wilhelm (Systematik 1933): Versuche einer Systematik der Bilanzdelikte, in: Ertel, Hermann Anatol (Hrsg.), Wirtschaftsprüfung, Ein Handbuch für das Revisions- und Treuhandwesen, Berlin/Wien 1933, S. 87-97.

Kalveram, Wilhelm (Verstöße 1933): Verstöße gegen die Grundzüge ordnungsmäßiger Bilanzierung, in: Meithner, Karl (Hrsg.), Die Bilanzen der Unternehmungen, Band 1: Grundlegung, Aufbau und Problemkreis der Bilanzen, Berlin 1933, S. 430-443.

Kamann, Hans-Georg/Simpkins, Martina (Kooperation 2003): Sarbanes-Oxley Act – Anlass zu verstärkter internationaler Kooperation im Bereich der Corporate Governance?, in: Recht der internationalen Wirtschaft 2003, S. 183-189.

Kaminski, Bert (Anforderungen 2008): Allgemeine Anforderungen der Unternehmensführung an die Interne Revision, in: Freidank, Carl-Christian/Peemöller, Volker H. (Hrsg.), Corporate Governance und Interne Revision – Handbuch für die Neuausrichtung des Internal Auditings, Berlin 2008, S. 57-72.

Kaminski, Horst/Naumann, Klaus-Peter (Institut 1998): Institut der Wirtschaftsprüfer in Deutschland (IDW), in: Lück, Wolfgang (Hrsg.), Lexikon der Rechnungslegung und Abschlußprüfung, 4. Aufl., München/Wien 1998, S. 395-397.

Kamping, Ralf/Pföhler, Martin (Aufbewahrung 2007): Die Aufbewahrung von Arbeitspapieren nach dem Sarbanes-Oxley Act – zugleich ein Vergleich mit IDW EPS 460: Arbeitspapiere des Abschlussprüfers, in: Die Wirtschaftsprüfung 2007, S. 1069-1075.

Kanda, Hideki (Japan 1998): Notes on Corporate Governance in Japan, in: Hopt, Klaus J. et al. (Hrsg.), Comparative Corporate Governance – The State of the Art and Emerging Research –, Oxford 1998, S. 891-896.

Kann, Jürgen van (Bestellung 2005): Bestellung und Anstellung, in: Kann, Jürgen van (Hrsg.), Vorstand der AG – Führungsaufgaben, Rechtspflichten und Corporate Governance, Berlin 2005, S. 27-51.

Kann, Jürgen van (Geamtverantwortung 2005): Gesamtverantwortung und Ressortverteilung, in: Kann, Jürgen van (Hrsg.), Vorstand der AG – Führungsaufgaben, Rechtspflichten und Corporate Governance, Berlin 2005, S. 139-176.

Kann, Jürgen von (Offenlegung 2005): Das neue Gesetz über die Offenlegung von Vorstandsvergütungen, in: Deutsches Steuerrecht 2005, S. 1496-1500.

Kapnick, Harvey (Management Fraud 1976): Responsibility and Detection in Management Fraud, in: The CPA Journal, May 1976, S. 19-23.

Kappel, Jan/Acker, Wendelin (Korruption 2007): Korruption und Zivilrecht – Teil 1 – Nichtigkeit von Schmiergeldabrede und Hauptvertrag, in: Zeitschrift Risk, Fraud & Governance 2007, S. 168-174.

Kappel, Jan/Acker, Wendelin (Zivilrecht 2007): Korruption und Zivilrecht – Teil 2 – Ansprüche des geschädigten Unternehmens gegen die schmiergeldzahlende Partei, in: Zeitschrift Risk, Fraud & Governance 2007, S. 216-221.

Keller, Bernd/Weber, Antje (Wirtschaftlichkeitsprüfung 2008): Wirtschaftlichkeitsprüfung, in: Freidank, Carl-Christian/Peemöller, Volker H. (Hrsg.), Corporate Governance und Interne Revision – Handbuch für die Neuausrichtung des Internal Auditings, Berlin 2008, S. 195-209.

Keller, Gernot/Schlüter, Kai Grit (Peer Review 2003): Peer Review: Perspektiven nach dem Sarbanes-Oxley Act of 2002, in: Betriebs-Berater 2003, S. 2166-2174.

Keller, Richard (Bestätigungen 2006): Einholung von Bestätigungen Dritter bei der Erstellung und Prüfung des Jahresabschlusses, Muster einer Saldenbestätigung für Debitoren und Kreditoren und Bestätigung des Rechtsanwalts, in: Buchführung Bilanz Kostenrechnung 2006, S. 127-134, Fach 4, S. 2083-2090.

Kellersmann, Dietrich/Winkeljohann, Norbert (Familienunternehmen 2007): Die Bedeutung von Corporate Governance für den Mittelstand/Familienunternehmen, in: Finanz Betrieb 2007, S. 406-412.

Kelly, Harvey R. (Financial Statements 2000): Getting New Audited Financial Statements, in: Young, Michael R. (Hrsg.), Accounting Irregularities and Financial Fraud – A Corporate Governance Guide, San Diego u.a. 2000, S. 55-72.

Kelly, Harvey R. (Forensic Accountants 2000): Digging out the Fraud: The Forensic Accountants, in: Young, Michael R. (Hrsg.), Accounting Irregularities and Financial Fraud – A Corporate Governance Guide, San Diego u.a. 2000, S. 89-109.

Kersebaum, Lars (Europäische Aktiengesellschaft 2005): Die Europäische Aktiengesellschaft, in: Kann, Jürgen van (Hrsg.), Vorstand der AG – Führungsaufgaben, Rechtspflichten und Corporate Governance, Berlin 2005, S. 245-258.

Kersting, Christian (Ausländische Emittenten 2003): Das Audit Committee nach dem Sarbanes-Oxley-Gesetz – Ausnahmeregelungen für ausländische Emittenten, in: Zeitschrift für Wirtschaftsrecht 2003, S. 2010-2017.

Kersting, Christian (Auswirkungen 2003): Auswirkungen des Sarbanes-Oxley-Gesetzes in Deutschland: Können deutsche Unternehmen das Gesetz befolgen?, in: Zeitschrift für Wirtschaftsrecht 2003, S. 233-242.

Kerth, Albin/Wolf, Jakob (Bilanzpolitik 1993): Bilanzanalyse und Bilanzpolitik, 2. Aufl., München/Wien 1993.

Kessler, Harald (Rückstellungen 1992): Rückstellungen und Dauerschuldverhältnisse – Neue Ansätze zur Lösung aktueller Passivierungsfragen der Handels- und Steuerbilanz, Stuttgart 1992.

Keunecke, Ulrich (Haftungsfragen 2006): Aktuelle Haftungsfragen für das Management von Aktiengesellschaften – Business Judgment Rule des UMAG, in: Zeitschrift Risk, Fraud & Governance 2006, S. 106-112.

Kicherer, Hans-Peter (Grundsätze 1970): Grundsätze ordnungsmäßiger Abschlußprüfung, Berlin 1970.

Kindler, Peter/Pahlke, Anne-Kathrin (Überwachungspflichten 2001): Die Überwachungspflichten des Aufsichtsrates im Hinblick auf das Risikomanagement, in: Lange, Knut Werner/Wall, Friederike (Hrsg.), Risikomanagement nach dem KonTraG – Aufgaben und Chancen aus betriebswirtschaftlicher und juristischer Sicht –, München 2001, S. 60-94.

Kirchner, Christian (Ermessensspielräume 2006): Probleme von Ermessensspielräumen in der *fair value*-Bewertung nach Internationalen Rechnungslegungsstandards, in: Zeitschrift für betriebswirtschaftliche Forschung 2006, Sonderheft 55/06, S. 61-78.

Kirschbaum, Tom (Kodex 2005): Deutscher Corporate Governance Kodex überarbeitet – Welche (Erklärungs-)Pflichten ergeben sich für Vorstand und Aufsichtsrat börsennotierter Aktiengesellschaften? –, in: Der Betrieb 2005, S. 1473-1477.

Kleckner, Philip K./Craig, Jackson (Enforcement 2004): Sarbanes-Oxley Act: Expanded Enforcement, in: CPA Journal, Fall 2004, S. 13.

Klein, Klaus-Günter (Schlussbesprechung 2002): Schlussbesprechung, in: Ballwieser, Wolfgang/Coenenberg, Adolf G./Wysocki, Klaus v. (Hrsg.), Handwörterbuch der Rechnungslegung und Prüfung, 3. Aufl., Stuttgart 2002, Sp. 2149-2155.

Klein, Klaus-Günter/Tielmann, Sandra (Modernisierung 2004): Die Modernisierung der Abschlussprüferrichtlinie – Vorschlag der EU-Kommission zur Überarbeitung der 8. EU-Richtlinie –, in: Die Wirtschaftsprüfung 2004, S. 501-510.

Kliege, Helmut (Verhaltenskodex 2000): Beispiel für einen „Verhaltenskodex", in: Zeitschrift Interne Revision 2000, S. 123-126.

Klinger, Michael A./Klinger, Oskar (Internes Kontrollsystem 2000): Das Interne Kontrollsystem (IKS) im Unternehmen – Praxisbeispiele, Checklisten, Organisationsanweisungen und Muster-Prüfberichte für alle Unternehmensbereiche, München 2000.

Kloock, Josef (Bilanzpolitik 1989): Bilanzpolitik und Maßgeblichkeitsprinzip aus handelsrechtlicher Sicht, in: Betriebswirtschaftliche Forschung und Praxis 1989, S. 141-158.

Klunzinger, Eugen (Gesellschaftsrecht 2006): Grundzüge des Gesellschaftsrechts, 14. Aufl., München 2006.

Knabe, Stephan/Mika, Sebastian/Müller, Klaus-Robert/Rätsch, Gunnar/Schruff, Wienand (Fraud-Risiko 2004): Zur Beurteilung des Fraud-Risikos im Rahmen der Abschlussprüfung, in: Die Wirtschaftsprüfung 2004, S. 1057-1068.

Knöfel, Oliver L. (Whistleblowing 2007): Whistleblowing und Sarbanes-Oxley – kein extraterritorialer Arbeitnehmerschutz?, in: Recht der internationalen Wirtschaft 2007, S. 493-495.

Knolmayer, Gerhard/Wermelinger, Thomas (Informationssysteme 2006): Der Sarbanes-Oxley Act und seine Auswirkungen auf die Gestaltung von Informationssystemen, in: Siegel, Theodor et al. (Hrsg.), Unternehmungen, Versicherungen und Rechnungswesen – Festschrift zur Vollendung des 65. Lebensjahres von Dieter Rückle, Berlin 2006, S. 513-536.

Knop, Wolfgang (Inventar 2003): Kommentierung des § 240 HGB, in: Küting, Karlheinz/Weber, Claus-Peter (Hrsg.), Handbuch der Rechnungslegung – Einzelabschluss, Kommentar zur Bilanzierung und Prüfung, 5. Aufl., Loseblatt, Stuttgart 2002 ff. (Stand: 2. Ergänzungslieferung, November 2006).

Knop, Wolfgang (Prüfungsstrategie 1984): Eine Prüfungsstrategie zur Prüfung des Internen Kontrollsystems (IKS) einer Unternehmung durch den Abschlußprüfer, in: Die Wirtschaftsprüfung 1984, S. 313-319 (Teil I) und S. 348-355 (Teil II).

Kofahl, Günther (Bilanzierungspolitik 1956): Bilanzierungspolitik, in: Die Wirtschaftsprüfung 1956, S. 541-545.

Kofahl, Günther/Pohmer, Dieter (Bilanzgestaltung 1950): Praktische Bilanzgestaltung – Diskussionsbeitrag über Gebiet und Begriff der „Bilanzpolitik", in: Die Wirtschaftsprüfung 1950, S. 540-541.

Köhler, Annette G. (Deregulierung 2008): Deregulierung nach dem Entwurf eines BilMoG, in: Betriebs-Berater 2008, S. 268-270.

Köhler, Annette G./Marten, Kai-Uwe/Zaich, Ralf (Kontext 2006): Risikoorientierter Ansatz im Kontext von SOA 404 – Stichprobengestütztes Vorgehen beim Nachweis der Wirksamkeit interner Kontrollen der Finanzberichterstattung durch das Management nach Section 404 des Sarbanes-Oxley Act of 2002, in: Zeitschrift für Corporate Governance 2006, S. 88-95.

Kohler, Klaus (Stock Options 1997): Stock Options für Führungskräfte aus der Sicht der Praxis, in: Zeitschrift für das gesamte Handelsrecht und Wirtschaftsrecht 1997, S. 246-268.

Korber, Wilfried (Interne Revision 1993): Interne Revision, 2. Aufl., München/Wien 1993.

Körner, Marita (Angemessenheit 2004): Die Angemessenheit von Vorstandsbezügen in § 87 AktG – Eine unbeachtete Vorschrift? –, in: Neue Juristische Wochenschrift 2004, S. 2697-2702.

KPMG (Hrsg.) (Rechnungslegung 2003): Rechnungslegung nach US-amerikanischen Grundsätzen, Grundlagen der US-GAAP und der SEC-Vorschriften, 3. Aufl., Düsseldorf 2003.

Krämer, Gregor (Bankenaufsicht 2000): Ziele, Adressaten und Risiken der Bankenaufsicht, Aachen 2000.

Krause, Rüdiger (Mitbestimmung 2003): Sarbanes-Oxley Act und deutsche Mitbestimmung, in: Wertpapier-Mitteilungen 2003, S. 762-771.

Krawitz, Norbert (Langfristige Auftragsfertigung 1997): Die bilanzielle Behandlung der langfristigen Auftragsfertigung und Reformüberlegungen unter besonderer Berücksichtigung internationaler Entwicklungen, in: Deutsches Steuerrecht 1997, S. 886-894.

Kregel, Joachim (Überwachung 2005): IÜS und COSO, in: Zeitschrift Interne Revision 2005, S. 263-264.

Krey, Sandra (Risikoorientierter Prüfungsansatz 2001): Konzeption und Anwendung eines risikoorientierten Prüfungsansatzes in der Internen Revision, Berlin 2001.

Krommes, Werner (Aussagen 2006): Falsche Aussagen in der Rechnungslegung, Zur Problematik von Unregelmäßigkeiten in Jahres- oder Zwischenabschlüssen, in: Zeitschrift Interne Revision 2006, S. 62-73.

Krommes, Werner (Jahresabschlussprüfung 2005): Handbuch Jahresabschlussprüfung, Ziele, Technik, Nachweise – Wegweiser zum sicheren Prüfungsurteil, Wiesbaden 2005.

Kromschröder, Bernhard/Lück, Wolfgang (Grundsätze 1998): Grundsätze risikoorientierter Unternehmensüberwachung, in: Der Betrieb 1998, S. 1573-1576.

Kromschröder, Bernhard/Lück, Wolfgang (Unternehmensüberwachung 1998): Grundsätze risikoorientierter Unternehmensüberwachung, in: Zeitschrift Interne Revision 1998, S. 237-248.

Kropff, Bruno (Aufsichtsratsmitglied 2006): Aufsichtsratsmitglied „im Auftrag", in: Baums, Theodor/Wertenbruch, Johannes (Hrsg.), Festschrift für Ulrich Huber zum siebzigsten Geburtstag, Tübingen 2006, S. 841-860.

Kropff, Bruno (Informationsbeschaffungspflicht 2005): Informationsbeschaffungspflichten des Aufsichtsrats, in: Damm, Reinhard/Heermann, Peter W./Veil, Rüdiger (Hrsg.), Festschrift für Thomas Raiser zum 70. Geburtstag am 20. Februar 2005, Berlin 2005, S. 225-245.

Kropff, Bruno (Rechtsfragen 1995): Rechtsfragen in der Abschlußpüfung, in: Lanfermann, Josef (Hrsg.), Internationale Wirtschaftsprüfung, Festschrift zum 65. Geburtstag von Prof. Dr. Dr. h.c. Hans Havermann, Düsseldorf 1995, S. 321-342.

Kropff, Bruno (Sinn und Grenzen 1983): Sinn und Grenzen von Bilanzpolitik – im Hinblick auf den Entwurf des Bilanzrichtlinie-Gesetzes –, in: Baetge, Jörg (Hrsg.), Der Jahresabschluß im Widerstreit der Interessen, Vortragsreihe des Instituts für Revisionswesen an der Westfälischen Wilhelms-Universität Münster, Düsseldorf 1983, S. 179-211.

Kropff, Bruno (Überwachungssystem 2003): Zur Information des Aufsichtsrats über das interne Überwachungssystem, in: Neue Zeitschrift für Gesellschaftsrecht 2003, S. 346-350.

Kropff, Bruno (Vorsichtsprinzip 1997): Vorsichtsprinzip und Wahlrechte, in: Fischer, Thomas R./Hömberg, Reinhold (Hrsg.), Jahresabschluß und Jahresabschlußprüfung – Probleme, Perspektiven, internationale Einflüsse, Festschrift zum 60. Geburtstag von Jörg Baetge, Düsseldorf 1997, S. 65-95.

Krüger, Ralf (Jahresabschluss 1983): Der Jahresabschluß aus der Sicht des Aufsichtsrates, in: Baetge, Jörg (Hrsg.), Der Jahresabschluß im Widerstreit der Interessen, Vortragsreihe des Instituts für Revisionswesen an der Westfälischen Wilhelms-Universität Münster, Düsseldorf 1983, S. 269-296.

Krummel, Christoph/Küttner, Wolfdieter (Verträge 1996): Dienst- und Werkverträge mit Aufsichtsratsmitgliedern nach § 114 AktG, in: Der Betrieb 1996, S. 193-200.

Krysteck, Ulrich (Vertrauen 2003): Corporate Governance und Vertrauen, in: Werder, Axel von/Wiedmann, Harald (Hrsg.), Internationalisierung der Rechnungslegung und Corporate Governance, Festschrift für Professor Dr. Klaus Pohle, Stuttgart 2003, S. 291-319.

Kubin, Konrad W. (Institute 2002): American Institute of Certified Public Accountants (AICPA), in: Ballwieser, Wolfgang/Coenenberg, Adolf G./Wysocki, Klaus v. (Hrsg.), Handwörterbuch der Rechnungslegung und Prüfung, 3. Aufl., Stuttgart 2002, Sp. 42-47.

Kuhner, Christoph/Päßler, Nadja (Prüfungsbericht 2005): Kommentierung des § 321 HGB, in: Küting, Karlheinz/Weber, Claus-Peter (Hrsg.), Handbuch der Rechnungslegung – Einzelabschluss, Kommentar zur Bilanzierung und Prüfung, 5. Aufl., Loseblatt, Stuttgart 2002 ff. (Stand: 2. Ergänzungslieferung, November 2006).

Kuhner, Christoph/Päßler, Nadja (Verantwortlichkeit 2003): Kommentierung des § 323 HGB, in: Küting, Karlheinz/Weber, Claus-Peter (Hrsg.), Handbuch der Rechnungslegung – Einzelabschluss, Kommentar zur Bilanzierung und Prüfung, 5. Aufl., Loseblatt, Stuttgart 2002 ff. (Stand: 2. Ergänzungslieferung, November 2006).

Kümpel, Siegfried/Veil, Rüdiger (Wertpapierhandelsgesetz 2006): Wertpapierhandelsgesetz – Eine systematische Darstellung –, 2. Aufl., Berlin 2006.

Künnemann, Martin (Spannungsverhältnis 2004): Enforcementsystem und Abschlussprüfung – ein Spannungsverhältnis?, in: Freidank, Carl-Christian (Hrsg.), Reform der Rechnungslegung und Corporate Governance in Deutschland und Europa, Wiesbaden 2004, S. 147-162.

Küpper, Hans-Ulrich (Ethik 1995): Unternehmenstheorie und Ethik – Separation oder Synergie?, in: Elschen, Rainer/Siegel, Theodor/Wagner, Franz W. (Hrsg.), Unternehmenstheorie und Besteuerung, Festschrift zum 60. Geburtstag von Dieter Schneider, Wiesbaden 1995, S. 375-398.

Küpper, Hans-Ulrich (Ethik 2005): Unternehmensrechnung und Ethik, in: Schneider, Dieter et al. (Hrsg.), Kritisches zu Rechnungslegung und Unternehmensbesteuerung – Festschrift zur Vollendung des 65. Lebensjahres von Theodor Siegel –, Berlin 2005, S. 23-44.

Kupsch, Peter (Prüfungsplan 2002): Mehrjähriger Prüfungsplan, in: Ballwieser, Wolfgang/Coenenberg, Adolf G./Wysocki, Klaus v. (Hrsg.), Handwörterbuch der Rechnungslegung und Prüfung, 3. Aufl., Stuttgart 2002, Sp. 1552-1560.

Kußmaul, Heinz (Bilanzpolitik 2007): Handels- und Steuerbilanzpolitik im Rahmen der Stakeholder-Information – Ziele und Instrumente im Überblick, in: Zeitschrift für Corporate Governance 2007, S. 179-184.

Kußmaul, Heinz/Richard, Lutz (Grundlagen 1993): Grundlagen der Bilanzpolitik, in: Wirtschaftswissenschaftliches Studium 1993, S. 342-347.

Küting, Karlheinz (Ausschluss 2003): Der Ausschluss von Minderheiten nach altem und neuem Recht – unter besonderer Berücksichtigung des „Squeeze Out", in: Deutsches Steuerrecht 2003, S. 838-844.

Küting, Karlheinz (Bilanzpolitik 2004): Bilanzpolitik, in: Küting, Karlheinz (Hrsg.), Saarbrücker Handbuch der Betriebswirtschaftlichen Beratung, 3. Aufl., Herne/Berlin 2004, S. 591-670, Rn. 2001-2268.

Küting, Karlheinz (Reform 2007): Referentenentwurf des Bilanzrechtsmodernisierungsgesetzes: auch eine Reform der HGB-*Konzern*rechnungslegung geplant, in: Betriebs-Berater 2007, Heft 48, S. I.

Küting, Karlheinz (Stellenwert 2006): Der Stellenwert der Bilanzanalyse und Bilanzpolitik im HGB- und IFRS-Bilanzrecht, in: Der Betrieb 2006, S. 2753-2762.

Küting, Karlheinz (Vergleich 1993): US-amerikanische und deutsche Bilanzierung im Vergleich – unter besonderer Berücksichtigung der Konzernrechnungslegung und des Daimler-Benz-Listings in New York, in: Betriebswirtschaftliche Forschung und Praxis 1993, S. 357-379.

Küting, Karlheinz/Busch, Julia (Eigene Anteile 2006): Die Bilanzierung eigener Anteile nach HGB-, US-GAAP- und IFRS-Normen, in: Praxis der internationalen Rechnungslegung 2006, S. 213-219.

Küting, Karlheinz/Dawo, Sascha (Gestaltungspotenziale 2002): Bilanzpolitische Gestaltungspotenziale im Rahmen der International Financial Reporting Standards – Ansatzfragen am Beispiel der Abbildung immaterieller Werte –, in: Steuern und Bilanzen 2002, S. 1157-1163.

Küting, Karlheinz/Dürr, Ulrike/Boecker, Corinna (Übergang 2005): Osteuropa im Übergang auf die internationale Rechnungslegung, in: Internationales Steuerrecht 2005, S. 247-252 (Teil I) und S. 284-288 (Teil II).

Küting, Karlheinz/Hütten, Christoph (Lagebericht 2000): Darstellung und Prüfung der künftigen Entwicklungsrisiken und -chancen im Lagebericht, in: Lachnit, Laurenz/Freidank, Carl-Christian (Hrsg.), Investororientierte Unternehmenspublizität – Neue Entwicklungen von Rechnungslegung, Prüfung und Jahresabschlussanalyse, Wiesbaden 2000, S. 399-431.

Küting, Karlheinz/Kaiser, Thomas (Bilanzpolitik 1994): Bilanzpolitik in der Unternehmenskrise, in: Betriebs-Berater 1994, Beilage 2 zu Heft 3/1994, S. 1*-18*.

Küting, Karlheinz/Reuter, Michael (Anzahlungen 2006): Erhaltene Anzahlungen in der Bilanzanalyse – HGB-, IFRS- und US-GAAP-Normen unter besonderer Berücksichtigung der Bauindustrie und des Anlagenbaus –, in: Zeitschrift für internationale und kapitalmarktorientierte Rechnungslegung 2006, S. 1-13.

Küting, Karlheinz/Reuter, Michael (Einfluss 2005): Einfluss internationaler Standards auf die deutsche Rechnungslegung – „Entobjektivierte" Bilanz künftig auch nach HGB? –, in: Datenverarbeitung Steuer Wirtschaft Recht 2005, S. 104-106.

Küting, Karlheinz/Reuter, Michael (Prüferwechsel 2007): Prüferwechsel in Deutschland: Empirische Untersuchung der (Konzern-)Abschlussprüfer von in Deutschland börsennotierten Unternehmen, in: Die Wirtschaftsprüfung 2007, S. 953-962.

Küting, Karlheinz/Reuter, Michael (Stille Reserven 2005): Werden stille Reserven in Zukunft (noch) stiller? – Machen die IFRS die Bilanzanalyse überflüssig oder weitgehend unmöglich?, in: Betriebs-Berater 2005, S. 706-713.

Küting, Karlheinz/Weber, Claus-Peter (Bilanzanalyse 2006): Die Bilanzanalyse – Beurteilung von Abschlüssen nach HGB und IFRS, 8. Aufl., Stuttgart 2006.

Küting, Karlheinz/Weber, Claus-Peter (Konzernabschluss 2008): Der Konzernabschluss – Praxis der Konzernrechnungslegung nach HGB und IFRS, 11. Aufl., Stuttgart 2008.

Küting, Karlheinz/Weber, Claus-Peter/Boecker, Corinna (Fast Close 2004): Fast Close – Beschleunigung der Jahresabschlusserstellung: (zu) schnell am Ziel?!, in: Steuern und Bilanzen 2004, S. 1-10.

Küting, Karlheinz/Weber, Claus-Peter/Keßler, Marco/Metz, Christian (Fehler 2007): Der Fehlerbegriff in IAS 8 als Maßstab zur Beurteilung einer regelkonformen Normanwendung – Auswirkungen der Wesentlichkeit auf die Fehlerbeurteilung –, in: Der Betrieb 2007, Beilage Nr. 7 zu Heft 45/2007, S. 1-20.

Küting, Karlheinz/Weber, Claus-Peter/Pilhofer, Jochen (Umsatzrealisation 2002): Umsatzrealisation als modernes bilanzpolitisches Instrumentarium im Rahmen des Gewinnmanagements *(earnings management)*, in: Zeitschrift für internationale und kapitalmarktorientierte Rechnungslegung 2002, S. 310-329.

Küting, Karlheinz/Wohlgemuth, Frank (Enforcement 2002): Internationales Enforcement – Bestandsaufnahme und Entwicklungstendenzen –, in: Zeitschrift für internationale und kapitalmarktorientierte Rechnungslegung 2002, S. 265-276.

Küting, Karlheinz/Zwirner, Christian (Indikationsfunktion 2005): Zunehmende Bedeutung und Indikationsfunktion latenter Steuern in der Unternehmenspraxis, in: Betriebs-Berater 2005, S. 1553-1562.

Küting, Karlheinz/Zwirner, Christian (Internationalisierung 2006): Rechnungslegung nach HGB: Abnehmende Tendenz, aber (immer noch) kein Auslaufmodell! – Entwicklung, Status Quo und Zukunft der Internationalisierung der Rechnungslegung in Deutschland –, in: Steuern und Bilanzen 2006, S. 1-8.

Küting, Karlheinz/Zwirner, Christian (Latente Steuern 2003): Latente Steuern in der Unternehmenspraxis: Bedeutung für Bilanzpolitik und Unternehmensanalyse – Grundlagen sowie empirischer Befund in 300 Konzernabschlüssen von in Deutschland börsennotierten Unternehmen, in: Die Wirtschaftsprüfung 2003, S. 301-316.

Küting, Karlheinz/Zwirner, Christian/Reuter, Michael (Grundlagen 2003): Latente Steuern im nationalen und internationalen Jahresabschluss: Konzeptionelle Grundlagen und synoptischer Vergleich, in: Betrieb und Wirtschaft 2003, S. 441-447.

Küting, Peter (Prüfungsarten 2006): Zur Typologie von Prüfungsarten, in: Steuern und Bilanzen 2006, S. 819-824.

Küting, Peter (Umbruch 2006): Das deutsche Prüfungswesen im Umbruch – Zugleich ein Beleg für das vielfältige Angebot an Prüfungsdienstleistungen in Deutschland, in: Steuern und Bilanzen 2006, S. 954-960.

Lachmair, Wilhelm (Luftgeschäfte 2001): Vorsicht Luftgeschäfte, Schwindelhafte Kapitalanlagen – die Anbieter und ihre Tricks, Frankfurt a.M. 2001.

Lachnit, Laurenz (Bilanzanalyse 2004): Bilanzanalyse – Grundlagen – Einzel- und Konzernabschlüsse – Internationale Abschlüsse – Unternehmensbeispiele, Wiesbaden 2004.

Lampert, Thomas (Unternehmensrisiko 2002): Gestiegenes Unternehmensrisiko Kartellrecht – Risikoreduzierung durch Competition-Compliance-Programme, in: Betriebs-Berater 2002, S. 2237-2243.

Lander, Guy P. (Sarbanes-Oxley 2004): What is Sarbanes-Oxley?, New York u.a. 2004.

Lanfermann, Georg (EU-Richtlinie 2005): Modernisierte EU-Richtlinie zur gesetzlichen Abschlussprüfung, in: Der Betrieb 2005, S. 2645-2650.

Lanfermann, Georg (Richtlinie 2006): Neue EU-Richtlinie zur Abschlussprüfung, in: WPK-Magazin 2006, S. 40-43.

Lanfermann, Georg (Vorschlag 2004): Vorschlag der EU-Kommission zur Modernisierung der EU-Prüferrichtlinie, in: Der Betrieb 2004, S. 609-613.

Lanfermann, Georg/Maul, Silja (Ausführungsregelungen 2003): SEC-Ausführungsregelungen zum Sarbanes-Oxley Act – Auswirkungen auf Rechnungslegung und Abschlussprüfung europäischer Unternehmen –, in: Der Betrieb 2003, S. 349-355.

Lanfermann, Georg/Maul, Silja (Auswirkungen 2002): Auswirkungen des Sarbanes-Oxley Acts in Deutschland, in: Der Betrieb 2002, S. 1725-1732.

Lanfermann, Georg/Maul, Silja (EU-Prüferrichtlinie 2006): EU-Prüferrichtlinie: Neue Pflichtanforderungen für Audit Committees, in: Der Betrieb 2006, S. 1505-1511.

Lanfermann, Josef (Internationalisierung 1995): Zur Internationalisierung der Wirtschaftsprüfung, in: Lanfermann, Josef (Hrsg.), Internationale Wirtschaftsprüfung, Festschrift zum 65. Geburtstag von Prof. Dr. Dr. h.c. Hans Havermann, Düsseldorf 1995, S. 373-395.

Lanfermann, Josef (ISA 2002): International Standards on Auditing (ISA), in: Ballwieser, Wolfgang/Coenenberg, Adolf G./Wysocki, Klaus v. (Hrsg.), Handwörterbuch der Rechnungslegung und Prüfung, 3. Aufl., Stuttgart 2002, Sp. 1208-1216.

Lang, Joachim (Grundsätze 1986): Grundsätze ordnungsmäßiger Buchführung I – Begriff, Bedeutung, Rechtsnatur –, in: Leffson, Ulrich/Rückle, Dieter/Großfeld, Bernhard (Hrsg.), Handwörterbuch unbestimmter Rechtsbegriffe im Bilanzrecht des HGB, Köln 1986, S. 221-240.

Lang, Joachim (Hauptgrundsätze 1986): Grundsätze ordnungsmäßiger Buchführung II – Überblick über die Hauptgrundsätze ordnungsmäßiger Buchführung –, in: Leffson, Ulrich/Rückle, Dieter/Großfeld, Bernhard (Hrsg.), Handwörterbuch unbestimmter Rechtsbegriffe im Bilanzrecht des HGB, Köln 1986, S. 240-246.

Lange, Jan-Ulrich (Wirtschaftskriminalität 2007): Wirtschaftskriminalität in Übernahme- und Restrukturierungsphasen, Ursachenanalyse zum Phänomen der zunehmenden Häufung von Delikten nach Unternehmensübernahmen und in Restrukturierungsphasen, in: Zeitschrift Risk, Fraud & Governance 2007, S. 71-78.

Lange, Knut Werner (Berichterstattung 2001): Anforderungen an die Berichterstattung über Risiken in Lagebericht und Konzernlagebericht, in: Lange, Knut Werner/Wall, Friederike (Hrsg.), Risikomanagement nach dem KonTraG – Aufgaben und Chancen aus betriebswirtschaftlicher und juristischer Sicht –, München 2001, S. 131-159.

Langenbucher, Günther (Kern 2003): Good Corporate Governance – oder „des Pudels Kern", in: Wollmert, Peter/Schönbrunn, Norbert/Jung, Udo/Siebert, Hilmar/Henke, Michael (Hrsg.), Wirtschaftsprüfung und Unternehmensüberwachung, Festschrift für Prof. Dr. Dr. h.c. Wolfgang Lück, Düsseldorf 2003, S. 53-75.

Langenbucher, Günther/Blaum, Ulf (Aufdeckung 1997): Die Aufdeckung von Fehlern, dolosen Handlungen und sonstigen Gesetzesverstößen im Rahmen der Abschlußprüfung, in: Der Betrieb 1997, S. 437-443.

Langenbucher, Günther/Blaum, Ulf (Überwachungskrise 1994): Audit Committees – Ein Weg zur Überwindung der Überwachungskrise?, in: Der Betrieb 1994, S. 2197-2206.

Laule, Gerhard/Weber, Robert (Sorgfaltspflicht 2005): Kommentierung des § 93 AktG, in: Küting, Karlheinz/Weber, Claus-Peter (Hrsg.), Handbuch der Rechnungslegung – Einzelabschluss, Kommentar zur Bilanzierung und Prüfung, 5. Aufl., Loseblatt, Stuttgart 2002 ff. (Stand: 2. Ergänzungslieferung, November 2006).

Leffson, Ulrich (GoB 1987): Die Grundsätze ordnungsmäßiger Buchführung, 7. Aufl., Düsseldorf 1987.

Leffson, Ulrich (Wesentlich 1986): Wesentlich, in: Leffson, Ulrich/Rückle, Dieter/Großfeld, Bernhard (Hrsg.), Handwörterbuch unbestimmter Rechtsbegriffe im Bilanzrecht des HGB, Köln 1986, S. 434-447.

Leffson, Ulrich (Wirtschaftsprüfung 1988): Wirtschaftsprüfung, 4. Aufl., Wiesbaden 1988.

Lehwald, Klaus-Jürgen (Erteilung 2000): Die Erteilung des Bestätigungsvermerks bei Abschlussprüfungen, in: Deutsches Steuerrecht 2000, S. 259-264.

Leibundgut, Heinz (Kontrollsystem 2006): IKS – Zwischen Zwang und Bedarf, in: Der Schweizer Treuhänder 2006, S. 838-839.

Leisinger, Klaus M. (Reputation Management 2003): Whistleblowing und Corporate Reputation Management, München/Mering 2003.

Lentfer, Thies/Weber, Stefan C. (Corporate Governance Statement 2006): Das Corporate Covernance Statement als neues Publizitätsinstrument, in: Der Betrieb 2006, S. 2357-2363.

Lenz, Hansrudi (Moralökonomische Analyse 2005): Bilanzpolitik, Bilanzfälschung und Bilanzprüfung – eine moralökonomische Analyse von Interessenkonflikten, in: Aufderheide, Detlef/Dabrowski, Martin (Hrsg.), Corporate Governance und Korruption, Wirtschaftsethische und moralökonomische Perspektiven der Bestechung und ihrer Bekämpfung, Berlin 2005, S. 219-251.

Lenz, Hansrudi (Selbstregulierung 2002): Sarbanes-Oxley Act of 2002 – Abschied von der Selbstregulierung der Wirtschaftsprüfer in den USA, in: Betriebs-Berater 2002, S. 2270-2275.

Lenz, Hansrudi/Focken, Elke (Prüfung 2000): Prüfung von Kapitalflussrechnung und Segmentberichterstattung nach § 297 Abs. 1 HGB bei börsennotierten Muttergesellschaften, in: Lachnit, Laurenz/Freidank, Carl-Christian (Hrsg.), Investororientierte Unternehmenspublizität – Neue Entwicklungen von Rechnungslegung, Prüfung und Jahresabschlussanalyse, Wiesbaden 2000, S. 495-525.

Lenz, Tobias (Zustimmungsvorbehalt 1997): Zustimmungsvorbehalte im Konzern, in: Die Aktiengesellschaft 1997, S. 448-454.

Leube, Hans Peter (American Way 2003): Corporate Governance the American way? Konsequenzen aus den geänderten Corporate Governance-Bestimmungen der New York Stock Exchange für deutsche Emittenten, in: Recht der internationalen Wirtschaft 2003, S. 98-105.

Levy, Marvin M. (Financial Fraud 1985): Financial Fraud: Schemes and Indicia, in: Journal of Accountancy, August 1985, S. 78-87.

Liebl, Franz (Risikomanagement 2001): Auf dem Weg zu einem strategischen Risiko-Management, in: Lange, Knut Werner/Wall, Friederike (Hrsg.), Risikomanagement nach dem KonTraG – Aufgaben und Chancen aus betriebswirtschaftlicher und juristischer Sicht –, München 2001, S. 504-528.

Lieder, Jan (Aufsichtsratsmitglied 2005): Das unabhängige Aufsichtsratsmitglied – Zu den Änderungen des Deutschen Corporate Governance Kodex –, in: Neue Zeitschrift für Gesellschaftsrecht 2005, S. 569-574.

Liese, Jens/Theusinger, Ingo (Bericht des Aufsichtsrats 2007): Anforderungen an den Bericht des Aufsichtsrats vor dem Hintergrund steigender Anfechtungsrisiken für Entlastungsbeschlüsse – Zugleich Anmerkung zum LG München I, Urteil vom 5.4.2007 – 5 HK O 15964/06, BB 2007, 2170 –, in: Betriebs-Berater 2007, S. 2528-2533.

Lindgens, Ursula (Kommission 2004): Aus der Arbeit der Kommission für Qualitätskontrolle, in: Marten, Kai-Uwe/Quick, Reiner/Ruhnke, Klaus (Hrsg.), Externe Qualitätskontrolle im Berufsstand der Wirtschaftsprüfer, Status quo und Weiterentwicklung, Tagungsband zur Fachveranstaltung des Ulmer Forums für Wirtschaftswissenschaften (UFW) e.V. am 5. Mai 2004 an der Universität Ulm, Düsseldorf 2004, S. 41-65.

Lindgens, Ursula (Prüfungsleistungen 1999): Der Markt für Prüfungsleistungen – Anmerkungen aus Sicht der Praxis (Ko-Referat), in: Richter, Martin (Hrsg.), Theorie und Praxis der Wirtschaftsprüfung II, Wirtschaftsprüfung und ökonomische Theorie – Prüfungsmarkt – Prüfungsmethoden – Urteilsbildung, 2. Symposium der KPMG/Universität Potsdam zur Theorie und Praxis der Wirtschaftsprüfung am 9. und 10. Oktober 1998 in Potsdam, Berlin 1999, S. 167-176.

Lindner, Tobias (Konzeption 2007): Aufbau und Konzeption eines Management Audit, in: Förschler, Dominik (Hrsg.), Innovative Prüfungstechniken und Revisionsvorgehensweisen, Frankfurt a.M. 2007, S. 99-150.

Löber, Horst (Erwartungen 1997): Erwartungen der Internen Revision an die Wissenschaft, in: Richter, Martin (Hrsg.), Theorie und Praxis der Wirtschaftsprüfung, Abschlußprüfung – Interne Revision – kommunale Rechnungsprüfung, Berlin 1997, S. 205-218.

Loebbecke, James K./Eining, Martha M./Willingham, John J. (Experience 1989): Auditors' Experience with Material Irregularities: Frequency, Nature, and Detectability, in: Auditing, Fall 1989, S. 1-28.

Löffler, Hendrik F. (Optimierung 2006): Optimierung der Risikokosten durch effizienten Risikotransfer – Integration des Versicherungsmanagements in den Risikomanagement-Prozess, in: Zeitschrift Risk, Fraud & Governance 2006, S. 20-25.

Loitlsberger, Erich (Geschichte 2002): Geschichte der Prüfung, in: Ballwieser, Wolfgang/Coenenberg, Adolf G./Wysocki, Klaus v. (Hrsg.), Handwörterbuch der Rechnungslegung und Prüfung, 3. Aufl., Stuttgart 2002, Sp. 933-949.

Loitlsberger, Erich (Prüfungstheorie 1997): Paradigmenwechsel in der Prüfungstheorie, in: Fischer, Thomas R./Hömberg, Reinhold (Hrsg.), Jahresabschluß und Jahresabschlußprüfung – Probleme, Perspektiven, internationale Einflüsse, Festschrift zum 60. Geburtstag von Jörg Baetge, Düsseldorf 1997, S. 667-700.

Lorenz, Manuel (Rechtliche Grundlagen 2006): Rechtliche Grundlagen des Risikomanagements, Juristische Rahmenbedingungen für den Aufbau und die Ausgestaltung von Risikomanagementsystemen in deutschen Unternehmen, in: Zeitschrift Risk, Fraud & Governance 2006, S. 5-10.

Lück, Wolfgang (Aufgaben 2001): Aufgaben der Internen Revision, in: Lück, Wolfgang (Hrsg.), Lexikon der Internen Revision, München/Wien 2001, S. 12-14.

Lück, Wolfgang (Bestätigungsvermerk 2003): Kommentierung des § 322 HGB, in: Küting, Karlheinz/Weber, Claus-Peter (Hrsg.), Handbuch der Rechnungslegung – Einzelabschluss, Kommentar zur Bilanzierung und Prüfung, 5. Aufl., Losebl att, Stuttgart 2002 ff. (Stand: 2. Ergänzungslieferung, November 2006).

Lück, Wolfgang (Betriebswirtschaftliche Aspekte 2003): Betriebswirtschaftliche Aspekte der Einrichtung eines Risikomanagementsystems und eines Überwachungssystems, in: Dörner, Dietrich et al. (Hrsg.), Reform des Aktienrechts, der Rechnungslegung und der Prüfung, KonTraG – Corporate Governance – TransPuG, 2. Aufl., Stuttgart 2003, S. 329-375.

Lück, Wolfgang (Corporate Governance 2003): Vom KonTraG über das Risikomanagementsystem und Überwachungssystem zur Corporate Governance, in: Lück, Wolfgang (Hrsg.), Risikomanagement in der Unternehmenspraxis – Neue Anforderungen an die Corporate Governance und deren Umsetzung in Industrie- und Dienstleistungsunternehmen, München 2003, S. 1-28.

Lück, Wolfgang (Effizienzsteigerung 1990): Audit Committee – Eine Einrichtung zur Effizienzsteigerung betriebswirtschaftlicher Überwachungssysteme?, in: Zeitschrift für betriebswirtschaftliche Forschung 1990, S. 995-1013.

Lück, Wolfgang (Elemente 1998): Elemente eines Risiko-Managementsystems – Die Notwendigkeit eines Risiko-Managementsystems durch den Entwurf eines Gesetzes zur Kontrolle und Transparenz im Unternehmensbereich (KonTraG) –, in: Der Betrieb 1998, S. 8-14.

Lück, Wolfgang (Financial Auditing 2001): Financial Auditing, in: Lück, Wolfgang (Hrsg.), Lexikon der Internen Revision, München/Wien 2001, S. 95-96.

Lück, Wolfgang (Interne Revision 1998): Interne Revision, in: Lück, Wolfgang (Hrsg.), Lexikon der Rechnungslegung und Abschlußprüfung, 4. Aufl., München/Wien 1998, S. 403-405.

Lück, Wolfgang (Interne Revision 2001): Interne Revision, in: Lück, Wolfgang (Hrsg.), Lexikon der Internen Revision, München/Wien 2001, S. 145-147.

Lück, Wolfgang (Interne Revision 2004): Interne Revision (IR), in: Lück, Wolfgang (Hrsg.), Lexikon der Betriebswirtschaft, 6. Aufl., München/Wien 2004, S. 327-329.

Lück, Wolfgang (Materiality 1975): Materiality in der internationalen Rechnungslegung – Das pflichtgemäße Ermessen des Abschlußprüfers und der Grundsatz der Wesentlichkeit, Wiesbaden 1975.

Lück, Wolfgang (Operational Auditing 2001): Operational Auditing, in: Lück, Wolfgang (Hrsg.), Lexikon der Internen Revision, München/Wien 2001, S. 212.

Lück, Wolfgang (Ordnungsmäßigkeitsprüfung 2001): Ordnungsmäßigkeitsprüfungen, in: Lück, Wolfgang (Hrsg.), Lexikon der Internen Revision, München/Wien 2001, S. 212-213.

Lück, Wolfgang (Prüfung 1998): Prüfung, in: Lück, Wolfgang (Hrsg.), Lexikon der Rechnungslegung und Abschlußprüfung, 4. Aufl., München/Wien 1998, S. 612.

Lück, Wolfgang (Rechnungslegung 1999): Prüfung der Rechnungslegung – Jahresabschlußprüfung, München/Wien 1999.

Lück, Wolfgang (Redepflicht 2004): Redepflicht des Abschlussprüfers – Redepflicht auch für die Interne Revision?, in: Zeitschrift Interne Revision 2004, S. 126-129.

Lück, Wolfgang (Risikoprüfung 2001): Risikoprüfungen, in: Lück, Wolfgang (Hrsg.), Lexikon der Internen Revision, München/Wien 2001, S. 291.

Lück, Wolfgang (Sicherheitsprüfung 2001): Sicherheitsprüfungen, in: Lück, Wolfgang (Hrsg.), Lexikon der Internen Revision, München/Wien 2001, S. 301.

Lück, Wolfgang (Überwachungssystem 1998): Der Umgang mit unternehmerischen Risiken durch ein Risikomanagementsystem und durch ein Überwachungssystem – Anforderungen durch das KonTraG und Umsetzung in der betrieblichen Praxis –, in: Der Betrieb 1998, S. 1925-1930.

Lück, Wolfgang (Überwachungssystem 1998): Internes Überwachungssystem (IÜS), in: Lück, Wolfgang (Hrsg.), Lexikon der Rechnungslegung und Abschlußprüfung, 4. Aufl., München/Wien 1998, S. 405-408.

Lück, Wolfgang (Überwachungssystem 2001): Internes Überwachungssystem (IÜS), in: Lück, Wolfgang (Hrsg.), Lexikon der Internen Revision, München/Wien 2001, S. 160-162.

Lück, Wolfgang (Überwachungssystem 2003): Risikomanagementsystem und Überwachungssystem aus der Sicht des Aufsichtsrats, in: Lück, Wolfgang (Hrsg.), Risikomanagement in der Unternehmenspraxis – Neue Anforderungen an die Corporate Governance und deren Umsetzung in Industrie- und Dienstleistungsunternehmen, München 2003, S. 65-84.

Lück, Wolfgang (Wirtschaftlichkeitsprüfung 2001): Wirtschaftlichkeitsprüfungen, in: Lück, Wolfgang (Hrsg.), Lexikon der Internen Revision, München/Wien 2001, S. 366.

Lück, Wolfgang (Zukunft 2000): Die Zukunft der Internen Revision – Entwicklungstendenzen der unternehmensinternen Überwachung, Berlin 2000.

Lück, Wolfgang (Zukunftssicherung 2001): Zukunftssicherung, Prüfung der, in: Lück, Wolfgang (Hrsg.), Lexikon der Internen Revision, München/Wien 2001, S. 380.

Lück, Wolfgang (Zusammenarbeit 2003): Zusammenarbeit von Interner Revision und Abschlussprüfer – Vergangenheit, Gegenwart, Zukunft –, Berlin 2003.

Lück, Wolfgang (Zweckmäßigkeitsprüfung 2001): Zweckmäßigkeitsprüfungen, in: Lück, Wolfgang (Hrsg.), Lexikon der Internen Revision, München/Wien 2001, S. 384.

Lück, Wolfgang/Bachmann, Veronika/Luke, David (Themen 2004): Wichtige und Aktuelle Themen der Internen Revision – Eine empirische Umfrage –, in: Zeitschrift Interne Revision 2004, S. 56-58.

Lück, Wolfgang/Henke, Michael (Bestandteil 2004): Die Interne Revision als zentraler Bestandteil der Corporate Governance, in: Betriebswirtschaftliche Forschung und Praxis 2004, S. 1-14.

Lück, Wolfgang/Henke, Michael (Überwachung 2006): Überwachung und Risikomanagement – Eine aktuelle Standortbestimmung der Corporate Governance-Diskussion in Deutschland, in: Seicht, Gerhard (Hrsg.), Jahrbuch für Controlling und Rechnungswesen 2006, Wien 2006, S. 245-260.

Lück, Wolfgang/Hunecke, Jörg (Warnfunktion 1996): Zur Warnfunktion des Abschlußprüfers, in: Der Betrieb 1996, S. 1-6.

Lück, Wolfgang/Schüttrich, Peter (Zusammenarbeit 1993): Zusammenarbeit von Interner Revision und Abschlußprüfer in den USA, in: Die Betriebswirtschaft 1993, S. 361-374.

Lücke, Oliver (Angemessenheit 2005): Die Angemessenheit von Vorstandsbezügen – Der erste unbestimmbare unbestimmte Rechtsbegriff?, in: Neue Zeitschrift für Gesellschaftsrecht 2005, S. 692-697.

Lücke, Wolfgang (Bilanzstrategie 1969): Bilanzstrategie und Bilanztaktik, in: Der Betrieb 1969, S. 2285-2295.

Lüdenbach, Norbert/Hoffmann, Wolf-Dieter (Kausalität 2002): Enron und die Umkehrung der Kausalität bei der Rechnungslegung, in: Der Betrieb 2002, S. 1169-1175.

Lüdenbach, Norbert/Hoffmann, Wolf-Dieter (Schatten 2007): Der lange Schatten der IFRS über der HGB-Rechnungslegung, in: Deutsches Steuerrecht 2007, Beihefter zu Heft 50, S. 1-20.

Ludewig, Rainer (Berufsethik 2003): Zur Berufsethik der Wirtschaftsprüfer, in: Die Wirtschaftsprüfung 2003, S. 1093-1099.

Ludewig, Rainer (Berufsgrundsätze 2002): Berufsgrundsätze des Wirtschaftsprüfers, in: Ballwieser, Wolfgang/Coenenberg, Adolf G./Wysocki, Klaus v. (Hrsg.), Handwörterbuch der Rechnungslegung und Prüfung, 3. Aufl., Stuttgart 2002, Sp. 279-290.

Ludewig, Rainer (Bilanzierungsvorschriften 1966): Bilanzpolitik im Rahmen der neuen aktienrechtlichen Bilanzierungsvorschriften, in: Neue Betriebswirtschaft 1966, S. 49-56.

Ludewig, Rainer (Gedanken 1998): Gedanken zur Berichterstattung des Abschlußprüfers nach der Neufassung des § 321 HGB, in: Die Wirtschaftsprüfung 1998, S. 595-600.

Ludewig, Rainer (Kriminelle Energien 1995): Abschlußprüfung und kriminelle Energien im Unternehmen, in: Lanfermann, Josef (Hrsg.), Internationale Wirtschaftsprüfung, Festschrift zum 65. Geburtstag von Prof. Dr. Dr. h.c. Hans Havermann, Düsseldorf 1995, S. 397-412.

Ludewig, Rainer (Verhalten 2007): Das berufswürdige Verhalten des Wirtschaftsprüfers – eine Begriffsbestimmung –, in: Kirsch, Hans-Jürgen/Thiele, Stefan (Hrsg.), Rechnungslegung und Wirtschaftsprüfung, Festschrift zum 70. Geburtstag von Jörg Baetge, Düsseldorf 2007, S. 985-1001.

Luther, Martin (Innere Organisation 1977): Innere Organisation des Aufsichtsrats – Koreferat, in: Zeitschrift für Gesellschaftsrecht 1977, S. 306-318.

Luther, Thomas (Skandale 2003): Die 30 verhängnisvollsten Skandale der Finanzgeschichte, Frankfurt a.M. 2003.

Lutter, Marcus (Aufsichtsrat 2002): Aufsichtsrat, Prüfungsbefugnisse, in: Ballwieser, Wolfgang/Coenenberg, Adolf G./Wysocki, Klaus v. (Hrsg.), Handwörterbuch der Rechnungslegung und Prüfung, 3. Aufl., Stuttgart 2002, Sp. 120-132.

Lutter, Marcus (Dualistisches System 1995): Das dualistische System der Unternehmensverwaltung, in: Scheffler, Eberhard (Hrsg.), Corporate Governance, Wiesbaden 1995, S. 5-26.

Lutter, Marcus (Kodex 2003): Deutscher Corporate Governance Kodex, in: Dörner, Dietrich et al. (Hrsg.), Reform des Aktienrechts, der Rechnungslegung und der Prüfung, KonTraG – Corporate Governance – TransPuG, 2. Aufl., Stuttgart 2003, S. 67-79.

Luttermann, Claus (Bilanzexperten 2003): Unabhängige Bilanzexperten in Aufsichtsrat und Beirat, Reformvorschläge anhand des „Audit Committee Financial Expert" in den USA, der Europäischen Aktiengesellschaft und der Bundesregierung zum Anlegervertrauen, in: Betriebs-Berater 2003, S. 745-750.

Luttermann, Claus (Unternehmenskontrolle 2006): Unternehmenskontrolle und Bilanzmanipulation nach anglo-amerikanischen Mustern (IAS/IFRS und U.S. „GAAP"), in: Die Wirtschaftsprüfung 2006, S. 778-786.

Lützeler, Gerd/Lang, Sven R. (Auftrag 2002): Auftragsannahme und Auftragsfortführung, in: Ballwieser, Wolfgang/Coenenberg, Adolf G./Wysocki, Klaus v. (Hrsg.), Handwörterbuch der Rechnungslegung und Prüfung, 3. Aufl., Stuttgart 2002, Sp. 132-140.

Madray, J. Russell (Fraud Guidance 2006): New Fraud Guidance, in: Journal of Accountancy, January 2006, S. 51-56.

Mandl, Gerwald/Jung, Maximilian (Prognose 2002): Prognose und Schätzprüfung, in: Ballwieser, Wolfgang/Coenenberg, Adolf G./Wysocki, Klaus v. (Hrsg.), Handwörterbuch der Rechnungslegung und Prüfung, 3. Aufl., Stuttgart 2002, Sp. 1698-1706.

Marchetti, Anne M. (Compliance 2005): Beyond Sarbanes-Oxley Compliance – Effective Enterprise Risk Management, Hoboken/New Jersey 2005.

Marettek, Alexander (Ermessensspielräume 1976): Ermessensspielräume bei der Bestimmung wichtiger aktienrechtlicher Wertansätze, in: Wirtschaftswissenschaftliches Studium 1976, S. 515-520.

Marsch-Barner, Reinhard (Führungsstruktur 2006): Zur monistischen Führungsstruktur einer deutschen Europäischen Gesellschaft (SE), in: Kohler, Klaus/Obermüller, Manfred/Wittig, Arne (Hrsg.), Kapitalmarkt – Recht und Praxis, Gedächtnisschrift für Ulrich Bosch, Münster 2006, S. 99-113.

Marschdorf, Hans J. (Wirtschaftsstraftaten 1995): Möglichkeiten, Aufgaben und Grenzen des Jahresabschlußprüfers zur Aufdeckung von Wirtschaftsstraftaten im Rahmen der Jahresabschlußprüfung, in: Deutsches Steuerrecht 1995, S. 111-114 (Teil I) und S. 149-154 (Teil II).

Marten, Kai-Uwe (Abschlussprüferaufsicht 2006): Die Bedeutung einer international anerkannten Abschlussprüferaufsicht für deutsche Unternehmen, in: Der Betrieb 2006, S. 1121-1125.

Marten, Kai-Uwe (Stichproben 2003): Stichproben im Rahmen der Abschlussprüfung – Geschichtlicher Abriss und Überlegungen im Lichte der Entscheidungstheorie –, in: Zeitschrift für internationale und kapitalmarktorientierte Rechnungslegung 2003, S. 444-448.

Marten, Kai-Uwe/Köhler, Annette G. (Erwartungslücke 2002): Erwartungslücke, in: Ballwieser, Wolfgang/Coenenberg, Adolf G./Wysocki, Klaus v. (Hrsg.), Handwörterbuch der Rechnungslegung und Prüfung, 3. Aufl., Stuttgart 2002, Sp. 703-712.

Marten, Kai-Uwe/Köhler, Annette G./Meyer, Stephanie (Umbruch 2003): Umbruch im Peer-Review-System – Deutscher Status quo und der Sarbanes-Oxley Act of 2002 –, in: Die Wirtschaftsprüfung 2003, S. 10-17.

Marten, Kai-Uwe/Quick, Reiner/Ruhnke, Klaus (Lexikon 2006): Lexikon der Wirtschaftsprüfung – Nach nationalen und internationalen Normen, Stuttgart 2006.

Marten, Kai-Uwe/Quick, Reiner/Ruhnke, Klaus (Wirtschaftsprüfung 2007): Wirtschaftsprüfung – Grundlagen des betriebswirtschaftlichen Prüfungswesens nach nationalen und internationalen Normen, 3. Aufl., Stuttgart 2007.

Marten, Kai-Uwe/Weiser, M. Felix (Neuorientierung 2004): Neuorientierung der Bilanzpolitik für den Einzelabschluss?, in: Freidank, Carl-Christian (Hrsg.), Reform der Rechnungslegung und Corporate Governance in Deutschland und Europa, Wiesbaden 2004, S. 29-68.

Martens, Klaus-Peter (Amtskontinuität 1978): Das aktienrechtliche Statusverfahren und der Grundsatz der Amtskontinuität, in: Der Betrieb 1978, S. 1065-1071.

Martens, Klaus-Peter (Konzernvorstand 1991): Die Organisation des Konzernvorstands, in: Kübler, Friedrich/Mertens, Hans-Joachim/Werner, Winfried (Hrsg.), Festschrift für Theodor Heinsius zum 65. Geburtstag am 25. September 1991, Berlin 1991, S. 523-544.

Martens, Klaus-Peter (Vorstandsverantwortung 1988): Der Grundsatz gemeinsamer Vorstandsverantwortung, in: Goerdeler, Reinhard et al. (Hrsg.), Festschrift für Hans-Joachim Fleck zum 70. Geburtstag am 30. Januar 1988, Berlin 1988, S. 191-208.

Martin, Alyssa G. (Section 404 2005): How Section 404 Can Help Deter Fraud, in: Financial Executive International, May 2005, S. 45-47.

Martin, Christopher (Vorbildfunktion 2003): Das U.S. Corporate Governance System – Verlust der Vorbildfunktion?, in: Neue Zeitschrift für Gesellschaftsrecht 2003, S. 948-952.

Matsumoto, Dawn A. (Incentives 2002): Management's Incentives to Avoid Negative Earnings Surprises, in: The Accounting Review 2002, S. 483-514.

Maul, Karl-Heinz (Erwartungen 1997): Erwartungen der Internen Revision an die Wissenschaft (Ko-Referat), in: Richter, Martin (Hrsg.), Theorie und Praxis der Wirtschaftsprüfung, Abschlußprüfung – Interne Revision – kommunale Rechnungsprüfung, Berlin 1997, S. 219-230.

Mayer-Wegelin, Eberhard (Wesentlichkeit 2006): Kriterien der Wesentlichkeit bei den Entscheidungen im Enforcement, in: Betriebs-Berater 2006, S. 8-14.

McBarnet, Doreen (Enron 2005): After Enron: Corporate Governance, Creative Compliance and the Uses of Corporate Social Responsibility, in: O'Brien, Justin (Hrsg.), Governing the Corporation – Regulation and Corporate Governance in an Age of Scandal and Global Markets, Chichester 2005, S. 205-222.

McCann, Dermot (Economic Globalisation 2005): Economic Globalisation and National Corporate Governance Reform, in: O'Brien, Justin (Hrsg.), Governing the Corporation – Regulation and Corporate Governance in an Age of Scandal and Global Markets, Chichester 2005, S. 79-99.

McDonough, William J. (Accountability 2005): Accountability in the Age of Global Markets, in: O'Brien, Justin (Hrsg.), Governing the Corporation – Regulation and Corporate Governance in an Age of Scandal and Global Markets, Chichester 2005, S. 47-61.

Meincke, Jens Peter (Bewertung 1984): Bewertung als Rechtsproblem, in: Raupach, Arndt (Hrsg.), Werte und Wertermittlung im Steuerrecht – Steuerbilanz, Einheitsbewertung, Einzelsteuern und Unternehmensbewertung, Köln 1984, S. 7-38.

Meinhardt, Hans (Anforderungen 1995): Anforderungen an den Konzernabschlußprüfer aus der Sicht eines international tätigen Unternehmens, in: Lanfermann, Josef (Hrsg.), Internationale Wirtschaftsprüfung, Festschrift zum 65. Geburtstag von Prof. Dr. Dr. h.c. Hans Havermann, Düsseldorf 1995, S. 457-472.

Melis, Giovanni/Melis, Andrea (Financial Reporting Failure 2005): Financial Reporting, Corporate Governance and Parmalat: Was it a Financial Accounting Failure?, in: O'Brien, Justin (Hrsg.), Governing the Corporation – Regulation and Corporate Governance in an Age of Scandal and Global Markets, Chichester 2005, S. 233-254.

Mellerowicz, Konrad (Unternehmenspolitik 1978): Unternehmenspolitik – Band III: Operative Teilpolitiken und Konzernführung, 4. Aufl., Freiburg i.Br. 1978.

Menge, Hermann (Wörterbuch 1992): Langenscheidts Taschenwörterbuch der lateinischen und deutschen Sprache, 44. Aufl., Berlin/München 1992.

Mengel, Anja/Hagemeister, Volker (Compliance 2006): Compliance und Arbeitsrecht, in: Betriebs-Berater 2006, S. 2466-2471.

Mengel, Anja/Hagemeister, Volker (Compliance 2007): Compliance und arbeitsrechtliche Implementierung im Unternehmen – Fortsetzung des Beitrags „Compliance und Arbeitsrecht", BB 2006, 2466 –, in: Betriebs-Berater 2007, S. 1386-1393.

Menzies, Christof (Hrsg.) (Act 2004): Sarbanes-Oxley Act – Professionelles Management interner Kontrollen, Stuttgart 2004.

Merkl, Georg (Vorschriften 2007): Neue Vorschriften der SEC und des PCAOB zum IKS, Änderungen bei der Umsetzung von Artikel 404 des SOX, in: Der Schweizer Treuhänder 2007, S. 38-48.

Merkt, Hanno (Verhältnis 2003): Zum Verhältnis von Kapitalmarkt und Gesellschaftsrecht in der Diskussion um die Corporate Governance, in: Die Aktiengesellschaft 2003, S. 126-136.

Merkt, Hanno/Köhrle, Julien (Information 2004): Zur vorstandsunabhängigen Information des Aufsichtsrats durch die Interne Revision – Eine Skizze des aktuellen Diskussionsstands –, in: Zeitschrift Interne Revision 2004, S. 222-225.

Mertens, Hans-Joachim (Sorgfaltspflicht 1996): Kommentierung des § 93 AktG, in: Zöllner, Wolfgang (Hrsg.), Kölner Kommentar zum Aktiengesetz, Band 3, §§ 76-117 AktG und Mitbestimmung im Aufsichtsrat, 2. Aufl., Köln u.a. 1996.

Mertin, Dietz (Fortentwicklung 2003): Zur Fortentwicklung der International Standards on Auditing and Assurance, in: Die Wirtschaftsprüfung 2003, S. 1-9.

Mertin, Dietz/Schmidt, Stefan (Aufdeckung von Unregelmäßigkeiten 2001): Die Aufdeckung von Unregelmäßigkeiten im Rahmen der Abschlussprüfung nach dem überarbeiteten ISA 240, in: Die Wirtschaftsprüfung 2001, S. 1303-1311.

Mertin, Dietz/Schmidt, Stefan (Harmonisierung 2001): Internationale Harmonisierung der Anforderungen an die Abschlussprüfung auf der Grundlage der Verlautbarungen der IFAC, in: Die Wirtschaftsprüfung 2001, S. 317-334.

Meyer zu Lösebeck, Heiner (Unterschlagung 1983): Unterschlagungsverhütung und Unterschlagungsprüfung, Düsseldorf 1983.

Meyer zu Lösebeck, Heiner (Unterschlagung 2002): Unterschlagung und Veruntreuung, in: Ballwieser, Wolfgang/Coenenberg, Adolf G./Wysocki, Klaus v. (Hrsg.), Handwörterbuch der Rechnungslegung und Prüfung, 3. Aufl., Stuttgart 2002, Sp. 2445-2456.

Meyer, Carl W. (Bilanzprüfung 1976): Betriebs- und Bilanzprüfung, Herne/Berlin 1976.

Meyer, Claus/Meisenbacher, Michaela (Bilanzpolitik 2004): Bilanzpolitik auf der Basis von IAS/IFRS, insbesondere in Zeiten der Krise, in: Deutsches Steuerrecht 2004, S. 567-572.

Meyer, Heinz (Assurance-Management-System 2006): Assurance-Management-System als Unterstützung der Corporate Governance, Bei der AlpTransit Gotthard AG, in: Der Schweizer Treuhänder 2006, S. 931-936.

Meyer-Landrut, Joachim (Verschwiegenheitspflicht 1964): Die Verschwiegenheitspflicht amtierender und ausgeschiedener Vorstands- und Aufsichtsratsmitglieder der Aktiengesellschaft, in: Die Aktiengesellschaft 1964, S. 325-327.

Mirow, Michael (Governance 2003): Corporate Governance in internationalen Unternehmen, in: Werder, Axel von/Wiedmann, Harald (Hrsg.), Internationalisierung der Rechnungslegung und Corporate Governance, Festschrift für Professor Dr. Klaus Pohle, Stuttgart 2003, S. 349-374.

Mochty, Ludwig Josef (Prüfungsanweisung 2002): Prüfungsanweisungen, in: Ballwieser, Wolfgang/Coenenberg, Adolf G./Wysocki, Klaus v. (Hrsg.), Handwörterbuch der Rechnungslegung und Prüfung, 3. Aufl., Stuttgart 2002, Sp. 1762-1771.

Mock, Sebastian (Verschwiegenheitspflicht 2003): Die Verschwiegenheitspflicht des Abschlussprüfers und Interessenkonflikte, in: Der Betrieb 2003, S. 1996-2002.

Mocny, Felicitas (Compliance 2006): Die Implementierung Ethischer Compliance Programme – Unternehmensethik als Ergänzung juristischer Compliance Konzepte, in: Zeitschrift Risk, Fraud & Governance 2006, S. 69-73.

Montgomery, Daniel D./Beasley, Mark S./Menelaides, Susan L./Palmrose, Zoe-Vonna (New Procedures 2002): Auditors' New Procedures for Detecting Fraud, in: Journal of Accountancy, May 2002, S. 63-66.

Moxter, Adolf (Grundsätze 2002): Grundsätze ordnungsmäßiger Buchführung, in: Ballwieser, Wolfgang/Coenenberg, Adolf G./Wysocki, Klaus v. (Hrsg.), Handwörterbuch der Rechnungslegung und Prüfung, 3. Aufl., Stuttgart 2002, Sp. 1041-1052.

Moxter, Adolf (Grundsätze 2003): Grundsätze ordnungsgemäßer Rechnungslegung, Düsseldorf 2003.

Moxter, Adolf (Pauschalrückstellungen 1998): Pauschalrückstellungen in der Steuerbilanz unzulässig? – Zum Vorlagebeschluß des FG Köln vom 16.7.1997 13 K 812/97 –, in: Der Betrieb 1998, S. 269-272.

Mülbert, Peter O. (Stellung 1996): Die Stellung der Aufsichtsratsmitglieder, in: Feddersen, Dieter/Hommelhoff, Peter/Schneider, Uwe H. (Hrsg.), Corporate Governance, Optimierung der Unternehmensführung und der Unternehmenskontrolle im deutschen und amerikanischen Aktienrecht, Köln 1996, S. 99-123.

Mulford, Charles W./Comiskey, Eugene E. (Financial Numbers Game 2002): The Financial Numbers Game, Detecting Creative Accounting Practices, New York 2002.

Müller, Klaus R. (Beurteilung 2004): Beurteilung der Praxisorganisation im Rahmen der externen Qualitätskontrolle, in: Marten, Kai-Uwe/Quick, Reiner/Ruhnke, Klaus (Hrsg.), Externe Qualitätskontrolle im Berufsstand der Wirtschaftsprüfer, Status quo und Weiterentwicklung, Tagungsband zur Fachveranstaltung des Ulmer Forums für Wirtschaftswissenschaften (UFW) e.V. am 5. Mai 2004 an der Universität Ulm, Düsseldorf 2004, S. 107-125.

Müller-Michaels, Olaf (Beratungsverträge 2006): Beratungsverträge mit Aufsichtsratsmitgliedern – Aufsichtsräte im Spannungsfeld zwischen gesetzlichen Aufgaben und Beratungsinteressen, in: Zeitschrift für Corporate Governance 2006, S. 99-103.

Müller-Michaels, Olaf (Haftung 2007): Haftung des Aufsichtsrats bei unzureichender Überwachung der Geschäftsführung, BGH erinnert Aufsichtsräte an ihre Kontrollpflicht (Urteil vom 11.12.2006 – II ZR 243/05), in: Zeitschrift für Corporate Governance 2007, S. 73-77.

Müller-Michaels, Olaf/Wecker, Johannes (Falschinformation 2007): Vorstandshaftung für Falschinformation des Kapitalmarkts – Neues zur Informationsdelikthaftung, in: Zeitschrift für Corporate Governance 2007, S. 207-210.

Mutter, Stefan/Gayk, Thorsten (Aufsichtsratsarbeit 2003): Wie die Verbesserung der Aufsichtsratsarbeit – wider jede Vernunft – die Haftung verschärft, in: Zeitschrift für Wirtschaftsrecht 2003, S. 1773-1776.

Natzel, Benno (Beendigung 1964): Beendigung des Aufsichtsratsamtes durch Widerruf oder Abberufung unter besonderer Berücksichtigung des Mitbestimmungsrechts (I), in: Der Betrieb 1964, S. 1143-1146.

Naumann, Klaus-Peter (IDW 2002): Institut der Wirtschaftsprüfer (IDW), in: Ballwieser, Wolfgang/Coenenberg, Adolf G./Wysocki, Klaus v. (Hrsg.), Handwörterbuch der Rechnungslegung und Prüfung, 3. Aufl., Stuttgart 2002, Sp. 1179-1182.

Naumann, Klaus-Peter (IDW-Verlautbarung 2002): Verlautbarungen des IDW, in: Ballwieser, Wolfgang/Coenenberg, Adolf G./Wysocki, Klaus v. (Hrsg.), Handwörterbuch der Rechnungslegung und Prüfung, 3. Aufl., Stuttgart 2002, Sp. 2492-2499.

Naumann, Klaus-Peter/Feld, Klaus-Peter (Transformation 2006): Die Transformation der neuen Abschlussprüferrichtlinie – Erwartungen des Berufsstands der Wirtschaftsprüfer an den deutschen Gesetzgeber –, in: Die Wirtschaftsprüfung 2006, S. 873-885.

Naumann, Klaus-Peter/Tielmann, Sandra (Überwachung 2003): Überwachung der Ordnungsmäßigkeit der Rechnungslegung – Zukunft des Enforcement in Deutschland, in: Wollmert, Peter et al. (Hrsg.), Wirtschaftsprüfung und Unternehmensüberwachung, Festschrift für Prof. Dr. Dr. h.c. Wolfgang Lück, Düsseldorf 2003, S. 159-178.

Neubeck, Guido (Risikomanagementsysteme 2003): Prüfung von Risikomanagementsystemen, Düsseldorf 2003.

Niehus, Rudolf J. (Prüfungsqualität 2002): Prüfungsqualität, in: Ballwieser, Wolfgang/Coenenberg, Adolf G./Wysocki, Klaus v. (Hrsg.), Handwörterbuch der Rechnungslegung und Prüfung, 3. Aufl., Stuttgart 2002, Sp. 1862-1872.

Niemann, Walter (Durchführung 2003): Grundsätze ordnungsmäßiger Durchführung von Abschlussprüfungen im Umbruch?, in: Deutsches Steuerrecht 2003, S. 1454-1460.

Niemeyer, Charles D. (Credibility 2003): The Public Company Accounting Oversight Board's Role in Re-Establishing Credibility in Financial Reporting, in: Die Wirtschaftsprüfung 2003, Sonderheft, S. S112-S115.

Nippa, Michael (Konzepte 2002): Alternative Konzepte für eine effiziente Corporate Governance, in: Nippa, Michael/Petzold, Kerstin/Kürsten, Wolfgang (Hrsg.), Corporate Governance – Herausforderungen und Lösungsansätze, Heidelberg 2002, S. 3-40.

Nippa, Michael/Grigoleit, Jens (Vertrauen 2006): Corporate Governance ohne Vertrauen? Ökonomische Konsequenzen der Agency-Theorie, Freiberg 2006.

Noack, Ulrich (Hauptversammlung 2002): Neuerungen im Recht der Hauptversammlung durch das Transparenz- und Publizitätsgesetz und den Deutschen Corporate Governance Kodex, in: Der Betrieb 2002, S. 620-626.

Nonnenmacher, Rolf (Governance 2003): Corporate Governance und Abschlussprüfung, in: Richter, Frank/Schüler, Andreas/Schwetzler, Bernhard (Hrsg.), Kapitalgeberansprüche, Marktwertorientierung und Unternehmenswert, Festschrift für Prof. Dr. Dr. h.c. Jochen Drukarczyk zum 65. Geburtstag, München 2003, S. 289-306.

Nonnenmacher, Rolf (Verbesserung 2001): Möglichkeiten zur weiteren Verbesserung der Zusammenarbeit zwischen Aufsichtsrat und Abschlussprüfer, in: Die Wirtschaftsprüfung 2001, Sonderheft, S. S15-S17.

Nusbaum, Jack H./Oller, John (Aftermath 2000): The Immediate Aftermath, in: Young, Michael R. (Hrsg.), Accounting Irregularities and Financial Fraud – A Corporate Governance Guide, San Diego u.a. 2000, S. 41-54.

O'Brien, Justin (Governing 2005): Governing the Corporation: Regulation and Corporate Governance in an Age of Scandal and Global Markets, in: O'Brien, Justin (Hrsg.), Governing the Corporation – Regulation and Corporate Governance in an Age of Scandal and Global Markets, Chichester 2005, S. 1-20.

O'Gara, John D. (Corporate Fraud 2004): Corporate Fraud, Case Studies in Detection and Prevention, Hoboken 2004.

O'Neill, Laura/Martin, David (Corporate Governance 2003): Corporate Governance, in: Jolly, Adam (Hrsg.), Managing Business Risk, London/Sterling 2003, S. 66-75.

Obermüller, Walter (Gültigkeitsdauer 1971): Gültigkeitsdauer der Geschäftsordnung für den Vorstand und für den Aufsichtsrat, in: Der Betrieb 1971, S. 952-953.

Oberparleiter, Karl (Risiko 1933): Risiko und Unternehmung, in: Meithner, Karl (Hrsg.), Die Bilanzen der Unternehmungen, Band 1: Grundlegung, Aufbau und Problemkreis der Bilanzen, Berlin 1933, S. 41-52.

Odenthal, Roger (Defraudanten 2002): Defraudanten auf der Spur, in: Betrieb und Wirtschaft 2002, S. 1019-1023.

Odenthal, Roger (Mitarbeiterkriminalität 2005): Rechtliche Implikationen bei Mitarbeiterkriminalität, in: Zeitschrift Interne Revision 2005, S. 230-236.

Odenthal, Roger (Wirtschaftskriminelle Handlungen 1997): Verfahren und Instrumente zur Aufdeckung wirtschaftskrimineller Handlungen, in: Zeitschrift Interne Revision 1997, S. 241-249 (Teil 1) und S. 301-312 (Teil 2).

Orth, Christian (Kapitalmarktorientierte Rechnungslegung 2005): Kapitalmarktorientierte Rechnungslegung und Corporate Governance (B 735), in: Castan, Edgar et al. (Hrsg.), Beck'sches Handbuch der Rechnungslegung, München 1986 ff. (Stand: 27. Ergänzungslieferung, Juli 2007).

Oser, Peter/Orth, Christian/Wader, Dominic (Umsetzung 2003): Die Umsetzung des Deutschen Corporate Governance Kodex in der Praxis – Empirische Untersuchung zur Entsprechenserklärung börsennotierter Unternehmen –, in: Der Betrieb 2003, S. 1337-1341.

Oser, Peter/Roß, Norbert/Wader, Dominic/Drögemüller, Steffen (Neuregelungen 2008): Ausgewählte Neuregelungen des Bilanzrechtsmodernisierungsgesetzes (BilMoG), in: Die Wirtschaftsprüfung 2008, S. 49-62 (Teil 1) und S. 105-113 (Teil 2).

Ossadnik, Wolfgang (Materiality 1995): Materiality als Grundsatz externer Rechnungslegung, in: Die Wirtschaftsprüfung 1995, S. 33-42.

Ossadnik, Wolfgang (Rechnungslegungspolitik 1998): Rechnungslegungspolitik – Die Instrumente, in: Freidank, Carl-Christian (Hrsg.), Rechnungslegungspolitik – Eine Bestandsaufnahme aus handels- und steuerrechtlicher Sicht, Hamburg 1998, S. 155-193.

Ossola-Haring, Claudia (Gestaltungsalternativen 2002): Gestaltungsalternativen der Bilanzpolitik, in: bilanz & buchhaltung 2002, S. 178-191.

Osterloh, Margit/Weibel, Antoinette (Vertrauen 2006): Investition Vertrauen, Prozesse der Vertrauensentwicklung in Organisationen, Wiesbaden 2006.

Ott, Kai-Peter (Konzern 2005): Der Vorstand im Konzern, in: Kann, Jürgen van (Hrsg.), Vorstand der AG – Führungsaufgaben, Rechtspflichten und Corporate Governance, Berlin 2005, S. 207-244.

Paefgen, Walter G. (Business Judgement Rule 2004): Dogmatische Grundlagen, Anwendungsbereich und Formulierung einer Business Judgment Rule im künftigen UMAG, in: Die Aktiengesellschaft 2004, S. 245-261.

Pahlke, Anne-Kathrin (Risikomanagement 2002): Risikomanagement nach KonTraG – Überwachungspflichten und Haftungsrisiken für den Aufsichtsrat, in: Neue Juristische Wochenschrift 2002, S. 1680-1688.

Palazzesi, Mauro/Pfyffer, Hans-Ulrich (Kooperation 2004): Interne Revision und Unternehmensüberwachung – von der Konkurrenz zur Kooperation, in: Der Schweizer Treuhänder 2004, S. 7-16.

Palazzesi, Mauro/Pfyffer, Hans-Ulrich (Verständnis 2002): Ein neues Verständnis von Interner Revision – Gedanken zu einer Neuausrichtung, in: Der Schweizer Treuhänder 2002, S. 137-148.

Pampel, Gunnar (Compliance-Programm 2007): Die Bedeutung von Compliance-Programmen im Kartellordnungswidrigkeitenrecht, in: Betriebs-Berater 2007, S. 1636-1640.

Paul, Walter (Aktionärskultur 2005): Aktionärskultur in Deutschland – Quo vadis?, in: Finanz Betrieb 2005, S. 353-368.

Peemöller, Volker H. (Bilanzpolitik 2003): Bilanzanalyse und Bilanzpolitik – Einführung in die Grundlagen, 3. Aufl., Wiesbaden 2003.

Peemöller, Volker H. (Instrumente 2006): Instrumente der Corporate Governance in Familienunternehmen – Übertragung von Managementfunktionen auf Familienfremde, in: Zeitschrift für Corporate Governance 2006, S. 81-87.

Peemöller, Volker H. (Interner Revisor 2004): Interner Revisor, in: Förschle, Gerhart/Peemöller, Volker H. (Hrsg.), Wirtschaftsprüfung und Interne Revision, Heidelberg 2004, S. 151-197.

Peemöller, Volker H. (Sarbanes-Oxley Act 2006): Sarbanes Oxley Act und Interne Revision, in: Peemöller, Volker H. (Hrsg.), Interne Revision Jahrbuch 2007, Fachteil, Hamburg 2006, S. 113-130.

Peemöller, Volker H./Hofmann, Stefan (Bilanzskandale 2005): Bilanzskandale, Delikte und Gegenmaßnahmen, Berlin 2005.

Peemöller, Volker H./Hofmann, Stefan (Fraud Triangle 2005): Das Fraud Triangle als Instrument zur Früherkennung von Bilanzdelikten – Möglichkeiten zur Sensibilisierung der Überwachungsorgane für das Red-Flagging-Management, in: Krisen-, Sanierungs- und Insolvenzberatung 2005, S. 41-47.

Peemöller, Volker H./Husmann, Rainer (Interne Revision 2004): Interne Revision, in: Küting, Karlheinz (Hrsg.), Saarbrücker Handbuch der Betriebswirtschaftlichen Beratung, 3. Aufl., Herne/Berlin 2004, S. 435-507, Rn. 1401-1593.

Peemöller, Volker H./Richter, Martin (Entwicklungstendenzen 2000): Entwicklungstendenzen der Internen Revision – Chancen für die unternehmensinterne Überwachung, Berlin 2000.

Peemöller, Volker H./Warncke, Markus (Prüfungsausschüsse 2005): Prüfungsausschüsse deutscher Aktiengesellschaften – Empirische Ergebnisse über ihre Einrichtung, innere Ordnung und Aufgabenwahrnehmung sowie die Zusammenarbeit mit der Internen Revision –, in: Der Betrieb 2005, S. 401-404.

Pellens, Bernhard/Fülbier, Rolf Uwe/Gassen, Joachim/Sellhorn, Thorsten (Internationale Rechnungslegung 2008): Internationale Rechnungslegung, IFRS 1 bis 7, IAS 1 bis 41, IFRIC-Interpretationen, Standardentwürfe, Mit Beispielen und Aufgaben, 7. Aufl., Stuttgart 2008.

Pellens, Bernhard/Hillebrandt, Franca/Ulmer, Björn (Umsetzung 2001): Umsetzung von Corporate-Governance-Richtlinien in der Praxis – Eine empirische Analyse der DAX 100-Unternehmen, in: Betriebs-Berater 2001, S. 1243-1250.

Peltzer, Martin (Beratungsverträge 2007): Beratungsverträge der Gesellschaft mit Aufsichtsratsmitgliedern: Ist das gute Corporate Governance?, Zugleich Besprechung BGH v. 20.11.2006 – II ZR 279/05, ZIP 2007, 22, in: Zeitschrift für Wirtschaftsrecht 2007, S. 305-309.

Peltzer, Martin (Handlungsbedarf 2002): Handlungsbedarf in Sachen Corporate Governance, in: Neue Zeitschrift für Gesellschaftsrecht 2002, S. 593-599.

Peltzer, Martin (Organisation 2002): Organisation der Meldung der Entsprechenserklärung nach § 161 AktG, in: Der Betrieb 2002, S. 2580-2581.

Peltzer, Martin (Verantwortung 2003): Erweiterte Verantwortung des Aufsichtsrates nach dem Deutschen Corporate Governance Kodex, in: Werder, Axel von/Wiedmann, Harald (Hrsg.), Internationalisierung der Rechnungslegung und Corporate Governance, Festschrift für Professor Dr. Klaus Pohle, Stuttgart 2003, S. 375-390.

Peltzer, Martin (Vorzeitiges Ausscheiden 1976): Rechtsprobleme beim unfreiwilligen vorzeitigen Ausscheiden von Vorstandsmitgliedern von Aktiengesellschaften und Geschäftsführern von Gesellschaften mbH, in: Betriebs-Berater 1976, S. 1249-1253.

Peltzer, Martin/Werder, Axel v. (German Code 2001): Der „German Code of Corporate Governance (GCCG)" des Berliner Initiativkreises, in: Die Aktiengesellschaft 2001, S. 1-15.

Persons, Obeua S. (Corporate Governance 2006): Corporate Governance and Non-Financial Reporting Fraud, in: Journal of Business & Economic Studies, Spring 2006, S. 27-39.

Peter, Henry/Maestretti, Massimiliano (Governance 2002): Corporate Governance and Special Purpose Vehicles, Understanding the Enron Case, Use and Abuse of Enron's Own Stock under the Prospective of Swiss Law, in: Der Schweizer Treuhänder 2002, S. 1131-1140.

Petersen, Karl/Bansbach, Florian/Dornbach, Eike (Praxishandbuch 2008): IFRS Praxishandbuch – Ein Leitfaden für die Rechnungslegung mit Fallbeispielen, 3. Aufl., München 2008.

Petersen, Karl/Zwirner, Christian (Abschlussprüfung 2008): Die Abschlussprüfung im Lichte des BilMoG – Aktualisierung und Internationalisierung, in: Steuern und Bilanzen 2008, S. 50-57.

Petersen, Karl/Zwirner, Christian (Honoraraufwendungen 2008): Angabepflicht der Honoraraufwendungen für den Abschlussprüfer – Theoretische und empirische Betrachtung der Offenlegungserfordernisse zur Stärkung der Prüferunabhängigkeit, in: Die Wirtschaftsprüfung 2008, S. 279-290.

Petersen, Karl/Zwirner, Christian (Konzentrationsbefunde 2007): Rechnungslegungs- und Prüfungspraxis in Deutschland – Konzentrationsbefunde im deutschen Prüfungswesen, in: Deutsches Steuerrecht 2007, S. 1739-1743.

Petersen, Karl/Zwirner, Christian (Konzernrechnungslegung 2007): Die Konzernrechnungslegung im Lichte des BilMoG – Annäherung an internationale Standards, in: Steuern und Bilanzen 2007, S. 921-927.

Petersen, Karl/Zwirner, Christian (Latente Steuern 2008): Latente Steuern im Lichte des BilMoG – Mehrfache Ausweitung des Anwendungsbereichs, in: Steuern und Bilanzen 2008, S. 205-212.

Petersen, Karl/Zwirner, Christian (Publizitätsregelungen 2007): Die Unternehmensberichterstattung im Lichte des BilMoG – Veränderte Publizitätsregelungen, in: Steuern und Bilanzen 2007, S. 889-896.

Petersen, Karl/Zwirner, Christian (Umbruch 2008): Die deutsche Rechnungslegung und Prüfung im Umbruch – Veränderte Rahmenbedingungen durch die geplanten Reformen des Bilanzrechtsmodernisierungsgesetzes (BilMoG) –, in: Zeitschrift für internationale und kapitalmarktorientierte Rechnungslegung 2008, Beilage 1 zu Heft 2, S. 1-31.

Petersen, Karl/Zwirner, Christian (Vorratsinventur 2005): Vorratsinventur (A 220), in: Castan, Edgar et al. (Hrsg.), Beck'sches Handbuch der Rechnungslegung, München 1986 ff. (Stand: 27. Ergänzungslieferung, Juli 2007).

Petersen, Karl/Zwirner, Christian (Ziel 2007): Noch schneller am Ziel? – Jahresabschlussprüfungen in 30 Tagen?, in: Steuern und Bilanzen 2007, S. 645-649.

Petzold, Kerstin (Institutionelle Investoren 2002): Institutionelle Investoren – Element eines innovationsförderlichen Corporate Governance Systems?, Eine Meta-Analyse empirischer Studien zum Einfluss institutioneller Investoren auf die Innovationstätigkeit börsennotierter Unternehmen, in: Nippa, Michael/Petzold, Kerstin/Kürsten, Wolfgang (Hrsg.), Corporate Governance – Herausforderungen und Lösungsansätze, Heidelberg 2002, S. 149-171.

Peus, Egon A. (Abstimmung 1996): Geheime Abstimmung im Aufsichtsrat und Stimmabgabe des Vorsitzenden, in: Deutsches Steuerrecht 1996, S. 1656-1657.

Pfeil, Christian M. (Capital Structure 1999): Capital Structure, Managerial Incentives and Corporate Governance, Dissertation, Universität des Saarlandes, Saarbrücken 1999.

Pfitzer, Norbert (Arbeitspapiere 1998): Arbeitspapiere, in: Lück, Wolfgang (Hrsg.), Lexikon der Rechnungslegung und Abschlußprüfung, 4. Aufl., München/Wien 1998, S. 42.

Pfitzer, Norbert (Qualität 2006): Aktuelles zur Qualitätssicherung und Qualitätskontrolle, in: Die Wirtschaftsprüfung 2006, S. 186-197.

Pfitzer, Norbert/Orth, Christian (Berichterstattung 2003): Die Berichterstattung des Abschlussprüfers nach neuem Recht, in: Dörner, Dietrich et al. (Hrsg.), Reform des Aktienrechts, der Rechnungslegung und der Prüfung, KonTraG – Corporate Governance – TransPuG, 2. Aufl., Stuttgart 2003, S. 873-897.

Pfitzer, Norbert/Orth, Christian/Wader, Dominic (Unabhängigkeitserklärung 2002): Die Unabhängigkeitserklärung des Abschlussprüfers gegenüber dem Aufsichtsrat im Sinn des Deutschen Corporate Governance Kodex, in: Der Betrieb 2002, S. 753-755.

Pfleger, Günter (Bilanz-Lifting 2001): Bilanz-Lifting, Legale und illegale Praktiken zur Schönung von Bilanzen, 2. Aufl., Freiburg i.Br. 2001.

Pfleger, Günter (Bilanzpolitik 1991): Die neue Praxis der Bilanzpolitik – Strategien und Gestaltungsmöglichkeiten im handels- und steuerrechtlichen Jahresabschluß, 4. Aufl., Freiburg i.Br. 1991.

Pfleger, Günter (Sachverhaltsgestaltungen 1982): Sachverhaltsgestaltungen zwischen inländischen verbundenen Unternehmen als Mittel der Bilanzpolitik – Teil I –, in: Der Betrieb 1982, S. 2145-2148.

Pforsich, Hugh D./Peterson Kramer, Bonita K./Just, G. Randolph (Department 2006): Establishing an Effective Internal Audit Department, in: Strategic Finance, April 2006, S. 22-29.

Pfyffer, Hans-Ulrich/Villiger, Martin (Best Practices 2000): Best Practices in der Zusammenarbeit zwischen Interner Revision und dem Verwaltungsrat – Die Schnittstellen VR – IR zur Überwachung nutzen! –, in: Der Schweizer Treuhänder 2000, S. 1047-1052.

Philipps, Holger (Urteile 2001): Die Verwendung der Urteile von Dritten bei der Abschlussprüfung – Darstellung und Vergleich der Verlautbarungen des IDW mit den International Standards on Auditing (ISA) der IFAC –, in: Kubin, Konrad W. et al. (Hrsg.), Internationale Grundsätze für Rechnungslegung und Prüfung, Vorträge vor dem Münsteraner Gesprächskreis Rechnungslegung und Prüfung e.V., Düsseldorf 2001, S. 81-109.

Picot, Gerhard (Kontrollmechanismen 2001): Überblick über die Kontrollmechanismen im Unternehmen nach KonTraG, in: Lange, Knut Werner/Wall, Friederike (Hrsg.), Risikomanagement nach dem KonTraG – Aufgaben und Chancen aus betriebswirtschaftlicher und juristischer Sicht –, München 2001, S. 5-37.

Pilhofer, Jochen (Umsatz- und Gewinnrealisierung 2002): Umsatz- und Gewinnrealisierung im internationalen Vergleich, Bilanzpolitische Gestaltungsmöglichkeiten nach HGB, US-GAAP und IFRS, Herne/Berlin 2002.

Plagens, Peter W./Wolter, Gerd/Henke, Jens (Neuausrichtung 2007): Neuausrichtung der Bilanzpolitik im Lichte des EHUG?, in: Deutsches Steuerrecht 2007, S. 1413-1419.

Plendl, Martin (Prüfungsbericht 2002): Prüfungsbericht, in: Ballwieser, Wolfgang/Coenenberg, Adolf G./Wysocki, Klaus v. (Hrsg.), Handwörterbuch der Rechnungslegung und Prüfung, 3. Aufl., Stuttgart 2002, Sp. 1777-1790.

Plendl, Martin (Risiken 2008): Risiken in Rechnungslegung und Abschlussprüfung, in: Ballwieser, Wolfgang/Grewe, Wolfgang (Hrsg.), Wirtschaftsprüfung im Wandel – Herausforderungen an Wirtschaftsprüfung, Steuerberatung, Consulting und Corporate Finance, Festgabe 100 Jahre Südtreu/Deloitte 1907 bis 2007, München 2008, S. 327-344.

Poerting, Peter (Wirtschaftsdelikte 1989): Tatgelegenheit und Prävention bei Wirtschaftsdelikten, in: Zeitschrift für Betriebswirtschaft 1989, S. 213-224.

Pöschel, Ines/Watter, Rolf (Führungsorgane 2006): Rechtliche Pflichten und Verantwortung der Führungsorgane, Praktische Hinweise und Empfehlungen, in: Der Schweizer Treuhänder 2006, S. 816-821.

Post, Kurt/Post, Manfred (Unterschlagung 1971): Die Unterschlagung im Betrieb und ihre Bekämpfung unter Berücksichtigung der elektronischen Datenverarbeitung, 3. Aufl., Köln 1971.

Potthoff, Erich (Bewusstsein 2003): Risiko- und Krisenbewusstsein der Aufsichtsratsmitglieder, in: Wollmert, Peter et al. (Hrsg.), Wirtschaftsprüfung und Unternehmensüberwachung, Festschrift für Prof. Dr. Dr. h.c. Wolfgang Lück, Düsseldorf 2003, S. 101-113.

Potthoff, Erich (Prüfstand 2003): Chief Executive Director in großen börsennotierten Aktiengesellschaften auf dem Prüfstand, in: Werder, Axel von/Wiedmann, Harald (Hrsg.), Internationalisierung der Rechnungslegung und Corporate Governance, Festschrift für Professor Dr. Klaus Pohle, Stuttgart 2003, S. 391-404.

Potthoff, Erich (Prüfung 1996): Die Prüfung des Jahresabschlusses durch den Aufsichtsrat, in: Baetge, Jörg et al. (Hrsg.), Rechnungslegung, Prüfung und Beratung – Herausforderungen für den Wirtschaftsprüfer –, Festschrift zum 70. Geburtstag von Professor Dr. Rainer Ludewig, Düsseldorf 1996, S. 831-850.

Potthoff, Erich (Unternehmensverwaltung 1996): Board-System versus duales System der Unternehmensverwaltung – Vor- und Nachteile, in: Betriebswirtschaftliche Forschung und Praxis 1996, S. 253-268.

Preußner, Joachim (Risikomanagement 2004): Deutscher Corporate Governance Kodex und Risikomanagement, in: Neue Zeitschrift für Gesellschaftsrecht 2004, S. 303-307.

Preußner, Joachim/Zimmermann, Dörte (Gesamtaufgabe 2002): Risikomanagement als Gesamtaufgabe des Vorstandes – Zugleich Besprechung des Urteils des LG Berlin vom 3.7.2002 – 2 O 358/01 –, in: Die Aktiengesellschaft 2002, S. 657-662.

Prigge, Stefan (Corporate Governance 1999): Corporate Governance, in: Die Betriebswirtschaft 1999, S. 148-151.

Prigge, Stefan (Survey 1998): A Survey of German Corporate Governance, in: Hopt, Klaus J. et al. (Hrsg.), Comparative Corporate Governance – The State of the Art and Emerging Research –, Oxford 1998, S. 941-1044.

Propper, Eugene M. (Fraud Investigations 2000): Corporate Fraud Investigations and Compliance Programs, Dobbs Ferry 2000.

Puckler, Godehard Herbert (Sonderprüfungen 2005): Sonderprüfungen, in: Becker, Axel/Wolf, Martin (Hrsg.), Prüfungen in Kreditinstituten und Finanzdienstleistungsunternehmen – Interne und externe Revision, Jahresabschlussprüfung, Bankenaufsicht, Köln 2005, S. 561-574.

Quick, Reiner (Bilanzpolitik 1997): Ziele und Instrumente der Bilanzpolitik, in: Betrieb und Wirtschaft 1997, S. 726-729.

Quick, Reiner (Geheimhaltungspflicht 2004): Geheimhaltungspflicht des Abschlussprüfers: Strafrechtliche Konsequenzen bei Verletzung, in: Betriebs-Berater 2004, S. 1490-1494.

Quick, Reiner (Materiality 1982): Der Grundsatz der Materiality in der Rechnungslegungsprüfung, in: Das Wirtschaftsstudium 1982, S. 873-878.

Quick, Reiner (Plausibilitätsbeurteilung 2002): Plausibilitätsbeurteilungen, in: Ballwieser, Wolfgang/Coenenberg, Adolf G./Wysocki, Klaus v. (Hrsg.), Handwörterbuch der Rechnungslegung und Prüfung, 3. Aufl., Stuttgart 2002, Sp. 1685-1693.

Quick, Reiner (Prüfungsmethoden 1999): Prüfungsmethoden im Spiegel der Forschung, in: Richter, Martin (Hrsg.), Theorie und Praxis der Wirtschaftsprüfung II, Wirtschaftsprüfung und ökonomische Theorie – Prüfungsmarkt – Prüfungsmethoden – Urteilsbildung, 2. Symposium der KPMG/Universität Potsdam zur Theorie und Praxis der Wirtschaftsprüfung am 9. und 10. Oktober 1998 in Potsdam, Berlin 1999, S. 177-234.

Quick, Reiner (Prüfungsrisikomodelle 1998): Prüfungsrisikomodelle, in: Wirtschaftswissenschaftliches Studium 1998, S. 244-248.

Quick, Reiner (Prüfungswesen 2001): Externe Qualitätskontrolle im deutschen Prüfungswesen – Zur Einführung eines Peer Review-Systems in Deutschland, in: Der Schweizer Treuhänder 2001, S. 25-32.

Quick, Reiner (Risiken 1996): Die Risiken der Jahresabschlußprüfung, Düsseldorf 1996.

Quick, Reiner (Spiegel 2005): Unabhängigkeit des Abschlussprüfers im Spiegel der Wissenschaft, in: Haller, Axel (Hrsg.), Wirtschaftsprüfung und Corporate Governance in Österreich, Wien 2005, S. 91-143.

Quick, Reiner/Monroe, Gary S./Ng, Juliana K.L./Woodliff, David R. (Inhärentes Risiko 1997): Risikoorientierte Jahresabschlußprüfung und inhärentes Risiko – Zur Bedeutung der Faktoren des inhärenten Risikos –, in: Betriebswirtschaftliche Forschung und Praxis 1997, S. 209-228.

Raghunandan, K./Rama, Dasaratha V. (Weakness 2006): SOX Section 404 Material Weakness Disclosures and Audit Fees, in: Auditing: A Journal of Practice and Theory, May 2006, S. 99-114.

Raible, Karl-Friedrich/Vaupel, Alexander (Vergütungsmodelle 2007): Vergütungsmodelle für Aufsichtsräte – Gestaltungskomponenten und Empfehlungen, in: Zeitschrift für Corporate Governance 2007, S. 151-156.

Raisch, Peter (Unternehmensinteresse 1976): Zum Begriff und zur Bedeutung des Unternehmensinteresses als Verhaltensmaxime von Vorstands- und Aufsichtsratsmitgliedern, in: Fischer, Robert et al. (Hrsg.), Strukturen und Entwicklungen im Handels-, Gesellschafts- und Wirtschaftsrecht – Festschrift für Wolfgang Hefermehl zum 70. Geburtstag am 18. September 1976, München 1976, S. 347-364.

Raiser, Thomas/Veil, Rüdiger (Kapitalgesellschaften 2006): Recht der Kapitalgesellschaften – Ein Handbuch für Praxis und Wissenschaft, 4. Aufl., München 2006.

Rammert, Stefan (Bilanzpolitik 2007): § 51: Bilanzpolitik und Bilanzanalyse, in: Lüdenbach, Norbert/Hoffmann, Wolf-Dieter (Hrsg.), Haufe IFRS-Kommentar, 5. Aufl., Freiburg i.Br. 2007.

Ramos, Michael (Auditors' Responsibility 2003): Auditors' Responsibility for Fraud Detection, in: Journal of Accountancy, January 2003, S. 28-36.

Ramos, Michael (How to Comply 2006): How to Comply with Sarbanes-Oxley Section 404, 2. Aufl., Hoboken 2006.

Ranker, Daniel (Immobilienbewertung 2006): Immobilienbewertung nach HGB und IFRS – Auslegung, Konzeption und Einzelfragen der Bilanzierung des Anlagevermögens, Berlin 2006.

Ranzinger, Christoph/Blies, Peter (Audit Committee 2001): Audit Committees im internationalen Kontext, in: Die Aktiengesellschaft 2001, S. 455-462.

Rau, Hanns-Adolf/Wick, Peter (Wesentlichkeit 1994): Zur Frage der Wesentlichkeit bei unbestimmten Rechtsbegriffen, in: Bank Information 1994, S. 37-39.

Regelin, Peter/Fisher, Raymond (Umsetzung 2003): Zum Stand der Umsetzung des Sarbanes-Oxley Act aus deutscher Sicht, in: Internationales Steuerrecht 2003, S. 276-288.

Reinecke, Bodo/Wagner, Hans-Jürgen (Qualitätskontrolle 2003): Wie stellt eine Konzernrevision die Qualität der Arbeit dezentraler Revisionen sicher?, in: Zeitschrift Interne Revision 2003, S. 238-243.

Reiter, Christian (Whistleblower 2005): Der Schutz des Whistleblowers nach dem Sarbanes-Oxley Act im Rechtsvergleich und im internationalen Arbeitsrecht, in: Recht der internationalen Wirtschaft 2005, S. 168-178.

Reiter, Robert (Anwendung 2005): Gebot zur Anwendung der *International Standards on Auditing* – eine erfüllbare Herausforderung?, in: Haller, Axel (Hrsg.), Wirtschaftsprüfung und Corporate Governance in Österreich, Wien 2005, S. 57-66.

Rezaee, Zabihollah (Financial Statement Fraud 2002): Financial Statement Fraud, Prevention and Detection, New York u.a. 2002.

Richartz, Heinz (Interne Kontrollen 2006): Interne Kontrollen für KMU, Andere Bedürfnisse, andere Lösungsansätze?, in: Der Schweizer Treuhänder 2006, S. 846-850.
Richter, Martin (Audit Committee 2002): Audit Committees, in: Ballwieser, Wolfgang/Coenenberg, Adolf G./Wysocki, Klaus v. (Hrsg.), Handwörterbuch der Rechnungslegung und Prüfung, 3. Aufl., Stuttgart 2002, Sp. 111-119.
Richter, Martin (Prüfungsbereitschaft 2002): Prüfungsbereitschaft, in: Ballwieser, Wolfgang/Coenenberg, Adolf G./Wysocki, Klaus v. (Hrsg.), Handwörterbuch der Rechnungslegung und Prüfung, 3. Aufl., Stuttgart 2002, Sp. 1771-1777.
Richter, Thomas (Jahresabschlussprüfung 2003): Jahresabschlussprüfung und Prüfungsanforderungen in der Europäischen Union, Baden-Baden 2003.
Ringleb, Henrik-Michael/Kremer, Thomas/Lutter, Marcus/Werder, Axel v. (Hrsg.) (Kommentar 2008): Kommentar zum Deutschen Corporate Governance Kodex – Kodex-Kommentar –, 3. Aufl., München 2008.
Risak, Johann (Interne Revision 2004): Der Weg zur agilen Internen Revision, in: Zeitschrift Interne Revision 2004, S. 98-107.
Rittner, Fritz (Verantwortung 1971): Zur Verantwortung des Vorstandes nach § 76 Abs. 1 AktG 1965, in: Ballerstedt, Kurt/Hefermehl, Wolfgang (Hrsg.), Festschrift für Ernst Geßler – Zum 65. Geburtstag am 5. März 1970, München 1971, S. 139-158.
Rittner, Fritz (Verschwiegenheitspflicht 1976): Die Verschwiegenheitspflicht der Aufsichtsratsmitglieder nach BGHZ 64, 325, in: Fischer, Robert et al. (Hrsg.), Strukturen und Entwicklungen im Handels-, Gesellschafts- und Wirtschaftsrecht – Festschrift für Wolfgang Hefermehl zum 70. Geburtstag am 18. September 1976 – München 1976, S. 365-381.
Ritzmann, Emanuel/Egger, Axel (Prozesse 2007): IKS-Prozesse auf dem richtigen Gleis, SOX auf freiwilliger Basis – Umsetzung mithilfe einer Standardsoftware bei den Schweizerischen Bundesbahnen (SBB AG), in: Zeitschrift Interne Revision 2007, S. 18-24.
Rock, Edward B. (Fascination 1995): America's Fascination with German Corporate Governance, in: Die Aktiengesellschaft 1995, S. 291-299.
Rode, Oliver (Wechsel 2006): Der Wechsel eines Vorstandsmitglieds in den Aufsichtsrat – eine gute Corporate Governance? Neuregelung in Ziff. 5.4.4. Deutscher Corporate Governance Kodex, in: Betriebs-Berater 2006, S. 341-344.
Rodewald, Jörg/Unger, Ulrike (Krisenmanagement 2007): Kommunikation und Krisenmanagement im Gefüge der Corporate Compliance-Organisation, in: Betriebs-Berater 2007, S. 1629-1635.
Röhrbein, Stefan (Redepflicht 2004): „Redepflicht des Abschlussprüfers – Redepflicht auch für die Interne Revision?", in: Zeitschrift Interne Revision 2004, S. 270-271.
Röhrich, Raimund (Aktuelle Rechtsprechung 2006): Aktuelle Rechtsprechung zur Corporate Governance, in: Zeitschrift für Corporate Governance 2006, S. 58-62.
Röhrich, Raimund (Aktuelle Rechtsprechung 2007): Aktuelle Rechtsprechung zur Corporate Governance, in: Zeitschrift für Corporate Governance 2007, S. 27-31.
Röhrich, Raimund (Aufsichtsrat 2006): Risikomanagement: Pflichten und Haftungsumfang des Aufsichtsrats, Anforderungen an die Einrichtung und Überwachung geeigneter Führungssysteme, in: Zeitschrift für Corporate Governance 2006, S. 41-44.
Röhrich, Raimund (Corporate Governance 2006): Aktuelle Rechtsprechung zur Corporate Governance, in: Zeitschrift für Corporate Governance 2006, S. 96-98.

Röhrich, Raimund (Corporate Governance 2007): Aktuelle Rechtsprechung zur Corporate Governance, in: Zeitschrift für Corporate Governance 2007, S. 69-73.
Röhrich, Raimund (Governance 2006): Aktuelle Rechtsprechung zur Corporate Governance, in: Zeitschrift für Corporate Governance 2006, S. 134-137.
Röhrich, Raimund (Governance 2007): Aktuelle Rechtsprechung zur Corporate Governance, in: Zeitschrift für Corporate Governance 2007, S. 211-214.
Röhrich, Raimund (Governance-Rechtsprechung 2007): Aktuelle Rechtsprechung zur Corporate Governance, in: Zeitschrift für Corporate Governance 2007, S. 253-256.
Röhrich, Raimund (Rechtsprechung 2006): Aktuelle Rechtsprechung zur Corporate Governance, in: Zeitschrift für Corporate Governance 2006, S. 18-22.
Röhrich, Raimund (Rechtsprechung 2007): Aktuelle Rechtsprechung zur Corporate Governance, in: Zeitschrift für Corporate Governance 2007, S. 165-167.
Roll, Patrick/Kilka, Michael/Schiereck, Dirk (Vorteilhaftigkeit 1998): Zur Vorteilhaftigkeit von Zweitnotierungen an ausländischen Wertpapierbörsen – Ein Überblick, in: Die Betriebswirtschaft 1998, S. 770-785.
Romeike, Frank/Erben, Roland Franz (Gangster 2006): Die Gangster mit der weißen Weste, in: Zeitschrift Risk, Fraud & Governance 2006, S. 49.
Romeike, Frank/Erben, Roland Franz (Mängel 2006): Risikomanagement bei vielen Unternehmen mit Mängeln behaftet, in: Zeitschrift Risk, Fraud & Governance 2006, S. 145.
Roschmann, Christian/Fray, Johannes (Geheimhaltungsverpflichtungen 1996): Geheimhaltungsverpflichtungen der Vorstandsmitglieder von Aktiengesellschaften bei Unternehmenskäufen, in: Die Aktiengesellschaft 1996, S. 449-455.
Rose, Anna M./Rose, Jacob M. (Fraud Risk Assessments 2003): The effects of fraud risk assessments and a risk analysis decision aid on auditors' evaluation of evidence and judgment, in: Accounting Forum, September 2003, S. 312-338.
Rosen, Rüdiger von (Stand 2006): Zum aktuellen Stand der Corporate Governance in Deutschland, in: Betriebs-Berater 2006, Heft 41, S. I.
Rossmanith, Jonas/Gehrlein, Christine (Corporate Governance 2006): Corporate Governance und Abschlussprüfung aus deutscher Sichtweise, in: Seicht, Gerhard (Hrsg.), Jahrbuch für Controlling und Rechnungswesen 2006, Wien 2006, S. 261-284.
Roth, Felix/Peyrollaz, Jean (Communication 2006): Communication entre les Organes de Gestion et l'Auditeur, in: Der Schweizer Treuhänder 2006, S. 828-832.
Roth, Günter H./Wörle, Ulrike (Unabhängigkeit 2004): Die Unabhängigkeit des Aufsichtsrats – Recht und Wirklichkeit, in: Zeitschrift für Gesellschaftsrecht 2004, S. 565-630.
Roth, Markus (Ermessen 2004): Das unternehmerische Ermessen des Vorstands – Neuerungen durch den Referentenentwurf eines Gesetzes zur Unternehmensintegrität und zur Modernisierung des Anfechtungsrechts (UMAG)?, in: Betriebs-Berater 2004, S. 1066-1069.
Roth, Markus (Möglichkeiten 2004): Möglichkeiten vorstandsunabhängiger Information des Aufsichtsrats, in: Die Aktiengesellschaft 2004, S. 1-13.
Rubin, Steven (House 1984): The house of GAAP, in: Journal of Accountancy, June 1984, S. 122-129.

Rückle, Dieter (Bestellung 1995): Bestellung und Auswahl des Abschlußprüfers – Zur ökonomischen Analyse des Rechts der Rechnungslegung, in: Elschen, Rainer/Siegel, Theodor/Wagner, Franz W. (Hrsg.), Unternehmenstheorie und Besteuerung, Festschrift zum 60. Geburtstag von Dieter Schneider, Wiesbaden 1995, S. 495-514.

Rückle, Dieter (Grundsätze 2002): Grundsätze ordnungsmäßiger Abschlussprüfung, in: Ballwieser, Wolfgang/Coenenberg, Adolf G./Wysocki, Klaus v. (Hrsg.), Handwörterbuch der Rechnungslegung und Prüfung, 3. Aufl., Stuttgart 2002, Sp. 1026-1041.

Rückle, Dieter/Klatte, Volkmar (Grundsätze 1994): Grundsätze ordnungsmäßiger Abschlußprüfung – Diskussionsstand und mögliche Fortentwicklung, in: Das Wirtschaftsstudium 1994, S. 138-141 und S. 162 (Teil I) und S. 212-218 und S. 249 (Teil II).

Ruhnke, Klaus (Einhaltung 2003): Prüfung der Einhaltung des Deutschen Corporate Governance Kodex durch den Abschlussprüfer, in: Die Aktiengesellschaft 2003, S. 371-377.

Ruhnke, Klaus (Federation of Accountants 1995): Die International Federation of Accountants (IFAC), in: Der Betrieb 1995, S. 940-945.

Ruhnke, Klaus (Harmonisierung 1998): Harmonisierung der Jahresabschlußprüfung unter besonderer Berücksichtigung der Transformation des ‚International Code of Ethics', in: Becker, Manfred et al. (Hrsg.), Unternehmen im Wandel und Umbruch – Transformation, Evolution und Neugestaltung privater und öffentlicher Institutionen, Stuttgart 1998, S. 259-282.

Ruhnke, Klaus (Normierung 2000): Normierung der Abschlussprüfung, Stuttgart 2000.

Ruhnke, Klaus (Prüfungsnormen 2002): Prüfungsnormen, in: Ballwieser, Wolfgang/Coenenberg, Adolf G./Wysocki, Klaus v. (Hrsg.), Handwörterbuch der Rechnungslegung und Prüfung, 3. Aufl., Stuttgart 2002, Sp. 1841-1852.

Ruhnke, Klaus (Prüfungsnormen 2006): Prüfung von Jahresabschlüssen nach internationalen Prüfungsnormen, in: Der Betrieb 2006, S. 1169-1175.

Ruhnke, Klaus (Rechnungslegung 2005): Rechnungslegung nach IFRS und HGB – Lehrbuch zur Theorie und Praxis der Unternehmenspublizität mit Beispielen und Übungen, Stuttgart 2005.

Ruhnke, Klaus/Deters, Eric (Erwartungslücke 1997): Die Erwartungslücke bei der Abschlußprüfung, in: Zeitschrift für Betriebswirtschaft 1997, S. 923-945.

Ruhnke, Klaus/Lubitzsch, Kay (Aussagen-Konzept 2006): Abschlussprüfung und das neue Aussagen-Konzept der IFAC: Darstellung, Beweggründe und Beurteilung, in: Die Wirtschaftsprüfung 2006, S. 366-375.

Ruhnke, Klaus/Schwind, Jochen (Aufdeckung 2006): Aufdeckung von fraud im Rahmen der Jahresabschlussprüfung, in: Steuern und Bilanzen 2006, S. 731-738.

Ruhwedel, Peter/Epstein, Rolf (Empirische Analyse 2003): Eine empirische Analyse der Strukturen und Prozesse in den Aufsichtsräten deutscher Aktiengesellschaften, in: Betriebs-Berater 2003, S. 161-166.

Säcker, Franz Jürgen (Geschäftsordnung 1977): Die Geschäftsordnung für das zur gesetzlichen Vertretung eines mitbestimmten Unternehmens befugte Organ, in: Der Betrieb 1977, S. 1993-2000.

Säcker, Franz Jürgen (Kompetenzstrukturen 1979): Kompetenzstrukturen bei Bestellung und Anstellung von Mitgliedern des unternehmerischen Leitungsorgans, in: Betriebs-Berater 1979, S. 1321-1325.

Sacks, Steven E. (Fraud Risk 2004): Fraud Risk: Are You Prepared?, in: Journal of Accountancy, September 2004, S. 57-63.

Salvenmoser, Steffen (Lösungswege 2007): Schaden feststellen und ausgleichen – Interdisziplinäre Lösungswege in komplexen Korruptionsfällen, in: Zeitschrift Interne Revision 2007, S. 2-7.

Salzberger, Wolfgang (Überwachung 2000): Die Überwachung des Risikomanagements durch den Aufsichtsrat, Überwachungspflichten und haftungsrechtliche Konsequenzen, in: Die Betriebswirtschaft 2000, S. 756-773.

Samson, Erich/Langrock, Marc (Bekämpfung 2007): Bekämpfung von Wirtschaftskriminalität im und durch Unternehmen, in: Der Betrieb 2007, S. 1684-1689.

Sandig, Curt (Führung 1953): Die Führung des Betriebes – Betriebswirtschaftspolitik, Stuttgart 1953.

Sarrazin, Jürgen (Aufsichtsratsvorsitzender 1995): Die besonderen Aufgaben des Aufsichtsratsvorsitzenden, in: Scheffler, Eberhard (Hrsg.), Corporate Governance, Wiesbaden 1995, S. 125-146.

Saßmannshausen, Günther (Führungsunterstützung 1977): Interne Revision als Führungsunterstützung, in: Zeitschrift Interne Revision 1977, S. 67-73.

Sauer, Klaus-Peter/Bohnert, Stefan (Fragebögen 2002): Fragebögen als Prüfungshilfsmittel, in: Ballwieser, Wolfgang/Coenenberg, Adolf G./Wysocki, Klaus v. (Hrsg.), Handwörterbuch der Rechnungslegung und Prüfung, 3. Aufl., Stuttgart 2002, Sp. 850-856.

Scarr, Craig (Board Strategy 2006): Board strategy for corporate governance, in: Reuvid, Jonathan (Hrsg.), Managing Business Risk, A practical guide to protecting your business, 3. Aufl., London/Philadelphia 2006, S. 166-171.

Schäfer, Christoph (Geldwäsche 2000): Die Geldwäsche im Fadenkreuz der Internen Revision, in: Zeitschrift Interne Revision 2000, S. 212-216.

Schartmann, Bernd/Horváth, Peter (Interne Revision 2007): Interne Revision bei *Deutsche Post World Net*, in: Controlling 2007, S. 175-177.

Schaub, Alexander A. (European Responses 2005): European Responses to Corporate Governance Challenges, in: O'Brien, Justin (Hrsg.), Governing the Corporation – Regulation and Corporate Governance in an Age of Scandal and Global Markets, Chichester 2005, S. 63-78.

Schaub, Dieter (Innere Organisation 1977): Innere Organisation des Aufsichtsrats – Referat, in: Zeitschrift für Gesellschaftsrecht 1977, S. 293-305.

Schedlbauer, Hans (Erfolgsbereinigung 1989): Erfolgsbereinigung um stille Reserven, in: Coenenberg, Adolf G. (Hrsg.), Bilanzanalyse nach neuem Recht, Landsberg/Lech 1989, S. 135-152.

Scheffler, Eberhard (Abschlussprüfer 2004): Aufsichtsrat und Abschlussprüfer, in: Freidank, Carl-Christian (Hrsg.), Reform der Rechnungslegung und Corporate Governance in Deutschland und Europa, Wiesbaden 2004, S. 269-287.

Scheffler, Eberhard (Aufgaben 2006): Aufgaben und erste Erfahrungen des Enforcements, in: Zeitschrift für internationale Rechnungslegung 2006, S. 13-21.

Scheffler, Eberhard (Aufsichtsrat 2005): Abschlussprüfung durch den Aufsichtsrat (B 615), in: Castan, Edgar et al. (Hrsg.), Beck'sches Handbuch der Rechnungslegung, München 1986 ff. (Stand: 27. Ergänzungslieferung, Juli 2007).

Scheffler, Eberhard (Auswirkungen 2005): Corporate Governance – Auswirkungen auf den Wirtschaftsprüfer, in: Die Wirtschaftsprüfung 2005, S. 477-486.

Scheffler, Eberhard (Enforcement 2006): Auslegungs- und Ermessensfragen beim Enforcement, in: Betriebs-Berater 2006, S. 2-8.
Scheffler, Eberhard (Enforcement 2007): Zwei Jahre Enforcement, in: Die Wirtschaftsprüfung 2007, Heft 12, S. I.
Scheffler, Eberhard (Kapitalflussrechnung 2007): Was der DPR aufgefallen ist: Die vernachlässigte Kapitalflussrechnung, in: Der Betrieb 2007, S. 2045-2048.
Scheffler, Eberhard (Konzernleitung 1995): Konzernleitung und Konzernüberwachung, in: Scheffler, Eberhard (Hrsg.), Corporate Governance, Wiesbaden 1995, S. 147-170.
Scheffler, Eberhard (Prüfstelle 2006): Ein Jahr Deutsche Prüfstelle für Rechnungslegung – Gleitflug nach turbulentem Start?, in: Betriebs-Berater 2006, Heft 30, S. IV-V.
Scheffler, Eberhard (Überwachungsaufgabe 1994): Die Überwachungsaufgabe des Aufsichtsrats im Konzern, in: Der Betrieb 1994, S. 793-799.
Scheffler, Eberhard (Überwachungsaufgabe 1995): Die Überwachungsaufgabe der Geschäftsführung, in: Scheffler, Eberhard (Hrsg.), Corporate Governance, Wiesbaden 1995, S. 79-101.
Scheffler, Eberhard (Überwachungsorgane 1995): Aufsichtsrat und Abschlußprüfer als Überwachungsorgane der Aktiengesellschaft, in: Lanfermann, Josef (Hrsg.), Internationale Wirtschaftsprüfung, Festschrift zum 65. Geburtstag von Prof. Dr. Dr. h.c. Hans Havermann, Düsseldorf 1995, S. 651-680.
Scherf, Christian (Prüfungsuniversum 2007): Erstellung eines risikoorientierten Prüfungsuniversums, in: Förschler, Dominik (Hrsg.), Innovative Prüfungstechniken und Revisionsvorgehensweisen, Frankfurt a.M. 2007, S. 151-207.
Scherff, Susanne/Willeke, Clemens (Lagebericht 2006): Die Prüfung des Lageberichts – der IDW EPS 350 n.F., in: Steuern und Bilanzen 2006, S. 143-148.
Schiessl, Maximilian (Corporate Governance 2002): Deutsche Corporate Governance post Enron, in: Die Aktiengesellschaft 2002, S. 593-604.
Schildbach, Thomas (Enforcement 2006): Zur Sinnhaftigkeit eines Pre-Clearance im Rahmen des Enforcement, in: Steuern und Bilanzen 2006, S. 924-928.
Schildbach, Thomas (Prinzipienorientierung 2003): Prinzipienorientierung – wirksamer Schutz gegen Enronitis?, in: Betriebswirtschaftliche Forschung und Praxis 2003, S. 247-266.
Schildbach, Thomas (US-GAAP 2002): US-GAAP – Amerikanische Rechnungslegung und ihre Grundlagen, 2. Aufl., München 2002.
Schilling, Florian (Beurteilung 2004): Beurteilung von Aufsichtsräten, in: Freidank, Carl-Christian (Hrsg.), Reform der Rechnungslegung und Corporate Governance in Deutschland und Europa, Wiesbaden 2004, S. 289-295.
Schilling, Wolfgang (Macht 1971): Macht und Verantwortung in der Aktiengesellschaft (oder das Prinzip der Interesseneinheit), in: Ballerstedt, Kurt/Hefermehl, Wolfgang (Hrsg.), Festschrift für Ernst Geßler – Zum 65. Geburtstag am 5. März 1970, München 1971, S. 159-169.
Schindler, Joachim (Verstöße 2007): Aktuelle Entwicklungen bei der Berücksichtigung von Verstößen (fraud) im Rahmen der Abschlussprüfung in Deutschland und ein Vergleich mit der Situation in den USA, in: Winkeljohann, Norbert et al. (Hrsg.), Rechnungslegung, Eigenkapital und Besteuerung – Entwicklungstendenzen, Festschrift für Dieter Schneeloch zum 65. Geburtstag, München 2007, S. 83-105.

Schindler, Joachim/Gärtner, Michael (Verantwortung 2004): Verantwortung des Abschlussprüfers zur Berücksichtigung von Verstößen (fraud) im Rahmen der Abschlussprüfung – Eine Einführung in ISA 240 (rev.) –, in: Die Wirtschaftsprüfung 2004, S. 1233-1246.

Schindler, Joachim/Rabenhorst, Dirk (KonTraG 1998): Auswirkungen des KonTraG auf die Abschlußprüfung, in: Betriebs-Berater 1998, S. 1886-1893 (Teil I) und S. 1939-1944 (Teil II).

Schindler, Joachim/Rabenhorst, Dirk (Risikofrüherkennungssystem 2001): Prüfung des Risikofrüherkennungssystems im Rahmen der Abschlußprüfung, in: Lange, Knut Werner/Wall, Friederike (Hrsg.), Risikomanagement nach dem KonTraG – Aufgaben und Chancen aus betriebswirtschaftlicher und juristischer Sicht –, München 2001, S. 160-175.

Schlüter, Harald (Korruption 2006): Zivilrechtliche Risiken der Korruption – Rechtswirksamkeit von Verträgen, Schadensersatzansprüche und Vertragsmanagement bei Korruption, in: Zeitschrift Risk, Fraud & Governance 2006, S. 101-105.

Schlüter, Harald (Schmiergeld 2007): Steuerliches Abzugsverbot von Schmiergeld – Strafrechtsakzessorischer Ausgabenabzug und Strafbarkeitslücken, in: Zeitschrift Risk, Fraud & Governance 2007, S. 176-178.

Schmeh, Klaus (Flops 2000): Die 55 größten Flops der Wirtschaftsgeschichte, Frankfurt a.M. 2000.

Schmid, Wolfgang (Überwachungssystem 2003): Risikomanagementsystem und Überwachungssystem aus der Sicht des Vorstands, in: Lück, Wolfgang (Hrsg.), Risikomanagement in der Unternehmenspraxis – Neue Anforderungen an die Corporate Governance und deren Umsetzung in Industrie- und Dienstleistungsunternehmen, München 2003, S. 29-43.

Schmidt, Achim/Pfitzer, Norbert/Lindgens, Ursula (Qualitätssicherung 2006): VO 1/2006: Überarbeitung des Standards zur Qualitätssicherung, in: Die Wirtschaftsprüfung 2006, S. 1193-1200.

Schmidt, Gerd (Bewusste Auswahl 2002): Stichprobenprüfung mit bewusster Auswahl, in: Ballwieser, Wolfgang/Coenenberg, Adolf G./Wysocki, Klaus v. (Hrsg.), Handwörterbuch der Rechnungslegung und Prüfung, 3. Aufl., Stuttgart 2002, Sp. 2279-2287.

Schmidt, Karsten (Gesellschaftsrecht 2002): Gesellschaftsrecht, 4. Aufl., Köln u.a. 2002.

Schmidt, Peter-J. (Disclosure and Auditing 1998): Disclosure and Auditing – A German Auditor's Perspective, in: Hopt, Klaus J. et al. (Hrsg.), Comparative Corporate Governance – The State of the Art and Emerging Research –, Oxford 1998, S. 743-752.

Schmidt, Stefan (Externe Qualitätskontrolle 2002): Die externe Qualitätskontrolle im Berufsstand der Wirtschaftsprüfer, in: Deutsches Steuerrecht 2002, S. 47-53.

Schmidt, Stefan (Unabhängigkeit 2003): Neue Anforderungen an die Unabhängigkeit des Abschlussprüfers: SEC-Verordnung im Vergleich mit den Empfehlungen der EU-Kommission und den Plänen der Bundesregierung, in: Betriebs-Berater 2003, S. 779-786.

Schmidt, Stefan Marcus (Corporate Governance 2001): Corporate Governance in deutschen und amerikanischen Aktiengesellschaften – Eine Untersuchung unter besonderer Berücksichtigung der Bedeutung und der Entstehung der Anteilseignerstrukturen, Frankfurt a.M. 2001.

Schmitz, Ronaldo (Audit Committee 2003): Konzeption und Praxis des Audit Committee, in: Werder, Axel von/Wiedmann, Harald (Hrsg.), Internationalisierung der Rechnungslegung und Corporate Governance, Festschrift für Professor Dr. Klaus Pohle, Stuttgart 2003, S. 177-197.

Schmitz, Ronaldo H. (Überwachungstätigkeit 1996): Praktische Ausgestaltung der Überwachungstätigkeit des Aufsichtsrats in Deutschland, in: Feddersen, Dieter/Hommelhoff, Peter/Schneider, Uwe H. (Hrsg.), Corporate Governance, Optimierung der Unternehmensführung und der Unternehmenskontrolle im deutschen und amerikanischen Aktienrecht, Köln 1996, S. 234-242.

Schneeloch, Dieter (Maßgeblichkeit 1990): Bilanzpolitik und Grundsätze der Maßgeblichkeit, in: Deutsches Steuerrecht 1990, S. 96-104.

Schneider, Uwe H. (Aufgabe 2003): Compliance als Aufgabe der Unternehmensleitung, in: Zeitschrift für Wirtschaftsrecht und Insolvenzpraxis 2003, S. 645-650.

Schneider, Uwe H. (Grundsätze 2000): Kapitalmarktorientierte Corporate Governance-Grundsätze, in: Der Betrieb 2000, S. 2413-2417.

Schneider, Uwe H. (Überlagerung 1996): Die Überlagerung des Konzernrechts durch öffentlich-rechtliche Strukturnormen und Organisationspflichten – Vorüberlegungen zu „Compliance im Konzern" –, in: Zeitschrift für Gesellschaftsrecht 1996, S. 225-246.

Schneider, Uwe H. (Wettbewerbsverbot 1995): Wettbewerbsverbot für Aufsichtsratsmitglieder einer Aktiengesellschaft? 12 Thesen zu einer rechtspolitischen Diskussion, in: Betriebs-Berater 1995, S. 365-370.

Schneider, Uwe H./Strenger, Christian (Grundsatzkommission 2000): Die „Corporate Governance-Grundsätze" der Grundsatzkommission Corporate Governance (German Panel on Corporate Governance) – Einführung, in: Die Aktiengesellschaft 2000, S. 106-113.

Schneider-Lenné, Ellen R. (Board-System 1995): Das anglo-amerikanische Board-System, in: Scheffler, Eberhard (Hrsg.), Corporate Governance, Wiesbaden 1995, S. 27-55.

Schnepel, Volker (Berufsaufsicht 2002): Berufsaufsicht und Berufsgerichtsbarkeit, in: Ballwieser, Wolfgang/Coenenberg, Adolf G./Wysocki, Klaus v. (Hrsg.), Handwörterbuch der Rechnungslegung und Prüfung, 3. Aufl., Stuttgart 2002, Sp. 273-279.

Schnicke, Christian (Konzernabschlussprüfung 2002): Konzernabschlussprüfung, Organisation der, in: Ballwieser, Wolfgang/Coenenberg, Adolf G./Wysocki, Klaus v. (Hrsg.), Handwörterbuch der Rechnungslegung und Prüfung, 3. Aufl., Stuttgart 2002, Sp. 1360-1371.

Schoberth, Joerg/Servatius, Hans-Gerd/Thees, Alexander (Interne Kontrollsysteme 2006): Anforderungen an die Gestaltung von Internen Kontrollsystemen, in: Betriebs-Berater 2006, S. 2571-2577.

Schoeppner, Dieter (Unternehmenscontrolling 1999): Modernes Unternehmenscontrolling (MUC) und Fortschrittliche Interne Revision (FIR) – Diskussionspapier 1999/01, Mittweida 1999.

Schroff, Joachim (Aufgabenwandel 2006): Aufgabenwandel in der Internen Revision – Eine theoretische und empirische Untersuchung, München 2006.

Schruff, Wienand (Anforderungen 2001): Zukünftige Anforderungen an den Abschlussprüfer – Aktuelle Entwicklungen auf internationaler und nationaler Ebene –, in: Die Wirtschaftsprüfung 2001, Sonderheft, S. S90-S94.

Schruff, Wienand (Gesetzesverstöße 2005): Neue Ansätze zur Aufdeckung von Gesetzesverstößen der Unternehmensorgane im Rahmen der Jahresabschlussprüfung, in: Die Wirtschaftsprüfung 2005, S. 207-211.

Schruff, Wienand (Top-Management Fraud 2003): Zur Aufdeckung von Top-Management-Fraud durch den Wirtschaftsprüfer im Rahmen der Jahresabschlussprüfung, in: Die Wirtschaftsprüfung 2003, S. 901-911.

Schruff, Wienand/Gärtner, Michael (Ansätze 2007): Neuere Ansätze zur Aufdeckung von Gesetzesverstößen im Rahmen der Jahresabschlussprüfung, in: Freidank, Carl-Christian/Altes, Peter (Hrsg.), Rechnungslegung und Corporate Governance – Reporting, Steuerung und Überwachung der Unternehmen im Umbruch, Berlin 2007, S. 171-184.

Schulte, Karl-Werner/Kolb, Christian (Ethik 2005): Ethik für Immobilienberufe, in: Schulte, Karl-Werner (Hrsg.), Immobilienökonomie – Betriebswirtschaftliche Grundlagen, 3. Aufl., München/Wien 2005, S. 91-113.

Schulze zur Wiesch, Dietrich W. (Sachverhaltsgestaltung 1981): Bilanzpolitik durch Sachverhaltsgestaltung – Tendenzen und Grenzen –, in: IDW (Hrsg.), 50 Jahre Wirtschaftsprüferberuf, Bericht über die Jubiläumsfachtagung vom 21. bis 23. Oktober 1981 in Berlin, Düsseldorf 1981, S. 61-70.

Schüppen, Matthias (Chancen 2002): Der Kodex – Chancen für den Deutschen Kapitalmarkt, in: Der Betrieb 2002, S. 1117-1119.

Schüttrich, Peter (Zusammenarbeit 1998): Zusammenarbeit von Interner Revision und Abschlußprüfer in den USA, in: Schönbrunn, Norbert/Schulte, Axel/Siebert, Hilmar (Hrsg.), Betriebswirtschaftslehre und Wirtschaftsprüfung – Nationale und internationale Entwicklungstendenzen, Wolfgang Lück zum 60. Geburtstag, Krefeld 1998, S. 285-293.

Schwager, Elmar (Ethical Agent 2003): Anmerkungen zum Prüfer als Ethical Agent, in: Zeitschrift Interne Revision 2003, S. 2-7.

Schwark, Eberhard (Angemessenheit 2005): Zur Angemessenheit der Vorstandsvergütung, in: Damm, Reinhard/Heermann, Peter W./Veil, Rüdiger (Hrsg.), Festschrift für Thomas Raiser zum 70. Geburtstag am 20. Februar 2005, Berlin 2005, S. 377-397.

Schwarz, Günter Christian/Holland, Björn (Corporate Governance 2002): Enron, WorldCom ... und die Corporate-Governance-Diskussion, in: Zeitschrift für Wirtschaftsrecht 2002, S. 1661-1672.

Seibert, Ulrich (Kodex 2002): Im Blickpunkt: Der Deutsche Corporate Governance Kodex ist da, in: Betriebs-Berater 2002, S. 581-584.

Seibert, Ulrich (OECD Principles 1999): OECD Principles of Corporate Governance – Grundsätze der Unternehmensführung und -kontrolle für die Welt, in: Die Aktiengesellschaft 1999, S. 337-350.

Seibert, Ulrich (Reformbestrebungen 2004): Stand und Perspektive der Reformbestrebungen zur Verbesserung der Corporate Governance – eine Betrachtung aus dem Blickwinkel des Aufsichtsrats, in: Freidank, Carl-Christian (Hrsg.), Reform der Rechnungslegung und Corporate Governance in Deutschland und Europa, Wiesbaden 2004, S. 191-222.

Seibt, Christoph H. (Entsprechenserklärung 2002): Deutscher Corporate Governance Kodex und Entsprechens-Erklärung (§ 161 AktG-E), in: Die Aktiengesellschaft 2002, S. 249-259.

Selchert, Friedrich W. (Dolose Handlungen 2004): Dolose Handlungen, in: Lück, Wolfgang (Hrsg.), Lexikon der Betriebswirtschaft, 6. Aufl., München/Wien 2004, S. 145.
Selchert, Friedrich Wilhelm (Bewertungsgrundsätze 2002): Kommentierung des § 252 HGB, in: Küting, Karlheinz/Weber, Claus-Peter (Hrsg.), Handbuch der Rechnungslegung – Einzelabschluss, Kommentar zur Bilanzierung und Prüfung, 5. Aufl., Loseblatt, Stuttgart 2002 ff. (Stand: 2. Ergänzungslieferung, November 2006).
Selchert, Friedrich Wilhelm (Freiwillige Prüfung 2002): Prüfungen, freiwillige und vertragliche, in: Ballwieser, Wolfgang/Coenenberg, Adolf G./Wysocki, Klaus v. (Hrsg.), Handwörterbuch der Rechnungslegung und Prüfung, 3. Aufl., Stuttgart 2002, Sp. 1738-1743.
Selchert, Friedrich Wilhelm/Greinert, Markus (Lagebericht 2002): Prüfung des Lageberichts (B 520), in: Castan, Edgar et al. (Hrsg.), Beck'sches Handbuch der Rechnungslegung, München 1986 ff. (Stand: 27. Ergänzungslieferung, Juli 2007).
Selchert, Friedrich Wilhelm/Karsten, Jürgen (Konzernabschlusspolitik 1989): Konzernabschlußpolitik und Konzerneinheitlichkeit – Gestaltungsmöglichkeiten der Rechnungslegung im Konzernabschluß –, in: Der Betrieb 1989, S. 837-843.
Sell, Kirsten (Bilanzdelikte 1999): Die Aufdeckung von Bilanzdelikten bei der Abschlußprüfung, Berücksichtigung von Fraud & Error nach deutschen und internationalen Vorschriften, Düsseldorf 1999.
Semler, Johannes (Ausschüsse 1988): Ausschüsse des Aufsichtsrats, in: Die Aktiengesellschaft 1988, S. 60-67.
Semler, Johannes (Effizienzprüfung 2005): Die Effizienzprüfung des Aufsichtsrats, in: Damm, Reinhard/Heermann, Peter W./Veil, Rüdiger (Hrsg.), Festschrift für Thomas Raiser zum 70. Geburtstag am 20. Februar 2005, Berlin 2005, S. 399-419.
Semler, Johannes (German Aufsichtsrat 1998): The Practice of the German Aufsichtsrat, in: Hopt, Klaus J. et al. (Hrsg.), Comparative Corporate Governance – The State of the Art and Emerging Research –, Oxford 1998, S. 267-280.
Semler, Johannes (Kapitalmarkt 1995): Unternehmensüberwachung durch den Kapitalmarkt, in: Picot, Arnold (Hrsg.), Corporate Governance – Unternehmensüberwachung auf dem Prüfstand, Stuttgart 1995, S. 29-87.
Semler, Johannes (Unternehmensaufsicht 1977): Schwerpunkte der Unternehmensaufsicht durch den Aufsichtsrat – Öffentlichkeitsvorstellung, Gesetzesvorgabe und Alltagsanforderung, in: Betriebswirtschaftliche Forschung und Praxis 1977, S. 519-536.
Semler, Johannes (Vorstandsvergütungen 1995): Leistungs- und erfolgsbezogene Vorstandsvergütungen, in: Förschle, Gerhart/Kaiser, Klaus/Moxter, Adolf (Hrsg.), Rechenschaftslegung im Wandel – Festschrift für Wolfgang Dieter Budde, München 1995, S. 599-614.
Sheridan, Fiona (Sarbanes-Oxley 2003): Implementing Sarbanes-Oxley Section 404, in: Jolly, Adam (Hrsg.), Managing Business Risk, London/Sterling 2003, S. 81-89.
Sieben, Günter (Unternehmensführung 1998): Rechnungslegungspolitik als Instrument der Unternehmensführung – Ein Überblick über die Grundlagen, Ziele und Instrumente handelsrechtlicher Rechnungslegungspolitik, in: Freidank, Carl-Christian (Hrsg.), Rechnungslegungspolitik – Eine Bestandsaufnahme aus handels- und steuerrechtlicher Sicht, Hamburg 1998, S. 3-35.
Sieben, Günter/Barion, Heinz-Jürgen/Maltry, Helmut (Bilanzpolitik 1993): Bilanzpolitik, in: Chmielewicz, Klaus/Schweitzer, Marcell (Hrsg.), Handwörterbuch des Rechnungswesens, 3. Aufl., Stuttgart 1993, Sp. 229-239.

Sieben, Günther/Ossadnik, Wolfgang (Dauernd 1986): Dauernd, in: Leffson, Ulrich/Rückle, Dieter/Großfeld, Bernhard (Hrsg.), Handwörterbuch unbestimmter Rechtsbegriffe im Bilanzrecht des HGB, Köln 1986, S. 105-113.

Siefke, Kirsten (Internationale Prüfungsgrundsätze 2000): US-amerikanische und internationale Prüfungsgrundsätze (B 601), in: Castan, Edgar et al. (Hrsg.), Beck'sches Handbuch der Rechnungslegung, München 1986 ff. (Stand: 27. Ergänzungslieferung, Juli 2007).

Siegel, Theodor (Unabhängigkeit 2006): Zu Unabhängigkeit und Besorgnis der Befangenheit bei Wirtschaftsprüfern und bei Hochschullehrern, in: Siegel, Theodor et al. (Hrsg.), Unternehmungen, Versicherungen und Rechnungswesen – Festschrift zur Vollendung des 65. Lebensjahres von Dieter Rückle, Berlin 2006, S. 537-560.

Siegel, Theodor (Vergütung 2003): Kriterien der Vergütung des Aufsichtsrats, in: Werder, Axel von/Wiedmann, Harald (Hrsg.), Internationalisierung der Rechnungslegung und Corporate Governance, Festschrift für Professor Dr. Klaus Pohle, Stuttgart 2003, S. 405-418.

Sigle, Hermann (Bilanzstrukturpolitik 1993): Bilanzstrukturpolitik, in: Chmielewicz, Klaus/Schweitzer, Marcell (Hrsg.), Handwörterbuch des Rechnungswesens, 3. Aufl., Stuttgart 1993, Sp. 239-249.

Silverstone, Howard/Sheetz, Michael (Forensic Accounting 2004): Forensic Accounting and Fraud Investigation for Non-Experts, Hoboken 2004.

Sinnett, William M. (Detecting Fraud 2004): Detecting Fraud – Will the New Rules Help?, in: Financial Executive, March/April 2004, S. 63-65.

Solfrian, Gregor/Willeke, Clemens (Aufdeckung 2002): Zur Aufdeckung von Unregelmäßigkeiten im Rahmen der Abschlussprüfung – der IDW EPS 210, in: Steuern und Bilanzen 2002, S. 1109-1116.

Sommerfeld, Holger (Konzeption 2008): Konzeption eines ganzheitlichen integrierten Risikomanagements – Wirkungsvolle Krisenprävention durch integriertes Risiko-, Gefährdungs- und Krisenmanagement, in: Krisen-, Sanierungs- und Insolvenzberatung 2008, S. 18-24.

Sperl, Andreas (Prüfungsplanung 1978): Prüfungsplanung, Düsseldorf 1978.

Spindler, Gerald (Offenlegung 2005): Das Gesetz über die Offenlegung von Vorstandsvergütungen – VorstOG, in: Neue Zeitschrift für Gesellschaftsrecht 2005, S. 689-692.

Spindler, Gerald (Vergütung 2004): Vergütung und Abfindung von Vorstandsmitgliedern, in: Deutsches Steuerrecht 2004, S. 36-45.

Sprick, Alexander (Prüfungshandlungen 2006): Analytische Prüfungshandlungen im Rahmen der Jahresabschlussprüfung, in: Steuern und Bilanzen 2006, S. 90-94.

Stadtmann, Georg/Wißmann, Markus F. (Vergleich 2006): Risikomanagement und Interne Kontrollsysteme im deutsch/amerikanischen Vergleich, Einfluss des Sarbanes-Oxley Acts, in: Zeitschrift Risk, Fraud & Governance 2006, S. 16-18.

Stanke, Cornelia (Entscheidungskonsequenzen 2003): Entscheidungskonsequenzen der Rechnungslegung bei Unternehmenszusammenschlüssen, Frankfurt a.M. 2003.

Stebler, Werner/Abresch, Michael (Zusammenarbeit 2004): Audit Committee, Abschlussprüfer und Interne Revision – Zusammenarbeit und Kommunikation –, in: Der Schweizer Treuhänder 2004, S. 389-396.

Steger, Ulrich (Globale Unternehmen 2003): Corporate Governance in globalen Unternehmen, in: Werder, Axel von/Wiedmann, Harald (Hrsg.), Internationalisierung der Rechnungslegung und Corporate Governance, Festschrift für Professor Dr. Klaus Pohle, Stuttgart 2003, S. 419-429.

Steiner, Bertram (Prüfungsbericht 1991): Der Prüfungsbericht des Abschlußprüfers – Bedeutung, Inhalt und Entwicklung eines „adressatenbezogenen" Prüfungsberichts gemäß § 321 HGB als Grundlage für die Unternehmenskontrolle und -führung – Zugleich ein Plädoyer für eine prüfungsbezogene Beratung durch den Abschlußprüfer –, Köln 1991.

Steinmann, Horst/Klaus, Hans (Kontrollorgan 1987): Zur Rolle des Aufsichtsrates als Kontrollorgan, in: Die Aktiengesellschaft 1987, S. 29-34.

Stibi, Eva (Prüfungsrisikomodell 1995): Prüfungsrisikomodell und Risikoorientierte Abschlußprüfung, Düsseldorf 1995.

Stierle, Jürgen (Korruptionscontrolling 2006): Modellorientiertes Korruptionscontrolling – Beschreibung von Korruptionsbeziehungen mit Hilfe des Prinzipal-Agenten-Klienten-Modells, in: Zeitschrift Risk, Fraud & Governance 2006, S. 53-58.

Stierle, Jürgen (Korruptionscontrolling 2007): Korruptionscontrolling aus der Sicht des Management – Ein Erfahrungsbericht –, in: Zeitschrift für Corporate Governance 2007, S. 13-18.

Stierle, Jürgen (Unternehmenskrisen 2006): Abwehr von korruptionsbedingten Unternehmenskrisen durch wirksame Frühwarnsysteme – Praxiserfahrungen und Gestaltungsanregungen, in: Krisen-, Sanierungs- und Insolvenzberatung 2006, S. 209-215.

Stolberg, Klaus/Zieger, Martin (Neuerungen 2000): Neuerungen beim Prüfungsbericht und beim Bestätigungsvermerk nach § 321 f. HGB, in: Lachnit, Laurenz/Freidank, Carl-Christian (Hrsg.), Investororientierte Unternehmenspublizität – Neue Entwicklungen von Rechnungslegung, Prüfung und Jahresabschlussanalyse, Wiesbaden 2000, S. 433-464.

Strand, Carolyn A./Judd, Steven L./Lancaster, Kathryn A.S. (Training 2002): Training: a powerful way to prevent Fraud, in: Strategic Finance, October 2002, S. 28-32.

Strauch, Mark (Aufsichtsrecht 2003): Der Sarbanes-Oxley Act und die Entwicklungen im US-Aufsichtsrecht, in: Neue Zeitschrift für Gesellschaftsrecht 2003, S. 952-956.

Strenger, Christian (Entwicklung 2001): Corporate Governance: Entwicklung in Deutschland und internationale Konvergenz, in: Deutsches Steuerrecht 2001, S. 2225-2228.

Strenger, Christian/Rott, Roland (Vertrauen 2004): Wiedergewinnung von Vertrauen in die Arbeit des Aufsichtsrats – die Herausforderung für Aufsichtsräte und Regulatoren, in: Freidank, Carl-Christian (Hrsg.), Reform der Rechnungslegung und Corporate Governance in Deutschland und Europa, Wiesbaden 2004, S. 223-240.

Strieder, Thomas (Änderungen 2005): Erläuterungen der aktuellen Änderungen des Deutschen Corporate Governance Kodex, in: Finanz Betrieb 2005, S. 549-553.

Strieder, Thomas (Änderungen 2006): Erläuterungen der aktuellen Änderungen des Deutschen Corporate Governance Kodex, in: Finanz Betrieb 2006, S. 621-624.

Strieder, Thomas (Änderungen 2007): Erläuterungen der Änderungen des Deutschen Corporate Governance Kodex des Jahres 2007, in: Finanz Betrieb 2007, S. 500-505.

Strieder, Thomas (Aufsichtsrat 2007): Der deutsche Aufsichtsrat im Fokus von Wissenschaft und Praxis, in: Zeitschrift für Corporate Governance 2007, S. 1.

Strieder, Thomas (Effizienzprüfung 2007): Effizienzprüfung des Aufsichtsrats im Sinne des DCGK mittels Fragebogen – Kostengünstiges Verfahren für Unternehmen mit der Verpflichtung zur Abgabe einer Entsprechenserklärung, in: Zeitschrift für Corporate Governance 2007, S. 168-178.

Strieder, Thomas (Kodex 2005): DCGK: Deutscher Corporate Governance Kodex – Praxiskommentar, Berlin 2005.

Strieder, Thomas (Vergütungen 2007): Vergütungen und Auslagenersatz für Mitglieder des Aufsichtsrats – Prüfung und Sicherstellung einer verantwortungsvollen Kostenverursachung, in: Zeitschrift für Corporate Governance 2007, S. 32-34.

Strieder, Thomas/Kuhn, Andreas (Corporate Governance 2005): Der Corporate Governance Bericht nach dem Deutschen Corporate Governance Kodex, in: Zeitschrift für internationale und kapitalmarktorientierte Rechnungslegung 2005, S. 562-566.

Strobel, Frank (Ethik-Kodex 2001): Was bringt ein unternehmensweiter Ethik-Kodex?, in: Der Schweizer Treuhänder 2001, S. 413-418.

Strobel, Wilhelm (Historische Entwicklung 1998): Historische Entwicklung der Rechnungslegungspolitik, in: Freidank, Carl-Christian (Hrsg.), Rechnungslegungspolitik – Eine Bestandsaufnahme aus handels- und steuerrechtlicher Sicht, Hamburg 1998, S. 37-81.

Strobel, Wilhelm (Reform 2000): Reform der Unternehmensüberwachung durch den Aufsichtsrat der Aktiengesellschaft, in: Lachnit, Laurenz/Freidank, Carl-Christian (Hrsg.), Investororientierte Unternehmenspublizität – Neue Entwicklungen von Rechnungslegung, Prüfung und Jahresabschlussanalyse, Wiesbaden 2000, S. 527-569.

Strunk, Günther/Kolaschnik, Helge Frank/Blydt-Hansen, Kristoffer/Wessel, Christian (TransPuG 2003): TransPuG und Corporate Governance Kodex – Neue gesellschafts-, bilanz- und steuerrechtliche Anforderungen für die Unternehmenspraxis, Berlin 2003.

Sünner, Eckart (Ausland 2003): Auswirkungen des Sarbanes-Oxley Act im Ausland, in: Der Konzern in Recht und Wirtschaft 2003, S. 268-271.

Sünner, Eckart (Effizienz 2000): Effizienz von Unternehmensorganen als Grundsatz der Corporate Governance, in: Die Aktiengesellschaft 2000, S. 492-498.

Tanski, Joachim S. (Entwicklungen 2003): Aktuelle Entwicklungen von Corporate Governance und Interner Revision – eine Analyse zur Zeit nach Enron und WorldCom, in: Zeitschrift Interne Revision 2003, S. 90-98.

Tanski, Joachim S. (WorldCom 2002): WorldCom: Eine Erläuterung zu Rechnungslegung und Corporate Governance, in: Deutsches Steuerrecht 2002, S. 2003-2007.

Taupitz, Jochen (Entwicklung 1990): Die Entwicklung von Grundsätzen ordnungsmäßiger Buchführung durch die Wirtschaftsprüferkammer, in: Betriebs-Berater 1990, S. 2367-2372.

Teixeira, Tom (Enterprise Risk Management 2003): Enterprise risk management, in: Jolly, Adam (Hrsg.), Managing Business Risk, London/Sterling 2003, S. 33-39.

Telberg, Rick (Joint Effort 2004): A Joint Effort to Fight Corporate Fraud, in: Journal of Accountancy, April 2004, S. 53-56.

Terlinde, Christian (Bilanzmanipulationen 2005): Aufdeckung von Bilanzmanipulationen in der deutschen Prüfungspraxis, Wiesbaden 2005.

Theisen, Manuel R. (Board Structure 1998): Empirical Evidence and Economic Comments on Board Structure in Germany, in: Hopt, Klaus J. et al. (Hrsg.), Comparative Corporate Governance – The State of the Art and Emerging Research –, Oxford 1998, S. 259-265.

Theisen, Manuel René (Aufsichtsrat 1995): Grundsätze ordnungsmäßiger Überwachung für den Aufsichtsrat, in: Scheffler, Eberhard (Hrsg.), Corporate Governance, Wiesbaden 1995, S. 103-124.

Theisen, Manuel René (Aufsichtsrat 2007): Information und Berichterstattung des Aufsichtsrats, 4. Aufl., Stuttgart 2007.

Theisen, Manuel René (Haftungsrisiko 2004): Haftung und Haftungsrisiko des Aufsichtsrats, in: Freidank, Carl-Christian (Hrsg.), Reform der Rechnungslegung und Corporate Governance in Deutschland und Europa, Wiesbaden 2004, S. 241-268.

Theisen, Manuel René (Prüfungsauftrag 1999): Vergabe und Konkretisierung des WP-Prüfungsauftrags durch den Aufsichtsrat – Bedeutung, Funktion und Umsetzung des § 111 Abs. 2 Satz 3 AktG i.d.F. 1998 –, in: Der Betrieb 1999, S. 341-346.

Theisen, Manuel René (Risikomanagement 2003): Risikomanagement als Herausforderung für die Corporate Governance, in: Betriebs-Berater 2003, S. 1426-1430.

Theisen, Manuel René (Zusammenarbeit 1994): Notwendigkeit, Chancen und Grenzen der Zusammenarbeit von Wirtschaftsprüfer und Aufsichtsrat, in: Die Wirtschaftsprüfung 1994, S. 809-820.

Theisen, Manuel René/Raßhofer, Martin (Praxistest 2007): Wie gut ist „Corporate Governance?" – Ein aktueller Praxistest, in: Der Betrieb 2007, S. 1317-1321.

Thomas, Arleen R./Gibson, Kim K. (Management 2003): Management Is Responsible, Too, in: Journal of Accountancy, April 2003, S. 53-55.

Thorne, Kym/Gurd, Bruce/Jothidas, Ayadurai (Challenges 2001): Challenges in developing Management Control Systems in a global Environment, in: Thorne, Kym/Turner, Geoff (Hrsg.), Global Business Regulations: Some Research Perspectives, Frenchs Forest 2001, S. 201-230.

Thüsing, Gregor (Angemessenheit 2003): Die Angemessenheit von Vorstandsvergütungen – Mögliche Handlungsoptionen zur Sicherstellung, in: Der Betrieb 2003, S. 1612-1615.

Tiedje, Jürgen (EU-Richtlinie 2006): Die neue EU-Richtlinie zur Abschlussprüfung, in: Die Wirtschaftsprüfung 2006, S. 593-605.

Timmer, Christian (Berufssatzung 2002): Berufssatzung der Wirtschaftsprüferkammer, in: Ballwieser, Wolfgang/Coenenberg, Adolf G./Wysocki, Klaus v. (Hrsg.), Handwörterbuch der Rechnungslegung und Prüfung, 3. Aufl., Stuttgart 2002, Sp. 291-295.

Timmerman, Levinus (Niederlande 2001): Der Wirtschaftsprüfer und die Corporate Governance in den Niederlanden, in: Lutter, Marcus (Hrsg.), Der Wirtschaftsprüfer als Element der Corporate Governance, Vorträge des 12. Bonner Europa-Symposions, Düsseldorf 2001, S. 89-94.

Tipke, Klaus (Auslegung 1986): Auslegung unbestimmter Rechtsbegriffe, in: Leffson, Ulrich/Rückle, Dieter/Großfeld, Bernhard (Hrsg.), Handwörterbuch unbestimmter Rechtsbegriffe im Bilanzrecht des HGB, Köln 1986, S. 1-11.

Turner, Geoff/Fiedler, Brenton (Reporting 2001): Financial Reporting and Fraud: Progress, Problems and future Pathways of Global Harmonisation, in: Thorne, Kym/Turner, Geoff (Hrsg.), Global Business Regulations: Some Research Perspectives, Frenchs Forest 2001, S. 231-252.

Ulmer, Peter (Fehlentscheidungen 2004): Haftungsfreistellung bis zur Grenze grober Fahrlässigkeit bei unternehmerischen Fehlentscheidungen von Vorstand und Aufsichtsrat? – Kritische Bemerkungen zur geplanten Kodifizierung der business judgment rule im UMAG-Entwurf (§ 93 Abs. 1 Satz 2 AktG) –, in: Der Betrieb 2004, S. 859-863.

Ulmer, Peter (Regulierungsinstrument 2002): Der Deutsche Corporate Governance Kodex – ein neues Regulierungsinstrument für börsennotierte Aktiengesellschaften, in: Zeitschrift für das gesamte Handelsrecht und Wirtschaftsrecht 2002, S. 150-181.

Unkelbach, Philipp (Bilanzmanipulation 2006): Umsatzrealisation und Bilanzmanipulation aus der SEC-Fundgrube, in: Praxis der internationalen Rechnungslegung 2006, S. 196-202.

Vater, Hendrik (Disclosure Committee 2004): Bedeutung, Funktion und Konzeption von Disclosure Committees nach den Vorgaben des Sarbanes-Oxley Act, in: Zeitschrift für internationale und kapitalmarktorientierte Rechnungslegung 2004, S. 474-479.

Veidt, Reiner J. (Wirtschaftsprüferkammer 2002): Wirtschaftsprüferkammer (WPK), in: Ballwieser, Wolfgang/Coenenberg, Adolf G./Wysocki, Klaus v. (Hrsg.), Handwörterbuch der Rechnungslegung und Prüfung, 3. Aufl., Stuttgart 2002, Sp. 2697-2702.

Velte, Patrick (Auswirkungen 2008): Auswirkungen des BilMoG-RefE auf die Informations- und Zahlungsbemessungsfunktion des handelsrechtlichen Jahresabschlusses, in: Zeitschrift für internationale und kapitalmarktorientierte Rechnungslegung 2008, S. 61-73.

Velte, Patrick/Wernicke, Thomas (Aktuelle Fragen 2006): Aktuelle Fragen aus Rechnungslegung und Corporate Governance – Themenschwerpunkte der 5. Hamburger Revisions-Tagung vom 12./13.10.2006 –, in: Zeitschrift für internationale und kapitalmarktorientierte Rechnungslegung 2006, S. 748-751.

Vetter, Eberhard (Änderungen 2007): Die Änderungen 2007 des Deutschen Corporate Governance Kodex, in: Der Betrieb 2007, S. 1963-1968.

Vetter, Eberhard (Stock Options 2004): Stock Options für Aufsichtsräte – ein Widerspruch? – Zugleich Anmerkung zu dem Urteil des BGH vom 16.2.2004 – II ZR 316/02, AG 2004, 265 –, in: Die Aktiengesellschaft 2004, S. 234-238.

Vetter, Eberhard (Update 2005): Update des Deutschen Corporate Governance Kodex, in: Betriebs-Berater 2005, S. 1689-1695.

Vetter, Eberhard (Verträge 2008): Aufsichtsratsvergütung und Verträge mit Aufsichtsratsmitgliedern, in: Zeitschrift für Wirtschaftsrecht 2008, S. 1-10.

Vogt, Fritz Johs. (Bilanztaktik 1963): Bilanztaktik – Wahlrechte des Unternehmers beim Jahresabschluß, 6. Aufl., Heidelberg 1963.

Volk, Gerrit (Beeinflussung 1988): Möglichkeiten zur erfolgsneutralen Beeinflussung des Betriebsgrößenmerkmals „Bilanzsumme", in: Deutsches Steuerrecht 1988, S. 380-385.

Volk, Gerrit (Konzepte 2001): Deutsche Corporate Governance-Konzepte, in: Deutsches Steuerrecht 2001, S. 412-416.

Wagenhofer, Alfred/Ewert, Ralf (Unternehmensrechnung 2007): Externe Unternehmensrechnung, 2. Aufl., Berlin/Heidelberg 2007.

Waldo, Charles N. (Boards 1985): Boards of Directors – Their Changing Roles, Structure and Information Needs, Westport 1985.

Walker, David M. (Restoring Trust 2005): Restoring Trust After Recent Accountability Failures, in: O'Brien, Justin (Hrsg.), Governing the Corporation – Regulation and Corporate Governance in an Age of Scandal and Global Markets, Chichester 2005, S. 21-46.

Wall, Friederike (Betriebswirtschaftliches Risikomanagement 2001): Betriebswirtschaftliches Risikomanagement im Lichte des KonTraG, in: Lange, Knut Werner/Wall, Friederike (Hrsg.), Risikomanagement nach dem KonTraG – Aufgaben und Chancen aus betriebswirtschaftlicher und juristischer Sicht –, München 2001, S. 207-235.

Walter, Peter (Deliktische Handlungen 1985): Die Prüfung bei Verdacht deliktischer Handlungen, Arbeitskreis III, 2. Referat, in: Bundessteuerberaterkammer (Hrsg.), Steuerberaterkongressreport 1985, München 1985, S. 257-276.

Wanserski, Jim (True Accounting 2006): True Accounting, The Deed Was Fraud, in: Financial Executives International, March 2006, S. 29-31.

Warncke, Markus (Empfehlungen 2004): Neue Empfehlungen der EU-Kommission zur Corporate Governance, in: Zeitschrift Interne Revision 2004, S. 268-269.

Warncke, Markus (Interne Revision 2006): Corporate Governance und Interne Revision, in: Peemöller, Volker H. (Hrsg.), Interne Revision Jahrbuch 2007, Fachteil, Hamburg 2006, S. 47-64.

Warncke, Markus (Redepflicht 2004): „Redepflicht des Abschlussprüfers – Redepflicht auch für die Interne Revision?", in: Zeitschrift Interne Revision 2004, S. 176-177.

Warncke, Markus (Zusammenarbeit 2005): Zusammenarbeit von Interner Revision und Prüfungsausschuss, in: Zeitschrift Interne Revision 2005, S. 182-187.

Waschbusch, Gerd (Jahresabschlusspolitik 1992): Das Zusammenspiel von handels- und steuerrechtlicher Jahresabschlußpolitik, in: Information über Steuer und Wirtschaft 1992, S. 553-555.

Weber, Claus-Peter (Ziele 1997): Überlegungen zu einer Erweiterung der Ziele der Jahresabschlußprüfung, in: Fischer, Thomas R./Hömberg, Reinhold (Hrsg.), Jahresabschluß und Jahresabschlußprüfung – Probleme, Perspektiven, internationale Einflüsse, Festschrift zum 60. Geburtstag von Jörg Baetge, Düsseldorf 1997, S. 781-810.

Weber, Dolf (Rotation 2005): Zur „Modernisierung" der EU-Abschlussprüferrichtlinie unter dem Gesichtspunkt der Rotation des Abschlussprüfers: Die verpasste Chance, in: Die Aktiengesellschaft 2005, S. 877-881.

Weber, Jürgen/Weißenberger, Barbara E. (Einführung 2006): Einführung in das Rechnungswesen, 7. Aufl., Stuttgart 2006.

Weber, Jürgen/Weißenberger, Barbara E./Liekweg, Armin (Ausgestaltung 1999): Ausgestaltung eines unternehmerischen Chancen- und Risikomanagements nach dem KonTraG, in: Deutsches Steuerrecht 1999, S. 1710-1716.

Weber, Stefan C./Lentfer, Thies/Köster, Max (Einfluss 2007): Einfluss der Corporate Governance auf die Kapitalkosten eines Unternehmens – Ein institutionenökonomischer Erklärungsansatz, eine Bestandsaufnahme empirischer Studienergebnisse und eine Partialbetrachtung des Corporate Governance Reporting –, in: Zeitschrift für Corporate Governance 2007, S. 53-61.

Wehling, Jörg/Weiß, Christian (Abwehr 2005): Abwehr von Wirtschaftskriminalität und Korruption – Entdeckung und Prävention in Theorie und Praxis, in: Zeitschrift Interne Revision 2005, S. 104-107.

Wehlte, Stefan (Revision 2007): DCGK 2007: Anmerkungen zur jüngsten Revision der Standards für gute Unternehmensführung und -überwachung, in: Zeitschrift für Corporate Governance 2007, S. 157-160.

Wehrheim, Michael/König, Karl-Ulrich (Balanced Scorecard 2007): Balanced Scorecard und System Dynamics – Ansätze zu einem integrierten Risikomanagement, in: Deutsches Steuerrecht 2007, S. 1315-1322.

Weilbach, Erich (Führungsinstrument 1995): Die interne Revision – Ein Führungsinstrument des Managements?, in: Der Betrieb 1995, S. 1037-1039.

Weilep, Volker/Weilep, Jan-Henning (Nichtigkeit 2006): Nichtigkeit von Jahresabschlüssen: Tatbestandsvoraussetzungen sowie Konsequenzen für die Unternehmensleitung, in: Betriebs-Berater 2006, S. 147-153.

Weiss, Heinz-Jürgen/Heiden, Matthias (Organisation und Buchführung 2003): Kommentierung des § 91 AktG, in: Küting, Karlheinz/Weber, Claus-Peter (Hrsg.), Handbuch der Rechnungslegung – Einzelabschluss, Kommentar zur Bilanzierung und Prüfung, 5. Aufl., Loseblatt, Stuttgart 2002 ff. (Stand: 2. Ergänzungslieferung, November 2006).

Weiss, Heinz-Jürgen/Heiden, Matthias (Vereinfachungsverfahren 2003): Kommentierung des § 241 HGB, in: Küting, Karlheinz/Weber, Claus-Peter (Hrsg.), Handbuch der Rechnungslegung – Einzelabschluss, Kommentar zur Bilanzierung und Prüfung, 5. Aufl., Loseblatt, Stuttgart 2002 ff. (Stand: 2. Ergänzungslieferung, November 2006).

Wells, Joseph T. (Antifraud Practice 2004): Build an Antifraud Practice, in: Journal of Accountancy, March 2004, S. 48-51.

Wells, Joseph T. (Controls 2006): When the Boss Trumps Internal Controls, in: Journal of Accountancy, February 2006, S. 55-57.

Wells, Joseph T. (Corruption 2003): Corruption: Causes and Cures, in: Journal of Accountancy, April 2003, S. 49-52.

Wells, Joseph T. (Fraud Deterrence 2004): New Approaches to Fraud Deterrence, in: Journal of Accountancy, February 2004, S. 72-75.

Wells, Joseph T. (Fraud Examination 2005): Principles of Fraud Examination, Hoboken 2005.

Wells, Joseph T. (Fraudsters 2003): The World's Dumbest Fraudsters, in: Journal of Accountancy, May 2003, S. 55-57.

Wellp, Joseph T. (Occupational Fraud 2002): Occupational Fraud: The Audit as Deterrent, in: Journal of Accountancy, April 2002, S. 24-34.

Wells, Joseph T. (Padding 2003): The Padding That Hurts, in: Journal of Accountancy, February 2003, S. 67-69.

Wells, Joseph T. (Sherlock Holmes 2003): Sherlock Holmes, CPA, in: Journal of Accountancy, August 2003, S. 86-90 (Teil 1) und September 2003, S. 70-75 (Teil 2).

Werder, Axel v. (Grundlagen 2002): Der Deutsche Corporate Governance Kodex – Grundlagen und Einzelbestimmungen, in: Der Betrieb 2002, S. 801-810.

Werder, Axel v./Talaulicar, Till/Kolat, Georg L. (Kodex Report 2003): Kodex Report 2003 – Die Akzeptanz der Empfehlungen und Anregungen des Deutschen Corporate Governance Kodex, in: Der Betrieb 2003, S. 1857-1863.

Werder, Axel v./Talaulicar, Till/Kolat, Georg L. (Kodex Report 2004): Kodex Report 2004 – Die Akzeptanz der Empfehlungen und Anregungen des Deutschen Corporate Governance Kodex, in: Der Betrieb 2004, S. 1377-1382.

Werder, Axel von (Implikationen 2003): Implikationen des Deutschen Corporate Governance Kodex für internationale Unternehmen, in: Werder, Axel von/Wiedmann, Harald (Hrsg.), Internationalisierung der Rechnungslegung und Corporate Governance, Festschrift für Professor Dr. Klaus Pohle, Stuttgart 2003, S. 431-456.

Werder, Axel von/Talaulicar, Till (Kodex Report 2006): Kodex Report 2006: Die Akzeptanz der Empfehlungen und Anregungen des Deutschen Corporate Governance Kodex, in: Der Betrieb 2006, S. 849-855.

Werder, Axel von/Talaulicar, Till (Kodex Report 2007): Kodex Report 2007: Die Akzeptanz der Empfehlungen und Anregungen des Deutschen Corporate Governance Kodex, in: Der Betrieb 2007, S. 869-875.

Werner, Ute (Nichtnumerische Daten 1990): Die Berücksichtigung nichtnumerischer Daten im Rahmen der Bilanzanalyse, in: Die Wirtschaftsprüfung 1990, S. 369-376.

Werner, Winfried (Vertretung 1989): Vertretung der Aktiengesellschaft gegenüber Vorstandsmitgliedern – Ein Beitrag zur Auslegung des § 112 AktG –, in: Zeitschrift für Gesellschaftsrecht 1989, S. 369-395.

Westerfelhaus, Herwarth (Kooperation 1998): Stärkere Kooperation von Aufsichtsrat und Abschlußprüfer, in: Der Betrieb 1998, S. 2078-2079.

Westermann, Harm Peter (Beurteilung 1986): Vernünftige kaufmännische Beurteilung, in: Leffson, Ulrich/Rückle, Dieter/Großfeld, Bernhard (Hrsg.), Handwörterbuch unbestimmter Rechtsbegriffe im Bilanzrecht des HGB, Köln 1986, S. 351-365.

Westhausen, Hans-Ulrich (COSO-Modell 2005): Das COSO-Modell: bisher nur eine Randerscheinung in Deutschland? – Ein 13 Jahre altes IKS-Modell und seine Verbreitung in Deutschland, in: Zeitschrift Interne Revision 2005, S. 98-103.

Wicher, Boris (Prävention 2007): Die Rolle der Internen Revision bei Prävention und Aufdeckung von dolosen Handlungen, in: Zeitschrift Interne Revision 2007, S. 58-62.

Wiechers, Klaus (Änderungen 2007): Übersicht über die Änderungen der 7. WPO-Novelle, in: Steuern und Bilanzen 2007, S. 687-688.

Wiedmann, Harald (Fortentwicklung 1998): Ansätze zur Fortentwicklung der Abschlußprüfung, in: Die Wirtschaftsprüfung 1998, S. 338-350.

Wiedmann, Harald (Risikomanagement 2002): Risikomanagement der Prüfungsgesellschaft, in: Ballwieser, Wolfgang/Coenenberg, Adolf G./Wysocki, Klaus v. (Hrsg.), Handwörterbuch der Rechnungslegung und Prüfung, 3. Aufl., Stuttgart 2002, Sp. 2057-2071.

Wiedmann, Harald (Teil 2003): Wirtschaftsprüfung als Teil der Corporate Governance, in: Werder, Axel von/Wiedmann, Harald (Hrsg.), Internationalisierung der Rechnungslegung und Corporate Governance, Festschrift für Professor Dr. Klaus Pohle, Stuttgart 2003, S. 199-208.

Wiese, Götz Tobias (Verantwortlichkeit 2000): Verantwortlichkeit des Aufsichtsrats – Aktuelle Entwicklungen im Bereich der Corporate Governance, in: Der Betrieb 2000, S. 1901-1905.

Wiesner, Peter M. (Brüsseler Impulse 2003): Neue Brüsseler Impulse für Corporate Governance und Gesellschaftsrecht, in: Betriebs-Berater 2003, S. 213-217.

Willeke, Clemens (Empfehlungen 2001): Empfehlungen zur Rechnungslegung und Abschlussprüfung, Abschlussbericht der Regierungskommission „Corporate Governance – Unternehmensführung – Unternehmenskontrolle – Modernisierung des Aktienrechts", in: Steuern und Bilanzen 2001, S. 962-967.

Willems, Marion Charlotte (Sarbanes-Oxley Act 2007): Der Sarbanes-Oxley Act, Anforderungen, praktische Umsetzung und Lessons Learned, in: Zeitschrift Risk, Fraud & Governance 2007, S. 79-86.
Willmann, Helmut/Türck, Gisela/Messinger, Heinz (Wörterbuch 2004): Langenscheidts Taschenwörterbuch Englisch, 11. Aufl., München 2004.
Windolf, Paul (Betrug 2003): Korruption, Betrug und ‚Corporate Governance' in den USA – Anmerkungen zu Enron, in: Zeitschrift für Sozialwissenschaft 2003, S. 185-218.
Windolf, Paul (Enron 2004): Corruption, Fraud, and Corporate Governance: A Report on Enron, in: Grandori, Anna (Hrsg.), Corporate Governance and Firm Organization: Microfoundations and Structural Forms, New York 2004, S. 159-190.
Windolph, Jürgen (Kriminalität 2002): Organisierte Kriminalität und Geldwäsche als Gefahr für den Finanzplatz Deutschland – Risiko für Kreditinstitute und Unternehmen, in: Zeitschrift Interne Revision 2002, S. 168-173.
Winkeljohann, Norbert/Geißler, Horst (Bewertungsgrundsätze 2006): Kommentierung des § 252 HGB, in: Ellrott, Helmut et al. (Hrsg.), Beck'scher Bilanz-Kommentar, Handels- und Steuerbilanz, §§ 238 bis 339, 342 bis 342e HGB mit EGHGB und IAS/IFRS-Abweichungen, 6. Aufl., München 2006.
Winkeljohann, Norbert/Hellwege, Heiko (Auskunftsrecht 2006): Kommentierung des § 320 HGB, in: Ellrott, Helmut et al. (Hrsg.), Beck'scher Bilanz-Kommentar, Handels- und Steuerbilanz, §§ 238 bis 339, 342 bis 342e HGB mit EGHGB und IAS/IFRS-Abweichungen, 6. Aufl., München 2006.
Winkeljohann, Norbert/Hellwege, Heiko (Bestellung 2006): Kommentierung des § 318 HGB, in: Ellrott, Helmut et al. (Hrsg.), Beck'scher Bilanz-Kommentar, Handels- und Steuerbilanz, §§ 238 bis 339, 342 bis 342e HGB mit EGHGB und IAS/IFRS-Abweichungen, 6. Aufl., München 2006.
Winkeljohann, Norbert/Hellwege, Heiko (Verantwortlichkeit 2006): Kommentierung des § 323 HGB, in: Ellrott, Helmut et al. (Hrsg.), Beck'scher Bilanz-Kommentar, Handels- und Steuerbilanz, §§ 238 bis 339, 342 bis 342e HGB mit EGHGB und IAS/IFRS-Abweichungen, 6. Aufl., München 2006.
Winkeljohann, Norbert/Kellersmann, Dietrich (Familienunternehmen 2006): Corporate Governance im Mittelstand, insbesondere in Familienunternehmen – Spezifische Ansatzpunkte zur Verbesserung der Unternehmensführung in mittelständischen Unternehmen, in: Zeitschrift für Corporate Governance 2006, S. 8-12.
Winkeljohann, Norbert/Poullie, Michael (Prüfungsbericht 2006): Kommentierung des § 321 HGB, in: Ellrott, Helmut et al. (Hrsg.), Beck'scher Bilanz-Kommentar, Handels- und Steuerbilanz, §§ 238 bis 339, 342 bis 342e HGB mit EGHGB und IAS/IFRS-Abweichungen, 6. Aufl., München 2006.
Winnefeld, Robert (Unternehmensüberwachung 2004): Auswirkungen des Bilanzkontrollgesetzes auf das System der Unternehmensüberwachung, in: Freidank, Carl-Christian (Hrsg.), Reform der Rechnungslegung und Corporate Governance in Deutschland und Europa, Wiesbaden 2004, S. 125-145.
Winter, Peter (Unternehmens-Risikomanagementsysteme 2007): Risikomanagement-Standards als Leitfaden für formalisierte Unternehmens-Risikomanagementsysteme – Überblick und Bewertung, in: Zeitschrift Risk, Fraud & Governance 2007, S. 149-155.

Wirth, Gerhard (Anforderungsprofil 2005): Anforderungsprofil und Inkompatibilitäten für Aufsichtsratsmitglieder, in: Zeitschrift für Gesellschaftsrecht 2005, S. 327-347.

Wisskirchen, Gerlind/Körber, Anke/Bissels, Alexander (Whistleblowing 2006): „Whistleblowing" und „Ethikhotlines", Probleme des deutschen Arbeits- und Datenschutzrechts, in: Betriebs-Berater 2006, S. 1567-1572.

Witt, Peter (Grundprobleme 2002): Grundprobleme der Corporate Governance und international unterschiedliche Lösungsansätze, in: Nippa, Michael/Petzold, Kerstin/Kürsten, Wolfgang (Hrsg.), Corporate Governance – Herausforderungen und Lösungsansätze, Heidelberg 2002, S. 41-72.

Wittmann, Edgar (Bestandteil 2001): Risikomanagement als Bestandteil des Planungs- und Kontrollsystems, in: Lange, Knut Werner/Wall, Friederike (Hrsg.), Risikomanagement nach dem KonTraG – Aufgaben und Chancen aus betriebswirtschaftlicher und juristischer Sicht –, München 2001, S. 259-281.

Wöhe, Günter (Bilanzpolitik 1997): Bilanzierung und Bilanzpolitik, 9. Aufl., München 1997.

Wöhe, Günter (Einführung 2008): Einführung in die Allgemeine Betriebswirtschaftslehre, 23. Aufl., München 2008.

Wöhe, Günter (Steuerbilanzpolitik 1977): Bemerkungen zur Steuerbilanzpolitik, in: Betriebswirtschaftliche Forschung und Praxis 1977, S. 216-229.

Wohlgemuth, Frank (Bilanzpolitik 2007): IFRS: Bilanzpolitik und Bilanzanalyse – Gestaltung und Vergleichbarkeit von Jahresabschlüssen, Berlin 2007.

Wöhry, Klaus (Herausforderungen 2007): Herausforderungen der Internen Revision, in: Steckel, Rudolf (Hrsg.), Aktuelle Entwicklungen und Herausforderungen der Internen Revision, Wien 2007, S. 9-28.

Wolf, Klaus (Implikationen 2004): Implikationen des Sarbanes-Oxley Act auf das Risikomanagement deutscher Unternehmen, in: Die Steuerberatung 2004, S. 19-24.

Wolf, Klaus (Regelungen 2003): Die Regelungen des Sarbanes-Oxley Act – Überblick zu Sections 302, 404, 406 und 407 –, in: Buchführung Bilanz Kostenrechnung 2003, S. 357-366, Fach 20, S. 2035-2044.

Wolf, Klaus (Risikobegriff 2006): Der Risikobegriff im Jahresabschluss, im Risikomanagement und Risikocontrolling – eine deckungsgleiche Perspektive?, in: Steuern und Bilanzen 2006, S. 449-454.

Wolf, Klaus (Risikoberichterstattung 2006): Interne Risikoberichterstattung, (Neue) Anforderungen, Elemente und deren Ausgestaltung nach dem Bilanzrechtsreformgesetz, in: Buchführung Bilanz Kostenrechnung 2006, S. 147-158, Fach 26, S. 1271-1282.

Wolf, Klaus (Risikomanagementsysteme 2002): Potenziale derzeitiger Risikomanagementsysteme, in: Deutsches Steuerrecht 2002, S. 1729-1733.

Wolf, Thomas/Nagel, Ulrike (Strafrecht 2007): Corporate Governance, Rechnungslegung und Strafrecht – Zur Abgrenzung strafrechtlich relevanter Verstöße gegen Rechnungslegungsvorschriften, in: Zeitschrift für Corporate Governance 2007, S. 84-89.

Wolz, Matthias (Erwartungslücke 1998): Die Erwartungslücke vor und nach Verabschiedung des KonTraG – Zustandekommen, alte und neue Lösungswege vor dem Hintergrund des Gesetzes zur Kontrolle und Transparenz im Unternehmensbereich, in: Wirtschaftsprüferkammer-Mitteilungen 1998, S. 122-135.

Wolz, Matthias (Wesentlichkeitsgrenzen 2004): Die Festlegung von Wesentlichkeitsgrenzen in der deutschen Wirtschaftsprüfungspraxis, in: Zeitschrift für betriebswirtschaftliche Forschung 2004, S. 122-145.

Wulfetange, Jens (Herausforderung 2002): Corporate Governance – Neue Herausforderung für die deutsche Industrie?, in: Nippa, Michael/Petzold, Kerstin/Kürsten, Wolfgang (Hrsg.), Corporate Governance – Herausforderungen und Lösungsansätze, Heidelberg 2002, S. 83-103.

Würtele, Günther (Materiality 1989): Die Operationalisierung des Grundsatzes der Materiality bei Abschlußprüfungen, Pfaffenweiler 1989.

Wysocki, Klaus v. (Bilanzpolitik 1982): Zur Bilanzpolitik bei rückläufiger Konjunktur, in: Steuer und Wirtschaft 1982, S. 44-50.

Wysocki, Klaus von (Grundlagen 1988): Grundlagen des betriebswirtschaftlichen Prüfungswesens, 3. Aufl., München 1988.

Wysocki, Klaus von (Grundsätze 1977): Grundsätze ordnungsmäßiger Bilanzierung und Prüfung, in: Busse von Colbe, Walther/Lutter, Marcus (Hrsg.), Wirtschaftsprüfung heute: Entwicklung oder Reform? – Ein Bochumer Symposium, Wiesbaden 1977, S. 175-183.

Wysocki, Klaus von (Vorurteile 2005): Prüfen auf der Grundlage von Vorurteilen, in: Schneider, Dieter et al. (Hrsg.), Kritisches zu Rechnungslegung und Unternehmensbesteuerung – Festschrift zur Vollendung des 65. Lebensjahres von Theodor Siegel –, Berlin 2005, S. 359-376.

Young, Michael R. (Audit Committee 2000): What's an Audit Committee to do?, in: Young, Michael R. (Hrsg.), Accounting Irregularities and Financial Fraud – A Corporate Governance Guide, San Diego u.a. 2000, S. 211-253.

Young, Michael R. (Blame 2000): So Who gets the Blame?, in: Young, Michael R. (Hrsg.), Accounting Irregularities and Financial Fraud – A Corporate Governance Guide, San Diego u.a. 2000, S. 21-40.

Young, Michael R. (Origin 2000): The Origin of Financial Fraud, in: Young, Michael R. (Hrsg.), Accounting Irregularities and Financial Fraud – A Corporate Governance Guide, San Diego u.a. 2000, S. 1-20.

Zaeh, Philipp E. (Entdeckungsrisiko 2001): Das Entdeckungsrisiko im Kontext der Risikoorientierten Abschlussprüfung – Operationalisierung anhand ausgewählter Verfahren der Zufallsauswahl –, in: Zeitschrift Interne Revision 2001, S. 78-84.

Zaeh, Philipp E. (Entwicklungen 2000): Neuere Entwicklungen im Rahmen der risikoorientierten Abschlußprüfung – Unter besonderer Würdigung entscheidungsunterstützender Werkzeuge –, in: Lachnit, Laurenz/Freidank, Carl-Christian (Hrsg.), Investororientierte Unternehmenspublizität – Neue Entwicklungen von Rechnungslegung, Prüfung und Jahresabschlussanalyse, Wiesbaden 2000, S. 363-397.

Zaeh, Philipp E. (Planung 1999): Die Planung der Prüfungsmethoden in einer Problem- und Risikoorientierten Abschlußprüfung, in: Zeitschrift für Planung 1999, S. 373-390.

Zaeh, Philipp E. (Prüfungsstrategie 2002): Die Entwicklung von Prüfungsstrategien auf der Basis der Entscheidungsbaumtechnik – Untersuchung in einer risikoorientierten Abschlussprüfung unter besonderer Würdigung des Bayesschen Theorems –, in: Zeitschrift Interne Revision 2002, S. 102-110.

Zaeh, Philipp E. (Spannungsfeld 2001): Das Spannungsfeld von Prüfungsrisiko und Wesentlichkeit – Unter Würdigung des BAYESSCHEN Theorems –, in: Zeitschrift Interne Revision 2001, S. 290-299.

Zahra, Shaker A./Priem, Richard L./Rasheed, Abdul A. (Top-Management Fraud 2005): The Antecedents and Consequences of Top Management Fraud, in: Journal of Management 2005, S. 803-828.

Zepp, Marcus (Risikobericht 2007): Der Risikobericht von Kreditinstituten – Anforderungen, Normen, Gestaltungsempfehlungen, Berlin 2007.

Ziemons, Hildegard (Vorstandsvergütung 2006): Angemessene Vorstandsvergütung und Change of Control Klauseln, in: Baums, Theodor/Wertenbruch, Johannes (Hrsg.), Festschrift für Ulrich Huber zum siebzigsten Geburtstag, Tübingen 2006, S. 1035-1047.

Zikmund, Paul (Fraud 2003): Ferreting Out Fraud, in: Strategic Finance, April 2003, S. 29-32.

Zimmer, Daniel (Gegenstand 2002): Kommentierung des § 317 HGB, in: Ulmer, Peter (Hrsg.), HGB-Bilanzrecht – Rechnungslegung, Abschlußprüfung, Publizität – Großkommentar, 2. Teilband: §§ 290-342a, Konzernabschluß, Prüfung und Publizität, Berlin/New York 2002.

Zimmer, Daniel/Sonneborn, Andrea Maria (Absichten 2001): § 91 Abs. 2 AktG – Anforderungen und gesetzgeberische Absichten, in: Lange, Knut Werner/Wall, Friederike (Hrsg.), Risikomanagement nach dem KonTraG – Aufgaben und Chancen aus betriebswirtschaftlicher und juristischer Sicht –, München 2001, S. 38-59.

Zimmerer, Carl (Kriminalität 1997): Betrachtungen zu „Aufwendungen als Folge von Kriminalität", in: Fischer, Thomas R./Hömberg, Reinhold (Hrsg.), Jahresabschluß und Jahresabschlußprüfung – Probleme, Perspektiven, internationale Einflüsse, Festschrift zum 60. Geburtstag von Jörg Baetge, Düsseldorf 1997, S. 487-496.

Zimmermann, Jochen (Bilanzmanipulation 2002): Bilanzmanipulationen – Ergebnis perverser Incentives?, in: Wirtschaftsdienst 2002, S. 537-543.

Zimmermann, Jochen (Bilanzskandale 2004): Bilanzskandale, in: Das Wirtschaftsstudium 2004, S. 1515-1519.

Zimmermann, Jochen (Qualität 2002): Zur Qualität der US-GAAP – Ein genauerer Blick auf die Enron-Konzernbilanz –, in: Steuern und Bilanzen 2002, S. 573-582.

Zippelius, Reinhold (Methodenlehre 2006): Juristische Methodenlehre, 10. Aufl., München 2006.

Zülch, Henning (Rechnungslegungsnormen 2005): Die Rechnungslegungsnormen des IASB – Hierarchie, Lücken und Inkonsistenzen –, in: Praxis der internationalen Rechnungslegung 2005, S. 1-7.

Zülch, Henning/Burghardt, Stephan (Prüfstelle 2007): Die deutsche Prüfstelle für Rechnungslegung DPR e.V.: Bestandsaufnahme nach knapp zwei Jahren Tätigkeit, in: Steuern und Bilanzen 2007, S. 369-375.

Zünd, André (Revision 1998): Revision, interne, in: Busse von Colbe, Walther/Pellens, Bernhard (Hrsg.), Lexikon des Rechnungswesens, 4. Aufl., München/Wien 1998, S. 606-609.

Zwirner, Christian (Ausweitung 1999): Ausweitung der Möglichkeiten zur internationalen Bilanzierung? – Geplante Änderung des § 292a HGB-E durch das KapCoRiLiG, in: Steuern und Bilanzen 1999, S. 879-884.

Zwirner, Christian (IFRS-Bilanzierungspraxis 2007): IFRS-Bilanzierungspraxis – Umsetzungs- und Bewertungsunterschiede in der Rechnungslegung, Berlin 2007.

Zwirner, Christian (Rückblick 2007): IFRS – Ein zehnjähriger Rückblick auf die sukzessive Rezeption, in: Zeitschrift für internationale und kapitalmarktorientierte Rechnungslegung 2007, S. 599-607.

Zypries, Brigitte (Wandel 2007): Rechnungslegung im Wandel – das BilMoG, in: Die Wirtschaftsprüfung 2007, Heft 24, S. I.

Literatur- und Quellenverzeichnis

Gesetze, Richtlinien und Verordnungen

Abgabenordnung in der Fassung der Bekanntmachung vom 01.10.2002 (BGBl. I S. 3866; 2003 I S. 61), zuletzt geändert durch Artikel 3 des Gesetzes vom 21.12.2007 (BGBl. I S. 3198).

Aktiengesetz (AktG) vom 06.09.1965 (BGBl. I S. 1089), zuletzt geändert durch Artikel 11 des Gesetzes vom 16.07.2007 (BGBl. I S. 1330).

Bürgerliches Gesetzbuch in der Fassung der Bekanntmachung vom 02.01.2002 (BGBl. I S. 42, 2909; 2003 I S. 738), zuletzt geändert durch das Gesetz vom 26.03.2008 (BGBl. I S. 441).

Einkommensteuergesetz (EStG) vom 19.10.2002 (BGBl. I S. 4210; 2003 I S. 179), zuletzt geändert durch Artikel 1 des Gesetzes vom 20.12.2007 (BGBl. I S. 3150).

Finanzgerichtsordnung in der Fassung der Bekanntmachung vom 28.03.2001 (BGBl. I S. 442, 2262 (2002 I S. 679)), zuletzt geändert durch Artikel 14 des Gesetzes vom 12.12.2007 (BGBl. I S. 2840).

Genossenschaftsgesetz in der Fassung der Bekanntmachung vom 16.10.2006 (BGBl. I S. 2230), zuletzt geändert durch Artikel 2 des Gesetzes vom 03.09.2007 (BGBl. I S. 2178).

Gerichtsverfassungsgesetz in der Fassung der Bekanntmachung vom 09.05.1975 (BGBl. I S. 1077), zuletzt geändert durch Artikel 8 des Gesetzes vom 21.12.2007 (BGBl. I S. 3198).

Gesetz gegen den unlauteren Wettbewerb vom 03.07.2004 (BGBl. I S. 1414), zuletzt geändert durch Artikel 5 des Gesetzes vom 21.12.2006 (BGBl. I S. 3367).

Gesetz über das Aufspüren von Gewinnen aus schweren Straftaten (Geldwäschegesetz – GwG) vom 25.10.1993 (BGBl. I S. 1770), zuletzt geändert durch Artikel 5 des Gesetzes vom 21.12.2007 (BGBl. I S. 3089).

Gesetz über den Wertpapierhandel (Wertpapierhandelsgesetz – WpHG) vom 09.09.1998 (BGBl. I S. 2708), zuletzt geändert durch Artikel 10 des Gesetzes vom 21.12.2007 (BGBl. I S. 3198).

Gesetz über die Berufsordnung der Wirtschaftsprüfer (Wirtschaftsprüferordnung – WPO) vom 24.07.1961 (BGBl. I S. 1049), zuletzt geändert durch Gesetz zur Reform des Versicherungsvertragsrechts vom 23.11.2007 (BGBl. I S. 2683).

Gesetz über die Offenlegung der Vorstandsvergütung (Vorstandsvergütungs-Offenlegungsgesetz – VorstOG) vom 03.08.2005 (BGBl. I S. 2267).

Gesetz über Ordnungswidrigkeiten in der Fassung der Bekanntmachung vom 19.02.1987 (BGBl. I S. 602), zuletzt geändert durch Artikel 2 des Gesetzes vom 07.08.2007 (BGBl. I S. 1786).

Gesetz zur Einführung internationaler Rechnungslegungsstandards und zur Sicherung der Qualität der Abschlussprüfung (Bilanzrechtsreformgesetz – BilReG) vom 04.12.2004 (BGBl. I S. 3166).

Gesetz zur Kontrolle und Transparenz im Unternehmensbereich (KonTraG) vom 27.04.1998 (BGBl. I S. 786).

Gesetz zur Kontrolle von Unternehmensabschlüssen (Bilanzkontrollgesetz – BilKoG) vom 15.12.2004 (BGBl. I S. 3408).

Gesetz zur Unternehmensintegrität und Modernisierung des Anfechtungsrechts (UMAG) vom 22.09.2005 (BGBl. I S. 2802).

Gesetz zur weiteren Reform des Aktien- und Bilanzrechts, zu Transparenz und Publizität (Transparenz- und Publizitätsgesetz – TransPuG) vom 19.07.2002 (BGBl. I S. 2681).
Handelsgesetzbuch (HGB) vom 10.05.1897 (RGBl. S. 219), zuletzt geändert durch Artikel 17 des Gesetzes vom 21.12.2007 (BGBl. I S. 3089).
Haushaltsgrundsätzegesetz vom 19.08.1969 (BGBl. I S. 1273), zuletzt geändert durch Artikel 123 der Verordnung vom 31.10.2006 (BGBl. I S. 2407).
Kreditwesengesetz in der Fassung der Bekanntmachung vom 09.09.1998 (BGBl. I S. 2776), zuletzt geändert durch Artikel 2 des Gesetzes vom 21.12.2007 (BGBl. I S. 3089).
Publizitätsgesetz vom 15.08.1969 (BGBl. I S. 1189), zuletzt geändert durch Artikel 7 des Gesetzes vom 10.11.2006 (BGBl. I S. 2553).
Richtlinie 2006/43/EG des Europäischen Parlaments und des Rates vom 17. Mai 2006 über Abschlussprüfungen von Jahresabschlüssen und konsolidierten Abschlüssen, zur Änderung der Richtlinien 78/660/EWG und 83/349/EWG des Rates und zur Aufhebung der Richtlinie 84/253/EWG des Rates, in: ABl. EU Nr. L 157/87, S. 87 (,Abschlussprüferrichtlinie').
Sarbanes-Oxley Act of 2002, abrufbar unter: www.sec.gov/about/laws/soa2002.pdf (Stand: 15.04.2008).
Securities Exchange Act of 1934, abrufbar unter: www.law.uc.edu/CCL/34Act/index.html (Stand: 15.04.2008).
Strafgesetzbuch in der Fassung der Bekanntmachung vom 13.11.1998 (BGBl. I S. 3322), zuletzt geändert durch Artikel 3 des Gesetzes vom 11.03.2008 (BGBl. I S. 306).
Strafprozessordnung in der Fassung der Bekanntmachung vom 07.04.1987 (BGBl. I S. 1074, 1319), zuletzt geändert durch Artikel 2 des Gesetzes vom 11.03.2008 (BGBl. I S. 306).
Verordnung (EG) Nr. 1606/2002 des Europäischen Parlaments und des Rates vom 19. Juli 2002 betreffend die Anwendung internationaler Rechnungslegungsstandards, in: ABl. EG Nr. L 243, S. 1 (,IAS-Verordnung').
Versicherungsaufsichtsgesetz in der Fassung der Bekanntmachung vom 17.12.1992 (BGBl. 1993 I S. 2), zuletzt geändert durch Artikel 1 des Gesetzes vom 23.12.2007 (BGBl. I S. 3248).

Rechtsprechung

Amtsgericht Duisburg, Beschluß vom 31.12.1993, 23 HR B 31/93, in: Der Betrieb 1994, S. 466-467.
BAG-Urteil vom 03.07.2003, 2 AZR 235/02, in: Der Betrieb 2004, S. 878-880.
Beschluss des OLG Frankfurt a.M. vom 14.06.2007 – WpÜG 1/07, in: Betriebs-Berater 2007, S. 2060-2064.
BGH-Urteil vom 08.10.1984, II ZR 175/83, in: GmbH-Rundschau 1985, S. 143-144.
BGH-Urteil vom 15.12.1954, II ZR 322/53, in: Entscheidungen des Bundesgerichtshofs in Zivilsachen 16, S. 17-31.
BGH-Urteil vom 21.04.1997, II ZR 175/95, in: Deutsches Steuerrecht 1997, S. 880-883.
Urteil des OLG Braunschweig vom 11.02.1993 – 11 U 27/92 –, in: Wirtschaftsprüferkammer-Mitteilungen 1995, S. 209-211.

Verlautbarungen

IDW PS 200, Ziele und allgemeine Grundsätze der Durchführung von Abschlußprüfungen, in: Die Wirtschaftsprüfung 2000, S. 706-710.
IDW PS 201, Rechnungslegungs- und Prüfungsgrundsätze für die Abschlussprüfung, in: IDW-Fachnachrichten 2008, S. 172-177.
IDW PS 210 a.f., Zur Aufdeckung von Unregelmäßigkeiten im Rahmen der Abschlussprüfung (Stand: 08.05.2003), in: Die Wirtschaftsprüfung 2003, S. 655-663.
IDW PS 210, Zur Aufdeckung von Unregelmäßigkeiten im Rahmen der Abschlussprüfung, in: Die Wirtschaftsprüfung 2006, S. 1422-1433.
IDW PS 230, Kenntnisse über die Geschäftstätigkeit sowie das wirtschaftliche und rechtliche Umfeld des zu prüfenden Unternehmens im Rahmen der Abschlußprüfung, in: Die Wirtschaftsprüfung 2000, S. 842-846 und Die Wirtschaftsprüfung 2006, S. 218.
IDW PS 240, Grundsätze der Planung von Abschlussprüfungen, in: Die Wirtschaftsprüfung 2000, S. 846-849 und Die Wirtschaftsprüfung 2006, S. 218.
IDW PS 250, Wesentlichkeit im Rahmen der Abschlussprüfung, in: Die Wirtschaftsprüfung 2003, S. 944-946.
IDW PS 261, Feststellung und Beurteilung von Fehlerrisiken und Reaktionen des Abschlussprüfers auf die beurteilten Fehlerrisiken, in: Die Wirtschaftsprüfung 2006, S. 1433-1445.
IDW PS 300, Prüfungsnachweise im Rahmen der Abschlussprüfung, in: Die Wirtschaftsprüfung 2006, S. 1445-1452.
IDW PS 303, Erklärungen der gesetzlichen Vertreter gegenüber dem Abschlußprüfer, in: Die Wirtschaftsprüfung 2002, S. 680-682 und Die Wirtschaftsprüfung 2006, S. 854.
IDW PS 312, Analytische Prüfungshandlungen, in: Die Wirtschaftsprüfung 2001, S. 903-906.
IDW PS 321, Interne Revision und Abschlußprüfung, in: Die Wirtschaftsprüfung 2002, S. 686-689.
IDW PS 340, Die Prüfung des Risikofrüherkennungssystems nach § 317 Abs. 4 HGB, in: Die Wirtschaftsprüfung 1999, S. 658-662.
IDW PS 400, Grundsätze für die ordnungsmäßige Erteilung von Bestätigungsvermerken bei Abschlussprüfungen, in: Die Wirtschaftsprüfung 2005, S. 1382-1402.
IDW PS 450, Grundsätze ordnungsmäßiger Berichterstattung bei Abschlussprüfungen, in: Die Wirtschaftsprüfung 2006, S. 113-128.
IDW PS 460 n.F., Arbeitspapiere des Abschlußprüfers, in: IDW-Fachnachrichten 2008, S. 178-183.
IFAC (Code of Ethics 2005): Code of Ethics for Professional Accountants, New York 2005.
IFAC (Hrsg.) (Handbook 2008): Handbook of International Auditing, Assurance and Ethics Pronouncements, 2008 Edition, New York 2008.
IIR Revisionsstandard Nr. 1: Zusammenarbeit von Interner Revision und Abschlussprüfer, hrsg. von Deutsches Institut für Interne Revision e.V., abrufbar unter: www.iir-ev.de/deutsch/download/Revisionsstandard_Nr._1.pdf (Stand: 15.04.2008).
IIR Revisionsstandard Nr. 2: Prüfung des Risikomanagement durch die Interne Revision, hrsg. von Deutsches Institut für Interne Revision e.V., abrufbar unter: www.iir-ev.de/deutsch/download/Revisionsstandard_Nr._2.pdf (Stand: 15.04.2008).

IIR Revisionsstandard Nr. 3: Qualitätsmanagement in der Internen Revision, hrsg. von Deutsches Institut für Interne Revision e.V., abrufbar unter: www.iir-ev.de/deutsch/download/Revisionsstandard_Nr._3.pdf (Stand: 15.04.2008).

ISA 240, The Auditor's Responsibility to consider Fraud in an Audit of Financial Statements, in: IFAC (Hrsg.), Handbook of International Auditing, Assurance, and Ethics Pronouncements, 2008 Edition, New York 2008, S. 267-312.

ISA 250, Consideration of Laws and Regulations in an Audit of Financial Statements, in: IFAC (Hrsg.), Handbook of International Auditing, Assurance, and Ethics Pronouncements, 2008 Edition, New York 2008, S. 313-322.

ISA 260, Communication of Audit Matters with those charged with Governance, in: IFAC (Hrsg.), Handbook of International Auditing, Assurance, and Ethics Pronouncements, 2008 Edition, New York 2008, S. 323-329.

ISA 500, Audit Evidence, in: IFAC (Hrsg.), Handbook of International Auditing, Assurance, and Ethics Pronouncements, 2008 Edition, New York 2008, S. 424-434.

PCAOB (Auditing Standard 2004): Auditing Standard No. 2 – An Audit of Internal Control Over Financial Reporting Performed in Conjunction with An Audit of Financial Statements, abrufbar unter: www.pcaobus.org/Rules/Rules_of_the_Board/Auditing_Standard_2.pdf (Stand: 24.06.2007).

PCAOB (Auditing Standard 2007): Auditing Standard No. 5 – An Audit of Internal Control Over Financial Reporting That Is Integrated with An Audit of Financial Statements, abrufbar unter: www.pcaobus.org/Rules/Rules_of_the_Board/Auditing_Standard_5.pdf (Stand: 15.04.2008).

PCAOB (Briefing Paper 2003): Briefing Paper: Oversight of Non-U.S. Public Accounting Firms, October 28, 2003, abrufbar unter: www.pcaobus.org/Rules/Docket_013/2003-10-20_Release_2003-020.pdf (15.04.2008).

PCAOB (Oversight 2004): Final Rules Relating to the Oversight of Non-U.S. Public Accounting Firms, abrufbar unter: www.pcaobus.org/Rules/Docket_013/2004-06-09_Release_2004-005.pdf (15.04.2008).

PCAOB (Registration Deadline 2004): Registration Deadline for Non-U.S. Accounting Firms, abrufbar unter: www.pcaobus.org/Rules/Docket_013/2004-03-11_Release_2004-003.pdf (Stand: 15.04.2008).

PCAOB (Registration System 2003): Registration System for Public Accounting Firms, abrufbar unter: www.pcaobus.org/Rules/Docket_001/2003-06-06_Release_2003-007.pdf (Stand: 15.04.2008).

PCAOB (Rules 2006): Bylaws and Rules of the Public Company Accounting Oversight Board as of May 12, 2006, abrufbar unter: www.pcaobus.org/Rules/Rules_of_the_Board/All.pdf (Stand: 15.04.2008).

SAS 99, Consideration of Fraud in a Financial Statement Audit, New York 2002.

SEC (Certification 2002): Final Rule No. 33-8124 – Certification of Disclosure in Companies' Quarterly and Annual Reports, abrufbar unter: www.sec.gov/rules/final/33-8124.htm (Stand: 20.06.2007).

SEC (Company Audit Committees 2003): Final Rule No. 33-8220 – Standards Relating to listed Company Audit Committees, abrufbar unter: www.sec.gov/rules/final/33-8220.htm (Stand: 15.04.2008).

SEC (Disclosure 2003): Final Rule No. 33-8177 – Disclosures Required by Sections 406 and 407 of the Sarbanes-Oxley Act of 2002, abrufbar unter: www.sec.gov/rules/final/33-8177.htm (Stand: 15.04.2008).

SEC (Internal Control 2003): Final Rule No. 33-8238 – Management's Reports on Internal Control Over Financial Reporting and Certification of Disclosure in Exchange Act Periodic Reports, abrufbar unter: www.sec.gov/rules/final/33-8238.htm (Stand: 15.04.2008).

SEC (Internal Control 2005): Final Rule No. 33-8545 – Management's Reports on Internal Control Over Financial Reporting and Certification of Disclosure in Exchange Act Periodic Reports of Non-Accelerated Filers and Foreign Private Issuers, abrufbar unter: www.sec.gov/rules/final/33-8545.htm (Stand: 15.04.2008).

SEC (Requirements 2003): Final Rule No. 33-8183 – Strengthening the Commission's Requirements Regarding Auditor Independence, abrufbar unter: www.sec.gov/rules/final/33-8183.htm (Stand: 15.04.2008).

Sonstige Quellen

BASF AG (Einleitung 2008): Compliance-Programm: Einleitung, anrufbar unter: http://corporate.basf.com/de/ueberuns/vision/compliance/einleitung.htm?id=.UIFdBnMGbcp-dD (Stand: 15.04.2008).

BMJ (Maßnahmenkatalog 2003): Bundesregierung stärkt Anlegerschutz und Unternehmensintegrität, Pressemitteilung vom 25.02.2003, abrufbar unter: www.bmj.de/enid/0,0/Pressestelle/Pressemitteilungen_58.html?druck=1&pmc_id=159 (Stand: 15.04.2008).

BT-Drucks. 13/9712 vom 28.01.1998, Gesetzentwurf der Bundesregierung – Entwurf eines Gesetzes zur Kontrolle und Transparenz im Unternehmensbereich (KonTraG).

BT-Drucks. 16/2498 vom 04.09.2006, Gesetzentwurf der Bundesregierung – Entwurf eines Gesetzes zur Umsetzung der Richtlinie 2004/109/EG des Europäischen Parlaments und des Rates vom 15. Dezember 2004 zur Harmonisierung der Transparenzanforderungen in Bezug auf Informationen über Emittenten, deren Wertpapiere zum Handel auf einem geregelten Markt zugelassen sind, und zur Änderung der Richtlinie 2001/34/EG (Transparenzrichtlinie-Umsetzungsgesetz – TUG).

Buchhorn, Eva (Versprechen 2005): Personenkult und falsche Versprechen, abrufbar unter: www.manager-magazin.de/geld/governance/0,2828,352469,00.html (Stand: 15.04.2008).

COSO (Rahmenwerk 2004): Unternehmensweites Risikomanagement – Übergreifendes Rahmenwerk, Zusammenfassung, Jersey City 2004, abrufbar unter: www.coso.org/Publications/ERM/COSO_ERM_ExecutiveSummary_German.pdf (Stand: 15.04.2008).

Cromme, Gerhard (Kodex 2001): Ausführungen von Dr. Gerhard Cromme, Vorsitzender der Regierungskommission Deutscher Corporate Governance-Kodex anlässlich der Veröffentlichung des Entwurfs Deutscher Corporate Governance-Kodex am 18. Dezember 2001 in Düsseldorf, abrufbar unter: www.corporate-governance-code.de/ger/news/rede-crommes.html (Stand: 15.04.2008).

DCGK i.d.F. vom 14.06.2007: Deutscher Corporate Governance Kodex, abrufbar unter: http://www.corporate-governance-code.de/ger/download/D_Kodex%202007_final.pdf (Stand: 15.04.2008).

Deling, Wolfram (Dolose Handlungen 2005): Dolose Handlungen und Interne Revision – Herausforderung oder Kapitulation?, abrufbar unter: www.revision-online.com/assets/artikel/eigen/Dolose_Handlungen.pdf (Stand: 15.04.2008).

Donner, Gerhard (Korruption 2007): Korruption – Milliarden Schaden für Wirtschaft und Gesellschaft, in: Ernst & Young Newsletter März 2007, S. 10.

E.ON AG (Code of Ethics 2008): Code of Ethics der E.ON AG für Senior Financial Officers, abrufbar unter: www.eon.com/de/investoren/1085.jsp (Stand: 15.04.2008).

Eglau, Hans Otto (Nachsicht 1988): Mehr Nachsicht als Aufsicht, in: Die Zeit vom 21.10.1988, S. 26.

Empfehlung der Kommission vom 16. Mai 2002 – Unabhängigkeit des Abschlussprüfers in der EU – Grundprinzipien, in: Abl. (EG) Nr. L 191/22 vom 19.07.2002.

Ernst & Young (Wirtschaftskriminalität 2003): Wirtschaftskriminalität in Deutschland – Nur ein Problem der anderen?, Studie, Frankfurt a.M. 2003.

Fischermann, Thomas/Kleine-Brockhoff, Thomas (Totalausfall 2002): Der Totalausfall, abrufbar unter: zeus.zeit.de/text/archiv/2002/07/200207_enron_haupttext.xml (Stand: 15.04.2008).

Frentz, Clemens von (Enron 2003): ENRON – Chronik einer Rekord-Pleite, abrufbar unter: www.manager-magazin.de/unternehmen/artikel/0,2828,druck-178836,00.html (Stand: 03.09.2006).

Hillenbrand, Thomas (Unternehmen 2002): Das führende Unternehmen der Welt, abrufbar unter: www.spiegel.de/wirtschaft/0,1518,druck-300226,00.html (Stand: 15.04.2008).

IDW (Hrsg.) (Mitteilungen 2005): Berufsständische Mitteilungen, in: IDW-Fachnachrichten 2005, S. 655-671.

IDW (Hrsg.) (Responsibility 2004): Übersetzung des ISA 240 (n.F.) und Entwurf IDW Prüfungsstandard zur ISA-Ergänzung: Die Verantwortung des Abschlussprüfers zur Berücksichtigung von Verstößen (fraud) im Rahmen der Abschlussprüfung (IDW E-IPS 240) (Stand: 14.10.2004), in: Die Wirtschaftsprüfung 2004, S. 1282-1333.

Koehler, Benedikt (Unvorhergesehenes 2003): Rechnen mit dem Unvorhergesehenen, in: Frankfurter Allgemeine Zeitung vom 13.12.2003, S. 15.

KPMG (Studie 2006): Studie 2006 zur Wirtschaftskriminalität in Deutschland, Köln 2006, abrufbar unter: www.kpmg.de/library/pdf/060626_Studie_2006_wirtschaftskriminalitaet_de.pdf (Stand: 23.02.2007).

Küting, Karlheinz (Bilanzsystem 2002): Fall Comroad in jedem Bilanzsystem möglich, Interview, in: manager-magazin vom 10.04.2002, abrufbar unter: www.manager-magazin.de/geld/artikel/0,2828,191147,00.html (Stand: 10.04.2002).

Küting, Karlheinz (Fehler 2000): „Fehler wie bei Holzmann und FlowTex dürfen nicht sein", abrufbar unter: www.manager-magazin.de/geld/Artikel/0,2828,74410,00.html (Stand: 21.05.2007).

Küting, Karlheinz (Hakelmacher 2000): Die Hakelmacher in ihrer schwersten Krise, abrufbar unter: www.manager-magazin.de/geld/Artikel/0,2828,74408,00.html (Stand: 21.05.2007).

Küting, Karlheinz (Prüfungsskandal 2002): Unglaublicher Prüfungsskandal, Interview, in: Spiegel Online vom 14.04.2002, abrufbar unter: www.spiegel.de/wirtschaft/0,1518,191765,00.html (Stand: 14.04.2002).

Küting, Karlheinz (Sextanerfehler 2002): Sextanerfehler der KPMG, Onlineinterview, in: Die Telebörse vom 25.04.2002, abrufbar unter: http://dieteleboerse.n-tv.de/ readygo_show_bk_det.php?typ=Baukasten&tid=3399&begin=0 (Stand: 25.04.2002).

Küting, Karlheinz (Strafen 2002): Das muss weh tun, Interview, in: manager-magazin vom 15.03.2002, abrufbar unter: wysiwyg://51/http://www.manager-magazin.de/juliusbaer/0,2828,186900,00.html (Stand: 18.03.2002).

Küting, Karlheinz (Trennung 2002): Strikte Trennung, Interview, in: Focus-Money 2002, Heft 18, S. 104.

Küting, Karlheinz (Verantwortung 2000): „Bei Fehlern persönlich verantwortlich machen", abrufbar unter: www.manager-magazin.de/geld/Artikel/0,2828,74409,00.html (Stand: 21.05.2007).

Loebbecke, James K./Willingham, John J. (Review 1988): Review of SEC Accounting and Auditing Enforcement Releases (unveröffentlichtes Arbeitspapier).

Matzner, Egon (Kapitalismus 2002): Enron, Andersen und der virtuelle Kapitalismus, abrufbar unter: www.oebv.com/aktiv/publikationen/zeitung/45_enron.html (Stand: 15.04.2008).

McDonough, William J. (Testimony 2005): Testimony Concerning The Public Company Accounting Oversight Board Before the Committee on Financial Services, United States House of Representatives, April 21, 2005, abrufbar unter: financialservices.house.gov/media/pdf/042105wm.pdf (Stand: 15.04.2008).

Molitor, Andreas (Ansichten 2002): Ansichten eines Wirtschaftsprüfers, abrufbar unter: zeus.zeit.de/text/archiv/2002/36/200236_wirtschaftspruef.xml (Stand: 15.04.2008).

Mörtl, Bernhard (Code of Ethics 2007): Code of Ethics – ein wichtiger Beitrag zur Corporate Governance und Betrugsprävention, in: Ernst & Young (Hrsg.), Newsletter Dezember 2007, S. 5.

Nölting, Andreas/Wilhelm, Winfried (Fehlleistungen 1994): Wes Brot ich ess'..., in: Manager Magazin 6/1994, S. 34-51.

O.V. (Anklage 2004): Vier Manager angeklagt, abrufbar unter: www.manager-magazin.de/unternehmen/artikel/0,2828,310773,00.html (Stand: 15.04.2008).

O.V. (Bekenntnis 2006): Ex-Manager bekennt sich schuldig, abrufbar unter: www.manager-magazin.de/koepfe/artikel/0,2828,437815,00.html (Stand: 15.04.2008).

O.V. (Finanzamt 2001): Finanzamt war früher im Bilde, abrufbar unter: www.manager-magazin.de/unternehmen/artikel/0,2828,135916,00.html (Stand: 15.04.2008).

O.V. (Geheimer Schatz 2004): Geheimer Schatz gehoben, abrufbar unter: www.manager-magazin.de/koepfe/artikel/0,2828,328331,00.html (Stand: 15.04.2008).

O.V. (Gericht 2004): 29 Manager müssen vor Gericht, abrufbar unter: www.manager-magazin.de/unternehmen/artikel/0,2828,301610,00.html (Stand: 15.04.2008).

O.V. (Größenwahn 2003): Kleingeist und Größenwahn, abrufbar unter: www.manager-magazin.de/unternehmen/artikel/0,2828,159227,00.html (Stand: 15.04.2008).

O.V. (Insolvenz-Risiko 2003): „Es gibt ein klares Insolvenz-Risiko", abrufbar unter: www.manager-magazin.de/unternehmen/artikel/0,2828,277845,00.html (Stand: 15.04.2008).

O.V. (Megalomanie 2001): Diagnose Megalomanie, abrufbar unter: www.manager-magazin.de/koepfe/artikel/0,2828,145668,00.html (Stand: 15.04.2008).

O.V. (Milliarden-Klage 2004): Milliarden-Klage gegen Prüfer, abrufbar unter: www.manager-magazin.de/unternehmen/artikel/0,2828,313953,00.html (Stand: 15.04.2008).

O.V. (Ohne Beanstandung 2000): KPMG testierte Millionenbetrüger ohne Beanstandung, abrufbar unter: www.manager-magazin.de/geld/Artikel/0,2828,63543,00.html (Stand: 21.05.2007).

O.V. (Parmalat-Prüfer 2004): Der Block der Parmalat-Prüfer, abrufbar unter: www.manager-magazin.de/unternehmen/artikel/0,2828,293022,00.html (Stand: 15.04.2008).

O.V. (Unzurechnungsfähig 2001): Unzurechnungsfähig?, abrufbar unter: www.manager-magazin.de/unternehmen/artikel/0,2828,141526,00.html (Stand: 15.04.2008).

O.V. (Urteile 2006): „Unglaublich niedrige" Urteile, abrufbar unter: www.manager-magazin.de/koepfe/artikel/0,2828,417469,00.html (Stand: 15.04.2008).

O.V. (Versenkung 2004): Wie versenkt man 14.000.000.000 Euro?, abrufbar unter: www.manager-magazin.de/unternehmen/artikel/0,2828,310067,00.html (Stand: 15.04.2008).

O.V. (Wirtschaftsprüfer 1994): Wirtschaftsprüfer siegeln wertlos für viel Geld, in: Süddeutsche Zeitung vom 28.06.1994, S. 23.

O.V. (WorldCom 2005): Urteil im Worldcom-Prozess, abrufbar unter: zeus.zeit.de/text/2005/11/worldcom_urteil (Stand: 15.04.2008).

PwC (Wirtschaftskriminalität 2005): Wirtschaftskriminalität 2005 – Internationale und deutsche Ergebnisse, Studie, Frankfurt a.M./Halle 2005.

Referentenentwurf eines Gesetzes zur Modernisierung des Bilanzrechts (Bilanzrechtsmodernisierungsgesetz – BilMoG) vom 08.11.2007, abrufbar unter: www.bmj.de/bilmog (Stand: 15.04.2008).

Regierungskommission Deutscher Corporate Governance Kodex (Kodex 2006): Deutscher Corporate Governance Kodex (in der Fassung vom 12. Juni 2006), abrufbar unter: www.corporate-governance-code.de/ger/download/D_CorGov_Endfassung_Juni_2006.pdf (Stand: 15.04.2008).

Satzung der Wirtschaftsprüferkammer über die Rechte und Pflichten bei der Ausübung der Berufe des Wirtschaftsprüfers und des vereidigten Buchprüfers (Berufssatzung für Wirtschaftsprüfer/vereidigte Buchprüfer – BS WP/vBP) vom 11.06.1996 (BAnz. S. 7509), zuletzt geändert am 28.02.2008 (BAnz. S. 273).

Satzung des Instituts der Wirtschaftsprüfer in Deutschland e.V. i.d.F. vom 19.09.2005.

Schmidt, Helmut (Dschungel 2003): Das Gesetz des Dschungels – Manche Topmanager vergessen allen Anstand, Der Raubtierkapitalismus bedroht die offene Gesellschaft, Ein Plädoyer für mehr Moral –, in: Die Zeit vom 04.12.2003, S. 21-22.

Schulte Döinghaus, Uli (Absage 2007): Absage an zweifelhafte Geschäftsmodelle, in: Handelsblatt vom 28.03.2007, S. 9.

SEC (Statement 2005): Staff Statement on Management's Report on Internal Control Over Financial Reporting, abrufbar unter: www.sec.gov/info/accountants/stafficreporting.htm (Stand: 15.04.2008).

Semler, Johannes (Erinnerungen 2007): Erinnerungen an die praktische Tätigkeit eines Aufsichtsratsmitglieds, Studien des Deutschen Aktieninstituts, Heft 37, Frankfurt a.M. 2007.

Staff (Watchdogs 2002): Report of the Staff to the Senate Committee on Governmental Affairs, October 8, 2002, abrufbar unter: hsgac.senate.gov/_files/ 100702watchdogsreport.pdf (Stand: 03.09.2007).

Sturman, Deborah (Europas Enron 2004): Europas Enron, abrufbar unter: www.manager-magazin.de/geld/artikel/0,2828,280601,00html (Stand: 22.05.2007).

Turner, Jerry L./Mock, Theodore J./Srivastave, Rajendra P. (Analysis 2003): An Analysis of the *Fraud Triangle*, o.O. 2003; abrufbar unter: aaahq.org/audit/midyear/ 03midyear/papers/Research%20Roundtable%203-Turner-Mock-Srivastava.pdf (Stand: 15.04.2008).

VO 1/2006: Gemeinsame Stellungnahme der WPK und des IDW: Anforderungen an die Qualitätssicherung in der Wirtschaftsprüferpraxis (VO 1/2006) vom 27.03.2006.

Welp, Cornelius/Leendertse, Julia (Konflikt 2007): Konflikt der Interessen, in: Wirtschaftswoche 47/2007 vom 19.11.2007, S. 112-116.

WPK (Stellungnahme 2004): Stellungnahme zum Vorschlag der Europäischen Kommission für eine Modernisierung der Achten gesellschaftsrechtlichen Richtlinie, abrufbar unter: www.wpk.de/pdf/wpk-stellungnahme_06-04-2004.pdf (Stand: 15.04.2008).

WPK/IDW (Hrsg.) (Stellungnahme 2003): Gemeinsame Stellungnahme der WPK und des IDW zu: PCAOB Rulemaking Docket Matter No. 001 – Proposal: Registration System For Public Accounting Firms vom 31.03.2003, abrufbar unter: www.wpk.de/pdf/ pcaob%20idw_wpk.pdf (Stand: 15.04.2008).

Stichwortverzeichnis

- Abschlussprüfung 4 f.
- Abschlussprüfung, Accounting Fraud 340 ff.
- Abschlussprüfung, Alleinverantwortung 320
- Abschlussprüfung, Ansprechpartner 192 ff.
- Abschlussprüfung, Arbeitspapiere 184 ff.
- Abschlussprüfung, Aufgabenerweiterung 100 ff.
- Abschlussprüfung, Aufsichtsrat 282 f.
- Abschlussprüfung, Auswahlprüfung 161
- Abschlussprüfung, Beeinflussung durch Accounting Fraud 337 ff.
- Abschlussprüfung, Berichterstattung 186 ff.
- Abschlussprüfung, berufliche Skepsis 342
- Abschlussprüfung, berufsständische Verlautbarungen 146 ff.
- Abschlussprüfung, Bestätigungsbermerk 189 ff.
- Abschlussprüfung, Beziehung zur Corporate Governance 323 ff.
- Abschlussprüfung, Beziehung zur Internen Revision 318 ff.
- Abschlussprüfung, Definition 152 ff.
- Abschlussprüfung, Dokumentation 184 ff.
- Abschlussprüfung, freiwillig 156
- Abschlussprüfung, Gegenstand 157 ff.
- Abschlussprüfung, Gewissenhaftigkeit 168
- Abschlussprüfung, Honorare für Prüfung und Beratung 104
- Abschlussprüfung, IDW PS 210 341 ff.
- Abschlussprüfung, interne Kontrollen für Finanzberichterstattung 101 ff.
- Abschlussprüfung, Management Override of Controls 345
- Abschlussprüfung, Mitteilungspflicht bei Unregelmäßigkeiten 192 ff.
- Abschlussprüfung, Nicht-Prüfungsleistungen 105
- Abschlussprüfung, Prüfungsbericht 186 ff.
- Abschlussprüfung, Prüfungsdurchführung 179 ff.
- Abschlussprüfung, Prüfungspflicht 154 ff.
- Abschlussprüfung, Prüfungsplanung 169 ff.
- Abschlussprüfung, Prüfungsprozess 169 ff.
- Abschlussprüfung, Prüfungsvorbereitung 173 ff.
- Abschlussprüfung, Public Company Accounting Oversight Board 97
- Abschlussprüfung, Redepflicht 188
- Abschlussprüfung, Registrierungspflicht 97 ff.
- Abschlussprüfung, risikoorientiert 174 ff.
- Abschlussprüfung, Sarbanes-Oxley Act 100 ff.
- Abschlussprüfung, Überraschungsmoment 344
- Abschlussprüfung, Umfang 159
- Abschlussprüfung, Unabhängigkeitsanforderungen 100 ff., 103 ff., 166 ff.
- Abschlussprüfung, Unbefangenheit 166 ff.
- Abschlussprüfung, veränderte Aufgabenwahrnehmung 340 ff., 347 ff.
- Abschlussprüfung, Verschwiegenheit 194
- Abschlussprüfung, Vollprüfung 160

- Abschlussprüfung, Vorbehaltsaufgabe 153
- Abschlussprüfung, Wechselwirkungen 317 ff.
- Abschlussprüfung, Ziel 159 ff.
- Abschreckungspotenzial 361
- Accounting Fraud 13 ff.,15 f., 295 ff., 309 ff., 340 ff.
- Accounting Fraud Committee 397 ff.
- Accounting Fraud Committee, Aufgaben 398 ff.
- Accounting Fraud Committee, Zusammensetzung 397 f.
- Accounting Fraud, Abschlussprüfung 340 ff.
- Accounting Fraud, Ahold 58 f.
- Accounting Fraud, anfällige Positionen 70 ff.
- Accounting Fraud, Begriffsbestimmung 13 ff.
- Accounting Fraud, Bilanzpolitik 115 ff.
- Accounting Fraud, Comroad 66 ff.
- Accounting Fraud, durch Aufsichtsrat 299 ff.
- Accounting Fraud, durch Vorstand 296 ff.
- Accounting Fraud, durch Vorstand und Aufsichtsrat in Kooperation 303 ff.
- Accounting Fraud, Einfluss auf Corporate Governance 377 ff.
- Accounting Fraud, Einfluss auf zukünftige Prüfungsaufträge 369 ff.
- Accounting Fraud, Einordnung in Corporate Governance 295 ff.
- Accounting Fraud, Enron 50 ff.
- Accounting Fraud, erfolgsneutral 30
- Accounting Fraud, erfolgswirksam 29 f.
- Accounting Fraud, FlowTex 63 ff.
- Accounting Fraud, Fraud Triangle 32
- Accounting Fraud, Gelegenheit 31, 35
- Accounting Fraud, Gesetzesverstöße 20
- Accounting Fraud, Grenze zu Bilanzpolitik 119, 135 ff.
- Accounting Fraud, Gründe 31 ff.
- Accounting Fraud, Indikatoren 38 ff.
- Accounting Fraud, innere Rechtfertigung 31, 35 f.
- Accounting Fraud, Interne Revision 357 ff.
- Accounting Fraud, Klassifizierung 27 ff.
- Accounting Fraud, Kommunikation 372 ff.
- Accounting Fraud, Motivation 31, 33 f.
- Accounting Fraud, Parmalat 59 ff.
- Accounting Fraud, Phenomedia 68 ff.
- Accounting Fraud, Prävention 377 ff.
- Accounting Fraud, Praxisbeispiele 49 ff.
- Accounting Fraud, Relevanz 1
- Accounting Fraud, Risiko 309 ff.
- Accounting Fraud, Risikomanagement 309 ff.
- Accounting Fraud, Risikomodell 36 ff.
- Accounting Fraud, Täuschungen 15 f.
- Accounting Fraud, Vermögensschädigungen 19 f.
- Accounting Fraud, Verschleierung 27 ff.
- Accounting Fraud, Wesentlichkeit 24 ff.
- Accounting Fraud, WorldCom 54 ff.
- Accounting Fraud, Ziele 17
- Accounting Fraud-Team 359
- AFC siehe Accounting Fraud Committee
- Ahold 58 f.
- Analyse von Dokumenten 223 f.
- analytische Prüfungshandlungen 181 ff.
- Angaben in der Rechnungslegung, falsch 13
- Angaben in der Rechnungslegung, nicht falsch 13 f.
- Angaben, irreführende 71
- Arbeitspapiere 184 ff., 224 ff.
- Audit Committee 107 ff.
- Audit Committee, Finanzexperte 108
- Aufklärung aller Fakten 389

Stichwortverzeichnis

- Aufsichtsorgan 5
- Aufsichtsrat, Abschlussprüfung 282 f.
- Aufsichtsrat, Aufgaben nach AktG 279 ff.
- Aufsichtsrat, Aufgaben nach DCGK 283 ff.
- Aufsichtsrat, Möglichkeiten zu Accounting Fraud 299 ff.
- Aufsichtsrat, Sorgfaltspflicht 282
- Aufsichtsrat, Überwachungsaufgabe 274 ff.
- Aufsichtsrat, Zusammenarbeit mit Vorstand 292 ff.
- aussagebezogenen Prüfungshandlungen 181, 223
- Auswahlprüfung 161, 179 f., 222
- Befragungen 350, 360
- Berichterstattung 186 ff., 227 ff.
- Berichterstattung, an übergeordnete Hierarchieebenen 230 ff.
- Berichterstattung, Prüfungsbericht 228 ff.
- Berichtszusammenfassung für das übergeordnete Management 230 f.
- Berichtszusammenfassung für die Unternehmensleitung 231
- berufsübliche Skepsis 342
- Bestätigung durch Dritte 223
- Bestätigungsvermerk 189 ff.
- Bestätigungsvermerk, Arten 190
- Bewertung, fehlerhafte 71
- Beziehungsgeflecht 333
- Bilanzeid 271 ff.
- Bilanzpolitik, Definition 120 ff.
- Bilanzpolitik, Gegenstand 121 f.
- Bilanzpolitik, Grenze zu Accounting Fraud 119, 135 ff.
- Bilanzpolitik, Instrumente 125 ff.
- Bilanzpolitik, monetäre Ziele 123 f.
- Bilanzpolitik, nicht-monetäre Ziele 124
- Bilanzpolitik, Sachverhaltsabbildung 129 ff.
- Bilanzpolitik, Sachverhaltsgestaltung 127 ff.
- Bilanzpolitik, Verhältnis zu Accounting Fraud 115 ff.
- Bilanzpolitik, Zielsetzungen 122 f.
- Bildung spezieller Ausschüsse 385
- Board of Directors 83
- Business Judgement Rule 252
- Case Law 117
- Code Law 117
- Common Law 117
- Compliance 264 ff.
- Compliance, DCGK 267 f.
- Compliance, Sarbanes-Oxley Act 265 f.
- Compliance, Zielsetzungen 266 f.
- Comroad 66 ff.
- Corporate Governance 5, 199, 238 ff.
- Corporate Governance, Beeinflussung durch Accounting Fraud 377 ff.
- Corporate Governance, Beziehung zur Abschlussprüfung 323 ff.
- Corporate Governance, Beziehung zur Internen Revision
- Corporate Governance, Definition 240 ff.
- Corporate Governance, Elemente 5
- Corporate Governance, extern 241
- Corporate Governance, Führungsaufgabe des Vorstands 251 ff.
- Corporate Governance, intern 241
- Corporate Governance, Kodex 247 ff.
- Corporate Governance, Sarbanes-Oxley Act 307 f.
- Corporate Governance, Sicherstellung 250 ff.
- Corporate Governance, Überwachungsaufgabe des Aufsichtsrats 274 ff.
- Corporate Governance, Wechselwirkungen 317 ff.
- COSO 200
- COSO I 89
- COSO II 89 f.
- COSO-Modell 88 ff.
- DCGK siehe Deutscher Corporate Governance Kodex
- Deutscher Corporate Governance Kodex 247 ff.

501

- Deutscher Corporate Governance Kodex, Anregung 249
- Deutscher Corporate Governance Kodex, Empfehlung 248 f.
- Deutscher Corporate Governance Kodex, Verbindlichkeitsstufen 248
- Deutsches Institut für Interne Revision 199
- Disclosure Committee 90
- Dokumentation der Prüfung 224 ff.
- Dokumentation, Arbeitspapiere 224 ff.
- dolose Handlungen siehe Vermögensschädigungen
- dualistisches System 83 f.
- Echtheit von Dokumenten 351
- Effizienzprüfung 388
- Einzelfallprüfung 183 f.
- Einzelfallprüfung, Soll-Ist-Vergleich 183 f.
- endorsed IAS/IFRS 116, 119
- Enron 1, 50 ff.
- Entdeckungsrisiko 178
- Entsprechenserklärung 249
- Ermessensspielraum 133 f.
- Error siehe Unrichtigkeiten
- Erwartungslücke 161
- Eskalationsmodell 352
- Ethikkodex 94 ff.
- exemplarischer Prozessdurchlauf 224
- Expectation Gap siehe Erwartungslücke
- Financial Auditing 208
- Finanzexperte 108
- flexibles Handeln 359
- FlowTex 1, 63 ff.
- Foreign Private Issuer 75 f.
- Form 20-F 93
- Fraud 15
- Fraud Triangle 32
- Funktionsprüfung 223
- Gateway to Fraud 119
- Gelegenheit 35
- Geschäftsergebnis, Beeinflussung 18
- Geschäftsordnung 386
- Gesetzes- und Ordnungsmäßigkeitsprüfung 161

- Gesetzesverstöße 20
- Gewissenhaftigkeit 168
- GoA siehe Grundsätze ordnungsmäßiger Abschlussprüfung
- Grundsätze ordnungsmäßiger Abschlussprüfung 163 ff.
- handelsrechtliche Rechnungslegung, Rechtsgrundlagen 117
- Hinweise 382
- IDW PS 210 341 ff.
- IDW-Verlautbarungen 146 ff.
- IFAC siehe International Federation of Accountants
- IIA siehe Institute of Internal Auditors
- IIR siehe Deutsches Institut für Interne Revision
- Indikatoren für Accounting Fraud 38 ff.
- Informationsfluss zwischen Vorstand und Aufsichtsrat 380
- inhärentes Risiko 176 f.
- innere Rechtfertigung 35 f.
- Institute of Internal Auditors 199
- Internal Consulting 210 f.
- International Federation of Accountants 148 ff.
- International Standard on Auditing 151 ff.
- interne Kontrollen für Finanzberichterstattung 101 ff.
- Interne Revision 5
- Interne Revision, Accounting Fraud 357 ff.
- Interne Revision, Alleinverantwortung 320
- Interne Revision, aussagebezogene Prüfungshandlung 223
- Interne Revision, Auswahlprüfung 222
- Interne Revision, Beeinflussug durch Accounting Fraud 337 ff.
- Interne Revision, Berichterstattung 227 ff.
- Interne Revision, Beziehung zur Abschlussprüfung 318 ff.
- Interne Revision, Beziehung zur Corporate Governance 328 ff.

Stichwortverzeichnis

- Interne Revision, COSO 200 ff.
- Interne Revision, Definition 202 ff.
- Interne Revision, Dokumentation 224 ff.
- Interne Revision, Empfehlungen 228 f.
- Interne Revision, Financial Auditing 208
- Interne Revision, Funktionsprüfung 223
- Interne Revision, Gegenstand 205 ff.
- Interne Revision, Internal Consulting 210 f.
- Interne Revision, internes Überwachungssystem 204
- Interne Revision, Management Auditing 209 f.
- Interne Revision, Nachprüfung 234 ff.
- Interne Revision, Operational Auditing 208 f.
- Interne Revision, Ordnungsmäßigkeitsprüfung 205
- Interne Revision, Phasenmodell 215
- Interne Revision, Prüfung zur Zukunftssicherung 207
- Interne Revision, Prüfungsankündigung 218 ff.
- Interne Revision, Prüfungsantrag 216
- Interne Revision, Prüfungsdurchführung 221 ff.
- Interne Revision, Prüfungsfeststellungen 228 f.
- Interne Revision, Prüfungsgrundsätze 212 ff.
- Interne Revision, Prüfungsplanung 215 ff.
- Interne Revision, Prüfungsprozess 211 ff.
- Interne Revision, Prüfungsvorbereitung 218 ff.
- Interne Revision, Risikoinventar 216
- Interne Revision, Risikoprüfung 207
- Interne Revision, Sicherheitsprüfung 206
- Interne Revision, Statusüberprüfung 232 f.
- Interne Revision, Überraschungsmoment 357
- Interne Revision, Umfang 205 ff.
- Interne Revision, Unternehmensleitung 204
- Interne Revision, veränderte Aufgabenwahrnehmung 357 ff.
- Interne Revision, Verhaltensnormen 212 ff.
- Interne Revision, Verlautbarungen 200 ff.
- Interne Revision, Vollprüfung 222
- Interne Revision, Wechselwirkungen 317 ff.
- Interne Revision, Wirtschaftlichkeitsprüfung 206
- Interne Revision, Ziel 205 ff.
- Interne Revision, Zweckmäßigkeitsprüfung 206 f.
- internes Kontrollsystem 359
- internes Überwachungssystem, Interne Revision 204
- ISA siehe International Standard on Auditing
- Jahresabschlussprüfung siehe Abschlussprüfung
- Kommunikation über Accounting Fraud 372 ff.
- Kompetenz 383
- Kontrollen und Verfahren zur Offenlegung 85 ff.
- Kontrollrisiko 177 f.
- Kontrollsystem bzgl. Offenlegung von Finanzinformationen 91 ff.
- Kontrollsystem für veröffentliche Informationen 85 ff.
- Kooperation der Corporate Governance-Elemente 393 ff.
- Kooperation von Überwachungsinstanzen 355 f.
- Kooperationsformen, Veränderung 366 ff.
- Krisenbewältigung 398
- Kundenbeziehung, erfunden 71
- kurzfristige Meldung 231 f.
- Lieferantenbeziehung, erfunden 71

503

- Management Assessment of Internal Controls 91 ff.
- Management Auditing 209 f.
- Management Override of Controls 16, 345
- Manipulationen in der Rechnungslegung siehe Accounting Fraud
- Maß der Überwachung 366 f.
- Mitteilungspflicht, Unternehmensleitung 192 f.
- monistisches System 82 f.
- Motivation 33 f.
- Nachprüfung 234 ff.
- Notfallplan 382, 398
- Officer 83
- Operational Auditing 208 f.
- Ordnungsmäßigkeitsprüfung 205
- Parmalat 1, 59 ff.
- PCAOB siehe Public Company Accounting Oversight Board
- Phenomedia 68 ff.
- positive Unternehmenskultur 379
- Präventionsmaßnahmen 377 ff.
- präventive Handlungen 358
- Prüfprogramm 174, 220 f.
- Prüfung und Corporate Governance, System 335
- Prüfung zur Zukunftssicherung 207
- Prüfungsankündigung 218 ff.
- Prüfungsansatz, risikoorientiert 174 ff.
- Prüfungsantrag 216
- Prüfungsbericht 186 ff., 228 ff.
- Prüfungsbericht, Empfehlungen 228 f.
- Prüfungsbericht, Ergebnis 188
- Prüfungsbericht, Feststellungen 228 f.
- Prüfungsdokumentation 184 ff., 224 ff.
- Prüfungsdokumentation, Arbeitspapiere 184 ff.
- Prüfungsdurchführung 179 ff., 221 ff.
- Prüfungsdurchführung, Auswahlprüfung 179 f.
- Prüfungsdurchführung, Prüfungshandlungen 180 ff., 221 ff.
- Prüfungsdurchführung, Stichprobenauswahl 179 f.
- Prüfungsdurchführung, Vollprüfung 179 f.
- Prüfungsempfehlungen 228 f.
- Prüfungsfeststellungen 228 f.
- Prüfungsgrundsätze 212 ff.
- Prüfungshandlung, Analyse von Dokumenten 223 f.
- Prüfungshandlung, aussagebezogen 223
- Prüfungshandlung, Bestätigung durch Dritte 223
- Prüfungshandlung, exemplarischer Prozessdurchlaiuf 224
- Prüfungshandlungen 180 ff., 221 ff.
- Prüfungshandlungen, analytisch 181 ff.
- Prüfungshandlungen, aussagebezogen 181
- Prüfungshandlungen, Einzelfallprüfungen 183 f.
- Prüfungspflicht, extern 154 ff.
- Prüfungsplanung 169 ff., 215 ff., 348
- Prüfungsplanung, Ergebnis 172
- Prüfungsplanung, Jahresprüfplan 216
- Prüfungsplanung, personell 171 f.
- Prüfungsplanung, Prüfungsankündigung 218 ff.
- Prüfungsplanung, Risikobewertung 217
- Prüfungsplanung, sachlich 170 f., 216
- Prüfungsplanung, zeitlich 171
- Prüfungsprozess 211 ff.
- Prüfungsprozess, Ablauf 169 ff.
- Prüfungsrisiko 175 f.
- Prüfungsstrategie 173 f.
- Prüfungsvorbereitung 173 ff., 218 ff.
- Prüfungsvorbereitung, Prüfprogramm 174, 220 f.
- Prüfungsvorbereitung, Strategie 173 f.
- Public Company Accounting Oversight Board 96 ff.
- Public Company Accounting Oversight Board, Aufgaben 98 f.
- Public Company Accounting Oversight Board, Registrierungspflicht 97

- reaktive Handlungen 389 ff.
- Rechnungslegungsnormensystem, Bilanzpolitik 118 ff.
- Red Flag siehe Warnsignal
- Redepflicht des Abschlussprüfungs 188
- Risiko und Accounting Fraud 309 ff.
- Risikoanalyse 313
- Risikobewertung 217, 313
- Risikoevaluierung 216
- Risikoinventar 216
- Risikomanagement 203 ff., 258
- Risikomanagement und Accounting Fraud 309 ff.
- Risikomanagement, Einfluss auf Abschlussprüfung 338 ff.
- Risikomanagement, Einfluss auf Interne Revision 338 ff.
- Risikomanagementsystem 312
- Risikomodell 175 ff.
- Risikoprüfung 207
- Sachverhaltsabbildung 129 ff.
- Sachverhaltsabbildung, materiell 130 f.
- Sachverhaltsgestaltung 127 ff.
- Sarbanes-Oxley Act 4, 74 ff., 201
- Sarbanes-Oxley Act, Abschlussprüfung 100 ff., 196 ff.
- Sarbanes-Oxley Act, Audit Committee 107 ff.
- Sarbanes-Oxley Act, Auswirkungen 196 ff., 237 ff., 307 f.
- Sarbanes-Oxley Act, COSO-Modell 88 ff.
- Sarbanes-Oxley Act, Einzelregelungen 79 f.
- Sarbanes-Oxley Act, Ethikkodex 94 ff.
- Sarbanes-Oxley Act, Foreign Private Issuer 75 f.
- Sarbanes-Oxley Act, interne Kontrollen für Finanzberichterstattung 101 ff.
- Sarbanes-Oxley Act, Interne Revision 237 ff.
- Sarbanes-Oxley Act, Kontrollen und Verfahren zur Offenlegung 85 ff.
- Sarbanes-Oxley Act, Management Assessment of Internal Controls 91 ff.
- Sarbanes-Oxley Act, Management Report 93 f.
- Sarbanes-Oxley Act, Public Company Accounting Oversight Board 96 ff.
- Sarbanes-Oxley Act, Section 301 108
- Sarbanes-Oxley Act, Section 302 85 ff.
- Sarbanes-Oxley Act, Section 404 91 ff.
- Sarbanes-Oxley Act, Section 407 108
- Sarbanes-Oxley Act, Überwachungsorgan 95 ff.
- Sarbanes-Oxley Act, Unternehmensleitung 82 ff.
- Sarbanes-Oxley Act, Whistleblowing 111 ff.
- Sarbanes-Oxley Act, Zielsetzung 74 ff.
- Sicherheitsprüfung 206
- Soll-Ist-Vergleich 183 f.
- sonstige Gesetzesverstöße 14
- Sorgfaltspflicht 258 ff.
- SOX siehe Sarbanes-Oxley Act
- spezielle Prüfungshandlungen 356
- Spürsinn 347
- Statusüberprüfung 232 f.
- Stichprobenauswahl 179 f.
- Stichprobenauswahl, Auswahlverfahren 180
- Stimmungslage 362
- Täuschung 15 f.
- Top-Management Fraud 16 f.
- Überraschungsmoment 344, 357
- Überwachungsorgane, erweiterte Anforderungen 95 ff.
- Übrwachungssystem 351
- Umsatz, fiktiv 70 f.
- Unabhängigkeit 166 ff.
- Unabhängigkeitsgrundsatz 213
- Unbefangenheit 166 ff.
- Unregelmäßigkeiten 13, 192 ff.
- Unrichtigkeiten 14 f.
- Unternehmensführung, dualistisch 83 f.

- Unternehmensführung, monistisch 82 f.
- Unternehmensleitung, erweiterte Anforderungen 82 ff.
- unternehmensspezifische Risikofaktoren 358
- Unternehmensstrategie 388
- Unternehmensüberwachung 145 ff.
- Unternehmensüberwachung, extern 145 ff.
- Unternehmensüberwachung, externe Jahresabschlussprüfung 145 ff.
- Unternehmensüberwachung, intern 198 ff.
- Unternehmensüberwachung, Interne Revision 198 ff.
- variable Vorstandsvergütung 380
- Veränderung der Persönlichkeit 362
- Verdachtsfälle 382
- Verhaltenskodex 213, 363, 378 f., 387
- Verhaltensnormen 212 ff.
- Vermögensschädigungen 19 f.
- Versagungsvermerk 189
- Verschleierung, aktiv 28
- Verschleierung, endgültig 28 f.
- Verschleierung, passiv 28
- Verschleierung, vorübergehend 28 f.
- Verschleierung, zeitlicher Bezug 28
- Verschwiegenheit 194, 353 f.
- Verstöße 15 ff.
- Vollprüfung 160, 179f., 222
- Vollständigkeitserklärung 324, 349
- Vorbehaltsaufgabe 153
- Vorstand und Aufsichtsrat, Möglichkeiten zu Accounting Fraud 303 ff.
- Vorstand, Aufgaben nach AktG 251 ff.
- Vorstand, Aufgaben nach DCGK 261 ff.
- Vorstand, Bilanzeid 271 ff.
- Vorstand, Führungsaufgabe 251 ff.
- Vorstand, Möglichkeiten zu Accounting Fraud 296 ff.
- Vorstand, Sorgfaltspflicht 258 ff.
- Vorstand, Zusammenarbeit mit Aufsichtsrat 292 ff.

- Wahlrecht 131 ff.
- Walk Through siehe exemplarischer Prozessdurchlauf
- Warnsignal 43, 72 f.
- Wechsel von Vorstandsmitgliedern 387
- Wechselwirkungen 317 ff.
- Wesentlichkeit 24 ff.
- Wesentlichkeit, qualitativ 26
- Wesentlichkeit, quantitativ 25 f.
- Whistleblowing 111 ff., 365
- Wirtschaftlichkeitsprüfung 206
- Wirtschaftskriminalität 1 f.
- WorldCom 1, 54 ff.
- Zehn-Punkte-Programm 4
- Zeitaufwand 383
- Zeugen 350
- Zusammenarbeit Unternehmensleitung und Interne Revision 360
- Zusammenarbeit, Vorstand und Aufsichtsrat 292 ff.
- Zusammensetzung des Prüfteams 348
- Zweckmäßigkeitsprüfung 206 f.

Bilanzmanipulationen erfolgreich abwehren

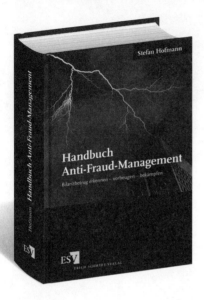

Handbuch Anti-Fraud-Management

Bilanzbetrug erkennen – vorbeugen – bekämpfen

Stefan Hofmann liefert Ihnen das zentrale Know-how für Ihr Pilotsystem gegen Fraud:

- Konzeptionelle Grundlagen des Anti-Fraud-Managements
- Reale Fälle von Wirtschafts- bzw. Bilanzdelikten zur Erkennung der bevorzugten Betrugsmethoden
- Nationale und internationale Regelungen zur Rechnungslegung und Corporate Governance, die das Anti-Fraud-Management nachhaltig beeinflussen
- Aufbau einer Compliance- und Integrity-Organisation als Basis für ein Anti-Fraud-System im Unternehmen.

Viele Checklisten und Beispiele veranschaulichen Ihnen besonders die notwendigen Schritte im Unternehmen.

Von Dr. Stefan Hofmann
2008, 645 Seiten, mit zahlreichen Abbildungen, fester Einband,
Euro (D) 69,–. ISBN 978 3 503 10698 1

*Weitere Informationen unter
www.ESV.info/978 3 503 10698 1*

Erich Schmidt Verlag GmbH & Co.
Genthiner Str. 30 G · 10785 Berlin
Fax 030 / 25 00 85-275
Tel. 030 / 25 00 85-265
ESV@ESVmedien.de · www.ESV.info

ERICH SCHMIDT VERLAG